广西壮族自治区人民政府委托项目
国家自然科学基金重点项目（40830741）
国家科技支撑计划项目（2008BAH31B01） 共同资助
中国科学院知识创新工程重要方向项目

西江经济带（广西段）可持续发展研究

——功能、过程与格局 （下册）

主 编 樊 杰
副主编 潘文峰 胡东升 陈 田

科学出版社
北 京

内 容 简 介

西江经济带是贯穿我国沿海发达地区（广东）和内陆欠发达地区（广西、云南、贵州）的一个重要开发轴带，在未来全国国土空间开发格局中具有战略地位。本书是"广西西江经济带发展总体规划"基础研究成果，在综合评价广西西江经济带可持续发展条件的基础上，论证了该区域的功能定位和基本格局，探讨了增强可持续发展能力的基础设施支撑体系建设途径，研究了可持续工业化和城市化过程与前景。

本书可供城市规划和区域规划等相关部门的工作人员、专业研究人员和相关专业学生参考。

图书在版编目（CIP）数据

西江经济带（广西段）可持续发展研究：功能、过程与格局（下册）/樊杰主编. —北京：科学出版社，2011

ISBN 978-7-03-028334-4

Ⅰ. 西… Ⅱ. 樊… Ⅲ. 地区经济–经济发展–总体规划–研究–广西 Ⅳ. F127.67

中国版本图书馆 CIP 数据核字（2010）第 138133 号

责任编辑：李 敏 张 震 张 菊／责任校对：张凤琴 李 影
责任印制：钱玉芬／封面设计：王 浩

科学出版社 出版
北京东黄城根北街 16 号
邮政编码：100717
http://www.sciencep.com

中国科学院印刷厂 印刷
科学出版社发行 各地新华书店经销

*

2011 年 6 月第 一 版　　开本：787×1092 1/16
2011 年 6 月第一次印刷　印张：54 插页：4
印数：1—1 500　　　　字数：1 260 000

定价：198.00 元（含上、下册）
（如有印装质量问题，我社负责调换）

"西江经济带（广西段）可持续发展研究"项目组暨"广西西江经济带发展总体规划"编制组

领导小组

组　长

丁仲礼　　中国科学院副院长、中国科学院院士
杨道喜　　广西壮族自治区人民政府副主席
　　　　　广西壮族自治区西江黄金水道建设领导小组办公室主任

成　员

刘　毅　　中国科学院地理科学与资源研究所所长、研究员、博士生导师
冯仁国　　中国科学院资源环境科学与技术局副局长、研究员
胡东升　　中国国际工程咨询公司区域发展与规划业务部原副主任、研究员
黄华宽　　广西壮族自治区交通运输厅书记
　　　　　广西壮族自治区西江黄金水道建设领导小组办公室常务副主任
潘文峰　　广西壮族自治区发展和改革委员会副主任
　　　　　广西壮族自治区西江黄金水道建设领导小组办公室副主任
周一农　　广西壮族自治区交通运输厅副厅长
　　　　　广西壮族自治区西江黄金水道建设领导小组办公室副主任
闫九球　　广西壮族自治区水利厅总工程师
　　　　　广西壮族自治区西江黄金水道建设领导小组办公室副主任

项目组

组　长

樊　杰　　中国科学院可持续发展研究中心主任
　　　　　中国科学院区域可持续发展分析与模拟重点实验室主任

副组长

胡东升　　中国国际工程咨询公司区域发展与规划业务部研究员、原副主任
陈　田　　中国科学院地理科学与资源研究所人文地理与区域发展研究部副主任

中国科学院项目组

樊　杰　研究员　　博士生导师　　中国科学院可持续发展研究中心主任
　　　　　　　　　　　　　　　　中国科学院区域可持续发展分析与模拟重点
　　　　　　　　　　　　　　　　实验室主任

姓名	职称	导师	单位/职务
陈　田	研究员	博士生导师	中国科学院地理科学与资源研究所（下同）人文地理与区域发展研究部副主任
张文尝	研究员	博士生导师	原工业交通布局室主任
李丽娟	研究员	博士生导师	自然资源与环境安全研究部副主任
王英杰	研究员	博士生导师	资源与环境信息系统国家重点实验室副主任
金凤君	研究员	博士生导师	经济地理与区域发展研究室主任
高晓路	研究员	博士生导师	城市地理与城市发展研究室副主任
张文忠	研究员	博士生导师	经济地理与区域发展研究室副主任
徐　勇	研究员	博士生导师	经济地理与区域发展研究室
刘盛和	研究员	博士生导师	城市地理与城市发展研究室
牛亚菲	研究员	硕士生导师	旅游与社会文化地理研究室
郭腾云	副研究员	硕士生导师	经济地理与区域发展研究室
王传胜	副研究员	硕士生导师	经济地理与区域发展研究室
戴尔阜	副研究员	硕士生导师	自然环境变化与格局研究室副主任
马　丽	副研究员		经济地理与区域发展研究室
孙　威	副研究员		经济地理与区域发展研究室
王成金	副研究员		经济地理与区域发展研究室
唐志鹏	助理研究员		区域可持续发展模拟研究室
王　岱	助理研究员		经济地理与区域发展研究室
陈明星	助理研究员		经济地理与区域发展研究室
李九一	助理研究员		资源地理与水土资源研究室
潘　韬	助理研究员		自然环境变化与格局研究室
李洪省	助理研究员		地图学研究室
王开泳	助理研究员		城市地理与城市发展研究室
陈　东	助理研究员		经济地理与区域发展研究室
王姣娥	助理研究员		经济地理与区域发展研究室
陶岸君	博士生		经济地理与区域发展研究室
梁育填	博士生		经济地理与区域发展研究室
李平星	博士生		经济地理与区域发展研究室
汤　青	博士生		经济地理与区域发展研究室
王　昊	博士生		旅游与社会文化地理研究室
丁金学	博士生		经济地理与区域发展研究室
郑　芳	博士生		旅游与社会文化地理研究室
程婧瑶	博士生		经济地理与区域发展研究室
柳玉梅	博士生		资源地理与水土资源研究室
曾红伟	博士生		资源地理与水土资源研究室
季　珏	博士生		城市地理与城市发展研究室
杨　波	博士生		经济地理与区域发展研究室
刘艳华	博士生		经济地理与区域发展研究室

党丽娟	博士生	经济地理与区域发展研究室
黄建毅	博士生	经济地理与区域发展研究室
汪　蓉	硕士生	地图学研究室
赵海英	硕　士	经济地理与区域发展研究室
韦智超	硕士生	旅游与社会文化地理研究室
兰肖雄	硕士生	城市地理与城市发展研究室
董冠鹏	硕士生	经济地理与区域发展研究室
孙贵艳	硕士生	经济地理与区域发展研究室
王坤鹏	硕士生	城市地理与城市发展研究室
张桂黎	硕士生	自然环境变化与格局研究室
薛　原	硕士生	自然环境变化与格局研究室
杜笑典	硕士生	自然环境变化与格局研究室

中国国际工程咨询公司项目组

胡东升　中国国际工程咨询公司区域发展与规划业务部研究员、原副主任
秦广富　鞍钢集团公司教授级高级工程师、原常务副总
王大卫　山东省引黄济青工程管理局原总工程师
宋禹田　中国有色金属加工工业协会主任
王福清　中国医药企业管理协会副会长
苏一兵　中国环境科学研究院研究员
张天柱　清华大学教授
贾志忍　中国糖业协会理事长
朱俊峰　国家发展和改革委员会宏观经济研究院综合运输所副研究员
杨文武　交通运输部规划研究院高级工程师
张学诞　财政部财政科学研究所主任
许豫东　中国国际工程咨询公司区域发展与规划业务部高级工程师、副处长
董　乐　中国国际工程咨询公司区域发展与规划业务部工程师

广西壮族自治区西江黄金水道建设领导小组办公室项目组

杨道喜　广西壮族自治区人民政府副主席
　　　　广西壮族自治区西江黄金水道建设领导小组办公室主任
黄华宽　广西壮族自治区交通运输厅书记
　　　　广西壮族自治区西江黄金水道建设领导小组办公室常务副主任
潘文峰　广西壮族自治区发展和改革委员会副主任
　　　　广西壮族自治区西江黄金水道建设领导小组办公室副主任
周一农　广西壮族自治区交通运输厅副厅长
　　　　广西壮族自治区西江黄金水道建设领导小组办公室副主任

闫九球　广西壮族自治区水利厅总工程师
　　　　广西壮族自治区西江黄金水道建设领导小组办公室副主任
龙　力　广西壮族自治区发展和改革委员会处长
　　　　广西壮族自治区西江黄金水道建设领导小组办公室处长
黄永忠　广西壮族自治区交通运输厅处长
　　　　广西壮族自治区西江黄金水道建设领导小组办公室处长
杜敬民　广西壮族自治区港航管理局局长
　　　　广西壮族自治区西江黄金水道建设领导小组办公室处长
向景旺　广西壮族自治区港航管理局副局长
　　　　广西壮族自治区西江黄金水道建设领导小组办公室副处长
杨卫东　广西壮族自治区水利工程管理局副局长
　　　　广西壮族自治区西江黄金水道建设领导小组办公室副处长
冯耀辉　广西壮族自治区西江黄金水道建设领导小组办公室科员
梁广艺　广西壮族自治区西江黄金水道建设领导小组办公室科员
韦荣俭　广西壮族自治区西江黄金水道建设领导小组办公室科员
年敬之　广西壮族自治区西江黄金水道建设领导小组办公室科员
付　攀　广西壮族自治区西江黄金水道建设领导小组办公室科员
王建花　广西壮族自治区西江黄金水道建设领导小组办公室科员
张海波　广西壮族自治区西江黄金水道建设领导小组办公室科员

项目学术秘书　李平星　中国科学院地理科学与资源研究所博士生
　　　　　　　任　晴　中国科学院地理科学与资源研究所工程师

编写组

主　　编　樊　杰
副 主 编　潘文峰　胡东升　陈　田
编写人员　张文尝　李丽娟　王英杰　金凤君　高晓路　张文忠
　　　　　　徐　勇　刘盛和　牛亚菲　郭腾云　王传胜　戴尔阜
　　　　　　马　丽　孙　威　王成金　唐志鹏　王　岱　陈明星
　　　　　　李九一　潘　韬　李洪省　王开泳　陈　东　王姣娥
　　　　　　陶岸君　梁育填　李平星　汤　青　王　昊　丁金学
　　　　　　郑　芳　程婧瑶　柳玉梅　曾红伟　季　珏　杨　波
　　　　　　刘艳华　党丽娟　黄建毅　汪　蓉　赵海英　韦智超
　　　　　　兰肖雄　董冠鹏　孙贵艳　王坤鹏　张桂黎　薛　原
　　　　　　杜笑典

目　录

上　册

| 第一章　可持续发展总纲 | 1 |

第一节　研究背景与工作过程 …………………………………………………… 1
第二节　可持续发展条件综合评价 ……………………………………………… 7
第三节　功能定位与空间组织 …………………………………………………… 17
第四节　可持续发展的基础设施支撑体系 ……………………………………… 26
第五节　可持续工业化和城市化 ………………………………………………… 38

第二章　国土空间开发建设适宜性评价 …………………………………………… 54

第一节　适宜性评价的研究与实践 ……………………………………………… 54
第二节　开发建设适宜性评价方法 ……………………………………………… 70
第三节　单要素评价 ……………………………………………………………… 74
第四节　综合评价 ………………………………………………………………… 127

第三章　可持续发展过程解析与战略选择 ………………………………………… 183

第一节　典型流域可持续开发的经验借鉴 ……………………………………… 183
第二节　区域发展现状与可持续发展的外部动力 ……………………………… 209
第三节　可持续发展的内部需求 ………………………………………………… 243
第四节　空间格局的演变与评价 ………………………………………………… 247
第五节　可持续发展的战略选择 ………………………………………………… 255
第六节　可持续发展的空间组织方案 …………………………………………… 267

第四章　水资源可持续利用与生态环境保护 ……………………………………… 278

第一节　水资源承载力评价 ……………………………………………………… 278
第二节　水环境容量与水环境安全 ……………………………………………… 313
第三节　生态安全屏障与景观格局 ……………………………………………… 331
第四节　大气环境保护与固体废弃物治理 ……………………………………… 366

下　册

第五章　可持续发展的基础设施支撑体系 ………………………………………… 375

第一节　黄金水道与综合交通运输体系 ………………………………………… 375

第二节	能源供给与能源安全	447
第三节	水利设施与防灾减灾体系	476
第四节	信息化与信息基础设施	489

第六章　可持续工业化的战略与路径　494
第一节	工业化进程与产业分布格局	494
第二节	可持续工业化战略	535
第三节	工业转型升级	541
第四节	产业布局优化与区域分工合作	569
第五节	生态高效农业发展	597
第六节	可持续工业化政策体系	613

第七章　战略性新兴服务业的培育　615
第一节	发展现状与重点	615
第二节	生产性服务业的发展	619
第三节	休闲旅游产业发展条件与战略选择	635
第四节	休闲旅游产业的空间布局	665
第五节	公共绿色休闲空间建设	692

第八章　健康城市化与社会事业发展　710
第一节	健康城市化的关键问题	710
第二节	城市化的历史演变与现状	718
第三节	城市化水平预测	741
第四节	城镇职能与空间结构	772
第五节	社会事业发展	803
第六节	健康城市化的政策框架	830

参考文献　841

后记　847

第五章 可持续发展的基础设施支撑体系

基础设施体系是区域经济发展的重要支撑，而区域开发初期，基础设施更是推动区域经济发展的关键动力。在需求结构多元化、产业布局空间调整、自由贸易区建设等宏观背景下，西江经济带的装备制造业、资源型产业代表的传统产业，商贸、物流、旅游休闲等代表的新兴产业均面临发展机遇。为此，本部分从交通、能源、水利等代表的传统基础设施，从信息代表的现代基础设施入手分析其对经济社会发展支撑作用的实现方式和途径。

第一节 黄金水道与综合交通运输体系

一、内河航运功能与国内外经验借鉴

西江经济带是以流域开发为主题的经济带，航运是该规划的主要内容。要科学指导西江航运通道的建设，就需要客观地认识内河航运功能的作用，系统梳理国内外内河航运开发案例，总结其成功的经验和有益的开发模式，以支撑西江航运通道的建设。

（一）内河航运优势分析

各种运输方式有着各自的技术经济特征，由此形成了各自的优势。综合比较各种交通方式，内河航运具有良好的技术经济特性，在运输成本、运输能力、运输能耗和固定资产效率等方面具有较高优势。

1）单位运输成本低（表5-1）。综合运输体系中，内河运输的单位能耗和运输成本最低，交通部部长李盛霖表示，内河航运价格低廉，只有铁路的1/2、公路的1/4。贵港到广州，西江水路运输每吨公里的运价仅是铁路的1/3、公路的1/6。不同货种的河运成本相差较大，大宗货物如木材、石油的运输成本比平均成本低廉得多。

表5-1 各种交通运输方式的可持续发展定性评价

运输方式	对资源的占用			对环境的影响			安全性
	土地	水资源	能源	大气	噪声	垃圾	
公路	多	少	多	严重	中	少	中
铁路	中	少	中	中	中	中	好
水运	少	多	少	小	小	少	好
航空	少	少	很多	中	很大	少	较好
管道	很少	中	中	很小	很小	—	很好

资料来源：贾大山，2000

2）投资少，产出大。内河航运综合利用自然资源，具有较高的投入产出效益。研究表明整治航道的费用仅为铁路建设费用的 1/5～1/3，公路建设费用的 1/3～1/2，但产出效益却是铁路的 1～1.5 倍，公路的 8～10 倍。

3）内河运输载重量大，航道通过能力高。内河航运可承担大宗货物的长距离运输，尤其适用于煤炭、矿石、原油等大宗货物和重大件货物运输（图 5-1）。在大宗货运方面，河流干道运量可以超过运能巨大的铁路干线，一艘 1000 吨级船相当于 100 辆 10t 卡车的运量，一条通航 1000 吨级货轮的河道的通过能力相当于 3 条高速公路，密西西比河运量相当于 11 条铁路，德国莱茵河段运量相当于 20 条铁路，西江的运量相当于 5 条铁路。

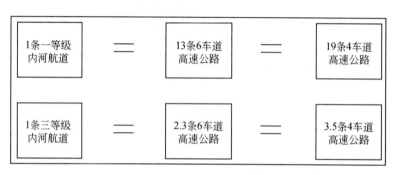

图 5-1　内河运输与公路运输的比较

4）劳动生产率高。在运输方式中，铁路和内河的劳动生产率相对较高，公路最低，完成相同周转量，内河和铁路的劳动生产率分别是公路的 27.23 倍和 29.02 倍。

5）资源节约与环保优势。内河运输占用土地少，建设无需消耗大量钢材、水泥，而且能源消耗低，南宁至广州，每千万吨物流，西江航运需耗油 4 万 t，铁路需耗油 9 万 t，公路耗油 50 万 t。同时污染较低，公路单位货运量二氧化碳和氮氧化物排放量分别为水路的 2 倍和 3 倍，铁路单位货运量造成的污染是内河水运的 3.3 倍。内河运输具有明显的低碳经济效应。

（二）内河航运的发展历程：繁荣—衰落—复兴

纵观综合交通运输体系发展历史，内河航运经历了 3 个发展阶段：繁荣—衰落—复兴（图 5-2，图 5-3）。从历史的角度认识内河航运的发展路径，有利于科学判断西江航运通道的未来发展趋势。

内河航运在推动人类文明传播、经济发展、社会进步等方面发挥着重要作用。古代的人口与城镇主要沿河布局，以便于取水和利用航运优势，如春秋战国时期的著名城市如陶（定陶）、大梁（开封）、临淄、睢阳（商丘）、寿春（寿县）及彭城（徐州）均沿河布局。农业生产和商业、手工业的发展，推动了内河航运的发展。在近代，内河航运更与工业化、城镇化进程紧密相连，通过运河开挖、航道整治等，沟通了主要水系，促进了沿河城市及工农业基地的发展，而且蒸汽机等技术的应用推动了内河航运的运输效率，重化工业原材料及产品长距离运输也为内河航运提供了新的契机。该阶段，内河航运处于繁荣阶段。

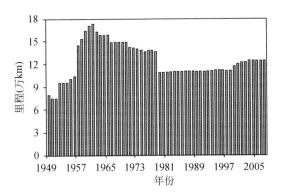

图 5-2　中国内河航道里程发展历程

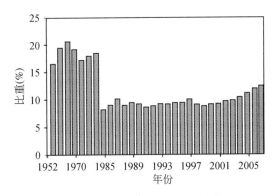

图 5-3　中国水运货运量比重变化

工业革命以来，随着交通技术的进步，及铁路、公路尤其是高速公路的兴起，运输竞争开始产生并趋于激烈，内河航运开始受到影响。内河航运的投资减少，河道疏浚不力，航道淤积严重，加之船队技术落后，使得内河航运在公路、铁路、航空三方的夹击下，出现萎缩局面。部分原来由内河航运承担的货源被夺走，使原本处于维持状态的内河运输进一步萎缩。

20 世纪 70 年代以来，资源消耗、生态破坏、环境污染、全球气候变暖等问题已严重影响了人类生存和发展。内河航运的节能、节地、环保等优势又逐渐凸显，加之标准化船型的推广和先进的船舶运输组织以及信息技术的应用，内河航运又迎来了发展的春天。许多国家包括发展中国家纷纷强调并大力发展内河航运，内河航运开始复兴。如欧盟凡有内河水运条件的地区都已或正努力加强内河航运，我国张德江副总理明确指出发展内河航运是国家战略。内河航运开始进入了复兴的阶段。

（三）内河航运的发展趋势

通过国内外内河航运案例的分析，本书总结出以下值得借鉴的经验。

1. 建立综合运输管理体制

从区域经济社会协调发展的高度出发，应对水运设施建设、流域综合运输体系建设等实行统一规划和管理。如美国交通运输管理采用综合管理体制，建立大交通，即由联邦运输部统一管理铁路、公路、水运、航空及管道运输，有利于各种运输方式的协调发展，充分发挥各运输方式的优势，让每种方式都能在综合运输体系中找到最合适位置，发挥最佳优势，并有效抑制不同部门间的恶性竞争和重复建设，各种方式的互动发展主要依靠经济结构调整和运输市场的变化来调节。

2. 沟通水系，建立干支相通、标准统一的高等级航道网

为建立干支相通的高等级航道网，各国都按统一标准开发航道，在干线航道上游和支线航道多采用梯级渠化，干线航道中下游采取整治和疏浚相结合，通过系列运河沟通主要水系与主要河流。密西西比河的基础航道水深定为 2.74m（伏尔加河为 3.65m），据此确定船闸统一尺度，开挖运河沟通五大湖，与墨西哥湾沿海水道相接；欧洲通过交通部长会议和经济委员会会议，制定欧洲航道及船型统一标准，开挖沟通塞纳河、莱茵河、多瑙河、伏尔加河等通航河流的系列运河，利用运河将高等级航道相互贯通形成高等级航道网，提高内河运输通达深度。

3. 制定多种优惠政策，促进内河运输发展

美国为了减少陆路交通对生态环境的影响和对资源的过度占用，制定了多种扶持内河运输的政策，20世纪80年代前对航运企业免征燃料税和航道使用费，船舶过船闸不征费，对船舶制造实行差价补贴。德国为了解决国家财政投入不足问题，采取地方集资、发行债券、政府无息贷款、以电养航等形式解决航道建设资金；船用燃油不纳税，并对船舶制造和中、小船主实行补贴，鼓励船舶更新和推广应用新船型。欧盟实行豁免内河运输船舶航行税、航标费和进港或停泊等费用的政策。

4. 货运船舶大型化

当内河通航条件相同且运量充足的前提下，内河运输船舶的平均单位营运成本与船舶的吨位成反比。因此，运输船舶的吨位在向大型化方向发展，以减少内河船舶的单位运输成本，提高内河运输竞争力；同时，发展顶推运输船队，提高船队航行速度 10%~12%，提高船队载重量，减少营运成本。目前，密西西比河分节驳顶推运输的比例达 95%，莱茵河达 30%。密西西比河的上游和支流可航行 8~10 艘驳船组成的顶推船队，载重量 1~2

万 t，下游最大的顶推船队由 45 艘驳船组成，总载重量可达 8 万 t[①]。船舶大型化为内河航运发展提供了技术条件。

二、西江经济带与交通发展的关系

（一）西江经济带与西江航运的辩证关系

任何经济带建设中，交通建设都是轴、带构建和发展的最重要支撑。在西江经济带的培育、发展和壮大过程中，交通建设与流域开发的关系更为密切。这需要深入考察交通建设与西江经济带的关系机制，尤其是考察西江航运通道与西江经济带的关系，以及西江航运通道与其他交通方式的关系，以此为西江经济带的黄金水道和综合交通网络建设提供科学的理论指导。

1. 西江航运演变与西江流域发展

西江背靠大西南地区，面向珠江三角洲乃至东南亚，其航运业经历了漫长的演变，而且对西江流域的发展发挥了重要作用。西江航运历史大体分为 4 个阶段（图 5-4）。

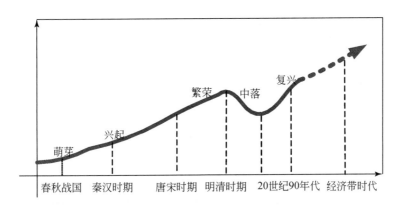

图 5-4　西江航运的发展历史与兴衰

1）萌芽时期。春秋时期尤其是战国时期，因军事需要，引进楚国较先进的造船航运技术，促使西江南、北盘江、红水河航运业的原始状态发生了深刻变化。

2）兴起时期。秦汉时期，军事活动促进了西江航运业的兴起，尤其是灵渠的开凿，沟通了长江与珠江两大水系，对西江航运业的发展有战略意义。汉代，对武水、北江航道进行了大规模整治。以军事活动为主要目标而同时促进航运发展，成为西江航运早期兴起的重要特征。该时期，中原产品输入岭南与岭南及东南亚的土特产远销内陆，多需通过西江航运，而西江流域也成为岭南人口密集、农业发达的地区。

3）繁荣时期。唐朝时期，开通相思埭运河，沟通桂、柳两江航运，开辟了湘、桂、

---

① 中国现在最大的推船有 6000 马力，它能顶推 3 万 t 左右的驳船队。

黔水运直通的捷径；同时对灵渠进行了两次大修。全国形成了以长江为中轴而联通南北两线的水运网络，珠江成为南线水运网。宋代，陶瓷成为主要外贸商货，西江流域的陶瓷业开始崛起，并利用西江将货物从广州出海运至亚非欧（图5-5）。广西已发现的宋窑遗址达40多处，年产陶瓷800万件以上，均分布于西江干支流两岸。这种繁荣延续到了明清时期，成批粤商入桂，西江繁荣盛极，"四方商贾，挟策贸迁者，接迹而来。舟车辐辏，货贿积聚，熙来攘往，指不胜屈"。梧州素有"小香港"之称，明朝在此创设了中国第一个总督府，辖两广。民国时期，大宗商品运输"尚十九须仰赖水运"。

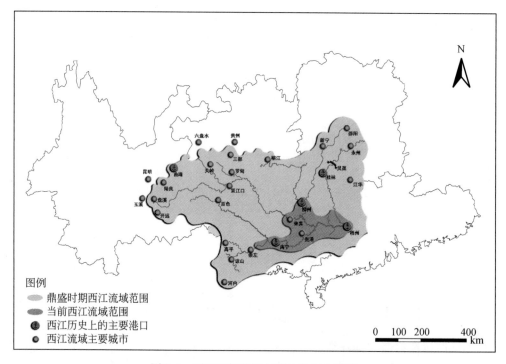

图5-5　西江通航范围与腹地的历史范围

4）中落时期：新中国成立以来，陆路交通发展较快，形成了以县城为中心的四通八达的交通网，尤其是20世纪90年代中期，铁路与高速公路迅速发展，公路运输逐渐占主导地位，航运被陆运挤压，陆路交通取代水路成为各城镇联系的商路动脉。加之干流红水河水电站的开发，西江流量受到严重影响，航道水深不断降低，而且没有同步修建过船设施，造成上下游航运中断，云、贵封闭在内陆之中，西江沟通两广的作用被陆路取代，航运业开始衰落，西江流域在西南的作用逐渐式微，形成中落时期。

5）复兴时期：近10年来，由于可持续发展的需求及船队技术的进步，国家加大了对西江航运的支持力度，西江航运迎来了新的机遇。1996年，中央建立了内河建设专项资金，加大了对内河航运的投资力度。依托水运，西江干线沿岸的沿江工业得到长足发展，水泥、钢铁、造船、蔗糖等产业沿江集聚，促进了西江产业带的发展。2007年，国务院批准了《全国内河航道与港口布局规划》，地方相继编制了《珠江三角洲高等级航道网规划》、《西江黄金水道建设规划》，这为西江水运提供了良好的发展机遇。

> **专栏 5-1** **西江水系的小水电建设与断航**
>
> 新中国成立以来,大量小水电站的建设造成西江上游与支流开始断航,至今尚未复航。1958 年以来,在"大跃进"声浪中,各地大搞农田水利和小水电站建设。在原通航河流上拦河堵坝而不建设通航设施,致使不少原来通航的中小河道水运中断,有的甚至完全瘫痪。广西境内原有通航河流 212 条,几年来,通航里程减少至 9615km,在这些原通航河流上拦腰建坝 968 座,包括永久坝 239 座,半永久坝和临时坝 729 座,而相应配套建设船闸的仅有 50 座,其中可正常通航的只有 16 座。没有修建通航设施造成碍航断航的支流小河有 173 条,占原通航河流的 81.6%,碍航断航里程为 5708km,占原通航里程的 59.4%。20 世纪 60 年代以来,西江水系先后在干流建成西津、合面狮、麻石、洛东、拉朗等水电站,电站库容小,流量比河流的天然枯水流量大,每到枯水期,因流量不足,航道水深显著下降,浅滩情况恶化。在贵州的都柳江,1970 年先后修建高安、岑九、德鹅、龙邦等 5 处电站,水级 2~12m 不等,碍航严重,后改建为永久式,加高加固,最终断航。榕江以上 9km 处兴建的红岩电站,无过船设施,仅留 6m 的孔口作船筏,航槽水深不足,过船极为困难。

从历史来看,西江航运通道西起贵州,远至云南,直达广州,是两广贸易凭借的"黄金水道",将大西南和珠江三角洲连成一体,在各朝代虽有兴衰演变,但始终保持上下游贯通。在此过程中,产业和人口、城镇沿西江分布,重要经济中心南宁、柳州、梧州、贵港、百色、来宾和崇左等均坐落于西江干流或支流,梧州、柳州等成为历史上著名的交通枢纽,形成了富裕的人口—产业带。就此来看,西江航运业有向上游纵深发展而建设大西南水运通道的可能,具有再度塑造西江经济带的潜力。

2. 西江航运在打造"西江经济带"中的作用

打造西江经济带是西江流域开发的核心目标,西江航运通道在此过程中将发挥基础性和引领性的作用(图 5-6),主要表现为以下几个方面。

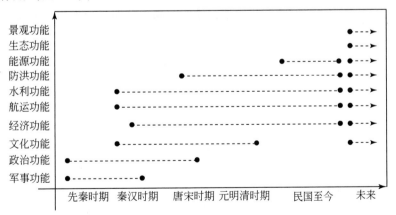

图 5-6 西江功能谱系的演变

1）西江经济带是西江航运通道概念的升华，是基于西江航运通道而融合产业、人口和城镇所形成的空间形态，因此西江航运通道是西江经济带的基本组成部分，是主要的物质设施，也是西江成为经济带的线状承载体。

2）西江航运通道连通东部发达地区（珠江三角洲）和西部落后地区（大西南地区），是两类地区经济联系的枢纽通道，由此成为西江经济带实现发展定位的主要依托。

3）西江航运通道是珠江三角洲和港澳地区延伸腹地与直接连通深远腹地的主要通道，把贵州和云南纳入泛珠经济区，有利于发达地区扩大腹地范围和产业转移，有利于广西及大西南地区融入珠江三角洲经济体系。

4）西江航运通道是大西南地区大宗物流的转运通道，实现了主要资源腹地和消费地的有效联系，促进了生产要素的转移，也是西江经济带的重要支撑。

5）西江航运通道是西江沿江工业园区发展和壮大的主要支撑力量，为各类工业园区的原材料输入和产品输出提供廉价而强大的运输方式，"以航运带动物流，以物流带动产业"，由此培育和发展西江经济带。

6）西江航运通道有利于西江经济带融入东盟和北部湾经济圈，为境外资源的利用提供便利条件，为北部湾经济区的共同发展提供基础。

（二）西江经济带对交通设施建设的需求

1. 西江经济带的总体经济增长要求交通设施提供强大支撑

随着西江经济带社会和经济的发展，其运输量将会有较大幅度的提升，主要因素表现在以下方面。第一，经济发展。经济发展是影响运输需求最主要的因素，分析表明运输量增长态势与GDP的增长态势相一致，未来10年内，西江经济带将充分利用西部大开发、东盟10+1等有利时机，加快经济与社会的发展。2020年前，西江经济带的经济发展将保持年均10%的速度，届时客货运输需求将保持较高的增速。第二，对外贸易发展。随着西部对外开放度的扩大和更加灵活的边贸政策，预计西南及西江经济带对外贸易运量将保持较高的增速。西江经济带是大西南对外贸易和进口货物的必经通道。如珠江三角洲调进煤炭的33%、进口油气的50%、进口粮食的66%均通过以西江干流为主的珠江内河运输，香港集装箱吞吐量中的22.7%由珠江水运完成。

2. 工业园区的沿江布局对航运有着很强的依赖性

目前，西江经济带大部分工业园区都采取沿江布局的模式，目前规划建设的各类工业园区也多沿西江干支流布局。工业园区沿江布局，除了考虑工业用水之便以外，更重要的是借用水运的优势，利用港口作为其物流中心，采取"以港兴园，以园带港"的发展模式。沿岸工业充分利用内河航运低成本的优势而获得长足的发展，反过来又通过产业园区的快速发展为内河运输提供了充足货源，以此带动沿江港口发展。南宁六景港区规划建设散货、件杂货、集装箱、危险品的铁路、公路、水路综合联运，目的是服务六景工业园区；来宾港滨港作业区主要服务来宾河西循环经济工业园、华侨投资区、迁江华侨工业园、凤凰工业园及周边工业集中区。贵港灵海陶瓷工业园计划在桂平建设建筑陶瓷产业基地，引入300条生产线，为水运提供每年500万t的货源。现有多数工厂、企业建于沿河两岸，同样依赖水运服务。目前，西江沿江工业园区的货运需求以矿建材料、水泥、煤炭、金属矿石和钢铁等为主，其中矿建材料是西江内河货运的最大货类，主要以河沙、碎石为主，2008年矿建材料运量达2146万t，水泥运量达1346万t（图5-7）。随着城市化进程加快，城市道路、住宅等建设将会持续增长，矿建材料的运输需求将继续增加。水泥产业多分布在贵港和崇左及南宁，进驻了华润、海螺、台泥等大型企业，依托西江水运，西江经济带正在打造华南的水泥生产基地。

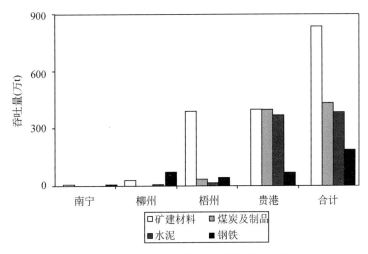

图5-7　2007年主要港口各类货物吞吐量

3. 资源依赖型产业结构决定了对大宗货物运输的需求

西江经济带的现有产业结构以建材、电力、机械、冶金为主，未来一段时间内，将仍以资源依赖型产业为主，机械、建材、冶金、电力、汽车、制糖等仍将是发展战略重点。这些产业多为资源依赖型和能源消耗型，原材料、燃料及产成品的运量大，重点企业如柳钢、柳汽、华润、台泥等对运输尤其水运的需求很大。

1）柳钢、柳汽。柳州是我国唯一拥有四大汽车集团（上汽、东风、一汽、重汽）生产基地的城市。2008年柳州钢铁产能超过800万t，汽车产量超过100万辆，形成巨大运输需求。未来，柳钢、柳汽的产能仍将继续增长，2015年柳钢将形成1500万t产能，将产生6000万~7000万t的物流需求，而柳州汽车生产将达180万辆，运输需求巨大。贵港拥有钢铁企业4家，钢铁产能为170万t，未来将达275万t，运输需求达1000万t。

2）水泥。作为基础原材料，水泥生产所需燃料、原料和成品运量大，是适宜短距离水运的大宗货物。因临近市场、资源优势及水运优势，西江经济带成为水泥生产基地，拥有华润、台泥、海螺、鱼峰等大型企业。广东对水泥需求量大，目前产能约1亿t，其中落后产能占65%，需求为1.15亿t，未来将以年均13%的速度淘汰落后产能，因此，广东对水泥的调入需求将持续增大。2007年广西水泥产量为4240万t，其中，通过西江水运销往珠江三角洲约1100多万吨，通过陆路运输销往粤西约200多万吨。2008年贵港水泥吞吐量达1300万t，占贵港吞吐量的41.8%，主要运往广东（图5-8）。目前，西江沿岸水泥企业积极扩能，如贵港华润水泥（平南）达1000万t、华润水泥（桂平）达800万t、台泥（贵港）达1800万t，但根据预测，2020年西江经济带水泥产能应控制在6000万t，约40%~50%销往广东，其中80%~95%通过水路运输到粤、港、澳地区，据此预测2020年西江经济带港口水泥吞吐量将达2500万~3000万t。

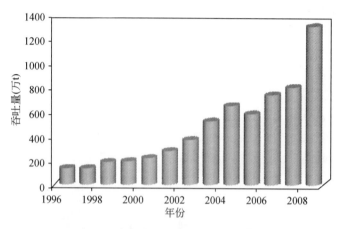

图5-8　贵港港历年水泥吞吐量变化态势图

3) **矿建材料。**矿建材料中，初期主要是从西江运往广东的砖瓦、石料。近年来，因珠江三角洲建材业的发展、岑溪花岗岩制品销售市场不畅，及西江城市建设对矿建材料需求的持续旺盛，货运流向发生变化，西江经济带主要输入沙石、石膏，供应本地建设和水泥生产需要。2008年西江经济带矿建材料的水运量为2146万t，其中贵港为输入矿建材料以满足水泥生产，梧州主要输出砂石矿建材料至贵港及其他城市。西江水泥生产的扩大和城市建设加快，直接推动沙石料需求的增加，2020年西江经济带矿建材料的运量将达3500万~4000万t，以水运为主。

4) 西江经济带沿岸的陶瓷、矿石原料、集装箱等对交通运输的需求也较大。

4. 黔煤东运与本地煤炭需求带来巨大的运输需求

西江经济带为西南地区煤炭运输的必经之地，其煤炭运输需求主要来自两方面：本地发展的煤炭需求和云贵煤炭水运中转到珠江三角洲。

1) **本地发展煤炭需求。**目前西江水能资源已基本开发，未来新增能源将以火电为主，因此煤炭需求量较大，以满足冶金、水泥、钢铁等高耗能产业的发展。2007年，广西煤炭消费量为4700万t，本地煤炭产量700万t，缺口4000万t。缺口煤主要从外地调入，其中铁路调入2300万t，通过海运从越南进口1300万t，其他从云贵基地及北方省份调入，其中贵州占70%左右。通过南昆、黔桂、焦柳、湘桂铁路运煤是广西从外省购煤的主要方式，少量通过水路和公路，但南昆线、黔桂线运力已饱和，而公路运价较高，运量少。随着沿江经济发展和路口电厂的建设，本地用煤量将保持一定增长，港口中转量也会增加。2010年，广西煤炭消费量将达5500万t，产量仅1000万t，缺口4500万t，2020年广西煤炭调入量为

3000万t。因此，西江经济带本地煤炭需求及运量仍然较大，除了部分从越南进口及少量北方煤通过焦柳线运送外，云贵地区仍是煤炭主要调出区，对交通设施的压力大。

2）过境煤炭运输需求。西江经济带煤炭运输主要决定于广东的煤炭消费和贵州的煤炭供应。广东是煤炭消耗大省，所需煤炭均由省外调入或进口，主要为北方煤或越南、印尼进口煤及贵州煤。2007年，广东调入煤炭1.12亿t，约90%通过海运，进口煤炭1500万t。如果北方煤和进口煤供应紧张，云贵煤炭需求就会增加。广东为了保证煤炭供应，对北方煤、进口煤和贵州煤保持一定需求比例，且云贵含硫高的煤炭和北方含硫低的煤炭混配使用可明显改善利用效率。因此，广东对云贵煤将保持一定需求量。

3）煤炭资源供给。云贵煤炭基地为珠江三角洲的煤炭供应基地之一，2007年贵州外调煤炭2700万t，占产量的30%，其中通过铁路调往广西1800万t，通过铁路调往广东230万t；调往广东的煤炭多从贵港下水运到珠江三角洲，2007年贵港下水运煤400万t，2008年达800万t（图5-9）。未来贵州煤炭产量将继续增加，但2010年后贵州将陆续建设火电厂，煤炭用量会增加，预测贵州销至两广的煤炭将维持在3000万~4000万t。西江经济带在贵州煤炭外运中仍将发挥重要作用，是"黔煤东运"的重要通道。

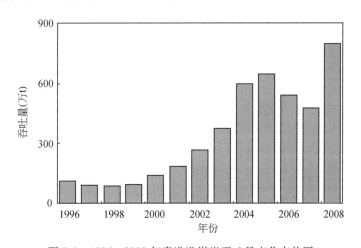

图5-9　1996~2008年贵港港煤炭吞吐量变化态势图

（三）西江经济带的客货运输需求预测

1. 客货运输总量预测

长期以来，西江经济带的客货运量呈现持续增长的趋势。20世纪90年代中期以来，客运总量从1996年的1.42亿人次增加到2008年的3.26亿人次，年均增长率达7.3%，货运总量从1996年的1.13亿t增加到2008年的4.03亿t，年均增长率达11.6%。根据社会经济的发展趋势，尤其随着西江黄金水道开发战略的深入推进，西江地区经济仍将保持较高的发展速度，这将促进客货运量的继续增长。客货运输量的多寡是反映社会运输需求总规模的主要标志，未来西江经济带的交通设施建设，需以其客货运输总量的发展趋势为基本判断标准。因此，对未来客货量预测值判断的准确程度至关重要。为了克服不同预测方法的缺点和局限性，做到预测合理，本书采用多元回归预测法、时间序列预测法等方法，采用历史数据及其相关经济指标的预测值，对西江经济带客货运输量进行预测。

（1）客运量预测

经济与人口是影响客运量的两个主要指标，本书采用 GDP 和人口指标来预测目标年度的客运量。首先对西江经济带 7 个地市的人口和 GDP 进行预测。其中人口预测采用线性函数模型，GDP 预测采用指数函数模型，预测的 2020 年各地市人口和 GDP 结果如表 5-2 所示。然后，结合 2020 年的人口和 GDP 预测数据，采用多元线性回归和时间序列模型对西江经济带客运量进行预测，结果如下。

表 5-2　西江经济带客运量预测方案（2020 年）

项目	多元回归法		多元线性回归	时间序列法	推荐方案
	人口（万）	GDP（亿元）	客运量（万人）	客运量（万人）	客运量（万人）
南宁	790	4 778	23 970	21 080	21 760
柳州	480	2 856	10 860	11 130	10 970
梧州	412	1 256	4 840	5 940	5 280
贵港	513	1 251	5 600	6 240	5 860
百色	405	1 306	10 810	11 460	11 070
来宾	285	852	5 620	5 090	5 410
崇左	260.97	831	3 160	4 340	3 630
合计	3 145.97	13 130	64 860	65 280	63 980

综合考虑多元线性回归和时间序列的预测结果，结合本地区未来的发展趋势，预测 2020 年西江经济带客运总量为 6.4 亿人。

（2）货运量预测

货运量主要与经济和第二产业密切相关，本书主要采用经济和第二产业指标对货运总量进行预测。运用多元线性回归计算各市的第二产业产值，其结果如表 5-3 所示。然后根据所预测的 GDP 总量和第二产业产值总量，采用线性回归模型和时间序列模型分别对西江经济带的货运量进行预测，结果如表 5-3 所示。

表 5-3　西江经济带 7 地市货运量预测方案（2020 年）

项目	多元回归法	多元回归法	时间序列模型	推荐方案
	第二产业产值（亿元）	货运量（万 t）	货运量（万 t）	货运量（万 t）
南宁	2 481	18 940	11 340	15 900
柳州	3 111	12 530	10 440	11 700
梧州	1 395	4 970	4 140	4 640
贵港	1 121	14 400	12 000	13 440
百色	997	12 930	10 780	12 070
来宾	512	4 000	3 340	3 740
崇左	448	5 250	4 370	4 900
合计	10 065	73 020	56 410	66 390

综合考虑多元线性回归和时间序列的预测结果，结合本地区未来的发展趋势，确定2020年西江经济带货运总量为6.6亿t。

2. 各运输方式客货需求预测

各运输方式客货需求预测采用比例总量控制法来进行方式分担预测。根据西江经济带各运输方式历年运量分担数据及设施水平统计资料建立总量分担模型，以确定各运输方式在综合运输中的总体分担率和分担量。各交通方式运输量分担率模型（Logit）为

$$\hat{y} = \frac{1}{k(1 + \alpha e^{\beta x})}$$

式中，$\hat{y}$为区域运输方式客运或货运分担率（%）；x为区域运输方式对应运输设施建设水平指标（km/km^2）；k、α、β为待定系数。

根据各运输方式历年运量数据，采用回归预测模型、灰色系统预测模型和平均增长系数模型进行组合预测，预测2020年各交通方式的客、货运量结果如下（表5-4）。

对于航空运输来说，目前西江经济带共有民用运输机场4个，分别是南宁吴圩机场、梧州长洲岛机场、柳州白莲机场、百色机场。未来，将加快现有机场的扩能升级改造，以及军用机场的军民合用改造，此外还将加快旅游支线机场的建设，预测2020年西江经济带航空客、货运输总量将分别达到2000万人次、50万t以上。

表5-4 2020年西江经济带各运输方式客货运量预测结果

运输方式	公路	铁路	水运
客运量（万人）	49 900	10 880	3 200
旅客周转量（万人·km）	4 664 990	1 016 730	299 030
货运量（万t）	44 480	11 290	10 620
货物周转量（万t·km）	2 784 030	706 400	664 840

3. 西江经济带港口吞吐能力预测

分析西江航道通航能力及各港口的货运吞吐能力。根据经济和内河水运发展现状以及变化趋势、产业发展规划、航道货源分布情况、综合运输体系发展形势，以2008年实际运量为基数，采用回归分析、指数平滑、灰色系统理论等数学模型定量计算与定性分析的综合因素预测法，预测2020年西江经济带港口吞吐量为0.9~1.0亿t，其中贵港吞吐量约为4200万t，南宁1200万t，梧州1700万t，柳州800万t，来宾700万t，百色400万t，崇左400万t。

参考《西江黄金水道建设规划》，并进行预测，可以确定西江各航段的货流密度，并绘制成图5-10。第一，西江各航段的下行货流密度远高于上行货流密度，上游向珠江三角洲输出物资是主要的经济联系模式。第二，西江各航段自上游向下游，自支流向干流，其货流密度不断增大。第三，梧州—桂平段是货流密度最高的航段，下行约7900万~8000万t，上行约2300万~2400万t；桂平—贵港段略逊之，下行约5200万~5300万t，上行约1500万t。然后是桂平—来宾段，下行约2500万~2600万t，上行约400万~500万t，

来宾—石龙三江口的下行量约为1000万~1100万t，柳州—石龙三江口的下行量为1200万~1300万t。接下来，南宁至贵港的货流密度较高，下行为1600万~1700万t，上行仅为700万~800万t；南宁至百色的下行量约为600万~700万t，上行约为500万~600万t。

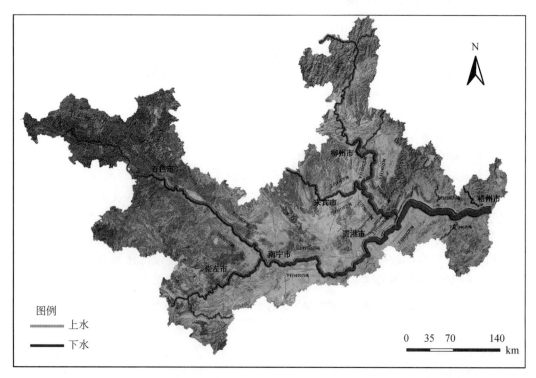

图5-10　西江经济带航运通道的货运密度

（四）西江经济带综合交通体系建设必须明确的重大关系

1. 西江经济带交通发展的定位

西江经济带与交通建设及发展有着重要的关系，具体表现为以下方面。

第一，西江经济带是一种依赖于西江自然河流和航运通道而形成的带状分布的空间经济形态，西江航运通道是西江经济带形成和发展的根本依托，没有西江航运通道，西江经济带难以形成完整的带状空间经济形态。

第二，任何经济带都是基础设施、产业、人口和城镇等空间要素的综合集成产物，而交通网络作为一种基础设施，是西江经济带的组成部分，是西江经济带最为关键的基础设施，两者互为依存，相互促进。

第三，任何经济带的形成和发展都可能产生大规模并集中在某方向上的客货流，西江经济带作为一种带状空间形态，将与珠江三角洲间形成大规模的货物运输，西江航运通道为西江经济带的发展提供通道作用。

第四，西江经济带的核心是西江沿江地区，周边地区则是核心地区的腹地，以西江港口为连接对象的集疏运交通网络则是提高腹地通达性的主要途径，有利于加强西江经济带核心区和腹地区域的社会经济联系。

第五，西江经济带的形成和发展存在不断流动的物流、客流与信息流等各类空间流，交通设施网络为西江经济带各类空间流的流动提供基本保障作用，确保西江经济带社会经济系统的高效运转。

第六，西江经济带是珠江三角洲经济区的溯河延伸，承接发达地区的产业转移是西江经济带的重要目的，综合交通网络尤其西江航运通道为珠江三角洲的产业转移提供通道作用，也为西江经济带加强同港、澳地区的联系提供支撑作用。

第七，西江经济带虽然是带状经济空间形态，但内部也形成空间体系。交通设施网络是西江经济带内部空间体系形成与演变的主要支撑条件，是塑造优势发展空间区位的主要手段，包括发展轴线和人口—产业集聚区。

2. 陆路交通和水路运输的竞争与合作关系

内河航运体系与陆路交通的竞争关系是长期以来区域发展的重要问题。随着西江经济带铁路和高速公路的持续建设，未来将形成部分与西江航运方向一致的陆路交通线，如高速公路和铁路，它们与西江航运存在着竞争与合作并存的关系。因此，具体交通方式的选择主要决定于以下几方面。

（1）运输竞争分析应着眼于具体的运输货类

内河航运的适应性广泛，在煤炭、矿石和原油等大宗货物、重大件货物运输方面具有不可替代的优势。目前，西江航运货物主要是矿建材料、水泥和煤炭，并有少量集装箱。

1) 煤炭：主要源于云贵煤炭基地，通过南昆线、黔桂线运至本地，满足本地企业的煤炭需求（图5-11）。同时，大部分在贵港下水通过西江运至珠江三角洲。该货物的运输主要通过铁路或铁水联运进行，原因有二：珠江三角洲的电厂主要沿江布局，同港口码头有固定的专用交通设施；南昆铁路和西江形成铁水联运是最便捷的通道。但是，未来规划建设的铁路将与内河航道对煤炭形成一定的竞争和合作关系。如规划建设中的昆明—南宁—广州、贵阳—广州、柳州—肇庆、黄桶—百色铁路，前两条铁路以客运为主，且建成需要4~5年的时间，柳州—肇庆铁路以货运为主，并与原来的黔桂线接通，修通后，部分贵州煤炭将会通过贵广铁路直接运输到广州。黄桶—百色铁路的修建，一方面可以使贵州煤炭直接通过铁路运输到广州，另一方面，考虑到水运成本优势，也可从百色下水中转至广州。内河运输方面，红水河全面复航后，上游的贵州煤炭将可通过250吨级内河货船直达来宾港，并换装2000吨级货船转至粤、港、澳地区，发展水水联运；未来南盘江和北盘江建成四级航道后，桂平至来宾航道将形成二级航道，贯通贵州、广西，500吨级船舶可直接从贵州航行到广东，贵州的煤炭可从贵州装船运至来宾或桂平转运至2000吨级船舶运往珠江三角洲。此外，随着右江的扩能，未来百色—南宁段将扩能成为三级航道，未来百色港也可下水贵州煤炭。根据西南煤炭生产规划及本地消费，预计2020年云贵外调煤炭4000万~5000万t，其中广西大约调入2000万t，广东大约调入2000万~3000万t。输入广西的2000万t煤炭中，直接通过铁路输入的约为1500万t，而水路输入的约为500万t；输入广东的2000万~3000万t煤炭中，通过西江大约输入1200万~1800万t，铁路输入的约为500万t。

综合来看，新建东西平行铁路对西江航运通道的影响表现为以下方面：①新建东西平行铁路对西江航运通道肯定有分流作用；②但是不会影响西江港口的煤炭下水总量，甚至反而呈现总体增长趋势；③煤炭在西江港口的下水地点发生变化，未来可能面临贵港、百色、来宾和南宁4个港口同时承担煤炭下水任务，对于贵港，其总量可能不但不减少，甚至会有所增长（图5-12）。

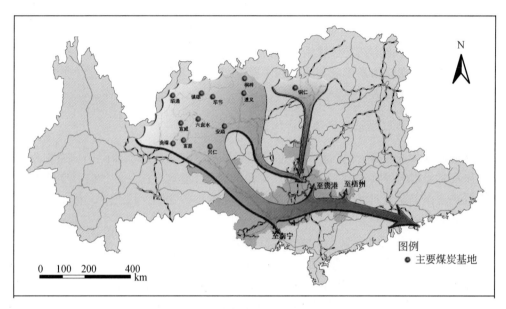

图5-11 云贵煤炭外运通道示意图

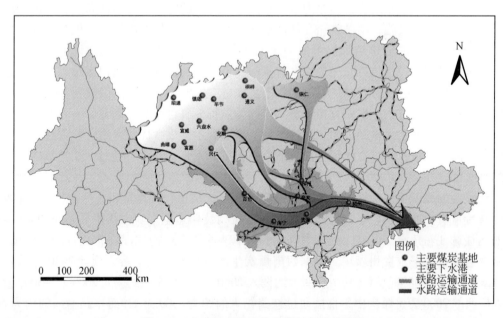

图5-12 未来云贵煤炭基地外运通道示意图

2）水泥：是西江沿岸的重要产品，产品形式是水泥熟料，除满足本地消费需求，多数产品需运至珠江三角洲；水泥企业沿江布局，目前已建设专用码头，且水泥消费用户在珠江三角洲分布分散，铁路和公路运输不是最便捷的运输方式。因此，西江经济带未来的水泥运输主要以水运为主。

3）集装箱：集装箱货物是西江各地区的产品，运输目的地有两个：一是其他沿海地区，属于内贸货物，内河—沿海运输路线最为便捷，而陆上没有直接通道；二是为香港提供远洋货箱喂给，为外贸货物，目前香港同珠江流域的内河港口已形成稳定的内河驳船集装箱喂给网络，铁路和高速公路无法提供直接服务。未来西江经济带的集装箱运输以水运为主。

（2）运输成本往往决定了货物的运输方式选择

内河航运价格低廉，只有铁路的1/2，公路的1/4，内河航运在大宗货物运输方面有明显的成本优势（表5-5）。以贵港为例，2008年6月，贵港至广州，水路运价约为每吨38元，铁路运价约为每吨72元，公路运价约为每吨130元。铁水联运需要考虑码头装卸费用，如贵港中转散装水泥装卸费每吨2元，件杂货每吨为4~5元，经铁路专线进入码头的煤炭装卸费为每吨21元。因此，加上在港口码头装卸费用，水运仍具有一定成本优势。如果在六景、来宾、柳州、百色、梧州港口中转，件杂货装卸费用每吨6~8元，经铁路专线进入港口码头的普通货物装卸费各港基本相等。因此，水运较铁路运输尤其是公路运输具有较大的成本优势。

表5-5　贵阳、贵州西南部地区至广州的各种运输价格对比表

地　区	运输方式	铁路里程（km）	水路里程（km）	铁路运价（元/t）	水路运价（元/t）	综合运价（元/t）
贵阳及周边地区	贵广铁路	857	0	206	0	206
	黔桂铁路在贵港中转	799	630	96	58	154
	铁水联运在来宾港中转	680	698	82	67	149
	铁水联运在梧州港中转	1 044	312	125	39	165
贵州西南部地区	红水河	0	1 291	0	88	88
	南昆铁路、南广铁路	1 043	0	192	0	192
	铁水联运在贵港中转	658	630	79	58	137
	铁水联运在南宁中转	484	903	58.08	74	132
	铁水联运在百色港中转	250	1 261	30	100	130
	铁水联运在梧州港中转	843	312	144	39	184

（3）运输距离很大程度上影响着货物运输方式

内河和铁路均适合运量大、中长距离的运输，而公路适合于运量少、门对门的短途运输。以水泥为例，按我国现有运输条件和费用水平，公路在200km以内、铁路在500km以内是比较经济的。超过以上范围，运输距离每增加100km，每吨产品的运费增加50~70元。水运由于其廉价的运输成本，水泥运输费用约为公路运费的1/3，合理的运输距离可以延长。因此，针对西江经济带的运输货种（矿建材料、水泥和煤炭）和运输距离（南宁—广州为500多公里），铁路和水运较为合适，这两者之间则在运输成本、运输时间及货种之间进行权衡（表5-6）。

表5-6 西江经济带各港口主要货种运输方式

货 种	货源/消费市场	主要运输方式
煤 炭	云南、贵州等地，铁路运至贵港中转下水至广东	铁路、水运
金属矿石	国外进口，经由广东或广西沿海港口调入	铁 路
建 材	梧州出港砂石，贵港进港砂石为满足水泥生产需要	水 运
水 泥	除本地消费外，主要运往粤、琼、云、黔、港、澳及东南亚	水运为主，铁路为辅
粮 食	主要从河南、河北、湖南、湖北等地调入	铁 路

3. 航运、水利、防洪、发电与生态环境保护的关系

内河的开发不可避免地涉及如何处理航运、水利、防洪、发电与生态环境保护之间的复杂关系，其中大坝和船闸等基础设施的建设在其中起着关键的作用。西江流域沿岸各地存在着较大的河床高程落差，梧州为9.9m，贵港为26.6m，南宁为58m，来宾为52.6m，百色为115.6m，崇左为84.6m，整个西江经济带中最高河床高程差距为100多米（图5-13）。河床高程落差的存在直接影响了西江干流和支流各区段的航道等级，进而也就影响

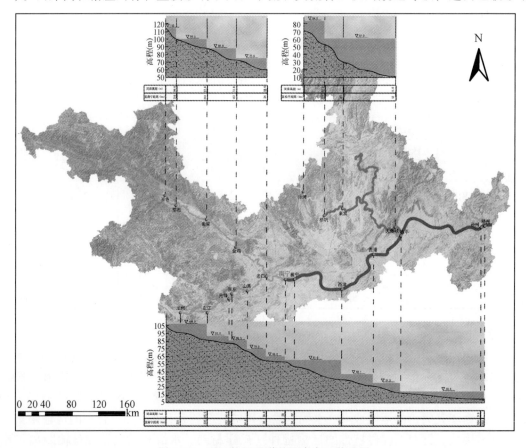

图5-13 西江航运通道的河床高程落差图

了通航能力,建设连续的大坝是提高河流上游水深和提高航道等级的重要途径。同时,为了形成系统的航道体系,并发挥大坝蓄水的功能而发电,大坝的建设往往伴随着发电和船闸的建设。但大坝和船闸以及发电设施的建设改变了河流的自然状态,滞缓了河流的流速,影响了河流的循环和净化能力,进而对周边生态环境形成一定影响。同时,系列船闸的存在也延长了船舶的过闸次数和航行时间,并容易造成船闸压船等影响。综合来看,以大坝为核心的系列设施建设,虽然产生了一系列问题,但形成了航运、防洪、灌溉和发电的综合效益。对于西江经济带而言,形成系统的航运体系,加强航道建设和提高航道等级,是最为重要的发展目标。因此,必须坚持"航运优先"的基本理念,兼顾防洪、灌溉、发电、旅游等功能,关注水资源的综合利用。

三、西江经济带交通支撑能力与存在问题

系统地刻画既有综合交通网络的发展现状和基本特征,剖析存在的各类问题,判断交通建设对西江经济带建设的保证能力,是支撑未来综合交通网络布局与建设的基本前提;同时,科学审视目前各类的交通建设情景,考察其合理部分和缺失,这是科学制订未来综合交通网络规划的重要基础。

(一)综合交通网络支撑能力

1. 综合运输体系初步形成

西江经济带经过多年的建设与发展,尤其西江"黄金水道"决策提出以来,广西加大了交通投资,交通建设迅速发展,目前西江经济带初步形成由铁路、公路、航空、水运和管道组成的综合交通网络,交通网规模、技术等级和服务水平显著提升,有力支撑了西江经济带的形成(图5-14)。2008年,西江经济带有交通线路(不含管道)5.79万km,其中铁路1600km,公路5.36万km,内河航道2700km(表5-7)。

表5-7 西江经济带各地市交通运输里程

地区		铁路(km)	公路(km)		内河航道(km)	总计(km)
			合计	高速公路		
广西		2 416	99 273	2 181	6 175	107 864
西江经济带	南宁	263	10 399	525	481	11 143
	梧州	153	5 109	111	336	5 598
	柳州	380	7 489	243	203	8 072
	来宾	257	5 662	75	430	6 349
	贵港	115	5 853	33	363	6 331
	百色	270	12 913	179	319	13 501
	崇左	180	6 157	160	549	6 886
合计		1 618	53 581	1 325	2 681	57 879
占全区比例(%)		0.67	0.54	0.61	0.43	0.54

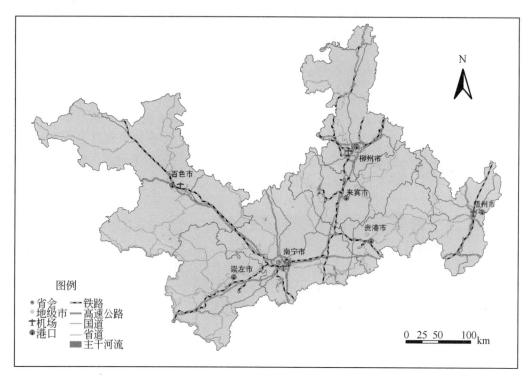

图 5-14　西江经济带综合交通网络现状图

1）铁路。铁路网较为发达，基本形成以南宁为主中心、柳州为副中心呈放射状发展的铁路网络，南昆、湘桂、黔桂、洛湛等铁路穿境而过，铁路里程为1618km，路网密度达1.24km/10^{2}km^2，高于全国（0.83km/10^{2}km^2）和广西（1.02km/10^{2}km^2）平均水平。

2）公路。近年来公路建设进程加快，里程不断增多，但高速公路网尚未形成。2008年公路里程达5.36万km，路网密度达40.94km/10^{2}km^2，略低于广西的平均水平41.94km/10^{2}km^2。目前，主要高速公路有包茂高速梧州段（梧州—岑溪）、泉南高速柳州—南宁—友谊关段、兰海高速南宁段（河池—南宁—防城港/北海）、汕昆高速柳州段（贺州—柳州—河池）、广昆高速梧州—百色段，里程1083km。其中，南宁、柳州是国家级公路主枢纽。

3）水运。西江经济带水路交通优势显著，目前已建成1000吨级航道570km、500吨级航道233km、300吨级航道768km，建成枢纽30座、船闸21座、建成生产性泊位398个，散装、件杂货物通过能力4355万t，集装箱32万TEU；拥有运输船舶7736艘，250万载重吨，平均吨位460t/艘（图5-15）。

4）航空。西江经济带共有6个机场，分别是南宁吴圩机场（4E级），梧州长洲岛机场（4C级）、柳州白莲机场（4D级）、百色机场（4C级）、崇左宁明机场、桂平机场。其中，南宁吴圩机场是西南重要的干线机场，与桂林机场、昆明机场和贵阳机场构成了西南民用航空的主框架。

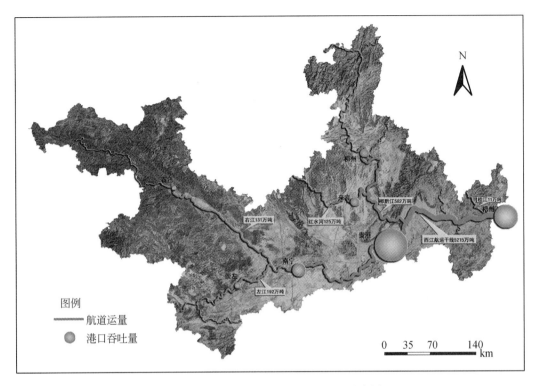

图 5-15　西江航道等级及港口吞吐量示意图

2. 基本保障了西江经济带的客货运输

西江经济带现有的综合交通网络有力保障了西江经济带的客货运输，尤其是大宗货物的运输（图 5-16）。2008 年完成客运量 3.24 亿人次（不含民航运量），旅客周转量为 300.4 亿人次公里，分别占广西客运总量与旅客周转总量的 49% 和 39%。货物运输方面，完成货运量 4.1 亿 t，货物周转量为 607.71 亿 t·km，分别占广西总量的 70.6% 和 34.6%（表 5-8）。从运输结构来看，客运中公路运输占绝对优势，占 92.6%。货运以公路运输为主，占 67.6%，其次为铁路运输和水路运输，分别占 17.1% 和 15.3%。目前，西江经济带的货物运输以大宗货物为主，包括矿建材料、煤炭、金属矿石、水泥、粮食。

2008 年，内河航运完成货运量 6277 万 t，货运周转量 220.2 亿 t·km，港口吞吐量合计达 4665 万 t，其中贵港已突破 3000 万 t。西江水运的大宗货物主要为矿建材料、水泥、煤炭、非金属矿石等。

2008 年南宁吴圩国际机场完成旅客吞吐量 340 万人次，货邮吞吐量 3.7 万 t；其他机场的旅客吞吐量较低，柳州机场为 26.5 万人次，梧州机场仅为 2.72 万人次，百色机场仅为 1.76 万人次。

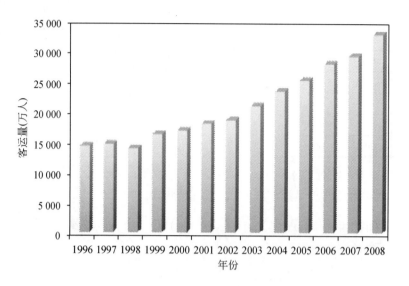

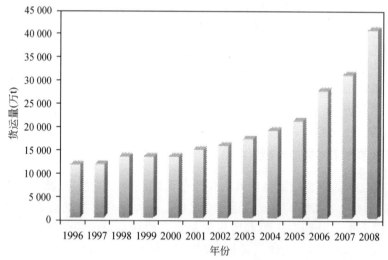

图 5-16　西江经济带的客、货运量发展历程

表 5-8　2008 年西江经济带各地区交通运输量情况

[单位：万人（客运量）、万 t（货运量）]

地 区	铁　路		公　路		水　运		航　空	
	客运量	货运量	客运量	货运量	客运量	货运量	客运量	货运量
南　宁	800	630	10 692	8 592	74.8	1 375.7	339.48	3.76
梧　州	110	1 500	2 556	1 648	80	656	2.72	0.000 7
柳　州	450	1 200	4 959	5 050	94.3	382.9	26.5	0.28
来　宾	130	900	2 400	750	90.68	280.85	—	—
贵　港	130	1 000	2 661.59	2 065.75	75	3 159	—	—
百　色	138.7	857.7	4 384	7 378	28.05	230.24	1.76	0

续表

地区	铁路		公路		水运		航空	
	客运量	货运量	客运量	货运量	客运量	货运量	客运量	货运量
崇 左	110	900	2 342	2 219	75.44	192.44	—	—
西江经济带	1 868.7	6 987.7	29 994.6	27 702.8	518.3	6277.1	—	—
比 例（%）	5.8	17.1	92.6	67.6	1.6	15.3		
广 西	2 937	9 861	62 000	38 200	1 081	10 000	—	—

3. 西江航运对西江经济带的形成开始发挥重要作用

过去一段时间，西江航运实现了通江达海，沟通了大西南与粤港澳地区，为发达地区和落后地区的社会经济联系发挥了通道作用，促进了沿江产业带的形成和区域发展。

第一，长期以来，西江航运对西江流域的人口和产业布局及城市建设具有引导作用，历史上，柳州、贵港、梧州、南宁等均是重要的港口枢纽，并是黔东南、长江流域与珠江三角洲进行文化和经济交流的集散枢纽，并由此成为岭南地区的重要政治文化和经济中心，而西江流域也成为岭南地区富裕的人口—产业集聚区。

第二，西江航运为西江沿岸地区的资源开发提供了强大运输支撑，包括石灰岩、黏土、花岗岩、高岭土、煤炭等矿产资源，同时，围绕这些资源，西江经济带各城市形成了水泥、陶瓷等产业类型，并形成了一些沿江布局的工业园区。

第三，目前，西江经济带的各城市已围绕航运业形成了一定的产业体系，包括航运运输业、航运教育与培训、船舶租用与维修、船舶制造业、现代物流等相关产业。这些围绕航运而形成的产业链，已成为支撑西江经济带各城市发展的重要力量。

第四，西江航运已开始承担西江经济带大宗货物的运输。在广西境内，内河货运量、货物周转量有了较快的增长速度，2008年，其占广西总量的比重从2000年的5.6%和9.06%分别上升至14.6%和15.2%。在西江经济带，内河货运量比例高达15.3%，远高于全国平均水平（12%）。在大宗货物运输方面，内河航运所占比重更是高达80%。未来西江经济带内河航运的作用将会更加突出，成为区域内煤炭、水泥等大宗散货和集装箱运输的重要方式，同其他运输方式协调发展，有力支撑西江经济带的发展。

4. 综合交通网络的支撑能力存在空间差异

长期以来，由于各阶段交通网络发展重点及区域投资的差异，西江经济带的各地市形成不同规模的交通网络，交通建设重点也不同。2008年西江经济带交通线路里程达5.79万km，超过广西总量的一半，但地市间差异较大，尤以百色、南宁和柳州里程居高，占西江经济带里程的57%。除路网规模外，路网密度也存在显著差异，贵港市的路网密度最高，达59.7km/10^2km^2，其次为南宁，路网密度为50.39km/10^2km^2，而百色路网密度最低，仅为37.3km/10^2km^2（图5-17）。总体来看，从路网密度来看，越往下游道路越密集；从人均拥有量来看，越往下游人均拥有交通线路长度越少；从实际货流密度来看，也是越往下游货流密度越大。

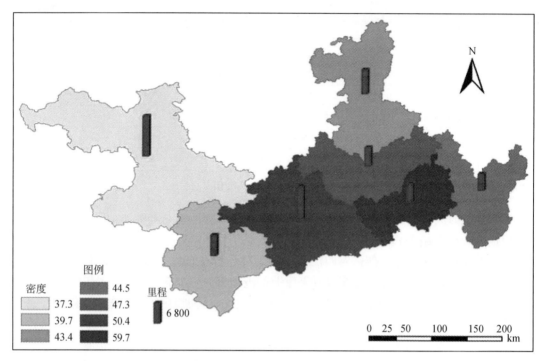

图 5-17　2008 年西江经济带路网规模和密度空间分布图

此外，各地市所具备的交通优势有明显差异（表 5-9）。南宁吴圩机场为全国重要干线机场之一；水运方面，贵港、梧州、南宁优势明显，其港口属于全国主要内河港口，吞吐能力大于广西其他内河港口，内河航道货运能力明显优于其他航段；铁路方面，南宁和柳州站位居全国 50 个铁路枢纽之列，2009 年洛湛铁路的通车结束了梧州市没有铁路的历史。公路方面，南宁、柳州为全国公路主枢纽，百色、梧州属于全国二类枢纽。分析表明，南宁为铁路、公路、水运和航空的综合性交通枢纽，具备各类交通方式的支撑；梧州为水运和公路枢纽，长期以来，水运是梧州发展的主要支撑交通方式；柳州为铁路枢纽，目前开始具备综合交通的支撑能力；贵港为内河港口枢纽，具备水运、铁路和公路等交通支撑能力；百色为铁路和公路枢纽，具备铁路、公路和航空的支撑能力。

表 5-9　西江经济带城市的现有交通支撑类型

地 市	水 运	铁 路	公 路		航 空
			公 路	高速公路	
南宁市	■	■	■	■	■
柳州市	■	■	■	■	■
梧州市	■	■	■	■	■
贵港市	■	■	■	—	—
崇左市	—	■	■	■	—

续表

地 市	水运	铁路	公路		航空
			公路	高速公路	
百色市	—	■	■	■	■
岑溪市	—	■	■	■	
桂平市	■	—	■		
凭祥市	—	■	■	■	—

■表示有此交通支撑类型

5. 交通设施营造了西江经济带的不同优势区位

交通设施不但为区域发展提供基本的支撑能力，而且加速了区域的空间分异进程，营造了具有不同优势水平的空间区位，也就影响了各区位的未来发展潜力与机遇。同时，不同的交通设施对各区位交通优势度的作用程度不同。本书采用8个指标，按铁路、公路、航运和航空4种交通运输方式，按县级行政单元，基于2009年广西综合交通网络现状图，对西江经济带的交通优势度进行评价（图5-18）。

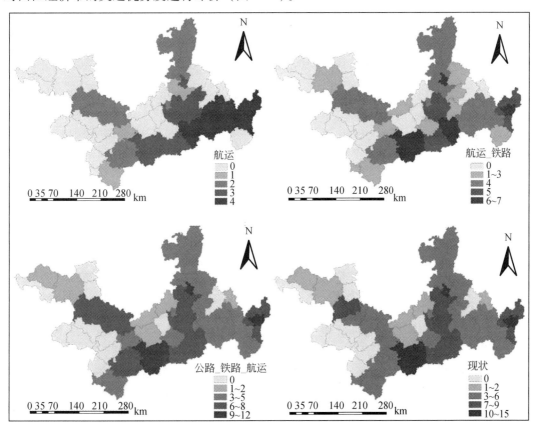

图5-18 航运、铁路、公路和机场对交通优势度的影响格局

如图 5-18 所示，航运、铁路、公路和航空对交通优势度的影响表现为以下方面：①以航运作为基础交通方式考察各地区的交通优势度，大致呈现从东向西北逐渐降低的格局，梧州、贵港是交通优势最高的地区，其次是南宁和来宾，而百色、崇左和柳州的交通优势较低。②在航运优势的基础上叠加铁路和公路及航空等交通方式的影响，发现各地区的交通优势呈现南宁为中心和"柳来贵南"三角区为集聚区的空间分异现象，对原有的基础格局产生很大影响（图 5-19）。③对比来看，现代交通方式的发展对航运交通优势的影响较大，明显降低了梧州的交通优势，并在一定程度上降低了贵港的交通优势，而明显提高了南宁和柳州的交通优势，在一定程度上提高了百色和崇左的交通优势，对来宾的影响较低。

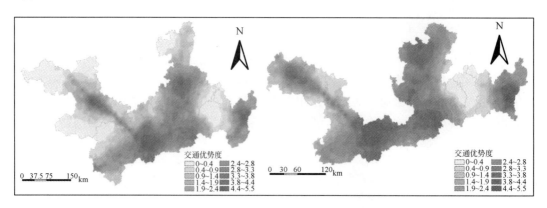

图 5-19　基于公里格网的西江经济带交通优势度

根据铁路、公路、航运和航空 4 种交通方式，对县级行政单元进行综合评价，结果如表 5-10 所示。

表 5-10　西江经济带综合交通区位优势现状评价

优势程度	分　值	个　数	县　市
好	>8	6	南宁市区、柳州市区、梧州市区、苍梧县、百色市区、柳江县
较　好	6~8	8	横县、贵港市区、来宾市区、平果县、田阳县、田东县、崇左市区、扶绥县
一　般	4~6	12	宾阳县、隆安县、岑溪市、藤县、平南县、桂平市、柳城县、融水县、融安县、三江县、合山市、宁明县
较　差	1~4	10	鹿寨县、象州县、武宣县、凭祥市、武鸣县、马山县、田林县、蒙山县、忻城县、隆林县
差	0	11	上林县、金秀县、靖西县、那坡县、西林县、乐业县、凌云县、德保县、大新县、龙州县、天等县

评价结果显示，交通区位条件较好的县市主要呈现轴向分布，形成西江沿岸一横和柳州至南宁一纵两个轴，其他远离这两个轴线的县市交通区位条件相对较差（图 5-20）。这表明西江沿岸和湘桂铁路沿线是最具发展潜力的地区，而这地区优势的形成主要依靠西江航运通道和湘桂铁路。从具体市县来看，综合交通区位条件好的县市共有 6 个，包括南宁市区、柳州市区、梧州市区、苍梧县、百色市区、柳江县，仍主要位于西江航运通道和湘

桂铁路沿线；综合条件较好的县市有 8 个，包括横县、贵港市区、来宾市区、平果县、田阳县、田东县等；以上两类地区是西江经济带最具发展潜力的地区。交通条件较差和差的县市分别为 10 个和 11 个，这些地区的发展潜力较低。

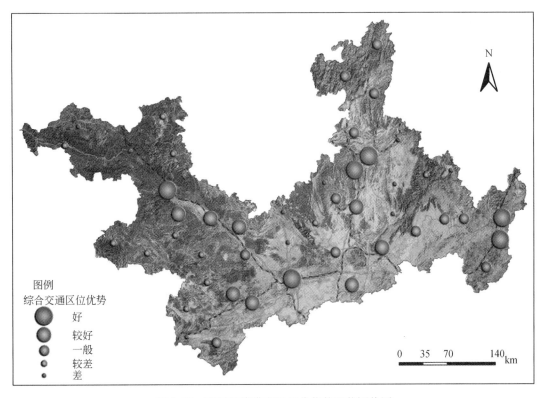

图 5-20　西江经济带交通区位优势现状评价图

（二）综合交通网络支撑西江经济带建设的不足

1. 交通设施发展水平相对落后，尚不能完全支撑西江经济带的发展

尽管区域性交通设施网络初具规模，但支撑西江经济带形成和发展的能力仍然不足，表现在以下方面：①基础设施总体建设规模相对不足，2008 年底，本区道路网密度为 44.22km/10^2km^2，万人拥有线路 21.3km，道路网密度和万人拥有率虽然同广西全区相当，但是现有道路网密度要远低于西江下游的广东以及长江沿线省份，线路万人拥有率也低于这些省份（上海除外）（图 5-21）。航运方面，如左江三江口至崇左只有部分航段通航，崇左至龙州段不通航。②公路和水运设施等级不高。现有公路等级普遍偏低，高速路占公路里程（不含农村公路）的 2.47%，二级以上公路仅占总里程的 10.5%，多数公路路况较差。同时，水运设施等级不高，航道等级总体偏低，高等级航道少，500 吨级以上航道仅占 30%，干、支航道没有高标准贯通；港口吞吐能力小，无法满足快速增长的运输需求，2007 年 1000 吨级以上泊位仅 31 个，以通用杂货泊位居多，集装箱等专业化泊位少，且港口设施简陋；船舶吨位小且船型杂乱，标准化程度低，运输装备水平有待提高。③船闸枢纽通过能力不足，船闸压船现象严重，限制了沿江产业的发展。长洲、贵港、桂平等船闸是西江黄金水道的咽喉，随着运输需求的迅猛发展，这些船闸通过能力日显不足，开始成为制约西江航运的"瓶颈"。2008年4月长洲船闸压船22天，西江干线发生大面积船舶滞航，高峰时上下游滞航船舶800艘，造成贵港货物压港严重，华润水泥等部分企业被迫限产减产，贵港至珠江三角洲水泥运价由30多元/t提到50多元/t。再如桂平船闸，一线船闸设计年通过能力仅1000万t，但近几年桂平枢纽每年过闸货运量已超过2000万t，通过能力已经严重饱和，货运高峰期，船闸已出现严重压船候闸现象，船舶必须在船闸外等待数天才能通过。④西江运能的不足严重限制了沿江产业的发展，钢铁、铝、锰等工业发展的物流量非常大，部分地区由于航运运能不足产生了"以运定产"的现象（如柳钢）。此外，贵州煤炭由于西江上游航道通航能力不足，同样形成了"以运定产"。交通设施建设的相对滞后限制了西江经济带的形成与发展。

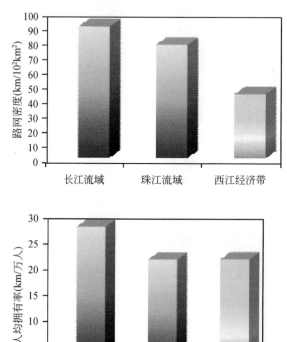

图 5-21 西江经济带交通路网与其他流域的比较

2. 尚未形成高效便捷的区际联系通道

西江经济带背靠大西南腹地，面向珠江三角洲，是通往东盟的最前沿，但现有联系通道不足，限制了珠江三角洲的产业转移及与西南腹地、东盟的联系。①国际与区际铁路运能不足。西江经济带与东盟的铁路早已饱和，且中越铁路未能形成技术衔接，广西至东盟的铁路通道尚未便捷贯通。西江经济带连通大西南的铁路有南昆线和黔桂线，连通中南的铁路为湘桂线和枝柳线，目前南昆线、枝柳线和湘桂线的运能早已饱和，黔桂线自贵州进入柳州接入湘桂线，增大了湘桂铁路的压力，西江经济带同西南和中南的通道能力严重不足。长期以来，西江经济带同广东尚未形成便捷的铁路联系，仅能通过黎湛铁路转运广州或通过湘桂线再转京广线，铁路通道严重不足。②国际和省际公路技术等级不对接。除公路联系通道的不足外，公路间技术等级的不对接也限制了对外联系通道的效能，国际通道南友高速公路虽已建成，但因越南未同步建设，尚未形成国际高速公路通道；广西与云南、贵州对接公路的技术等级也不对称，限制了区际社会经济交流。③高等级水运通道尚未形成。西江干线是西江经济带连接珠江三角洲的运输通道，但目前航道等级偏低，枢纽船闸过船能力不足，上游通往云贵的航道未能按规划全线通航，西江航运干线的综合效益未能充分发挥。

3. 西江水运未能得到合理开发利用

西江经济带各交通运输方式中，水运具有绝对的成本优势。当前，该区域各交通方式的运输成本分别是：水运0.06元/（t·km），汽车0.45~0.65元/（t·km），国家铁路0.081~0.152元/（t·km），地方铁路0.122~0.264元/（t·km）。但对比同一时期的客货运量比重，西江经济带铁路、公路和水路承担货运量的比例分别为17.1%，67.6%，15.3%，由此可见该地区货运以公路为主，水运比重偏低，水运成本同其运量不成比例，水运优势尚未得到充分利用。水运优势未能充分利用的主要原因是西江水运系统本身存在诸多问题。目前，西江航道等级偏低且未形成干支网络；港口规模小，港口设施落后，港口站场建设与物流组织落后；船闸枢纽通过能力不足，船舶技术等级低，未形成合理的港口集疏运系统（图5-22）。这造成西江水运的覆盖面和通达度不够。比如，目前西江货运船舶以机动驳船为主，有少量拖带船队，顶推船队极少，水泥船和木船仍占很大比例。

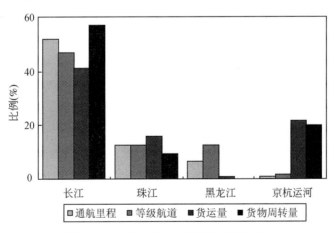

图 5-22 中国四大水系航道与货运比较

4. 尚未形成围绕西江航运的集疏运系统

西江经济带的重点是依托西江黄金水道打造沿江产业带，围绕西江航运如何构造高效的集疏运系统将至关重要。目前围绕西江航运通道尚未形成快速便捷的集疏运系统，包括西江经济带和港口区域两个层面。①区域层面，公路、铁路同港口的连通性弱。目前，多数内河港口处于单一集疏运方式的阶段，连接港口的区域性铁路和公路干线尚未形成，除贵港港直接连接黎湛铁路外，其他港口尚未有铁路连接，而且所有港口都没有高等级连接。港口缺乏铁路和公路干线的连接，直接影响了港口同腹地尤其深远腹地的连通性，增加了港口的物流成本，使大量腹地物流舍水行路，也就影响了西江航运通道和港口的发展潜力。②在西江经济带建设中，工业园沿江布局是重要模式，但目前工业园与港口间尚未形成便捷的通道。目前只有贵港猫儿山港有进港铁路，2001年进港铁路建成之前，猫儿山港吞吐量年均为25万t，建成进港铁路后，年均超过100万t，2008年超过250万t。猫儿山港的发展足以证明围绕内河港口打造高效便捷集疏运系统的重要性，但目前西江沿线尚未形成多方式、多层级的集疏运系统。

5. 以水为核心的管理部门与区域之间缺乏综合协调

西江是跨省河流，水资源开发利用不仅涉及各管理部门间的协调，而且涉及上下游、不同省区间的管理和协调。目前，西江经济带的水资源开发缺乏统一协调管理，表现为以下方面。第一，围绕航运的各种交通设施间缺乏统一协调管理。受地形条件的限制，西江、黔江、左江、右江的高程梯度过大，水位落差大，形成航道水深加高、船闸增建、过闸过多的矛盾，而西江各船闸彼此独立运行，统一高效的运营管理机制尚未建立，影响了船闸通航效率的提高，限制了航运畅通运行。同时，港口间缺乏协调与职能分工。第二，"多龙治水"导致水资源综合利用效益低。内河开发涉及防洪、水利、电力、航运、环保、灌溉等方面，这些职能归属不同部门，受部门、地方对水资源的不同需求驱动，发展内河水运的协调难度大，未能按既定目标和原则兼顾多方利益。根据郁江综合利用规划，从定安至桂平共布置瓦村、百色、东笋、那吉、鱼梁、金鸡、老口、西津、贵港、桂平10个梯级，但鱼梁、老口枢纽因各部门协调不足而一再推迟建设，导致上游无法通航，西江干线南宁以下已达三级以上航道标准，但百色至南宁段仍为六级航道，影响了西江航运网络的构建和下游城市的防洪。

专栏5-2　　　　　　　　　　广东省内河航运建设规划

广东内河航运网络是珠江流域的下游部分，是广西西江航运网络主要连通的部分，对其进行分析有利于广西西江航运网络的科学建设。目前，西江下游肇庆至虎跳门可通航船舶从1000吨级内河船提升到3000吨级海轮，并将很快全面完成珠江"一横一网"（2000吨级以上西江干线和1000吨级珠江三角洲骨干航道网）建设。"十二五"期间，广东将全力打造水运通道网络新体系，着力建设和形成内河港口布局新体系，引导市场形成内河运力结构新体系。第一，继续完善西江主通道，全面建成珠江三角洲1000吨级骨干航道网；将北江三水至清远英德段提升一定等级并逐步向上游延伸，形成北江水运主通道；继续完善韩江干流航运条件，形成韩江水运主通道，力争构建河海相通的内河水上"一横一网两通道"新体系。第二，在肇庆、云浮、韶关、清远、潮州、梅州、河源和惠州建设内河港口和码头泊位，将内河港口年通过能力提升至2.3

> 亿 t 左右，集装箱通过能力提升至 1000 万 TEU，初步形成工业园区与内河港口以陆上快速通道为连接，内河港口与沿海大港之间以骨干航道为连接的港口新布局。到 2015 年，水上运力预计发展到 1500 万 t，其中内河运力 1100 万 t 左右，内河船舶平均载货量提高至 1000t，并以 1000~2000 吨级内河船舶为主体，以 3000 吨级以上江海直达船舶、500~1000 吨级内河区间船舶为辅助，形成内河运力结构新体系。

四、既有交通设施建设规划的总体评述

除了探讨西江经济带的既有交通网络现状特征和存在问题，还需系统梳理广西和西江经济带各市的交通建设规划，粗略判断目前规划与未来需求的关系，识别交通建设的合理性、失误以及缺失，为未来的交通建设重点识别、交通路线调整和交通网络完善提供科学指导。

（一）加强重大通道建设是所有规划的关注焦点

有关广西或西江流域的各类规划，均高度关注该区域的重大交通运输通道的建设，这也是西江经济带综合交通运输体系的骨架部分。

从国家规划层面来看，西江黄金水道、云贵—桂粤横向通道及柳州—南宁—凭祥的纵向通道是建设的重点，这些通道的建设符合国家在广西地区的国家意志和国家愿景。

1）《全国内河航道与港口布局规划（2007—2020）》中，西江航运干线为全国"两横一纵"主通道之一，是全国内河航运网络的骨架部分。

2）《国家高速公路网规划》中，昆明—广州、泉州—南宁高速公路为国家 7918 高速公路中的重要路线，其中经过西江经济带的为百色—南宁—梧州段、柳州—南宁段（延伸至凭祥）。

3）《中长期铁路网规划》中，湘桂线、云桂铁路新线建设是重点工程，是铁道部关注的重点改造铁路。

4）《综合运输通道规划方案》中，百色—南宁段属于国家临河—南宁这一综合运输横向通道中的一段，为西南地区的重要出海通道。

广西地方政府及各地方政府，也围绕国家的规划纷纷制订了相关规划。这些规划虽然结合地方政府的发展意愿，扩大了国家规划的发展情景，但必须指出的是，加强重大通道的建设是所有相关规划的核心，而且这些通道的建设也符合广西与西江经济带的经济本底和未来发展潜力，是科学的并值得肯定的。

（二）未能充分关注陆路交通与西江航运通道的集疏运关系

分别编制各部门的交通建设与布局规划是中国交通部门的重要特点，这在广西也有所体现。目前，广西范围内编制的规划主要有《广西高速公路网规划》、《西江黄金水道建设规划》，并有《"十一五"公路水路规划》等规划，尚未建设综合交通运输体系建设与布局规划，这些专业性的规划缺乏综合规划。各专题规划的直接管辖部门是不同的利益主

体,因此在本部门的规划中难以考虑不同交通方式间的衔接和竞争关系。基于这种体制的交通规划,就形成了几个突出问题。

1)因各种规划间缺乏协调,在交通设施建设方面容易形成交通路线的盲目布局,尤其在同一方向往往会产生各种交通路线的平行布局。这种设置在部分地区可能是合理的,但部分地区是不合理的。

2)各种交通方式之间缺乏协调,职能分工不明确,这容易导致各种交通方式之间的恶性竞争,运能上也就形成了运力的过剩。

3)结合西江经济带来看,几乎所有规划都忽视了陆路交通设施和水上交通设施的关系。尤其是,围绕西江黄金水道的陆路交通网络,几乎在所有规划中都没有体现。这明显不符合西江经济带培育和建设的基本思想。

西江经济带是广西自北部湾经济区开发以来提出的又一重要的区域开发战略,该战略不同于北部湾经济区,是围绕西江黄金水道的流域性开发战略,西江航运通道显然是该战略的主要支撑部分。既有规划的这种缺陷,显然需要我们关注交通方式间的统筹布局与协调建设,尤其关注西江黄金水道的建设,围绕西江航运通道,建设其高效的集疏运系统,积极发展铁水联运、公水联运以及水水联运等。

(三)部分河段港口岸线规划密度过高,部分港口建设情景略有高估

随着西江黄金水道规划的出台,西江沿江各地市(包括梧州、贵港、南宁、来宾、柳州、崇左和百色等)纷纷加强了岸线资源的开发和港口码头以及作业区建设和布局的详细规划。这些规划在指导港口建设和引导产业布局方面发挥了重要作用。

需指出的是,目前的港口建设情景和西江岸线资源开发设想中,存在若干的问题,对未来的建设可能会产生误导,需要调整个别港口作业区建设和部分河段岸线资源开发的思路,以科学指导西江黄金水道的建设。

1)任何码头或作业区的建设都需要基本的产业作为支撑,目前部分地区的码头或作业区建设缺少产业的支撑和货源的喂给,建设与布局不合理,几乎沿江县县都布局有港口。这在各地区的港口建设规划中都有所体现。

2)西江经济带的建设显然带来经济的快速增长,由此产生了大量的港口货物,这需要加强港口的吞吐能力建设,但部分地区的港口规模建设情景过高设计。这突出表现在上游的支流港口,如崇左港、百色港。

3)随着港口的大规模开发,许多河段的岸线资源规划开发密度过高,过于关注港口岸线的开发利用,忽视了景观岸线、生活岸线以及其他特殊岸线(如城市取水口)的规划安排,尤其是集中在城市岸线资源和部分工业港区的岸线资源开发两方面,比较突出的是南宁六景工业园和梧州岸线资源开发。这种力图将港口建设作为岸线资源开发的核心目标,显然与岸线资源的综合开发利用主题有所冲突。

目前,这种港口建设和岸线开发的思路,促使本研究重新思考科学而合理的发展理念,充分关注港口与腹地产业、岸线资源与综合利用以及城市建设的空间关系,对部分港口、部分作业区和部分河段的开发和建设思路进行调整。

（四）高速公路规划过于超前，应对部分路线进行调整

高速公路规划的过于超前已经成为近年来我国各地区交通建设的突出问题，这在广西地区也有所反映。从路网密度来看，西江经济带高速公路的密度为 $1.01km/10^2km^2$，已接近美国高速公路网密度。从路网结构来看，2008 年西江经济带高速公路的比重为 2.5%，远高于全国平均水平和国际水平（表 5-11），相当于我国东部地区平均水平。从规划来看，国家高速公路网规划中对高速公路的功能定位是：最高层次的公路主通道，连接大中城市、交通枢纽、重要对外口岸和军事战略要地，承担区域间、省际及大中城市间的中长距离运输。国家高速公路布局目标为，连接所有城镇人口超过 20 万的中等城市。目前，在广西高速公路的规划中，多数路线符合高速公路路线布局的一般性规律，是科学的，但县县通高速公路的目标也有所体现，部分规划高速公路路线仅是连接县，沿线地区社会经济发展落后，这种路线需要进行调整或必须进一步论证。目前，广西地方规划的荔浦—铁山港高速公路，途经蒙山、平南、玉林、博白，除玉林外，其他县城非农业人口都不足 20 万；苍梧—龙邦高速公路的平果至苍梧段，与现有的百色—梧州高速公路基本平行，容易造成该线路的运输能力过剩。

表 5-11 中外公路网结构比较

国家（地区）	公路（万 km）	高速公路（万 km）	比例（%）
欧　　盟	500.00	6.34	1.27
英　　国	42.30	0.37	0.87
德　　国	64.45	1.25	1.94
法　　国	102.90	1.08	1.05
美　　国	643.00	10.20	1.59
日　　本	119.70	0.74	0.62
中　　国	373.01	6.03	1.62
西江经济带	5.36	0.13	2.47

五、西江经济带交通设施的建设思路

基于国内外内河航运开发的成功经验、交通运输基本需求，以及既有交通设施支撑能力、存在问题与各类规划梳理评述的分析，本研究重点分析论证了未来交通建设的基本原则、建设和调控要点、建设目标，以科学指导西江经济带的综合交通网络建设和西江航运通道构建。

（一）综合交通运输网络建设原则

1. 全力支撑西江经济带建设

基础设施是人类利用自然和开展各项活动的基础，是区域发展的重要保障，是全面推

动西江经济带建设的基本支撑力量和重要途径。西江经济带的全面建设势必产生大量的交通运输需求，这对交通网络提出了更高的要求，因此交通设施建设的首要任务是全力支撑西江流域的开发和建设。

第一，加快基本性的交通设施建设，改善区域发展基础设施条件，改变西江经济带目前的落后局面，积累和提升西江经济带发展的基本能力。

第二，交通设施本身是居民点和城镇的基础要素，其建设首先要保证人们出行和城市建设，满足城市间的社会经济交流。

第三，交通建设要保障西江经济带各类矿产资源的开发和输出，为西部地区尤其云贵煤炭基地的资源开发、利用和输出提供通道作用，并实现资源互补、互利互惠。

第四，交通建设和运输组织要充分保障产业布局和经济发展，尤其是保障大宗货物运输。

第五，改善西江经济带的投资软硬环境，促进区域合作，推动扩大对外开放，积极将西江经济带融通对接东部发达地区、港澳地区和东盟国家，积极开展对外贸易。

2. 合理引导产业与人口布局

交通基础设施是各类要素流动和配置的重要保障和承载体。未来，西江经济带的建设不仅要打造强大的产业体系，而且要布局合理的城镇体系，交通基础设施建设必须要合理引导产业和人口布局。

第一，通过科学设计和先行建设，优化生产要素的布局和配置，引导人口和产业向大型交通干线尤其是西江航运通道进行集中布局。

第二，通过交通网络建设引导空间发展区位，有前瞻性地打造优势区位，进而引导产业和人口布局，培育新的开发区域或增长极。

第三，通过交通网络体系的宏观设计，合理引导并优化西江经济带的空间格局，提升西江经济带的整体发展效率，有利于桂西、桂中、桂东地区的社会经济协调发展。

第四，通过交通设施建设，促进城镇体系的健康发展和功能优化。

第五，通过交通设施建设，引导珠江三角洲产业和技术以及人才向西江经济带的流动与转移，优化产业结构，打造东部产业转移的承接基地。

3. 资源集约利用

交通设施建设具有资源密集的基本特性，需要占用大量的土地资源，西江经济带的交通设施建设必须坚持资源集约利用的基本原则。

第一，高度关注西江干线及各支流岸线资源的集约利用与高效开发，坚持"深水深用，浅水浅用"的岸线利用原则，深水岸线要首先保证大型企业和公共运输的码头建设需求，浅水岸线用于小型企业的码头建设，提高岸线资源的利用效率和产出效率。

第二，新的交通设施建设或既有交通设施改造，注重土地资源的合理、节约和集约利用，通过资源整合减少土地资源的占用，尤其是耕地资源的占用。

4. 适度超前

交通设施虽然是先行性的区域基础设施，但其建设也必须坚持适度超前的原则，合理处理"交通现行"和"适度超前"的关系。长期以来，若干空间规划都显示出交通规划或建设过于超前的势头，甚至出现过热的趋势。西江经济带的交通建设，必须充分考虑功能区格局、产业布局、城镇体系和资源开发部署以及区际社会经济交流情况，进一步作好运输需求预测，严格按照有关交通设计规程，确定拟建交通设施体系对需求的适宜程度，合理确定建设规模，适度超前发展。但这种适度超前是相对于其他行业或部门建设而言，必须严厉禁止过度超前和无序发展，控制建设规模总量。同时基础设施网络的拓展应将追求总量规模的"外延扩张"与"内涵提高"相结合。

（二）西江经济带交通设施体系建设与调控要点

1. 强化、调整和引导共同推进

基于既有的交通运输网络和各类交通建设规划，应坚持强化、调整和引导共同推进的建设要点。

1) 强化：重点强化西江经济带的重大运输通道建设，包括西江航运通道、湘桂中越大通道和两广通道，同时加强重要的交通路线，并强化重要枢纽的建设。这也是本研究和既有各规划所确定的建设重点。

2) 调整：从区域发展和综合交通网络的角度出发，针对目前各类交通规划，对部分不合理的交通路线进行调整。

3) 引导：根据未来建设的需求和既有各类交通规划，提出部分新的交通路线，包括港口、高速公路以及铁路等，以适应西江航运通道的构建，支撑西江经济带的建设。

2. 以西江水运为主，陆路交通为辅

鉴于西江经济带是以西江航运通道为核心的流域开发，未来的交通建设应突出河流的水运开发。

1) 西江经济带综合交通网络的建设，必须突出西江航运通道的主体地位，以西江航运通道为交通建设的核心，其他交通方式的建设为辅。

2) 西江港口和西江航运通道必须依赖腹地货源的喂给，这需要强化陆路交通对西江航运通道的集疏运功能。

3. 突出航运干流，控制航运支流

西江航运通道的建设是西江经济带交通设施建设的核心。但港口建设和岸线资源的开发，必须强调干流和支流的差异。

1) 突出航运干流：干流河段往往是流域经济和社会发展水平最高的地区，港口发展有着较高的货源喂给，而且航运干流也是各支流货源汇集的河段，必须加强西江干流的航运通道建设，港口规模、航道等级和船闸通航能力应相对较高。

2) 控制航运支流：支流河段在流域中往往是社会经济发展水平较低的地区，难以为港口发展提供强大的货源喂给。支流河段的港口建设规模、航道等级和船闸等级都应该有所控制，不宜过高或过于超前规划。

（三）西江经济带交通设施体系建设目标

1. 西江航运通道在西江经济带中的定位

综合来看，西江航运通道在西江经济带开发中的基本定位为：西江航运通道是西江经济带形成和发展的根本依托，是其最主要的组成部分和最关键的支撑性基础设施，保障西江经济带的大规模货物运输，并加强西江经济带核心区和腹地区域的社会经济联系，同时为珠江三角洲的产业转移提供通道作用。

2. 总体建设框架

为了全力支撑西江经济带的形成与发展，按照"强化通道，加强干线，增加支线，相互交融，形成网络"的思路，交通设施网络应形成以下建设框架。

1）形成畅通高效的航运大动脉：积极建设以千吨级高等级航道为主的航道体系，以西江干线为骨架，右江、左江和柳黔江支线相结合，以南宁、贵港、梧州中心港口为主和百色、来宾、柳州和崇左为重要港口的港口体系，形成大运量、高效率、干支畅通、江海直达的航运大动脉，连通粤港澳地区和大西南地区。

2）构建快速通达的集疏运系统：以西江港口为核心，依托区域内公路、铁路等交通干线，构建西江航运通道的快速通达的现代化集疏运网络，提高沿线腹地和深远腹地的通达性，拓展港口腹地，延伸内河水运的服务范围，充分满足西江经济带的航运需求。

3）打造现代化的交通干线网络：依托既有铁路和公路干线，积极进行技术改造，并结合区内外需求，新建部分铁路和公路干线，形成现代集约的交通干线网，联系中南、华南及东盟地区，支撑西江经济带的发展需求。

4）塑造便捷的对外交流系统：以贵港、梧州、南宁、凭祥、水口和龙邦等各类口岸为关键节点，依托西江航运通道、铁路干线和高速公路，形成面向珠江三角洲、港澳地区和东盟地区的便捷对外交流系统。

3. 总体建设目标

经过10年左右的持续建设，建成以一级航道为主的航运干线、以三级航道为主的航运支线组成的、并拥有1.10亿~1.15亿t吞吐能力的"船畅其运、货畅其流"的西江黄金水道，构建以铁路线和高速公路及国道为主连通腹地、工业园区的西江航运通道集疏运网络，构筑湘桂中越国际大通道和云黔桂粤陆路大通道，连接大西南、西江经济带和珠江三角洲，全力建设柳来贵南三角区的交通网络建设，打造西江经济带的重点开发区，同时所有乡镇通等级公路，村村通油路。以此，形成能力充分、便捷通达、集约高效、布局合理的综合交通设施网络，充分服务于西江经济带的主要产业、城镇和人口。

2020 年，西江经济带实现铁路通车里程为 3500km，高速公路里程为 3500km；西江通航条件明显改善，港口货物吞吐能力为 1.10 亿~1.15 亿 t，建设西江 1000 吨级以上航道通航里程 1596km，其中一级航道为 570km，二级航道为 347km，三级航道为 679km，以此形成亿吨黄金水道。

六、西江经济带交通建设方向与重点

基于前文的分析，本节提出西江经济带交通建设的基本方向与重点内容，重点从西江航运通道、集疏运系统、对外通道、重点开发地区等方面提出相关的建设内容，形成西江经济带交通建设的宏观框架，为西江经济带规划提供基本支撑。

（一）西江航运通道建设方向与重点

全国内河航道与港口建设布局体系中，明确提出，在长江、珠江、京杭运河与淮河、黑龙江和松辽水系，形成长江干线、西江干线、京杭运河、长江三角洲高等级航道网、珠江三角洲高等级航道网和 18 条干支流高等级航道的布局，西江航运干线为高等级航道，其支流右江、北盘江—红水河、柳江—黔江也纳入建设范围，主要港口有南宁、贵港、梧州港口，如图 5-23 所示。

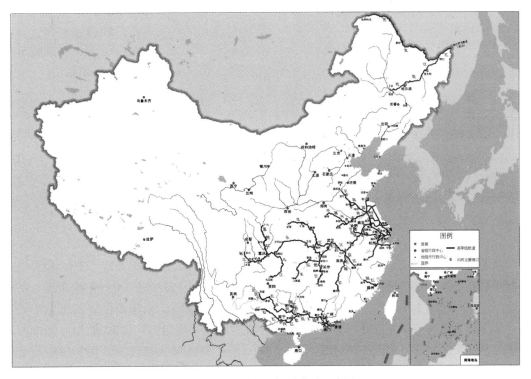

图 5-23 中国内河航道建设示意图

目前，西江经济带的航运业发展尚处于建设的初级阶段，航道和港口建设尚需要进一步加强。根据西江经济带各河流的贯通情况和沿线产业发展格局，在国家规划的基础上，应实现以下策略的建设：加快西江航运通道的基础设施建设，形成以"一干四支"为主骨架，干支畅通、江海直达的内河航道网，以及布局合理、层次分明、功能明确、设施完善的内河港口体系，全面提升航运能力和服务水平，打造西江黄金水道。

1. 打造"一干四支"的西江航道网络

以航道网络化为目标，重点延伸主航道，改造既有主航道，整治支线航道，提高航道等级，构筑"一干四支，干支连通、区域成网、通江达海"，上溯南宁、百色、龙州、柳州乃至云南、贵州，下达梧州、广州、港澳的航道网络（图5-24）。

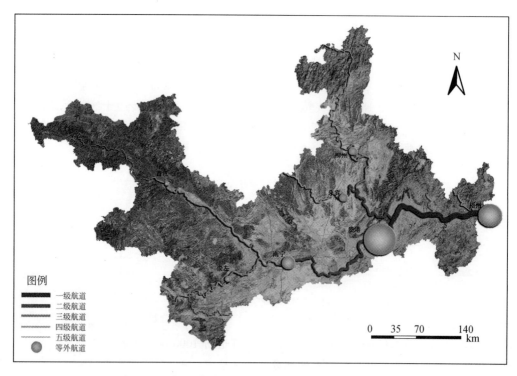

图 5-24　西江航道等级建设示意图

（1）全力建设西江主航道，打造大运能通道

西江航运干线是国家内河水运"两横一纵两网"主骨架的"一横"，自南宁至梧州，是西江航运通道的核心航段和西江经济带建设的主要支撑，沟通珠江流域上中下游，连通西江经济带与粤港澳地区。根据西江航运干线在广西、珠江水系及全国内河水运中的作用，结合运量发展趋势及航道建设条件，积极建设贵港—梧州段一级航道，通航3000吨级船舶，南宁、来宾、柳州以下建成二级航道，通航2000吨级船舶，并为远景一级航道建设留有余地。

专栏 5-3　　　　　　　　内河航道、船舶的技术标准与等级

内河航运由航道、船舶、港口等要素组成，其中航道有"航运之母"之称，水深是最为关键的影响因素。考察航道与船舶的等级对应关系，有利于内河航运建设的科学性。根据《内河通航标准》规定，航道等级由高到低分一级、二级、三级、四级、五级、六级、七级航道，这七级航道称为等级航道，低于七级的航道称为等外航道。

表　内河航道等级与船舶的对应关系

航道等级	驳船吨级	船型尺度（m） 总长×型宽×设计吃水	航道尺度（m） 水　深
一　级	3 000	75×16.2×3.5	3.5~4.0
二　级	2 000	67.5×10.8×3.4	3.4~3.8
		75×14×2.6	2.6~3.0
三　级	1 000	67.5×10.8×2.0	2.0~2.4
四　级	500	45×10.8×1.6	1.6~1.9
五　级	300	35×9.2×1.3	1.3~1.5
六　级	100	26×5.2×1.8	1.0~1.2
		32×7.0×1.0	
		32×6.2×1.0	
		30×6.4（7.5）×1.0	
七　级	50	21×4.5×1.75	0.7~1.0
		23×5.4×0.8	
		30×6.2×0.7	

如上表所示，每种等级的航道有不同的航道水深，并通航不同等级的船舶。其中，一级航道水深3.5m以上，可通航3000吨级船舶；二级航道水深2.6m以上，可通航2000吨级船舶；而三级航道水深2.0m以上，可通行1000吨级船舶。一级、二级和三级航道是内河航道体系中最为重要的部分。

（2）加强主要支流航道建设，构建西江航运基本网络

左江、右江、柳黔江和红水河是西江航运网络的主要支流，也是西江航运通道拓展腹地的主要依托，加强这些支流的航道建设具有重要意义。同时，根据桂江、秀江、都柳江、榕江等支流的具体条件，可适度建设低等级航道（表5-12）。

1）柳黔江航道：柳江、黔江是西江向北延伸的支流，自桂平至三江口，是国家内河水运规划的西南水运出海北线通道，沿线工业发达，有经济重镇柳州。未来，建设石龙三江口—桂平段二级航道，通航2000吨级船舶，里程为124km，远期可考虑建设一级航道；建设柳州—石龙三江口段二级航道，里程为160km，二级航道里程合计为284km。

2）右江航道：位于西江航运干线上游，自云桂两省交界处至南宁，是西南水运出海南线通道，未来，应建设百色—南宁段三级航道，通航里程为428km，实现右江全线渠化。

3）红水河航道：红水河是西江西北延伸的支流，是打通贵州腹地的主要支流。未来，应建设桥巩—石龙三江口为二级航道，通航2000吨级船舶，里程为63km。

4）左江航道：左江位于航运干线上游，自龙州至宋村三江口，是西江经济带联系桂西乃至东盟的重要通道。未来，应建设宋村三江口—龙州段三级航道，通航里程为322km。适度加强各支流航道建设，拓展腹地范围。

表5-12　西江航运通道航道等级

河流	航段	等级	里程（km）	通船能力
西江干流	贵港—梧州	一级	297	3 000吨级
	南宁—贵港	一级	273	3 000吨级
右江	百色—南宁	三级	380	1 000吨级
	百色至滇桂省界	四级	48	500吨级
左江	龙州—宋村三江口	三级	322	1 000吨级
	宁明至在妙	五级	118	300吨级
	龙州—平而	四级	47	500吨级
	龙州—水口	四级	54	500吨级
	上金河口至宁明	四级	44	500吨级
红水河	桥巩—石龙三江口	二级	63	2 000吨级
	桥巩至河池市界	四级	60	500吨级
柳黔江	石龙三江口至桂平	二级	124	2 000吨级
	柳州—石龙三江口	二级	160	2 000吨级
桂江	旺村—桂江口	三级	20	1 000吨级

2. 构筑"三主四副"的西江港口体系

港口是内河航运体系的关键节点，西江经济带以港口现代化为发展目标，依托腹地资源开发、产业布局和经济发展，根据航道通航标准，新建和改造相结合，调整码头结构，建设专业化泊位，全力建设中心港口，积极发展重要港口，适度发展小型港口，完善港口布局，拓展港口功能，提高港口吞吐能力，打造布局合理、主次分明、吞吐能力大、机械化作业效率高的港口体系，为西江沿江产业带和临港工业、外向经济的发展提供支撑。根据港口吞吐量的预测，2020年西江经济带沿江港口总吞吐量将达到0.9~1.0亿吨，打造以梧州、贵港和南宁3个主要港口为中心港口，以崇左、来宾、柳州和百色4个地区性重要港口为组成部分，其他一般港口为补充的港口体系，形成"三主四副"的港口等级结构（图5-25）。

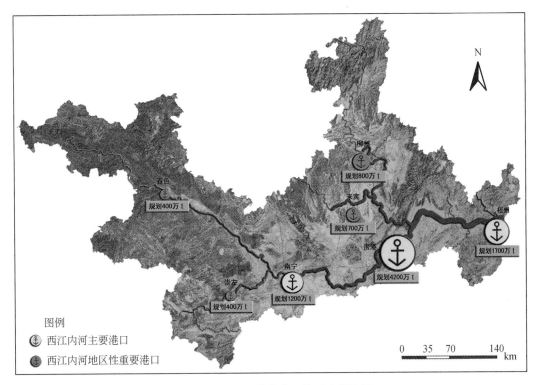

图 5-25　西江经济带港口体系建设格局

第一，积极打造西江中心港。梧州、贵港、南宁位居西江航运干线，均属于《全国内河航道与港口布局规划（2006—2020）》的全国 28 个内河主要港口，目前已形成一定规模的吞吐能力，但规模较低，应加快 3 个港口的扩能建设，打造成为综合性中心港，使其成为港口城市建设、临港工业和外向经济发展、联系粤港澳地区的主要支撑，并成为西江经济带对外交流的门户（表 5-13）。

南宁港：位于西江航运干线起点，包括中心港区、隆安、六景和横县 4 个港区和马山港点。未来，南宁港应重点建设六景和牛湾作业区，发展成为以集装箱、件杂货、矿建材料及煤炭等货运，并相应发展临港工业和现代物流的综合性港口。2020 年，南宁港吞吐量将达 1200 万 t。

贵港港：位于西江航运干线中游，包括中心港区、桂平港区、平南港区。未来，贵港港重点建设猫儿山、罗泊湾、覃塘白沙、平南港区武林、桂平港区东塔、中心港区苏湾等作业区，以及华润、台泥、海螺等相关业主码头，加快发展成为西南地区煤炭、水泥、非金属矿石、矿建材料、集装箱等大宗物资及外贸运输为主的综合性港口和集散中转基地，并相应发展港口物流业。2020 年，贵港港吞吐量将达 4200 万 t。

梧州港：位于西江航运干线下游。未来，梧州港应重点建设赤水圩、赤水、藤县西江及相关业主码头等作业区，以发展集装箱、件杂货、能源和矿建材料运输为主，相应发展临港工业和现代物流业，兼顾旅游客运，建设为综合性港口和桂东南面向珠江三角洲的港口物流中心。2020 年，梧州港吞吐量将达 1700 万 t。

表 5-13　西江航运通道内河港口建设设想　　　　　　　　（单位：万 t）

河流	港口	现状吞吐量	规划吞吐量
西江干流	梧州	836.4	1 700
	贵港	3 112.1	4 200
	南宁	233.3	1 200
柳黔江	柳州	192.6	800
红水河	来宾	205.8	700
左江	崇左	72.4	400
右江	百色	12.0	400

第二，加快建设地区性港口。未来，加快建设柳州、崇左、百色和来宾 4 个地区性港口，提高港口设施水平，取缔粗放式和小作坊式的装卸作业点。

来宾港：是柳黔江的重要港口和西南水运出海通道中线港口，主要包括忻城、合山、兴宾、象州、武宣等港区。未来，来宾港重点建设合山、宾港、象州港区的中塘、武宣港区的草鱼塘等作业区，重点发展矿建材料、水泥、非金属矿石等本地大宗货物运输，积极开展黔煤下水中转运输，发展水水联运。2020 年，来宾港的吞吐量将达 700 万 t。

柳州港：是黔柳江、融江、都柳江等支流的重要港口，包括鹧鸪江、阳和、官塘和太阳村 4 个港区。未来，柳州港重点建设阳和码头和鹧鸪江码头及新圩铁公水联运港、河西汽车混装港、洛埠公铁水联运港，重点发展集装箱、汽车滚装、铁矿、煤炭、建材等散货运输，满足柳州大型工业企业的矿石、煤炭和建材运输需求，支撑柳州工业发展；同时，积极加强旅游码头建设。此外，加强柳江、鹿寨、柳城、融水、融安和三江等小型港口的建设。2020 年，柳州港的吞吐量将达 800 万 t。

百色港：是支流右江的重要港口，为滇、黔、桂三省毗邻地区物资的重要集散地和西南出海南线的主要港口。百色港包括右江、田阳、田东、平果、隆林、田林和大旺等 7 个港区，未来应重点建设大旺作业区和平果港区旺江作业区，主要承担百色腹地、滇黔的煤炭、矿产、木材、化工物品和铝产品等货物运输。2020 年百色港吞吐量将达 400 万 t。

崇左港：是左江流域的重要物资集散中心，主要包括中心港区、扶绥、龙州、宁明、凭祥等港区。未来，崇左港应重点建设新环作业区、龙州作业区和扶绥将军岭作业区，以散货、件杂货、矿建材料和水泥运输为主，适度建设旅游码头，支撑旅游业发展。2020 年，崇左港的吞吐量将达 400 万 t。

第三，加强重点工业港区或大型企业码头的建设。随着工业园区的建设和大型企业的入驻，工业码头和企业专用码头成为重要的建设方向，鼓励沿江大型企业建设或租赁专用码头。未来，需要重点建设的工业港区有六景工业港区、灵海工业港区，六景工业港区重点建设散货、件杂货、集装箱、危险品码头，并发展铁公水联运，服务于六景工业园区；灵海工业港区主要服务于灵海陶瓷工业园区。重点建设的企业专用码头主要有华润水泥码头（桂平、平南）、台泥（贵港）水泥码头、贵港电厂、贵港海螺水泥、贵港钢铁、贵港灵海陶瓷园区、来宾娘娘山水泥、来宾广西农垦红河糖厂、南宁绿洲化工、南宁金鲤水泥、柳州钢铁等企业专用码头，主要用于水泥、煤炭、矿石等大宗物资的专业运输与装卸。

第四，建设旅游码头。根据旅游资源开发和旅游路线组织，适度建设西江沿线的旅游专用码头，如大藤峡景区旅游码头、柳州旅游客运码头，加强西江航运通道对西江经济带旅游组织和旅游业发展的支撑能力。

> **专栏5-4　　　　　　　　全国内河航道与港口布局规划**
>
> 《全国内河航道与港口布局规划（2006—2020）》是我国等级最高的内河航运规划，该规划将全国内河航道划分为两个层次，分别是高等级航道和其他等级航道；将全国内河港口划分为3个层次，分别是主要港口、地区重要港口和一般港口。①根据该规划，在长江、珠江、京杭运河与淮河、黑龙江和松辽水系，形成长江干线、西江干线、京杭运河、长江三角洲高等级航道网、珠江三角洲高等级航道网和18条干支流高等级航道（简称"二横一纵二网十八线"）的布局，构成我国各主要水系以通航1000吨级及以上船舶的航道为骨干的航道网络，规划内河高等级航道约1.9万km（占全国内河航道里程的15%），其中三级及以上航道1.43万km，四级航道4800km，分别占75%和25%。高等级航道有长江干线、西江航运干线、京杭运河、长江三角洲高等级航道网、珠江三角洲高等级航道网、岷江、嘉陵江、乌江、湘江、沅水、汉江、江汉运河、赣江、信江、合裕线、淮河、沙颍河、右江、北盘江—红水河、柳江—黔江、黑龙江、松花江和闽江。②根据该规划，形成由28个内河港口组成的主要港口体系，包括泸州、重庆、宜昌、荆州、武汉、黄石、长沙、岳阳、南昌、九江、芜湖、安庆、马鞍山、合肥、湖州、嘉兴、济宁、徐州、无锡、杭州、蚌埠、南宁、贵港、梧州、肇庆、佛山、哈尔滨、佳木斯港口。

3. 形成统筹调度的船闸系统

船闸是西江航运通道的关键性交通设施，其通过能力直接影响到西江航运能力，对实现西江航道等级化和系统化具有战略意义，同时对西江航运的高效率运营有重大意义。为了提高西江干流与支流的航道等级，提高水深，应坚持"梯级开发"的基本理念，积极建设船闸，形成梯级化的船闸系统。根据西江干支流的地势、河床高程和梯度差异，重点建设以下船闸，突破西江航运通道的"瓶颈"。

第一，全力推进干线航道船闸建设，突破西江航运通道"瓶颈"。坚持新建船闸与扩能改造既有船闸并重，加快梧州长洲、桂平、邕宁梯级工程等新线船闸的建设，适时建设贵港、西津等二线船闸，形成以2000吨级以上船闸为主的枢纽体系，提高船闸枢纽的过船能力，全力解决西江干流通航的"瓶颈"问题。船闸技术等级如表5-14所示。

表 5-14 西江航运通道船闸系统

河流	船闸名称	线 数	过船等级	河流	船闸名称	线 数	过船等级
西江干流	梧州长洲船闸	一线船闸	2 000 吨级	右江	老口航运枢纽	一线船闸	1 000 吨级
		二线船闸	1 000 吨级		鱼梁航运枢纽	一线船闸	1 000 吨级
		三线船闸	3 000 吨级		那吉航运枢纽	一线船闸	1 000 吨级
		四线船闸	3 000 吨级		百色水利枢纽	升船机	2×500 吨级
	桂平船闸	一线船闸	1 000 吨级	左江	山秀船闸	一线船闸	1 000 吨级
		二线船闸	3 000 吨级		先锋船闸	一线船闸	1 000 吨级
	贵港船闸	一线船闸	1 000 吨级		左江船闸	一线船闸	1 000 吨级
		二线船闸	3 000 吨级	红水河	桥巩船闸	一线船闸	500 吨级
	西津船闸	一线船闸	1 000 吨级	黔江	大藤峡枢纽	一线船闸	2 000 吨级
		二线船闸	2 000 吨级		红花枢纽	一线船闸	1 000 吨级
	邕宁梯级工程	一线船闸	2 000 吨级			二线船闸	2 000 吨级

第二，加快支流船闸建设，支撑支流航道建设。黔柳江上，加快建设大藤峡水利枢纽 2000 吨级船闸和红花枢纽一线 1000 吨级船闸、二线 2000 吨级船闸（图 5-26）。右江上，积极推动老口、鱼梁、那吉航运枢纽建设，分别建成 1000 吨级船闸；同时结合水资源开发和能源建设，建设百色水利枢纽，建设 2×500 吨级升船机。左江上，积极推动山秀、先锋、左江 1000 吨级船闸的建设。红水河上，建设桥巩 500 吨级船闸，远期考虑建设桥巩水利枢纽二线船闸工程。

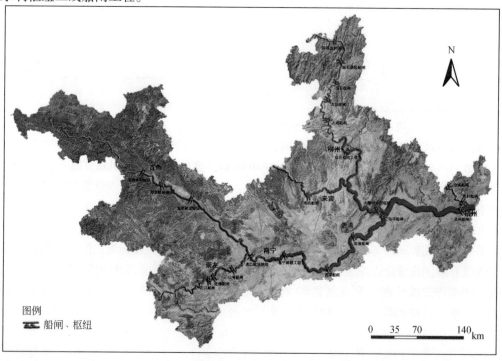

图 5-26 西江经济带航运船闸建设格局

4. 西江航运通道各区段的发展有所侧重

西江干流和支流间存在不同的自然条件和社会经济条件，航运通道的建设有不同的需求程度，未来应按照"突出重点，干支结合，有序推进"的思路，西江干支流的航道建设应强调有所侧重，重点突出（图5-27）。

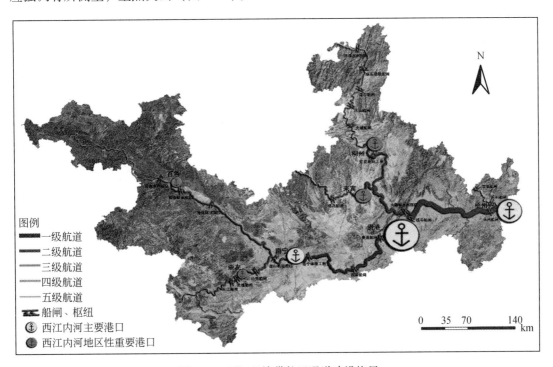

图 5-27 西江经济带航运通道建设格局

西江干流。西江干流是西江航运通道的骨干部分，也是目前航运业发展相对成熟的航段，是各支流最终汇集出海的通道。西江航运干线的建设要突出高等级航道和中心港口建设两个基本内容。第一，西江航运干线重点建设贵港—梧州段一级航道，南宁—贵港段二级航道，形成西江干线2000吨级船舶畅通无阻，贵港以下通3000吨级船舶；远期航运干线建设为一级航道，实现全线航行3000吨级船舶，通航里程为570km。第二，重点建设贵港、梧州和南宁3个中心港口，实现吞吐量达到7100万t，其中贵港为4200万t，梧州为1700万t，南宁为1200万t。

柳黔江。柳黔江是西江航运通道的北向支流和西南出海通道北线，是拓展桂北服务范围的重要通道，联系柳州等重要工业基地。柳黔江支流的航运建设要突出以高等级航道为主的航道建设方向，积极建设重要性港口。第一，柳黔江航道建设以三级为主，适度建设二级，畅通1000吨级船舶。扩建红花船闸和大藤峡等梯级水利枢纽。第二，重点建设来宾和柳州两个重要港口，实现吞吐量为1500万t，其中柳州港为800万t，来宾港为700万t。

右江。右江是西江航运通道的西北向支流，是服务桂西北的重要通道，并连通云贵煤炭基地。右江支流的航运建设要充分考虑河床水位落差大的基础，建设1000吨级航道和重要港口。第一，右江航道建设以三级为主，自三江口至滇桂省界实现1000吨级船舶畅通无阻。第二，重点建设百色重要港口，实现吞吐量400万t。

左江。左江是西江航运通道的西向支流，是服务桂西地区的重要通道，且连通东盟地区。左江支流的航运建设要关注1000吨级航道、重要港口和国际航运通道3方面：第一，左江航道建设以三级为主，实现1000吨级船舶畅通无阻。第二，重点建设崇左重要港口，实现吞吐量400万t。第三，研究建设水口河和平而河国际航道的可行性。

5. 优化调整部分岸线和码头作业区布局

随着西江亿吨黄金水道的建设，沿江地区纷纷编制了航道建设与布局规划，针对各航段的航道、港口和船闸建设提出了建设目标和时序。但综合看，部分地区的岸线资源规划开发密度过高，未能关注岸线的综合利用和功能优化配置，部分码头建设过于零乱，未能形成充足的货源组织和规模经济，需要进一步调整。

（1）港口码头与岸线开发调整原则

岸线资源是重要的国土资源类型，有着综合开发和利用的潜力和效益。尤其是随着城市建设和人们生活水平的提高，内河岸线资源的开发和利用模式开始发生了变化，城市生活岸线、城市景观岸线等新的岸线资源利用模式开始出现，这促使人们充分关注岸线资源的综合利用效益。根据国内外的既有相关研究，内河岸线资源的开发和利用有多种类型（图5-28）。主要包括以下几个方面。

1）港口岸线：指对社会开放的各类部、省与地方交通部门所属以及其他非交通部门合资、合作兴建的码头等。港口岸线是岸线开发的主要类型。

2）仓储岸线：主要指占用岸线的各类石油、液化气、化工原料储罐场、粮食、食用油仓库等及附属码头。这类岸线的比重也往往较高。

3）工业岸线：专指沿江火电、钢铁、化工、建材等基础工业以及其他造纸、拆船、修造船等。在流域开发过程中，工业岸线资源较多，并成为岸线资源开发利用结构中最为关键的部分。

4）生活岸线：包括城镇、城市取排水口和滨江风景区等，这类岸线主要布局在城市市区或近郊区。

5）生态岸线：主要是承担生态功能的岸线资源类型，包括防洪等生态功能。

6）过江通道岸线：包括长江大桥、汽渡、桥隧位预留等。

7）特殊用途岸线：专指军用和过江电缆保护等。

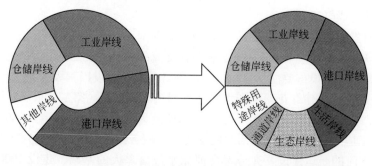

图5-28 内河岸线资源开发利用类型

过去,岸线资源的开发利用一直侧重前3类岸线和过江通道岸线资源,并一度成为各大内河岸线资源开发的主题。但是,随着人们生活水平的提高和城市建设的现代化,人们对岸线资源的开发利用功能开始进行重新审视,关注生活岸线、生态岸线等类型的开发和建设。在西江经济带建设中,将从岸线资源的综合开发利用角度去考虑港口岸线资源的开发和规划,并对部分河段的规划设想进行调整。

类型Ⅰ:根据港口与产业集聚区的空间关系模型,对各类规划确定的港口码头或作业区进行调整,主要标准是港口码头或作业区的布局须有产业集聚区作为连接或支撑,如果没有产业园区作为支撑,则需要进行调整。

类型Ⅱ:对于沿江工业港区的岸线开发,应以港口岸线的集约利用为目标,通过技术改造,提高码头泊位的吨级,以此强化港口岸线的深度利用,减少岸线资源的占用。

类型Ⅲ:对于可能发展成为城镇的工业港区岸线资源开发规划,根据岸线资源开发的综合效益,对部分港口岸线进行调整,布局部分生活岸线和生态岸线,为未来的城镇发展奠定基础。

类型Ⅳ:城市沿江地区,调整过密的港口岸线、工业岸线。依据有二。一是,城市范围的岸线开发须布局生活岸线、生态岸线、过江通道岸线及特殊用途岸线,生活岸线是调整重点,包括城市景观、城市生活、城市排水口等岸线;二是,根据 Notterboom 的 Anyport 模型,应搬迁城市内部的货运码头,将其岸线调整为城市生活岸线或城市景观岸线。

(2) 港口码头作业区的调整

交通运输体系的国内外发展经验证明,港口码头或作业区与产业集聚区存在互为驱动的机制,并在空间上存在各种模式。通过梳理国内外的类似案例,一般而言,产业集聚区与港口码头的空间关系主要有以下类型(图5-29)。

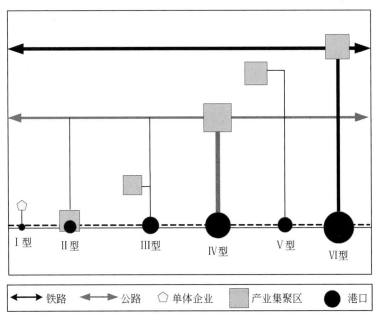

图 5-29 产业集聚区与港口码头的空间关系类型

类型Ⅰ：工业企业与港口码头形成固定使用关系，码头为企业专用码头，工业企业一般为有大量运输需求的大型企业，码头建设由企业负责，并在企业厂房与码头间形成特殊输送设施，如输送带、管道等。

类型Ⅱ：产业集聚区与港口码头融为一体，即形成工业港区，企业布局在此多为利用水运，产业集聚区多为临水工业，企业仓库与码头仓库以及堆场融为一体，或厂房同港口码头形成较短的输送通道。

类型Ⅲ：产业集聚区离港口和公路干线均尚有一段距离，需要通过公路干线与港口间的联络线连接产业集聚区和港口码头，产业集聚区多为临港工业，对水运的需求量较高。这类模式中，要重视产业集聚区、公路干线、港口码头的联络线建设。

类型Ⅳ：产业集聚区位居公路干线，通过公路联络线连接港口，港口不但服务于产业集聚区，而且通过公路干线连通其他腹地，有着较为广阔的腹地，港口规模相对较大。这类模式中，要重视公路干线与港口码头间的大容量通道建设，为港口码头的物流集散提供大运能保障。

类型Ⅴ：产业集聚区离铁路干线和公路干线都有一段距离，同港口的连接需要通过联络线，对水运的需求相对较弱。但这类模式仍要关注同港口和公路干线的联络线连接。

类型Ⅵ：产业集聚区直接连通铁路干线，而且有铁路联络线直接连通港口，并且产业集聚区和港口有公路联络线连通公路干线，港口同腹地及深远腹地间有着较好的通达性。这类模式中，要重视铁路联络线和公路联络线的建设，为港口的物流集散提供大运能保障。

按照产业集聚区与港口作业区的空间关系模型，系统梳理目前西江经济带各类产业集聚区和港口码头的空间关系，调整港口作业区的建设与布局思路，认为以下港口的作业需要进行调整，具体如表5-15所示。

表5-15 西江航运通道的港口码头调整内容

港口	原规划作业区	需调整作业区
梧州	赤水作业区、藤县西江作业区、河西码头、塘源危化码头、表水综合码头、赤水水泥码头、李家庄作业区、大漓口	表水综合码头、龙华码头
贵港	猫儿山作业区、罗泊湾作业区、覃塘白沙作业区、中心港区苏湾作业区、桂平江口作业区、桂平港区东塔作业、平南港区鹅儿湾作业区、平南港区武林码头、华润水泥码头（桂平、平南）、海螺水泥和电厂码头	中心港区郁水作业区、平南港区武林码头
南宁	中心港区牛湾作业区、马山作业区、六景作业区、隆安宝塔作业区、横县作业区	马山作业区
柳州	太阳村港区、鹧鸪江码头、官塘港区、阳和港区	太阳村港区（规模小）
来宾	忻城港区（红渡北巷）、合山港区（合山新作业区）、新宾港区（宾港作业区、莆田作业区）、象州港区（中塘作业区）、武宣港区（草鱼塘作业区）	—
崇左	中心港区（驮卢、永凯糖业、濑湍火电、新环作业区）、扶绥港区（将军岭、龙头乡、那宽、长沙村、海螺水泥厂、主城作业区、东亚糖厂作业区、岜桑作业区、渠旧作业区）、龙州港区（水口自由贸易港、龙州主城作业区、新工业作业区、上金作业区、响水镇作业区）、宁明港区（驮龙作业区、宁明新工业作业区）和凭祥港区（平而自由贸易港）	扶绥港区的龙头乡、那宽、长沙村、岜桑作业区；龙州港区的上金作业区、响水镇作业区；宁明港区的驮龙作业区

续表

港口	原规划作业区	需调整作业区
百色	右江港区（大旺作业区）、平果港区（旺江作业区、果化作业区、那厘作业区）、田阳港区（那坡作业区、头塘作业区、公娄作业区、二塘作业区、六联作业区）、田东港区（祥周作业区、田东作业区、思林作业区）	田阳港区的那坡作业区和头塘作业区、田东港区的祥周作业区、平果港区的那厘与田东作业区

（3）重点区段的岸线资源开发调整

南宁的六景工业港区、梧州港的岸线资源开发规划需要进行调整。

工业区岸线开发调整。六景工业区的岸线规划调整坚持以下几点。①原规划的生活岸线少，未来六景工业区有发展成为城镇的潜力，应加大生活岸线布局，一是在沿江居住区加强城市生活岸线布局，二是在河流汇集处，结合生态绿地，加强城市景观岸线布局。②六景工业园区的发展不仅是工业区而是城镇，应减少交通岸线即港口岸线布局，并在下游地区预留未来替代的港口岸线。③六景工业区的岸线资源开发规划限于东侧，而西侧尚未规划，但未来东西两岸的连通发展是必然趋势，须预留足够的过江通道岸线。④根据本河段洪水生成特点，必须规划布局生态岸线，尤其是防洪岸线。

城市岸线与港口的空间关系调整。梧州市岸线资源利用和港口码头布局应遵循以下几点。①位居城市内部的富民重件码头应迁出市区，避免港口运输活动对城市的干扰。②龙华作业区和表水作业区缺少工业园区的支撑，不宜再进行开发。③加强长洲岛的城市景观岸线布局，减少工业岸线布局。④梧州市区向苍梧方向拓展是必然的趋势，建议加大梧州与苍梧中间河段的生活岸线布局。

（二）西江航运通道的集疏运网络构建

西江经济带是以西江航运通道为核心的流域开发，围绕西江航运通道构建通达的集疏运系统是西江经济带建设的基本支撑理论之一。纵观国内外的类似开发案例，可以设计出西江航运通道集疏运系统的构建模式。

从图5-30中，本研究可以总结出西江航运通道集疏运网络的主要要点。

1）在宏观尺度上，大运能的陆路交通线是拓展港口腹地的主要途径，重点是通过铁路干线连通深远腹地，直接联系远距离的特大城市或经济中心，为港口发展提供充足的货源，与西江航运通道发展铁水联运网络。

2）在中观尺度上，快速连通中远程腹地的大中城市是实现港口持续发展的关键，可以保证稳定的货源喂给，其中，高速公路是这种腹地连接的主要交通方式，积极发展公水联运。同时，加强支流航运设施的建设，以支流拓展腹地，发展水水联运。

3）在微观尺度上，邻近的中小城市、城镇或大型工业园区是港口发展和航运通道繁荣的基本保障，为港口发展提供基本的货源喂给，服务于直接腹地。这需要通过重要公路干线，包括国道、省道等高等级公路，连接港口与中小城镇或大型工业园区。

4）除了考虑空间尺度设计港口的集疏运系统外，还需要考虑特色的腹地连接，尤其

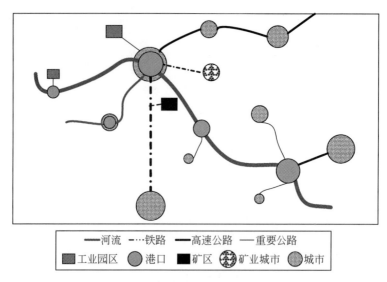

图 5-30　港口、航道与集疏运系统的关系图式

是大型工业矿区或矿业城市，服务于特色大宗货物的直接运输。这种腹地的连接需要建设铁路联络线。

通过这种途径，从多种空间尺度上和多种方式上，构建便捷、高效的集疏运系统，实现西江港口、西江航运通道与近邻腹地、中远腹地和深远腹地的联系。本研究将按照这种理论，构建以西江航运通道为核心的区域性集疏运系统。

西江航运通道的构筑，需要区域性的交通干线作为集疏运系统，加强港口同深远腹地的联系，提高腹地的通达性，尤其加强铁路干线和高等级公路衔接，积极构筑陆水联运系统，发展铁水和公水多式联运系统。

1. 重点加强铁路连接，构筑铁水联运系统

铁水联运是实现港口服务腹地的最佳运输组织模式，也是腹地大宗货物长距离运输的廉价方式。未来，西江经济带应重点加强以下铁路线的建设，构筑西江港口的大容量集疏运系统。

第一，南昆铁路是西南至华南的重要区际通道，也是黔煤外运的重要通道，既有南昆铁路已超载运行。随着西南经济的快速发展，铁路运力不足与运量增长的矛盾日益突出。因此，急需建设新的铁路线，并对原南昆线扩能改造。同时，古叙和毕节等煤炭基地的煤炭开发只能依靠公路外运，没有大运能的铁路，为了促进西南的煤炭资源开发和贫困地区的脱贫致富（有贫困人口 350 万），构建贯穿西南地区的铁路干线，并为川黔渝提供最近便的出海大通道（约比其他铁路减少运距 157~588km），应新建隆黄百铁路（隆昌—黄桶—百色）。南昆铁路可以连接南宁港，隆黄百铁路可以连接百色港，以此，在西江港口同西南深远腹地间形成大容量和快捷通达的铁水大容量综合运输走廊。

第二，黎湛线、黎钦线是贵港港的主要铁水联运路线。目前，黎湛线运能为 3500 万 t，利用率达 76%，已逼近饱和状态，西段为贵港港的主要集疏运路线（表 5-16）。柳钢等西江上游企业的原材料原从湛江港登陆然后通过黎湛线再转湘桂线到柳州，2008年北部湾经济区战略提出后，其运输路线改为防城港登陆经钦防线、黎钦线，再转运湘桂线，目前黎钦线运能仅为500万t，利用率达76%。随着西江经济带的发展，需要通过沿海港口转运煤炭及矿石等大宗物资，势必对两条铁路线产生更大压力，尤其黎湛铁路的压力更大。为了加强贵港港的集疏运系统，并为柳州和来宾提供新的铁海联运系统，应对黎湛线进行电气化改造和对黎钦线进行扩能改造，提高转运输送能力。

第三，湘桂铁路和焦柳铁路是西江经济带和中南、华东及华北社会经济联系的主要通道，也是柳州、来宾、贵港和南宁等港口的主要集疏运铁路和大宗原材料、主要工业产品的运输通道。目前，两条铁路线的运输压力巨大，湘桂铁路为单线，运能仅840万t，利用率为87%，逼近饱和状态，焦柳铁路运能为1600万t，利用率达100%，严重饱和，尤其本区段仍为单线。为了加强西江经济带尤其干流段和黔江段的建设，提高沿线港口同中南腹地的便捷联系，应积极对焦柳线进行电气化改造，修建湘桂铁路复线，使其成为以货运为主的大通道。

表5-16 主要铁路的技术指标与利用率

线路	里程（km）	设备现状	牵引质量（t）	货物运输能力（万t）	能力利用率（%）
湘 桂	1 021	单线、半自动闭塞	3 000	840	87
黔 桂	607	单双线、半自动闭塞	2 700	600	100
焦 柳	1 645	双线、半自动闭塞	3 000	1 600	100
南 昆	811	单线、半自动闭塞	3 900	1 900	96
黎 湛	318	双线、半自动闭塞	3 500	3 800	76
南 防	173	单线、半自动闭塞	2 800	670	80
黎 钦	110	单线、半自动闭塞	3 500	500	76
钦 北	100	单线、半自动闭塞	3 200	630	40

第四，为了拓展云贵煤炭基地新的对外运输通道，形成新的铁水联运系统，并为西江经济带的企业提供煤炭资源，应积极建设柳肇铁路及河池金城江至南宁铁路。由于规划建设的贵广铁路进一步升级为客运专线，未来西北、川渝、贵州大部分地区与珠江三角洲的货物必须由新的铁路来承担；柳肇铁路途径柳州、梧州，至肇庆与广茂铁路接轨至广州，以货运为主，承担原贵广铁路的规划货运功能，可缩短西南至华南的距离。同时，黔桂线的运能比较低，2004年为600万t，利用率达100%，2008年扩能改造完成后，运能提高到1500万t，但很快又超载，这需要建设黔桂线二线，形成新的铁路干线。通过两条铁路的建设，还可以提升柳州交通枢纽的地位，将西部各省同珠江三角洲相连接，形成新的西南出海大通道，促进珠江三角洲向西江经济带的产业转移。

2. 强化公路连接，提高西江航运通道的腹地通达性

公路是港口的主要集疏运方式，通过公路可以实现港口对邻近腹地及部分深远腹地的连接，提高西江航运通道的腹地通达性，为港口提供集疏运功能。西江经济带的公路建设主要包括国省道和高速公路，具体包括以下方面。

第一，积极建设三江—贵港高速公路，途经三江、柳城、柳州、武宣、贵港，形成港口连通桂北腹地的重要通道，为柳州港、来宾港和贵港港提供快速集疏运系统，并向南延伸连接北海港，加强内陆与沿海的联系。该路线的北段还可以加强旅游资源开发和旅游路线组织。

第二，积极推动贺州—梧州—岑溪高速公路建设，连通梧州港与南北两侧腹地，并沟通贺州、阳朔、桂林、龙胜、三江等旅游景区，打造连接珠江三角洲和粤、港、澳的便捷旅游通道；推动六景—钦州的高速公路建设，拓展六景港区的腹地范围。

第三，积极推动崇左—水口和百色—龙邦高速公路，分别将崇左港和口岸水口、百色港和口岸龙邦连接起来，将西江经济带融入东盟国际交通网络。

第四，加强国省道干线公路的技术改造，提高路网通行效率和通达深度，实现所有上规模港口码头连接二级以上公路。

第五，在科学论证地质和地形条件的基础上，尤其充分考虑穿越大瑶山的路线选择与成本估算，可考虑建设柳州—梧州高速公路，直接连通梧州与桂北地区，拓展柳州和梧州港的腹地范围；同时，建设百色至贵州兴义高速公路，连通云贵西南腹地，拓展百色港的腹地范围。

3. 强化港口码头进出港公路建设

港口码头与区域交通网的联络线建设，是目前西江各港口码头面临的重大问题。随着货运量的增加，既有港口作业区的部分联络线已超负荷运营，而新建码头作业区则对其联络线规划缺乏远景上的充分设计。积极推动各港口作业区与区域交通网的联络线建设，力争所有港口作业区都有二级以上公路连接。尤其是，众多的规划码头或新建码头，包括南宁的六景港区、隆安港区的宝塔作业区和中心城港的牛湾作业区，梧州港的赤水作业区，贵港港的猫儿山作业区和罗泊湾作业区，来宾港的莆田作业区，崇左港的新建码头，要科学判断未来港口运量增加与支撑系统的关系，关注港口与区域性高速公路、铁路和国省道的联络线、专用线建设（如六景港区铁路专用线、梧州赤水进港铁路线、百色港进港公路、来宾莆田作业区铁路专用线、贵港猫儿山作业区进港铁路）和疏港路线（如疏港大道）建设。通过完善和大运能的联络线，使港口码头和作业区直接融入区域交通网络，提高集疏运系统的便捷性。

4. 加强工业园区与港口的联系通道

沿江工业园区是西江经济带培育和发展的重要依托。西江经济带产业布局的重要模式是"港口＋工业园区"的空间模式，工业园区依托水运成本优势，为其原材料和产品运输提供支撑而邻近港口布局（表5-17）。

在工业园区和港口码头间建立高效的联系通道，是工业园区建设和发展的重要问题。未来，西江经济带应重点建设南宁的六景工业园、隆安宝塔工业园区，梧州市的梧州工业园区、陶瓷工业园区、进口再生资源加工园区，来宾市的来宾工业园区、河南工业园、凤凰工业化工园等沿江产业集聚区与港口码头间的联络线，包括铁路专用线、专用公路和高速公路以及连接配套路网和管道。以此，加快推进沿江工业园区的建设和发展，积极发展临港经济，打造沿江经济带。

表5-17 西江经济带沿江产业园区概况

河 流	港 口	工业园区
西江干流	梧 州	梧州工业园区、陶瓷工业园区、再生资源加工利用园区、赤水临港工业园区
	贵 港	贵港生态工业示范园区、广西农垦西江产业园区、江南工业园区、东津工业带、黄练峡工业集中区、覃塘工业集中区、桂平市长安工业集中区、桂平市龙门工业集中区、平南县丹竹工业集中区
	南 宁	六景工业区、南宁华侨投资区、江南工业园区、南宁高新技术开发区、南宁经济技术开发区、南宁仙葫经济开发区、隆安县宝塔工业集中区、邕宁区东部工业集中区、青秀区伶俐工业集中区、横县六景工业园区
柳黔江	柳 州	柳州阳和工业园、柳州高新技术开发区
红水河	来 宾	来宾工业园区、来宾迁江华侨工业园区、凤凰工业园区、华侨投资区、河西循环经济工业园及周边工业集中区
左 江	崇 左	崇左城市工业区、崇左广西中国—东盟青年产业园、左江华侨经济区、凭祥综合保税区及龙州县城工业园区、扶绥县城南工业集中区和宁明县城工业集中区、江州区全凤工业园
右 江	百 色	右江区的百色工业园区、桂明工业园区、禄源工业园区，田阳的新山工业园区、田阳工业园区，田东的田东石化工业园区、东海工业集中区，平果县的平果工业园区，田林县工业区、隆林县工业区、西林县工业区和乐业县工业区

5. 加强港口码头物流工程建设

任何港口都需要大容量的物流设施提供基础支撑。由于受地形条件的影响，部分港口码头的物流工程建设滞后，严重影响了港口规模的扩张和运营效率的提高。未来，西江经济带应以临港工业为依托，以港口物流为重点，加快港口的中转、仓储、堆场、装卸、配送等物流设施的建设，提高物流设施对港口码头的支撑能力。

（三）西江经济带对外综合运输通道建设

在西江经济带范围内，重大的运输通道除西江航运通道外，主要还有两条，分别是南北纵向的湘桂中越大通道和东西横向的云黔桂粤大通道。这两条通道与西江航运通道一起共同形成了西江经济带的骨架部分。加强湘桂中越大通道和云黔桂粤大通道的建设和完善，以提高对外交流能力，对支撑西江经济带的培育、发展和壮大具有战略意义。

1. 加强中越国际通道建设，积极融入东盟国际经济圈

以湘桂铁路和泉南高速公路为主要交通设施依托，西江经济带形成了上接湖南而通达华中和华东地区，下达越南而通达东盟地区的国际运输走廊。为了加强同东盟地区的合作，需要进一步构建湘桂中越国际运输通道,这是西江经济带交通建设的重要方向(图5-31)。

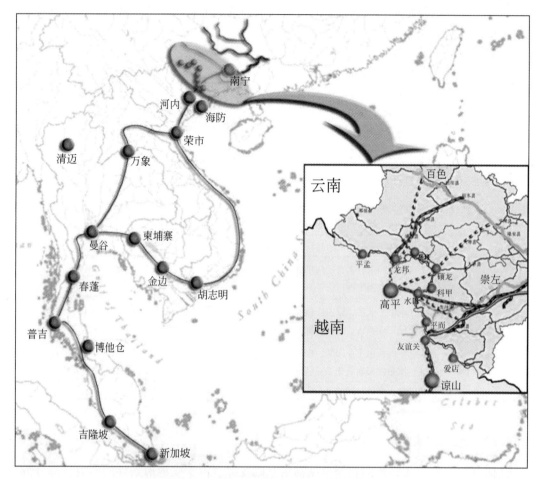

图5-31 南宁与国际经济区域关系示意图

第一,随着东盟政治经济的频繁往来,凭祥口岸进出量很大,湘桂铁路早已超载运营。为了加强西江经济带与东盟各国尤其是中南半岛各国的陆路交通联系,对湘桂铁路进行扩能改造,构建泛亚铁路(始于新加坡,经过马来西亚、泰国、柬埔寨、越南、我国南宁,至华东、华南或西部),也是打造河内—北京—莫斯科国际铁路通道的核心部分,加之泉南高速公路,形成我国连接东盟最便捷的国际陆路大通道,培育南宁至新加坡通道走廊。尤其是结合京广高速铁路和南昆快速铁路的建设,可考虑香港—广州—南宁—新加坡的环中国南海快速铁路通道的建设。

第二,以国家一类口岸水口和龙邦为关键节点,积极拓展新的国际联系大通道。为了强化水口和龙邦的基础设施支撑能力,提高国际贸易和商贸物流服务质量,并为我国利用境外资源提供运输保障,建设崇左—水口高速公路,如果未来发展可观,可在远期考虑建设崇左—水口—高平铁路,续建田东—德保铁路并延长至靖西龙邦,同时建设百色—龙邦高速公路。在未来条件成熟的前提下,这两条路线有潜力发展成为新的中越大通道,加强与东盟地区的国际联系。

第三，凭祥友谊关、宁明爱店、大新硕龙、那坡平孟、龙州科甲、凭祥平而、靖西岳圩等边境口岸，其公路均为低等级公路，需要加强中越陆路口岸的交通建设，重点推进通往口岸的高等级公路建设及沿边公路的升级改造，包括建设平果—硕龙高速公路（该路线还可服务于德天瀑布旅游开发），形成所有二类口岸都通二级公路的目标。同时，加强凭祥科列、油爱、龙州那花、布局、横罗、宁明旺英、北山、板烂，大新岩应等主要边民互市点的通道公路改造。

2. 全力建设云黔桂粤陆路大通道，连通大西南和珠江三角洲

在连接大西南和珠江三角洲方面，除了西江航运通道外，还应重点建设云黔桂粤陆路大通道。该陆路大通道主要由高速铁路、普通铁路、高速公路及国道与省道公路组成（图5-32）。

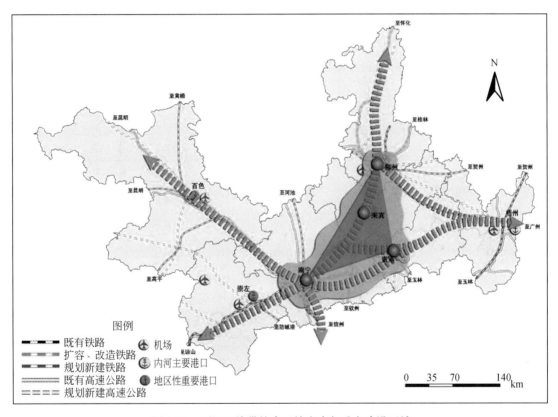

图5-32　西江经济带综合运输走廊与重点建设区域

第一，历史上，西江航运通道曾是云南、贵州、广西和广东的主要联系通道，随着红水河的断航，西江航运通道作为大西南和珠江三角洲的通道功能开始衰退，而且迄今为止云黔桂粤之间尚未形成大运能的陆路运输通道。1997年开始，新开通的南昆铁路与目前的西江航道形成新的铁水联运通道，但南昆铁路运能较低，为1000万t，2000年开始超负荷运行，近年来云南工业产能大幅提高，运输需求年增30%，2006年云南铁路满足率仅为18%，经南昆线运到北部湾的煤炭、焦炭、钢铁、化肥、有色金属、黄磷、磷酸等物资运量为450万t，而实际需求量为1350万t。就此来看，西南和华南地区缺少大运能的通道，如表5-18所示，就云南的出海物流需求而言，未来该方向上将面临更大的运输压力。为了构建大西南同广东的快速铁路大通道，应积极推进云桂、南（宁）广（州）高速铁路建设，对原南昆铁路进行扩能改造。云桂、南广铁路均为以客运为主，其中，云桂高速铁路从昆明至南宁，可大大缩短两地的交通时间；南广铁路沿西江经贵港、桂平、平南和梧州进入广东，在肇庆接拟建的贵（阳）广（州）铁路，可实现南宁—广州3小时到达，促使梧州融入广州1小时经济生活圈。

表5-18 云南至广西陆路通道的物流量预测　　　　　　（单位：万t）

类别	品种	2006年	2015年	2020年
进省	合计	800	2 414	3 888
	铁矿石	200	6 031	973
	铜精矿	55	166	267
	氧化铝	68	205	329
	硫磺	75	329	529
	其他	402	1 213	1 953
出省	合计	1 990	6 006	9 762
	煤炭	200	479	555
	焦炭	100	238	276
	钢铁	250	754	1 214
	化肥	300	905	1 458
	有色	60	180	290
	黄磷	35	106	170
	PVC	20	60	92
	矿建	30	91	146
	纸	30	91	146
	其他	965	2 912	4 690

第二，为了配合铁路建设，应加强高速公路建设。重点建设贯通百色—岑溪高速公路，纵横西江经济带，联系桂东、桂中和桂西地区，沟通珠江三角洲与大西南地区，使其成为连接西部地区和东部发达地区的重要通道，尤其是梧州等城市融入广州1小时经济社会交流圈。

云黔桂粤陆路大通道建成后，可形成大西南与华南沿海、广西至珠江三角洲的快速、便捷、大能力通道，促进东西社会经济交流和沿线旅游资源、矿产资源开发，带动民族经济发展。

（四）西江经济带重点开发区域的交通建设

1. 交通设施决定了柳来贵南三角区最具发展潜力

任何区域都需要选择交通优越的区位进行重点开发或发展，使之成为重点开发区即人口—产业集聚区。柳州—来宾—贵港—南宁所形成的三角区域（简称柳来贵南三角区）具有最高的开发潜力，可打造成为西江经济带的重点开发区。理由有三。

1）既有交通设施已塑造了西江航运通道和湘桂铁路沿线两个区位优越地带，而柳来贵南三角区位居两地带的交汇区域，既有交通优势度最高。

2）从人类历史来看，任何河流流域的开发过程，开发潜力最高和发展水平最高的区域主要有两类，一类是河流入海的三角洲，一类是河流干流与主要支流及不同重要支流的交汇地带，柳来贵南三角区位居西江干流和重要支流浔江、黔柳江的交汇地带，容易集疏各支流的物流，由此形成优越开发区位。

3）重大综合运输通道主要是西江黄金水道、湘桂中越大通道、云黔桂粤陆路大通道，柳来贵南三角区位居三条大通道的综合交汇区域，未来具备最高的交通优势度。

2. 城镇密集区的交通网络组织模式

随着城市化的快速推进，都市区、都市圈、城市群、城市连绵区等城镇密集区的空间形态不断涌现。城镇密集区有着大量的人口和产业，城镇节点众多，而且形成不同层级和职能。目前，主要城镇密集区的交通方式一般分为市区、近郊和区域三大系统，空间系统的划分主要是依据通勤时间（通勤距离）进行划定，每个空间系统内都具有不同的交通方式，由此形成不同的交通建设重点。

市区系统：市区系统主要是提供都市区的大容量客流输送任务，主要的交通方式有地铁或轻轨。

近郊系统：中心城市与郊区及邻近的中小城市主要通过高速公路连接，并且在客流量相对集中的方向上建设轻轨或城际轨道交通系统。

区域系统：中心城市与中心城市间形成快速的客运系统，包括城际铁路或高速铁路等交通形式。

3. 积极推动柳来贵南三角区交通建设，打造重点产业—人口集聚区

有鉴于此，应积极加强柳来贵南三角区的交通设施建设，全力支撑该区域的开发与建设，促进产业和人口的进一步集聚（图5-33，图5-34）。

第一，加强以南宁为中心的城际客运交通联系，重点建设桂林—南宁、南宁—钦州—北海两条城际客运专线，时速达250km/h，积极打造以南宁为中心的区域性快速交通网。

第二，在充分利用既有泉南高速公路的基础上，进一步加强湘桂铁路的技术改造，提高核心交通设施的支撑能力。

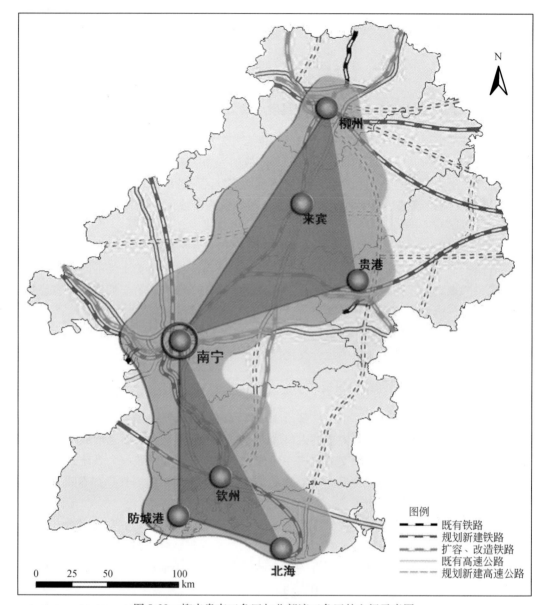

图 5-33　柳来贵南三角区与北部湾三角区的空间示意图

第三，依托西江黄金水道，积极推动浔江、黔柳江、红水河航道改造，加强贵港、南宁中心港和柳州、来宾重要港口的建设，尽快实施大藤峡水利枢纽工程和贵港、桂平船闸改造扩建工程，构建 2000 吨级船舶畅通无阻的航运网络。

第四，积极建设广昆高速公路的南宁—贵港段、泉南高速公路的柳州—南宁段、三江—北海高速公路的柳州—贵港段，强化中心城市南宁、柳州、贵港和来宾相互间的高速公路连接。

第五，积极加强中心城市的交通建设，在各城市间实现各种运输方式的有效衔接，发展客运"零换乘"、货运"无缝衔接"，使之成为柳来贵南三角区人员和物资进行集散、中转的核心枢纽，也成为西江经济带形成和发展的主要支撑。

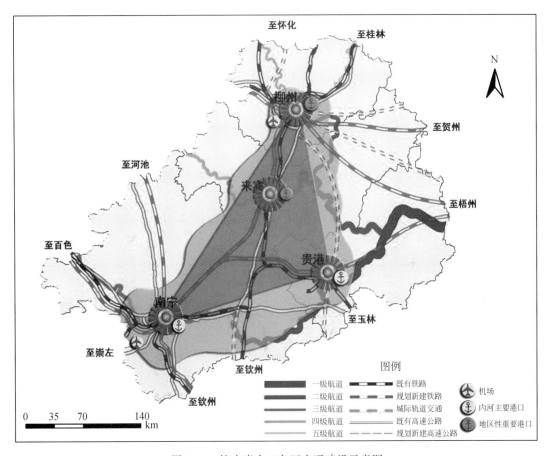

图 5-34 柳来贵南三角区交通建设示意图

4. 未来交通网络模拟验证了柳来贵南三角区建设的可行性

如果按照规划实施，2020 年西江经济带整体的交通条件将得到大幅度的改善，但交通区位的总体格局未发生大的变化（表 5-19）。

表 5-19 未来西江经济带综合交通区位优势评价

综合交通区位	分 值	个 数	县 市
好	>8	19	南宁市区、柳州市区、梧州市区、柳江县、百色市区、苍梧县、贵港市区、来宾市区、藤县、平果县、田东县、平南县、桂平市、横县、田阳县、崇左市区、隆安县、三江县、象州县
较 好	6~8	8	扶绥县、柳城县、融水县、融安县、宁明县、武宣县、合山市、靖西县
一 般	4~6	10	宾阳县、岑溪市、蒙山县、鹿寨县、凭祥市、武鸣县、马山县、田林县、金秀县、德保县
较 差	1~4	8	隆林县、上林县、那坡县、乐业县、凌云县、龙州县、天等县、忻城县
差	0	2	西林县、大新县

梧州—贵港—南宁—百色及柳州—来宾—南宁—崇左这两个轴的交通区位优势明显，并较原有格局得到了强化（图5-35）。两轴所经过的县市交通区位优势都得到了不同程度的强化，综合交通区位条件好的县市达到19个，比现状增加了13个。交通条件差的县市从原来的11个减至2个。综合来看，柳来贵南三角区的交通优势度得到了进一步改善，并成为西江经济带最具发展潜力的地区。这在一定程度上佐证了柳来贵南三角区作为重点开发区域的科学性。

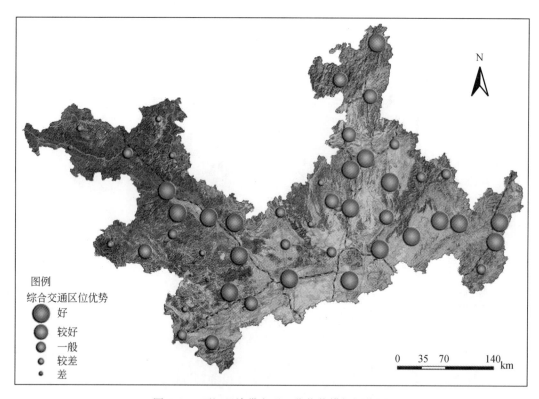

图5-35　西江经济带交通区位优势模拟评价图

（五）区域其他交通建设重点

1. 加快区域重大铁路、公路干线建设

除了连接西江航运通道和湘桂中越大通道、云黔桂粤陆路大通道的部分铁路线外，还有部分重要的铁路干线需要建设或进行技术改造（图5-36）。

第一，长期以来，南宁与贵阳的铁路联系必须绕道柳州，运输成本较高。为了加强西南地区同南宁及沿海港口的联系，应推动建设河池金城江至南宁铁路，构造重庆—贵阳—南宁—防城港的西南出海通道，以此，可以加强南宁的铁路枢纽地位，并且带动沿线贫困地区的开发，发展民族经济。

第二，前文已说明，南宁是柳来贵南三角区和南北钦防三角区的交汇点，加强南宁与北部湾经济区的大通道建设，既关系西江经济带与北部湾经济区的经济交流，又关系西南出海大通道的建设。有鉴于此,应积极推动广西沿海铁路南宁—钦州北段的扩能改造。

第三,同时,为了缩短崇左出海的距离,加快旅游资源和矿产资源(如锰矿、煤矿、膨润土)的开发,推动边关地区与沿海地区的联动发展,建议建设崇左—防城港铁路,加强北部湾经济区和东盟的社会经济联系。

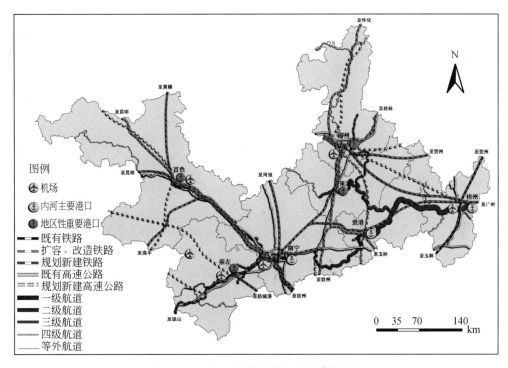

图 5-36 西江经济带综合交通网建设设想

除了连接港口的高速公路和国省道干线公路外,西江经济带还应坚持"高速公路网络化、干线公路标准化"的原则,重点加强区域性的重要公路干线建设。主要包括以下几条高速公路。

1)建设钦州—崇左—那坡高速公路,联系北部湾经济区、桂西和云南地区,并使其成为拉动西江经济带落后地区的重要交通干线。

2)推动柳州—阳朔高速公路建设,将柳州融入大桂林旅游圈,形成"桂林—阳朔—柳州黄金旅游热线",实现百里柳江画廊风情游和旅游热线漓江山水游相连接;同时推动三江—桂林和柳州—三江高速公路建设,开发融江沿岸旅游资源,打造桂林—三江—融安—融水—融城和柳州民族风情旅游走廊。

3)加强国省道公路提级改造,在国道公路全面建设二级以上公路的基础上逐步扩建成为一级公路,推动网络化建设,基本实现国道建成一级公路,骨干省道建成二级公路,其他省道建成三级公路,提高路网通行效率和通达深度。

2. 打造面向东盟的空中门户,构建快捷航空网络

航空运输是大中城市实现对外快速交通的重要交通方式,南宁作为中国—东盟博览会的永久举办地,应积极打造面向东盟的航空门户机场,构建以南宁为中心的航线组织网络。

第一,改扩建南宁机场,完善航线网络,打造面向东盟航空门户枢纽。根据《全国民用机场布局规划》,南宁属于中南机场群的干线机场,南宁机场的国内联系城市主要为北京、广州、深圳、上海和成都等,其旅客流量达20万人次以上(表5-20)。同时,南宁是东盟博览会的永久举办城市,2009年底,南宁已开通至胡志明、金边、新加坡、吉隆坡、雅加达的5条国际航线,2010年1月新增通往曼谷、万象、仰光的航线,每周进出港国际航班达40班,以服务于广西与东盟各国间的经贸往来、文化交流和旅游。近几年来,南宁吴圩机场的吞吐量增长迅速,2008年吞吐量为339.5万人次,高峰日旅客13 413人次,2009年其旅客吞吐量达到450万人次,年增长率达到32.5%,超过全国民航平均增长率的20%,但南宁机场的设计能力仅为250万人次(图5-37),机场已处于超载运营的状态。为了满足南宁对外交流的需要,打造面向东盟的国际门户枢纽,应尽快对南宁吴圩机场进行改扩建。

表5-20 南宁机场主要般段的航空流量

城 市	飞行班次(次)	旅客吞吐量(人)	货邮吞吐量(t)	正班客座率(%)	正班载运率(%)
南宁—北京	4 932	611 051	7 548	78.44	73.6
南宁—广州	4 388	482 058	3 705	72.53	62.95
南宁—深圳	3 284	399 737	5 697	73.42	66.78
南宁—上海	3 071	360 565	7 553	74.84	75.2
南宁—成都	2 039	209 471	4 607	73.31	68.99
南宁—昆明	1 984	172 904	1 548	79.54	78.48
南宁—武汉	1 955	161 808	1 114	78.6	69.65
南宁—海口	1 292	133 307	567	82.1	69.26
南宁—重庆	1 644	131 596	1 588	73.15	67.77
南宁—长沙	1 130	110 906	794	72.35	63.52
南宁—贵阳	1 237	103 282	461	73.38	63.49
南宁—南京	855	95 954	830	74.91	66.13
南宁—杭州	764	83 048	1 695	82.23	81.83

第二,崇左市是中国通往东盟国家的最前沿,也是泛亚"黄金通道"的关键环节,建议将宁明军用机场改建为军民两用机场,架通内陆与东盟更加快速便捷的运输通道,促进中国—东盟自由贸易区的建立和崇左市边关旅游业的发展。

第三,构建以南宁为中心的航线组织网络。目前,西江经济带的支线机场百色仅开通了往桂林、广州和重庆的航班,梧州仅有通往广州、深圳和南宁的航班,各地都想增加航

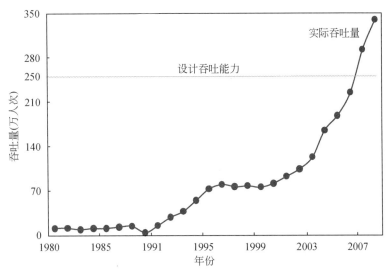

图 5-37 南宁吴圩机场的旅客吞吐量发展趋势

线,扩大对外联系,但本身运量又不足以支撑,导致航班密度低,运营不经济。如果构建以南宁为中转的航班组织网络,开通百色—南宁—北京,百色—南宁—上海,柳州—南宁—东盟等类似的经停航线,不仅可利用南宁通往国内城市的30条航线和通往东盟的8条国际航线,扩大各支线机场的对外联系范围,还有助于通过航班组织来提高南宁的枢纽机场地位,提高运营效率。

3. 积极建设农村公路,提高公共交通服务能力

为了繁荣西江经济带的农村地区,按"提高总量、改善质量、乡通村通、强化管护"的思路,重点加强农村公路建设,适应社会主义新农村的建设需要。

第一,加快乡镇通公路、乡镇通沥青(水泥)路、建制村通公路及建制村通沥青(水泥)路以及通总场、分场的公路建设,尤其加强老、少、边、穷地区的农村公路建设,改造老旧县乡油路改造工程,适时启动自然村通公路工程,形成完善的、多层次的农村公路网络,提高农村通达深度。

第二,加强农村桥梁建设和危桥改造,加快农村渡口改造以及渡改桥工程,加强便民码头建设以及各类排水、安全防护等配套设施建设,提高农村交通的可靠性和安全性,方便水网地区居民安全交通出行。

第三,农村运输网络组织是提高乡村地区公共交通能力的主要途径,加强农村客运站和农村客运网络建设,形成能力充分、便利的农村客货运输网络,提升公共交通服务能力。

第四,农村公路"三分建设,七分养护",要实行建设养护并举,发挥各乡镇是农村公路建设管理养护责任的主体作用,落实公路养护资金,建立农村基层组织和群众积极参与、监督农村公路建设、管养的长效机制。

（六）交通枢纽建设重点

交通枢纽是综合交通网络中的关键控制节点，也是客货流通的集散中心。依据各城市在国家和地方交通运输体系中的地位，明确各城市的地位和枢纽职能。

第一，继续打造南宁综合性交通枢纽。为了衔接西江干流与支流、柳来贵南上三角和南北钦防下三角，需要打造南宁综合交通枢纽，培育铁路、公路、水运和航空及管道等功能。未来需要重点协调好城市交通与城际铁路、快速铁路的衔接组织，积极发展铁水、公水和公铁联运与中转运输，打造面向东盟的国际航空门户枢纽。

第二，积极培育梧州新兴综合性交通枢纽。随着各类国家交通规划的相继落实，梧州将成为几条交通干线交汇的重要交通枢纽。为了衔接西江经济带、珠江三角洲及华中，需要构建汇集水运、铁路、公路、航空等功能的梧州交通枢纽。未来需要关注各种交通方式的衔接，重点是交通站点的布局与运输组织，突出发展水运，适度发展航空，同时城市建设和岸线开发须考虑未来交通枢纽的引导作用。

第三，推动贵港枢纽功能的转型。为了保障云贵煤炭和本地货物的运输，需要进一步发展贵港交通枢纽，完善铁路、水运和公路等运输功能。未来需要突出发展港口运输，加快铁路和公路连接线建设，积极开展铁水和公水联运，但关注本地企业发展和培育港口直接腹地的关系，尽快从中转型枢纽向本地集散型枢纽转变。

第四，全力发展柳州综合交通枢纽。为了沟通西江经济带与华中、川渝黔及珠江三角洲，需要构建汇集铁路、水运、航空和公路等功能的柳州综合交通枢纽。未来需要重点发展铁路和水运，适度发展航空运输，关注铁路、公路、城市交通与城际铁路的运输组织衔接。

七、未来值得关注的交通建设议题

任何规划都不可能将所有建设纳入其中。部分地区或部分交通设想，可能难以纳入西江经济带的规划期内，但随着未来西江经济带的发展和壮大，这些项目可能具有建设的前景。对此，本书提出3个值得关注的交通建设议题，作为未来深入研究的重点。

（一）平陆运河修建及可能影响情景

1. 平陆运河的研究与规划概况

平陆运河的提出已有很长的历史。1915年，有关部门曾组织过勘察工作，广东、广西于1951年、1958年和1960年，以及广西于1975年和1979年组织力量进行勘察，先后提出《平陆运河规划报告》。后来，1992年广西交通厅编写《平陆运河工程建设前期工作立项报告》，1994年广西交通规划勘察设计院编写了《平陆运河情况介绍》。平陆运河起点在南宁下游151km西津水库平塘江口，终点至钦江出海口沙井港，长122km（图5-38），期间需开挖30km，海路延伸18km可达钦州港。近期规划为三级（1000吨级）航道，航道水深3.2m，底宽50m；远期规划一级航道，通航3000吨级船舶。

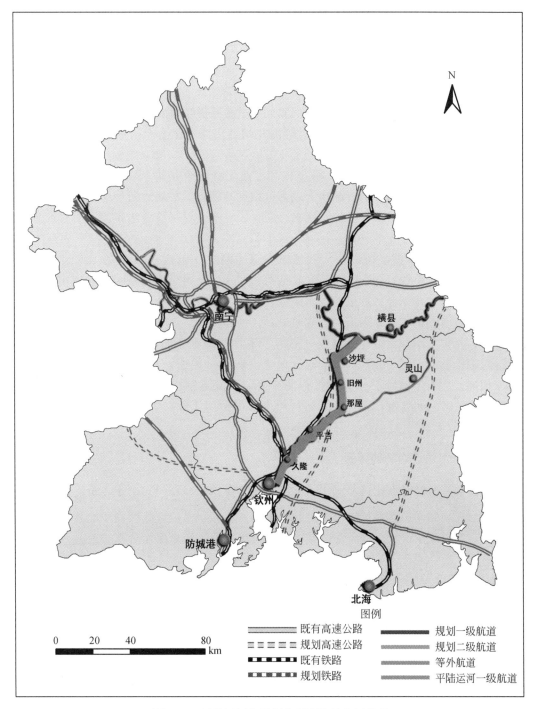

图5-38 平陆运河与规划交通网络的空间关系

2. 平陆运河的积极影响

平陆运河建成后,可能在以下方面产生积极的影响。

1) 平陆运河的修建可将邕江和钦江联通为一体,沟通西江经济带与北部湾经济区,西江航运干线和北部湾海港形成河海相通、水路联运的综合运输网,为南宁、贵港、崇左、百色、来宾等提供新的出海通道,并为钦州、防城港和北海等港口连通广西内陆腹地提供新的水路疏港通道。

2) 平陆运河的修建,可使平塘江口以上的外贸货物经运河到钦州港,比到广州港缩短里程560~563km,贵港等地物资可直接由钦州港出海,比途经梧州的出海通道缩短里程560km。

3) 随着北部湾经济区的发展,城市化和工业化将不断推进,既有小河流无法满足日益增长的淡水需求,因此,水资源缺乏成为可预见的趋势。平陆运河可为沿线工业提供淡水资源,尤其为北部湾城市提供工业用水。同时,平陆运河对沿线水库、湖泊具有分流泄洪作用。

4) 平陆运河的开凿,可以与沿线的既有交通路线〔包括桂海高速(双向6车道)、国道325和黎钦(单线)、南防线、钦北线等铁路〕、规划交通路线(六景—钦州高速、崇左—钦州高速)相结合,形成新的水陆综合运输通道,连通西江经济带、广西内陆与北部湾经济区,形成新的大运能综合运输通道。

"沿海"和"沿江"相连接可使"沿海"有广阔腹地,如长江三角洲有"沿海"和"沿长江"相通,珠江三角洲有"沿海"和"沿珠江"相通,渤海湾有"沿海"和"沿海河"相通。广西"沿海"没有大江作为依托,平陆运河可形成"沿海"和西江相通,拓展北部湾经济区的腹地,而且平陆运河可发展沿运河工业,加快广西"沿江"和"沿海"共同发展。

3. 平陆运河建设的制约因素

但平陆运河的修建须正确看待几个问题,这些问题决定平陆运河是否具有修建的必要性。

1) 平陆运河的建设工程量大,耗资大,建成一级航道,需投资200亿~300亿,这需要大量的资金支撑。

2) 平陆运河的修建需要引水,围绕"水"将形成几个问题。第一,运河引水会影响西津库区,该库区容量小,不具备良好的调节能力。第二,平陆运河有探漏,理论值需要20~30m³/s的水,要保证运河供水必须大量引水。第三,平陆运河设计千吨船舶,会大量分流邕江的水,特别在枯水期,将导致郁江缺水,影响西江航道水深,2000吨级船舶畅游西江干流的目标将受到影响;同时,造成西江淤积,加重疏浚压力。第四,平陆运河会截取水源,对珠江下游水资源供应有一定影响,且可能造成珠江口海水倒流、珠江三角洲淡水被海水冲咸和土地的盐碱化。

(二) 梧州长洲机场搬迁与长洲岛开发

1. 梧州长洲岛机场概况

梧州机场布局经历了一定的变化。1929 年在苍梧高旺乡建设高旺机场，1962 年停航，1987 年选址在长洲岛，1991 年动工建设，1995 年开通使用。梧州机场位于梧州市区西南、苍梧县城东北的长洲岛，占地 1447.67 亩，跑道长 1800m，宽 45m，飞行等级 4C 级，可供波音 737 类型飞机起降，停机坪 100m×75m，机场各种功能系统完善。机场自开航以来，先后开通梧州至桂林、南宁、北海、广州、深圳、珠海、海口和长沙等航线。2002 年 5 月至 2007 年，一直处于停航状态。目前，已开通梧州至桂林、南宁、西安、广州、深圳等航线，深圳鲲鹏国际飞行学校飞行主训基地也驻在梧州机场。

2. 长洲岛的开发潜力

长洲岛是全国第二大内陆岛，距离梧州市区 12km。长洲岛是一个江心岛，面积约 12km^2，岛上最高处高 63m；位于浔江干流中，东距梧州市区仅几千米（图 5-39）。岛上原设长洲镇，辖 7 个村，东北邻蝶山区和苍梧县长发镇，西南与苍梧县龙圩、人和镇和藤县塘步镇接壤。长洲岛西侧的外江江心处为泗化州岛，与长洲岛一起将浔江一分为三，形成内、中、外三江。

图 5-39　梧州长洲岛区位图

拥有大的江心洲岛，是梧州市与其他城市相比所具有最独特的优势，也是梧州市城市发展的特色优势。根据梧州市的发展形势和西江经济带的建设趋势，长洲岛的开发已经具备了以下条件。

1）长洲岛自然生态环境优良，基本处于自然发展的状态，未出现大规模的开发，有着科学规划和合理开发的基本条件。

2）连接长洲岛的交通条件不断改善，即将开工西江三桥，长洲岛成为贯通梧州市区和苍梧县城的交汇中枢，这为长洲岛的开发提供了交通通达性。

3）目前梧州市的城市发展空间较小，未来向苍梧方向拓展是必然趋势，梧州城市规划确定了这一发展方向。长洲岛居于梧州市区和苍梧之间，未来城市建设必将长洲岛纳入发展空间，这为长洲岛开发提供了重要条件。

根据长洲岛的自然条件和区位优势，未来可从观光旅游、休闲度假、商务会所、高档教育、绿色运动、特色饮食、高档住宅等方面进行开发，将长洲岛打造成为"西江明珠"和梧州市城市区的绿心，提升梧州市区的城市品位。

观光旅游：建设环岛绿色生态走廊，营造多彩的滨水、亲水景观，发展水上游乐景观，积极推动观光旅游业的发展（图5-40）。

休闲度假：发挥邻近市区或即将融入市区的区位优势，积极发展周末或假期休闲度假。

商务会所：发展商务社交、酒店及会所设施，形成商务、商业和商住三位一体，具备社交、度假、休闲、养生、娱乐、体育、会所、培训等功能。

高档教育：发展教育，包括私立学校和高档教育机构。

绿色运动：长洲岛拥有林木茂盛的原始生态山地，可积极发展健康运动，举办登山、攀岩、野营等都市景观体育活动。

特色饮食：充分凭借西江河鲜，发展西江特色饮食业；同时积极开展垂钓捕鱼等活动。

田园山庄：适度开发高档住宅或别墅，打造田园生态森林山庄。

(a) 长洲岛晚霞　　　　　　　　　　　(b) 长洲岛湖泊

图5-40　长洲岛风情

3. 梧州长洲机场的迁建

若能按照上述建议进行长洲岛的开发，势必考虑长洲机场的存留问题。机场作为大型的交通基础设施，与上述开发功能存在一定的冲突。表现为以下方面。

1）机场往往需要占用大量的土地资源，目前长洲岛的面积为 $12km^2$，扣减机场占用土地面积后，长洲岛的开发空间相对有限。

2）飞机频繁的起降有着严重的噪音污染，而长洲岛的开发显然关注环境条件，机场的存在严重影响长洲岛的开发环境。

3）机场作为大型基础设施，也是重要的空间景观类型，但这种景观显然与休闲旅游等景观主题不协调。

基于这种考虑，建议研究梧州长洲机场搬迁和选新址的可能性，腾出长洲岛，建设人居绿岛。

（三）左江上游国际航道开发

1. 左江上游基本情况

左江是珠江水系西江的主要支流之一，也是珠江流域唯一连接东盟的国际河流。左江发源于越南，上游分别为水口河、平而河、明江和黑水河，流域覆盖崇左及越南的凉山和高平省。平而河与水口河在龙州相汇合，称为左江。左江航运曾有辉煌的历史，平而河在历史上就是中越主要通道。目前，龙州至水口的水口河段、龙州至平而的平而河段为六级航道，可通航100吨级船舶，两条河流年输送能力分别达300万t和600万t。目前越南的杂木、干果、海鲜干货等许多货物通过平而河运到中国市场。

2. 中越国际河流开发的必要性

左江上游的4条支流中，水口河和平而河是中越国际河流，水口河和平而河均为中国境内的河流名称。水口河相关河段在越南称为平江河，平而河相关河段在越南称为奇琼河。目前，中越国际河流开发具有一定的优势。

1）平而河和水口河中越交界处均为我国重要的国际口岸，前者为平而二类口岸，后者为水口一类口岸。

2）通过水口河可上溯至越南高平省的高平市，而平而河可上溯到越南凉山省的凉山市。

3）越南沿江两岸的物产丰富，中越产品互补性强，特别是越南煤和矿产品储藏量大，这些产品正是我国急需的，崇左市于2007年与越南签订进口煤炭协议。据测预算，潜在的进出口运量不低于1000万t。

4）平而河和水口河的航运开发可拓展左江航运通道的腹地，扩大西江黄金水道的辐射半径，加强对各支流货物的集散，促进沿线地区的资源开发。

5）平而河和水口河的航运开发和边境贸易有机结合起来，以航道为路径，以口岸为据点，积极发展水上国际贸易，实现中越国际水路联运，搭建西江经济带和中南半岛各国新的运输桥梁。

3. 合作设想

基于东盟合作的宏观前景和东盟自由贸易区的建设，左江上游的国际航运开发可以在未来给予关注。具体可以在以下方面进行操作。

1）鼓励中国政府、广西区政府同越南进行协商和协调，就平而河、水口河的国际航道开发达成相关协议（图5-41）；尤其是崇左市与越南凉山省、高平省建立磋商机制，促进越南做好水利梯级和航道规划以及建设时序。

2）中国政府或广西区政府就水口河、平而河的航道开发编制开发规划，为中越的国际合作奠定基础。

3）争取国家给予与澜沧江同等的建设政策和资金。

4）口岸建设是国际航运开发的重要途径，建议加快口岸升级，重点是水口和平而口岸，并在可能的基础上，考虑向保税区或自由贸易港发展。

图5-41 水口河上的水口口岸

八、对策与建议

（一）强化西江黄金水道的综合管理与统筹调度系统

西江经济带的培育和发展须依赖于西江航运通道的建设与管理，西江黄金水道应形成综合管理和统筹调度系统。第一，由于西江航运通道形成了众多的船闸和梯级工程，船闸的调度与营运直接关系到各航段的航道水深，这些船闸应统筹运营和联合调度，实现船闸通航综合监管和船舶过闸联合调度系统，形成统筹化的运营机制。第二，加强西江航运通道的港航管理信息化建设，实现航道数字化、管理信息化，发展智能化航运管理，实现航运干线航标遥控遥测、航道数字化开发应用，并逐步推广到整个西江航运网络，增强西江航运服务保障能力。第三，完善航道应急抢通方案和水上交通安全预防监控体系，提高航道畅通保障和水运事故防治的能力。第四，西江航运通道不仅涉及航运部门，而且涉及水利、防洪、发电等部门，应对紧紧围绕"西江"的管理部门建立跨行业的综合协调管理体制。

（二）加强航运、水利、防洪、电力部门间的沟通与协作

西江航运通道的建设和运营及管理，涉及众多的部门与企业，由此形成了众多的利益交割和复杂关系，如何协调各部门的利益是西江经济带需关注的重要任务。构建"船畅其运、货畅其流"的西江航运通道，并追求最佳的综合效益，需要协调航运、水利、防洪、电力、旅游、口岸、环保、国土等部门间的关系，重点是加强各利益部门间的沟通和协作。尤其应在"航运优先"的前提下，突出"综合利用"，围绕航运、生态环境保护两大主题，重点加强航运、水利防洪、电力、环保等主要部门间的沟通与协作，形成稳定的合作机制，实现航运业与其他行业的协同发展。同时，联合海事、国土等部门，规范和控制河道上的采砂行为，杜绝乱采乱挖，改善左江通航条件。

（三）积极推动西江航运通道的标准化建设

打造"船畅其运，货畅其流"的西江航运通道，必须要在西江流域形成统一的航运技术规范或标准。第一，借鉴世界内河航运发达国家的成功经验，根据国家相关规划，建立完整的船舶标准化体系，引导水运企业，加快运输船舶结构调整，淘汰技术落后、安全性能差的船型，尤其淘汰 200 吨级以下船型，统一西江流域的航行船舶，包括船舶技术与等级，促进西江内河船舶向标准化、环保化、节能化和大型化方向发展。第二，对西江水工建筑物必须实行统一标准，以与标准船型形成技术统一，提高船舶的排污、过闸、靠岸能力，提高港口码头的装卸效率。第三，对西江干流及各支流上的跨江桥梁和涵洞进行标准化，尤其关注桥梁净空对西江航运的影响。通过航运通道的标准化建设，以提高运输装备技术水平和运输效率。

（四）加强国际、区际基础设施同步规划推进与技术衔接

西江经济带的基础设施建设需要周边地区和周边国家的共同努力和协作，形成同步规划方案、建设时序协调推进与技术等级统一。第一，加强珠江航运通道上下游建设的协调推进，包括船闸调度、航道疏浚和航道建设标准，重点是与下游广东肇庆的协作（肇庆个

别航段仅通航1000吨级船），避免上游通高吨级船而下游通低吨级船的矛盾，形成等级合理和建设时序协调的规划方案和建设工程。第二，加强西江经济带与周边省区协调，形成统一的公路建设技术标准，如百色与云南的公路等级衔接，并在通道资源、空间布局、建设时序与运营管理等方面统筹与协调。第三，在崇左和百色地区，积极加强同越南的协商，就中越铁路、公路和高速公路的建设形成共同的建设规划和改造技术方案，将这种协作延伸至口岸及运输站场规划，并对平而河和水口河的国际通航进行战略性研究，形成共同推进方案。

（五）引导综合运输体系职能分工，强化相互间的衔接与协作

随着高速公路和铁路干线以及地方铁路和国省道的发展，西江经济带将形成综合交通运输网络，各种交通方式尤其是方向相同的交通路线可能形成竞争，由此造成资源浪费，有必要加强综合运输体系的职能分工。第一，前文虽已明确指出横向铁路、公路和西江航运通道不存在竞争，但各管理部门或企业为了利益难免会形成市场竞争，应合理引导横向铁路、公路和西江航运通道的职能竞争。第二，协调高速公路与平行国省道的竞争关系，在充分考虑国省道民生意义的基础上，加强高速公路的运输。第三，基于政府主管部门的引导，在运输组织层面，通过运输企业、物流企业等专业企业的运营，在西江港口与高速公路、国省道、铁路形成稳定的集疏运机制。第四，积极发展江海洋直达联运。借鉴国际成功经验，西江经济带的各港口应积极发展江海直达班轮运输，尤其是加强同我国沿海地区的内贸运输与港澳台的区域运输，并积极发展与东南亚的国际运输，重点是集装箱运输，实现江、海、洋运输的合理衔接。

（六）加强沿线港口的口岸建设与海关、三检

西江航运通道的培育需要加强口岸建设，积极打造西江流域"大通关"。第一，基于既有口岸，进一步开放柳州、百色和崇左为内河开放一类口岸，同时，考虑选择部分重要口岸建设内河保税港，开辟西江流域同世界联系的窗口。第二，加强海关和"三检"的机构设置，提高西江流域通关和出关的能力，缩短物流时间，降低货物出口运营成本。第三，通过信息联网、数据共享、联网监管、区域联动，构筑西江各港同珠江三角洲大型外贸港的"大通关"机制，货物在西江各港海关报关后，通过内河运输抵达珠江三角洲外贸港后，由转关运输计算机自动化处理后，可以直接由该外贸港出口，实现"一次申报，一次查验，一次放行"。

（七）制定以西江航运业为核心的优惠税收政策

航运业是资金密集行业，利润低、回收期长，作为国家战略性基础行业，政府应借鉴国外航运发达国家的成功经验，给予航运企业一定的扶持、优惠政策。如减轻航运企业的税负负担，实施直接或间接的补贴政策；对从事铁路、公路、电站及配套设施等交通、能

源和基础设施建设项目的企业,可以适当采取税收优惠政策,采用投资抵免办法,即投资主体投资于公益性物流基础设施建设,其投资额允许抵减企业所得税税基。对其他投资额大、投资回收期长的港口物流基础设施,政府给予一定税收优惠。

第二节　能源供给与能源安全

一、西江能源基础设施的基础与供应特征

(一) 西江经济带能源基础设施的基础

1. 西江经济带的能源资源禀赋主要以水能和煤炭资源为主

水能资源是西江经济带的优势能源资源。整个西江流域的水能资源理论蕴藏量为1625.22万kW,占到广西全区水能资源蕴藏量的93%。经济可开发装机容量为1385.25万kW,年发电量624.67亿kW·h,占到全区总量的98%(表5-21)。

表5-21　西江水系水力资源情况

河流名称		理论蕴藏量(万kW)	可能开发水力资源		占全区比重(%)
			装机容量(万kW)	年发电量(亿kW·h)	
西江水系	红水河	854.54	981.3	434.76	68
	柳江	341.82	158.65	75.08	11.8
	郁江	297.63	192.43	89.63	14
	桂江	131.23	52.87	25.20	3.9
总计		1 625.22	1 385.25	624.67	97.7

注：红水河包括南盘江下游,黔江和浔江

西江流域的水能资源主要集中在红水河、郁江、柳江、桂江等支流上。其中位于西江经济带范围之内的可开发水电资源为865.95万kW,约占到西江流域经济可开发装机容量总量的56%(《中国水力发电史》编辑委员会,2007)(图5-42)。

红水河是西江流域水能资源最富集的地区。其上游称南盘江,发源于云南省沾益县马雄山,在西林县与清水河汇合后进入广西,沿广西和贵州边界与北盘江汇合后称红水河,流经乐业、天峨、南丹、东兰、巴马、都安、马山、忻城、来宾至象州县石龙镇三江口与柳江汇合,全长659km,落差254m(规划河段1050km,落差760m)。红水河流域高温多雨,水力资源丰富,技术经济指标及建设条件比较优越,是中国水力资源的"富矿"之一,蕴藏水能资源854.54万kW。红水河并上游的南盘江、北盘江共同构成了我国十五大水电基地之一的南北盘江红水河水电基地,是我国"西电东送"南通道的重要电源基地。红水河规划共可开发天生桥一、天生桥二、平班、龙滩、岩滩、大化、百龙滩、恶滩、桥

巩、大藤峡10个梯级电站。其中位于西江经济带规划区范围之内的电站有天生桥一、天生桥二、平班、桥巩、大藤峡。

郁江是西江水系的最大支流，发源于云南广南县的杨梅山，上游称驮娘江，由西北向东南流，与西洋江汇合后称剥隘河，至百色镇与澄碧河汇合后称右江，然后流经田阳、田东、平果、隆安等县，在邕宁县宋村与左江汇合后始称郁江，经南宁、邕宁、横县、贵县，从桂平县城注入浔江。从分水岭（云南广南县）至桂平汇合口，全长1152km，总落差1655m，蕴藏水能资源297.63万kW。柳江发源于贵州独山县，在象州三江口入西江，干流全长750.5km，总落差1297m，水能资源理论蕴藏量341.82万kW。

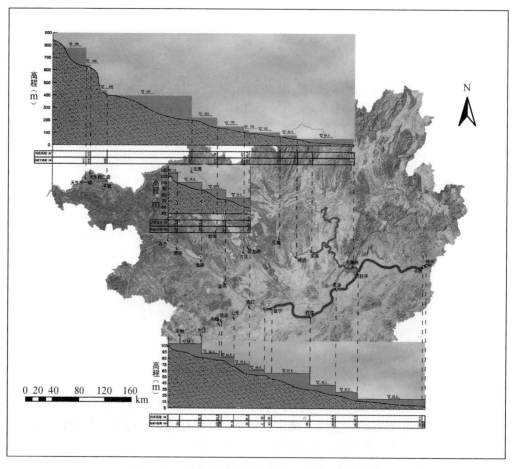

图 5-42　西江流域水力资源及规划梯级电站分布

煤炭是西江经济带主要的化石能源。西江经济带是广西煤炭资源的主要富集地区，主要分布在来宾和百色地区。其中百色地区的煤炭主要分布在右江区、田阳、田东三县，已探明储量5.39亿t；来宾地区探明储煤6.7亿t，其中浅层煤6000万t。但是，由于该地区的煤炭煤质差、煤层薄、水文地质条件复杂、涌水量大，并且开采难度大，煤种主要为中高硫、高灰分、低热值的褐煤、贫煤和瘦煤等。因此，自1998年以来，随着煤炭工业结构的调整，原煤产量逐年降低。到2007年，西江经济带原煤产量仅为501万t。

2. 地区风能资源有限，生物质能源丰富

西江经济带的风能资源相对有限。根据目前的风能资源勘查数据，广西已规划开发的风电资源约为 205 万 kW，主要分布在北部湾沿海地带以及湘桂走廊。西江经济带内风能资源相对丰富地区主要位于右江河谷以及一些局部山区（刘兴正等，1982）。但是，由于风能密度较低，仅被列为风能可利用区（吕欣和周能，2004）。

凭借丰厚的木薯、甘蔗等农业资源，西江经济带的生物质能源丰富。西江经济带是我国重要的蔗糖生产基地，2007 年甘蔗产量达 5800 万 t，占到广西全区产量的 75%，大约会产生 1350 万 t 蔗渣，可以用于发电或造纸等。此外该地区还有丰富的木薯和小桐树资源，可以利用开发燃料乙醇、生物柴油、沼气和成品复合燃料等。

（二）西江经济带能源生产消费现状

由于西江经济带内石油、天然气资源比较匮乏。风能开发利用条件较好，但目前受到资金和区域电网容量限制，开发幅度有限。目前西江经济带的一次能源生产构成主要以水电和煤炭为主。其中水电约占到 80% 以上；煤炭次之，比重约占 20%。

1. 煤炭产不供消，需从区外大量调入

在我国的煤炭生产消费格局中，我国煤炭资源和主要产区主要分布在以山西、陕西和内蒙古为核心的中西部地区，而煤炭的主要消费地区分布在东部沿海和中部能源重化工基地和装备工业基地地区，由此可以将我国划分为东部煤炭调入区域、中部供煤区域和西部煤炭后备区域。其中广西属于自身资源禀赋有限的煤炭调入地区。2007 年广西综合煤炭供应量为 4772.52 万 t，当年煤炭产量为 721.48 万 t，煤炭调入量达到 4019.4 万 t，占总供应量的 84.2%。

西江经济带虽是广西的主要煤炭产区，但煤炭产量很低，根本无法满足地区的煤炭消费需求。且近年来随着地区火电产业的发展，煤炭缺口不断扩大。2007 年，西江经济带消费煤炭 2352 万 t，而本地煤炭产量仅为 260 万 t，自我保障率仅为 11%，存在煤炭缺口 2100 万 t，需要从区外调入。西江经济带的区外煤炭供应，主要来自附近的云南、贵州两省，少量来自四川和北方的"三西"地区。但是，受黔桂线、南昆线运力所限以及云贵两省煤炭工业发展规划影响，未来从区外调煤存在许多不确定性。

2. 电力生产以水电、火电为主，供不应需

目前，西江经济带的电力生产主要由水电和火电构成。2008 年，位于西江经济带范围之内的电力装机共有 961 万 kW（天生桥一、二级按分配给广西的 84.12 万 kW 计算），其中纳入统调电网的电力装机为 758.12 万 kW，发电量为 333 亿 kW·h，而当年西江经济带 7 个地市的电力消费量为 489.6 亿 kW·h，电力供不应需，需要从区外调入。

此外，西江经济带还开发了生物质能源发电。主要有贵港制糖厂的利用蔗渣发电，柳城的利用甘蔗渣、甘蔗叶、桑树梗等为燃料的利用生物质发电工程。但这些发电工程装机容量较小，尚不纳入统调电网。

3. 区内水电资源基本开发殆尽，未来潜力有限

自西部大开发以来，广西加快了水电开发进程。红水河上的几个主要梯级电站陆续得到开发，目前已建和在建的容量已经超过了经济可开发量的80％，开发程度较高，预计在"十二五"期间将基本开发完毕，未来开发潜力有限。2008年，西江地区水电装机467万kW，主要分布在红水河流域以及柳江、郁江的干流上。大型的水电站有位于红水河上的乐滩电厂、在建的桥巩水电站，位于右江上的平班水电站、南宁西津水电站，以及位于柳江上的红花水电站等（图5-43）。

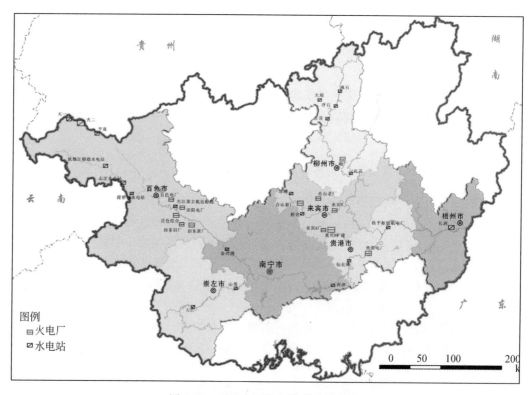

图 5-43　2008年西江经济带电站分布

4. 火电开发对区外煤炭的依赖性较大

为解决水电资源开发潜力限制以及水电调峰性能差、枯水期电力短缺问题，"十一五"期间，广西加大了火电开发力度，并提出"水火并举"的能源发展方向。2008年西江经济带火电装机494万kW，主要有来宾电厂、贵港电厂、柳州电厂等（图5-43）。但是，受本地煤炭质量与产量限制，西江经济带内大部分火力发电机组燃烧用的煤炭都从区外调入，煤炭来源主要集中在贵州，少部分来自山西，对区外煤炭的依赖性较大。西江经济带内主要火力发电厂煤炭来源情况见表5-22。

表 5-22　西江经济带主要火电厂煤炭供应及运输情况表

电厂名称	煤炭供应性质	已有机组容量（万 kW）	煤　源	煤耗量（万 t）	运输方式
来宾 A 厂	路　口	25	贵州、山西	74	铁　路
来宾 B 厂	路　口	72	贵州、山西	185	铁　路
来宾扩建	路　口	60	贵州、山西	122	铁　路
合山电厂	坑口、路口	77	本地、贵州	323	公路、铁路
田东新厂	路　口	27	贵　州	121	铁　路
柳州电厂	路　口	44	山　西	110	铁　路
贵港电厂	路　口	120	贵　州	252	铁　路
田阳电厂	路　口	30	本　地	8	公　路

5. 区内电网基本成型

西江经济带电网位于南方电网广西电网的中部，是广西电网的主要组成部分，也是我国"西电东输"南通道的重要通过廊道。该通道以开发云南、贵州、广西的水电为主，以开发贵州等地火电为补充，向广东等东部用电负荷中心送电。西江经济带是输电通道的必经之地。通过 500kV 天广线（四回交流、一回直流）、贵广双回、天生桥二级—兴义、罗平—天生桥换流站、罗平—百色双回线路以及 220kV 鲁布革—天生桥换流站、天生桥二

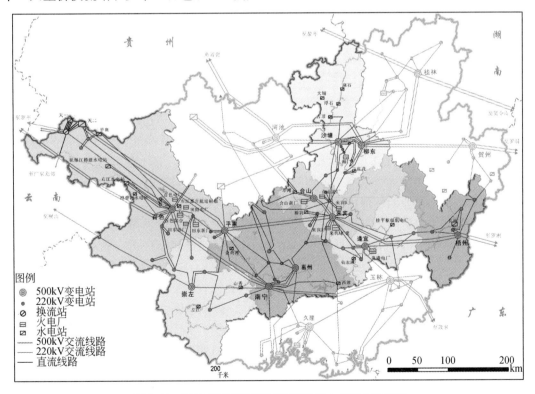

图 5-44　2008 年西江经济带 220kV 以上电网分布现状

级—兴义（双回）、麻尾—车河线路与广东、贵州和云南三省联网。在区内，依托南方西电东送500kV网络形成了岩滩—平果—南宁—玉林—来宾—沙塘—岩滩的"日"字形网络。区内的来宾电厂、合山电厂、贵港电厂也通过500kV送出线路与该网络联网。区内的220kV系统则依托500kV变电站和220kV电源形成多环网络并延伸到城市。其中南宁、柳州、梧州已形成220kV环网供电，输电网络基本成型（图5-44）。

（三）西江经济带的能源基础设施现状评价与存在问题

从西江经济带的能源资源基础、开发现状以及供需格局来看，目前，西江经济带的能源基础设施并不能满足西江经济带的发展，甚至在某些高能耗地区，能源基础设施已经成为地区经济发展的限制因素。

首先，西江经济带已经由能源富足地区变成能源短缺地区。从资源禀赋的角度，西江经济带的能源资源是相对丰富的，尤其是水电资源。但是，由于"十一五"之前，广西整体经济实力不强，能源消费水平低，为保障珠江三角洲的能源供应，该地区红水河上游主要水电都作为"西电东送"的重要电源支撑点输送广东，留给广西的份额相对较低。从"十一五"开始，随着西江经济带经济的快速发展，电力消费迅猛增长，西江经济带开始出现电力短缺的局面。为了缓解电力的不足，西江经济带各地区大力发展燃煤发电机组，又导致了煤炭消费的增长，对区外煤炭的依赖程度大幅度提高。

其次，能源基础设施已经成为西江经济带形成与发展的主要限制因素。由于过去广西地方经济基础较弱，用电负荷基数较小，无法完全消纳大容量机组的电力，一些主力电源直接接入500kV大电网消纳，如贵港电厂、来宾电厂等。近年来，随着地方经济发展速度的加快，用电需求的大幅增长，220kV电网缺乏电源支撑的现象逐步凸显，对提高当地的供电能力和供电可靠性产生较大影响。而且，在南宁、柳州、百色和贵港地区，随着地区经济发展加快，新增大用户较多，网架结构还不能很好地适应经济快速发展的用电需要。此外，南宁、柳州、百色、贵港等负荷中心因缺乏投入、建设标准偏低、设备陈旧等原因，变电容量和线路截面偏小，单线单变问题突出，在一定程度上制约地方经济的发展。如百色本地电网网内装机容量小，每年的售电量约有60%向广西大网购进，电网等级低，不能为本地电解铝产业的发展提供电力。

再次，西江经济带的能源供给已经成为地区高耗能产业的发展限制。目前，由于西江经济带的燃煤机组大部分依靠区外来煤，使得西江经济带燃煤电厂运行成本较高，上网电价偏高。2008年广西燃煤脱硫标杆上网电价为0.4357元/(kW·h)，比云南高0.1204元/(kW·h)，比贵州高0.1113元/(kW·h)；水电标杆上网价0.26元/(kW·h)，比云南高0.045元/(kW·h)，比贵州高0.039元/(kW·h)。而该地区的工业又多以高载能的电解铝、钢铁、水泥等产业为主，高载能企业用电占工业用电的比重较高，导致用户对电价承受能力较低，对电价特别敏感；上网电价偏高增加用户的生产成本，降低市场竞争力，影响了西江经济带经济的发展。

二、西江经济带能源基础设施建设的机遇与形势分析

(一) 西江经济带能源基础设施建设的机遇

1. 西江经济带的发展需要充足的能源保障为支撑

能源是地区经济发展的重要物质基础和动力支撑。在现代社会中,能源和经济之间存在非常强的相关关系,能源的供应水平将直接影响到社会经济的正常运行。因此,西江经济带要实现建设成为我国南方地区的重要开发轴带、大珠三角功能辐射的承接地以及我国向南开放合作的前沿基地,必须要有充足稳定的能源供应。

在未来10~20年内,西江经济带将进入快速发展时期,必须有稳定的能源供应为保障。随着国家西部大开发战略的深入实施、中国—东盟自由贸易区的加快建设、泛珠三角和泛北部湾经济区合作的进一步推进,中越共同构建"两廊一圈"、参与大湄公河次区域经济合作、构建南宁—新加坡经济走廊,以及中央出台《国务院关于进一步促进广西经济社会发展的若干意见》和自治区政府对《西江经济带规划》和"西江黄金水道建设"的启动,在国家和地区政策的激励下,西江经济带将迎来发展的最好机遇,经济发展速度将加快,对能源的需求也将不断增长,必须提供坚实的能源保障来满足西江经济带发展的能源需求。

西江经济带的产业发展特性也需要有强有力的能源为支撑。西江经济带矿产资源丰富,是广西主要的工业地区。地区工业多为钢铁、水泥、有色金属、化工等能耗较大的项目,这些工业项目对能源需求增长的影响较大。随着近期国家出台了一系列扩大内需、促进经济增长的政策措施,将有利于西江经济带保持较大的投资规模,直接带动水泥、钢材、有色金属等行业的发展。而且,"十二五"和"十三五"期间,随着西江地区依托自身资源优势,努力打造承接东部产业转移基地,也将大力发展化工、钢铁、建材、有色冶金等能耗产业,由此将导致地区能源需求的大幅度增加。

2. 西江经济带能源建设要适应国家能源总体战略布局的调整与优化

作为社会经济发展的重要物质基础,能源安全与能源保障已经成为中国经济社会发展全局的重大问题。为解决好能源安全问题,我国制定了《能源中长期发展规划纲要》,以及可再生能源、核电中长期规划等,对我国的能源战略与总体布局做出规划。根据这些规划,我国未来的能源发展要立足于国内,坚持能源开发与节约并举,把节约放在首位的方针,同时要优化结构,形成煤炭为主体,电力为中心,油气、新能源全面发展的多元能源结构,并且在能源开发的同时要注重保护环境和国际合作。而且,要根据我国能源资源的条件,按照"优化结构、区域协调、产销平衡、留有余地"的原则,加强能源基地建设。

在全国能源生产供应格局中,与西江经济带毗邻的云南、贵州能源资源丰富,是我国重要的煤炭、煤电和水能生产基地,和我国"西煤东运"、"西电东输"重要的资源输出地区。西江经济带作为我国西南地区重要的能源输送通道,在较长的一段时间内,这个通

道的作用不会改变。因此，未来西江经济带的能源建设，必须与国家能源战略总体方向保持一致，要积极利用毗邻国家大型煤炭煤电基地、水电基地的优势，以及作为国家能源输送通道廊道的区位优势，拓展能源利用空间，增强自身的能源保障能力。

3. 提高能源利用效率，降低单位产值能耗是必须实现的目标

为全面落实科学发展观，促进经济增长方式的转变，我国《第十一个国民经济和社会发展五年规划》中提出，要把节约资源作为基本国策，发展循环经济，保护生态环境，加快建设资源节约、环境友好型社会，并进一步提出了"十一五"时期，要在优化结构、提高效益和降低消耗的基础上，实现2010年人均GDP比2000年翻一番，单位GDP能源消耗比"十五"期末降低20%的强制性指标。

由于西江经济带在广西的区域经济格局中是作为一个重要的产业承接基地与广西电解铝、钢铁、水泥、制糖等能耗产业的生产基地，在"十一五"的前三年，西江经济带单位产值能耗水平降低幅度很小（广西全区的单位产值能耗年均下降水平为2.1%，西江经济带受近几年能耗产业发展规模扩大带动，单位产值能耗水平降低幅度更小），但并不意味着其可以在一段时期内保持相对较高的能源消耗水平。通过技术进步和产业链调整，提高能源利用效率、降低单位产值的能耗是一个必须实现的趋势与目标。

4. 未来核电、生物质能源开发将成为地区能源发展的主要战略取向

受环境压力的影响，我国自2006年起，大力鼓励发展可再生能源，并制定了《可再生能源法》以及相应的中长期规划和"十一五"规划。根据可再生能源中长期规划，我国在未来时间内要加大可再生能源产业的发展，提高其在能源生产与消费中的比例。涉及的可再生能源资源主要包括风能、太阳能、生物质能等。2007年，我国又颁布了《核电中长期规划》，提出要"积极推进核电建设、提高核电的比重"。在2009年12月的哥本哈根世界气候变化大会上，温家宝总理向世界各国宣布了我国的2020年碳排放降低的目标——单位GDP二氧化碳排放量比2005年下降40%~45%。随之，我国的新能源发展规划即将出台。根据国家的总体战略部署，到2020年，我国的非化石能源占一次能源消费的比重要达到15%左右。因此，调整能源生产与消费结构、大力发展可再生能源、清洁能源将成为我国未来能源发展的主导方向。

在西江经济带内，由于水电开发受到潜力限制、火电发展受到煤炭供应的限制，风能、太阳能资源不丰，只有生物质能源相对丰富，为此，核电、生物质能源开发将成为地区未来能源发展的主要战略取向。

5. 积极开展国际能源合作也是实现地区能源保障的重要发展方向之一

随着我国经济的快速发展，一些重要后备资源紧缺矛盾亟待解决，煤炭开采难度加大、油气资源供需缺口加大等都将影响并约束国民经济发展和人民生活。因此国家的能源发展战略要求"扩大能源国际务实合作，支持我国企业'走出去'；并进一步扩大合作领域和范围，要从以油气为主，扩展到煤炭、电力、可再生能源、重大能源装备等多个领域，从获取资源和拿项目，拓展到获取技术和扩大市场份额，逐步提高我国在国际能源市

场的竞争力"（张国宝，2010）。

西江经济带毗邻东南亚地区，尤其是与越南接壤。越南能源资源相对丰富。越南已经探明的煤炭总量为65亿t，远景储量300亿t，而且煤炭品种多、质量好，以鸿基煤、广田煤为代表的优质煤举世闻名。此外，越南还拥有丰富的生物质能源。因此，近期西江经济带的能源建设还必须通过与越南积极开展国际能源合作，加大引进越南煤炭、电力的规模与力度，增强西江经济带能源保障能力。远期则要鼓励本地企业走出去，到东南亚各国与当地企业合作开发能源，树立我国在东南亚地区能源开发和利用市场的引领地位。

（二）2020年西江经济带能源需求预测

西江经济带的发展需要有充分的能源保证，能源战略必须建立在科学分析市场未来需求与空间分布的基础上，合理规划能源生产和调运的空间格局。国内外都非常重视能源规划，预测能源消费量。目前对能源消费趋势判断的研究方法有类比法、外推法和因果分析法等。实际应用中国内外具体采用的有弹性系数法、人均能量消费法、单位产值能耗法、技术分析法、时间序列法、部门分析法、经济计量模型法等，但这些传统方法都有一定的局限性，并受到数据获取的限制。一般而言，目前国内外对区域能源消费预测常用的方法主要是能耗强度（energy intensity，EI）预测法和弹性系数法。能耗强度是能源消费量与GDP不变价的比率。根据国际经验，由于节能技术的进步、地区产业结构的调整以及生产工艺的改进，地区单位GDP所消耗的能源量一般存在持续下降的趋势。国际上多采用能耗强度来衡量这一趋势。而弹性系数法则是通过分析GDP或者产业结构变化对能源消费需求量变化的影响来进行预测。一般而言，需求弹性系数越大，市场扩张越快，但是该方法受能源价格影响较大。

由于西江经济带的数据获取受限，本书主要采用了能耗强度法和主要能耗产业预测法，并综合相关规划与研究结果，最后汇总预测出2020年西江经济带的能源消费需求量。

1. 能耗强度预测法

2008年西江经济带综合能源消费为1555.34万tce，单位GDP能耗是0.470tce/万元。电力消耗为489.6亿kW·h，单位GDP电力消耗为1362kW·h/万元。

受数据获取限制，无法获得西江经济带多年的单位产值能耗和电耗，只能根据广西整体的能耗强度变化趋势进行推演。根据对广西1990~2008年单位GDP的能耗、电耗进行分析，发现1990~2008年，虽然中间稍有反复，但是单位GDP的能源消费和电耗都是呈现下降趋势。其中，单位GDP的能源消费从2.913tce/万元下降到2.062tce/万元，年均下降2.1%（GDP按1990年不变价计算）。而单位GDP的电力消耗从2797kW·h/万元下降到2288kW·h/万元，年均下降1.2%（GDP按1990年不变价计算）。其中2005~2007年的发展形势与前面15年基本相同。

2005年，国家颁布的《国民经济和社会发展第十一个五年规划纲要》中提出，到2010年，单位GDP的能耗要控制在比2005年基础上降低20%的水平。2009年11月我国在碳排放目标中还提出，到2020年，我国单位GDP的碳排放水平要控制在比2005年基础上降低40%的水平。如果西江经济带能源消费技术和结构同广西的整体趋势相同,那就是单位GDP的能源消费水平呈现年均2.1%的下降率,单位GDP的电耗水平呈现1.2%的下降率。显然,"十一五"期间,西江经济带根本无法实现该减排目标。而且,根据目前西江经济带的产业结构和发展方向,在未来的5~15年内,电解铝、钢铁、水泥、制糖等能耗产业的发展规模还将有大幅度增长,必然驱动地区的产业结构重型化和能耗增长。但是,通过技术进步和产业链调整,降低单位产值的能耗是一个必须实现的趋势与目标。

假设西江经济带未来的新上项目都将采用先进的技术水平,并积极推动地区的节能减排力度。2008~2010年,该地区的单位产值能耗继续维持现有的趋势。2010~2015年,随着节能技术的采用,单位GDP能耗下降10%;2015~2020年,则随着技术和新能源的使用,单位GDP能耗可下降20%。单位产值的电耗也维持这种趋势。而GDP的增长率则根据过去的趋势,预测2008~2010年,受金融危机的影响,GDP增长率将有所减缓,预计保持在13%的水平。2010~2015年随着主要规划项目陆续投产,地区经济可以继续保持15%的增长率。2015~2020年则略微下降到10%(表5-23)。

表5-23 不同时期GDP、单位GDP能耗强度、单位GDP电耗强度预测

项 目	2010年	2015年	2020年
单位GDP能源消费预测(tce/万元)	0.416	0.374	0.299
单位GDP电力消费量预测(kW·h/万元)	1 356	1 220	976
GDP增长率(%)	0.147	0.15	0.13

根据不同时期GDP的预测值、单位GDP能耗强度、单位GDP电耗强度,预测出不同时段的能源需求量与电力需求量(表5-24)。

表5-24 不同时期的能源需求量与电力需求量预测

项 目	2008年	2010年	2015年	2020年
能源需求量(万tce)	1 555.34	2 155.33	3 901.62	5 026.87
电力需求量(亿kW·h)	489.6	703.4	1 273.4	1 640.7

根据分析,2020年,西江经济带的能源消费需求总量将达到5026.87万tce,电力消费需求为1640亿kW·h。假设2020年,该地区的一次能源消费结构中,水电和其他能源约占到15%,则需要煤炭6000万t。

2. 主要消费大户预测法

采用能耗强度预测法只能反映区域经济的整体发展形势对能源消费的带动作用,无法反映地区产业结构特征的作用。尤其是无法反映未来西江经济带将以积极融入"东盟经济合作圈"、"打造承接东部产业转移基地"为核心,大力推进铝业、汽车和机械、制糖、锰业、食品、建材、烟草、钢铁等能耗产业对能源消费增长的带动作用。

通过结合这些主要能耗大户的未来产品规模变化,在考虑技术进步因素后,预测主要大户的能源需求。假设2020年,化工、铝业、冶金、水泥和火电这几个能耗产业的电力消费量约占到地区工业电力消费量的60%,而工业电力消费约占到地区电力总消费的

75%；这几个能耗产业的煤炭消费量约占到地区工业煤炭消费的70%，而工业煤炭消费约占到地区煤炭总消费的95%。由此预测出地区的总能耗，相对可以准确反映地区的能源消费总量（表5-25）。

表5-25　不同时期西江经济带主要能耗产业产品规模变化与能耗需求

项　目	2008年生产规模	2020年规划规模	2020年电力需求（亿kW·h）	2020年煤炭需求（万t）
烧　碱	—	110万t	57	—
氧化铝	580万t	1 000~1 200万t	470	—
电解铝	123万t	400~500万t		
铝材加工	100万t	300~400万t		
钢	800万t	1 000万t	76	374
水　泥	2 000万t	7 000~8 000万t	97	700
火　电	383万kW	2 200万kW	—	3 100
总　计	—	—	700	4 174
工业总消费	—	—	1 166	6 000
地区总消费	—	—	1 554	6 300

3. 最终结果汇总

综合两种研究方法的结果，结合《中国南方电网广西电力工业"十二五"及中长期规划研究》的预测结果，汇总得出2020年，西江经济带的电力需求量为1500亿kW·h，煤炭需求为6300万t。

（三）未来西江经济带能源供应格局分析

根据前文分析，无论是煤炭，还是电力，西江经济带是一个自身能源生产无法满足需求的地区，都需要从区外不同程度地调入相关资源。为此，未来西江经济带能源供应格局的分析，也主要从自身需求—自身供应—区外供应几个方面来进行对应分析，通过比较分析不同供应渠道的可行性、经济性，最后确定可能的供应格局（图5-45）。

1. 煤炭的供需平衡分析

根据前文预测，如果根据现有西江经济带范围之内的火电装机规划，到2020年，西江经济带需要煤炭近6300万t。由于广西煤炭资源储量小，煤质差，开采条件不好，产量低，一直以来，自治区内的煤炭产量都保持在一个相对较低的水平。根据国家《煤炭工业发展十一五规划》，广西属于东部煤炭调入地区，未来重点要做好小型矿井整合改造，提高办矿标准，维持现有生产规模，缓解煤炭调入压力。因此，预计到2020年左右，西江经济带自身的煤炭产量将最高保持在500万~700万t，则需要从经济带外部调入煤炭5600万~5800万t。其中火电机组用煤4580万t。

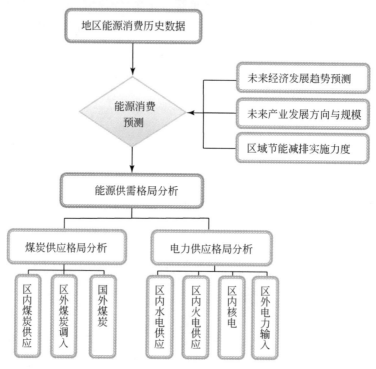

图 5-45 未来西江经济带能源供需格局分析框架图

受我国一次能源资源的限制，以煤炭为主的能源消费结构短期内无法改变，不断提高国家煤炭生产及运输能力是满足我国能源需求的重要手段。根据相关研究和规划，2020 年我国的煤炭消费需求将达到 35 亿 t（原煤）。为了保障全国的煤炭供应，2006 年国家规划了 13 个大型煤炭基地，其中，神东、晋北、晋中、晋东、陕北大型煤炭基地处于中西部地区，主要负责向华东、华北、东北等地区供给煤炭，并作为"西电东送"北通道电煤基地。冀中、河南、鲁西、两淮基地处于煤炭消费量大的东中部，主要负责向京津冀、中南、华东地区供给煤炭。蒙东（东北）基地负责向东北三省和内蒙古东部地区供给煤炭。云贵基地负责向西南、中南地区供给煤炭，并作为"西电东送"南通道电煤基地。黄陇（含华亭）、宁东基地负责向西北、华东、中南地区供给煤炭。

从地理位置看，广西属于中南地区，但地处西南边陲，调入煤炭运距长。无论是采用内陆铁路运输方式，还是采用铁海联运方式调入"三西"地区煤炭，广西均处于末端。西江经济带处于广西中部，其只有在以铁路运输方式调入云贵、周边东南亚以及北方地区煤炭方面相对优于北部湾地区的港口。因此，西江经济带可以利用的区外煤炭主要是通过内陆铁路、公路运输的贵州、四川、云南煤炭以及通过铁路和公路运输的东南亚进口煤炭。而在利用铁海联运北方煤炭用于煤电方面，西江经济带相对于北部湾地区没有经济优势。

贵州是目前西江经济带煤炭需求的主要保障基地。2007 年，西江经济带从贵州铁路调入煤炭 1800 万 t，占到地区煤炭调入量的 50%。根据《贵州省十一五能源发展专项规划》。"十一五"期末贵州省原煤的产量将达到 1.5 亿 t，其中，省内消耗量约 1.2 亿 t，外送约 3000 万 t。2010 年以后，贵州的煤炭产量将进一步增加，但由于贵州省在大量布局建设火电、煤化工等煤炭下游产业，贵州省内对煤炭的需求量增长十分快。"十一五"期间贵州省规划了1430万kW的火电项目，因此要求优先保证供应本省的火电厂用煤需要，可供出省煤炭相对减少。2007年贵州省曾下文规定从严控制煤炭外运，出省铁路计划减半。因此，预计未来贵州省煤炭调出量的增长速度要缓于其产量的增长速度。预计到2012年，贵州省煤炭调出量为3300万t，2015年煤炭调出量为4000万t，2020年煤炭调出量为5000万t。一直以来广西占到贵州煤炭外销量的23%左右。随着未来黔桂线扩能改造、红水河复航以及隆黄百铁路的建设，贵州煤炭外运到广西的运输能力将有所增强。假设2020年贵州外输煤炭全部销往广东和广西，二者平分。预计到2020年，广西可以从贵州购入煤炭2300万t。

云南也是广西煤炭的主要供应地区之一。云南省煤炭资源总量为691亿t，居全国第十一位，在南方各省区市中仅次于贵州，居第二位。2007年煤炭产量7755.19万t。根据云南省《煤炭工业发展行动计划（2008—2012年）》，云南省煤炭产量力争2010年突破1亿t大关，2012年，在昭通盆地褐煤化工项目取得突破，配套的昭通盆地褐煤露天煤矿形成2000万t生产能力的条件下，力争达到1.3亿t。虽然云南省煤炭储量及产量都比较高，但是由于自身对煤炭的需求较大、煤炭品种不适应广西市场以及受到南昆铁路运能限制，每年调入广西的煤炭很少，2007年西江经济带通过铁路和公路调入云南煤炭仅为500万t。因此，即使未来云南省煤炭开采量将逐年提高，但由于该地区大力发展火电和煤化工产业，其产量仅能满足自身需求，外调量很低。预计到2020年，广西从云南可以购入的煤炭也将保持在500万t左右。

此外，对其他北方省区的煤炭，由于距离较远，以及国家大型煤炭基地规划都鼓励在煤炭富集地区发展煤电、煤化工产业，并通过特高压电网进行远距离输电的政策，外调量也将逐步减少。如果走铁海联运，运送到西江经济带将导致煤炭成本高达800元/t左右，是煤电企业无法承担的。目前西江经济带利用北方的煤炭主要是通过太焦—新焦—京广—湘桂线和黔桂线，以及太焦—焦枝—枝柳—柳黎线铁路方式满足来宾A厂、B厂以及柳州电厂的用煤，大约一年360万t。未来即使考虑梧州电厂采用铁海联运使用北方的煤炭，整个西江经济带利用北方煤炭的规模也不会超过600万t。再考虑到用铁路利用越南煤炭，预计2020年，西江经济带利用北方及海外煤炭的规模为1000万t。

汇总而言，2020年，西江经济带可以获取的煤炭将有4300万~4500万t，仍存在煤炭缺口1800万~2000万t。需要综合考虑区际能源合作问题，是从区外调入煤炭本地发电，还是从区外直接输电。

2. 电力供需平衡

根据预测分析，到2020年，西江经济带总体电力消费预计为1500亿kW·h。根据目前西江经济带的电力资源、生产结构以及规划项目，未来西江经济带的电力需求依然主要由火电和水电满足。由于到2015年，该地区的水电资源将基本开发殆尽，因此，预计到2020年该地区的水电装机将达到825万kW，发电量为386亿kW·h。如果剩余缺口全部由本地火电机组满足，则需要火电装机2025万kW。由于本地煤电机组对区外煤炭的依赖性比较大，最终影响其发展规模。因此，未来西江经济带的电力供应必须从本地火电、本地其他电力、区外电力调入等多元途径考虑。

(1) 本地电力供应

"十一五"后期西江经济带火电电源建设项目均已明确,大部分已开工建设。在"十一五"后两年,西江经济带要建设的火电厂主要为合山以大代小电厂(1台67万kW机组已经开工建设,计划"十一五"末期投产)。但是,在未来10~20年内,西江经济带还需要关闭一些小火电机组和退役机组。由于小火电机组运行效率较低、煤耗高,造成了极大的资源浪费和严重的环境污染,同时挤占了发展大容量机组所需的环保空间、电价空间、煤炭资源和铁路运力,既不符合国家产业、能源、环保方面的政策,也不利于电力工业的持续发展。为此,国家发展和改革委员会要求各地、各有关部门采取强有力措施,加大关停小火电的力度。在《关于加快关停小火电机组的若干意见》(国发〔2007〕2号)中结合节能和环保要求,提出了小火电机组的关停范围。主要包括大电网覆盖范围内单机容量5万kW及以下的火电机组、单机10万kW及以下且运行满20年的常规火电机组,以及其他未达到节能环保标准、供电煤耗明显偏高和运行已达设计年限的火电机组。根据该要求,"十一五"期间,西江经济带需要关闭的电厂主要包括合山电厂(47万kW)、百色的田东电厂和百色电厂等(共计9.8万kW)。"十二五"期间,西江经济带内单机容量20万kW及以下的电厂主要有来宾A厂(25万kW)、柳州电厂(2×22万kW)、田东新厂(2×13.5万kW)和田阳电厂(2×15万kW)。其中来宾A厂和柳州电厂投产时间较早,到2015年运行时间分别达到25年和21年,预计将于2020年左右陆续退役。因此,到2020年,西江经济带现存火电装机将只有442万kW。

根据目前各地区的电力规划,2010~2020年,西江经济带规划建设的电力装机有844万kW,主要包括南宁电厂一期(132万kW)、崇左火电站一期(120万kW)、柳州以大代小电厂(120万kW)、贵港电厂(200万kW)二期、百色电厂一期(132万kW)、隆林电厂一期(120万kW)、梧州电厂(120万kW),目前这些电厂已经开展前期工作或完成初步规划,并已经纳入广西电网"优先开发"第一批和第二批电源。其中,南宁、贵港二期、崇左电厂的煤源主要来自贵州,且是地区电网的主要支撑电源,可以优先建设。百色地区的电厂要根据当地铝工业发展规模而定。柳州和梧州的电厂要使用北方的煤炭,在经济上相对不具有优势。因此,在暂时不考虑开发梧州、柳州电厂的前提下,预计到2020年,西江经济带的火电装机将达到1146万kW,尚存在缺口879万kW。需要从广西电网内部以及南方电网内部平衡。

(2) 本地开发建设核电站

根据国家发展和改革委员会2007年10月发布的《核电中长期发展规划(2005—2020)》,在统筹考虑我国技术力量、建设周期、设备制造与自主化、核燃料供应等条件的基础上,到2020年,核电运行装机容量争取达到4000万kW,2020年末在建核电容量保持在1800万kW的水平。其中,广西被列入"十二五"期间需要开工建设、"十三五"投产核电站的主要沿海省份之一。在广西内部,防城港红沙核电站被列为首选,并于2008年底开始开工建设,预计2014年投产。

西江经济带也规划建设桂东核电站,选址位于贵港平南县白沙镇,规划建设规模4×100万kW,年发电量260亿kW·h,一期工程规划建设2×100万kW压水堆核电机组,由中电投和广西政府共同负责前期工作。其未列入国家核电规划优先开发项目的主要原因在于其是内河核电站，面临经济、环境、安全等要素的综合限制。

我国目前已建和在建的核电站全部布局在沿海地区，尚没有布局在内陆的先例。但是，随着我国核电产业的整体推进与已具备的发展条件和环境，本着加快发展核电的原则，国家发展和改革委员会正在对核电中长期发展规划进行调整，预计到2020年核电运行装机容量将达到6000万~7000万kW，2020年末在建核电规模也将有所提高，并将核电站的站点布局从沿海向内陆地区推进。

国际上也并不乏建设在内陆、内河核电站的先例。在全球现已运行的核电站中，位于内陆滨河、滨湖地区的占全部核电装机容量的2/3以上。美国内陆核电站的比例超过80%；加拿大除个别滨海核电站外绝大多数是内陆核电；法国19座核电站有15座坐落在内陆的8条主要河流上，装机容量占68.6%。多年来，我国核电布局优先选择沿海地区，主要出于3方面考虑：一是安全，认为沿海地区充足的水资源既可以保证核反应堆的冷却速度，又可以保证排放水不会对周边生态环境产生过多的负面影响。二是核电单位电价相对较高，沿海地区一次能源缺乏，但经济比较发达，有能力支付"高来高去"的电价。三是便于缓解沿海地区突出的一次能源短缺问题。但是，目前，随着内陆地区经济发展，部分发达地区对能源的需求加大，许多地区陆续发生"拉闸限电"事件，已经影响了该地区正常的社会经济运转。而煤炭的远距离运输和环境成本也促使我国增加对核电的发展需求，需要增加核电在一次能源生产中的比例。同时，我国核电建设已积累了丰富的经验，技术日臻成熟，内陆滨河核电站的安全和环保问题可以解决。2008年1月3日，国务院核电领导小组会议决定启动内陆核电项目；同年2月1日，国家发展和改革委员会主持召开内陆核电协调会议，明确湖南桃花江核电站、湖北大畈核电站、江西彭泽核电站可以开展项目前期工作。

因此，为了缓解西江经济带的电力短缺、煤炭供应可靠性较弱的矛盾，在西江经济带开发建设桂东核电站也必然可以成为地区电力建设的途径之一。而且，从长远看，随着燃煤发电机组的成本上升，核电在成本上就不再具有劣势。根据《中国南方电网广西电力工业"十二五"及中长期规划研究》，按照当前核电燃料单价每千瓦时0.05元左右的水平，当燃煤机组的燃煤成本在每吨750元左右时，核电发电单位电量年费用与燃煤机组相当。若燃煤成本在750元的基础上上涨20%，至每吨900元，则燃煤机组单位电量年费用将上涨13%；而即使核电燃料单价上涨60%，核电单位电量年费用仅上涨9%。从目前西江经济带煤电机组的燃煤成本看，如果利用贵州和云南的煤炭，价格在650元/t左右时，相对于核电是具有成本优势的。但是，如果是利用北方煤炭，无论是通过内陆铁路，还是走铁海联运，价格都相对较高，大约为850元，如柳州电厂、梧州电厂等，发展核电就相对具有经济优势。而且，从当前电煤价格不断上升的趋势看，未来燃煤成本的提高将使得建设核电项目更具经济性。

（3）输入广西沿海火电群电力

从煤炭运输可靠性和发电成本的角度考虑，在沿海地区建设火电群比在西江地区建设火电群相对具有经济优势。首先，沿海火电群的煤炭供应相对有保证。从前所述，西江地区从云南、贵州利用煤炭的总体潜力基本有限，而沿海地区电厂则可以通过铁海联运利用北方"三西"地区煤炭或者利用印度尼西亚、澳大利亚、越南的进口煤炭。其次，在沿海建设火电厂比在西江经济带建设火电厂具有成本优势。沿海地区在利用国内北方地区煤炭和进口国外煤炭的运输成本方面都优于西江经济带。印度尼西亚煤炭通过海运至钦防北地区，价格大约为610元/t；山西煤炭通过铁海联运（在秦皇岛、黄骅港、连云港等港口转运）至钦防北地区，成本大约为820元/t，如再通过水运运送到西江经济带的梧州，成本要提高到850元/t。如果通过内陆铁路运输（通过大湛、洛湛通道）到柳州、梧州，价格大约为850元/t、870元/t。再次，西江经济带只有在利用云贵煤炭方面才具有成本优势，但是却面临供应不确定的威胁。

在《广西能源发展战略与规划设想》、《中国南方电网广西电力工业"十二五"及中长期规划研究》、《广西北部湾经济区发展规划》中也都提出了广西沿海地区要积极发展煤电，建设沿海火电群。在现已规划的防城港、北海、钦州电厂二期之外，"考虑在电源建设条件较好的沿海地区新建较大规模电厂，电源以外送为主，规划装机规模400万kW"。因此，沿海火电群可以作为西江经济带电力供应的主要渠道之一。

（4）输入贵州火电和云南水电

西江经济带紧邻的云南、贵州两省拥有丰富的水电和煤炭资源。从地理位置看，广西处于南方电网西电东送通道上，具备接受云南水电和贵州火电的便利条件，接受西部电力是满足西江经济带未来用电需要的重要途径之一。

贵州省煤炭资源丰富，省内煤炭保有储量507亿t，目前煤炭年产量约8000万t，是南方地区主要的煤炭基地。依托当地煤炭，可以大力发展煤电产业。根据《贵州能源工业十一五规划》和《中国南方电网广西电力工业"十二五"及中长期规划研究》，贵州远景的火电装机预计将达到5300万~6400万kW，需电煤1.45亿~1.73亿t；要支撑上述火电装机规模，贵州必须进一步挖掘煤炭生产潜力并加大节能减排力度，因此，未来向西江经济带输出的煤炭数量将相对减少。而且贵州火电的上网价相对低于广西（广西0.4107元、贵州0.3094元），即使考虑一定的输电费用，贵州电力在西江经济带仍具有较强的竞争力。因此，在考虑西江经济带内主要负荷中心地区布局支撑性电源之后，从输煤与输电经济性比较而言，宜采用输电的方式补充地区能源供应。广西从"十五"的盘县电厂就与贵州省开始了煤电联营的合作尝试，"十二五"期间又计划引进兴义电厂。根据国家发展和改革委员会对兴义电厂一期工程的批复意见，可考虑兴义电厂一期工程1台60万kW机组纳入广西电网消纳。因此，预计未来西江经济带可从贵州输入60万kW的电力，主要用于满足百色铝工业发展的需要。

与广西接壤的云南省水电资源丰富，全省水电经济可开发容量9795万kW，在大力开发和利用水电产业政策的引导下，云南水电开发进程加快。随着广西负荷水平的提高，区内火电比重的逐年提高，以及龙潭电网等一批具有单年或多年调节能力大水电站的投产，将使广西电网丰枯供电矛盾得以改善，广西消纳区外水电的能力逐步增强。而且，根据南方电网西电东送网架总体规划，随着云南红河—文山—崇左—南宁的云南水电滇南交流输电通道的建设，以及"十五"期间建成的罗平—百色通道，广西接受云南水电的输电能力大大加强。根据《中国南方电网广西电力工业"十二五"及中长期规划研究》，在考虑到云南水电开发时序、广西电网电源建设项目与时序以及负荷发展情况，2020年前后是广西接受西南水电的最佳时机。但从尽早进入西南水电资源市场，明确受端电网地位的角度出发，在云南水电相对集中开发的"十二五"期间开始参与云南水电资源分配相对有利。因此，广西规划从"十二五"后期接受云南金沙江中游水电。2013~2015年每年向广西增加送入云南水电100万kW，"十三五"再增加300万kW云南水电送广西，到2020年，云南水电送电广西将达到600万kW。而云南水电入广西的落地点就选择在柳州，主要用于解决西江经济带电力不足的问题。

（四）未来西江经济带能源供应格局的基本判断

根据西江经济带的能源资源禀赋、开发现状、未来需求以及其在广西以及我国西南地区能源保障格局中地位，对未来西江经济带的能源供应格局进行基本判断。

第一，西江经济带将是广西主要的能源消费地区与能源输入地区。在良好的国际国内形势下，西江经济带将迎来经济发展的良好机遇。其不仅将建成承接珠江三角洲产业转移的主要基地，并将建设成为我国西南地区以及越南等东南亚国家经济发展的"引领"地区。在经济发展和产业结构拉动下，地区能源消费规模将迅速增长，成为广西主要的能源消费地区。而西江经济带自身的能源生产已经无法满足西江经济带形成与发展的能源需求，西江经济带也将成为广西主要的能源输入地区。

第二，西江经济带的电力供应将形成区内区外结合的多元保障模式。综合西江经济带各种电力供应方式的可靠性、经济性与清洁性，以优先建设有资源供应保障、经济可行的负荷中心支撑电源，优化配置地区电力供应结构、保障本地区电力消费需要为原则，确定西江经济带的电力供应方案。首先，开发利用本地水电以及本地煤源已经有保障的火电机组是最经济与可靠的选择。如果本地燃煤发电机组使用的是贵州、云南的煤炭，不仅在成本上相对具有优势，而且对本地负荷中心有很强的支撑作用，可以保障电网的安全性与可靠性。其次，利用贵州火电、云南水电以及附近河池地区的水电，这是在不增加本地环境与碳减排压力下，相对经济可靠的增强西江经济带电力保障能力的一种供应方式。再次，开发利用本地核电。该方式相对于在本地或广西北部湾沿海地区开发建设利用北方铁海联运或内陆运输煤炭方面经济可行，而且还能提高西江经济带电力供应的自我支撑能力，有助于提高未来西江经济带的产业发展规模。最后是利用沿海火电群电力。最终，西江经济带将形成一种区内区外结合、水火核多元化的电力供应保障格局。

第三，西江经济带将从"西电东送"的电力支撑点转变为主要受电地区之一。根据对西江经济带电力供应模式的分析，未来来自我国"西电东送"南通道电源基地——贵州煤电基地和云南水电基地的电力将在西江经济带电力消费中占据重要的比重，占到地区电力消费负荷的25%左右。为此西江经济带将成为"西电东送"的主要受电地区之一，从贵州和云南接受的电力将占用部分"西电东送"通道资源。为此，必须考虑未来西江经济带电力输入通道与"西电东送"南通道整体建设的关系协调问题。2009年底，云南—广东的±800kV高压直流输电工程单极投产，标志着我国特高压输电技术产业化的成熟。因此，为不影响向广东的西电输送，并保证西江经济带内电力输送廊道空间，建议今后云南水电和贵州火电输送广东采用特高压交流或特高压直流替代；若西电通过交流通道送电广东的电力仍然在700万kW左右，随着地区负荷的增长，广西将具备单独消纳一回大规模直流的能力，云南水电送入西江经济带的 600 万 kW 电力宜考虑通过直流方式送入至柳州地区。

第四，西江经济带内不同地区的能源供应消费的格局不同。根据《中国南方电网广西电力工业"十二五"及中长期规划研究》对各地区的需电负荷预测，结合前文分析方案下各地区规划电力装机容量，研究发现，2020 年，来宾、贵港是区内主要的电力生产基地与电力盈余地区。南宁、柳州、百色是区内主要的电力消费地区和电力短缺地区，梧州和崇左也是电力相对短缺地区，需要从来宾贵港地区以及区外的广西沿海地区、河池地区以及云南地区输入电力（图 5-46）。

第五，在煤炭供应方面，则在稳定本地煤炭产量的同时，一方面要通过与贵州、云南等地区的合作，保障本地一些重要的负荷中心支撑电源的煤炭供应；另一方面要加强与东南亚国家的合作，尤其是与越南的合作，积极利用越南煤炭。

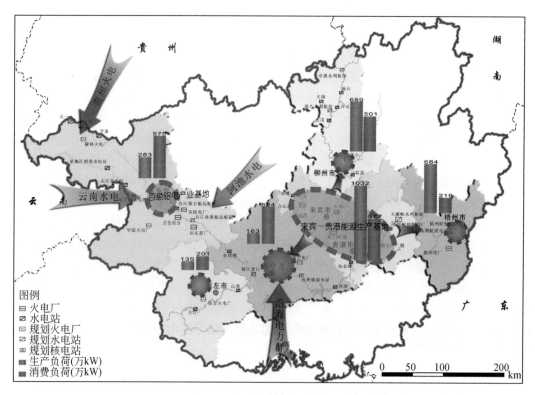

图 5-46　2020 年西江经济带电力供应消费格局图

三、西江经济带能源基础设施建设的指导思想与建设方向

（一）指导思想

通过对西江经济带未来能源供需格局的分析以及发展形势判断，未来西江经济带能源

基础设施建设的基本定位是我国西南地区重要的能源输送通道、"西电东送"的主要受电地区之一，以及西江经济带形成与发展的重要保障和支撑。为此，该地区的能源基础设施建设要充分利用"通道"优势，本地能源开发与区外能源输入相结合，从战略上保障西江经济带发展对能源的需求与供应，尤其是保障重点开发地区、重点产业的能源需求；充分开发和利用新能源和可再生能源资源，优化能源生产与消费结构；积极推进节能技术，降低单位产值能耗；理顺能源基础设施建设与环境保护、航运开发等相关关系，构筑稳定、安全、清洁、高效的能源体系。

（二）发展原则

适度超前，保障供应——通过认真分析社会经济发展和人民生活水平对能源需求，把握能源发展与社会经济发展的内在联系，适度超前发展电力工业，以保障西江经济带经济发展，尤其是重点开发地区、重点产业发展的能源需求。

多元并举，结构调整——针对西江经济带水电资源大规模开发已接近尾声，未来潜力有限，本地煤炭资源短缺，火电开发对区外煤炭依赖性大，且存在不确定性等特点，为保障西江经济带开发和发展的能源需求，未来西江经济带能源发展的方向是多元并举，调整地区能源供应结构。在积极开发区内水电资源的同时，通过向周边的贵州、云南、四川等地区购入煤炭，建设来宾—贵港火电基地与南宁、柳州电厂，提高地区电力支撑能力。同时，根据地区能源负荷与经济发展形势，积极推进核电的前期工作，最终形成水、火、核并举的地区能源供应结构。

节能高效，效率为本——受地区资源禀赋和发展战略影响，西江经济带目前及未来的产业发展方向将主要以钢铁、建材、有色冶金等高载能产业部门为主。但是，为响应国家的节能减排，建设"低碳经济"的号召，要在保障能源供应的同时，必须通过产业结构调整和技术进步，发展循环经济，提高能源利用效率，并坚持开发节约并重，节约优先。

内外结合，保障供应——通过加强与贵州的合作开发火电，利用云南水电，增加西电东送在本地的输电规模，以及加强与广西沿海地区能源合作，提高地区能源保障能力。此外，还要鼓励本地企业积极参与国际合作，尤其是加强与越南等国家在煤炭、电力、生物质能源方面的开发和合作。

（三）主要建设方向与目标

西江经济带能源基础设施建设的主要方向是区内区外结合，建设安全可靠的能源输送设施，保障地区能源供应；水火核并举，并积极拓展其他能源发展，优化地区能源生产结构；加大节能减排力度，降低能源发展对资源环境的影响，为经济社会发展提供多元、稳定、经济、清洁的能源保障。

1. 区内区外合作，保障地区能源供应

通过区际和省际合作，提高地区电力保障能力——由于到2020年，西江经济带本地的电力装机容量将达到 1949 万 kW，只能保证电力消费负荷的 75%，尚存在 640 万 kW 的电力缺口需要从区外补足。西江经济带将成为"西电东输"的主要接受地区之一。因此，要积极利用西江经济带与贵州、云南等地区的输电通道，加强西江经济带同周围贵州、云南以及广西其他地区的合作，积极利用贵州火电和云南水电，以及广西沿海火电群的电力，增强地区电力保障能力。

加强与贵州云南地区的合作，保障本地煤电机组的用煤——在西江经济带电力供应采取区内区外结合的多元供应格局的同时，从电网的可靠性与稳定性出发，必须在本地布局一定的电力支撑电源。在西江经济带本地规划电源建设中煤电占有较大比重，2010~2020 年期间西江经济带需要新上的燃煤发电机组装机约有 704 万 kW，而这些燃煤发电机组的用煤几乎全部来自区外。煤炭已经成为约束西江经济带电力发展规模的主要限制性因素。为此，从有利于煤电发展的角度考虑，西江经济带应尽早与燃料来源地区开展煤炭开发利用合作，确保电力用煤需要。

积极加强能源国际合作——加强与西南地区和东盟国家的能源合作，尤其是加强同越南等东盟国家在煤炭、生物质能源方面的合作与开发。

2. 水火核并举，优化地区能源生产消费结构

在优先建设本地"上大压小"火电项目，合理布局本地保障电力供应安全的支撑电源项目的同时，深度开发区内水电资源，扩大对贵州、云南的电力资源利用，积极推进本地核电和其他清洁能源的开发利用，优化地区能源生产消费结构。

优化发展火电——近期要积极推进来宾电厂、合山电厂等"上大压小"项目，采用大型高效环保机组，建设贵港电厂二期、南宁电厂和崇左电厂等地区电力支撑项目；积极淘汰小火电机组；远期则考虑扩大与贵州的煤电联营规模。到 2020 年，地区火电装机达到 1146 万 kW。

深度开发水电——在合理规划和建设的基础上，深度开发区内水电资源，以实现地区水电资源利用的最大化。近期主要开发建设长洲水电、桥巩水电、远期积极推进大藤峡水利枢纽建设，有序开发左江和右江流域的中小水电资源。到 2020 年，地区水电装机达到 825 万 kW。

积极推进核电——积极推进平南白沙核电站建设，做好项目前期工作，积极争取将其纳入国家核电发展规划，争取在"十二五"期间开工建设，2020 年之前项目一期 200 万 kW 可以投产，并做好相关的抽水蓄能项目开发。

发展生物质发电与风电——利用西江经济带丰富的生物质能源，大力发展生物质能源发电，争取柳州生物质能发电项目全部建成投产，加快崇左生物质发电项目前期工作，建设国家生物质能开发示范基地。开发利用上明山风能资源。

积极拓展其他能源发展——配合国家西气东输二线与中缅天然气管道建设，提高清洁能源在地区生活能源消费中的比例，进一步优化地区能源消费结构。

预计到 2020 年，西江经济带水电、火电、核电、生物质能等其他能源电力装机的规模将分别达到 1146 万、825 万、200 万、30 万 kW。清洁能源电力装机在西江经济带的比例将保持在 48% 左右。

3. 建设安全可靠的能源输送设施

建立完善的电力网络——积极配合国家西电东送通道建设，统筹规划，重点抓好500kV电网、220kV电网、110kV电网输电线路和输变电站的建设，以及区外送电通道的建设，提高电网运行稳定性。创新铝电、锰电联营新模式，在百色、来宾、河池等地对符合条件的大用户开展直供电试点。采取股份制方式推进主电网与地方电网联合重组。结合农村电气化建设和以电代燃料工程的实施，继续抓好农村电网建设。

提高地区煤炭通过与输送能力——西江经济带是西南地区煤炭运输到珠江三角洲地区的重要通道。预计到2020年，除保障本地区用煤外，仍将有1200万~1800万t煤炭通过西江水路、500万t煤炭通过铁路运输到广东。因此，要提高西江航道干线的通过能力，配合红水河通道建设以及黔桂线改造，提高西煤东运的输送能力。

四、能源基础设施建设的重点与途径

（一）建设来宾—贵港能源基地

根据地区人口产业布局与未来发展态势基本判断，未来西江经济带将以南宁—柳州—来宾—贵港为核心，形成一个重点人口产业集聚区。该地区不仅是西江经济带的重要经济支点，也将是西江经济带重要的能源消费地区。为保障该地区的能源供应，必须依托来宾、贵港的资源与区位优势，积极开发地区水电资源，利用贵港与来宾的煤炭转运优势，开发建设火电，并积极推进地区的核电建设，最终建设形成来宾—贵港能源基地。

1. 依托地区煤炭转运优势和水电资源，建设来宾能源生产基地

来宾地处红水河下游，水电资源相对丰富。根据红水河梯级电站规划，在来宾区内可开发建设的水电站有乐滩和桥巩水电站。目前乐滩水电站（60万kW）已开发完毕，桥巩水电站（45.6万kW）也将于2010年底完工。

来宾还是西江经济带的主要煤炭产地。目前探明的煤炭资源储量6.7亿t，占全广西煤炭资源总量的近1/3。截至2007年底，合山煤田尚有保有资源储量约4.862亿t。并且，来宾拥有广西最大的煤炭生产企业合山煤业公司，可年产原煤250万t。但是，随着合山煤田浅部煤层已全部开采，深部煤层开采技术要求高、难度大、成本高，加上企业改制及关停小煤矿，自2000年以来来宾市煤炭产量逐年下降。预计未来来宾市煤炭年产量能维持在250万t左右。但是，来宾市的合山煤业公司从2005年开始进行异地采煤，先后建设广西罗城、贵州城光、三联3个大中型煤矿，预计未来几年包括合山煤矿在内的4个煤矿年产原煤可达900万t左右。未来，来宾还将成为西江重要的煤炭转运中心。随着红水河复航以及黔桂复线、柳肇铁路的修建，来宾的煤炭转运功能将逐步提升。红水河复航后，贵州的煤炭可以从麻尾装船运到来宾后进行转运到珠江三角洲地区。而且，相较于贵港，从黔桂、枝柳、湘桂线铁路到来宾港中转相比贵港中转，总运输成本可以低2~3元/t。

借助此区位优势，来宾已经规划建设煤炭物流基地。因此，未来来宾可以通过利用煤炭物流基地和本地煤炭资源，扩大现有火电容量，并完成红水河区内段的开发。预计到2020年，来宾的电力装机容量可达到441万kW。

2. 开发水火核电，建设贵港能源生产基地

贵港一直以来是我国北煤南运、西煤东运重要的转运港口之一。贵州、山西、河南等地区的煤炭通过焦柳线、黔桂线、湘桂线到贵港后转水运或黎湛线转运到珠江三角洲地区，并形成了500万~700万t规模的煤炭配送能力。贵港市港口煤炭集散基地已经初具规模，是目前广西最大的煤炭集散地。依托煤炭转运中心优势，贵港已建设有贵港电厂一期（120万kW）。虽然未来贵港的煤炭转运中心地位将受到来宾、百色、南宁等港口的竞争，但是凭借其铁水联运的转运基础设施积累，在相当长时间内还将保留一定的竞争地位。未来可以继续发展火电，建设贵港电厂二期（200万kW）。

贵港的水电资源丰富。大藤峡水利枢纽工程是红水河梯级开发的最后一级，规划装机容量160万kW。该工程对完善广西防洪体系，提高广西西江中下游的防洪能力，缓解广西电力紧张的压力，解决桂中干旱缺水问题，根本改善红水河、柳江、黔江航运条件，提高珠江流域水资源配置能力方面具有重大作用。一直以来，由于工程库区的淹没数量多，移民安置难度大等原因，制约了工程的立项和建设。但是，随着西江经济带经济发展对能源需求的增长，以及西江中下游堤防工程标准已显著提高，大藤峡水利枢纽建设的时机逐步成熟。根据自治区相关规划，大藤峡水电站前期工作推进比较顺利，争取2010年开工建设。

此外，为了保障西江经济带的能源供应，积极推进贵港平南白沙核电站的建设。核电是一种清洁能源。由于西江经济带水能资源潜力有限，煤电受到输入能力的影响，为保障本地区能源消费需求，必须考虑发展核电的可能性。平南白沙核电站计划装机2台100万kW发电机组。该项目已经被自治区向国家发展和改革委员会提出申请列入国家核电调整规划。项目的前期工作已经展开。在西江经济带发展核电有利于提高地区的能源保障能力，缓解对区外煤炭的依赖性，降低煤炭运输压力，优化西江经济带能源生产与消费结构，改善环境质量。因此，要积极继续推进西江经济带的核电建设。争取使平南白沙核电站于"十二五"期间开工建设，2020年之前投产。

此外，为了配合核电站的建设，贵港还可以开发一些抽水蓄能电站。主要有望天河梯级开发六来水库抽水蓄能电站、平龙水库抽水蓄能电站等。

由此，预计到2020年，随着贵港电厂二期、大藤峡水利枢纽、平南白沙核电站以及部分抽水蓄能电站的建设，贵港市的电力装机容量将达到660万kW，成为西江经济带重要的能源保障基地。

3. 开发建设南宁、柳州火电，提高负荷中心的能源支撑能力

南宁和柳州是西江经济带的社会经济和产业重心，也是西江经济带的能源负荷中心。为了保障该地区的能源供应，在积极建设来宾—贵港能源基地的同时，也要积极开发建设南宁火电厂（132万kW）、柳州以大带小火电厂（120万kW），以保障电网的运行稳定性。

（二）配合地区铝业发展规模，适度建设百色铝电产业基地

百色是西江经济带乃至全国重要的铝业生产基地。根据百色和广西的产业规划，到"十一五"期末，全市将形成年产氧化铝 500 万 t 以上，电解铝 200 万 t，铝深加工 200 万 t，实现年产值 1000 亿元的"千亿铝"产业基地。如果再考虑到我国铝工业发展的整体需求与态势，百色未来将建设成为中国乃至亚洲重要铝工业基地，预计到 2020 年，百色氧化铝的规模将达到 860 万 t，电解铝的规模将达到 300 万 t。但是，铝产业是高耗电行业，电量、电价是发展电解铝和铝深加工的重要的成本要素。按照"千亿铝产业"目标，单电解铝就需要电 300 kW·h，而 2008 年百色市全社会用电量仅为 131.4 亿 kW·h，从现有的水、火电装机容量来看，电力缺口相当大。而百色的电力紧缺不是没有电源也不是没有电量，而是电网问题。

百色水能资源丰富，理论蕴藏量 600 万 kW，可开发利用 500 万 kW，目前已开发 420 万 kW。重点项目有天生桥一、二级水电站（252 万 kW）、平班水电站（40.5 万 kW）、百色水利枢纽（54 万 kW）等。但是，开发的水电大部分电力输送外省自己未能得到充分享用，加上电网结构不合理，没有自己的电网，工业和居民用电大部分从大电网高价购电。由于目前大部分电解铝企业没有自备电厂，用电价格偏高，从而影响电解铝的发展。同时，煤炭的需求也不足。目前百色境内年产煤只有 350 万 t 左右，而且品质差、热量低，储量不大，80% 的燃煤靠从区外购进，受交通运输条件制约，运输成本高，供应得不到保障。随着国家取消对高能耗的铝工业企业的优惠用电以及煤炭价格的不断上涨，电、煤等能源也成为制约铝产业发展的致命瓶颈。

铝工业是西江经济带的重要优势产业，也是在全国具有重要地位的产业部门。为此，未来西江经济带的能源建设必须要突破电力等瓶颈，满足铝工业发展的电力需求。一方面，要根据地区铝工业发展规模，合理部署火电厂，并加大利用本地水电规模，并配合右江中小水电的开发，提高本地电力保障能力。未来要随着南昆铁路的扩能以及右江航道的整治，以及隆黄百铁路的修通，未来云南和贵州的部分煤炭将通过南昆铁路、隆黄百铁路在百色下水转运。再考虑到本地煤炭企业整合和进口利用越南煤炭，可以利用本地煤炭以及外地煤炭转运的优势，根据地区铝业发展规模，在百色合理部署一批火电厂，以解决电量不足、电网电价过高、企业无法承受等问题。另一方面，要加快百色铝工业直供电网建设，通过与南方电网、广西电网公司的协调，扩大天生桥、平班水电站、百色水利枢纽等重大电力工程留存百色的比例，争取国家大型水电站电力直供铝企业，并建议未来西江利用贵州的火电直接接入百色网区地区，组建铝工业专用电网，并向自治区人民政府和国务院申请铝产业电价优惠政策。

（三）推进区内区外合作，增强地区能源保障能力

1. 通过与区外燃料供应地区开展煤炭开发合作，积极推进煤电建设

由于西江经济带煤炭资源有限，未来西江经济带的煤电建设在很大程度上要依赖于对区

外煤炭资源的获取能力。根据地区产业发展空间布局与规划，一方面要利用西江经济带作为西煤外运重要中间通道的区位优势，利用云贵地区煤炭，在一些路口和港口建设火电厂。主要包括南宁火电厂、贵港火电厂二期、柳州火电厂、来宾合山电厂上大压小、百色火电厂等。另一方面，则积极利用西江经济带与越南接壤的区位优势，利用越南的煤炭资源，建设崇左火电厂。根据地方经济承受情况，考虑利用梧州的水运优势，从珠江三角洲上溯运输进口印尼、越南煤炭，建设梧州火电厂。2020 年西江经济带的电站分布格局如图 5-47 所示。

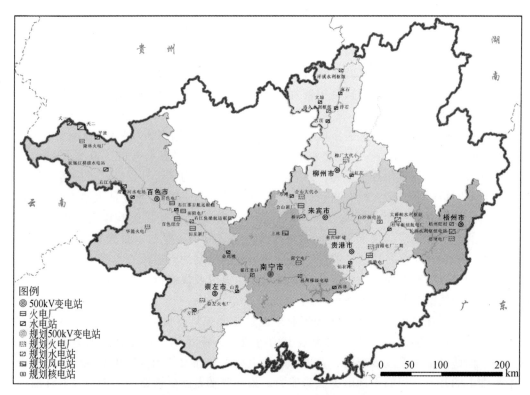

图 5-47　西江经济带 2020 年的电站建设规划分布

2. 积极输入西江经济带区外电力资源

根据前文电力供需格局分析，为了保障未来西江经济带的电力供应，在大力建设本地支撑电源的同时，西江经济带还需要适应我国电力生产格局，积极利用贵州煤电基地的火电、云南的水电，以及广西沿海电力群的部分电力。此外，随着"十二五"、"十三五"期间西南地区水电的大规模开发，将来广西河池地区的水电供应广西部分的配额将逐步增大。最终形成多元并举的能源保障格局。

（四）优化地区能源生产消费结构

1. 深度开发区内水电、完成红水河梯级电站开发，积极加快左右江流域的水电开发

水电是西江经济带唯一比较丰富的能源资源，在合理规划和建设的基础上，西江经济带要加强对水电的调度管理,以实现全区水电资源利用的最大化。

首先要按规划合理有序地进行水电项目建设,使水电资源得到充分开发。近期主要是重点开发经济带内红水河流域水电开发,加快桥巩(45.6万 kW)、长洲(63万 kW)等电站的建设,远期则加快大藤峡(160万 kW)水利枢纽工程开工建设,争取2020年之前建成投产。并有序开发左江、右江、柳江干流的中小水电资源,建设柳州落久、洋溪、南宁老口等中小水电机组。加快推进实施农村电气化工程、小水电代燃料生态保护工程、农村水电增收解困工程。

其次,要采取措施,对经济带内水电资源实行统一调度、规划、开发和管理,以充分利用中小水电在丰水期间的电能,并处理好水电开发与航运、环境之间的关系。

第三,要加快抽水蓄能电站的前期工作。作为电网的调峰电源和备用电源,抽水蓄能电站的建设有利于提高电网运行调节能力,提高一次能源利用效率。西江经济带和北部湾地区开发建设核电站,都必须以西江流域的抽水蓄能电站进行系统调峰。因此,要积极加快抽水蓄能电站的前期工作。

2. 积极开发区内清洁能源

"十二五"以后,受资源供给限制,西江经济带电力发展需要的水电资源和煤炭资源将十分有限。为保障区内能源需求的有效增加,实现电力供应的整体安全,需要在根据环境容量、交通运输能力等条件以及电源布局需要合理建设煤电的同时,加快地区的风能、生物质能源以及核能资源的开发。

加快完成区内风能资源的普查工作,尽快开展风电场项目可行性研究,尽早开工建设上林大明山风电场。

积极推进贵港白沙核电站的前期工作,争取纳入国家核电发展规划,力争"十二五"期间开工建设。

推进本地的生物质能源开发建设。利用本地的木薯、蔗糖等资源,进行蔗渣发电、燃料乙醇开发。主要是推进崇左甘蔗秸秆综合利用示范基地建设,争取"十二五"初期建成扶南东亚蔗渣生物质发电项目、崇左华威蔗叶生物质发电项目以及国家燃料乙醇试点生产基地建设。

3. 积极推进节能减排与生活用能洁净化

要加大推行节能降耗的力度,降低能源生产对资源的消耗。积极实行增效减排,降低电力生产对环境的影响。积极利用国家天然气发展规划与布局的实施,推进城乡生活用能的洁净化。

在节能降耗方面,重点推进某些耗能领域和部分的技术改造。在未来10年中,西江经济带将利用本地资源优势,大力发展电解铝、电解锰、水泥、陶瓷、钢铁等高耗能产业,将资源优势转变成经济优势,也壮大地区经济总量。但由于目前西江经济带铝、锰、铁合金、建材工业企业布局分散、规模小、技术装备差、电耗高,因此,在未来时期里要将能源效率指标作为产业发展政策的重要量化指标,落实到产业发展战略、规划和工程设计、验收指标体系中。通过政府规划指导、促进小企业优化整合，引导耗能工业企业采用先进技术装备、提升产品技术含量，加强企业管理，降低单位产值的能源消耗。在电力生产方面，要积极建设清洁燃煤电厂，替代和淘汰落后的燃煤发电厂。在电源项目的选型上，也要以建设大容量、高参数、低消耗，少排放的机组为主，降低电力生产对资源的消耗强度。

在增效减排方面，在电厂运行管理上，推行循环经济理念，实行电厂废水、废气的零排放，对回收物进行加工利用。在电源建设上，严格推行火电厂脱硫、脱硝和除尘设施建设与火电厂建设同时进行，同步投产，减少电厂二氧化硫、二氧化碳、氮氧化物和烟尘的排放量。

生活用能洁净化。积极配合国家西气东输二线工程和中缅天然气管道工程建设，做好配套的城市燃气管网建设，积极推进城市生活用能的洁净化。农村地区要大力推广使用太阳能热水器，逐步发展太阳能发电。并积极利用本地丰富的木薯、蔗渣资源，开发利用沼气，在巩固发展农村户用沼气池建设成果的同时，积极探索新模式，推进大中型沼气工程建设。探索推进生物质燃气工程建设。

（五）加强能源运输基础设施建设

1. 提高西江航道干线通过能力，保障西煤东运通道

西煤东运通道——作为我国泛珠江三角洲地区云贵、四川煤炭基地向广东珠江三角洲地区输送煤炭的主要通道，西江航道在"西煤东运"中占据非常重要的区位。由于在现有煤炭运输中，铁路的运输能力相对饱和，因此在未来时期内，要通过实施西江航运干线航道改造工程和船闸扩建工程，提高航道等级和运输能力，提高西江航道对云贵煤炭铁水联运的通过能力。其次，结合广西与贵州省的打通南北盘江及红水河通道建设，实现贵州煤炭可以直接通过水运沿南北盘江、红水河、西江到珠江三角洲地区（图6-14）。

2. 完成西气东输二线、成品油运输管道建设

首先，要加快西气东输二线工程的配套工程建设。西气东输二线工程广州至南宁段线路总长337km，总投资约20亿元，设计输气规模为每年30亿~100亿m^3，在广西境内途经苍梧县、藤县、桂平市、贵港市，最后抵达南宁市（专栏5-5）。根据工程总体安排，西气东输二线工程将在广西沿线设梧州、贵港、南宁3座大型站场。为此，要做好相关的气站、管道铺设工作。

远期，要配合中缅输气管道的建设。该管道始起缅甸实兑港，经云南、贵州和广西三省区，最终与西气东输二线管道联网。这条管线年输气量100亿m^3，气源主要来自缅甸。随着这两个管道的竣工，将大大有助于改善西江经济带的生活燃料结构。

> **专栏 5-5　　西气东输二线工程**
>
> 　　该工程西起新疆霍尔果斯口岸，南至广州，东达上海，途经新疆、甘肃、宁夏、陕西、河南、湖北、江西、湖南、广东、广西、浙江、上海、江苏、安徽 14 个省（自治区、直辖市），与拟建的中亚天然气管道相连。工程建成投运后，可将我国新疆地区生产以及从中亚地区进口的天然气输往沿线中西部地区和长江三角洲、珠江三角洲地区等用气市场，以满足珠江三角洲和长江三角洲地区的能源需求，对改善中国能源结构，保障天然气供应，保障中国能源安全，促进节能减排，优化能源消费结构，推动国际能源合作互利共赢具有重大意义。
>
> 　　作为西气东输二线工程中的广州—南宁支干线，在广西境内经过梧州、贵港、南宁，线路总长 337km。该工程的建设为广西开辟了一条陆上的天然气输入通道。规划到 2011 年分配广西的气量约 11 亿 m^3，重点为民用和部分工业供气，暂时没有考虑发电用气。

　　此外，要加快推进成品油运输管道建设，加快推进中石油 1000 万 t 炼油项目外输管道工程和南宁—百色成品油管道工程，并依据成品油管道运输通道要求，确保屯里油料库和天潭站南油库及管道主要节点等建设工作的顺利进行。

3. 完善区域电网建设

　　坚强的电网是电力安全的基础，是服务地方经济发展的有力保障。目前西江经济带电网已经基本成型，但主要存在南宁、柳州、百色等负荷中心受端电网建设不足等问题。在未来 10～20 年内，西江地区要配合南方电网广西电网分公司规划，立足现有 500kV 主网架，完善区内输供电配套网络建设，提高电网的供电安全性与可靠性。

　　首先，要做好新建电源的接入系统工作，完善百色、南宁、柳州等负荷中心的受端电网建设，根据变电容量增长情况，适度新建和扩建一批变电站。新建柳南、桂平、靖西、新江 500kV 变电站，并扩建逢宜、柳东、崇左、溯河、平果二、邕州 500kV 变电站。

　　其次，考虑到周边地区的能源建设，配合沿海钦防北电源基地外送电网建设，做好西江经济带与沿海钦北防地区的 500kV 线路、接受西电东送的落点规划建设等。并利用现有的西电东送通道，通过与南方电网公司协调，随着未来西电送广东电力采取特高压直流的方式，将现有的云广、贵广通道作为西江经济带以及广西利用云南、贵州电力的主要电力输送通道（图 5-48）。

　　此外，要加强城乡电网建设，积极完善区内 220kV 输变电工程、农网改造、城市配网改造。每个县规划建设 1 座 220kV 变电站，重点乡镇规划建设 110kV 变电站，提高电力供应与服务的普适性，从而促进基本公共服务的区域公平目标的实现。

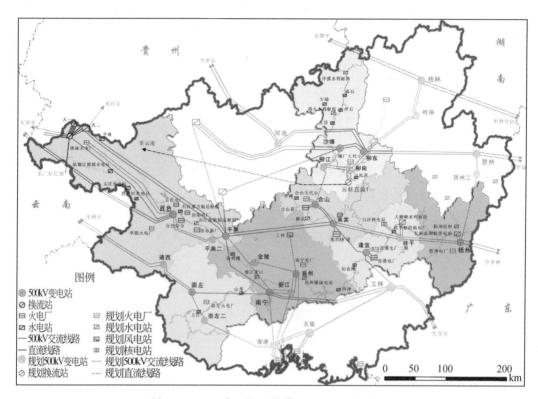

图 5-48　2020 年西江经济带 500kV 电网规划图

五、政策建议

（一）统筹不同部门和主体之间的利益，促进西江经济带电力设施建设

针对西江经济带内本地电网相对能力较低，电网建设滞后于经济建设发展的需求，许多地区存在供电能力不足等问题，未来西江经济带需要统筹相关部门和主体之间的利益，积极促进西江经济带的电力建设。

首先，要积极促进西江经济带的核电工业建设。通过对西江经济带未来电力供应的可靠性、经济性的分析，未来西江经济带发展水电和煤电的空间都相对有限。从社会可持续发展的角度考虑，西江经济带必须积极寻求新的能源供应途径，主要是大力发展区内核电和引进区外清洁水能资源等。从长远看，在西江经济带建设核电是该地区能源发展战略的客观需要，不仅有益于改善环境质量，缓解对区外煤炭的依赖性，优化地区电源结构，而且从长远看，还具有经济性。因此，"十二五"期间西江经济带要积极推进区内核电站建设的前期工作，争取纳入国家核电调整规划，并尽早开工建设。

其次，要做好与南方电网的协调工作。西江经济带是南方电网"西电东送"的主要通道。大量西电东送通道的存在使得境内输电线路走廊资源十分紧张，而未来西江经济带将成为西电东送的主要接收地。因此，建议今后西电送广东新增加电力以特高压直流输电方式为主，减少对西江经济带境内走廊资源的占用，为云电、贵电交流通道送电广西留出余度。

再次，为保障某些重点开发地区的电力供应，要做好地方电网与南方电网、电力部门与其他部门的关系协调。通过协调广西地方电网和南方电网之间的利益，对于西江经济带重点产业发展地区，建设产业专用电网，并协调将部分直供南方电网部分纳入地方电网，如在百色地区组建铝工业专用电网等。要积极协调电力部门与城市规划、土地部门的关系，保障地区电网建设的用地，做到电网规划与城市规划、用地规划很好的衔接。

（二）对西江进行综合管理，优化协调环境、航运、发电与防洪的关系

西江是本经济带水电资源重要的分布地。但是，随着建设西江亿吨黄金水道战略的提出，西江面临着水电开发和航运的矛盾。建设水电站，就需要拦水建设水利枢纽，势必将影响航运通行的速度。如在过去红水河梯级电站开发过程中，由于对红水河航运的作用意义认识不足，侧重于发电的经济效益，加上建设资金不足，因此在红水河上修建的水电站，往往只是建水电站，没有同步建设通航设施或通航设施建设严重滞后，导致红水河断航几十年。目前随着交通运输部队与珠江水系"两江一河"建设规划的实施，又需要通过建设百龙滩、龙滩、乐滩等水利航运枢纽来打通红水河，实现红水河复航。

因此，在西江流域的水电开发中，尤其在未来左江和右江的水电开发中，要重视航运和发电的关系，对该地区的水电资源进行合理规划和建设，实现航运和发电效益的协调。此外，还要通过水利枢纽的建设，提高本地区的防洪能力。

（三）加强与周边国家和地区的能源合作

利用本地与周边国家和地区有丰富的秸秆、糖类、淀粉类作物生物质能源，充分发挥技术、资金优势，利用越南、老挝、缅甸、柬埔寨、泰国等国的木薯资源，积极开发生物质发电、酒精、生物柴油等项目。同时，以电力工业合作为纽带，加强与越南在煤炭开发、电力供应、水电开发等方面的合作。

（四）积极鼓励生物质能源等新能源的发展

生物质能源产业的主导产品是用各种具有潜力的植物来提炼酒精，衍生产品主要有生物柴油、沼气、植物固态煤以及各种可以用于工业、军事、医疗和电子等行业的有机化合物。同时，生物质能源是西江经济带与东南亚国家之间极有合作潜力的产业。作为地区能源结构的重要补充和未来可以培养的产业增长点，西江经济带要积极通过政策、经济和财税等手段，鼓励该地区的生物质能源开发建设，尽快培育建设成为面向东盟的国家生物质能源开发利用试点和示范基地，以引领该地区的生物质能开发和利用。

第三节　水利设施与防灾减灾体系

一、国际防洪水利建设经验

（一）国际防洪减灾模式

洪水灾害是所有河流面临的共同问题。世界各国根据自身特点和条件，在认识洪水形成与致灾规律的基础上，逐步形成了防洪减灾模式，大致分为两类：以工程措施为主和工程性与非工程性措施并举。工程措施是各国基本的防洪措施，包括堤防、水库、河道整治、分洪区、水土保持工程等；非工程措施是通过约束人类行为，以改善、协调人与洪水间关系，体现人类主动适应洪水以规避威胁，包括组建防洪组织体系、建立洪水预报预警系统、洪泛区管理、洪水保险、生态保护及健全法律政策等。日本、荷兰、中国、埃及以工程防洪措施为主，美国、法国、英国、印度、澳大利亚为工程与非工程措施并重（表5-26）。

表5-26　部分国家防洪水特征与防洪策略比较

国　家	洪水特征	洪泛区面积 （万 km²）	损失、投入 （亿美元）	防洪策略
美　国	洪峰：数万每秒 立方米过程：相对平缓	52	损失：50 投入：20	注重非工程措施 工程与非工程措施并举
日　本	洪峰：数千每秒 立方米过程：陡峭	3.8	损失：50 投入：>100	主要依靠高标准防洪工程体系
中　国	洪峰：数万每秒 立方米过程：相对陡峭	80	损失：90 投入：15	防洪工程与抗洪抢险
英　国	洪峰：<2 000 m³/s 立方米过程：平缓		损失：1	注重非工程措施 工程与非工程措施并举
法　国	洪峰：数千每秒 立方米过程：平缓	2	损失：1~10	非工程措施为主 工程措施由地方自行决定
荷　兰	洪峰：数千每秒 立方米过程：平缓	25	损失：<1 投入：30	主要依靠高标准防洪工程体系

资料来源：向立云. 中外防洪策略比较研究. 水利发展研究，2003，(5)：12-18.

（二）国际防洪案例解析

美国：是工程与非工程措施并重的典型国家。适于建坝的河流都建有水库，堤防标准较高，普通堤防为50年一遇，重要堤防为100～200年一遇，重要城市达300～500年一遇。在洪水严重的密西西比河，形成包括150座水库、7860km堤防、4个分洪道及河道整治工程的完善防洪体系。1968年美国推行《全国洪水保险计划》，标志着工程措施与非工程措施并重的防洪模式形成。1993年美国修订国家洪泛区管理综合规划，全国2万多个洪水多发区域中，有3000个在国家气象局洪水预报范围内，1000多个具有当地洪水预警系统，其余设有县级预报系统，为洪水预测预警提供有效技术服务。

日本：是以工程措施为主的典型国家。已建成堤防1.05万km，已建和在建水库500余座，还有众多的贮水池、堰、闸等，形成完整的防洪工程体系。河流防洪标准较高，在109条重要河流中，有8条河流达200年一遇，37条河流达150年一遇，64条河流达100年一遇。通过持续的防洪工程建设，洪水灾害损失占国民收入的比例逐年降低，死亡人数明显减少。同时，非工程防洪措施不断发展，体现在自动化程度高、信息量大的防洪信息系统、109条重要河流的洪水风险图以及对洪水灾害的危机管理。

二、西江经济带建设面临的防洪形势

（一）西江经济带存在容易形成洪水的本底条件

西江经济带地处多降雨和强降雨地区，洪水形成可能性大。该区域暴雨强度大，次数多，历时长，多出现在4～8月，多数地区的24小时暴雨极值在200mm以上，最大可达600mm以上。洪水出现时间与暴雨一致，多集中在5～8月；广西85%以上面积属珠江流域西江水系的汇流面积，形成以梧州为总汇合点的树枝状水系，支流多为扇形状，上游多为山地丘陵，坡度陡峻，支流很快汇集到干流，而中下游河床狭窄，排泄不畅，易形成"峰高、量大、历时长"的洪水，洪水过程以多峰型为主，下游控制断面梧州站的多峰型洪水过程约占80%以上，较大洪水一般历时30～40天。洪水多来源于黔江以上，梧州站年最大30天洪量组成为：干流武宣站占64.2%，郁江贵港站占21.5%，桂江马江站占6.9%，武宣至梧州区间占7.4%。形成大洪水一般有3种：一是红水河与柳江洪水遭遇；二是黔江与郁江洪水、浔江与桂江洪水遭遇；三是黔江一般洪水与郁江、桂江和武宣—梧州间较大洪水遭遇。近年来，郁江、浔江及西江干流建设堤防，改变了河道原来的洪水汇流特性，使河道对洪水的槽蓄能力减弱，洪水归槽作用明显（图5-49）。

西江经济带的上游部分地区，水土流失比较严重。水土流失直接导致土壤蓄水能力下降、汇流时间缩短、洪峰流量增大，大量泥沙淤积于河道，降低了行洪能力，增大了发生洪、涝灾害的风险。同时，堤防工程建设减少了河道两岸低洼地区的滞蓄洪容积，洪水集中于河槽下泄，增加了下游的防洪压力。近年来特别是1994年洪水后，郁江和浔江两岸修筑了大量堤防工程，下游的洪峰流量明显加大。目前，西江下游的常遇洪水与较大洪水，一般比天然情况高出近 1 个频率级。

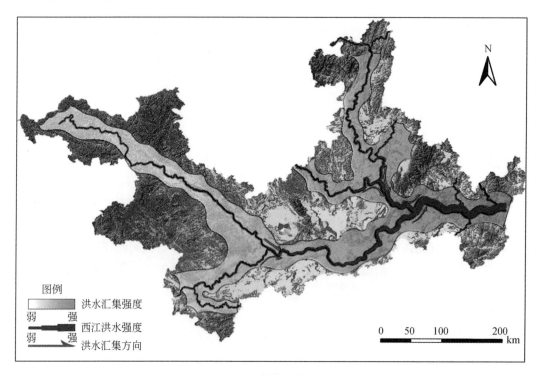

图 5-49　西江经济带的洪水形成机理

（二）洪水发生频繁，对西江经济带的损害严重

西江经济带的洪水发生频繁。据记载，从宋代 961 年到清代 1911 年的 950 年间，发生水灾 332 年 765 次，严重的有 1881 年和 1902 年的洪水。20 世纪以来，特大洪水的发生次数较多。1912~1949 年，发生水灾 327 次，严重的有 1913 年、1914 年、1915 年、1936 年和 1942 年的洪水，尤其 1915 年发生 200 年一遇特大洪水，下游堤围几乎全部溃决，致死人数和淹没农田均为历史罕见。

1950 年以来，每年都有不同程度的洪水灾害发生，重大和特大洪涝灾害频繁，且随着经济社会的快速发展，洪涝损失越来越大，对流域安全和人民生命财产影响越来越大。其中，严重的有 1954 年、1970 年、1974 年、1976 年、1985 年、1986 年、1988 年、1994 年、1996 年、1998 年、2001 年和 2005 年的洪水。1994 年发生了西江流域性大洪水，自浔江防洪堤 1994 年加高加固后，1995~2008 年，梧州站出现洪峰 18m 以上的洪水有 13 年、24 场，出现 20m 以上的洪水有 12 年、18 场，2002 年出现 3 场大于 22m 的洪水。1996 年柳江发生大洪水，1998 年西江发生大洪水，2005 年再度发生大洪水，其中梧州站洪水超过 100 年一遇，部分城区被淹，流域直接经济损失高达 136 亿元。据统计，仅 1990~2005 年，广西洪涝灾害直接经济总损失累计达 1276 亿元，年均损失约 80 亿元，约占广西同期 GDP 的 4.34%，是全国（1.8%）的 2.4 倍，广西平均每年都有农作物遭受洪涝灾害，约占广西平均耕种面积的 25%，因洪涝灾害死亡年均 168 人，是自然灾害中死亡人数最多的灾种。这些洪水灾害严重影响了西江经济带的发展，成为约束该区域快速发展的重要因素。频繁的洪水表明，西江经济带的防洪形势十分严峻（图 5-50）。

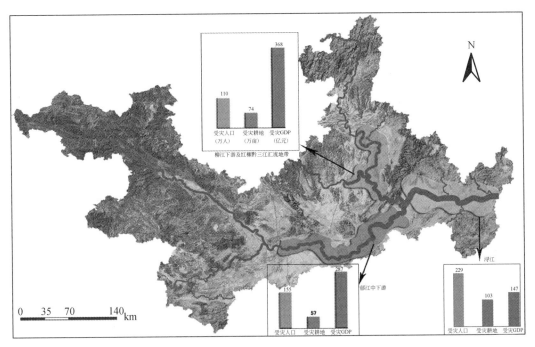

图 5-50　西江经济带洪水易发区域与受灾情况

（三）西江经济带建设需要完善的防洪体系作为基本安全支撑

西江经济带是围绕河流而形成和发展的产业经济带，覆盖面积为 13 万 km^2，有着较高的人口和经济规模，其中人口总量为 2756.8 万，GDP 总量为 3977.3 亿元，农业产值有 1150.98 亿元，人口密度和经济密度较高，分别为 2.1 人/$10^2 km^2$ 和 3.04 亿元/$10^2 km^2$。而且，西江经济带有耕地面积 2.6 万 km^2。但上文的分析已经表明，西江经济带的洪水灾害损失明显高于全国平均水平，年均损失占广西同期 GDP 的 4.34%，是全国（1.8%）的 2.4 倍，年均农作物遭害面积占广西平均耕种面积的 25%。从各防洪区域来看，西江经济带有着大量土地面积、人口、耕地与 GDP 直接面临着洪水灾害的威胁。如表 5-27 所示，西江经济带的洪水致灾区域主要集中在郁江中下游、柳江下游及红柳黔三江汇流地带、浔江沿岸，3 个地区直接面临洪水灾害的面积有 $2840 km^2$，人口为 494 万，耕地为 234 万亩，GDP 为 802 亿元（2004 年）。目前，西江经济带开始初步发育，但已经面临着巨大的洪水灾害威胁。未来，随着西江经济带的进一步发展，产业和人口将进一步向沿江地区进行集聚，国家、集体和个人财富不断积累，洪涝损失也在不断增加，直接威胁到西江经济带的建设和发展，这无疑加大了防洪的压力。因此，西江经济带的建设和发展需要强大的防洪体系作为基本的安全支撑。

表 5-27　西江经济带的受灾面积与人口概况

流　域	行政区	面积（km²）	受灾人口（万）	受灾耕地（万亩）	受灾 GDP（亿元）
郁江中下游	南宁、贵港 2 市及邕宁、横县、桂平	1 181	155	57	287
柳江下游及红柳黔三江汇流地带	柳州及红水河来宾以下、柳江与其支流洛清江汇合以下至黔江武宣的勒马间	591	110	74	368
浔江	梧州、桂平、平南、藤县和苍梧等市	1 068	229	103	147
合　计		2 840	494	234	802

随着西江经济带的形成和发展，沿江企业不断增多，人口进一步向沿江地区进行集聚，产业及城镇将不断扩大规模，对用水的需求将持续增长，包括工业用水和生活用水，这要求西江经济带提供强大的水利支撑能力，需要加强水利设施的建设。

（四）珠江下游的防洪安全需要西江经济带加强防洪设施建设

西江干流、浔江、黔柳江、左右江等河流均属于珠江流域水系，西江经济带地处珠江流域的上游地区，是珠江流域洪水产生的重要源地。珠江下游地区是我国重要的人口和产业集聚区，尤其是珠江三角洲和港澳地区，2008 年人口总量 4283 万，占广东省的 61%，占全国的 3.2%；2008 年 GDP 总规模为 29 745.58 亿元，占全国的 10%。确保珠江下游地区的国土安全至关重要，由此也就成为西江经济带的重要使命，这就需要西江经济带进一步加强防洪设施的建设。

三、西江经济带防洪水利设施现有支撑能力

（一）初步形成抵御一般洪水的流域性防洪堤系统

自唐宋时代开始，西江经济带的部分地区开始修筑堤防，尤其新中国成立以来，投入大量的物力和人力进行防洪建设，目前西江经济带已形成一定的堤防系统。据统计，西江经济带现有堤防 283.6km，达标堤为 158.5km，保护面积为 362km²，其中一级、二级堤防达标长 87km，干堤集中在郁江中下游、浔江，尤其是浔江是西江干流堤防最多最集中的河段。部分县城防洪工程开始起步，护岸工程开始发展。南宁的邕江防洪堤长 40.36km，其中江北堤为 18.5km，江南堤为 21.86km；柳州市区堤防工程为 II 等 2 级工程，长 29.9km，目前已完成 22.75km，柳城县、融水县、融安县等防洪工程也在积极推动中。目前，这些防洪堤防系统是维系西江经济带防洪安全的关键力量。

(二) 水利工程较多,调洪蓄水、引提水能力较强

目前,西江经济带已经拥有较大规模的水利防洪设施,包括水库工程、饮水工程、提水工程以及调水工程,对西江经济带的洪水调蓄、引提水形成了一定的保障能力。①西江经济带现有蓄水工程—水库共3.9万座,其中大型蓄水工程为11座,中型蓄水工程为94座,小型蓄水工程为2335座,总库容为96.3亿 m^3,设计年供水能力为86亿 m^3。其中,崇左有水库234座,总库容为7.81亿 m^3;百色有水库314座,总库容为75.98亿 m^3;来宾有水库283座,总库容为6.4亿 m^3;梧州和柳州分别有水库240座和236座。贵港有水库288座,总库容为16.81亿 m^3。②引提水工程:西江经济带引水工程有7万处,引水规模为706m^3/s,年供水能力为47.1亿 m^3。有1.7万处提水工程,提水流量为850m^3/s,设计年供水能力为57.2亿 m^3。③调水工程:西江经济带有引郁入钦和引郁入玉调水工程。总体来看,防洪控制性工程仅有百色水利枢纽,以防洪为主,兼顾发电、灌溉、航运、供水等效益。

(三) 西江经济带城市初具防洪能力

西江经济带已初步形成以堤防为主的城市防洪体系,开始具备一定的城市防洪能力。目前,中心城市的防洪能力一般能达20~50年一遇(图5-51)。其中,国家重点防洪城市

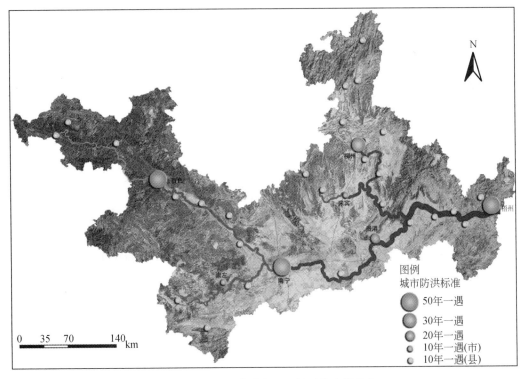

图 5-51 西江经济带各地区的现状防洪能力

南宁的防洪能力为50年一遇，百色市基本达到了50年一遇，柳州及梧州不足50年一遇，中下游的防洪能力从10年一遇提高到20年一遇。这说明，西江经济带开始初步具备防洪能力，对城市财富和居民生命安全具有一定的保障能力。

（四）非工程性防洪措施开始起步发展

目前，西江经济带的非工程性防洪措施开始起步发展。包括，制订了部分防洪管理的实施细则或办法，建立了各级防汛指挥与防洪管理机构，落实了防汛抢险的行政首长负责制及统一指挥，对涉及防洪的水事活动进行有效管理。同时，初步建立流域的水文气象测报站网和防汛通信系统，开展水情测报、水文预报、洪水调度及洪水管理等工作。目前，已建了部分国家报汛站点，包括水文站、水位站、雨量站、水库站，建立柳江及重要水库枢纽的水情测报系统，基本建成防洪信息计算机网络，其他水系的水情测报系统也多进入规划和设计阶段。

四、西江经济带防洪水利设施支撑能力的不足

经过长期建设，西江经济带的防洪建设虽取得了巨大成就，但与未来社会经济可持续发展的要求相比，还存在一定差距，面临严峻挑战。

（一）流域防洪体系不健全，西江经济带安全保障能力低

总体来看，西江经济带的防洪体系不健全，防洪保障能力低。第一，堤防建设刚起步，江河堤防达标率仅为18.6%，普遍堤高不够、堤身单薄、土堤居多、堤防标准低，不同程度地存在渗水、冒沙及穿堤建筑物老化失修等隐患，加之洪水归槽明显，实际防洪能力达不到设计标准，沿河城镇及沿岸现有1809.4km防洪堤中，除中心城区的防洪堤标准较高外，多数防洪堤为5～10年一遇，其中防御10年一遇洪水的堤段仅有514km，仅占28.4%，有71.6%的堤防不足10年一遇。第二，中小河流尚未进行过系统整治，平均每3年发生一次较大洪涝。第三，水利设施多为小型工程，调蓄能力有限，大型控制性枢纽较少，沿江防洪只能依靠单一的堤防，缺乏调控流域性特大洪水的有效手段，西江干流及郁江、柳江等重要支流一直未形成完整的防洪工程体系。第四，防洪管理的基础薄弱，尚未建立完善的法规体系，流域性的水文遥测站网、洪水预警预报和防汛抗旱指挥系统及决策支持系统尚未全部建成，县及县以下防汛抗旱指挥系统没有建立，防汛应急反应能力弱，多数市县防汛应急抢险物料储备不足，非工程措施不能满足西江经济带的培育与发展。

（二）城市防洪和供水能力较低，城市发展的安全性不足

目前，西江经济带虽已初步形成一定的城市防洪能力，但中心城市的堤防仍处于建设

阶段，县城区防洪工程处于起步阶段，城市防洪建设滞后，南宁、梧州、柳州等国家重点设防城市的防洪工程均不完善，防洪标准偏低，城市防洪能力较低，难以满足经济社会快速发展的要求。南宁、柳州、梧州、贵港等重点防洪城市堤防仅完成58%，其中贵港仅完成30%，梧州河东区的防洪标准仅为10年一遇，百色、河池、桂平等重点防洪市县多不设防，而柳州市部分防洪堤已达50年一遇，但距离100年一遇相差较远，南宁和梧州等重点城市为50年一遇，而崇左设防区仅有江州区，其他区域没有设防标准。

城市供水工程分布不均匀，供水安全度低。目前，县级以上城区均采用集中式供水，受地形、地质及经济因素影响，部分城市供水问题较为突出，供水水源单一，缺少备用水源，部分城市存在工程性缺水、水质性缺水和资源性缺水，供水保障能力低。目前，缺水地区主要有南宁市、贵港市、百色市。

（三）西江经济带病险水库多，除险加固任务重

西江经济带以小型水库为主，比重较高，占90%以上，且病险水库较多。目前，既有水库多建于20世纪五六十年代，多为"三边"工程，建设标准低，施工质量差，水库坝体单薄，加之长期管理不善，配套设施老化损毁严重，且坝体渗漏、放水涵管损坏、溢洪道破损等安全隐患突出，严重威胁下游的生命财产安全。同时，水利渠道多为五六十年代建设的土渠，易被洪水冲毁及漏水。广西病险水库占水库总量的32%，其中列入全国专项规划的548座，还有1328座水库和94座大中型水闸存在安全隐患。其中，百色有245座水库带病运行，"十一五"期间有25座水库在汛期出现险情，淹没农田262万亩，影响居民2.5万人，直接经济损失7.3亿元；崇左有病险水库130座，占水库总量的56%，有的长期蓄水不足，未能发挥防洪与灌溉作用。柳州病险水库有55座，另有42座水库存在隐患；梧州有病险水库168座，167座水库尚未落实资金；来宾有108座水库存在安全隐患。这些病险水库成为西江经济带稳定持续发展的重大隐患（表5-28）。

表5-28 西江经济带病险水库统计表

分类	数量（座）	水库名称
大型水库	7	凤亭河（含屯六）、大王滩、青狮潭、那板、六陈、武思江
中型水库	47	土桥、浪塘、岜蒙、惠洞、达洪江、六兰、云表、青年、磅蓬、东敢、那降、新安、那江、派关、若兰、金龙、六朝、高镜、樟村、清潭、长村、乐梅、沙冲、横塘、龙门、宁冲、东成、九凌、茶山（港南区）、官成、白石、罗贤、金田、寻旺、大洋河、青龙江、忠党、英雄、安乐、大江、兰洞、金陵、平口、塘坪、黄垌、茶山（蒙山）、思明
小型水库	43	大利、板里、鸡甫、百光、里民、岜宁、大陆、那何、派钦、姑龙、峙内、念向、怀阳、天山、乐业、路头、东亭、宗祖、满垌、东官、石锦、功德、长明塘、甘塘、红卫、六班、新民、金古冲、罗播、寥村、那寨、那燕、马桥、焦额、小江、管山、罗门塘、南场、莲塘、下披潭、白沙、黄岭、罗社

五、西江经济带防洪水利设施的建设思路

（一）防洪水利设施建设原则

西江经济带的防洪水利设施建设，应遵循以下原则。

第一，保障西江经济带安全稳定发展。培育并壮大西江经济带是当前该区域的主要任务，防洪水利设施的建设须以服务于该目标为基本原则，充分关注防洪水利设施对企业布局和产业发展、人口集中与城镇发展、耕地保护和农业生产的保障能力，确保西江经济带的安全建设和稳定发展。

第二，以人为本，关注民生。在遵循自然规律和经济规律的基础上，以保障西江经济带人民群众的生命财产安全为根本，把与群众生产、生活密切相关的防洪防潮、饮水安全等水利设施建设放在首位，促进农业增产和农民增收。

第三，因地制宜，突出重点。充分考虑西江经济带的落后实际情况，按社会经济的总体格局，统筹安排防洪建设，使防洪标准和防洪工程的总体布局与社会经济发展水平相适应。同时科学规划，合理布局，把全局性和控制性骨干工程和保障粮食安全的水利设施作为重点，首先保障重点城市及重要经济区的防洪安全。

（二）水利防洪设施发展目标

西江经济带应按"堤库结合，以泄为主，泄蓄兼施"的方针，建设防洪工程体系，积极实施江河防洪堤的达标建设，全力推动重大控制性水利枢纽的建设，实施江河整体防御，对病险水库进行除险加固，加快城市防洪工程建设，做好重点城市及重点保护区的超标准洪水防御方案；同时，辅以防洪非工程措施，健全防汛决策指挥系统。以此，完善西江经济带防洪体系的建设。

未来，应建立起符合西江经济带形成发展与壮大成熟的防洪体系，防洪能力有大幅提高，能安全抵御常遇洪水和较大洪水，保护人们生命财产安全，维系社会稳定；有效抵御大洪水和特大洪水，避免经济活动和社会生活发生动荡及严重的生态环境破坏，确保西江经济带发展不会受到重大干扰。以此，实现西江经济带社会经济的和谐发展和可持续发展。

六、西江经济带水利防洪设施建设重点

基于西江经济带的发展目标，防洪水利设施需要从控制性水利枢纽、城市防洪和河道堤防、病险水库、非工程性防洪措施等方面进行建设。

(一）全面推动西江防洪堤防建设，实现西江经济带的安全稳定发展

加强防洪堤建设始终是完善河流防洪体系的主要途径。目前，西江经济带的堤防建设处于起步阶段，未来要重点推动防洪堤建设，对防洪堤进行基础处理及加高培厚，完成490km防洪堤，加固或重建、扩建穿堤建筑物；同时，加快河道整治力度，对部分重点河段进行清淤疏浚和整治，完善防洪抢险道路。以此，形成浔江、柳江、郁江堤库结合的3个河段性防洪体系。各堤防工程建设须严格服从珠江流域防洪规划的总体布局，协调好上下游、左右岸、局部与整体的关系。

浔江：浔江是洪水最容易产生的河段，也是洪水汇集的河段。未来，浔江重点建设梧州长洲正阳堤与南北堤、河东区、莲花山、塘源、钱签、德安等防洪堤，长72km，梧州城区按50年一遇建设2级堤防；同时，按20年一遇标准，建设苍梧、藤县、平南、桂平等县市的4级堤防，其他采用10年一遇建设5级堤防。通过龙滩和大藤峡水利枢纽建设，堤库联合运用，将浔江的防洪堤标准提高到20~30年一遇。

郁江：郁江是西江上游地区的洪水汇集河段，洪水威胁较大。南宁及贵港防洪堤采用50年一遇标准，为2级堤防；邕宁、横县堤防20年一遇，为4级堤防；其他堤防10年一遇，为5级堤防。

红柳黔江：红柳黔江是众多支流洪水的汇集河段。柳州堤防标准为50年一遇，为2级堤防；红水河、柳江、黔江汇流的武宣、来宾、象州等县城采用20年一遇，为4级堤防；位于大藤峡库区的乡村与农田的防护，结合大藤峡库区建设规划统筹考虑。

右江：右江是重要的西江支流，也是百色及部分云南和贵州地区的洪水汇集河段。未来，按50年一遇标准建设右江防洪堤，加强12个市县的防洪排涝工程建设，建成堤防35km以上。

（二）提高城市防洪标准，确保西江经济带城市安全保障能力

城市是西江经济带社会经济财富的主要集聚空间，是洪水灾害损失最严重的地区，确保城市安全是西江经济带防洪建设的重点。目前，南宁、梧州、柳州、桂林和贵港等城市的防洪能力较低，难以支撑西江经济带社会经济的快速发展。未来，应重点推动南宁邕宁新区防洪堤、梧州长洲岛南堤和北堤及三龙堤、柳州市防洪堤、贵港市郁江北堤和南堤等防洪堤的达标建设，推动重点防洪城市和防洪市县的防洪工程体系建设，编制超标准洪水防御方案，以此提高城市防洪能力。未来，南宁市防洪标准实现200年一遇，梧州、柳州、贵港等重要防洪城市实现100年一遇，有设防要求的市县区为20年一遇，一般性保护区为10年一遇（图5-52）。

南宁市：为广西的政治、文化和经济中心。南宁市防洪区分为江北、江南和郊区，现状防洪仅能依靠堤防，江南和江北区的防洪能力已达50年一遇，郊区堤防尚未建成。未来，采取堤库结合防洪方案，加快南宁市50.7km堤防的达标建设，其中市区为46.5km，城郊为4.2km，同时通过百色和老口水利枢纽联合调度，使其防洪标准提高到200年一

遇。但城市防洪建设须关注城市景观、旅游和生态环境的需求。

梧州市：为重要的商埠和内河港口，其河西区、三龙片、钱签片、莲花山片、塘源片、龙圩片堤防按 50 年一遇建设，长洲片、平浪片、儒岩片、德安片、大漓片、高旺片、郊区堤防按 20 年一遇整修加固，河东区堤防按 10 年一遇建设，全市兴建堤防为 69.4km。通过龙滩和大藤峡水库联合调度，使梧州城区的防洪标准提高到 100 年一遇以上。

柳州市：为工业重镇和交通枢纽。采用堤库结合方案，加快阳和和官塘堤防建设，建成柳州市的 30km 堤防体系，建设洋溪、木洞、落久水库，通过三库联合调度，将柳州市的防洪标准提高到 100 年一遇。按 20 年一遇标准，加快柳城、融水、融安和柳江等重点防洪县的防洪建设。

贵港市：为重要港口城市，按 50 年一遇加快贵港市堤防建设，同时联合运用百色与老口水利枢纽，将防洪标准提高到 100 年一遇以上。

百色市：为西江经济带西北重镇，按 50 年一遇建设百色的河南区、城东区堤防，形成闭合设防，田东、平果、德保、靖西、那坡、凌云、乐业、田林、隆林、西林和田阳等县城按 20 年一遇建设防洪工程。

崇左市：为桂西重要城市，应按 20 年一遇标准加强崇左城区的防洪建设。

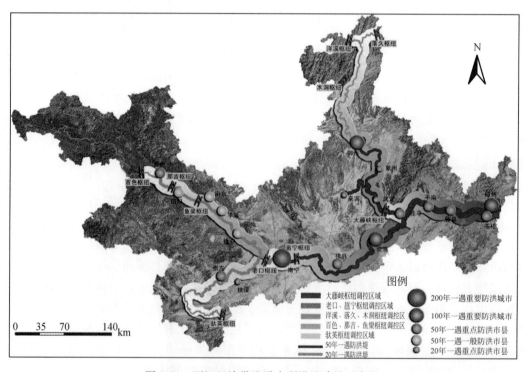

图 5-52 西江经济带防洪水利设施建设示意图

（三）积极加强防洪控制性工程，提高西江经济带洪水调蓄能力

重大控制性水利枢纽是完善西江流域防洪体系的重要途径，也是提高西江经济带洪水

调蓄能力的重要手段，增加抵御洪水灾害的能力。未来，控制性工程的建设须关注以下几点。第一，重点建设大藤峡水利枢纽，使其成为流域性防洪体系的关键枢纽，并与龙滩水利枢纽联合运行，将西江下游及珠江三角洲200年一遇洪水削减为50~100年一遇，100年一遇洪水削减为20~50年一遇，50年一遇洪水削减为10~30年一遇。第二，加快右江的鱼梁与老口及那吉、柳江的洋溪、贝江的落久、郁江的邕宁、古宜河的木洞等控制性枢纽的建设，提高对西江各支流洪水的调控能力。第三，结合西江其他重大控制性枢纽，研究控制性水利枢纽群联合调度的运行方案，实现西江流域的整体防洪和水资源调配。

（四）积极推动病险水库除险加固，消除西江经济带安全发展的隐患

病险水库是影响西江经济带防洪能力的重要隐患。未来，应对病险水库（水闸）进行除险加固，这仍是提高西江经济带防洪能力的主要途径。病险水库建设需关注以下几点。第一，重点完成列入国家规划的548座（其中大中型31座）病险水库的除险加固，完成200座（其中大中型20座）规划外的病险水库除险加固，完成94座大中型病险水闸的除险加固，全部完成病险水库（水闸）除险加固。第二，积极开展规划外病险水库的除险加固工作。第三，针对具体工程，需要加强大坝、溢洪道、输水洞等建设，消除各种隐患。

（五）完善西江经济带非工程性防洪措施

随着人类应对洪水主动意识的增长，非工程性防洪措施成为河流防洪体系的重要部分，是保障西江经济带稳定和谐发展的重要措施。未来，要重点实施以下建设。第一，积极完善流域各级防汛指挥系统、防汛抗旱指挥异地视频会商系统，建立江河洪水预警预报系统，及时准确预报洪水趋势，发展大型水库和重要中型水库水情自动预报系统以及防汛通信网络建设。第二，加快编制各类防洪抢险预案，尤其是针对重点地区超标准洪水防御方案和各城市可操作的洪水预案，提高防汛应急抢先能力，提高有计划、有准备和有组织防洪抗灾的能力。第三，加强重大控制性枢纽的综合利用和统筹调度方案，制定不同量级洪水的水库调度方案，明确洪水调度管理权限和责任；水库、闸坝和其他水利设施的运用须服务西江经济带和珠江防汛抗旱总指挥部的调度指挥。第四，建设河道和防洪工程的观测系统，完善观测内容，采用先进技术和设备，逐步实现河道和防洪工程观测现代化和自动化，为河道和防洪工程管理提供决策依据。

七、西江经济带重大水利防洪工程

（一）西江防洪关键工程：大藤峡水利枢纽

大藤峡水利枢纽位于黔江，保障珠江下游的防洪和供水安全，以防洪为主，兼顾水资源调配、发电、航运和灌溉等效益，总库容为30.13亿m^3，防洪库容为15亿m^3，控制流

域面积 19.86 万 km²，占西江梧州站以上流域面积的 60.5%。大藤峡水库能同时调蓄红水河和柳江的洪水，与龙滩水库联合调度可有效调节西江洪水，将梧州 100 年一遇洪水削减为 50 年一遇，兼顾削减梧州其他类型 100 年一遇以上洪水，与北江飞来峡水库的调度运用能防御 1915 年洪水，使梧州的防洪能力达 100~200 年一遇，浔江两岸县城达 30~50 年一遇。

（二）南宁防洪依托工程：郁江老口枢纽

老口枢纽位于左江和右江汇合口下游约 8.7km，总库容为 28.8 亿 m³，以航运、防洪为主要功能，兼顾发电、改善水环境等效益，控制流域面积 7.23 万 km²，占郁江南宁以上集雨面积 99.5%。与百色水利枢纽联合调度，可将南宁防洪标准由 100 年一遇提高到 200 年一遇。

（三）右江防洪核心工程：百色水利枢纽

百色水利枢纽位于右江，总库容为 56 亿 m³，防洪库容为 16.4 亿 m³，控制流域面积 1.96 万 km²，占南宁控制断面以上流域面积的 27%。该枢纽以防洪为主，兼顾发电、航运、灌溉、供水效益。百色水利枢纽可有效提高南宁和贵港等城市的防洪标准，以及沿岸的百色、田阳、田东、平果、隆安等市县的防洪标准。

（四）柳江防洪支撑工程：洋溪、落久、木洞水利枢纽

柳江中下游水利枢纽包括洋溪、落久和木洞等主要工程。其中，洋溪水库居柳江干流，控制流域面积 1.37 万 km²，占柳州以上集雨面积的 30.2%，具有防洪、航运和发电等效益，总库容为 22.51 亿 m³，防洪库容为 8.6 亿 m³。落久水库居支流贝江，总库容为 7.68 亿 m³，防洪库容为 2.5 亿 m³。木洞水库居支流古宜河，总库容 1.67 亿 m³，防洪库容为 1.45 亿 m³。3 个水利枢纽的联合调度，可将柳州市的防洪标准由 50 年一遇提高到 100 年一遇，同时提高柳城、融水、融安等沿江城镇的防洪标准。

（五）左江抗旱龙头工程：驮英水利枢纽

驮英水利枢纽位于明江河支流公安河上游，为左江抗旱体系的龙头工程，总库容为 2.5 亿 m³，年灌溉供水量为 2.38 亿 m³，以灌溉为主，兼顾供水、发电和防洪效益。该枢纽可将下游的防洪标准由 5 年一遇提高到 10~15 年一遇。围绕驮英水库而形成驮英联合灌区工程位于左江流域右岸，是左江治旱的核心工程，以自流灌溉为主，包括总干渠、东、西干渠及各支渠，新建干渠 148km，其中总干渠 42km，灌溉面积 68.85 万亩。

第四节　信息化与信息基础设施

一、西江经济带信息化建设现状及存在问题

(一) 电子政务网络建设基本完成

已建成电子政务内网、外网和党委机要专网的传输网络，实现了党政机关的互联互通。其中，南宁市电子政务建设与应用情况达到了全国中上水平。

(二) 以南宁和柳州为代表的城市信息化取得了一定的成效

南宁市和柳州市于2002年被原信息产业部批准为信息化试点城市，其信息化建设均已取得了一定的成效。南宁市建成了全国第一个城市应急联动中心；2004年荣获全国地市电子政务应用建设奖；2006年数字城管系统、横县农村综合信息服务系统、武鸣县域经济信息化相继被列为国家级试点；2006年荣获自治区城市信息化突出贡献奖；2007年市政府门户网站排名跃居全区第一，2008年荣获第二届中国政府网站国际化评比优秀外文版奖，在全国省会及副省级城市中排名第三；2008年荣获中国城市信息化50强的称号。柳州市坚持以信息化带动工业化，工业化促进信息化，通过启动企业信息化示范工程、制造业信息化示范工程和企业上网工程等，率先在机械、汽车等产业推动应用信息技术，提高产品设计能力，并带动中小企业的发展与壮大。同时，柳州市建立和运营了公共信息资源中心系统，初步形成了中小企业信息化服务体系，是"国家制造业信息化示范重点城市"之一。

(三) 企业信息化水平较低，电子商务应用实力不强

虽然部分大型企业如机械等企业在ERP、CAD、CAM等方面取得了较好的应用，但大部分中小企业信息化水平仍然较低，为中小企业提供公共信息服务的平台还有待进一步建设完善。此外，除中国糖网交易中心及西南煤炭交易中心电子商务的应用取得了较大进展外，西江经济带还没有形成局部相当规模和实质性的电子商务应用实力，这与行业的信息化应用水平及电子商务的配套环境建设如现代物流、网上电子交易、网上交易安全体系建设等因素密切相关。

(四) 互联网普及率和增长率均较低，位于全国中下水平

截至2008年底，广西的网民数达到734万，普及率为15.4%，低于全国平均水平

22.6%。2007年底至2008年底,广西互联网网民规模的增长率达到31.1%,但仍低于全国平均水平41.9%(图5-53)。互联网的应用主要包括:网络媒体、互联网信息检索、网络通讯、网络社区、网络娱乐、电子商务、网络金融等。

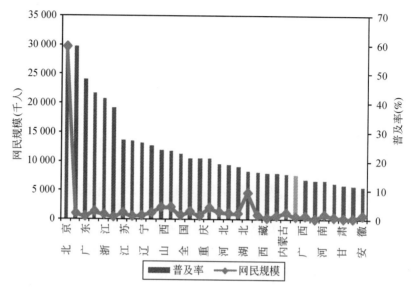

图5-53 全国网民规模与互联网普及率(2008年)

二、指导思想与战略目标

(一)指导思想

以信息化带动工业化、以工业化促进信息化,大力推进信息化,充分发挥信息化在促进经济、社会等领域发展的重要作用,不断提高信息化水平,促进西江经济带经济社会的可持续发展。

(二)战略目标

西江经济带信息化发展的战略目标是:综合信息基础设施基本普及,国民经济和社会信息化取得明显成效,信息化发展的制度环境和政策体制基本完善,国民信息技术应用能力显著提高。具体目标如下。

1. 建设中国—东盟区域性信息交流中心

到2015年,把南宁建设成为中国—东盟的区域性信息交流中心,包括区域性网络中心、信息中心、发布中心、应用中心、信息服务中心和一个信息产业基地。其功能定位是建成信息交流广发、开放度高、辐射力强的重要国际区域信息交流与服务中心。

2. 提升网络普及水平和信息安全保障水平

全面推进有线电视网络数字化和双向化升级改造，提高业务承载和支撑能力。加快电信宽带网络建设，推进城镇光纤到户，扩大农村地区宽带网络覆盖范围。加大移动网络及宽带网络建设，建立具有"移动+宽带"信息化特色的城市综合信息体系。充分利用现有信息基础设施，积极推进网络统筹规划和共建共享。

3. 加强信息资源开发利用，推进经济与社会公共服务事业蓬勃发展

深度开发利用信息资源，大力发展电子政务与电子商务，积极推进社会事业信息化、教育信息化、远程医疗信息化等，全面构建"电子政府、信息经济、网络社会、素质家园"，提升西江经济带信息化发展水平。

三、西江经济带信息基础设施建设重点

（一）积极推进"三网融合"

加强电信网、广播电视网和互联网三网等信息基础设施建设，推进"三网融合"，实现三网互联互通、资源、发展共享，为用户提供话音、数据和广播电视等多种服务。三网融合具体包括业务融合、技术融合、市场融合、行业融合、终端融合乃至行业管制和政策方面的融合等各个方面。

专栏 5-6　　　　　　　　　　　三网融合时间表

1998 年：三网融合的概念首次在国内被提出，但当时基于现实技术条件所限，难有进展。

2005 年：三网融合进入国家"十一五"规划。"十一五"规划提出："加强宽带通信网、数字电视网和下一代互联网等信息基础设施建设，推进三网融合。"从"促进"到"推进"的转变，标志着三网融合的进一步发展。

2009 年，三网融合第一次被直接写入了政府工作报告，这为三网融合进入实质性推进阶段做好了准备。

2010 年：国务院常务会议决定加快推进电信网、广播电视网和互联网三网融合。并提出了推进三网融合的阶段性目标。

2010～2012 年：重点开展广电和电信业务双向进入试点，探索形成保障三网融合规范有序开展的政策体系和体制机制。

2013～2015 年：总结推广试点经验，全面实现三网融合发展，普及应用融合业务，基本形成适度竞争的网络产业格局，基本建立适应三网融合的体制机制和职责清晰、协调顺畅、决策科学、管理高效的新型监管体系。

（二）加快推动信息化与工业化融合

以企业经营管理信息化和产品装备数字化为重点，推进信息化与工业化融合。重点推进柳钢、柳汽等重点骨干企业和重大产业项目信息技术应用，利用信息化技术实施对高能耗、高物耗、高污染行业的改造和治理，在冶金、电力、建材、石化、造纸等高能耗行业创建应用信息技术的水平和能力，提高西江经济带传统产业和工业产品的技术含量和附加值，提高竞争力。

（三）加强西江航运通道的航道管理信息化建设

加强西江航运通道的港航管理信息化建设，实现航道数字化、管理信息化，发展智能化航运管理，实现航运干线航标遥控遥测、航道数字化开发应用，并逐步推广到整个西江航运网络，增强西江航运服务保障能力。

（四）加强金融信息共享，推进区域性人民币结算中心建设

建立中国与东盟银行业客户信息共享机制，使银行业金融机构能全面、及时掌握跨境企业整体的信用情况。逐步推进和完善人民币的跨境结算，建立区域性人民币结算中心，以促进中国与东盟双边贸易的长期健康发展。

（五）积极推进广西糖网（柳州）、西南煤炭交易网（贵港）的建设

广西糖网为西江经济带乃至广西的第一大电子商务网，进一步规范和促进电子商务批发市场发展是未来糖网发展的关键。西南煤炭交易中心于2008年底挂牌开业，努力建设西南煤炭交易网，打造西南地区及中国—东盟最大的煤炭交易平台。同时，探索建设西南铝交易中心（百色）。

（六）建立农业信息资源共享平台

依托广西百色国家农业科技园区及"中国—东盟现代农业技术合作交流与示范基地建设"，围绕以右江河谷为代表的农业生产产前、产中、产后及农业技术培训等需求，重点开发电脑农业专家系统等应用软件和农业虚拟技术及精准技术，健全农业科技信息服务体系，为建设中国—东盟农业交流合作平台提供基础。

（七）健全信息安全保障体系

"积极防御，综合防范"。建立以预警机制、防范机制、管理机制为主要内容的信息安

全保障机制。建立健全信息风险预警机制,及时准确地发布风险警示。

四、政策与措施

为了保障西江经济带信息基础设施的建设,需要一系列的保障措施。

1)探索建立适应三网融合的体制机制和职责清晰、协调顺畅、决策科学、管理高效的新型监管体系。

2)强化网络管理。落实管理职责,健全管理体系,保障网络信息安全和文化安全。

3)加强政策扶持。制定相关产业政策,支持三网融合共性技术、关键技术、基础技术和关键软硬件的研发和产业化。对三网融合涉及的产品开发、网络建设、业务应用及在农村地区的推广,给予金融、财政、税收等支持。将三网融合相关产品和业务纳入政府采购范围。

第六章 可持续工业化的战略与路径

工业为代表的产业发展是研究区域可持续发展压力与响应的重要方面。西江经济带可持续工业化既要考虑产业基础条件和资源环境的现实制约，又要考虑未来产业接续升级的发展需求。为此，本部分在分析工业化进程和产业分布格局，解析可持续工业化战略的基础上，提出工业转型升级、生态高效农业发展、产业布局优化与分工合作、产业政策等路径安排。

第一节 工业化进程与产业分布格局

一、产业发展现状与历程

改革开放，特别是近几年以来，西江流域经济带的经济形势很好，地区生产总值和工业增加值都呈两位数字的速度快速增长，成为广西壮族自治区发展活力十足、增长特征显著的地区。目前，广西西江经济带地区生产总值3977.33亿元，占全区的55.46%（均高于国土面积和人口占广西的比例），其中第一、第二和第三产业增加值分别达到697.85亿元、1810.06亿元、1469.42亿元，分别占广西全区的48.00%、59.59%、54.83%。西江流域经济带人均地区生产总值为15 344.03元，也高于广西全区14 966.00元的水平（表6-1）。

表6-1 2008年西江流域产业带经济概况及在广西的地位

指标单位	国土面积（km²）	年末总人口（万）	地区生产总值（亿元）	第一产业（亿元）	第二产业（亿元）	工业（亿元）	第三产业（亿元）	人均地区生产总值（元/人）
西江经济带	13.09	2 756.81	3 977.33	697.85	1 810.06	1 567.78	1 469.42	15 344.03
全区合计	23.73	5 049.00	7 171.58	1 453.9	3 037.74	2 627.39	2 679.94	14 966
经济带占全区的比例（%）	55.17	54.60	55.46	48	59.59	59.67	54.83	

资料来源：根据《广西统计年鉴2009》整理

（一）产业发展现状

1）经济快速增长，总量不断扩大。全流域经济带的地区生产总值和工业增加值由2005年的2251.28亿元和735.74亿元，增加到2008年的3977.33亿元和1567.78亿元，年均增长速度都达到10%以上。

2) 结构得到了改善,非农产业结构明显提高。第一、二、三次产业结构由 2005 年的 21.11%、39.39% 和 39.50% 变化为 2008 年的 17.55%、45.51% 和 36.94%,非农产业比重由 2005 年的 78.89% 提高到 2008 年 82.45%(表 6-2)。

3) 第二产业,特别是工业,成为经济增长的最主要推动力。目前第二产业成为西江流域经济带经济增长的最主要推动力,第二产业的增加值占地区生产总值的比重由 2005 年的 39.39% 增加到 2008 年的 45.51%,提高了 6.12 个百分点数,其中工业增加值由 32.68% 提高到 39.42%,提高了 6.74 个百分点(表 6-2)。

表 6-2　2005、2008 年西江流域经济带三次产业结构情况　　　（单位:%）

区域	第一产业		第二产业		工业		第三产业	
	2005 年	2008 年	2005 年	2008 年	2005 年	2008 年	2005 年	2008 年
南宁市	16.55	15.44	31.96	34.65	22.84	26.63	51.49	49.91
柳州市	11.51	9.53	51.97	60.34	47.22	56.19	36.51	30.13
梧州市	21.82	16.61	42.74	53.86	35.49	47.73	35.45	29.53
贵港市	29.08	24.20	33.84	40.53	28.38	35.55	37.08	35.27
百色市	26.70	21.16	44.16	52.28	36.79	45.48	29.14	26.56
来宾市	36.16	28.04	38.62	42.72	34.67	37.71	25.22	29.24
崇左市	36.62	30.51	28.87	35.62	24.01	30.87	34.52	33.87
西江经济带	21.11	17.55	39.39	45.51	32.68	39.42	39.5	36.94
全区合计	22.39	20.27	37.07	42.36	31.03	36.64	40.55	37.37

资料来源:根据《广西统计年鉴 2005》和《广西统计年鉴 2009》整理

4) 不同规模的工业经济中心初步形成。初步形成了包括大型工业中心(南宁、柳州)、重要工业中心(梧州、贵港、来宾、百色和崇左等)、次要工业中心(工业大县)、一般工业中心(一般工业县)和工业点(中心镇和一般镇)在内的、不同规模和层次的各类工业生产中心。特别是在工业方面,近几年来,依托自身的资源开发与产业基础,在以钢铁为主的黑色冶金工业、以汽车为主的交通运输设备制造业、以铝为主的有色冶金工业、以水泥为主的非金属制品工业、以工程机械为主的专用设备制造业、以制糖为主的农产品加工业等工业行业在广西占有重要地位,并开始在全国同行业中崭露头角(图 6-1)。

5) 西江流域经济带的区域经济发展水平的空间差异主要体现在城—乡上。首先,在沿西江流域经济带的"东—西"方向上存在一定的差异,但不很明显;第二,西江流域经济带区域经济发展水平差异主要是"城—乡"差异,具体体现在地级城市市中心区与其他县区、工业县区与一般县区的差异上。图 6-2 显示,除崇左、贵港、来宾等新设的地级市外,柳州、南宁、梧州和百色的市中心区的人均地区生产总值明显要高于其他县区,平果、柳江、隆林、大新、鹿寨、蒙山等工业经济强县要高于其他一般县区。

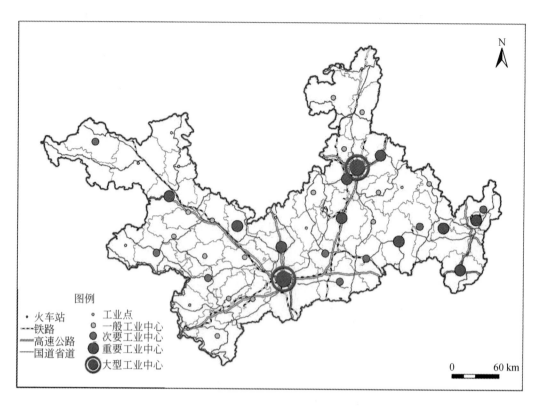

图 6-1　西江流域经济带工业中心分布现状图（2008 年）

资料来源：根据《广西统计年鉴 2009》整理

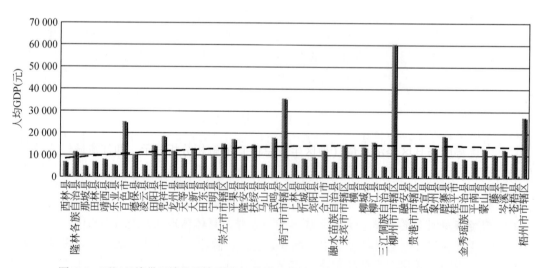

图 6-2　西江经济带经济发展水平空间分异现状图（各县市区按经度由西向东排列）

资料来源：根据《广西统计年鉴 2009》整理

（二）产业发展历程

1. 工业经济规模不断扩大，在广西全区占有重要地位

工业经济规模不断扩大，优势凸显，在全区占有重要地位。近几年以来，广西西江流域经济带的工业获得了长足发展，工业总产值由 2005 年的 1637.25 亿元增加到 2008 年的 3753.60 亿元，均占广西全区同期工业总产值的 63% 以上，分别达到 64.73% 和 63.46%。工业增加值也由 2005 年的 543.08 亿元提高到 2008 年的 1287.49 亿元，占广西全区同期工业增加值的 64% 以上，分别达到 65.31% 和 64.40%（表 6-3）。

表 6-3 西江流域经济带工业产出规模及其在广西的地位

区 域	工业总产值（亿元）		工业企业增加值（%）		区 域	工业总产值（亿元）		工业企业增加值（%）	
	2005 年	2008 年	2005 年	2008 年		2005 年	2008 年	2005 年	2008 年
南宁市	370.18	864.96	120.9	350.45	来宾市	104.35	212.60	41.84	73.50
柳州市	691.43	1 455.17	206.5	428.33	崇左市	84.39	208.48	32.41	75.37
梧州市	131.06	389.27	40.39	128.95	经济带合计	1 637.25	3 753.60	543.08	1 287.49
贵港市	99.66	264.97	34.05	88.90	广西全区	2 529.26	5 915.00	831.48	1 999.31
百色市	156.18	358.15	66.99	141.99	经济带占广西的比重	64.73	63.46	65.31	64.40

资料来源：根据《广西统计年鉴 2005》和《广西统计年鉴 2009》整理

2. 工业优势凸显，工业成为推动经济发展最重要的力量

随着铝土矿、锰矿、铅锌矿、钛矿、高岭土、水泥灰岩等优势资源开发规模扩大以及承接产业转移，富集资源地区和靠近珠三角地区的县区的工业优势凸显。

以区县工业增加值占其地区生产总值的比重与全区工业增加值占全区地区生产总值比重之比衡量的工业优势度（相对比重）显示，工业发展规模大的县区主要是资源开发和承接产业转移地区，如平果、百色、隆林、岑溪、苍梧等县区，它们的工业优势度明显要高于其他县区（图 6-3）。

工业优势度与县区经济总量（地区生产总值）的解析分析显示，西江流域经济带工业优势度高的县区，它们的经济总量（地区生产总值）也大，县区经济总量与工业优势度成正相关关系（图 6-4）。

3. 工业化水平不断提高，是广西工业化水平快速提高的地带

工业化水平不断提高，明显高于广西全区的水平。经济工业化是近几年来西江流域经济带经济发展的亮点。2008 年西江流域经济带的经济工业化率达到 39.42%，比 2005 年的 32.68% 提高了 6.74 个百分点，明显高于广西同期 5.60 个百分点。平均每年提高 2.37 个百分点。比广西全区水平由原来的高出 1.65 个百分点，提高到现在的高出 2.78 个百分点，进一步扩大了其在广西工业经济中的领先态势。其中，2005～2008 年梧州的经济工业

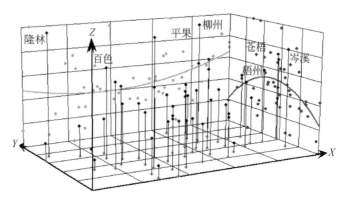

图 6-3 2008 年西江流域经济带分县区的工业优势度
资料来源：根据《广西统计年鉴 2009》整理

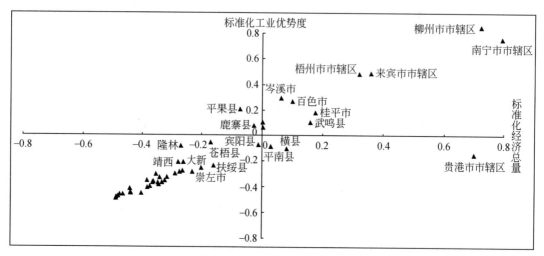

图 6-4 2008 年西江流域经济带区域经济（GDP）与工业依存关系
资料来源：根据《广西统计年鉴 2009》整理

化水平提高了 12.23 个百分点；柳州和百色的也分别提高了 8.97 个百分点和 8.69 个百分点（表 6-4）。

表 6-4 西江流域经济带工业经济水平及其变化

地 区	工业增加值占 GDP 的比重（%）		2008 年较 2005 年提高的百分点数	地 区	工业增加值占 GDP 的比重（%）		2008 年较 2005 年提高的百分点数
	2005 年	2008 年			2005 年	2008 年	
南宁市	22.84	26.63	3.79	来宾市	34.67	37.71	3.04
柳州市	47.22	56.19	8.97	崇左市	24.01	30.87	6.86
梧州市	35.49	47.73	12.23	西江流域经济带	32.68	39.42	6.74
贵港市	28.38	35.55	7.18	广西全区	31.03	36.64	5.60
百色市	36.79	45.48	8.69				

资料来源：根据《广西统计年鉴 2005》和《广西统计年鉴 2009》整理

4. 经济快速增长,成为推动全区经济增长的主要贡献地带

经济快速增长,贡献率明显增强,成为推动广西全区经济增长的主要增长地带。有关资料显示,进入 2002 年后,西江流域经济带各地市的地区生产总值和工业增加值一直保持两位数的增长速度增加。如 2005 年和 2008 年西江流域经济带的地区生产总产值的增长速度分别达到 14.16% 和 13.69%,均高于广西全区的 13.20% 和 12.80%。其中,柳州和梧州的工业总产值增长均保持在 14% 及以上。相应的工业增加值的增长速度则更高,分别高达 18.23% 和 19.12%。其中,2005 年和 2008 年崇左的工业增加值的增长速度分别高达 30.60% 和 20.20%;梧州的分别达到 19.40% 和 24.90%(表 6-5)。在保持经济快速增长的同时,西江流域经济带对广西全区的经济贡献作用明显增强。2005 年和 2008 年西江流域经济带的地区生产总值对广西全区的贡献率分别 58.75% 和 58.86%,工业增加值对广西全区的贡献率则分别达到 59.50% 和 61.08%,均略呈增加态势(表 6-6),也都明显高于西江流域经济带土地面积和人口占广西全区 55.17% 和 54.60% 的比重,成为推动广西全区经济快速增长的主要增长地带。

表 6-5　2005 和 2008 年西江流域经济带及广西全区工业增长速度　　（单位:%）

区域	地区生产总值增长速度		工业增加值增长速度	
	2005 年	2008 年	2005 年	2008 年
南宁市	13.4	14.5	15.0	16.9
柳州市	14.0	14.0	18.6	19.2
梧州市	14.6	14.9	19.4	24.9
贵港市	16.2	11.4	16.8	15.3
百色市	15.2	13.4	18.8	23.7
来宾市	13.4	12.8	19.3	13.0
崇左市	13.9	11.8	30.6	20.2
西江流域经济带合计	14.16	13.69	18.23	19.12
广西全区合计	13.2	12.8	18.9	18.6
其余地市合计	13.98	13.55	26.93	18.34

资料来源:根据《广西统计年鉴 2005》和《广西统计年鉴 2009》整理

表 6-6　西江流域经济带增长对广西全区的贡献率　　（单位:%）

区域	工业增长对广西全区工业的贡献率		GDP 增长对广西全区生产总值的贡献率	
	2005 年	2008 年	2005 年	2008 年
西江流域经济带	59.50	61.08	58.75	58.86
其余地市	53.42	43.50	44.94	44.16

资料来源:根据《广西统计年鉴 2005》和《广西统计年鉴 2009》整理

5. 特色工业基地和产业园区逐步形成，成为西江流域经济带和广西经济发展的增长极

依托当地资源开发利用和产业基础等优势，西江流域经济带已初步形成了包括工业基地和特色园区在内的成为吸引产业集聚、企业集中的高地。

在近几年，通过发挥资源富集地区和产业园区的资源、政策、区位优势，西江流域经济带一批优势特色产业基地和园区正在逐步形成。如南宁利用产业基础、政策和人才优势，围绕机械及装备制造、铝加工、电子信息、农产品加工、医药等建立了经济技术开发区、高新技术产业区、南宁—东盟经济开发区等工业基地与工业园区；柳州利用工业基础、人才优势，建设了汽车、钢铁、重型机械制造等产业基地和工业园区，形成了柳州高新技术园区、柳州阳和、新兴等工业区的汽车零部件产业集聚区，并正在建设钢铁产品深加工及物流产业园；来宾利用水电优势发展了铝、锰电解与加工和铁合金工业基地与产业园区；百色和崇左等城市依托资源与能源优势，发展了矿产资源开发与加工、农产品加工等，形成了百色的铝冶炼与加工产业基地和铝工业园，崇左依托紧邻东盟、锰矿开发与加工、制糖及其他农产品加工等发展了物流和产业园区，梧州、贵港利用交通和靠近珠三角地区的区位优势，发展了金属再生加工和承接东部产业转移工业区与水泥生产基地。其中百色铝土矿开发—铝冶炼—铝加工、崇左和来宾的锰资源开发—铝锰加工利用、柳州的钢铁—汽车—工程机械、南宁的机械及装备制造—铝加工—电子信息—农产品加工—医药、梧州的人造宝石—金属回收再生、贵港的水泥—电子信息等都成为广西快速成长的产业。最近几年西江流域经济带的工业基地与园区的工业总产值和增加值都以30%~40%的速度快速增长。如南宁高新区、经济开发区和南宁—东盟经济开发区已连续多年以30%~40%的速度增长。2008年南宁的这些园区的规模以上工业总产值的增长速度分别达到34.56%、42.05%和48.74%，大大高于南宁、西江流域经济带和广西全区同期的23.30%、21.69%和16.30%的水平。快速发展的工业基地与园区，成为西江流域经济带和广西经济快速发展的增长极（带）。

二、工业发展条件分析

（一）工业的比较优势分析

西江流域经济带利用自身的资源优势、产业基础，在以钢铁为主的黑色金属冶炼压延加工业、以汽车制造为主的交通运输设备制造业、以铝为主的有色金属冶炼压延加工业、以水泥为主的非金属制品业、以工程机械为主的专用设备制造业等工业行业在广西全区和全国的优势开始全面展现。通过分别计算2008年西江流域经济带各个城市中的36个工业行业的专业化水平发现，在西江流域经济带的主要工业行业中，特色优势资源开发与加工工业行业在国内外市场需求强劲的推动下，它们的专业化水平都很高或比较高，在广西全区的优势十分明显，但大部分加工工业的专业化水平仍然偏低，与全区水平相比处于劣势。其中，南宁市有10个行业在全区同行业中具有绝对优势，11个行业拥有一般优势，

其余 25 个行业不具有优势；柳州有 4 个行业具有绝对优势，4 个行业具有一般优势，其余 28 个行业不具有优势；梧州有 9 个行业具有绝对优势，7 个行业具有一般优势，其余 20 个行业不具有优势；贵港仅有 3 个行业具有绝对优势，其余 33 个行业不具有优势；来宾有 3 个行业具有绝对优势，4 个行业具有一般优势，其余 29 个行业不具有优势；崇左有 2 个行业具有绝对优势，7 个行业具有一般优势，其余 27 个行业不具有优势（表 6-7）。

表 6-7 西江流域经济带各城市优势工业行业情况

城市	绝对优势行业（专业化指数>2）	一般优势行业（1<专业化指数<2）
南宁	塑料制品业（4.43）烟草制品业（2.84）	仪器仪表及文化、办公用机械制造业（1.81）
	印刷业和记录媒介的复制（2.68）	农副食品加工业（1.56）纺织业（1.39）
	化学纤维制造业（2.63）	化学原料及化学制品制造业（1.47）
	食品制造业（2.53）	通信设备、计算机及其他电子设备制造业（1.33）
	金属制品业（2.49）	非金属矿物制品业（1.28）
	水的生产和供应业（2.45）	饮料制造业（1.27）
	医药制造业（2.41）	燃气生产和供应业（1.12）
	造纸及纸制品业（2.28）	木材加工及木、竹、藤、棕、草制品业（1.27）
	电气机械及器材制造业（2.02）	工艺品及其他制造业（1.20）
		文教体育用品制造业（1.12）
柳州	纺织服装、鞋、帽制造业（5.93）	通用设备制造业（1.67）
	交通运输设备制造业（2.84）	黑色金属冶炼及压延加工业（1.60）
	专用设备制造业（2.55）	家具制造业（1.12）
	烟草制品业（2.01）	通信设备、计算机及其他电子设备制造业
梧州	文教体育用品制造业（12.38）	通用设备制造业（1.87）
	金属制品业（3.43）纺织业（2.16）	医药制造业（1.62）
	有色金属矿采选业（3.16）	电气机械及器材制造业（1.54）
	非金属矿采选业（2.89）	家具制造业（1.32）
	工艺品及其他制造业（2.82）	水的生产和供应业（1.31）
	化学原料及化学制品制造业（2.72）	黑色金属冶炼及压延加工业（1.26）
	木材加工及木、竹、藤、棕、草制品业（2.25）	皮革、毛皮、羽毛（绒）及其制品业（1.19）
	非金属矿物制品业（2.23）	
贵港	农副食品加工业（5.38）	
	皮革、毛皮、羽毛（绒）及其制品业（3.34）	
	煤炭的开采和洗选业（2.11）	
来宾	饮料制造业（8.36）	非金属矿采选业（1.84）
	煤炭的开采和洗选业（4.37）	农副食品加工业（1.52）
	电力、热力的生产和供应业（2.23）	黑色金属冶炼及压延加工业（1.44）
		纺织业（1.15）

续表

城 市	绝对优势行业（专业化指数>2）	一般优势行业（1<专业化指数<2）
崇 左	黑色金属矿采选业（6.28）	家具制造业（1.86）塑料制品业（1.38）
	农副食品加工业（3.14）	煤炭的开采和洗选业（1.75）
		化学原料及化学制品制造业（1.48）
		木材加工及木、竹、藤、棕、草制品业（1.35）
		电力、热力的生产和供应业（1.19）
		黑色金属冶炼及压延加工业（1.01）

资料来源：根据《广西统计年鉴2009》整理

（二）西江流域经济带工业发展的SWOT分析

1. 发展优势

（1）区位优越，交通设施水平明显改善

西江流域经济带临近珠（三角）、港、澳，既近海、沿边和沿江，同时又处于中国内地东、中、西3个地带的交汇地区，是华南地区、西南地区与东盟各国的结合部，又是西南地区甚至未来西北地区最便捷的出海通道的经由地区，具有优越的地理、区位条件。随着珠、港、澳一体化、泛珠三角一体化的推进，特别是中国—东盟自由贸易区的建立，西江流域经济带作为连接中国西南、华南、中南以及东盟各国的陆上枢纽地带和前沿集散中心，在未来中国—东盟经济合作、人员交往、物资交流、信息交换和边境贸易等方面具有极大的优势。随着交通、口岸等通道设施的进一步完善，西江流域经济带将成为连接中国与东盟各国的最便捷的陆上大通道，成为中国与东盟各国实施双向开放的前沿阵地，中外客商兼顾中国内地与东盟两大市场的理想投资场所，是承接国内外产业转移的前沿地带。

西江流域经济带7个地市经过多年的发展建设，交通条件不断改善，与区内外的通达性明显提高，西江"黄金水道"建设已取得明显成效，已建成1000吨级航道570km、500吨级航道233km、300吨级航道768km，建成枢纽30座、船闸21座，生产性泊位398个，散装与件杂货物通过能力达到4355万t，集装箱32万标箱。特别是最近几年广西加大了交通投资的力度，综合交通设施水平明显提高。2008年，西江流域经济带已有营运交通线路（不含管道）5.79万km，其中铁路1600km，公路5.36万km，内河航道2700km。铁路方面，基本形成以南宁为主中心、柳州为副中心呈放射状发展的铁路网络，南昆、湘桂、黔桂、洛湛等干线铁路穿境而过，铁路里程为1618km，路网密度达1.24km/百km^2，高于全国（0.83km/百km^2）和广西（1.02km/百km^2）的平均水平。已初步形成了包括铁路、公路、航空、水运和管道组成的综合交通网络，交通网规模、设施条件、技术等级和服务水平显著提升，将西江流域经济带产业发展的强有力支撑。

（2）经济快速发展，经济实力不断加强

近几年以来，西江流域经济带的经济快速发展，连续多年保持两位数的速度增长，人均生产总值已达到15 344.03元，高于广西全区的14 966.00元，跃上2200多美元（2008年美元）的台阶，经济发展阶段即将完成工业化初级阶段，进入工业化中级阶段，迈进工业化、城镇化和经济加快发展的重要时期。进入 2002 年后，西江流域经济带各地市的地区生产总值和工业增加值一直保持在 2 位数的增长速度增加，如 2005 年和 2008 年西江流域经济带的地区生产总产值的增长速度分别达到 14.16% 和 13.69%（相应的工业增加值的增长速度则更高，分别高达 18.23% 和 19.12%）。均高于广西全区的 13.20% 和 12.80%。地区生产总值由 2005 年的 2251.28 亿元增加到 2008 年的 3977.33 亿元，占广西全区的比重由 55% 左右提高到 56% 左右。保持在经济快速增长的同时，西江流域经济带对广西全区的经济贡献作用明显增强。2005 年和 2008 年西江流域经济带的地区生产总值对广西全区的贡献率分别 58.75% 与 58.86%，工业增加值对广西全区的贡献率则分别达到 59.50% 和 61.08%，明显高于西江流域经济带土地面积和人口占广西全区 55.17% 与 54.60% 的比重，成为广西经济实力最强的地带。

(3) 工业基础不断增厚，经济增长极初步形成

近几年以来，广西西江流域经济带的工业获得了长足发展，工业总产值由 2005 年的 1637.25 亿元增加到 2008 年的 3753.60 亿元，均占广西全区同期工业总产值的 63% 以上，分别达到 64.73% 和 63.46%。工业增加值也由 2005 年的 543.08 亿元提高到 2008 年的 1287.49 亿元，占广西全区同期工业增加值的 64% 以上，分别达到 65.31% 和 64.40%，成为广西工业的主要生产地区。

在近几年，通过发挥资源富集地区和产业园区的资源、政策、区位优势，西江流域经济带一批优势特色产业基地和园区正在逐步形成。如南宁利用产业基础、政策和人才优势，建立了经济技术开发区、高新技术开发区、南宁—东盟经济开发区等工业基地与工业园区，成为广西的机械及装备制造、铝加工、电子信息、农产品加工、医药等工业产业的集聚区。柳州利用工业基础、人才优势，建设了柳州高新技术园区、柳州阳和新兴等工业区成为汽车、钢铁、重型机械制造等产业的集聚区。来宾利用资源和水电优势成为铝、锰电解与加工和铁合金产业集聚区；百色依托铝土矿资源和铝工业基础，成为铝冶炼与加工产业集聚区。崇左依托锰矿和甘蔗，成为广西区的锰资源开发加工及制糖产业集聚区。梧州、贵港利用交通和靠近珠三角地区的区位优势，成为金属再生加工和承接东部产业转移工业区及水泥集中生产基地。这些工业集聚区与生产基地，成为西江流域经济带和广西经济快速发展的增长极。

(4) 矿产、水（能）资源丰富，发展工业具有资源上的优势

西江经济带具有矿产资源种类多、储量较大、品位较高。质量较好、分布比较集中等特点。中国政府网的资料显示，广西全区已探明储量的矿产有 96 种，探明产地 1067 处，有 53 种矿产的保有储量居全国前 10 位。其中，储量居全国首位的有锰、锡、砷、膨润土等 14 种。锰和锡矿保有储量均占全国储量的 1/3；储量居全国第 2~6 位的有铝、钒、钨、锑、银、滑石、重晶石等 25 种。在已探明的矿产产地中，大型矿有 126 处、中型 261 处。其中，百色平果的铝土矿占广西铝储量的 78% 以上；崇左宁明的膨润土是全国罕见的特大膨润土矿。

西江流域经济带是我国铝土矿资源最为富集的地区之一，具有资源储量大、分布集中、矿石品位较高和易于开采的特点，发展铝工业具有资源上的优势。到 2007 年年底，广西共探明铝土矿床 27 处，保有资源储量达到 5.1 亿多吨，居全国第 3 位，远景储量达到 10.2 亿 t，具有矿床规模大、矿体埋藏浅、水文地质条件简单、适合于大规模的露天开

采的优势。在西江流域经济带的贵港、南宁和来宾等地区发现了丰富的高铁三水铝土矿，是我国已知规模最大的三水铝土矿赋藏地区。据初步估算，这些地区探获的高铁三水铝土矿石资源量4亿多吨。随着高铁三水铝土矿勘查工作深入，预计可探明高铁三水铝土矿资源储量将与百色一带的一水铝土矿资源储量相当。此外，西江流域经济带及其附近地区的铟、锡、锑、锌、铅和铜等有色金属资源也较丰富，其中铟、锡、锑等有色资源在国内外占有重要地位，是我国铟、锡、锑等金属冶炼加工的重要生产地区。

西江流域经济带及整个广西是我国水、水能资源的富集地区。西江广西境内的集水面积达到20.24万km^2，占西江全流域集水面积的85.7%，水资源量占广西水资源总量的85.5%。广西年均水资源总量达到1880亿m^3左右。广西人均水资源总量达到4000m^3，单位国土面积拥有水资源量达到79万m^3/km^2。广西拥有丰富的水电资源，水能理论蕴藏量达到2133万kW，可开发装机容量1751万kW。西江经济带所包含和临近的红水河地区被誉为中国水电的"富矿"、水能源的宝库，是中国优先开发的三大水电建设基地之一。2008年全区发电装机容量已达2424.5万kW·h，其中水电装机容量1397.4万kW·h（全国排第4位），已建成大化、天生桥、岩滩、恶滩、天生桥和桥巩等大型水电站。

（5）优惠政策多，具有加快工业发展的优良政策环境

西江流域经济带是我国少数民族聚集地区，既能享受到国家给予的沿海、沿边的对外开放优惠政策，又能享受到广西作为西部省区的西部大开发政策和少数民族自治区的优惠政策，是我国唯一集沿海开放地区优惠政策、少数民族地区优惠政策、西部大开发优惠政策等诸多投资优惠政策于一体的区域。同时，为吸引投资和承接产业转移，广西区政府以及各个地市政府还出在税收、用地以及其他方面出台了众多的投资优惠政策。众多的优惠政策对吸引投资和承接产业转移非常具有吸引力，营造了优良的投资政策环境，如广西区政府的《关于推进承接产业转移工作的决定》，就明确了实行规费减免、项目用地保障、工业用地开发成本补贴、电力供给保障、融资担保、国际市场开拓以及营造良好的转关通关等优惠政策，并在财政税收方面予以扶持。

2. 发展劣势

（1）工业结构矛盾突出，深加工产业还没有形成规模

经济带内各个城市工业结构主要表现为：矿产资源开发型和农产品初加工型工业比重过高，而且工业中以采掘业、初级原材料工业为主，产品以初级产品、高耗低附加值为主；工业产业链条短，缺少下游的精深加工工业；轻纺工业发展不足，轻纺工业规模过小，而且以农产品为原料的轻工业为主，轻重工业发展仍然相互脱节；各地市的工业行业的同构化趋势明显，资源开发型的能源、冶金、建材和农产品初级加工型工业还在各地市主要的工业中占据主要位置，即有资源优势和发展潜力的铝材产品、锰产品、热带与南亚热带农产品的深加工产业还刚刚起步，还没有形成产业优势。

（2）具有辐射带动作用的企业少，工业发展缺少吸引与推动力量

近几年西江流域经济带围绕铝、锰等优势矿产资源开发与加工利用和依托原有基础较好的钢铁、汽车等工业，初步形成了几个在全国具有一定影响的大型企业集团，但不能满足西江流域经济带产业快速发展的需求。2008年整个西江流域经济带仅有统计意义上的大

型工业企业 29 个，占西江流域经济带工业企业总数的 0.76%，其余的近 90% 的是技术水平低的资源开发和初加工性质的小企业（表 6-8）。整个西江流域经济带除了在铝、锰等资源开发以及铝加工、钢铁、汽车和工程机械等少数工业行业具有较强带动能力的特大型骨干企业，围绕其生产配套和产品深加工发展吸引了一批生产协作与配套企业外，其他工业行业的特色还没有充分发挥出来，还难以对国内外工业资本形成有利的吸引和促进当地工业的快速自我发展。

表 6-8　西江流域经济带企业规模大小情况

区域 企业	南宁	柳州	梧州	贵港	百色	来宾	崇左	西江流域经济带	广西全区合计	西江流域经济带占广西全区比重（%）
工业企业数（个）	1035	727	390	322	212	166	160	3 012	5 316	56.66
大型企业数（个）	4	10		1	3	2	3	23	29	79.31
中型企业数（个）	82	70	37	29	46	23	27	314	536	58.58
小型企业数（个）	949	647	353	292	163	141	130	2 675	4 751	56.30

（3）工业发展配套和协作能力弱，制约着工业发展

调查发现，西江流域经济带的工业发展配套和协作能力弱。一方面，表现在产业发展的基础设施配套水平不高。工业开发区、工业集中区的交通、通信、物流、能源和环保治污等设施不配套，影响到工业的发展。另一方面，表现在产业、产品的协作、配套的能力差。西江流域经济带除少数大城市外，在原有计划体制下发展起来的地方国有加工工业企业大部分都已倒闭或消失，而新企业的还没有发展起来或还处于比较低的技术水平状态，其中大部分是以矿产品开发和农产品初级加工为主，不具备为外来投资企业发展提供所需的配套协作条件与能力，导致现有工业产品的零部件采购难度大、成本高。

3. 发展机遇

（1）承接东部沿海地区特别是珠三角产业转移的机遇

国家宏观经济调控引导给广西和西江经济带承接东部产业转移带来了机遇。国家正积极引导和推动加工贸易向中西部地区转移，形成了东部加工贸易向中西部地区呈梯度转移的新趋势，主要体现在国家政策的调整上，如国家对外商加工贸易政策调整迫使东部地区产业转移。国务院批准由商务部、海关总署发布的 2007 年第 44 号公告——《加工贸易限制类商品目录》，对东部和中西部地区采取了差别政策，有利于推动那些在东部沿海地区发展商务成本较高而赢利能力较弱的产业向中西部地区转移。此外，2007 年 11 月 22 日，商务部出台《关于支持中西部地区承接加工贸易梯度转移工作的意见》，对东部地区企业包括台资企业转移起到强大的导向作用。2008 年 4 月，商务部公布第二批加工贸易梯度转移重点承接地，广西南宁市名列其中。此外，近几年来，东部地区由于土地、电力、原材料、劳动力供应达到极限，地价、劳动力价格、电价等全面上涨，也迫使东部企业开始向中西部地区转移，寻找新的投资发展场所。

（2）泛珠三角合作经济区的合作的机遇

从 2004 年 9 月在广州签订《泛珠三角区域省会城市合作协议》以来，福建、江西、

湖南、广东、广西、海南、四川、贵州、云南9个泛珠三角省区的省会城市在产业与投资、基础建设、经贸合作、交通合作、文化旅游等方面取得了初步的成效。目前，随着珠三角经济中心外扩发展，形成了包括福建、江西、湖南、广东、广西、海南、四川、贵州、云南9个省（区）以及香港、澳门2个特别行政区在内的"9+2"结构。泛珠三角经济区的经济合作水平明显提高，经济发达地区的产业西移态势明显强化。就广西和西江经济带而言，由于西江"亿吨级黄金航道"建设和铁路、高速与高等级公路的全面建设和扩能提速等，将对东部沿海地区和香港、澳门地区的产业形成更大的吸引力，吸引更多的东部沿海地区的产业西移到广西，到西江流域经济带。

（3）中国—东盟自由贸易区正式建成的机遇

中国与东盟10国于2002年11月签订的《中国与东盟全面经济合作框架协议》，双方一致同意的在2010年建成中国—东盟自由贸易区，已于2010年1月1日正式建成启动，成为我国对外经济贸易合作的一件大事，对于推动我国与东盟各国，特别是为广西及西江流域经济带发展对外经济贸易提供了极好的机遇。西江流域经济带的崇左市和百色是广西陆路与东盟国家相连的主要通道，与东盟国家的贸易量占其对外贸易总量的很大份额，与东盟国家经贸往来密切，而且中国—东盟博览会永久落户广西南宁市，也进一步促进了双边的经贸联系。因此，中国—东盟自由贸易区的建立，将带动广西和西江经济带对外贸易的发展，推进广西和西江经济带工业化步伐，产业结构调整，也为即将移至广西的国内外产业提供了一个较大的国际市场。随着大湄公河次区域合作进程加快，所涉及的交通、通信、能源、旅游、环境、人力资源开发、贸易和投资、禁毒8个领域的合作加深，也将大大提升广西在中国—东盟自由贸易区中的地位，突出广西作为进入中南半岛的"桥头堡"、作为东南亚进入中国的重要门户，以及中国和东南亚经济合作的物流中心。

4. 面临挑战

（1）西江经济带缺乏统一的管理机构

西江流域经济带作为一个功能轴带，由6个地级市和1个省会城市组成，虽然各具优势，但是在资源开发、合理分配、利用，以及相互协调方面还没有形成机制和规则，缺乏权威、统一、高效的管理协调机构。国外流域开发以及流域产业带形成的经验表明，在流域开发中，上、中、下游既要统一开发形成合力，又要分工协作，各自权利与义务相统一，以产生"1+1大于2"的叠加效应。只有流域内形成较为独立的统一的资源开发、治理、保护机构，才能促进流域资源的合理开发和流域产业带的形成。目前，西江流域经济带虽然已设有由各广西区政府部门和相应的地市政府部门参与的西江流域办公室，但是它还是一个临时性机构，还缺乏对西江流域经济带的开发建设依法统一管理和依法自主决策的授权。

（2）西江流域经济带内部产业分工和协作较弱

西江流域经济带内各个区域往往依据各自的优势，发展相应的产业，由于资源禀赋的相似性，导致流域带内各区域的产业结构雷同的情况较为严重。一方面，由于市场容量的有限性和发展水平与结构的相似性，在今后的发展中竞争会比较激烈，容易引起重复建设，造成资源的浪费等问题。另一方面，由于产业间协调较差，还没有形成一个相互补充的产业体系，流域产业带地域外来冲击的能力较弱，不利于流域产业的持续健康发展。

(3) 生态环境保护的任务艰巨

由于西江经济带还处于工业化初级阶段后期与工业化中级阶段的早期，产业发展的重点还将以消耗大、排放高、污染重的能源、原材料等重化工业为主，原材料工业所占比重会较大，并且随着西江流域经济的发展其比重仍会在未来的一段时期内增加，这样势必会对西江流域内的生态环境保护造成较大的压力。而且，广西西江流域经济带是珠江的上游，承担着保护珠江生态环境和水环境的重任，广西西江流域经济带的生态环境对珠三角的意义非常重要。因此，处理好广西西江流域经济带发展与其生态环境保护也是西江经济带产业发展的一项艰巨任务。

(三) SWOT 战略

根据以上的 SWOT 分析，综合得到下面的西江流域经济带工业发展的"SWOT"分析矩阵（表6-9）。在西江流域经济带未来的工业发展中，SWOT 分析显示：

- 发挥优势、利用机会——依托航运优势，综合考虑自身资源和产业发展基础，培育特色产业体系和承接以集群方式转移的产业链。
- 利用机会、克服劣势——加快产业结构调整和产业内兼并重组步伐，培育核心大企业，提高产业核心竞争力。
- 发挥优势、积极应对威胁——延长产业链，促进产业内分工细化，构建循环经济理念，实行清洁生产，发展生态工业和生态产业链。
- 应对威胁、克服劣势——加快生产服务体系建设，提高生产配套能力；建立产业转移工业园区，积极承接产业转移。

表6-9　西江流域经济带工业产业的SWOT分析矩阵及战略取向

内部因素＼外部因素	优势（S） 1. 区位交通优势　2. 经济基础优势 3. 工业基础优势　4. 自然资源优势 5. 政策优势 6. 特色工业基地和产业园区基础优势	劣势（W） 1. 工业结构矛盾突出 2. 企业带动辐射作用弱 3. 工业配套、协作差
机会（O） 1. 承接沿海和珠江三角洲产业转移 2. 泛珠江三角洲经济合作 3. 中国—东盟自由贸易区建设	SO 战略 （发挥优势、利用机会） 依托航运优势，综合考虑自身资源和产业发展基础，培育特色产业体系和承接以集群方式转移的产业链	WO 战略 （利用机会、克服劣势） 加快产业结构调整和产业内兼并重组步伐，培育核心大企业，提高产业核心竞争力
威胁（T） 1. 缺乏统一开发管理机构 2. 产业分工和协作弱 3. 生态环境保护	ST 战略 （发挥优势、应对威胁） 延长产业链，促进产业内分工细化；构建循环经济理念，实行清洁生产；发展生态工业和生态产业链	WT 战略 （应对威胁、克服劣势） 加快生产服务体系建设，提高生产配套能力；建立产业转移工业园区，积极承接产业转移

三、西江经济带发展阶段判断

(一) 产业带发展阶段判断标准

判断国家或区域经济发展所处阶段的方法,主要是从经济发展的水平和经济结构的变化等方面进行的,即采用人均总量指标和结构指标作为阶段划分的依据。由于区域经济的发展主要是以工业化为标志,经济发展阶段的划分与工业化的发展过程紧密相连。因此,对于发展中国家来说,工业化是经济发展过程的一个重要阶段,也是产业结构不断转变的一个重要时期。根据国际实证研究的多国模式和我国区域发展的实际,认为反映我国区域工业化阶段演进的内容至少应该包括 5 个方面的内容:一是基于人均收入水平(如人均 GDP)的变动总体指标判断;二是三次产业产值结构的判断;三是第二产业增加值与第一产业增加值比值的判断;四是工业化率的判断;五是城市化水平的判断。

1. 人均收入指标判断标准

国内外通行的判断产业发展阶段演进的方法,是利用当代发展经济学的成果,从产业发展的水平和产业结构的变化来研究产业发展阶段的演进状态的,即采用人均经济总量指标和相应的产业结构指标作为阶段划分的依据,并进行经济发展的比较。由于目前现代经济的发展,尤其是发展中经济主要是处于工业化阶段,因此,产业发展阶段演化与工业化的发展过程紧密相连。对于发展中国家和地区来说,工业化是经济发展进程的一个非常重要的阶段,也是产业结构迅速转变的一个重要时期。发展经济学,特别是实证研究的多国模式所揭示的演化规律,基于总体指标的判断是以人均收入水平的变动(一般用人均 GDP 来衡量)为标准,所遵循的标准是钱纳里等的标准模式,相应阶段的数量指标标准如表 6-10 所示。

表 6-10 赛尔奎因和钱纳里的工业化发展阶段与人均收入水平变动的关系

经济发展阶段		人均 GDP (1980 年美元)	人均 GDP (2008 年美元)
工业化阶段	初级阶段	600 ~ 1 200	1 363 ~ 2 726
	中级阶段	1 200 ~ 2 400	2 726 ~ 5 452
	高级阶段	2 400 ~ 4 500	5 452 ~ 10 223
发达经济阶段	初级阶段	4 500 ~ 7 200	10 223 ~ 16 357
	高级阶段	7 200 ~ 10 800	16 357 ~ 24 536

注:根据美国 GDP 指数,2008 年与 1980 年美元的换算因子为 2.2718

2. 结构指标判断标准

工业化时期作为产业结构变动最迅速的时期,其演进阶段也通过产业结构的变动过程表现出来。从三次产业 GDP 结构的变动看,在工业化初期,第一产业的比重较高,第二产业的比重较低。由于市场经济国家在工业化开始时市场化已得到较大发展,以商业、服务业为基础的第三产业的比重较高。随着工业化的推进,第一产业的比重持续下降,第二产业的比重迅速上升,而第三产业的比重只是缓慢提高。

使用产业结构水平的变动来衡量工业化的演进阶段时,当第一产业的比重降低到 20%以下时,第二产业的比重上升到高于第三产业而在 GDP 结构中占最大比重,工业化进入中期阶段;当第一产业的比重再降低到 10% 左右的时期,第二产业的比重上升到最高水平,工业化到了结束阶段(一般来说,此后第二产业的比重便转为相对稳定或有所下降)。

3. 第二产业增加值与第一产业增加值比值标准

利用结构指标判断标准时,由于在统计口径等方面的差异往往导致比较判断的差异很大,所以在实践中增加了第二产业增加值与第一产业增加值比值这一标准。第二产业增加值与第一产业增加值比值越大,表明工业化程度越高。当该比例小于等于 1 时,为初级产品阶段,主要特征是农业生产活动为主;当该比例大于 1 时,为工业化阶段,其中该比例为 2~3 时为工业化初期阶段,为 4~5 时为工业化中期阶段,为 6~7 时为工业化后期阶段(表 6-11),大于 8 时为发达经济阶段。据统计,全世界高收入国家第二产业增加值与第一产业增加值比值均在 8 以上,上中等国家为 6,中等国家为 4~5,下中等国家为 3。

表 6-11 工业化率与工业化阶段的对应关系

工业化阶段	第二产业与第一产业增加值的比值	工业化率
初级阶段早期	1~2	20%~40%
初级阶段后期	2~3	
中级阶段	4~5	40%~60%
高级阶段	6~7	60%以上

4. 工业化率标准

钱纳里等认为,工业化的程度一般可用 GDP 中工业增加值份额的增加来度量。在人均 280 美元至人均 2100 美元这一阶段中,制造业占 GDP 的比重由 15% 上升到 36%,初级产品份额的下降(由 38% 降至 9%)则为社会基础设施份额和制造业份额的增加所弥补,而服务业的份额几乎不变;一旦人均 GDP 超过 400 美元,那么制造业对经济增长的贡献将高于初级产品生产的贡献,并基本呈持续上升态势,直到第 4 个时期才转而下降;从第 3 个时期开始,资本积累对经济增长的贡献开始超过劳动力,并且在整个工业化阶段,全要素生产率基本维持着上升态势,具体的工业化率标准如表 6-11 所示。

5. 城市化水平标准

城市化与工业化之间存在内在联系。在工业化过程中,人口与资本向城市聚集,使工业化与城市化呈现十分明显的正相关性。H. 钱纳里和 M. 塞尔奎因提出了城市化率与工业化率比较的世界模型。该模型研究了 90 个国家和地区城市化与工业化之间的关系,得出人均国民生产总值越高、工业化水平越高、城市化水平也越高的结论。城市化水平的高低是衡量一个国家和区域工业化程度的重要指标（表 6-12）。

表 6-12 钱纳里的工业化发展阶段与城市化水平变动的关系

城市化率（%）	时　期	经济发展阶段
小于 32.0	工业化准备期	初级产品生产阶段
32.2～36.4	工业化初级阶段	工业化阶段
36.4～49.9	工业化中级阶段	工业化阶段
49.9～65.2	工业化高级阶段	工业化阶段
大于 65.2	工业现代化阶段	经济稳定增长阶段

（二）产业带发展阶段判断

1. 基于人均收入标准的判断

从人均 GDP 水平看，西江流域经济带处于工业化初级阶段的后期，即将进入工业化中级阶段。对比表 3-2 和表 3-5，从人均收入水平看，整个西江流域经济带处于工业化初级阶段的后期，即将进入工业化中级阶段。其中，柳州已进入工业化中级阶段的中期；南宁已进入工业化中级阶段的早期；梧州、崇左、来宾、百色处于工业化初级阶段；贵港还处于工业化初级阶段的边缘。同时，西江流域经济带人均收入水平略高于广西全区的平均水平，且差异较大。到 2008 年西江流域经济带的人均 GDP 已达 15 344 元（按同期人民币中间汇率计算已达 2209 美元），略高于同期广西全区的 14 966 元（2155 美元）。其中，人均 GDP 最高的柳州已达 24 680 元（3554 美元），最低的贵港只有 9386 元（1351 美元）（表 6-13），最高的是最低的 2.63 倍。

表 6-13 2008 年西江流域经济带人均收入水平、产业结构和城市化水平

城　市	第一产业（%）	第二产业（%）	第三产业（%）	第二与第一产业增加值的比值	工业化率（%）	城市化率（%）	人均 GDP（元）	
							人民币元	美元（2008 年）
南宁市	15.44	34.65	49.91	2.24	26.63	50.25	19 142	2 756
柳州市	9.53	60.34	30.13	6.33	56.19	48.82	24 680	3 554
梧州市	16.61	53.86	29.53	3.24	47.73	39.51	13 115	1 888
贵港市	24.20	40.53	35.27	1.67	35.55	32.90	9 386	1 351
百色市	21.16	52.28	26.56	2.47	45.48	31.56	11 517	1 658
来宾市	28.04	42.72	29.24	1.52	37.71	31.90	11 903	1 714
崇左市	30.51	35.62	33.87	1.17	30.87	31.50	12 226	1 760
西江流域经济带	17.55	45.51	36.94	2.59	39.42	37.90	15 344	2 209
全区合计	20.27	42.36	37.37	2.09	36.64	36.40	14 966	2 155

资料来源：根据《广西统计年鉴 2009》整理

2. 基于三次产业结构标准的判断

从三次产业结构看，西江流域经济带已处于工业化中级阶段。表3-5显示，2008年西江流域经济带的三次产业结构为17.55:45.51:36.94，属于二、三、一的结构类型，且第一产业的比重已在20%以下，第二产业的比重上升到了45.51%，高于第三产业，说明从三次产业结构看，西江流域经济带已处于工业化中级阶段。其中，柳州、梧州的三次产业的工业化中期特征明显，而且柳州的第一产业的比重只有9.53%了，非农产业已达90%以上，达到90.47%，非农产业的特征最明显，具有工业化后期的结构特征；南宁的三次产业结构为15.44:34.65:49.91，属于三、二、一的结构类型，三次产业结构的高级化特征明显；贵港、百色、来宾和崇左则显示出既有工业化初级阶段的结构特征（第一产业比重还比较高，均在20%以上），又有工业化中期的结构特征（第二产业比重都高于第三产业）。

3. 基于第二产业与第一产业增加值比值的判断

从第二产业与第一产业增加值的比值看，整个西江流域经济带还处于工业化初级阶段后期。表3-5显示，2008年西江流域经济带的第二产业与第一产业增加值的比值为2.59（高于广西全区2.09的水平），处于工业化初级阶段（比值为2~3）。其中，柳州达到6.33，达到工业化高级阶段的水平；梧州达到3.24，达到工业化中级阶段的水平；南宁、百色分别为2.24和2.47，处于工业化初级阶段后期；贵港、来宾和崇左分别为1.67、1.52和1.17，均大于1、小于2，处于工业化初级阶段的早期。

4. 基于工业化率标准的判断

从工业化率看，整个西江流域经济带处于工业化初级阶段后期。表3-5的数据显示，2008年西江流域经济带的工业化率达到39.42%，接近20%~40%区间的上限。从工业化率看，整个西江流域经济带处于工业化初级阶段的后期。其中，柳州、梧州和百色的工业化率分别达到了56.19%、47.73%和45.48%，介于40%~60%的区间，它们已处于工业化中级阶段；南宁、贵港、来宾和崇左的工业化率分别为26.63%、35.55%、37.71%、30.87%，均介于20%~40%的区间，还处于工业化初级阶段。

5. 基于城市化水平标准的判断

从城市化标准看，整个西江流域经济带处于工业化初级阶段。对比表3-4和表3-5发现，2008年西江流域经济带的城市化率为37.90%，高于广西全区36.40%的水平，处于工业化初级阶段后期。其中，南宁的城市化率已达50.25%，从城市化率看，已跨入了工业化高级阶段的门槛；柳州、梧州的城市化率分别达到了48.82%、39.51%，也已处于工业化中级阶段；贵港的城市化率为32.90%，刚刚达到工业化初级阶段的标准；百色、来宾和崇左的城市化率分别为31.56%、31.90%和31.50%，接近工业化初级阶段的标准。

综合上述5个标准的判断，可以得到：

西江流域经济带处于工业化初级阶段后期和工业化中级阶段的早期之间，且工业化中级阶段的特征初显。其中，南宁已处于工业化中级阶段，同时还具有工业化初级阶段的某些特征，又具有工业化高级阶段的某些特征；柳州已处于工业化中级阶段，它是西江流域经济带内工业化中级阶段特征最明显的城市；梧州也处于工业化中级阶段，但它还具有某些工业化初级阶段的特征；贵港、百色、来宾和崇左则已处于工业化初级阶段的后期，也都开始具有工业化中级阶段产业结构的某些特征。

四、产业发展趋势分析

（一）流域产业发展的一般特点

1. 以流域水资源开发为中心积极配套、发展、集聚优势产业

流域水资源开发一般以水力发电、航运为中心，综合考虑农业、旅游及生态环境整治与保护。随着水电站、水库、水闸等基础水利设施建设，流域的电力资源和运输成本优势会凸现出来，结合本流域自然资源特别是煤炭、铁矿石等矿产资源优势，逐步发展成以电力工业、金属冶炼、化学工业等原材料工业为核心的产业结构体系。随着资源产品需求的增加，基础原材料工业快速发展，凭借便利且低成本的航运条件，原材料来源和产品销售市场的地域范围进一步扩大，由于产业间内在的前后向联系，会逐步形成以原材料工业品为原料的制造业的集聚。所以，凭借沿河、沿江丰富的水资源、电力资源和航运条件，由于产业间内在的前后向关联，往往形成以原材料工业和制造业为核心的沿河、沿江产业带。

2. 产业持续优化、升级、延伸与转型

流域起步阶段发展起来的以原材料工业为核心的产业体系，一方面带动了整个流域的经济增长和居民生活水平的提高，另一方面也为流域长期经济发展埋下了隐患。流域经济发展起步阶段，对经济增长的需求要大于生态环境保护的需求，加上流域发展大耗能、大运量甚至是高污染产业的天然优势，往往集聚起以电力、能源、煤炭、钢铁、化工等为核心的产业体系，不但对流域生态环境破坏较大，并且容易受到外部环境的冲击，如世界能源需求结构对莱茵河流域鲁尔区的冲击等，产业体系较为脆弱。为了保障流域经济持续发展，必须优化、升级、延伸以原材料工业为核心的产业体系，加快产业结构调整与转型。能源工业应积极发展太阳能、风能、生物质能等绿色、无污染、可持续的能源体系。以煤炭、钢铁为核心的原材料工业应加快技术创新、产品差异化和企业、产业间兼并重组步伐，培育具有核心竞争力的大企业集团，优化调整产业技术结构、产品结构和组织结构。依托流域生态环境本底优势，加快整治生态环境，发展以旅游业为核心的第三产业，带动流域三次产业结构转型。

3. 上、中、下游形成紧密的产业分工

流域面积较大，上中下游的资源禀赋差异较大，应依据自身优势条件，因地制宜，实行分区开发，充分利用各地区的优势资源、优势条件建立起类型不同、各具特色的产业体系。同时，流域本身又是一个相对完整的系统，流域上中下游之间的产业体系又要互相补充，相互衔接和协调。从上游到下游，从河谷向两翼的海拔高程、地形、地貌特征和资源条件均不同，且呈现出规律性的变化。河流上中游地区地势较高，多山地高原，一般水能资源、矿产资源和森林草原资源比较丰富，适宜发展水电、矿产开采、冶炼、木材采伐与加工畜牧业等产业。下游地区虽有丘陵起伏，但一般地势平坦，耕地所占比重较大，城镇较为密集，是经济基础较好的区域。加上航运发达，又往往是出海口，是该流域与外部经济的连接点，可以利用区内区外两种资源和市场，适宜发展大运量、大耗能的钢铁、机械制造、建材等工业体系。流域上中下游所建立的产业体系又要相互协调，相互补充，互为中间投入品以减小运输，扩大本地市场，发挥本地市场效应，促进上中下游产业的良性循环累积发展。

4. 产业发展与生态环境保护相适应

生态修复，环境污染治理的成本是巨大的，流域产业发展要避免走"先污染后治理"的传统产业发展模式，产业发展要与流域生态环境保护相结合，走新型流域产业发展模式。随着莱茵河流域的全面开发，产业结构逐渐重工业化，加上水环境保护意识薄弱，上游地区的化工产业向河流内排出大量含有有机物质的废水，中下游河两岸的德国、法国、荷兰的工业污水和航运带来的污染，莱茵河水污染日趋严重，20世纪60、70年代莱茵河甚至被称为"欧洲最大的下水道"，经过流域沿岸国家20多年的努力，付出很大的代价，才使莱茵河水质好转。亚马逊河流域开发亦出现这样的问题。因此，流域产业发展的同时，要注意对水环境的保护，污染企业要修建污水处理设施，城市生活污水也要经过污水处理厂处理，达标后才能排入河流。只有这样，在流域产业发展的同时，才能保证生态环境生态服务的功能得到持续，才能促进流域产业的可持续发展。

5. 产业呈现"轴向"渐进式集聚与扩散特征

流域产业带或经济带的形成是由于人类经济社会运行主体开始大都在流域的某些区位优势点上集聚，并通过河流这一交通运输通道而联成一个有机的空间结构体系。首先，"点－轴"渐进式扩散理论模式是指在区域产业发展演化中，经济和社会要素在空间分布上首先是在核心点——城镇上集聚，这些核心点通过河流交通运输通道"轴"对其附近地区或腹地的经济和社会要素产生巨大吸引力，进一步吸引产业和人口向这些核心点集聚，形成更大产业、人口集聚区大城市；第二，当这些核心点集聚到一定程度便会与其它核心点之间形成不断增强的"经济社会梯度"与"经济社会梯度差"，在"经济社会梯度差"的作用下，产业、人口等会通过河流交通运输通道这一"轴"向其他核心点扩散，这种由核心点沿着河流交通运输通道"轴"渐次扩散的经济社会要素"流"，各种经济社会要素"流"从高梯度地区向低梯度地区流动，形成了核心点沿河流交通运输通道这一"轴"的

空间扩散的"点-轴"模式。第三，通过流域经济和社会要素集聚核心点沿河流交通运输通道不断集聚和扩散作用，使流域产业带由简单走向复杂成熟。

（二）产业结构演变规律

从当今世界经济发展演替进程来看，经济发展阶段和三次产业结构与主导产业的演替具有依次演替的顺序性：三次产业结构的演变是沿着以第一产业为主导过渡到以第二产业为主导，再由第二产业为主导过渡到以第三产业为主导的路径发展演变的。相应的主导产业的演替顺序则为：首先是以农业为主导产业，其次由以农业为主导产业演替为以轻纺工业为主导产业，再次由轻纺工业为主导产业演替为以原料和燃料动力工业等基础工业为中心的重化工业为主导产业，然后再由以重化工业为主导产业更替为以低度加工型的加工组装工业为主导产业，并在以低度加工型的加工组装工业为主导产业的基础上再进一步演替为以高度加工组装型工业为主导产业，再由高度加工组装型工业为主导产业演替为以生产者服务业为中心的第三产业为主导产业，到目前为止，世界上少数发达国家已由以第三产业为主导产业进入以信息产业为主导产业的发展演进阶段（图6-5）。

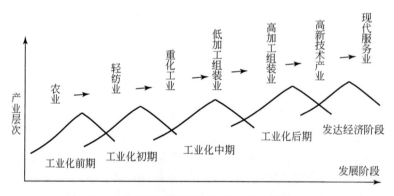

图6-5 发展阶段演进和主导产业演替顺序与方向

根据西江流域经济带处于工业化初级阶段后期和工业化中级阶段的早期之间，且工业化中级阶段的特征初显的判断，今后一段时期，西江流域经济带发展阶段相适应的产业应是以轻纺工业、重化工业和加工组装产业为主。

（三）西江经济带产业发展基本趋势

国内外的经验表明，当一个国家或区域完成工业化初期阶段进入到工业化中期后，经济工业化、社会城市化将成为发展的主旋律，产业发展变化，特别是工业发展变化进入高峰时期。

上述对西江流域经济带发展阶段的分析判断表明，现在西江流域经济带即将完成工业化初级阶段，开始进入工业化中期阶段：各个地市的人均GDP已进入1000～4000美元区间，三次产业结构呈现出"二、三、一"的结构形态，产业发展进入快速升级转换时期。

借鉴国外发达地区的先行经验，结合西江流域经济带发展阶段，考虑到我国区域产业发展趋势，可以得出以下初步判断：今后一段时期内，西江流域经济带产业发展，无论是经济对产业发展的需求，还是产业自我发展的集中化、集约化和高级化，都将展现出强大的外在推力和内在动力，产业换代、结构升级步伐加快。产业发展升级转换的趋势将表现为以下几点。

发展趋势一：三次产业都将逐步地围绕专业化和综合化两个方面展开，向集中化、集约化和高级化方向逐步推进。

发展趋势二：第一产业将更多地围绕着集约化、专业化、有机化，发展设施农业、精准农业、生态农业和绿色农产品生产。

发展趋势三：以能源与矿产开发为基础的原材料工业将获得长足发展，延长产业链，提高产品附加值，提高竞争能力将成为这些工业发展的主攻方向。

发展趋势四：以机械装备为主体的制造业、轻纺工业等现代制造业将在更高层次上获得恢复性发展。传统产业的高技术化和高新技术产业及其应用领域将不断扩展，并将展现出良好的发展态势。

发展趋势五：第三产业将在传统服务业基础上，产业业态由消费者服务业向以生产者服务业为主导转变，并逐步高级化和专业化。

（四）西江流域产业布局基本趋势

相比较而言，在有关产业带发展的主要理论中，以"点—轴"系统理论的内涵、理论体系最完备，对区域产业发展布局的指导作用更加显著，而且在我国区域发展实践中也已得到了广泛的应用，取得了很好的效果，具有良好的应用基础。

流域经济带作为一种典型的区域发展空间结构形式不仅是人们根据区域的自然禀赋、区位优势、发展历史、交通运输联系等因素的特点实施相应的区域发展方针的结果，也是经济社会长期发展演化积累的结果。"点—轴"系统理论表明，在区域发展初期和中期，先应该将开发活动集中到区域内具有明显发展优势的少数"点"（城市）上，然后逐步沿着"轴"（交通运输通道）由"点"向更多的"点"扩散，逐步形成网络，最后形成相对均衡的"面"。

依据"点—轴"系统理论中的"点—轴"渐进式发展演化模式、产业带发展的规律性特征和区域经济发展所处的阶段，可以推断，在产业带的发展演化中，随着"西江亿吨级黄金水道"这一交通轴线的建设和扩展延伸，西江流域经济带对产业集聚的能力将得到强化，城镇规模将进一步扩大，现有产业集聚地区（大中城市）的产业将被新的产业代替，原有产业将转移出去，在新的位置产生集聚生成新的城镇，从而不断形成新的"点—轴"结构，生成基本覆盖西江流域产业带的空间布局体系。据此，可以对未来西江流域经济带产业布局的趋势作出如下判断。

布局趋势一：南宁、柳州等主要极核中心的产业进一步集聚，产业规模不断扩大，产业层次不断提高，中、高端的现代制造业、高新技术产业和现代服务业将向其集聚。随着西江"亿吨黄金航道"和相关铁路与公路的建设，一条功能更加强大的发展轴线将随之产生,这条新的交通轴线将十分有利于西江流域的人口流动、物资的运输和信息交流,会有效提升区域发展状态,有效地降低运输费用和生产成本,并在沿河流航道等城市地区,特别是交通线的交会点形成有利于产业布局的集聚区。

布局趋势二:梧州、贵港、来宾、百色和崇左等城市将成为新的优势区位——产业增长中心,一般现代制造业、原材料产品深加工业将向其集聚。新的产业区位一经产生,就又会对产业和人口产生巨大的吸引力,导致新的产业和人口在沿河流的交通节点地区进一步聚集,形成新的增长极与点,这种点线一体的结构不断演化,最后形成极化带,即流域产业带。

布局趋势三:各县城和中心镇将成为具有一定规模的产业增长点。产业业态由以农产品加工为主向纺织、食品制造等业态转变。这种产业增长点作为极核中心和产业增长中心的补充,将与极核中心和产业增长中心一起,使西江流域产业带极化过程与扩散过程在空间上沿着既定的方向连续进行,即由单个、静态的"点—轴"成为多个、动态的"点—轴"集合——西江流域产业带。

布局趋势四:西江流域经济带的东段将形成产业转移承接区——承接东部沿海与港澳地区和发达国家的产业,特别是珠江三角洲地区产业的主要转移区,中段成为现代制造业、高新技术产业和中高端现代服务业主要发展区,西段成为以资源开发、加工以及为这些产业服务为主的原材料产业发展区。

五、产业分布格局

(一)产业集聚度分析

空间集聚度有多种定量测算方式,这里定义某一区域的空间集聚度为

$$D_i = \frac{v_i}{\sum v} \times 100\%$$

式中,D_i 表示区域 i 的空间集聚度;v_i 是区域 i 测算对象的值,是对全区域内各区域测算对象的求和。通过空间集聚度的公式,分别计算西江经济带各市(区)和县域单元2008年第二产业总产值、第三产业总产值、非农产业总产值的空间集聚度(结果见图6-6、图6-7和图6-8)。

从2008年第二产业总产值的空间集聚度来看,柳州市区最高(23.33%),其次为南宁市区(17.84%),相对较高的地区(值大于2%)还有贵港市区(4.66%)、梧州市区(3.96%)、来宾市区(3.89%)、岑溪市(3.09%)、百色市区(3.08%)、平果县(2.70%)、桂平市(2.58%)、柳江县(2.42%)、武鸣县(2.40%)、藤县(2.35%)、鹿寨县(2.25%)。

从2008年第三产业总产值的空间集聚度来看,南宁市区最高(36.86%),其次为柳州市区(12.69),相对较高的地区(值大于2%)还有贵港市区(4.97%)、梧州市区(3.92%)、来宾市区(2.56%)、桂平市(2.31%)、横县(2.17%)、百色市区(2.16%)、平南县(2.13%)。

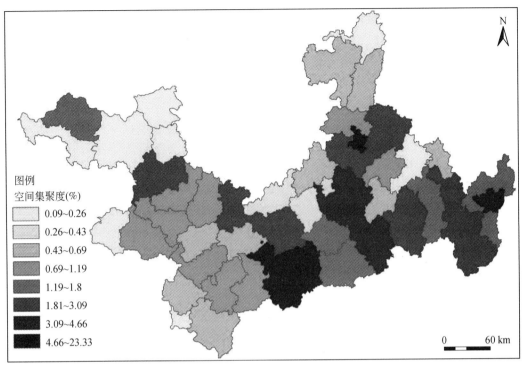

图 6-6　西江经济带第二产业总产值的空间集聚度（2008 年）

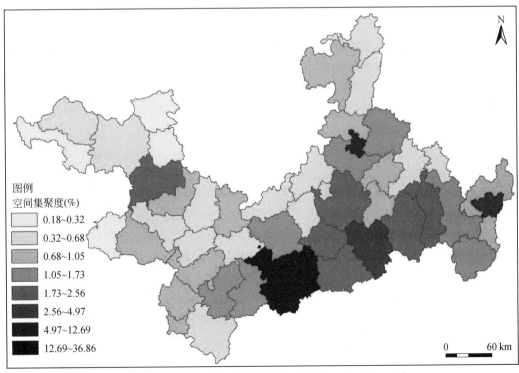

图 6-7　西江经济带第三产业总产值的空间集聚度（2008 年）

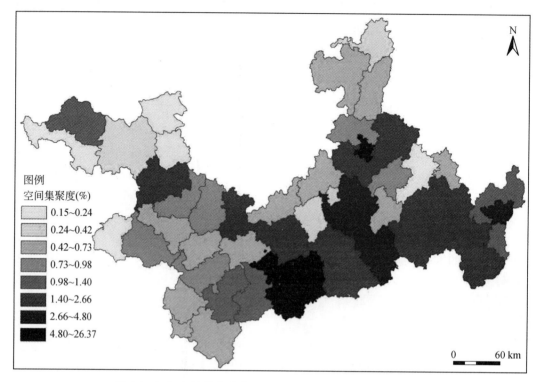

图 6-8 西江经济带非农产业总产值的空间集聚度（2008 年）

从 2008 年非农产业总产值的空间集聚度来看，南宁市区最高（26.37%），其次为柳州市区（18.56%），相对较高的地区（值大于 2%）还有贵港市区（4.80%）、梧州市区（3.94%）、来宾市区（3.29%）、百色市区（2.66%）、桂平市（2.66%）、岑溪市（2.28%）、武鸣县（2.10%）。

（二）园区布局特征分析

1. 发展现状

广西的产业集聚区始建于 1991 年，原有各类集聚区 92 个，经过 2004 年经清理整顿后国务院保留的园区 31 个。截至 2009 年，西江经济带内共有 3 个国家级产业集聚区，即南宁经济技术开发区、南宁高新技术产业开发区、凭祥市边境经济合作区；共有南宁—东盟经济开发区、南宁江南工业园区、南宁六景工业园区、南宁仙葫经济开发区、良庆经济开发区、柳州高新技术产业园区、鹿寨经济开发区、柳州阳和工业园区、梧州工业园区、梧州长洲工业园区、贵港江南工业园区、百色工业园区 12 个自治区级开发区，这些开发区通过国家审核，并恢复土地供应。同时，自治区政府有关部分又制定了自治区内产业集聚区（自治区 A 类、自治区 B 类、自治区 C 类）的有关认定政策，西江经济带内共有 23 个自治区 A 类产业集聚区，分别是隆安宝塔工业集中区、隆安华侨管理区、明阳工业区、宾阳黎塘工业集中区、融安县工业集中区、柳城县工业区、柳州河西工业区、柳州市柳北工业区、柳江新兴工业区、来宾市工业区、武宣工业园区、崇左市城市工业园、中国东盟青年产业园、桂平长安工业集中区、平南工业园区、平果工业区、田东石化工业园区、靖西铝工业园、梧州东部产业转移园区、苍梧工业园区、梧州进口再生资源加工园区、岑溪工业集中区、藤县工业集中区。自治区B类、C类认定工作还处于起步阶段。

广西产业集聚区从无到有，从小到大，不断完善基础设施，已逐步形成了一定的规模和产业聚集，取得了明显的发展成效。产业集聚区经济保持了较快增长，推动了区域经济快速发展。2009年前6个月全自治区76个工业园区实现工业增加值454.72亿元，同比增长18.43%，其中完成规模以上工业增加值397.62亿元，同比增长21.98%；预计完成项目投资345.67亿元，同比增长25.19%，园区基础设施建设投入70.15亿元，同比增长99.86%；新引进项目518个，合同总额577亿元，同比增长57.72%。其中，在西江经济带内，南宁高新区、柳州高新区2个园区产值超百亿元，靖西铝工业园区、隆安华侨管理区、柳州市河西工业区等园区的工业增加值增幅在3位数以上。主导产业加速集聚，一批特色产业园区正在加速形成，柳州市重点瞄准国内外龙头和骨干汽车零部件制造企业进行招商，形成了柳州阳和、柳江新兴两个工业区的汽车零部件产业集聚区，柳州高新区引进黄海客车；百色市各工业园区围绕氧化铝、电解铝的产业延伸，在园区发展铝及铝材加工集群，全力打造千亿元铝产业；梧州、贵港等加快建设承接产业转移示范区，岑溪工业区的家电产业园雏形初显。同时，产业集聚区发展带动了城乡统筹发展，也促进了资源节约和环境保护。

2. 存在问题

沿江产业集聚区发展仍然存在一些问题。

(1) 各地无序竞争，产业结构雷同

从总体上看，缺乏统一专项规划，各市、县各自为政，工业发展目标普遍呈现"追大求全"，从而导致已分布的集聚区相互之间缺少分工、衔接和合作，发展产业结构和对象雷同。从各地市提供的调研资料看，均有提出工业强市战略，南宁发展八大重点产业，梧州发展333重点产业（9个），贵港发展八大重点产业，崇左发展七大重点产业，柳州发展十一大重点产业，来宾发展8个重点产业，百色发展八大重点产业。从平均产业数量来看，每个地市有8.4个重点产业。从具体产业门类来看（表6-14），7个地市中出现次数4次以上的达7个产业，建材产业被7个地市均列为主导产业，农产品加工业、机械装备制造出现在6个地市的主导产业中，包括林产林化的造纸业、制糖业也出现在5个地市主导产业中，化工、铝加工业出现在4个地市的主导产业中。这种不仅造成各地市之间、各地市内部的集聚区之间招商政策自相竞争，也造成地方权益（政府税收和拆迁对象）难以保证。

表6-14 出现4个地市以上的产业门类

出现次数	产业门类
7	建材
6	农产品加工、机械装备制造
5	造纸（林产林化）、制糖业

从集聚区看，因自身定位的不明确性，单一园区的招商产业方向都较为分散，进园企业之间合作配套的少，缺少良性发展的相同或相近产业的集群式发展；同时，实力雄厚的大集团和大企业少，对行业的辐射带动作用弱，也没有形成围绕大型企业的配套中小企业群。产业分散降低了一个产业的整体竞争能力，产业分散导致区域空间内企业间的合作减少，产业分散降低了企业的创新能力，产业分散难以发挥资源共享效应，不利于形成"区位品牌"。

（2）土地利用浪费，重在盘活存量

随着园区经济的持续快速发展，广西产业集聚区土地供应矛盾逐渐显现，许多园区认为发展都面临着土地供应不足的问题，调研材料中多地市工业发展的突出问题都有工业用地不足的呼声和需求。土地供应不足的解决办法主要有两个途径，一是新添增量，二是盘活存量。分析认为对西江经济带而言，盘活存量是未来一段时期的主要方式，少数地区可以适度添加增量，适度扩展规模。

从产业集聚区数量来看，已经拥有自治区A类以上园区38处，其中，国家级3处，自治区级12处，自治区A类23处，此外还有不少市县级园区（表6-15）。自治区A类以上园区规划总面积达1086.6km², 其中，国家级125.7km²、自治区级555.3km²、自治区A类405.6km²。此外，市县级园区因数据缺乏未作统计。最大的产业集聚区是南宁—东盟经济开发区，规划总面积达180km²，广西柳州高新技术产业园区也达130km²。总体数量已经不少，基本满足了当前工业发展的实际需求，还有部分工业园区建设多年，仍未形成集聚规模，甚至一些园区出现"无招商项目，先圈地扩园"的现象，个别园区至今仍是一块荒地。虽经2004年政府进行了大力的开发区整顿工作，但仍存在园区的浪费用地问题。

表6-15 按级别分工业园区的规划面积（自治区A类以上）

级别	数量	规划总面积（km²）	占流域面积比重（%）	平均规划面积（km²）
国家级	3	125.7	0.10	41.90
自治区级	12	555.3	0.43	46.28
自治区A类	23	405.6	0.31	17.63
总和	38	1 086.6	0.83	28.59

从产业集聚区土地利用效率来看，总体效率较低，产值提升空间较大。被开发的土地利用是否合理，是否能产生自身的最佳效益一般是以土地的产出率为判断依据。随着经济总量的不断攀升，许多地区日益感到建设用地难以满足需要，但又仍然存在一些土地被圈占、闲置的现象，原因在于工业用地的粗放利用。目前西江经济带产业集聚区的每平方公里年均工业总产值还不到10亿元，截至2009年10月份，南宁经济技术开发区的每平方公里工业总产值为11.6亿元，广西柳州阳和工业园区的每平方公里工业总产值为17.6亿元，南宁江南工业园区的每平方公里工业总产值为1亿元，远低于2006年深圳、广州、上海、天津的37亿元、50亿元、56亿元、76亿元。在当前的政绩考核体系下经济发展等同于GDP增长，政府主要用增长速度来评价政绩，以GDP增长状况和城市建设的面貌来衡量干部的水平和能力，这容易导致工业园区主管部门为谋求政绩，提高本园区经济规模而不惜降低土地出让价格，片面追求企业入驻数量，进而导致园区土地的低水平利用，由于低水平低效率的开发利用和入驻企业的不断增加自然就显得供应不足了。

从产业集聚区建设面貌来看，土地浪费现象也存在。从现场调研情况来看，大多数工业园区内建设方式是单层厂房，有些是两层厂房，这也说明土地利用都还有很大的提高潜力。

(3) 分布很不均衡，空间差异明显

对自治区 A 类以上产业集聚区进行统计（表 6-16），西江经济带共有 38 处，其中，南宁和柳州就达 19 处，占 1/2，分别是 11 处和 8 处，梧州有 7 处，百色有 4 处，贵港和崇左各有 3 处，来宾 2 处。国家级产业集聚区只有南宁和崇左有分布；自治区级开发区南宁、柳州、梧州共有 10 处，贵港和百色各有 1 处，来宾和崇左均没有。从产业集聚区规划总面积来看，南宁最高，达 522.4km^2，柳州其次，268.1km^2，其余 5 个地市均在 75km^2 以下，最低为贵港，仅 40.2km^2。空间分布的巨大差异，一方面具有其合理性，因为产业发展基础、资源优势、区位条件、经济要素等本身就不是平均分布的，因此因地制宜适度集聚发展是符合经济发展的客观规律的；但另一方面有些差异又有其不合理性，如来宾市下辖一区四县一市，而其自治区 A 类以上产业集聚区仅 2 个，没有一个自治区级以上的产业集聚区；百色作为全国重要的铝工业基地，其产业集聚区的总面积为 57.5km^2，仅占市域面积的 0.16%；同时，柳州作为全国重要的工业基地之一，也没有一个国家级产业集聚区。这种空间分布导致难以有效带动西江流域产业发展的整体提升。

表 6-16 按地市分工业园区的规划面积（自治区 A 类以上）

城市	数量				规划总面积（km^2）	平均规划面积（km^2）	占地市面积比重（%）
	国家级	自治区级	自治区 A 类	合计			
南宁	2	5	4	11	522.4	47.49	2.36
柳州	0	3	5	8	268.1	33.51	1.44
梧州	0	2	5	7	60.5	8.64	0.48
贵港	0	1	2	3	40.2	13.40	0.38
百色	0	1	3	4	57.5	14.38	0.16
来宾	0	0	2	2	60.9	30.45	0.45
崇左	1	0	2	3	72.0	24.00	0.41

从单个产业集聚区的面积来看，空间分布差异也非常显著，有些地区斑块小型化、破碎化程度明显。从市域尺度平均分析，西江经济带中段高端产业发展区的单个产业集聚区平均面积最大，如南宁、柳州、来宾，南宁的平均规划面积最大 47.49km^2，柳州其次为 33.51km^2；东段产业转移发展区的单个产业集聚区平均面积最小，如梧州和贵港，最小的为梧州，是 8.64km^2。从园区实际面积分析（图 6-9），最大的是南宁—东盟经济开发区，规划总面积达 180km^2，最小的是广西梧州长洲工业园区，规划总面积为 0.27km^2。同时，不少园区还是"一区多园"模式，每个园的面积还有更小的，不少的工业园区布局散乱状况可见一斑，亟待整合提升。

(4) 整体水平不高，初级加工为主

产业集聚区内产业链较短，集中在产业价值链的低端，缺乏多层次的精深加工体系，产业资源优势还没有真正转化成产业经济优势。以制糖业为例，基本上就是甘蔗榨汁、提纯蔗糖原糖就出售，糖果类品牌加工、深加工产品少；像锰产业，主要也是生产铁合金等

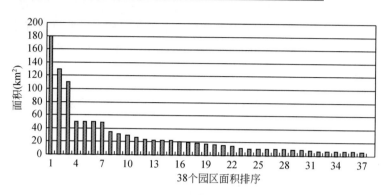

图 6-9 西江经济带园区的规模分布（自治区 A 类以上）

初级产品。

（5）发展规划滞后，配套设施欠缺

目前已设立或已开工建设的工业园区，部分经过了前期的规划程序，但也有一部分工业园区未经规划而盲目建设，从而出现了诸多空间和配套设施布局上的问题。首先是有的工业园区远离城镇，工业生产所必需的路、水、电等基础设施不配套，当地政府需有较大的资金用于前期的基础设施建设，增加了政府财政支出的负担。其次是园区用地的构成和比例不当，由于工业园区建设前期的目标和定位的模糊性，导致其功能配置不确定，进而使得园区内各类用地的构成不合理，如有的园区内居住用地的比例偏高，房地产开发成为园区的主要经济活动；有的未安排为工业生产服务的金融、管理等公共设施和供配电、给排水等市政设施，从而影响工业生产的顺利进行。

3. 产业集聚区布局的主要因素

产业集聚区布局是一项非常复杂的决策过程，不仅和地区产业定位和布局有关，还和微地形、地貌、交通等因素密切相关（表6-17）。总体来看，影响产业集聚区布局的主要因素有自然条件、资源能源状况、交通条件、产业水平、劳动力因素和其他要素，以上6个方面20多个具体因素交织作用，相互影响，共同决定着产业聚集区的选址和布局。但是在一个特定产业集聚区的区位选择过程中，往往有 1~3 个因素起着主导作用，其他因素起着扶助和平衡的作用。因此，产业集聚区的布局需要经过科学论证、合理规划以后，才能开工建设，更好的发挥集聚效应和规模效应。基于此，提出产业集聚区布局需要注意的几个问题，各个已有产业集聚区是否合理可以比对，开展专项的更加深入的论证分析。

表6-17 产业集聚区布局的主要因素

自然条件	地 貌	地貌起伏度变化，既要相对平坦，又尽量不占用农田
	水 文	地区水的时空分布、洪灾风险、变化规律等影响
	气 候	气候适宜性影响特有动植物，如特色医药、南宁灵长类研究
	土 壤	土壤质地影响着药材等分布状况
资源能源	水	水资源数量、质量能否满足工业、生活需求
	土 地	可供开发利用的土地和耕地红线安全保障协调
	矿 产	供产业发展的矿产资源现开采量及开采潜力，如百色铝基地
	能 源	能源产业集聚区形成及支撑工业发展的能源体系规模

续表

交通条件	公 路	产业集聚区应有便利的公路运输条件，如高速、国道等
	铁 路	部分产业对外运输的重要方式
	水 运	大吞吐量的产业集聚区布局的关键因素，如矿石、建材等
	机 场	部分高新产业、花卉产业等集聚区的布局要求
产业水平	产业基础	区域已有的产业发展基础，农产品加工、工业还是服务业有优势
	主导产业	区域占GDP比重最高的产业类型的布局与强化产业优势
	朝阳产业	对区域未来有重要影响或重点培育的新兴产业布点
劳动力	人口素质	高新园区布局考虑地区人才、高校、科研机构分布
	熟练工人	制造业、纺织业等产业集聚区依赖有一定数量规模的熟练工人
其他因素	区域统筹	至少每个县域单元应至少有1处产业集聚区
	地区风向	传统产业集聚区一般应布局在主城区的下风向处
	规划衔接	与城市规划、土地利用等发展规划相协调
	政策优势	特定的经济、金融、土地等优惠政策

（1）产业集聚区布局的主要指向

一是交通枢纽附近，可以是水运港口、公路、铁路或航空港，充分考虑交通条件现状和未来潜力；二是母城城区的适度距离，太远配套设施差，前期投资大，发展难度高，太近土地资源少，用地成本高，环境影响大，充分利用母城的资金、人才、基础设施、社会服务等条件；三是具备成为经济增长点的潜力区域，生产要素和环境条件都较为优越，能够通过集聚发展，形成辐射和带动效应。

（2）产业集聚区规模不是越大越好

应根据产业现状、资源供给、开发潜力、项目进展等科学合理的确定发展目标，量力而行，开发一片、建成一片、收益一片，滚动发展。产业集聚区前期圈地不宜过大，一是开发负担重，成本高；二是延缓了开发利用周期；三是造成大量土地荒芜，资源闲置浪费。以南宁—东盟经济开发区为例，目前只是自治区级开发区，但其规划总面积达180km^2，规划创建特色三城（工业城、卫星城、华侨城），规划建设综合产业区、现代农业示范区和观光旅游度假区三大产业区，发展目标宏大。从实际产值来看，2009年截至10月，园区完成工业总产值29.83亿元，仅为同为自治区级良庆经济技术开发区工业总产值的1/2左右（同期，良庆经济技术开发区工业总产值59.87亿元，规划总面积22km^2）。和城市建成区面积相比，2009年南宁市建成区面积也仅为179km^2，由此可见，该开发区规划总面积超前、过大，土地产出效率低，土地资源优势转变为土地浪费使用。

（3）产业集聚区整合不仅仅是"一区多园"

当前，西江经济带存在不少的产业集聚区都采取"一区多园"的发展模式，应该说有其积极意义。一方面，多点布局园区累计计算，有利于提高产业集聚区等级，提升产业集聚区招商层次；另一方面，"一区多园"的模式，有利于统一管理，相互协调。但是产业集聚区发展的方向是整合，整合重点是对突出的"小、低、散"现象进行归并，形成产业企业的集中、集聚、配套发展，不搞"处处冒烟"，同时产业集聚区之间分工协作。而当前"一区多园"发展模式偏重形式上的拼凑，既没有适当去掉一些布局不合理、规模零散化的产业集聚区，也没有统筹协作，错位化发展。以梧州为例，产业集聚区有"五园八区"，即共有13个不同级别的产业集聚区，其中，藤县工业集中区总规划面积仅为

0.7246km²，却又分为松塘、三坡、富吉、平政 4 个工业小区布点，规划面积 724.6hm²；苍梧工业园区规划总面积 0.952km²，却又划分为新利工业区、城南工业区、恩义工业区和城西工业区 4 个分散的布点。需要着力实现由形式整合到实质整合。

4. 产业集聚区发展的类型划分

西江经济带虽然已经形成了一些具有一定竞争力的产业集聚区，但仍存在地区无序竞争、土地浪费、空间差异、初级加工多、配套设施差等问题，考虑产业集聚区空间分布的主要因素，应将区域内产业集聚区根据主导问题的差异，划分为不同类型，分别采取不同的空间引导途径和发展导向。

（1）升级优化型（国家级、国家级试点、自治区级）

升级优化型产业集聚区主要以国家级和自治区级高新区和经济技术开发区以及部分国家试点的自治区 A 类的园区为依托。园区内的部分集群基本趋于成熟，有较大的产业规模，产业配套能力强，辐射带动能力强，综合竞争力强，并且具有参与国际市场竞争的经验。但是仍然有一些非发展方向的低层次产业和生产初级产品的企业，影响和制约了这类园区的进一步发展和提升。未来应充分发挥其对所在地区产业的引领和带动作用，强化新兴产业培育壮大，强调产业关联，特别是高技术、高附加值的产业链条和环节的引入。如南宁的高新技术区、经济技术开发区，柳州的高新区、鹿寨、阳和经济技术开发区，已经具备了一定的电子信息、精细化工、新材料、机电一体化等新兴产业集群。

（2）强化集聚型（自治区 A 类）

强化集聚型产业集聚区主要以自治区 A 类园区为依托。这类园区已有一定的空间集聚，且企业和产品具有一定的竞争优势，包括目前有一定竞争优势的特色产业基地以及部分经济技术开发区，同时随着西江黄金水道建设和工业化进程的推进，获得发展优势的且具有较大发展潜力的产业园区。但是这类园区目前产业集群内未形成配套的产业链，一些产业集群内企业之间业务关联性和技术关联不大，缺乏明确的产业分工和产业特色，且园区类工业企业的总体规模相对偏小，产业集群并不明显。未来应充分利用后发优势，明确产业集聚区的产业定位和发展方向，引导具有优势或特色的产业进一步发展壮大，形成具有竞争力和影响力的产业集群，如梧州的东部产业转移园区面临着发展机遇，应着力促进优势企业和生产要素的集聚，扩大经济规模，产业链条纵向延伸、横向拉长，提升产业竞争力。

（3）培育引导型（市县级）

培育引导型产业集聚区主要以自治区 A 类以下的各类市县级园区为依托。结合区域统筹和城乡统筹的发展要求，在西江经济带的轴线和两翼核心的外围地区，选择产业发展条件较好、资源环境承载能力较强的地区，如一些县级单元，尤其是目前仍然没有自治区 A 类以上产业集聚区的县市，这类园区往往尚未形成一定规模，园区配套设施还不完善等特点。这类园区未来重点应是培育引导发展具有一定规模的产业集聚区，一方面，促进县域工业企业生产要素向园区集中、集聚；另一方面，在园区建设上政府应加大投入力度，统筹协调，合理规划。在园区建设起步阶段，政府应提供资金、基础设施建设等方面的支持，后期应进一步强化管理水平，构建公平公正、规范有序的竞争环境。

（三）产业结构差异程度分析

在区域经济分析中，区位商常被用作衡量某一区域、某个行业在更高层次区域中的地位和作用，或是某个行业在某区域经济中的专业化程度，其计算公式为

$$Q_{ip} = \frac{VA_{ip}}{\sum_{i=1}^{m} VA_{ip}} \div \frac{VA_{in}}{\sum_{i=1}^{m} VA_{in}}$$

式中，Q_{ip} 为 p 地区 i 工业行业的区位商；VA_{ip} 为 p 地区 i 工业行业的工业总产值（或工业增加值）；VA_{in} 为全国 i 工业行业的工业中产值（或工业增加值）；n 为工业行业的数量。

利用区位商研究西江经济带内部各地区工业产业专业化程度能够反映不同地区产业结构的差异情况。

表 6-18 和表 6-19 给出了西江经济带及其内部工业产业区位商即地区专业化指数较高的行业（由于资料获取问题，对少数地市未做统计分析），表 6-20 是在表 6-18 和表 6-19 基础上对各行业区位商在 2 以上区域，即西江经济带各行业绝对优势集中区的总结。可以看出，各行业优势集中分布状态在西江并不均匀，其中一些高科技产业，如通信设备、计算机及其他电子设备制造业，电气机械及器材制造业等在西江区域并不存在绝对优势集中区，而一些初级生产行业，如采矿业，农、林、木等产品的加工制造业的在西江的绝对优势集中区则较多。从地级市层面上说，煤炭、非金属采选业、有色金属冶炼及饮料制造业绝对优势集中区较多，其中煤炭采选业主要集中于贵港、来宾，非金属采选业主要集中于贵港、崇左，有色金属冶炼主要集中于南宁、梧州，饮料制造业主要集中于南宁、柳州；从 7 地市市辖区的层面上说，食品、烟草、木材、化学原料制造业、金属冶炼、废旧材料回收加工以及水的生产等行业的优势集中区较多集中在 7 地市市辖区范围内，其中农副食品加工业主要集中在南宁、贵港、来宾市辖区内，烟草制品业主要集中在南宁、柳州市辖区内，木材加工业主要集中在南宁、梧州、贵港市辖区内，造纸业主要集中在南宁、贵港市辖区内，化学原料制造业主要集中在梧州、贵港市辖区内，医药制造业主要集中在南宁、梧州市辖区内，黑色金属冶炼主要集中在柳州、来宾市辖区内，废弃资源回收制造业主要集中在柳州、梧州市辖区内，水的生产和供应主要集中在南宁、梧州市辖区内；从 7 地市所辖县市层面上来说，采矿业，金属、非金属冶炼业，水、电的生产，以及化学原料、医药制造业的绝对优势集中区较多，均分布在一些矿产资源较为丰富、经济水平较其他地区略有落后的地区。

总体来看，西江经济带内部产业结构存在以下问题：

1）不同区域产业结构同构化明显。7 地市绝对优势分布区均以采矿业、金属冶炼、农副食品加工等行业为主导，地市间优势行业差别较小，并未形成具有层次结构的产业集聚和明确合理的分工体系，产业结构趋同现象较为明显。

2）产业发展水平较低。7 地市的绝对优势分布区多以从事资源的初级加工利用行业为主，如矿产资源、水资源和基于土地资源的农、木产品，这类资源型行业附加值较低，污染较高，且不具有可持续性，长期导致资源枯竭型城市产生的风险较大。西江经济带高

表 6-18 西江经济带内部工业产业区位商

工业行业	南宁市	南宁市区	柳州市	柳州市区	柳江县	柳城县	鹿寨县	融安县	融水苗族自治县	三江侗族自治县	梧州市	梧州市区	苍梧县	藤县
煤炭开采和洗选业	0.57	0.07	—	—	—	—	—	—	—	—	—	—	—	—
石油和天然气开采业	0.18	—	0.34	—	—	—	—	—	—	—	0.37	—	—	—
黑色金属矿采选业	0.15	0.14	0.10	0.49	—	—	—	6.47	—	—	3.16	—	1.31	2.94
有色金属矿采选业	0.41	—	0.04	0.17	—	—	3.12	19.53	1.81	—	2.89	0.54	15.60	12.20
非金属矿采选业	1.56	0.37	0.27	0.09	5.42	13.23	3.01	—	8.50	—	0.15	—	—	41.66
农副食品加工业	2.53	4.45	0.09	0.13	0.06	—	—	—	—	—	0.48	0.98	—	0.14
食品制造业	1.27	1.44	0.03	0.09	0.17	0.20	—	1.36	—	—	0.31	1.15	—	—
饮料制造业	2.84	2.19	2.01	0.04	—	—	—	—	—	—	—	1.64	—	—
烟草制品业	1.39	7.11	0.98	4.26	—	—	—	—	—	—	2.16	—	—	—
纺织业	0.73	0.23	5.93	0.19	0.25	1.34	1.65	—	—	—	0.20	0.52	0.68	0.12
纺织服装、鞋、帽制造业	0.20	0.12	0.07	0.01	0.31	—	—	—	—	—	1.19	0.07	—	—
皮革、毛皮、羽毛(绒)及其制品业	1.27	0.03	0.12	0.02	—	0.20	—	—	—	—	2.25	0.27	0.97	6.53
木材加工及木、竹、藤、棕、草制品业	0.69	2.99	1.12	0.11	0.52	—	2.47	8.63	8.90	9.67	1.32	7.18	—	—
家具制造业	2.28	0.19	0.32	0.03	—	1.26	4.47	0.92	—	—	0.87	0.79	0.61	0.43
造纸及纸制品业	2.68	2.28	0.09	0.03	0.53	—	6.95	—	—	—	0.14	1.56	—	—
印刷业和记录媒介的复制	1.12	3.86	0.29	0.11	—	—	—	—	—	—	12.38	0.44	0.50	—
文教体育用品制造业	0.11	—	0.10	0.05	—	—	—	—	—	—	—	4.53	—	—
石油加工、炼焦及核燃料加工业	1.47	0.05	0.79	0.03	—	—	—	—	—	—	2.72	—	—	—
化学原料及化学制品制造业	2.41	1.32	0.42	0.49	0.23	2.64	3.76	0.22	3.42	—	1.62	2.75	3.02	2.96
医药制造业	2.63	2.67	—	0.26	3.03	1.06	0.61	2.98	—	—	—	3.69	1.04	—
化学纤维制造业	0.46	0.04	0.62	0.00	—	—	—	—	—	—	0.08	—	—	—
橡胶制品业	4.43	0.01	0.33	0.22	0.40	—	—	0.92	—	—	0.68	0.07	—	—
塑料制品业	1.28	1.87	0.33	0.07	0.52	—	0.61	0.60	1.28	—	2.23	0.55	—	—
非金属矿物制品业	0.16	1.33	1.60	0.41	0.49	0.35	0.83	—	—	—	1.26	0.59	0.73	3.49
黑色金属冶炼及压延加工业	0.48	0.14	0.83	3.23	0.13	0.36	0.91	—	—	—	0.56	1.11	5.64	1.13

续表

工业行业	南宁市	南宁市区	柳州市	柳州市区	柳江县	柳城县	鹿寨县	融安县	融水苗族自治县	三江侗族自治县	梧州市	梧州市区	苍梧县	藤县
有色金属冶炼及压延加工业	2.49	0.86	0.41	1.21	0.42	0.47	0.88	11.19	—	11.30	3.43	—	1.09	1.96
金属制品业	0.67	0.70	1.67	0.07	0.73	—	0.50	—	—	—	1.87	1.75	—	—
通用设备制造业	0.84	0.29	2.54	0.62	0.86	0.07	0.43	—	—	—	0.13	1.77	0.30	—
专用设备制造业	0.23	1.26	2.84	3.52	5.97	—	1.10	—	—	—	0.39	0.10	0.65	1.90
交通运输设备制造业	2.02	0.47	0.44	5.59	5.02	—	0.83	—	—	—	1.54	1.24	—	—
电气机械及器材制造业	1.33	0.96	0.08	0.18	0.09	—	0.18	—	—	—	1.97	0.91	0.21	0.05
通信设备、计算机及其他电子设备制造业	1.81	0.25	0.15	0.01	—	—	—	—	—	—	0.64	0.63	0.08	—
仪器仪表及文化、办公用机械制造业	1.20	0.36	0.39	0.02	—	—	—	—	—	—	2.82	0.26	—	0.97
工艺品及其他制造业	0.91	0.74	0.45	—	—	—	4.35	—	—	—	0.42	1.06	1.09	—
废弃资源和废旧材料回收加工业	1.12	—	0.43	2.43	—	—	—	—	—	—	—	11.52	—	4.83
电力、热力的生产和供应业	2.45	1.78	0.45	0.66	0.76	1.32	0.57	1.99	4.01	6.32	1.31	0.59	0.77	0.60
燃气生产和供应业	—	0.67	—	0.28	—	—	—	—	—	—	—	—	—	—
水的生产和供应业	—	3.88	3.34	0.55	—	—	0.67	—	4.06	—	—	2.28	1.90	1.03

工业行业	蒙山县	岑溪市	贵港市	贵港市区	平南县	桂平市	来宾市	来宾市区	忻城县	象州县	武宣县	金秀县	合山市	崇左市
煤炭开采和洗选业	—	—	2.12	—	—	—	4.37	—	—	—	—	—	6.31	1.75
石油和天然气开采业	—	—	0.19	—	—	—	—	—	—	—	—	—	—	6.28
黑色金属矿采选业	—	—	0.18	—	—	—	0.24	0.08	—	—	—	—	—	0.04
有色金属矿采选业	31.22	14.07	0.06	0.82	—	7.27	0.96	—	—	2.27	0.51	36.93	—	0.37
非金属矿采选业	—	0.80	5.38	8.86	4.19	9.26	1.84	—	—	0.55	31.44	—	—	3.14
农副食品加工业	1.70	0.21	0.24	—	0.48	2.62	1.52	5.17	5.45	34.63	7.28	6.31	1.78	0.11
食品制造业	—	—	0.14	0.07	0.38	4.84	8.36	—	—	9.40	3.59	—	—	0.77
饮料制造业	—	—	—	—	—	—	—	—	0.43	—	—	—	—	—
烟草制造业	—	—	0.08	—	—	—	1.15	—	—	—	—	—	—	—
纺织业	3.19	1.04	0.12	—	—	—	—	—	1.08	—	—	—	0.54	—
纺织服装、鞋、帽制造业	—	—	3.34	—	—	—	—	—	—	3.05	—	—	—	0.16

续表

工业行业	蒙山县	岑溪市	贵港市	贵港市区	平南县	桂平市	来宾市	来宾市区	忻城县	象州县	武宣县	金秀县	合山市	崇左市
皮革、毛皮、羽毛(绒)及其制品业	—	1.73	0.17	—	—	—	0.33	—	—	—	—	—	—	1.35
木材加工及木、竹、藤、棕、草制品业	8.41	12.55	—	2.11	5.05	0.15	—	0.15	—	5.56	3.54	3.02	—	1.86
家具制造业	—	—	0.41	—	—	—	0.72	—	—	—	—	—	—	0.13
造纸及纸制品业	1.47	1.03	0.01	2.63	—	0.36	0.70	1.39	—	1.70	0.19	—	0.35	—
印刷业和记录媒介的复制	—	—	—	—	—	—	—	—	—	—	—	—	—	—
文教体育用品制造业	—	0.18	0.57	—	—	—	0.29	0.21	—	—	—	—	—	1.48
石油加工、炼焦及核燃料加工业	—	—	—	—	—	—	—	—	—	—	—	—	—	—
化学原料及化学制品制造业	0.89	1.11	0.42	2.22	2.53	0.12	0.25	0.05	0.07	1.50	0.14	3.97	0.76	0.20
医药制造业	4.28	0.40	—	0.47	—	7.95	—	0.01	4.59	—	—	—	2.11	—
化学纤维制造业	—	—	0.16	—	—	—	0.37	—	—	—	—	—	—	—
橡胶制品业	—	0.18	0.49	0.08	1.37	—	0.12	—	—	1.28	0.49	—	—	1.38
塑料制品业	—	6.47	0.75	0.63	0.59	0.77	0.28	—	0.39	—	—	—	—	—
非金属矿物制品业	8.03	1.77	0.24	2.29	17.41	1.54	1.44	0.27	0.65	0.61	1.49	1.00	—	0.81
黑色金属冶炼及压延加工业	0.28	1.30	0.10	1.46	—	2.91	0.39	4.38	—	—	—	—	—	1.01
有色金属冶炼及压延加工业	—	1.77	0.01	0.72	—	0.15	—	0.04	—	0.02	6.80	—	2.11	—
金属制品业	—	—	0.45	—	0.11	2.87	0.04	0.02	—	—	—	—	—	0.02
通用设备制造业	—	—	0.04	0.11	—	—	—	—	—	—	—	—	—	—
专用设备制造业	—	—	0.00	—	—	—	—	—	—	—	—	—	—	—
交通运输设备制造业	—	—	0.14	—	—	—	—	—	—	—	—	—	—	—
电气机械及器材制造业	—	0.79	—	—	—	—	—	—	—	—	—	—	—	—
通信设备、计算机及其他电子设备制造业	—	0.10	0.77	—	—	—	—	—	—	—	—	—	—	—
仪器仪表及文化、办公用机械制造业	—	—	0.36	—	—	—	—	—	—	—	—	—	—	—
工艺品及其他制造业	0.74	2.49	0.31	—	—	—	2.23	—	—	—	—	—	—	—
废弃资源和废旧材料回收加工业	—	—	—	—	—	—	—	—	—	—	—	—	—	—
电力、热力的生产和供应业	—	0.72	0.45	2.07	0.43	1.93	0.25	5.52	9.16	0.60	0.72	2.85	8.63	1.19
燃气生产和供应业	—	—	—	—	—	—	—	—	—	—	—	—	—	0.64
水的生产和供应业	—	0.68	—	1.64	3.35	2.35	—	0.64	—	—	—	—	—	—

第六章 可持续工业化的战略与路径

表 6-19 西江经济带内部优势行业划分

地区	绝对优势行业（$Q_{ip} \geq 2$）	一般优势行业（$1 < Q_{ip} < 2$）
南宁市	橡胶制品业（4.43），饮料制造业（2.84），造纸及纸制品业（2.68），医药制造业（2.63），农副食品加工业（2.53），有色金属冶炼及压延加工业（2.49），电力、热力的生产和供应业（2.45），化学原料及化学制品制造业（2.41），家具制造业（2.28），交通运输设备制造业（2.02）	通信设备、计算机及其他电子设备制造业（1.81），非金属矿采选业（1.56），石油加工、炼焦及核燃料加工业（1.47），电气机械及器材制造业（1.39），食品制造业（1.33），塑料制品业（1.28），皮革、毛皮、羽毛（绒）及其制品业（1.27），仪器仪表及文化、办公用机械制造业（1.20），印刷业和记录媒介的复制（1.12），废弃资源和废旧材料回收加工业（1.12）
南宁市区	烟草制品业（7.11），农副食品加工业（4.45），木材加工及木、竹、藤、棕、草制品业（3.86），医药制造业（2.99），印刷业和记录媒介的复制（3.88），造纸及纸制品业（2.67），饮料制造业（2.19）	塑料制品业（1.87），电力、热力的生产和供应业（1.78），食品制造业（1.44），非金属矿物制品业（1.33），化学原料及化学制品制造业（1.32），专用设备制造业（1.26）
柳州市	纺织业（5.93），专用设备制造业（2.84），通用设备制造业（2.54），饮料制造业（2.01）	金属制品业（1.67），非金属矿物制品业（1.60），木材加工及木、竹、藤、棕、草制品业（1.12）
柳州市区	交通运输设备制造业（5.59），烟草制品业（4.26），专用设备制造业（5.02），医药制造业（3.03），黑色金属冶炼及压延加工业（3.23），废弃资源和废旧材料回收加工业（2.43）	有色金属冶炼及压延加工业（1.21）
柳江县	专用设备制造业（5.97），农副食品加工业（5.42），交通运输设备制造业（3.52）	无
柳城县	农副食品加工业（13.23），化学原料及化学制品制造业（2.64）	纺织业（1.34），电力、热力的生产和供应业（1.32），造纸及纸制品业（1.26），制造业（1.06）
鹿寨县	造纸及纸制品业（6.95），家具制造业（4.47），工艺品及其他制造业（4.35），化学原料及化学制品制造业（3.76），黑色金属矿采选业（3.12），农副食品加工业（3.01），木材加工及木、竹、藤、棕、草制品业（2.47）	纺织业（1.65），专用设备制造业（1.10）
融安县	有色金属矿采选业（19.53），有色金属冶炼及压延加工业（11.19），木材加工及木、竹、藤、棕、草制品业（8.63），黑色金属矿采选业（6.47），医药制造业（2.98）	电力、热力的生产和供应业（1.99），纺织业（1.36）

续表

地 区	绝对优势行业（$Q_{ij} \geq 2$）	一般优势行业（$1 < Q_{ij} < 2$）
融水苗族自治县	木材加工及木、竹、藤、棕、草制品业（8.90），农副食品加工业（8.50），水的生产和供应业（4.06），电力、热力的生产和供应业（4.01），化学原料及化学制品制造业（3.42）	有色金属矿采选业（1.81），非金属矿物制品业（1.28）
三江侗族自治县	有色金属冶炼及压延加工业（11.30），木材加工及木、竹、藤、棕、草制品业（9.67），电力、热力的生产和供应业（6.32）	无
梧州市	印刷业和记录媒介复制（12.38），有色金属冶炼及压延加工业（3.43），黑色金属矿采选业（3.16），通信设备、计算机及其他电子设备制造业（2.89），仪器仪表及文化、办公用机械制造业（2.82），石油加工、炼焦及核燃料加工业（2.72），皮革、毛皮、羽毛（绒）及其制品业（2.25），塑料制品业（2.23），烟草制品业（2.16）	电气机械及器材制造业（1.97），金属制品业（1.87），化学原料及化学制品制造业（1.62），通信运输设备制造业（1.54），木材加工及木、竹、藤、棕、草制品业（1.32），电力、热力的生产和供应业（1.31），非金属矿物制品业（1.26），纺织服装、鞋、帽制造业（1.19）
梧州市区	废弃资源和废旧材料回收加工业（11.52），木材加工及木、竹、藤、棕、草制品业（7.18），文教体育用品制造业（4.53），医药制造业（3.69），化学原料及化学制品制造业（2.75），水的生产和供应业（2.28）	通用设备制造业（1.77），金属制品业（1.75），饮料制造业（1.64），造纸及纸制品业（1.56），交通运输设备制造业（1.24），食品制造业（1.15），黑色金属冶炼及压延加工业（1.11），工艺品及其他制造业（1.06）
苍梧县	有色金属矿采选业（15.60），黑色金属矿采选业（5.64），化学原料及化学制品制造业（3.02）	水的生产和供应业（1.90），黑色金属冶炼及压延加工业（1.31），工艺品及其他制造业（1.09），有色金属冶炼及压延加工业（1.09），医药制造业（1.04）
藤县	非金属矿采选业（41.66），木材加工及木、竹、藤、棕、草制品业（12.20），废弃资源和废旧材料回收加工业（6.53），化学原料及化学制品制造业（4.83），非金属矿物制品业（3.49），有色金属冶炼及压延加工业（2.96），化学纤维制造业（2.94）	黑色金属冶炼及压延加工业（1.96），交通运输设备制造业（1.90），水的生产和供应业（1.13），水的生产和供应业（1.03）
蒙山县	有色金属矿采选业（31.22），木材加工及木、竹、藤、棕、草制品业（8.41），非金属矿物制品业（8.03），医药制造业（4.28），纺织业（3.19）	农副食品加工业（1.70），造纸及纸制品业（1.47）
岑溪市	有色金属矿采选业（14.07），木材加工及木、竹、藤、棕、草制品业（12.55），非金属矿物制品业（6.47），工艺品及其他制造业（2.49）	黑色金属冶炼及压延加工业（1.77），皮革、毛皮、羽毛（绒）及其制品业（1.73），有色金属冶炼及压延加工业（1.30），化学原料及化学制品制造业（1.11），纺织业（1.04），造纸及纸制品业（1.03）
贵港市	非金属矿采选业（5.38），纺织服装、鞋、帽制造业（3.34），煤炭开采和洗选业（2.12）	

续表

地 区	绝对优势行业（$Q_{ip} \geq 2$）	一般优势行业（$1 < Q_{ip} < 2$）
贵港市区	农副食品加工业（8.86），造纸及纸制品业（2.63），非金属矿物制品业（2.29），化学原料及化学制品制造业（2.22），木材加工及木、竹、藤、棕、草制品业（2.11），电力、热力的生产和供应业（2.07）	水的生产和供应业（1.64），黑色金属冶炼及压延加工业（1.46）
平南县	非金属矿物制品业（17.41），木材加工及木、竹、藤、棕、草制品业（5.05），非金属矿采选业（4.19），水的生产和供应业（3.35），化学原料及化学制品制造业（2.53）	橡胶制品业（1.37）
桂平市	有色金属矿采选业（9.26），医药制造业（7.95），黑色金属冶炼及压延加工业（2.91），通用设备制造业（2.35），饮料制造业（4.84），黑色金属冶炼及压延加工业（2.62），水的生产和供应业（2.87），农副食品加工业（2.35）	电力、热力的生产和供应业（1.93），非金属矿物制品业（1.54）
来宾市	食品制造业（8.36），煤炭开采和洗选业（5.52），农副食品加工业（5.17），黑色金属冶炼及压延加工业（4.38），工艺品及其他制造业（2.23）	有色金属矿采选业（1.84），非金属矿采选业（1.52），非金属矿物制品业（1.15），烟草制品业（1.15）
来宾市区	电力、热力的生产和供应业（9.16），农副食品加工业（5.45），医药制造业（4.37），工艺品及其他制造业（4.59），纺织业（3.05），饮料制造业（3.59），木材加工及木、竹、藤、棕、草制品业（2.27）	造纸及纸制品业（1.39）
忻城县	电力、热力的生产和供应业（4.59）	纺织业（1.08）
象州县	非金属矿物制品业（34.63），农副食品加工业（9.40），木材加工及木、竹、藤、棕、草制品业（5.56），纺织业（3.05），农副食品加工业（3.02），非金属矿物制品业（2.85）	造纸及纸制品业（1.70），化学原料及化学制品制造业（1.50），橡胶制品业（1.28）
武宣县	有色金属矿采选业（31.44），黑色金属冶炼及压延加工业（7.28），木材加工及木、竹、藤、棕、草制品业（6.80），饮料制造业（3.59）	非金属矿物制品业（1.49）
金秀县	有色金属矿采选业（36.93），农副食品加工业（6.31），木材加工及木、竹、藤、棕、草制品业（3.97），化学原料及化学制品制造业（3.54）	非金属矿物制品业（1.00）
合山市	电力、热力的生产和供应业（8.63），煤炭开采和洗选业（6.31），非金属矿物制品业（2.11）	农副食品加工业（1.78）
崇左市	石油和天然气开采业（6.28），非金属矿采选业（3.14）	木材加工及木、竹、藤、棕、草制品业（1.86），煤炭开采和洗选业（1.75），石油加工、炼焦及核燃料加工业（1.38），皮革、毛皮、羽毛（绒）及其制品业（1.35），工艺品及其他制造业（1.19），非金属矿物制品业（1.01）

新技术产业发展速度较为缓慢，仅有柳州以汽车为龙头的专业、通用设备制造业绝对优势地位较为明显，区位商分别达到2.54和2.84，南宁通信设备、计算机及其他电子设备制造业的行业优势度为1.81，略高于其他几个地市。

3）产业布局不合理。7地市市辖区范围内集中了大量附加值较低、污染程度较高的资源型工业行业，如农副食品加工业、废弃资源和废旧材料回收加工业、化学原料及化学制品制造业、造纸及纸制品业、黑色金属冶炼及压延加工业等，这将一方面造成城区内部土地资源的浪费，为未来城市再升级过程中的土地供应带来困难，另一方面大量高污染行业集中在城市内部，降低了城市人居环境，提高了绿化及环境成本，也将成为未来城市转型，提高城市形象等方面的隐患。

表6-20 西江经济带内各行业集中地区

工业行业	地级市	市辖区	所辖县（市）
煤炭开采和选洗业	贵港、来宾	—	合山市
石油和天然气开采业	崇左	—	—
黑色金属矿采选业	梧州	—	鹿寨县、融安县、藤县、桂平市、象州县
有色金属矿采选业	梧州	—	融安县、苍梧县、藤县、蒙山县、岑溪市、桂平市、武宣县、金秀县
非金属矿采选业	贵港、崇左	—	藤县、平南县、象州县
农副食品加工业	南宁	南宁市市辖区、贵港市市辖区、来宾市市辖区	柳江县、柳城县、鹿寨县、融水苗族自治县、桂平市、忻城县、象州县、武宣县、金秀县
食品制造业	来宾	—	—
饮料制造业	南宁、柳州	南宁市市辖区	桂平市、武宣县
烟草制品业	梧州	南宁市市辖区、柳州市市辖区	—
纺织业	柳州	—	蒙山县、象州县
纺织服装、鞋、帽制造业	贵港	—	—
皮革、毛皮、羽毛（绒）及其制品业	梧州	—	—
木材加工及木、竹、腾、棕、草制品业	—	南宁市辖区、梧州市市辖区、贵港市市辖区	鹿寨县、融安县、融水苗族自治县、三江侗族自治县、藤县、蒙山县、岑溪市、平南县、象州县、武宣县、金秀县
家具制造业	南宁	—	鹿寨县
造纸及纸制品业	南宁	南宁市市辖区、贵港市市辖区	鹿寨县
印刷业和记录媒介的复制	梧州	南宁市市辖区	—
文教体育用品制造业	—	梧州市市辖区	—
石油加工、炼焦及核燃料加工业	梧州	—	—
化学原料及化学制品制造业	南宁	梧州市市辖区、贵港市市辖区	柳城县、鹿寨县、融水苗族自治县、苍梧县、藤县、平南县、金秀县
医药制造业	南宁	南宁市市辖区、梧州市市辖区	柳江县、融安县、蒙山县、桂平市、忻城县

续表

工业行业	地级市	市辖区	所辖县（市）
橡胶制品业	南宁	—	—
塑料制品业	梧州	—	—
非金属矿物制品业	—	贵港市市辖区	藤县、蒙山县、岑溪市、平南县
黑色金属冶炼及压延加工业	—	柳州市市辖区、来宾市市辖区	苍梧县、桂平市、合山市
有色金属冶炼及压延加工业	南宁、梧州	—	融安县、三江侗族自治县、武宣县
通用设备制造业	柳州	—	桂平市
专用设备制造业	柳州	柳州市市辖区	柳江县
交通运输设备制造业	南宁	柳州市市辖区	柳江县
仪器仪表及文化、办公用机械制造业	梧州		
工艺品及其他制造业	来宾		鹿寨县、岑溪市
废弃资源和废旧材料回收加工业	—	柳州市市辖区、梧州市市辖区	藤县
电力、热力的生产和供应业	南宁	来宾市市辖区	融水苗族自治县、三江侗族自治县、岑溪市、忻城县、金秀县、合山市
水的生产和供应业	—	南宁市市辖区、梧州市市辖区、平南县、桂平市	融水苗族自治县

六、产业布局影响因素的分析

未来，西江经济带的产业布局一方面受到目前已有格局结构的影响，另一方面还受到珠三角产业转移、中国—东盟自由贸易区建设等新因素的影响。

（一）珠三角产业转移的影响

珠三角产业转移以劳动密集型产业为主，与20世纪70年代香港劳动密集型产业向珠三角转移类似，珠三角向国内其他地区的产业转移也应符合距离衰减特征。调研结果印证了这一基本判断。西江经济带各地区承接珠三角产业转移概率沿经度方向自东向西递减，梧州、贵港毗邻珠三角，承接产业转移优势最大，来宾、柳州、南宁次之，崇左和百色承接珠三角产业转移影响较弱（图6-10）。

（二）中国—东盟自由贸易区建设的影响

中国—东盟自由贸易区建设的影响在空间上呈现多种形态。高级的产业合作具有空间等级扩散特征。产业合作首先选择区域的中心城市或首位城市，然后由中心城市或首位城市再扩散到中等城市、小城市，并依托这些城市而向广大乡村扩散。其产生的原因，主要是大中小城市之间、城市与乡村之间接受扩散的经济与社会条件差异。图6-11体现了中国东盟自由

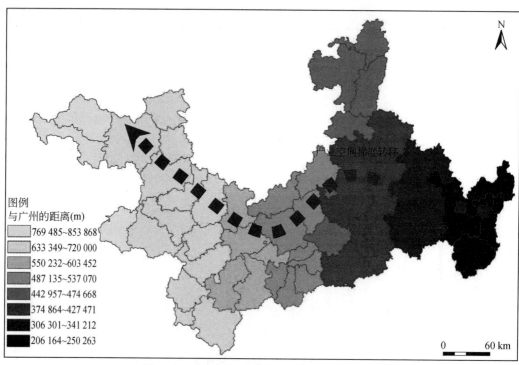

图 6-10 珠三角产业转移的空间距离影响分布

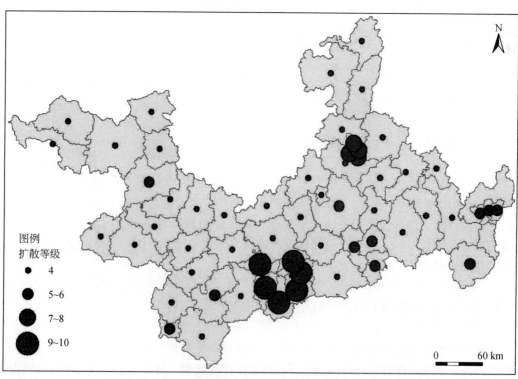

图 6-11 中国—东盟自由贸易区建设的空间等级扩散模式

贸易区建设的空间等级扩散模式及其影响程度，南宁获得发展机遇最大，其次为柳州。

中国东盟自由贸易建设在空间上还有另外一种空间距离扩散模式。这种模式的产业内容主要是边境贸易和物流业，主要在中国－东盟边境地区集聚发展，再由集聚地区逐步向其余地区扩散。图 6-12 表明了中国东盟边境贸易物流的空间距离扩散模式，对西江经济带而言，崇左获得最大的边贸商贸和物流的发展优势，百色也有一些边贸旅游等优势。

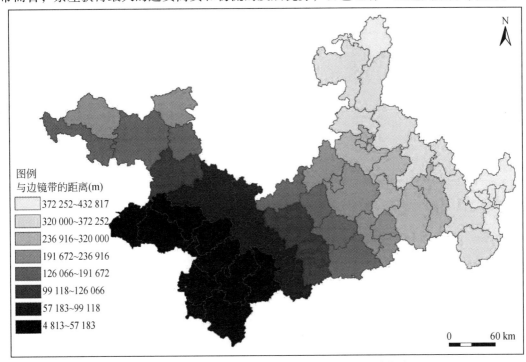

图 6-12　中国—东盟边境贸易物流的空间距离扩散模式

第二节　可持续工业化战略

一、产业发展定位

1. 在东盟"10＋1"中的地位（中国—东盟"10＋1"产业合作的国际大通道）

西江经济带区位优势明显，地处中国华南经济圈、西南经济圈与东盟经济圈的结合部，是中国—东盟自由贸易区建设的前沿地带，拥有近 1000km 的陆路边境线的天然优势；同时，西江经济带与东盟各国在产业结构、市场结构、资源结构等方面具有较强的互补优势，在中国—东盟合作中具有独特的地位和作用。越来越多的东盟国家把目光投向了西江经济带，随着中国—东盟自由贸易区建设进程的不断加速，特别是中国与东盟 6 国已于 2010 年正式建成自由贸易区，西江经济带与东盟的互利合作将迎来更大的增长潜力、更广阔的发展空间、更全面的合作领域。2010 年 1 月 7～8 日，中国—东盟自由贸易区论坛在南宁举行，围绕"贸易提振产业活力"、"投资共创经济繁荣"、"打造区域经济合作新亮点"三项议题取得了积极成果。因此，西江经济带在东盟"10＋1"框架中具有天然区位优势和经济互补优势，通过与东盟地区的经贸之间的密集联系，逐渐发展成为中国东盟"10＋1"经贸合作的国际大通道，推动中国—东盟自由贸易区向更高阶段发展。

2. 在西部大开发中的地位（西部大开发战略产业发展的优先实验区）

西部大开发战略实施以来，西部地区基础设施得到显著改善，生态建设和环境保护取得可喜成效，民族地区和边远贫困地区脱贫致富步伐加快，促进了东中西互动。随着西部地区经济发展的不断加快，西部大开发也正逐步实现由侧重打基向侧重促发展的阶段性转变。2009年年底，国家发展和改革委员会西部开发司召开《关于深入实施西部大开发战略若干意见（初稿）》征求意见座谈会，把西部大开发放在更加重要的战略位置，新一轮促进西部大开发政策正在酝酿出台。西江经济带地处近西部地区，邻近东中部，是资源环境承载能力较强、经济和人口集聚条件较好、产业发展潜力较大的区域。因此，西江经济带应当作为西部大开发战略中科学发展的优先实验区，实现创新发展和绿色发展，既与梯度发展的客观经济规律相一致，也与国家主体功能区划的战略部署相吻合。

3. 在大西江流域中的地位（大西江流域产业协调分工的合作示范区）

大西江流域主要河流有南盘江、红水河、黔浔江、郁江、柳江、桂江、浔江、贺江及广东省境内汇合的西江流域，总面积约为30万 km^2，广西境内约有20万 km^2，广东境内约有10万 km^2，西江水量仅次于长江，为全国第二大江，西江不仅是"两广"的重要供水水源，也是澳门的主要供水水源，还承担着"两广"间重要的水运通道功能。从产业发展看，受产业结构优化升级和国际金融危机双重压力影响，我国东部沿海地区产业转移进一步加速，产业结构面临升级、调整的压力，向中西部地区的转移已成必然趋势，粤港澳地区产业转移和西江经济带产业承接发展，也是区域经济一体化的客观规律要求。从资源环境看，跨行政区的统一化资源管理成为发展的重要趋势，西江上下游之间水资源分配、水环境治理等协调管理机制也亟待完善。西江上下游之间区域协作分工和整体协调发展的趋势与效应日趋显著。建立、健全和完善西江经济带的经贸、投资、产业、资源、环境等合作机制，逐步构建大西江流域区域协调发展的合作示范区。

4. 在广西发展战略中的地位（广西产业发展的集聚增长极）

2009年10月，国务院常务会议通过的《国务院关于进一步促进广西经济社会发展的若干意见》，进一步明确了广西经济社会发展的战略定位，提出北部湾经济区、西江经济带、资源富集区的三大发展战略，是广西的又一重大发展机遇，将从资金、项目、政策等方面给予大力倾斜和支持，对于培育我国沿海经济发展新的增长极、促进西部大开发和东中西互动、深化我国与东盟战略伙伴关系具有重要的里程碑意义，必将极大地促进广西经济社会的发展。其中，特别重要的是把西江经济带提升到和广西北部湾经济区相同的高度，并把一批重大的基础设施项目和工业项目列入支持范围，将极大地促进西江经济带的工业、商贸、物流及现代农业的发展。西江经济带必将深入开展对内对外合作，在更大范围内吸引和利用资本、技术、人才等生产要素，并强化要素的集中和企业的集群，成为广西未来发展崛起的重要集聚增长极（图6-13）。

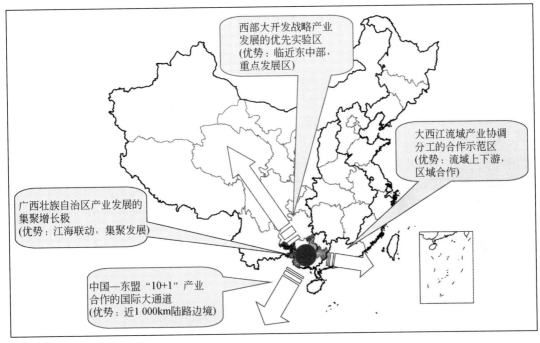

图6-13 西江经济带产业发展的定位

二、产业发展的战略目标

（一）总体目标

为适应产业发展的全球化趋势，按照国家产业发展战略的整体部署、广西产业结构升级的总体要求，以及从区域生产要素空间配置优化角度，规划期内西江经济带产业发展的总体目标是：立足科学发展，以国际和国内市场供需状况为导向，依据不同地区的资源、环境、生态的承载能力基础，充分考虑西江经济带的区位优势、资源禀赋、产业发展的现实基础和未来趋势，以建设资源节约型、环境友好型社会为目标，积极承接国际国内产业转移，大力发展新兴产业，提升改造传统产业，做大做强优势产业，推进现代化、规模化、集约化的产业园区建设，实现产业发展的整体提升与空间布局的集聚优化，以五大产业为核心全面提升西江经济带的产业竞争力，力争将西江经济带建设成为中国西南地区重要的现代化、新型化、特色化、生态化的产业发展轴带，成为促进广西崛起的重要增长极和战略支撑轴。具体讲，要着力打造5个基地：全国重要的资源型精深加工基地、现代先进制造业基地、特色农产品加工基地、国际化物流集散基地和广西重要的能源产业基地。

（二）阶段目标

1）规划期（2020年）：着重加快发展，扩大改革开放，推进机制体制创新，积极承接国内外产业转移，加快产业发展，推动产业升级和产业链延伸，优化产业布局，引导适度集聚，实现点、线、面相结合的开发模式，大力推进节能减排，加强环境治理保护，走高效益、低污染、独具特色、新型发展的工业化道路，初步建成"5个基地"，成为带动广西崛起的重要产业增长带，进入工业化中期的成熟阶段。

2）展望期（2030年）：着重全面提升，加强自主创新能力建设，以提高产业的全球竞争力为主题，大力发展高新技术战略产业，升级产业结构，进一步优化产业布局，增强辐射效应，实现网络化的开发模式，发展循环经济、低碳经济、绿色经济，走出一条具有流域特色的现代化、生态化的工业化道路，将西江经济带打造成为新型工业化发展的示范区，进入工业化后期阶段的初级阶段。

三、产业发展的路径选择

（一）总体思路

为实现以上发展目标，西江经济带产业带发展的总体思路是：以实现新型工业化的阶段提升和模式转变为核心，围绕建设承接产业区、高端产业区、资源特色区三大分区组团，做大做强五大优势产业集群。

1. 实现新型工业化的阶段提升和模式转变

新型工业化是在科学发展观指导下工业化的新阶段和新模式。科学发展观的核心是以人为本，西江经济带推进新型工业化，必须坚持以人为本，切实提高人民群众的收入水平和生活条件；同时，科学发展观基本要求是全面、协调和可持续发展，新型工业化也必须坚持走全面发展之路、协调发展之路、可持续发展之路，从而实现西江经济带工业化进程的阶段提升和发展模式转变。

2. 建设三大分区组团

充分发挥西江流域上下游不同的区位条件和资源优势，梧州、贵港主要依托毗邻东部沿海地区的区位优势，积极融入大珠江三角洲地区，主动承接一些吸纳就业能力强、带动性大的成熟产业或先进生产制造环节的产业转移，建设东段承接产业核心区；南宁、柳州、来宾主要依托已有的产业基础优势，加强自主创新能力提升，积极面向东盟国际合作，建设中段高端产业重点区；崇左、百色主要发挥边贸优势和资源优势，延伸资源型产业链，大力发展现代商贸物流服务业建设，建设西段特色产业发展区。

3. 做大做强五大优势产业集群

以多层次、多类型的产业园区为载体,重点发展以铝、锡、铜、锰合金、钢铁、水泥、陶瓷等为主的资源深加工产业集群,以汽车、船舶、机械、医药、电子信息等为主的现代制造业产业集群,以特色水果、绿色蔬菜、企业化基地等为主的现代特色农业产业集群,以商贸物流中心、商贸交易中心、生产性服务业等为主的现代服务业产业集群,以火电、水电、核电等为主的能源产业集群。

(二) 发展路径

西江经济带产业发展的六大路径如图 6-14 所示。

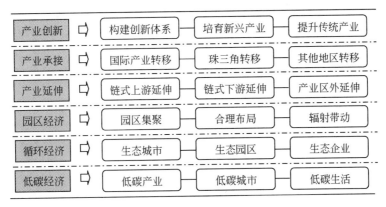

图 6-14　西江经济带产业发展的六大路径

1. 产业创新

创新能力提高将是未来西江经济带发展的战略基点和调整产业结构、转变经济增长方式的中心环节。未来西江经济带产业发展与升级的路径选择之一是采取产业创新的战略,构建政府引导、企业为主体的创新体系,加强官产学研的合作,面向应用,加大研发投入和加强重大前沿技术与原创性创新研究。依托科学城、高新技术产业区、高等院校与研究所、重点实验室等,以产业创新突破两个方面,一是重点培育、扶持与发展高新技术战略产业,如汽车电子、光机电一体化、生物制药、信息产品、生物科技、新能源材料、环保设备、高科技农业等新兴产业,培育新的经济持续增长点;二是坚持创新和信息化推动产业升级,加快用高新技术、先进适用技术嫁接、改造、提升传统产业,突出抓好机械电子、有色金属、建材、食品等主导产业的优化升级。

2. 产业承接

近年来,经济全球化和国际产业转移趋势日益加强,随着珠江三角洲等地要素成本大幅度提升,土地和能源供应紧张,一些产业纷纷向中西部地区转移;新一轮区域经济合作大规模地推进,珠江三角洲与广西的区域合作将向纵深发展。西江经济带应该把握住当前国际、国内产业转移加速的机遇,扩大双向开放程度,利用优越的交通区位条件、丰富的人力资源、较低的要素成本等优势,承接国际、国内产业转移,从而实现产业经济发展的更大跨越。综合考虑区位优势、资源条件、经济水平、产业基础、市场规模、交通条件、发展前景等因素,遵循发挥优势、突出特色、协作互补的产业发展原则,将产业承接区域划分为承接核心区、承接扩散区等产业聚集区。

3. 产业延伸

产业链是产业部门之间基于一定的技术经济关联,并依据特定的逻辑关系和时空布局客观形成的链条式关联关系形态。产业延伸主要是基于各个地区客观存在的区域差异,着眼发挥区域比较优势,协调地区间专业化分工和多样性需求,以产业合作实现区域合作。产业链中大量存在着上下游关系和相互价值的交换,上游环节向下游环节输送产品或服务,下游环节向上游环节反馈信息。西江经济带着力将已有的优势产业和特色产业链尽可能地向上下游拓展和延伸。产业链向上游延伸一般使得产业链进入到基础产业环节和技术研发环节,向下游拓展则进入到市场拓展环节。产业链的实质就是不同产业的企业之间的关联,而这种产业关联的实质则是各产业中的企业之间的供给与需求的关系,推进区域分工协作发展。

4. 园区经济

工业园区化是产业发展的一种有效形式,尤其是像西江经济带这样既不可避免地要经历工业化中期阶段,又要承担广西乃至中国西南地区重要的生态区域功能,既要发展工业,又要保护环境,必须对工业进行整体规划,走工业园区化的道路,工业园区是推进工业化进程的有效载体,走新型工业化道路必须要加快工业园区的建设。目前,西江经济带已经形成了一批特色工业园区,依托不同层次不同类型的产业园区,按照"科学规划、合理布局、集约用地、产业集聚、辐射带动"的原则,推动西江经济带产业集聚化发展,通过空间集聚优势、基础设施共享、产业集聚与转移等措施推动产业集群发展,形成产业发展的规模效应和集聚效应。

5. 循环经济

发展循环经济,加速产业和城市生态化进程,是未来西江经济带产业生产方式转变的重要路径选择。以构建循环经济产业链为重点,应实现钢铁等重化工业的生态化转型,加强绿色食品等农业基地建设,逐步建成一个低消耗、低排放、高效率的循环经济体系,运用现代生态化技术重组工业经济结构,实现产业发展与生态环境的良性循环。城市层面,建设废物循环交换管理系统和废物回收利用系统,加强再生资源的综合利用和开发,提高工业固废综合利用率,减少工业废物存量。园区层面,要运用工业生态学和循环经济理念,高起点、高标准建设一批生态工业园区。企业层面,要以节能降耗、清洁生产为重点,在全自治区范围内建成一批循环经济型企业。还要建立完善的发展循环经济的政策支撑体系,通过生态城市、生态园区、生态企业和支撑体系建设,以点带面,加快新型工业化的生态区域建设。

6. 低碳经济

低碳经济以低能耗、低污染、低排放为特征，实质是能源高效利用、清洁能源开发、追求绿色 GDP；核心是能源技术和减排技术的创新、产业结构、制度创新以及发展观念的根本性转变。由此衍生了"碳足迹"、"低碳经济"、"低碳技术"、"低碳发展"、"低碳生活方式"、"低碳社会"、"低碳城市"等新概念。低碳经济代表了未来经济发展的新的产业模式，它要求我们不仅要从产业结构、能源结构调整入手转变高碳经济发展模式，同时也要从产业链的各个环节上，推广节能技术，大力开发可再生能源。国家明确提出要把应对气候变化纳入国民经济和社会发展规划，但同时也强调作为发展中国家的经济发展权。对西江经济带而言，发展低碳经济是区域发展的长期趋势和必然选择，但也要重视发展阶段差异和工业化发展的客观规律，目前重点是降低碳排放强度，而非刚性地削减碳排放总量。

第三节 工业转型升级

一、按照循环经济理念，延伸资源型产业链

（一）做强有色冶金产业链

充分发挥西江流域经济带铝土矿等有色金属资源丰富的优势，做强做精铝工业，重点发展铝材加工，适当发展锌、铅、锡及其产品加工等有色金属工业。

1. 依托丰富的铝土矿、水电资源和铝工业基础，完善铝工业产业链

西江流域经济带是我国铝土矿资源最为富集的地区之一，具有资源储量大、分布集中、矿石品位较高和易于开采的特点，发展铝工业具有资源上的优势。在西江流域经济带内，保有铝土矿资源储量 5 亿多吨，已探明铝土矿资源总量近 10 亿 t，居全国第 3 位，而且主要集中分布在西江流域经济带的百色和崇左地区。其中在百色有平果（保有资源储量 2.2 亿 t）和靖西—德保两大铝土矿矿田（包括靖西、德保、田阳、那坡等县，已查明储量 5.88 亿 t），在崇左有扶绥—龙州—崇左铝土矿矿田（预测资源量达到 1.2 亿 t）。铝土矿石类型以一水硬铝石为主，包括三水铝石，是我国一水硬铝矿石中含铝高、含硫低，铝硅比较高的矿石（平均氧化铝含量 50% 以上，铝硅比 10，铝铁比 3），且矿床规模大、矿体埋藏浅、水文地质条件简单，适合于大规模的露天开采。另外，在 20 世纪 80 年代末中南大学在贵港发现高铁三水铝土矿以来，在西江流域经济带的贵港、南宁和来宾等地区发现了丰富的高铁三水铝土矿，是我国已知规模最大的三水铝土矿区。据初步估算，这些地区探获的高铁三水铝土矿石资源量 4 亿多吨，并且发现，随着高铁三水铝土矿勘查工作深入，预计可探明高铁三水铝土矿资源储量将与百色一带的一水铝土矿资源储量相当，也具有分布范围广，资源潜力大，矿层由黏土和铝土矿块组成，含矿率一般在 $300 \sim 900 kg/m^3$，矿

石含氧化铝25%～37%，含氧化铁25%～50%，铝、铁都为具有工业开发价值的共生矿床。

西江流域经济带及其附近地区是我国水能、煤炭资源富集的地区，丰富的铝土矿和水电与煤炭资源在地域上的分布组合，使西江流域经济带成为我国发展综合铝工业生产的理想地区。从氧化铝、电解铝到铝材加工都需要消耗大量的能源，其中仅电解铝的生产单位耗电约为14万kW·h/t，铝工业是典型的高耗电产业（表6-21）（2008年广西电解铝生产的用电消费约占全区工业生产总用电量15.0%）。从国内外铝工业发展布局实践看，受电能高消耗的影响，铝工业，特别是电解铝的生产一般应布局在电力供应充足，尤其是水电资源丰富的地区，而广西拥有丰富的水电资源，水能理论蕴藏量达到2133万kW，可开发装机容量1751万kW。西江经济带所包含的红水河地区被誉为中国水电的"富矿"，水能源的宝库，是中国优先开发的三大水电建设基地之一。2008年全区发电装机容量已达2424.5万kW·h，其中水电装机容量为1397.4万kW·h（居全国第4位），已建成大化、天生桥、岩滩、恶滩、天生桥和桥巩等大型水电站。

表6-21　生产电解铝所需要消耗的电能　　　　　　　　　（单位：kW·h/t）

铝土矿加工	苛性钠生产	氧化铝生产	氧化极生产	电解铝生产	废铝回收	合计
2 700	9 801	26 796	3 310	117 861	6 913	167 381

与广西毗邻的贵州和云南等省水电、煤炭资源十分丰富，开发潜力十分巨大。贵州水能资源蕴藏量达1874.5万kW，居全国第6位。水能资源可开发量已超过1683万kW，开发率不足20%，远远低于我国东部地区50%以上的水平。云南水能资源理论蕴藏量为10 364万kW,可开发的装机容量为9570万kW，占全国可开发装机容量3.8亿kW的23.8%，仅次于西藏、四川，居全国第3位，可开发率为71%，居全国首位。年发电量可达4500亿kW·h。目前，云南水电资源开发率还不到10%。贵州和云南还是我国南方地区煤炭资源最为丰富的两个省份。其中贵州省煤炭保有储量500多亿t，远景储量达到2600亿t，拥有长江以南第1位的煤炭资源量，而且具有煤质优良、埋藏浅、易开发、后备储量大、分布相对集中等特点。云南省的已探明煤炭资源量也达到277.16亿t，预测资源量为413.84亿t，已提交的煤炭资源储量居全国第9位，在南方各省（自治区、直辖市）中仅次于贵州，居第2位。

广西西江流域经济带地处中国—东盟合作的最前沿地区，随着中国与东盟各国合作的日益推进、中国—东盟自由贸易区的建立，我国与东盟各国经贸投资往来将日益密切。依托与东盟水陆相连的区位优势，一方面，西江流域经济带可以利用越南、印度尼西亚等国丰富的铝土矿资源发展铝工业。据资料显示，东盟十国中越南和印尼等国的铝土矿资源具有储量丰富、品位高、远景储量大的特点，其中越南就有已探明铝土矿储量45亿t，居世界的第5位，精选后三氧化二铝的品位可达48%的水平，远景储量达到80多亿t。印度尼西亚已探明的铝土矿储量也近10亿t。另一方面，同临近的东盟国家相比广西西江流域经济带的铝工业具有规模、技术和装备等方面的比较优势，可以为未来东盟国家提供各种铝加工产品。

西江流域经济带铝工业进一步发展具有坚实的产业基础。包括百色、崇左、来宾、南宁、贵港等地市在内广西西江流域经济带不仅是全国铝土矿资源的富集地区，而且还是全国和广西铝工业的最主要聚集地区，经过近十几年来的大规模发展已形成了完整、庞大的铝工业产业体系，涵盖了包括铝土资源勘探、铝土矿开采、氧化铝、电解铝、铝加工等门类齐全的铝工业体系，建成了包括中铝广西分公司、广西华银铝业公司、广西信发铝电公司、百色银海铝业公司等一批大型和特大型铝工业项目，广西西江流域经济带成为我国最重要的四大综合铝工业生产地区之一。截至2008年，广西西江流域经济带已形成了氧化铝产能680万t（其中中铝广西分公司180万t、百色华银铝业160万t、广西信发铝电240万t，其他100万t），电解铝产能123万t（其中中铝广西分公司38.5万t、百色银海铝业20万t、广西信发铝电32万t、百色隆林桂鑫金属有限公司7.5万t、来宾银海铝业25万t），铝加工能力55万t（实际也已达100多万t的水平）。形成了以大中型企业为主导，以中铝广西分公司、华银铝业、银海铝业、信发铝业和桂鑫金属有限公司等企业为骨干，包括铝土资源勘探、铝土矿开采、氧化铝、电解铝、铝加工等门类齐全，以百色市为核心，南宁、来宾和柳州等城市为基地的铝工业生产体系与格局（图6-15），为西江流域经济带铝工业进一步发展奠定了坚实的基础。

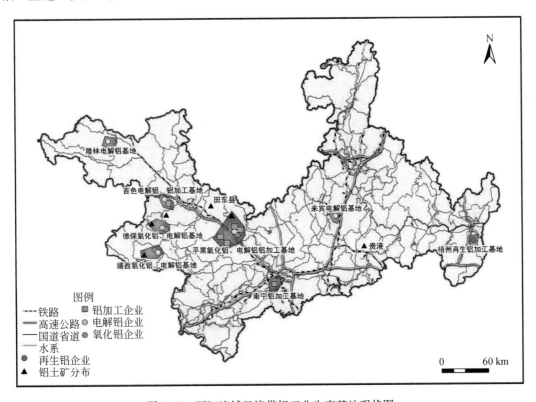

图6-15 西江流域经济带铝工业生产基地现状图

我国和广西持续、快速经济工业化和社会城市化进程为西江流域经济带铝工业发展提供了良好的市场空间与发展机遇。一是作为一个有着13亿多人口、发展中的大国，我国正处于工业化、城市化快速发展的中期阶段，基础设施建设对包括铝材在内的基础材料产品的强劲需求还将持续下去。二是在未来20年或更长的一段时期内，我国经济社会高速、持续增长的趋势仍将持续下去，经济社会发展的内在需求还将推动我国铝工业发展。

以完善铝工业上下游产业配套、延长产业链、大力发展铝加工工业、提高资源综合利用效率和降低污染物排放为重点，优化发展铝工业产业链，将是今后西江流域经济带发展的重要方面。针对广西铝工业发展中存在的氧化铝、电解铝和铝加工发展不配套、产业链较短、精深加工产品少、资源综合利用率较低等方面的问题，从发挥利用西江流域经济带的资源、区位优势和铝工业基础，结合国内外铝工业发展的煤（水）—电—铝一体化趋势、氧化铝—电解铝—铝加工联合的集团化趋势、铝土矿资源—铝产品市场的国际化趋势、资源节约—污染减量—综合回收—再生利用的生态化趋势，根据国内外市场对铝工业产品的需要，确定未来西江流域经济带铝工业发展方向、重点与合理规模、空间布局引导和发展策略（图6-16）。

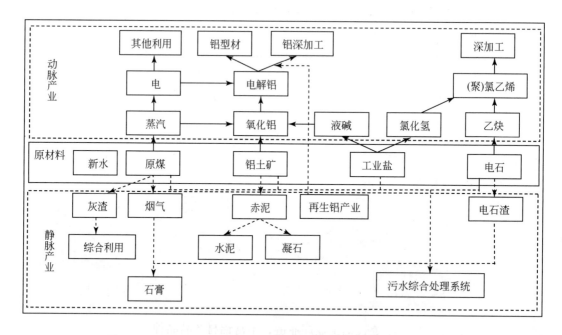

图6-16　西江流域经济带铝工业循环经济产业链规划设计引导示意图

（1）发展方向

第一，按照水—电—铝、煤—电—铝相结合的模式，充分利用水电资源优势，对现有铝工业企业通过兼并联合等资产重组的方式，优化资源配置，形成集铝土矿—氧化铝—电解铝—铝材加工和电力于一体的合理产业链，发展成为具有核心竞争力的大型铝业集团，提高铝工业产业集中度。

第二，优化和提升铝工业整体技术与装备水平，增强以重点铝工业企业为骨干的铝工业生产技术水平和研发创新能力。

第三，进一步提高西江流域经济带铝及其伴生资源的综合利用能力，切实降低电解铝生产的综合用电成本，提高铝工业的竞争优势。

（2）发展重点与合理规模

第一，按照与氧化铝和电解铝的发展相适应的要求，坚持上大与关小、升级改造与淘汰落后相结合，推广高效率、低成本、低能耗、短流程、环保型生产工艺，积极发展铝土矿中伴生的镓、钛、铁等多种金属的综合回收利用。

第二，坚持电解铝与铝加工发展相协调的原则，调整产品结构，重点发展高纯铝、高精度铝板带箔、中高档建筑型材、工业铝材、铝轮毂、铝合金铸件、电线电缆等精深加工产品，开发轨道交通用大型型材等高附加值产品。

第三，积极推广高效率、低能耗、环保型铝加工新工艺技术，重点增加高附加值铝加工材的比重，提高电解铝液直接铸轧比例和铝加工材综合成品率，降低加工材的能耗水平。

第四，利用先进、大型预焙槽技术，建设原铝铝液生产系统，生产高精度铝板带箔项目，重点建设：铝合金锭生产线，生产铸造铝合金锭、挤压铝合金圆锭；铸轧—冷轧生产线，生产各种铝合金板、带材和铝箔坯料；热轧—冷轧—箔轧生产线，生产高纯、高性能、多用途铝合金厚板、中厚板、特薄板、宽幅铝箔及铝箔坯料。

按照适度发展氧化铝，积极扩大电解铝规模，重点发展铝加工工业，使西江流域经济带的氧化铝、电解铝和铝材加工规模基本配套，延长铝工业产业链，促进西江流域经济带铝工业进一步发展的原则。依据现有已探明、能规模化利用的一水铝土矿资源储量，大型氧化铝企业的服务年限不低于35年，按照中铝广西分公司的现有铝土矿的采收率水平计算，西江流域经济带的氧化铝的最大的合理规模为800万t左右。如果在既具有市场需求，并且高铁三水铝土矿能实现规模化的开发利用，而且能持续、稳定、合理地获得进口铝土矿等的情况下，远期西江流域经济带的氧化铝的最大的合理规模为1000~1200万t。

因此，从资源保障、满足大型氧化铝企业合理的服务年限、市场需求和西江流域经济带铝工业的可持续发展要求出发，近、中期（2015~2020年）西江流域经济带的氧化铝的规模应控制在800万t以下（即今后一段时期内不应该再建设新的氧化铝企业）。相应的电解铝的规模需控制在300万~360万t，铝加工规模在250万~300万t。远期（2030年），根据资源条件和市场需求，适当扩大氧化铝、电解铝和铝加工规模，重点发展高端铝材及铝合金产品，进一步延长铝工业产业链，丰富铝材产品品种。

同时，根据市场需求状况，研究开发附加值高的化工用氧化铝产品生产。

（3）空间布局引导

一是按照氧化铝近矿布局、电解铝近电布局、铝材加工近消费市场布局的原则，推动铝工业向资源地和需求地转移，调整和优化西江流域经济带铝工业布局，引导电解铝企业向能源优势地区转移，铝加工适度向消费中心转移。

二是重点在铝土矿资源丰富的百色地区地区发展氧化铝、电解铝和铝加工，在南宁、来宾、柳州适度发展电解铝和重点发展铝加工，在梧州发展再生铝及铝加工工业（图6-17）：

1）百色将围绕平果铝业、银海铝业、华银铝业、信发铝电等企业，重点做大做强铝工业，形成氧化铝、电解铝和铝加工以及碳素、烧碱、氟化盐等一体化的铝工业产业体系。

2）南宁以南南铝业公司为骨干，适当发展电解铝，积极发展铝材深加工，重点发展高精度铝板带、高档铝箔、特种铝材料、彩色涂层板等铝材深加工产品生产。

3）来宾利用电源优势，以来宾银海铝业有限责任公司年产50万t电解铝及铝板带项目为依托，重点发展铝合金板、带材和铝箔坯料铝产品系列，高纯、高性能、多用途铝合金厚板、中厚铝板、特薄铝板、宽幅铝箔及铝箔坯料铝产品系列，铸造铝合金锭、挤压铝合金圆锭铝产品系列，将来宾建成电解铝及铝深加工基地。

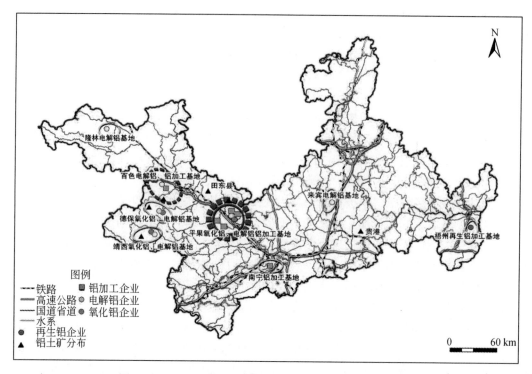

图 6-17　西江流域经济带铝工业生产基地规划布局示意图

（4）发展策略

第一，着力加强铝土矿资源的勘探工作，进一步提高铝土矿的保障程度。

第二，加强与国内外大型企业集团的合作，特别是铝企业集团的合作。利用这些铝业集团的资金、规模、技术和市场营销渠道优势，实现优势互补，做强做精西江流域经济带的铝工业。

第三，对经济带内现有铝工业骨干企业给予有力的支持，尽快把核心企业做强做精。

第四，着力推行水（煤）电—铝一体化，降低铝的生产成本，增强企业竞争能力。

第五，加大研发投入，支持企业进行生产技术、工艺流程和产品创新。氧化铝、电解铝和铝加工等方面都要不断创新，提高资源回收利用率，缩短工艺流程，降低投资造价和生产运营成本。电解铝生产要把大容量预焙槽推广、淘汰自焙槽等作为工作重点。铝加工要重点扶持有竞争力的产品，搞好铝的高精深加工，拉长产业链条，推进产品结构优化升级，提高产品的附加值。

2. 优化发展铟、锡、锑、锌、铅和铜矿开采、冶炼与加工工业

除了具有丰富的铝土矿资源外，广西西江流域经济带及其附近地区的铟、锡、锑、锌、铅和铜等有色金属资源也较丰富，其中铟、锡、锑等有色资源在国内外占有重要地位，是我国今后铟、锡、锑等金属冶炼加工的重要生产地区。

依托丰富有色金属资源，仅在西江流域经济带区域内已经形成了包括柳州华锡集团、柳州锌品股份、柳州有色冶炼股份、柳州龙化、百色融达铜业等铟、锡、铅、锌和铜等金属冶炼加工骨干企业，其中华锡集团的锡的采、选、冶等生产环节的工艺设备、水平在国内外均处于领先水平，已开发生产的铟锡氧化物靶材，填补了国内生产空白。以华锡、柳锌、柳州有色冶炼、柳州龙化等的氧化锌系列产品，特别是纳米级氧化锌等高附加值的深加工产品，已形成一定规模，为西江流域经济带的有色金属工业发展奠定了良好的基础。

铟、锡、锑、锌、铅和铜工业的发展总体方针：

面对铟、锡、锑、锌、铅和铜矿资源，经过较长时间开采和不适当的开发，已经探明的铟、锡、锑、锌、铅和铜等有色金属矿产已不能满足西江流域经济带及其附近地区现有冶炼加工企业快速增长的需要，出现了资源供应不足、资源自给率逐步降低的现象，使广西的铟、锡、锑、锌、铅和铜等有色金属冶炼发展面临严重的资源短缺问题。加上长期以来整个广西的有色金属深加工工业没能得到足够的发展，导致目前西江流域经济带的铟、锡、锑、锌、铅和铜等有色金属工业的采矿能力小于冶炼能力，冶炼能力大于加工能力，精深加工能力基本缺乏的局面，使得西江流域经济带及其附近地区大部分具有优势的金属锡、锑、铟、锌等只能以初级产品的形式出口到国外的局面。

随着我国汽车、电子信息产业和数字视听产品生产规模与水平的进一步提升，未来国内加工工业对铟、锡、锑、锌、铅等材料产品的需求将有所扩大，发展铟、锡、锑、锌、铅和铜等有色金属（矿）产品的前景看好。立足于西江流域经济带的铟、锡、锑、锌、铅和铜工业的产业基础，区内资源供给与利用国外资源的有利条件，未来西江流域经济带的铟、锡、锑、锌、铅和铜工业的发展总体方针：一是对铟、锡、锑等具有重要战略意义的资源实行保护性开发，根据国内加工工业的市场需求定产，禁止铟、锡、锑等资源和初级产品的直接出口。二是与加大资源的勘探力度，提高资源的保证程度。三是限制新建冶炼企业和现有冶炼企业规模的低水平扩张，着重提高铟、锡、锑、锌、铅和铜等金属的回收利用率与深度加工水平，发展精深加工产品，延长产业链，提高产品附加值。四是着力围绕铟、锡、锑、锌、铅等资源的伴生和共生资源的回收利用，降低资源消耗，发展循环经济，提高资源的综合回收利用水平。

主要工业行业发展布局引导：

（1）锡、锑、铟工业的发展布局

锡、锑、铟工业的发展布局，主要是按照国家的总体要求，坚持保护中开发，在开发中保护的原则，从实现广西锡、锑、铟等工业的可持续发展出发，在稳定矿山生产的基础上，重点加强产品的深加工和应用性开发，扩大产品的种类，着力提升冶炼产品的深加工能力，延长产业链，提高精深加工产品的比重。以柳州华锡集团、铟泰科技公司等企业为龙头，努力提高高纯铟、ITO 靶材等产品的性能和产业化水平，以满足我国日益增长的

ITO 靶材需求。重点在柳州、南宁等地进行铟及铟高新技术材料产品的开发研制，做强做精铟产业，把柳州和南宁建设成为世界性的铟金属及铟的各类化合物、高新技术材料的生产基地。

（2）铅锌工业的发展布局

铅锌工业的发展布局，一是鼓励冶炼企业投资矿山企业，培育采选冶一体化的铅锌工业优势企业。二是重点支持铅锌冶炼企业从资源综合利用、节能降耗、污染治理，发展循环经济，采用国内外先进的冶炼工艺和低浓度二氧化硫制酸工艺进行技术改造。三是支持现有企业进行技术改造、科技创新和新产品开发，力争主要产品达到世界先进水平。四是依托柳州华锡、南宁银荔化冶公司等的自主创新能力和国际竞争力，通过与华锡、银荔的协作，在柳州和南宁等地发展一批专、精、新、特的有色金属产品生产（中小）企业。五是采取自主开发与引进技术相结合的方式，发展锌合金、超细锌粉、无汞锌粉、纳米氧化锌、超细氧化锌、彩管玻壳氧化锌、氧化锌晶须等系列深加工产品。

（二）深化发展黑色金属产业，延长产业链

1. 依托柳钢，整合西江流域经济带钢铁产业，发展钢铁产品深加工产业

包括柳州在内的广西西江流域经济带已经形成了 800 多万 t 的钢铁产能，成为我国华南地区最主要的钢铁生产基地之一。特别是广西的钢铁龙头企业柳钢集团经过近几年的技术改造扩能，钢铁综合产能已初步达到 800 万 t，所有落后工艺装备均得到了改造提升，生产装备和工艺技术达到了当前国内先进水平，各项技术经济指标水平得到了明显改善，其中钢铁料耗指标达到 1059kg/t、钢水综合合格率达 99.98%，进入全国同行的前列，吨钢综合成本比改造前降低了 137 元。

（1）发展方向

因受资源稀缺［缺（焦）煤、少铁矿］、交通区位（利用进口矿的运输成本偏高，不利于企业竞争力提升和参与国内外的竞争）、国家与区域钢铁布局战略变化（国家钢铁布局重点转向沿海地区）、市场容量有限［广西及其周边地区云南、贵州、四川、湖南和广东等省（自治区、直辖市）近几年钢铁产能增加很快，都不具备进一步扩张钢铁工业产能的市场空间了］和我国整个国家的钢铁产能严重过剩（我国钢铁产能已达到 7 亿多吨，在正常生产的情况下，钢铁需求量 5 亿多吨）等因素的限制。今后较长一段时期内，广西西江流域经济带钢铁工业发展的方向为：

1）控制规模，调整结构，增加品种，发展优质钢铁产品，使西江经济带的钢铁规模控制在 800 万 t 的水平；

2）节能、降耗、减排，资源综合回收与循环利用，发展循环经济；

3）加强研发与技术创新，开发钢铁新产品，重点发展适销对路和具有竞争力的钢铁产品。

（2）发展重点

按照国家钢铁产业政策，充分发挥现有钢铁骨干企业的优势，实施产品结构调整，积

极推进钢铁企业联合重组，加快淘汰落后产能，提高钢铁产业集中度。在完善柳钢技术改造、产品升级和生产配套基础上，发挥柳钢的带动辐射作用，围绕与柳钢的生产协作和钢铁产品的深度加工，重点发展前向、后向、侧向关联产业，走链式产业扩张之路，培育冶金产业集群；发展钢铁产品精深加工，提高产品科技含量和附加值，实现产业结构优化升级，提升产业整体竞争力。

(3) 空间布局

发挥西江亿吨黄金水道优势，充分利用柳钢钢铁产业基础，以提高产品质量、丰富钢铁产品为重点，完善以热冷轧板卷、中厚钢板、汽车板和建筑用钢材为主要产品的生产能力配套建设。同时在柳州和南宁等钢材主要消费地区，重点发展钢铁深加工产品生产。

2. 利用资源和产业优势，发展锰产品深加工工业

西江流域经济带是广西锰矿资源集中分布区，具有资源储量大、分布集中、大中型矿藏多的特点，适合于大规模的开发利用。目前西江流域经济带已探明的锰矿资源地质保有储量1.7亿多吨，占全国的33.3%（其中崇左的大新、天等，百色的靖西，贵港的桂平4县市的锰矿资源合计就分别占全国的31.6%和广西的79.3%），而且集中分布在西江流域经济带的崇左、百色、贵港和来宾等地市的12个大中型矿区中，占总储量的90%以上。矿石类型包括碳酸锰矿石、氧化锰矿石、放电锰矿石、铁锰矿石和含锰灰岩等，其中非常适宜于发展锰资源深加工产品的碳酸锰矿石，占总储量的63.45%，放电性能的氧化锰矿，约占全国的70%，具备综合开发、深度利用的条件。

在过去几十年中，围绕锰矿资源的开发与加工利用，在西江流域经济带建立了八一锰矿、大新锰矿、木圭锰矿、天等锰矿、靖西县锰矿、土湖锰矿等一批大型中型锰矿企业，锰矿石产能达到200多万吨，锰矿成品矿、锰粉等产量均居全国首位。形成了以八一铁合金、康密劳铁合金为代表的铁合金企业群，以中信大锰、汇元锰业、天鸿鑫锰业为代表的锰资源深加工企业群，以汇元锰业与广西天鸿鑫锰业科技有限公司为代表的锰—电结合企业群，以中信大锰、一洲锰业为代表的电解二氧化锰企业群，为西江流域经济带锰业进一步发展奠定了坚实的基础。

(1) 发展方向

发挥西江流域经济带及其附近地区水电、水陆交通便利等优势，根据国内锰产品市场需求，合理开发锰矿资源、积极完善和拉伸锰矿资源的采、选、冶与锰产品加工产业链，大力发展锰产品深加工，建设综合性锰产业基地。依托现有产业基础，通过对企业的生产技术装备的改造，提高生产装备和产品的科技含量，提高产品的种类、档次和加工深度。依靠科技进步，通过引进技术和自主创新，发展循环经济，提高锰矿资源、共生和伴生资源的回收率与利用率，降低资源的消耗和对环境的影响。

(2) 发展重点

遵循适当控制锰矿开采规模、延长锰业产业链、提高锰产品加工深度、实现锰业可持续发展的原则，构建四大锰业产业链：锰矿石—锰系合金—高锰合金钢产业链；锰矿石—电解二氧化锰—无汞碱锰电池产业链；锰矿石—电解金属锰—四氧化三锰—锰锌软磁铁氧体—各种电器元件产业等产业链；锰矿石—锰盐产业链，包括锰矿石—硫酸锰—硼酸锰

（硝酸锰、草酸锰、氯化锰、代森锰等）产业链。重点发展电解金属锰、电解二氧化锰、铁氧体软磁材料及电器元件、不锈钢、无汞碱锰电池及锂锰二次电池、四氧化三锰等精深加工。

(3) 空间布局

以八一铁合金集团、汇元锰业、广西康密劳等企业为基础，在来宾、崇左、贵港等地发展布局锰电结合的锰系铁合金和深加工产品。以中信大锰公司、湘潭电化科技股份有限公司广西公司等企业为基础，充分发挥西江流域经济带的锰矿资源优势，发展铁合金和锰深加工。在崇左的大新、天等和百色的靖西等地发展布局锰系铁合金与硫酸锰、电解金属锰、电解二氧化锰、四氧化三锰等产品。以广西天等锰矿为原料基地，在崇左等地发展布局锰硅合金。

（三）优化发展壮大建材工业，延伸建材产业链

西江流域经济带的非金属矿产资源种类多，储量大，品质优良，发展非金属制品工业条件优越。广西作为我国经济快速发展的省区和在地域上接近珠江三角洲与港澳等非金属制品消费中心，发展非金属制品工业具有较大的潜力。

面对广西建材工业发展中，水泥和玻璃产能已能满足当地需求，未来的发展主要依靠落后产能的淘汰、区内市场的成长和销往珠江三角洲、港澳和东盟国家，其他建材产品低档产品多、生产技术落后、缺乏知名品牌、未来发展的产品市场又主要在珠江三角洲和海外的现状，今后西江流域经济带建材工业的发展是：按照"依托水运条件，发挥资源优势，提高技术水平，结构调整、优化布局、适度扩大规模、提高产品档次、创建知名品牌"的原则，用先进技术改造现有产业，实现建材产业向提高产品质量和配套能力转变，向规模化、集约化生产转变。重点发展新型干法水泥、浮法玻璃、建筑卫生陶瓷等，加快发展滑石、石灰石、大理石、花岗岩、重晶石等开采及深加工。

(1) 优化水泥工业结构与布局，发展水泥制品产业

目前西江流域经济带已探明的石灰石矿区有 16 处，总储量达到 11.5 亿 t。其中，适宜建设日产 4000t 以上大型水泥生产线、保有储量在 7000 万~8000 万 t 以上的大型矿区有 7 处。而且石灰石资源质量优良，CaO 含量高，CaO 含量平均含量均达到 54% 左右，MgO 等有害成分含量较低。

丰富优质的资源和优越西江水运条件已吸引华润、海螺与台泥等知名水泥企业在西江流域经济带广泛布点，建设水泥生产基地。目前西江流域经济带已建新型干法水泥生产线达 19 条以上，包括在建与规划建设的水泥生产线达到 30 条左右（其中华润已投产 11 条、在建与规划建设 8 条，海螺扶绥 2 条日产熟料 4000t 熟料产能达到 320 万 t、规划 1 条日产 5000t 生产线，台泥柳州基地 2 条年产 70 万 t 矿渣微粉生产线，贵港基地 4 条日产 6000t 水泥熟料生产线，产能达到 900 万 t），熟料产能已达到近 3300 万 t（仅华润水泥已投产的产能就达到了 2000 万 t 左右，海螺 320 万 t 和台泥的 1040 万 t），外加在建和规划的约 1500 万 t，在未来 2~3 年内，西江流域经济带的水泥熟料产能将达到近 5000 万 t 的规模，水泥产能将达到 7000 万 t 的水平，加上广西其他地区的水泥产能，在未来几年，整个广西

的水泥产能将达到上亿吨的规模,将远远超出广西全区及可能的外销量,这意味着今后一段时期内广西及西江流域经济带的水泥消耗量和外销量都要在现在水平下增加一倍才能消耗这么大的水泥产能生产出的水泥产量,否则将出现严重的水泥产能过剩问题。

水泥工业的发展布局:

1)控制规模、优化结构、淘汰落后产能。根据区内外和东盟国家水泥市场需求,在淘汰现有落后生产能力的基础上,遏制水泥产能盲目扩大,防止水泥产能的过快增长,到2020年西江流域经济带的水泥产能应控制在6000万t左右。

2)调整布局,建设西江流域经济带沿江水泥工业带。水泥生产企业应尽可能地布局在资源丰富的、可以方便利用水运的沿江地带,如在贵港、南宁、百色、崇左等地发展水泥生产基地,在主要水泥消费中心(南宁、柳州、梧州、来宾、崇左)、港口和混合材生产地区适当建设水泥粉磨中心。

3)推进混凝土及水泥制品部件化,发展商品混凝土及预制品等产品,延长水泥产业链,在城镇附近地区建设水泥预制品、预制件、混凝土搅拌中心。

(2)适当发展优质浮法玻璃,积极发展玻璃深加工产品

西江流域经济带的玻璃、建筑卫生陶瓷工业经过过去几十年的发展,已形成了一定规模。但受技术和资金的约束,存在生产技术落后、企业规模小、产品档次低、优势企业缺乏的状况。从已探明的玻璃和陶瓷资源条件与产业基础来看,西江流域经济带只有南宁的武鸣和梧州的藤县具有较丰富的石英沙与高岭土矿资源和较高的玻璃与陶瓷工业生产水平。再考虑到市场条件,未来西江流域经济带的玻璃和陶瓷工业应主要在发展玻璃与陶瓷工业基础条件较好的南宁、梧州和柳州等地发展。

玻璃陶瓷工业的发展布局:

1)主要立足于当地资源,通过引进资金、先进生产和管理技术,改造现有企业,积极发展优质浮法玻璃,重点发展镀膜玻璃、钢化玻璃、中空玻璃、汽车和建筑安全玻璃等玻璃深加工产品。

2)进一步提高产品质量,努力开拓东盟国家的市场,增加产品品种与规格,满足日益扩展的建筑装饰市场和汽车、船舶配套的需要。

3)在南宁、柳州、梧州等玻璃工业基础好的地区布局平板玻璃及其深加工产品。

(3)主动承接产业转移,积极发展建筑卫生陶瓷工业

西江流域经济带的藤县、柳州融水矿分别具有丰富的高岭土和钠长石矿资源,其中藤县高岭土覆盖区域达到23万km^2,储量超过3亿t,白度高达71.5%,是良好的陶瓷生产原料(另外西江流域经济带临近的北海合浦还具有丰富的水洗高岭土矿,桂林全州有较丰富的钾长石矿资源)。但受工艺装备、生产技术和产品质量的影响,广西及西江流域经济带的陶瓷工业发展水平不高、竞争力弱,导致企业普遍存在企业开工不足,生产能力难以正常发挥等方面的问题。

陶瓷工业的发展布局:

1)通过深化企业改革和加强管理,把闲置的设备利用起来,提高产品质量,增加花色品种,提高西江流域经济带陶瓷工业的竞争能力;

2)通过积极承接广东地区的陶瓷工业转移,带动西江流域经济带陶瓷工业的升级换

代，变陶瓷工业原料基地为陶瓷工业生产基地；

3）通过建立陶瓷产业园区，采取"以资源换产业"的方式，吸引国内外有实力、有技术、懂管理的企业到西江流域经济带（梧州藤县等地）投资建厂，扩大陶瓷工业规模，提高西江流域经济带陶瓷工业生产水平。

(4) 积极发展新型建筑材料和石材产品，提高产品加工深度

西江流域经济带的化学建材、石材、黏土空心砖、混凝土空心砌块、轻质墙板等新型建材工业已有一定的基础，形成了较大规模。针对现有新型建筑材料和石材发展方式粗放、生产技术水平低、产品竞争力弱和以卖初级产品为主的现状，未来进一步的发展主要应从提高产品的档次、增加产品品种、提高产品附加值，以及围绕资源的集约利用、综合利用、环境保护和产业可持续发展出发，改变资源开发利用方式，实行资源的保护性开发，进一步提高产品质量和品质，增加花色品种。坚持以市场需求为导向，以推广应用为龙头，紧紧围绕建筑业发展和建筑体系改革，住宅产业现代化和市场需求的多样化以及建筑功能的改善要求，因地制宜地发展适合区内外建筑市场需求的新型建筑材料和石材产品：

1）利用藤县丰富的钛铁砂矿资源，积极发展中高档内外墙建筑涂料、外墙装饰板、防水材料、塑钢门窗、塑铝管材和新型墙体材料等新型建筑材料产品。

2）重点在产业基础条件好、市场需求量大的南宁、柳州、梧州、贵港、来宾、百色和崇左等城市布局发展高档内外墙建筑涂料、外墙装饰板、防水材料和新型墙体材料。

3）通过限量开发、精细加工，尽快树立岑溪红花岗岩产品的珍稀性和品牌，以红花岗岩制品的精细加工和珍贵性，创建知名品牌，提升产品竞争力，在岑溪建立具有世界影响和竞争力的红花岗岩产品综合性生产基地（包括产品研发、设计、生产、交易、信息发布等）。

（四）发展蔗渣（林、竹）浆—纸一体化产业，扩大中高档纸产品规模

(1) 积极发展生态化的林、竹和蔗种植，增加造纸原料供应

充分利用西江流域经济带地域面积广，山地丘陵多，气温高、热量足、雨量充沛、雨热同季的亚热带季风气候，非常适宜发展速生丰产林木、竹和甘蔗的自然条件，积极发展林、竹和蔗种植，增加造纸原料供应：

1）按照因地制宜的原则，科学合理地规划发展布局速生林木，积极发展人工速生丰产林基地，增加高档制浆用材供应量。自然按适地适树的原则，调整林种结构，大力发展丰产造纸材林基地。到2020年，西江流域经济带造纸原料林基地面积达到500万~600万亩。

2）鼓励开发利用甘蔗渣资源，提高甘蔗渣资源利用率。蔗渣浆质量虽难与木浆相媲美，但是有很好的资源与成本优势。全区目前还有相当部分的蔗渣被当做燃料使用，蔗渣用于制浆造纸的潜力还较大。广西是我国最大的蔗糖生产基地，2008年糖产量达到930多万t，现在每榨季产绝干蔗渣900万t左右，如果全部用于制浆造纸，可生产纸浆240万~250万t，相当于150万~160万亩森林的木材产量。发展蔗渣浆造纸的经济、社会和环境效益十分可观。因此，要通过鼓励制糖企业燃料的结构性调整和设备改造，使制糖企

业走糖—浆—纸结合、集中制浆、综合利用"三废"的道路,大幅提高蔗渣制浆造纸比例。

3) 大力开展造纸材竹林基地建设,积极开发利用竹子纤维资源。把造纸企业的龙头带动作用与扶贫开发工程相结合,充分调动山区丘陵地区群众开展丰产造纸竹林种植的积极性,大力开展造纸材竹林基地建设。大力推广应用高产速生竹种,提高单产水平和经济效益。到2020年西江流域经济带基地竹林面积达到200万~300万亩,每年提供造纸用竹40万~60万t。

(2) 完善西江流域经济带的林—浆—纸一体化产业,积极发展中高档纸制品业

在扩大纸浆生产原料基础上,按照制浆—造纸—纸制品生产规模相互适应的原则,完善西江流域经济带的林—浆—纸一体化产业,提高制浆—造纸—纸制品生产技术水平,扩大纸浆生产规模,加快淘汰低档纸及纸制品生产能力:

1) 加快木浆、竹浆、蔗渣浆的浆种发展,扩大机械木浆、竹浆、蔗渣等浆种的规模。到2020年西江流域经济带木浆产量达100万~120万t、竹浆产量达50万~60万t、蔗渣浆产量达80万~100万t。远期(2030年),根据资源和市场需求进一步扩大木浆、竹浆和蔗渣浆的产量。

2) 进一步提高纸和纸板中高档产品比重,增加纸产品的花色品种。根据市场的多样化和多层次的发展趋势,进一步提高纸和纸板中高档产品比重,增加纸产品的花色品种。纸和纸板重点向低定量、高强度、多品种推进。印刷文化用纸、包装纸板等大宗产品则要着重提高质量、档次和产品升级换代;生活用纸注重增加花色品种和新产品开发。减少低档瓦楞纸、黄板纸等品种的生产。重点发展轻量涂布纸、高档信息用纸、高档办公用纸、食品包装商品包装装潢用纸、涂布纸和纸板、中高档生活系列用纸等市场急需产品;积极开发特种用纸和工业加工纸、干法系列纸等新品种。

3) 按照"集中制浆、适当分散造纸"的原则,优化造纸工业布局。按照"集中制浆、分散造纸"的原则,考虑到资源分布、交通条件和市场需求,重点在崇左、梧州、柳州等地区适当发展速生丰产林,实施发展林浆纸一体化产业。重点在南宁、贵港、柳州、来宾、崇左和百色等地利用蔗渣发展制浆造纸,重点发展糖浆纸一体化产业。重点在柳州、南宁、百色等城市发展竹浆纸一体化产业。

二、加大自主创新,建设西江现代制造业带

现代制造业具有产业关联度高、产品链条长、带动能力强和技术含量高等特点,加快现代制造业的发展,对促进西江经济带有着重要作用。促进西江经济带7个地市的制造业实现小型向大中型转变,粗加工向精加工转变,普通产品向高新技术产品转变,附加值由低向高转变,分散化发展向集群化发展转变。打造5个重点产业链(机械制造业、农产品加工业、医药化工业、纺织服装业、电子信息业),相应的形成5个产业集群,建设20~25个特色制造产业基地(汽车、船舶、工程机械、制糖、蚕桑、食品饮料、医药化工、纺织、服装、电子信息)(图6-18)。

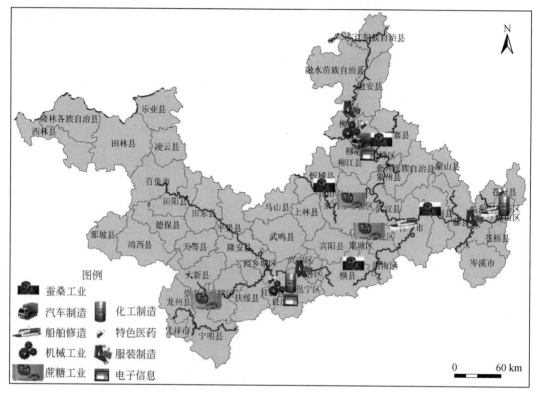

图 6-18　西江经济带现代制造业基地分布

（一）着力提升机械制造产业

1. 交通运输机械制造业

交通运输机械制造业发展战略见表 6-22，具体从以下几个方面来看。

（1）发展现状与市场前景

近些年来，我国汽车工业保持了持续高速的增长，广西汽车工业也取得了辉煌的业绩，西江经济带的汽车工业也得同样到了快速的发展。目前全区已形成了包括载货车、客车、微型轿车、农用运输车、摩托车及车用内燃机、汽车零部件工业等较为完整的产业体系，并拥有一批较具优势的企业及产品。柳州市拥有上汽通用五菱、东风柳汽、一汽柳特等骨干企业，其中上汽通用五菱汽车股份有限公司在 2009 年 11 月 9 日实现微车产销量 100 万辆，柳州成为继北京、上海之后第 3 个年产量突破百万辆的城市，柳州已成为国内汽车产业南方基地。同时，柳州被确定为第二批国家汽车及零部件出口基地，成为享有此殊荣的 12 个城市之一，本地零部件配套率超过 50%，南宁的零部件企业主要有南宁八菱汽车配件公司、南宁市汽车配件一厂等企业，主要产品有：汽车散热器、油箱、汽车灯具等。但是西江经济带的汽车工业问题依然突出，主要表现在：产品结构不尽合理，产品以中、低档产品为主；汽车零部件产业较弱，专用件多，通用件少；自主开发能力较弱。从汽车产业的市场前景看，中国汽车市场继续成为世界上增长最快的市场，随着人均 GDP

水平和城镇化水平的不断提高,汽车需求也不断增加,同时西江经济带直接面向东盟国家,国际汽车市场前景也较为广阔。

2003年以来,我国船舶工业进入了快速发展轨道,产业规模不断扩大,造船产量快速增长。2008年下半年以来,受国际金融危机影响,国际航运市场急剧下滑,造船市场受到很大冲击,尤其是沿海地区以国际市场为主的造船业。广西全区实施以沿海大型修造船为主、合理布局内河造船厂点为辅的战略,充分发挥沿海、沿江区位优势,努力打造北部湾造船产业基地和内河造船产业基地。西江经济带主要发展内河船舶制造业,已经形成了原材料配套强、劳动力素质较高、制造业体系较为完备等综合竞争优势,受金融危机影响相对较小。梧州拥有比较健全的修造船工业体系,2008年全市有18家船舶修造企业,如广西桂江造船厂等知名企业,建造钢质干货船、工作船、拖船、油船等35艘,修船58艘次,完成工业总产值19.3亿元,上缴税收8265万元。贵港近年来获得了更为突出的造船业发展优势,贵港地处西江黄金水道的中游,以港为市,是西江流域的重要交通枢纽,航运业十分发达,带旺了当地造船业的发展,利用岸线优势,积极打造船舶基地。2009年1~6月,贵港市造船企业已造船舶150多艘,总载重量达22.5万t,实现产值5.4亿元。但是,西江经济带的造船工业也存在一些突出问题,如企业规模较小,技术设备落后等问题,严重制约了造船工业的发展。从市场前景看,西江"亿吨黄金水道"重大战略的实施和推进,为船舶产业发展提供了契机,同时根据《船舶工业调整和振兴规划(2009~2011)》的指导意见,严格控制船舶工业的新增产能,对已经具有造船基础的地区来说反而成为一个机遇,急需整合现有的造船资源,实现科学发展。

表6-22 交通运输机械制造业发展战略

发展条件	优势:①产业竞争力强,柳州成为继北京、上海之后第3个年产量突破百万辆的城市,梧州、贵港造船基础较好;②微型车、农用车、汽车零部件等较为完整的汽车产业体系;③梧州、贵港的比较健全的内河船舶修造工业体系;④拥有上汽通用五菱、东风柳汽、一汽柳特等骨干企业 劣势:①汽车产品结构不尽合理,产品以中、低档产品为主,零部件产业较弱;②造船工业企业规模较小,技术设备落后
市场前景	①中国汽车市场需求较大;②国际汽车市场前景也较为广阔;③西江"亿吨黄金水道"重大战略的实施和推进;④严格控制船舶工业的新增产能,对已经具有造船基础的西江经济带来说是一个机遇
发展定位	打造以柳州为龙头的汽车制造业基地,形成专业化、规模化、系列化生产格局,成为西江经济带乃至广西重要的支柱产业和我国重要的汽车产业基地;以贵港和梧州为重点,主动承接国内外船舶修造业的产业转移,整合发展内河造船厂,打造西江经济带造船产业基地
发展重点	扩大整车总量,优化产品结构 是依托龙头企业和重点项目,形成品牌 带动汽车零部件产业集聚发展 大力发展汽车等相关配套服务业和关联产业 跟随国际发展趋势,加强汽车和零部件的研发 扩大市场需求,稳定船舶企业生产 支持企业兼并重组,优化企业结构 提高自主创新能力,加强企业技术改造 引进人才,加强企业现代化水平

（2）发展定位

以骨干企业为龙头，加速发展西江经济带的汽车产业，构建具有较强竞争力的完整的汽车产业链，打造以柳州为龙头的汽车制造业基地，形成专业化、规模化、系列化生产格局，成为西江经济带乃至广西重要的支柱产业和我国重要的汽车产业基地。同时，充分利用沿江区位优势，抓住西江亿吨黄金水道建设、区域物流中心建设等重要机遇，发挥核心企业的带动作用，以贵港和梧州为重点，主动承接国内外船舶修造业的产业转移，整合发展内河造船厂，努力打造西江经济带造船产业基地，既培育新的经济增长点，也满足未来亿吨黄金水道的交通运输需求和经济发展需要。

（3）发展重点

1）汽车产业链。完善汽车制造产业体系，重点打造整车产业链和汽车零部件产业集群，围绕并依托整车和车用发动机的产业优势，扩大总量，优化结构，形成以柳州轿车工业为龙头、南宁等汽车零部件工业协调发展的格局。

一是扩大整车总量，优化产品结构。保持国内最大微车生产基地的地位，加快发展自卸车、罐车、微型专用车等产品，实现产业链延伸。

二是依托龙头企业和重点项目，如上汽通用五菱、东风柳汽、一汽柳特等企业，打造以柳州为中心的整车工业基地，形成区域品牌。

三是带动汽车零部件产业集聚发展。充分挖掘汽车零部件产业链广度和深度，加快汽油发动机、微车变速箱总成、车桥、内外饰件模块、独立悬挂总成、汽车电子、灯具、散热器、铝合金配件等零部件产品的发展。立足本地配套，面向全国市场，进入全球零部件采购体系的汽车零部件产业，形成专业化、规模化、集聚化的发展格局。

四是大力发展汽车等相关配套服务业（销售、维修、金融、租赁等）和关联产业（石化、冶金、机械、电子），延长产业链。

五是跟随国际发展趋势，加大研发投入，加强汽车和零部件的研发支撑体系建设，推动企业提高自主创新能力、产品开发能力和核心竞争力。

2）船舶产业链。整合现有船舶制造工业资源，完善产业支撑体系，以市场为导向，重点打造船舶制造优势企业集群，以梧州和贵港为中心，加强政策引导，淘汰落后老旧船舶，推进结构调整，整合造船资源，实施兼并重组，发展大中型企业集团，促进船舶制造业和配套业协调发展，提高产品竞争力。

一是扩大船舶市场需求，稳定船舶企业生产。加快报废更新老旧船舶和淘汰单壳油轮，采取有效措施，保持生产连续性，同时积极发展修船业务。

二是支持企业兼并重组，优化企业结构。支持大、中、小型船舶企业之间实施兼并重组，推动船舶企业与上下游企业组成战略联盟，相互支持，共同发展。

三是提高自主创新能力，加强企业技术改造。支持高技术高附加值船舶项目建设，如大型液化天然气船、大型汽车运输船、科学考察船等，支持填补国内空白、节能环保效果显著以及配套产品的技术改造，提高加快新型船用柴油机及其关键零部件、甲板机械、舱室设备、通信导航自动化设备的自主研发。

四是引进人才，加强企业现代化水平。通过船舶产业的创新型研发设计人才和开拓型经营管理人才的培养，加快建立现代企业制度，深化内部改革，推进融资多元化、管理信息化、决策科学化。

2. 通用工程机械制造业

通用工程机械制造业发展战略见表6-23，具体从以下几个方面来看。

表6-23 通用工程机械制造业发展战略

发展条件	优势：①产业空间集聚特征明显，形成以柳州为重点的机械装备工业核心区；②柳工集团是中国工程机械的排头兵，中国500强工业企业，2008年全年生产工程机械3.38万台，装载机产销量多年保持全国第一，世界第二；③电工电器行业企业数量较多 劣势：①高附加值、高技术含量产品较少，重大装备、成套装备开发能力较弱；②新产品开发投入相对不足，技术创新能力不强
市场前景	①国家高度重视装备制造业的发展，当期扩大内需形成新的市场需求；②中国—东盟自由贸易区的装备制造业国际市场广阔
发展定位	重点发展工程机械、电工电器两大行业，将装备制造业发展成为战略性产业，建设成为特色产品优势突出、配套较为完善的装备制造业基地
发展重点	依托广西柳工等重点企业为龙头，大力培育产业集群和生产基地 注重技术创新，优化产品结构 发展环保技术，培育环保装备制造业 利用境外资源，开拓国际市场

（1）发展现状和市场前景

广西通用工程机械制造业总量规模较大，部分行业居全国前列，工程机械、电工电器、石化通用机械、机床工具等行业在国内具有一定影响。西江经济带的通用机械制造业空间集聚特征明显，形成以柳州为重点的机械装备工业核心区。柳工集团是中国工程机械的排头兵，中国500强工业企业，2008年全年生产工程机械3.38万台，装载机产销量多年保持全国第一位，世界第二位。2009年1~10月工程机械产量达2.8万台。依托柳工集团，建设工程机械产业集群，打造世界级工程机械装备制造基地项目，积极申报中央投资重点产业振兴和技术改造项目支撑，支持柳州富达机械等公司生产各种系列的往复式压缩机。电工电器行业企业数量多，分布较为分散，也拥有一批优势企业。如南宁发电设备总厂是全国十大水电设备制造企业之一，灯泡贯流式水轮发电机组等产品在同行业中具有重要影响，柳州佳力电工有限责任公司具备年产电机100万kW、变压器150万kVA、发电机组20万kW的生产能力。但是通用机械制造业面临不少问题，高附加值、高技术含量产品较少，重大装备、成套装备开发能力较弱，在新产品开发方面投入相对不足，技术创新能力不强。从市场前景看，国家高度重视装备制造业的发展，党的十六大、十七大均提出要大力振兴装备制造业。2006年和2009年国务院均专门发文，强调了振兴装备制造业的重大意义，当前积极抓住当期扩大内需形成的市场，保持产业平稳较快增长；同时从中国—东盟自由贸易区发展态势看，装备制造业的国际市场前景广阔。

（2）发展定位

结合国家重点发展装备制造业趋势以及广西适度重型化趋势，充分发挥产业优势，延长通用机械制造业产业链条，重点发展工程机械、电工电器两大行业，将装备制造业发展成为战略性产业，建设成为特色产品优势突出、配套较为完善的装备制造业基地。

(3) 发展重点

抓住国家重点支持发展装备工业的机遇，扶持与发展柳州、南宁机械装备工业核心区，依托广西柳工等重点企业，大力培育产业集群和生产基地，鼓励主机生产企业由单机制造为主向系统集成为主转变，引导专业化部件企业向"专、精、特"方向发展；在产业链上重点打造工程机械及电工电器机械，同时，引进国际先进经验，积极培育和发展环保技术与装备制造业；提升自主创新能力，加大技术改造和产品升级力度，推动具有自主知识产权、自主品牌产品和高技术含量、高附加值的机械装备的发展，开拓国际市场。

一是依托广西柳工等重点企业为龙头，大力培育产业集群和生产基地。通过技术创新和兼并、重组、联合等方式，发展大型综合性企业集团，壮大企业规模，提升企业核心竞争力。结合工业园区建设，培育形成一批管理先进、机制灵活的高水平零部件产品协作配套生产企业，形成以大企业为骨干、大中小企业相互配套、专业化分工协作的产业集群，重点建设工程机械产业集群、电工电器产业基地。

二是注重技术创新，优化产品结构。通过自主开发与引进吸收相结合的途径，支持企业自主开发新产品，同时鼓励开展引进消化吸收再创新，引导企业由模仿仿制的低水平建设向引进技术提升工艺转变，并逐步转向自主创新，推进新产品产业化，大力发展机电一体化、数字化、智能化。

三是发展环保技术，培育环保装备制造业。随着金融危机影响和应对全球气候变化，环保产业将成为真正的"朝阳"产业，成为引领绿色经济发展的支柱产业。分析未来一段时期我国急需攻关、示范和推广的环保技术和装备。吸取国际先进经验，研究促进环保技术和装备产业化发展的机制体制，积极培育环保装备制造业的发展。

四是利用境外资源，开拓国际市场。充分吸收借鉴境外先进管理经验，有选择地引进先进技术，为海外专业技术人才回国工作创造良好条件，提高我国装备制造业技术水平，推动通用机械产业快速发展。充分利用广西区位优势，积极推动企业"走出去"，大力开拓东盟市场，积极扩大农用机械等适销机械产品出口，支持有条件的企业兼并重组境外企业和研发机构。

(二) 发展壮大农产品加工业

现代农产品加工业发展战略见图6-19，具体从以下几个方面来看。

1. 发展现状和市场前景

农产品加工产业既是广西传统支柱产业食品工业改造与升级的支撑产业，同时又是支持"江海联动"与农业地区发展的重要依托产业。"十一五"以来，西江经济带的农产品加工业保持了快速的增长，农产品加工业占工业的比重明显提高，基本形成以制糖、蚕桑加工、食品和饮料等为主的特色明显的产业体系，农产品加工业逐步向门类齐全、加工层次多样化、并在国内具有一定规模和市场竞争能力的重要产业快速发展。农产品加工业在

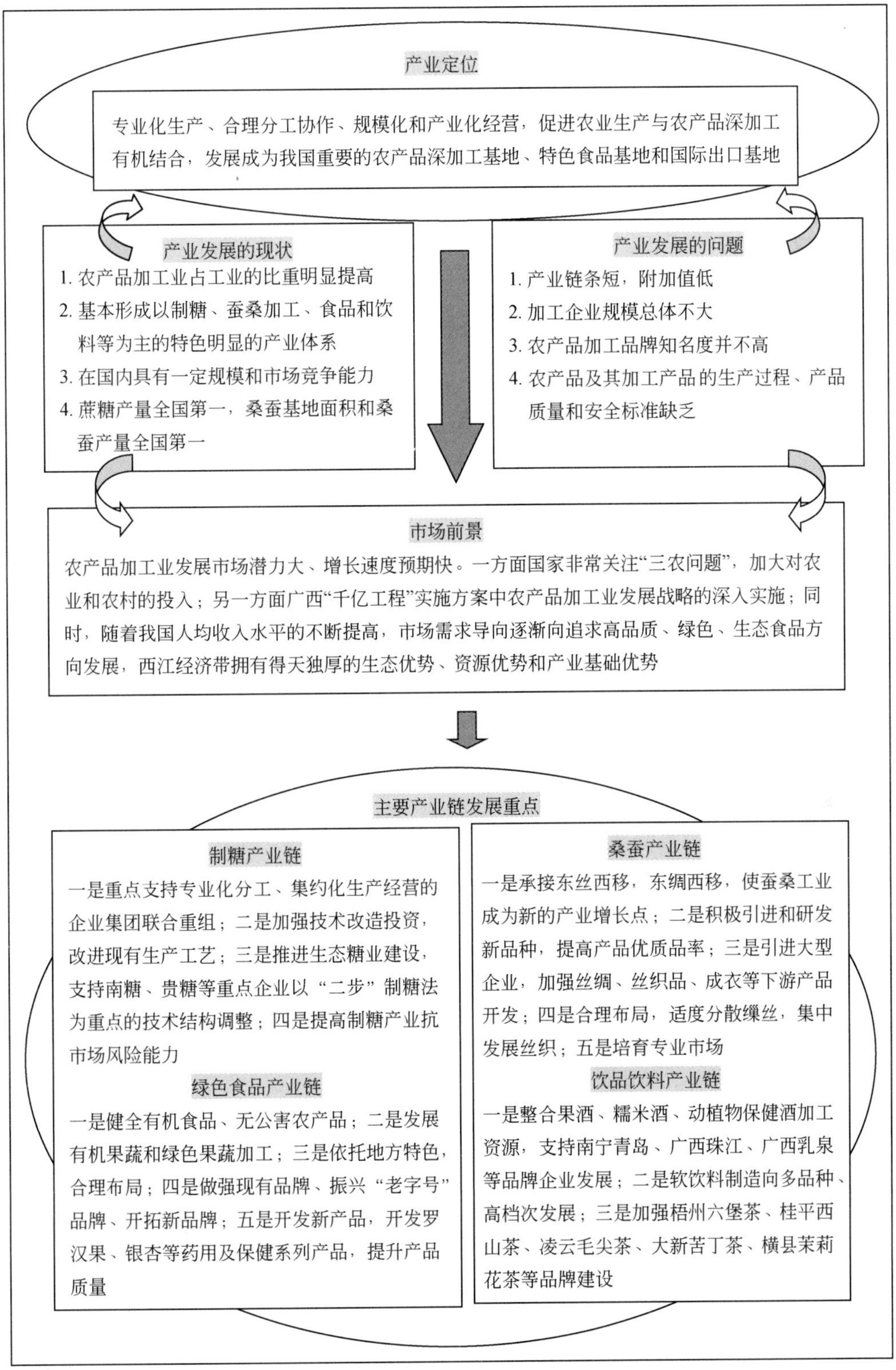

产业定位

专业化生产、合理分工协作、规模化和产业化经营,促进农业生产与农产品深加工有机结合,发展成为我国重要的农产品深加工基地、特色食品基地和国际出口基地

产业发展的现状

1. 农产品加工业占工业的比重明显提高
2. 基本形成以制糖、蚕桑加工、食品和饮料等为主的特色明显的产业体系
3. 在国内具有一定规模和市场竞争能力
4. 蔗糖产量全国第一,桑蚕基地面积和桑蚕产量全国第一

产业发展的问题

1. 产业链条短,附加值低
2. 加工企业规模总体不大
3. 农产品加工品牌知名度并不高
4. 农产品及其加工产品的生产过程、产品质量和安全标准缺乏

市场前景

农产品加工业发展市场潜力大、增长速度预期快。一方面国家非常关注"三农问题",加大对农业和农村的投入;另一方面广西"千亿工程"实施方案中农产品加工业发展战略的深入实施;同时,随着我国人均收入水平的不断提高,市场需求导向逐渐向追求高品质、绿色、生态食品方向发展,西江经济带拥有得天独厚的生态优势、资源优势和产业基础优势

主要产业链发展重点

制糖产业链

一是重点支持专业化分工、集约化生产经营的企业集团联合重组;二是加强技术改造投资,改进现有生产工艺;三是推进生态糖业建设,支持南糖、贵糖等重点企业以"二步"制糖法为重点的技术结构调整;四是提高制糖产业抗市场风险能力

桑蚕产业链

一是承接东丝西移,东绸西移,使蚕桑工业成为新的产业增长点;二是积极引进和研发新品种,提高产品优质品率;三是引进大型企业,加强丝绸、丝织品、成衣等下游产品开发;四是合理布局,适度分散缫丝,集中发展丝织;五是培育专业市场

绿色食品产业链

一是健全有机食品、无公害农产品;二是发展有机果蔬和绿色果蔬加工;三是依托地方特色,合理布局;四是做强现有品牌、振兴"老字号"品牌、开拓新品牌;五是开发新产品,开发罗汉果、银杏等药用及保健系列产品,提升产品质量

饮品饮料产业链

一是整合果酒、糯米酒、动植物保健酒加工资源,支持南宁青岛、广西珠江、广西乳泉等品牌企业发展;二是软饮料制造向多品种、高档次发展;三是加强梧州六堡茶、桂平西山茶、凌云毛尖茶、大新苦丁茶、横县茉莉花茶等品牌建设

图 6-19 现代农产品加工业发展战略

广西工业经济中占有重要地位，成为全区首个实现1000亿产值的工业门类，而全区农产品加工业的重点又主要分布在西江经济带上，形成了一批具有较强经济实力的骨干企业，涌现了南糖集团、凤糖集团、贵糖集团、东亚糖业集团等一批经济实力较强、装备较先进、技术水平较高的大型农产品加工龙头企业和企业集团；形成了一批具有竞争力的名特优产品，通过产品和技术创新，多次荣获国家绿色食品证书、国家优质产品和自治区优质产品，榴花牌白砂糖、神冠牌蛋白肠衣、南方牌黑芝麻糊等产品享誉国内外；农产品加工产业组织发展较快，已有不同类型的合作经济组织和行业协会，通过"龙头企业＋基地＋农户"、"龙头企业＋农户"、"市场＋农户"、"经济组织或协会＋农户"等组织形式，农产品加工业已经成为农民增收和扩大就业的重要渠道。

1) 从蔗糖综合加工业来看，广西是我国最大的蔗糖生产基地，糖生产量占全国的40%以上，西江经济带集中了广西糖业的主要部分，截至2008年，西江产业带共有规模以上制糖企业10家，甘蔗渣制浆能力15万t，机制糖生产能力25.8万t，完成工业总产值219 192万元，工业增加值67 950万元，实现销售收入210 424万元、实现利润9 507万元、上交税金12 900万元。

2) 从桑蚕加工业来看，2006年广西蚕茧产量达到18.57万t，产值达120亿元，占全国总产量的30%左右，在桑蚕基地面积和桑蚕产量全国第一，超过了江苏省，桑蚕业成为继甘蔗产业之后又一重要的优势农业产业。2008年西江经济带桑树种植面积达40多万亩，蚕茧产量达5.6万t，主要分布在南宁、来宾、柳州、贵港4个桑蚕重点主产区，其中南宁市横县云表镇是全国桑蚕第一大镇。

西江经济带具有优越的农业自然条件，农产品加工业已具有一定产业规模和发展基础，近年来发展态势良好。但是也存在一些问题：一是产业链条短，例如蔗糖产品大多只作为原料出售，附加值低，综合利用和蔗糖深加工没有形成，难于把西江经济带较强的农业基础与农产品深加工有机结合。二是加工企业规模总体不大，技术装备、工艺水平较落后。三是绝大部分的农产品加工品牌知名度并不高，市场竞争力不强。四是农产品及其加工产品的生产过程、产品质量和安全标准缺乏。从市场前景来看，农产品加工业发展市场潜力大、增长速度预期快。

2. 发展定位

形成以大型龙头企业为骨干，以中小企业群为基础，以行业协会和专业合作组织为纽带的农工科贸一体化的组织体系；以企业为主体，大专院校和科研院所为基础的技术创新体系；以外销为主导、内外贸结合、多渠道流通、多种交易方式相结合的市场营销体系。总体上基本实现专业化生产、合理分工协作、规模化和产业化经营，加快农产品加工产业链建设，扶持农产品加工企业创新能力建设，促进农业生产与农产品深加工有机结合，形成一批在市场上有强劲竞争力的龙头企业和名牌产品，发展成为我国重要的农产品深加工基地、特色食品基地和国际出口基地。

3. 发展重点

以特色资源为基础，以科技进步为动力，大力调整优化产品结构，逐步实现食品产业由初级加工向精深加工转变，由传统工艺向现代工艺转变，由单一产品型向综合利用、循环经济转变，促使西江经济带农产品加工业由资源优势、区位优势逐步向产品优势、经济优势转变。加快科技进步，推进技术创新和产品创新，大力发展农产品深加工和精加工，延长产业链，提高农产品转化程度和精深加工比重，健全以有机食品、无公害农产品为主导的新型食品工业体系，提高特色食品的质量和档次。立足现有产业基础，综合考虑原料、市场等因素，进一步优化产业布局，重点在资源富集地区，建设原料基地；在城镇、交通干线沿线、优势资源产区，集中发展农产品加工业；在中心城市，布局建设现代化农产品深加工企业，重点发展制糖、蚕桑、绿色食品、饮品饮料等行业。

(1) 制糖工业

制糖产业的发展重点：一是加快企业组织结构调整。重点支持产量在50万t以上、专业化分工、集约化生产经营的企业集团联合重组，提高产业集中度，实现规模化生产。二是加快以提高产品质量为中心的技术改造。按照食糖质量新标准和市场对食糖质量的新要求，围绕提高产品质量，加强技术改造投资，改进现有生产工艺，引进高效节能的设备，提高产品质量和效益。三是发展生态产业。继续推进生态糖业建设，实现循环经济。力争到2020年，打造5个年产糖200万t以上具有国际竞争力的大企业集团。支持南糖、贵糖、凤糖、迁糖、农垦糖业等重点企业集团以"二步"制糖法为重点的技术结构和产品结构调整。四是优化产业结构，拓展发展领域。避免糖业发展大起大落，提高制糖产业抗市场风险能力，确保国家食糖安全。在保证国内食糖供需基本平衡的前提下，适度发展甘蔗燃料乙醇产业。

(2) 蚕桑工业

桑蚕产业的发展重点：一是充分利用优越资源优势和国家实施的"东桑西移"政策机遇，积极承接东丝西移、东绸西移，使蚕桑工业成为农产品加工业中新的产业增长点，建立优质桑蚕生产基地。二是积极引进和研发新品种，提高蚕茧单产和质量，加大现有缫丝企业的技术改造，提高产品优质品率。三是引进大型企业，加强丝绸、丝织品、成衣等蚕丝下游产品的开发，扩大和提升桑蚕业，推动茧丝绸业由资源型向加工制造型转变，逐渐形成"种桑—养蚕—缫丝—丝织品加工"完整的产业链，做强桑蚕产业。四是搞好合理布局，适度分散缫丝，集中发展丝织，以南宁、柳州、贵港、来宾等为优势产区，重点培育3个国家级桑蚕生产基地县——横县、忻城、象州，积极支持鹿寨、蒙山、宾阳、横县、上林、柳城等县发展蚕丝加工，利用柳州、南宁现有纺织力量和基础，引进技术和资本，改组改造，发展丝绸纺织工业。五是培育专业市场，通过农工贸并举，优化资源配置，实现产品顺畅流通，推进蚕桑生产向规模化、产业化发展。

(3) 绿色食品工业

绿色食品工业的发展重点：一是健全以有机食品、无公害农产品为主导的新型食品工业体系。通过技术创新提高特色食品的质量和档次，建设全国重要的绿色、特色食品产业基地。二是依托资源和产业优势，扩大加工规模。积极发展有机果蔬和绿色果蔬加工，重点发展果汁、果酱、果粉、果酒、罐头和果蔬萃取保健食品等产品。三是依托地方特色，引导空间合理布局。在桂林布局大型柑橙果汁和罐头加工企业，在百色发展大型芒果汁加工企业，在南宁、梧州等有条件的地区布局速冻脱水蔬菜加工企业，在南宁、贵港布局建设大型果蔬配送加工中心。四是积极整合资源，打造地方品牌。通过做强做大现有品牌、振兴地方"老字号"品牌、积极开拓新品牌3个有效途径，注重区域品牌意识，开拓国内外市场。五是做好科技服务，开发新产品，提升产品质量。支持现有企业引进现代技术工艺改造民族传统加工工艺，开发轻糖型、混合型等新型果蔬罐头食品加工，开发罗汉果、银杏等药用及保健系列产品，加快山野蔬菜深加工业发展，采用保鲜、冻干等新技术，提高干制品的品质。

（4）饮品饮料工业

饮品饮料工业的发展重点：一是整合现有的果酒、糯米酒、动植物保健酒加工资源，创建品牌。围绕名优特产品，提高产量、质量和经济效益，大力开发市场适销对路的产品，调整优化饮料酒产品结构。重点支持南宁青岛、广西珠江、广西乳泉等具有品牌优势、成长性好的企业加快发展。二是软饮料制造向多品种、高档次发展。在发展优质碳酸饮料的同时，重点发展天然果蔬饮料、瓶装饮用水、茶饮料、植物蛋白饮料；积极研发有特色的功能饮料、营养饮料、混合果菜汁饮料；积极支持和发展原料大宗、特色明显的饮料上规模、上档次、创品牌。三是积极发展无公害有机茶叶，发挥区位特色优势，全面提高茶叶生产和质量水平，加强梧州六堡茶、桂平西山茶、凌云毛尖茶、大新苦丁茶、横县茉莉花茶等品牌建设，提高产品竞争力。

（三）扶持医药化工制造产业

医药化工制造业发展战略见图6-20，具体从以下几个方面来看。

1. 发展现状和市场前景

西江经济带具有丰富的生物多样性，中医药资源丰富，是我国重要的中医药主产区之一。广西陆域中药物种4623种，占全国已知药用资源的1/3，排名全国第二，其中有568种地产药进入流通渠道，正常年收购最高达1800万kg，罗汉果、蛤蚧、肉桂、八角、田七等全国知名的南药药种，其中绝大部分在西江经济带上都有分布。目前中草药加工生产已粗具规模，形成一批大型龙头企业，金嗓子喉宝、岩黄连注射液等一批优秀品牌已形成，特色医药和生物医药产业规模逐年扩大，总体水平不断提升。从化工行业来看，西江经济带化学工业以南宁、柳州为中心，有较好基础。以南宁为例，大化工产业2007年规模以上企业实现工业总产值61.74亿元，占南宁市工业比重9.19%，从事化学原料和化学制品制造业的有规模以上企业78家，其中龙头企业南宁化工股份2007年工业总产值达59.56亿元，是全国氯碱化工行业的优势企业。柳州市现有规模以上的化工企业20多家，2008年规模以上的化工企业实现生产总值46.04亿元，占全市工业总产值比重的3%，柳化等一批骨干企业形成。但当前西江经济带的医药化工产业也存在若干问题，一是产业经济总量还偏小，行业竞争优势不突出；二是企业规模较小，尤其是医药产业，且布局较为分散；三是科技研发支撑力度不足。从发展前景看，中医药、特色医药、生物医药产业既是传统产业，也是具有长远意义的潜力产业，市场潜力大，具有快速增长的良好前景，对增强西江经济带工业的发展后劲意义重大。未来中国化工产业结构持续升级，精细化工产

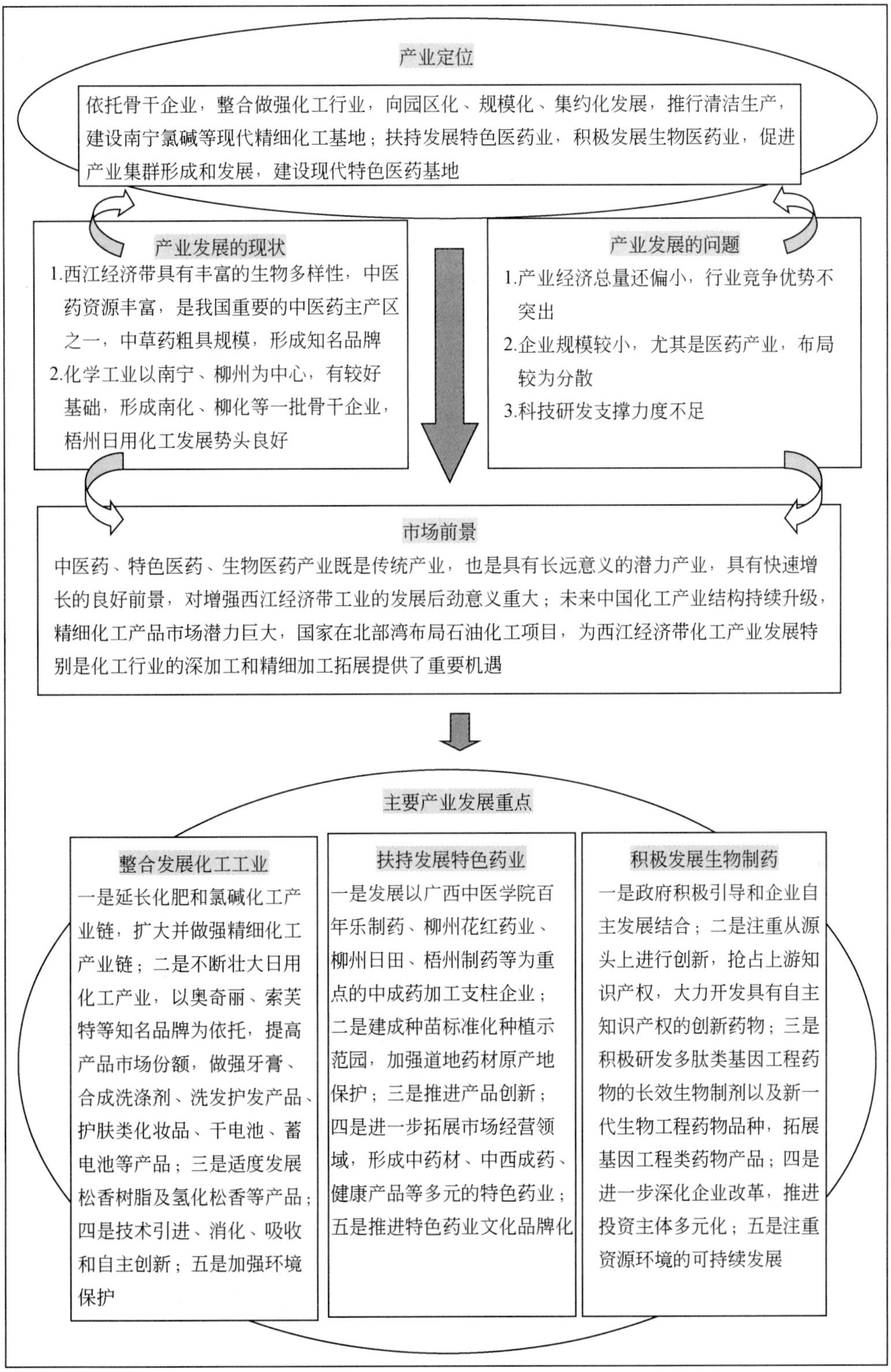

产业定位

依托骨干企业，整合做强化工行业，向园区化、规模化、集约化发展，推行清洁生产，建设南宁氯碱等现代精细化工基地；扶持发展特色医药业，积极发展生物医药业，促进产业集群形成和发展，建设现代特色医药基地

产业发展的现状

1. 西江经济带具有丰富的生物多样性，中医药资源丰富，是我国重要的中医药主产区之一，中草药粗具规模，形成知名品牌
2. 化学工业以南宁、柳州为中心，有较好基础，形成南化、柳化等一批骨干企业，梧州日用化工发展势头良好

产业发展的问题

1. 产业经济总量还偏小，行业竞争优势不突出
2. 企业规模较小，尤其是医药产业，布局较为分散
3. 科技研发支撑力度不足

市场前景

中医药、特色医药、生物医药产业既是传统产业，也是具有长远意义的潜力产业，具有快速增长的良好前景，对增强西江经济带工业的发展后劲意义重大；未来中国化工产业结构持续升级，精细化工产品市场潜力巨大，国家在北部湾布局石油化工项目，为西江经济带化工产业发展特别是化工行业的深加工和精细加工拓展提供了重要机遇

主要产业发展重点

整合发展化工工业

一是延长化肥和氯碱化工产业链，扩大并做强精细化工产业链；二是不断壮大日用化工产业，以奥奇丽、索芙特等知名品牌为依托，提高产品市场份额，做强牙膏、合成洗涤剂、洗发护发产品、护肤类化妆品、干电池、蓄电池等产品；三是适度发展松香树脂及氢化松香等产品；四是技术引进、消化、吸收和自主创新；五是加强环境保护

扶持发展特色药业

一是发展以广西中医学院百年乐制药、柳州花红药业、柳州日田、梧州制药等为重点的中成药加工支柱企业；二是建成种苗标准化种植示范园，加强道地药材原产地保护；三是推进产品创新；四是进一步拓展市场经营领域，形成中药材、中西成药、健康产品等多元的特色药业；五是推进特色药业文化品牌化

积极发展生物制药

一是政府积极引导和企业自主发展结合；二是注重从源头上进行创新，抢占上游知识产权，大力开发具有自主知识产权的创新药物；三是积极研发多肽类基因工程药物的长效生物制剂以及新一代生物工程药物品种，拓展基因工程类药物产品；四是进一步深化企业改革，推进投资主体多元化；五是注重资源环境的可持续发展

图 6-20 医药化工制造业发展战略

品市场潜力巨大，国家在北部湾布局石油化工项目，为西江经济带化工产业发展特别是化工行业的深加工和精细加工拓展提供了重要机遇。

2. 发展定位

医药化工产业是西江经济带重要的战略产业。化工产业应紧紧抓住新一轮产业调整升级与转移的机遇，围绕化工产业结构调整、总量扩张和产业升级，发展以深度开发石油化工的后续产品项目，延伸和拓展下游产业链，依托骨干企业，整合做强化工行业，向园区化、规模化、集约化发展，推行清洁生产，建设南宁氯碱等现代精细化工基地。医药产业是区域具有长远战略意义的朝阳产业，依托传统优势资源和产业基础，多层次推进技术创新战略，扶持发展特色医药业，积极发展生物医药业，促进产业集群形成和发展，建设现代特色医药基地。

3. 发展重点

（1）整合发展化工工业

化工工业的发展重点是：一是延长化肥和氯碱化工产业链，促进石化深加工产业集群，扩大并做强精细化工产业链，支持南化股份等骨干企业的第二生产基地建设，积极争取沿海地区石油化工的后续精细化工项目及产业配套建设向西江经济带集聚，尤其是南宁等地。二是不断壮大日用化工产业，以奥奇丽、索芙特等知名品牌和公司为依托，通过技术创新和品牌扩张，努力提高产品的国内外市场份额，增强企业扩张能力和市场竞争力，重点做好做强牙膏、合成洗涤剂、洗发护发产品、护肤类化妆品、干电池、蓄电池等产品。三是适度发展林化产业，依托资源富集优势，加大技术创新，推进林化产业优化发展，发展松香树脂及氢化松香等产品，引进和吸收先进工艺、技术优势，开发氢化松香下游产品，扩大树脂品种质量和市场份额，不断提高松香产品深加工能力和技术水平，提高深加工产品比例，推动松脂产业向高技术、高附加值方向发展。四是通过技术引进、消化、吸收和自主创新，快速形成自有化工工业的核心技术和高新技术，利用高新技术改造和提升现有产业，实现化工工业的高新技术化，通过节能降耗和集约化经营，构建具有竞争力的现代化工产业。五是统筹重大项目布局，加强生态环境保护。坚持保护生态环境原则，发展循环经济，淘汰落后产能，按照一体化、园区化、集约化、产业联合的发展模式，统筹重大项目布局，做好新建化工项目论证和区域环境影响评价等工作，引导化工工业合理布局、清洁发展。

（2）扶持发展特色药业

特色药业的发展重点是：一是发展以广西中医学院百年乐制药、柳州花红药业、柳州日田、梧州制药等为重点的中成药加工支柱企业，建设好一批中草药GAP种植基地，促进特色医药产业中药材种植、加工、流通、科研各个环节产业链条连接更加紧密，形成产学研结合、科工贸一体、具有相当规模和水平的现代特色药业产业化基地，并在全国乃至国际市场上具有较大影响。二是建成种苗标准化种植示范园，并按照集约化生产，区域化布局要求选择道地优势品种，使药材品质有较大提高，达到国际标准，建成具有地方特色的名优地道特色药材生产基地，加强地道药材原产地保护。三是推进产品创新，与西江经济带内外的高端科研院所合作,传承传统工艺,融入现代科技,提升中成药研发能力,研制具有自主知识产权,适应市场需求的特色药业新品种,积极争取"国家星火计划"等国家计划的支持。四是推进加工精深化,加快"三木药材"、岩黄连、银杏、田七、金银花、鸡骨草、血藤、玉桂、八角等特色中药材的开发,进一步拓展市场经营领域,形成中药材市场、中西成药经营、健康产品市场、调料市场"四轮驱动",打造多元化的特色药业工业体系。五是推进文化品牌化,深度挖掘整合丰富的特色医药文化资源,打药牌,唱药戏,建设融特色医药博览、医药文化鉴赏、药用动植物观光、休疗保健于一体的"特色医药文化之地"。

(3) 积极发展生物制药

生物制药的发展重点:一是政府积极引导和企业自主发展结合。新兴行业的发展需要在政府通过规划、政策等方式积极进行引导,同时充分发挥生物制药企业的市场主体作用,促进产业快速发展,扩大规模,提升层次。二是注重从源头上进行创新,抢占上游知识产权,大力开发具有自主知识产权的创新药物,开发一批技术含量高、市场容量大、具有自主知识产权的新品种,促进由单纯仿制跟踪向技术创新的方向转变,尽快形成生物医药产业的核心竞争力。三是积极研发多肽类基因工程药物的长效生物制剂以及新一代生物工程药物品种,支持梧州制药集团科博肽研发及产业化等一批项目,拓展基因工程类药物产品及其产业化,如以木薯、蔗糖为原料生产六元醇、生物基等产品,支持南宁生物国家高技术产业基地、南宁国际灵长类动物模型与医药产业化等示范基地的建设。四是深化改革与外引内联相结合。进一步深化企业改革,通过各种形式招商引资、合资、合作等推进投资多元化,推动企业向规模化、大型化、集团化发展。五是注重资源环境的可持续发展。抓住当前医药工业发展的有利契机,充分利用各种条件加速产业的发展,但同时一定要重视生态环境保护,促使医药工业实现可持续发展。

(四) 积极发展纺织服装产业

纺织服装制造业发展战略见表6-24,具体从以下几个方面来看。

1. 发展现状与市场前景

纺织服装行业是西江经济带的传统行业,经历了快速发展期和整顿调整期,在"八五"以前纺织工业快速发展,而且逐步发展成为包括化学纤维、棉纺织、印染、毛纺织、家用纺织品、针织、服装、纺织机械、纺织器材等门类较为齐全的工业体系。"九五"以来,纺织服装工业在经济转型、产品结构供求矛盾突出等因素的影响下,进入了历史最困难的时期,相当部分企业已呈现资不抵债。"十一五"以来是纺织服装工业深化改革的时期,全行业以产权制度为中心不断推进企业改革,以提质增效为目标,开展技术改造、技术创新,狠抓重点产业和精品的发展。全行业步入恢复性增长阶段,在重点产品、经济效益方面均有较大的提高。但西江经济带的纺织服装行业仍然存在诸多问题:产业规模较小、还处于起步阶段、企业装备及技术水平落后、缺乏知名品牌和龙头企业等。从市场前景看,纺织服装行业面临着重大机遇,纺织服装工业是我国传统支柱产业,总规模、总产

表 6-24 纺织服装制造业发展战略

发展条件	优势：①纺织服装行业是西江经济带的传统行业，有一定产业基础；②化学纤维、棉纺织、印染、毛纺织、家用纺织品、针织、服装、纺织机械、纺织器材等门类较为齐全的工业体系；③全行业步入恢复性增长阶段，在重点产品、经济效益方面均有较大的提高 劣势：①产业规模较小，还处于起步阶段；②技术设备落后企业装备及技术水平落后；③缺乏知名品牌和龙头企业等
市场前景	①纺织服装工业是我国传统支柱产业，西江经济带邻近东盟市场，带内外市场需求潜力较大；②纺织服装的产业转移趋势明显；③收入水平的提高，使穿着要求提高，拉动人们对纺织品、服装需求；④服装纺织工业的面貌正在改变，高新技术、创意文化的渗透使之从劳动密集型逐步向技术和知识密集型转变，行业附加值不断提高
发展定位	加强纺织产业集群建设，不断提高产业竞争力，努力实现纺织服装工业新跨越，建成具有较强国际竞争力的西南地区重要的纺织服装加工生产基地
发展重点	①做大做强纺织服装业，走特色化、专业化道路，跨越式集群化发展纺织与服装产业 ②把科技兴纺作为中心环节，以项目为载体，市场为导向，以技术改造为主要手段，推动纺织服装业"规模化、品牌化、信息化、时装化"四化升级战略 ③把品牌服装加工和茧丝绸一体化作为纺织与服装产业两大突破口，重点推进 ④以梧州为重点，加快发展工业园区纺织基地的建设 ⑤开发和拓展海外市场，把国际贸易融入世界范围内，发挥生产与贸易结合的优势 ⑥加快信息化建设，提高企业和行业快速反应能力，鼓励举办各类服装服饰国际博览会、商品交易会、流行趋势发布会等

量、总出口都已居世界前列，西江经济带邻近东盟市场，带内外市场需求潜力较大，同时纺织服装的产业转移趋势明显；21世纪我国人民生活水平将从小康型向富裕型转变，社会的进步，收入水平的提高，使穿着要求趋向个性化、休闲化、舒适化、功能化，必将拉动人们对纺织品、服装需求量的增长；而且传统的服装纺织业是劳动密集型产业，在技术飞速发展的今天，服装纺织工业的面貌正在改变，高新技术、创意文化的渗透使之从劳动密集型逐步向技术和知识密集型转变，行业附加值不断提高；从西江经济带自身产业结构来看，需要大力发展轻工业，促进社会就业和轻重产业结构协调。

2. 发展定位

以发展现代高技术服装纺织产业为主题，以结构调整为主线，大力推进纺织服装产业升级与转移承接，用高新技术、信息技术、创意设计等改造传统产业为途径，以设计开发、品牌经营、国内外市场营销为主攻方向，基于区域优势，扩大生产规模、提高产品档次，加强纺织产业集群建设，不断提高产业竞争力，努力实现纺织服装工业新跨越，建成具有较强国际竞争力的西南地区重要的纺织服装加工生产基地。

3. 发展重点

一是紧紧抓住国家加工贸易新政策，进一步做大做强纺织服装业，走特色化、专业化道路，跨越式集群化发展纺织与服装产业。二是把"科技兴纺"作为中心环节，以项目为载体,市场为导向,以技术改造为主要手段,紧紧围绕提高质量、增加品种、降低消耗、替代进口等目标,引进国际先进技术和设备,采用高新技术和先进适用技术全面提高纺织服装行业工艺、技术、装备水平,按产业链配套扩大高质量高附加值产品的比重,推动纺织服装产业"规模化、品牌化、信息化、时装化"四化升级战略。三是把品牌服装加工和茧丝绸一体化作为纺织与服装产业两大突破口,重点推进。品牌服装以贴牌生产为主,逐步培育发展本土服装品牌。茧丝绸要培育扶持一批缫丝、丝制品加工龙头企业,吸纳外来资金、技术和人才,加强丝绸、丝织品、服装等蚕丝下游产品开发,延长产业链,培育丝绸产业集群。四是加快发展工业园区纺织基地的建设,以梧州为重点,扶持棉纺和化纤企业用新技术和先进设备,进行技术攻关,开发各种新、奇、特的差别化纤维和高档次的棉、涤纱线、茧丝绸以及毛衣、地毯、丝织类等产品,带动印染、桑蚕基地等相关产业的发展。五是开发和拓展海外市场,把国际贸易融入世界范围内,发挥生产与贸易结合的优势,通过工贸结合、产业资本与商业资本结合、中国资本与外国资本结合,为实施跨国经营打下基础。六是加快信息化建设,提高企业和行业快速反应能力。信息化是用高新技术改造传统纺织服装业的带动因素,它关系到生产过程、管理过程、营销过程的现代化,鼓励举办各类服装服饰国际博览会、商品交易会、流行趋势发布会等。

(五)大力发展电子信息产业

电子信息产业发展战略见表6-25,具体以下几个方面来看。

表6-25 电子信息产业发展战略

发展条件	优势:①电子产品制造业销售收入、工业增加值、利税和出口都有快速增长。②产品种类增多,结构变化明显。掌上电脑、网络计算机、汽车电子产品、现代通信产品等新的产业经济增长点正在形成,产品结构逐渐向高技术、高品质、高附加值方向发展。③软件产业具有一定的发展基础。④依托南宁、柳州高新区,南宁、柳州信息产业基地初现雏形 劣势:电子信息产业基础仍然薄弱,产业规模小,企业人才、技术、资金匮乏、技术创新能力不强等,制约着产业的快速发展
市场前景	①世界电子信息产品市场的规模和领域处于持续的扩张和延伸,国家也出台了电子信息产业的振兴规划,未来市场需求预期会快速增长;②西部大开发战略实施,也突出强调增强西部地区信息化建设,这也为西江经济带电子信息产业的发展带来了机遇
发展定位	是西江经济带的战略性产业,着力进行培育、扶持和加速发展,要在巩固和加强机电一体化与软件两个优势行业门类的同时,加快培育新型产业、光电产业、现代信息服务业等新增长点,形成具有集聚优势和创新优势的电子信息产品制造基地与研发基地
发展重点	加快电子信息制造产业链建设 强化自主创新能力建设,加强对电子信息产品和服务的知识产权保护 完善投融资环境,加强对有关园区基础设施建设 支持金融机构为中小电子信息企业提供更多融资服务 支持优势企业并购重组,支持企业"走出去"兼并或参股信息技术企业 进一步开拓国际市场,继续保持并适当加大部分电子信息产品出口退税力度

1. 发展现状与市场前景

西江经济带电子信息产业保持着快速发展的态势,增速不断加快,具备了基本的发展规模和快速发展的基础。电子产品制造业持续快速增长,"十一五"以来,电子产品制造业销售收入、工业增加值、利税和出口都有快速增长;产品种类增多,结构变化明显,掌上电脑、网络计算机、汽车电子产品、现代通信产品等新的产业经济增长点正在形成,产品结构逐渐向高技术、高品质、高附加值方向发展;软件产业具有一定的发展基础,培育了一批软件企业,软件产品涉及电力、通信、交通、旅游等多个行业应用领域;南宁、柳州信息产业基地初现雏形,依托南宁、柳州高新区,加快了信息产品产业基地的建设步伐,取得了显著成效,各具特色的基地初显雏形。南宁基地以应用软件产品为主、柳州基地以机电一体化产品为主,同时带动了梧州等地区信息产业的发展。但当前西江经济带上的电子信息产业基础仍然薄弱,产业规模小,企业人才、技术、资金匮乏,技术创新能力不强,制约着产业的快速发展。从市场前景看,全球化和信息化是经济发展的两大趋势,电子信息产品几乎渗透到世界的每个角落,世界电子信息产品市场的规模和领域处于持续的扩张和延展,国家也出台了电子信息产业的振兴规划,未来市场需求预期会快速增长。同时西部大开发战略实施,也突出强调增强西部地区信息化建设,这也为西江经济带电子信息产业的发展带来了机遇。

2. 发展定位

电子信息产业是工业的重要组成部分,是高新技术产业的代表,是促进信息化与工业化融合的重要物质技术基础,信息产业的自主创新能力直接决定着产业的核心竞争力。把电子信息产业作为西江经济带的战略性产业,着力进行培育和扶持,加速发展电子信息产业,要在巩固和加强机电一体化与软件两个优势行业门类的同时,加快培育和发展新型产业、光电产业、现代信息服务业等新增长点,培育能支持电子信息产业升级和持续增长的高附加值产业,形成具有集聚优势和创新优势的电子信息产品制造基地与研发基地,对实现工业强带与创新发展目标、转变发展方式、拉动经济增长发挥重要作用。

3. 发展重点

一是加快电子信息制造产业链建设。保持机电设备一体化和软件行业的既有优势,促进优化升级,加大研发投入和力度,推进向中端或高端化发展,使其发展成为西江经济带电子信息产业的支柱和优势产业;承接国外和珠三角的电子信息产业转移项目,如消费类电子信息产业、电子材料和元器件等项目;拓展特色电子信息产品,如汽车电子业、动漫产业以及软件外包业等。二是强化自主创新能力建设。通过争取国家科技专项,推动产业创新发展,加快制定工业软件、信息安全、信息技术服务标准和规范,加强对电子信息产品和服务的知识产权保护。三是完善投融资环境。贯彻落实国家和自治区电子信息产业振兴的政策措施,引导地方政府加大投入,加强对有关园区基础设施建设,有效发挥信用担保体系功能,支持金融机构为中小电子信息企业提供更多融资服务。四是支持优势企业并购重组。鼓励有优势企业整合国内外资源,支持企业"走出去"兼并或参股信息技术企业，也欢迎外地的大企业进驻本地，增强竞争力，提高管理水平。五是进一步开拓国际市场。继续保持并适当加大部分电子信息产品出口退税力度，充分挖掘东盟市场，拓展与国外政府、企业间的合作，大力推动在海外市场的拓展和商用。

第四节　产业布局优化与区域分工合作

一、产业布局的基本原则与总体框架

（一）基本原则

产业发展空间布局的3项原则：
（1）产业发展与城镇建设相结合
产业发展是城市化的前提基础，城市化是产业发展的必然结果。新型工业化为城市化进程提供产业支撑，产业的发展壮大又要依托中心城市的辐射功能和集聚效应、产业布局与城市总体规划和土地利用总体规划相统一。
（2）产业布局与交通干线相结合
西江经济带突出优势是沿江特色和综合交通条件，大吞吐量的工业生产要靠近交通运输干线，可以大大节省运输成本，从而取得较大的经济收益，同时也容易在交通沿线的城镇之间形成优势互补和分工协作格局。亿吨黄金水道建设，湘桂、黔桂等铁路设施，桂海、南友、六业等高速公路，南宁、柳州、梧州等民用机场，为西江产业带的形成创造了良好条件。
（3）产业发展与环境保护相结合
西江经济带工业化进程处于向工业化中期迈进的关键阶段，未来产业结构有偏重和大的发展趋势。因此，围绕新型工业化，发展知识经济、循环经济、低碳经济，促进产业结构优化升级，保护生态环境，满足环境容量和控制污染物排放标准，推动产业发展同人口适度增长、资源环境承载能力相协调，实现可持续发展。

（二）总体框架

贯彻落实国家"十一五"规划以及党的十七大报告中关于推动区域协调发展、优化国土开发格局的部署、调整和优化产业布局、确定产业布局的总体框架，加快产业布局的战略性调整。基于前述研究，根据资源分布、各产业发展基础及布局、城镇空间分布以及主要交通干线布局等现状，以"轴"和"翼"为产业集聚导向，以"区"为产业分工导向，构筑"一轴两翼三区多中心"的西江经济带产业发展的总体布局框架。实施"以轴连点、以点连线、以线促区、以区兴面"的空间开发模式，构建现代产业体系，逐步形成发挥优势、各具特色、分工协作、优势互补、布局合理、功能完善、持续发展的新型空间格局体

系,实现"轴线引领、两翼腾飞、分区组团、整体提升"的区域产业发展的总体战略。对于加快推进西江经济带新型工业化进程,打造西南地区重要的新型特色工业化基地,成为促进广西发展的重要增长极和战略支撑点,构建一个生产发展、生活富裕、交通便捷、环境优美的生态型空间结构,提高资源空间配置效率,具有重要的战略意义,实现经济、社会和环境效益相统一的科学发展模式。同时,明确各市、区、县和园区产业发展方向,中心城市强化集聚、辐射功能,增强区域综合产业服务功能,提升产业层级和水平;各县(市、区)构筑强势载体,明确产业功能定位,拉开拉大区域布局框架;推动产业向园区集中,形成以产业园区为最主要载体的布局体系(图6-21)。

"一轴、两翼、三区、多中心"的具体内容:

一轴——沿右江、邕江、郁江、浔江,以南宁、贵港、梧州、百色4市为中心的产业发展轴;

两翼——沿柳江、黔江、红水河,以柳州、来宾为两市为中心的一翼,和沿左江,以崇左为中心的一翼;

三区——以融入大珠三角为主要方向的桂东承接产业核心区段,以梧州和贵港两市为中心;以面向东盟合作为主要方向的桂中高端产业重点区段,以南宁、柳州和来宾为中心;以边贸和资源优势为基础的桂西特色产业发展区段,以崇左、百色为中心。

多中心——以西江经济带7个地级市市辖区为产业发展轴、翼的中心区域,包括南宁、柳州、来宾、梧州、贵港、崇左、百色。

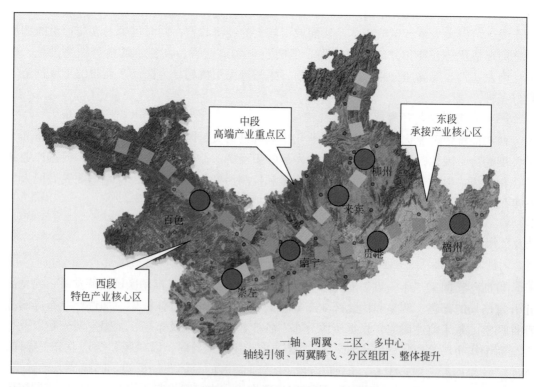

图6-21 西江经济带产业发展的总体框架

二、促进分工合作，着力打造各具特色的产业区段

(一) 融入大珠三角，建设东段承接产业核心区

受产业结构优化升级和国际金融危机双重压力影响，我国东部沿海地区产业转移进一步加速，广西与广东、香港、澳门（以下简称粤港澳）地区的经贸往来不断加强，经贸、投资、产业等合作机制初步建立，西江上下游区域的协作和整体效应日趋明显。西江经济带东段发展面临新形势、新机遇，广西提出打造"黄金水道"和促进"江海联动"战略，东段梧州和贵港两市已初步形成承接产业转移协作和共同开发性的合作机制，建设承接产业核心区。充分依托港口优势，发展大宗商贸物流业；积极承接大珠三角产业转移，发展特色加工制造业；面向大珠三角市场，发展优势资源型产业；传承历史文化，发展特色文化旅游业。通过这4条发展路径，努力把西江经济带的东段建设成为西部大开发战略承接产业转移示范基地。

1. 承接大珠三角，发展特色加工制造业

梧州和贵港的区位优势突出，东段地区与广东接壤，毗邻香港、澳门，是西南地区与粤港澳的结合部，是粤港澳地区的腹地，是广西承接东部产业转移的重要前沿，是粤港澳产业梯度转移的首选之地。梧州和贵港具有多重优势，一是资源、环境优势明显。广西东部地区地属亚热带季风气候，光照充足，雨量充沛，植被覆盖较好，生态环境优良；淡水、农林、矿产资源丰富，土地、劳动力、水、电等基本生产要素供应充足，价格相对低廉，具有较为明显的资源和成本优势。二是基础设施较为完善。西江亿吨级黄金水道建设稳步推进，内河港口吞吐能力显著增强，南梧高速公路全线通车，桂梧高速公路基本贯通，基本形成通往广东的综合运输网络，能源、水利、城市和工业园区基础设施明显改善。三是具有人文优势。梧州、贵港与广东历来友好，交往密切，还是全国三大侨乡之一。发挥区位、资源、人文等优势，建设或与发达地区共建一批承接产业转移重点园区，承接大珠三角地区的产业转移，发展特色加工制造业。重点引进优质产业资本、先进技术、著名品牌等，对接粤港澳骨干企业，支持企业改组改造，依托现有的内河重要造船基地及江海工程设备及船舶配套行业，修造高档次船舶，开发冷藏集装箱船、公务船、游艇、内河集装箱船等；加强船用配件制造业发展，如甲板机械、舱室设备、通信导航及自动控制等高附加值产品。重点发展贵港港南（新塘）船舶修造工业集中区和桂平（西山）沿江造船工业集中区，以及梧州表水至长洲岛、赤水工业园、藤县造船工业集中区。梧州的锅炉、起重设备、锻压设备也具有一定基础，贵港的农用机械、汽车及发动机零部件生产也具有潜力。积极引进、培育和壮大电子信息产品制造业，大力推动新兴产业发展，建立有利于电子信息产品制造业发展的环境和机制，如计算机、电子专用仪器设备等产品先进生产技术。依托梧州进口再生资源加工等园区，利用循环经济，开展有色金属及再生资源加工利用，推动产品向精深加工方向发展，提高产品附加值。

2. 依托港口优势，发展大宗商贸物流业

商贸物流发展历来与港口的发展密切相关，依托低运输成本的水运，港口以其规模化的集散能力和在物流网络中重要的节点作用，成为现代物流业的核心和主体之一。梧州位于珠江上游，是浔江、桂江、西江三江交汇处，与粤港澳一水相连，是广西乃至西部地区毗邻粤港澳地区最近的城市，西江贯穿梧州东西，梧州成为全国28个主要内河港口城市之一，也是广西东部最大的内河港口，梧州港规划为中心港、苍梧港、藤县港三大港区，水运至穗、港、澳全年可通航1000t船舶，西江二期整治之后将提高到3000t级，大小码头泊位70多个，其中500~1000t级泊位16个，目前已建成集装箱码头3座，港口年吞吐能力达700万t，并拥有一条5万t位的船舶专营港澳航线，溯江而上可通贵港、南宁、柳州、桂林等市。贵港市"贵在有港"，贵港港也是全国内河28个主要港口之一，是大西南东下粤港澳的水运便捷通道。贵港港有中心港区、桂平港区和平南港区，港口企业165家，港口年通过能力为3000万t、5万标准箱。2006年港口吞吐总量达2276万t，居广西内河港口之首，同时引入了拥有先进港口管理、物流经营经验的印尼爱凯尔股份有限公司，华润、华电、台泥等一批大型专用码头正在新建和扩建中。规划到2010年，贵港港吞吐能力达5000万t、25万标准箱，货物吞吐量达5000万t。依托港口和水运优势，以建设大宗商贸物流业基地为目标，充分发挥临江适宜布局大运输量、大吞吐量、大进大出产业的优势，在沿江地区重点发展基础产业和物流产业集群，通过区域的上下游、产业前后向及旁侧链接，延伸产业链，形成包括水泥、煤炭、铁矿石、陶瓷等建材、化工、机械装备等适度生产规模和重点商贸物流的产业集群，加快建设商贸物流信息平台，培育和发展具有国际竞争力的链主企业和具有综合服务功能的第三方物流企业，形成物流的企业平台，构建商贸流通中心和物流枢纽中心。

3. 面向大珠三角，发展优势资源型产业

大珠三角地区对西江流域来说，不仅是产业移出地区，更是巨大的市场。梧州和贵港应抓住直接面向大珠三角的市场优势，发展优势资源型产业，主要有现代农产品深加工业、轻纺产业、新兴技术资源型产业。农产品深加工业以蔗糖加工业为主，其他特色农产品加工为辅。依托现有食糖加工基础，推进贵港国家生态工业（制糖）示范区建设，支持龙头企业建设优质专用基地，发展和延伸制糖深加工、精细化工、造纸等产业链，利用循环经济模式，推进生态糖业建设；建立健全以食品工业为重点、特色行业和品牌产品优势明显的产业体系，重点发展粮油加工、肉制品、乳制品、果蔬加工、水产品加工和特色农产品加工等行业，发展以龙头企业为骨干、专业农户为基础、行业协会与专业合作组织为纽带的贸工农一体化模式。轻纺工业包括日用轻工、茧丝绸、纺织服装等产业。日用轻工依托现有产业基础和知名企业，如梧州奥奇丽、索芙特等品牌，引进国际知名企业，发展绿色环保型、高效节能型、信息智能型日用轻工产品；茧丝绸产业依托丰富的桑蚕资源以及茧丝绸的基础结构，吸纳外来资金、技术和人才，培育扶持一批缫丝、丝制品加工龙头企业，加强下游产品多层次、多元化开发，培育丝绸产业集群；纺织服装产业引进高档精梳纱线、色纺纱线和混纺纱线的先进技术，棉纺业发展竹纤维、碳纤维、多种混纺棉纱等产品，毛纺业提升毛线产品质

量和档次，承接品牌服装贴牌生产，逐步培育发展本土服装品牌，改造升级皮革产业基地。新兴技术资源型产业包括现代中医药、保健食品、人工宝石、林化产业等，提升创新能力，整合资源，掌握关键技术，培育新兴产业。现代中医药制造依托中药资源，抓好民族特色或资源特色中成药品种进行二次开发或创制特色新药，发展新药品种，打造国家中医药出口基地；保健食品，引进投资，延伸产业链，提升品质，打造品牌，增加产品的附加值，重点发展梧州神冠胶原蛋白肠衣生产基地、梧州龟苓膏生产基地、梧州六堡茶产业化开发、梧州冰泉豆浆生产、梧州万吨蜂产品等深加工基地；人工宝石加工业巩固和发展以切磨加工为主的人工宝石规模化生产，努力扩大宝石产品的交易市场，打响人工宝石品牌，积极培育宝石加工配送中心，大力发展宝石镶嵌业和天然钻石加工业，拉长宝石产业链；林化产业利用丰富的木材资源，推进以梧州为核心的广西松脂深加工产业基地建设，重点开展松脂深加工技术、技术含量高和附加值高的新产品的研究和开发应用。

4. 传承历史文化，发展特色文化旅游业

梧州、贵港都具有悠久的历史文化和丰富的旅游资源。四千多年前，舜帝"南巡狩，崩于苍梧之野"。在公元前214年秦始皇统一岭南，在岭南设置了三郡：象郡、桂林郡、南海郡，梧州、贵州都属于桂林郡。贵港市已经有两千多年的建城史，公元前183年建苍梧王城。梧州是两广之"广"所在地，即以古广信为界，广信以东叫广东，广信以西叫广西，广东广西由此得名。1897年开埠后，梧州商贾云集，留下一座座富有特色的骑楼建筑，使梧州成为两广的骑楼博物城。贵港市拥有桂平佛教山水文化旅游区和江南会展旅游商贸区，有西山国家级风景名胜区、龙潭国家级森林公园、东塔、太平天国金田起义遗址、畅岩石山等著名景点。梧州市拥有岑溪天龙顶国家山地公园、仙人湖生态旅游区、白云山风景名胜区、飞龙湖国家森林公园、骑楼城—龙母庙景区、苍海公园、八宝塘旅游区、石表山风景区、六堡茶文化产业、龙母文化产业、粤剧文化产业。梧州和贵港的旅游和文化产业以市场为导向，以资源为依托，以产品为核心，为人们提供各种旅游文化产品或服务的新兴产业，是现代经济产业的重要组成部分，在加快经济发展方式转变，满足人民群众的旅游与文化消费需求，推进产业结构优化等方面具有重要地位。独特的历史、民俗、地理、气候和区位条件，为梧州、贵港的旅游文化产业发展提供了良好的基础条件和比较优势。发挥旅游文化产业的带动作用，着力培育休闲度假旅游产品，着力培育文化遗产旅游产品，着力培育民族文化体验产品，着力培育健康旅游产品，完善旅游文化产品体系，深度开发文化游、休闲康体游、商务会展游、山水游、生态游和工业生态游，推动经济社会的可持续发展。积极发展和旅游有关的文化创意、房地产、居民服务等生活性服务业。加强景点景区、宾馆、酒店等旅游基础设施和接待设施建设，加强旅游线路与桂西、桂北和粤港澳对接，打造大珠三角的后花园，逐步建成全国重要的文化旅游基地。

（二）面向东盟合作，建设中段高端产业重点区

1. 依托柳州、南宁，建设先进制造业

包括南宁、柳州和来宾在内的西江流域经济带桂中区段，是广西的人口—产业—城镇密集区，具有工业发展规模较大、基础较好、水平相对较高、发展综合优势较明显的特点，是西江流域经济带以及广西未来发展的重要地区之一。

经过较长时间的发展，已在交通运输机械（汽车制造）、工程机械、黑色冶金冶炼及压延加工（包括钢铁冶炼与压延加工、锰矿资源开发、冶炼和加工等）、有色冶金冶炼及压延加工、化工、建材、造纸、纺织、食品、饮料、烟草等领域形成较强的产业发展优势，并且在生物制药和电子信息产业方面展示出良好发展前景。其中，南宁作为广西的主要中心城市，近几年来，食品、铝加工、机械、精细化工、造纸、生物工程与制药、电子信息等产业快速发展，成为带动南宁市经济快速增长的主要力量。围绕这些工业产业，分别形成了以南南铝业为龙头的铝加工产业集群，以广发重工为龙头的机械与装备制造产业集群，以富士康等企业为龙头的电子信息产业集群，以南糖为龙头的食品、纸浆造纸产业集群，以凤凰纸业为龙头的造纸产业集群。柳州作为广西最大的综合性工业城市，已形成以汽车、机械、冶金为支柱，化工、制药、林纸、制糖、建材、烟草、纺织等较具特色的工业体系。全市现有工业企业3000多户，其中规模以上工业企业727户，大型工业企业10户，柳州钢铁（集团）公司、上汽通用五菱汽车股份有限公司、柳工集团有限公司、东风柳州汽车有限公司、柳州五菱汽车有限责任公司等企业已跻身全国工业企业500强，具有发展现代制造业的良好基础。来宾作为桂中地区新兴工业城市，一批有资源优势和地方特色的产业相继涌现。充分发挥资源优势，在电力、制糖、锰冶炼和电解铝及铝加工等工业行业形成了特色，在广西地区占有重要地位。造纸、建材、制药、矿产品、农副产品加工等工业也形成了较大的规模，具备进一步发展的良好基础。

本区段进一步发展的思路是：

1）立足于本区的产业基础，充分利用临近珠三角港、澳台地区和东盟各国的区位条件，积极开展与珠三角、港澳台地区和东盟等区域的产业合作，以中国—东盟自由贸易区和中国—东盟博览会为平台，抓住CEPA机遇，主动吸引珠三角、港澳台地区和东盟各国的投资，提高合作规模和发展水平。

2）积极拓展与日、韩、欧美等发达国家的合作领域，围绕提升优势产业竞争力，大力承接相关配套产业，促进形成加工工业产业集群。

3）围绕优势资源开发利用，积极发展资源产品的精深加工，大力发展下游产品加工，拉长产业链，做强、做精现有优势产业，提高产品的科技含量和附加值。

未来的发展重点：

一是除对现有生产水平较低的化工、塑料制品、纺纱、织布、农产品加工、金属粗加工等劳动密集型产业的改造升级工作外，重点发展以铝深加工、电子信息、机械及汽配、林浆纸、糖业、化工与精细化工、电子电器、生物工程与制药、食品制造、纺织、服装、家具等产业。

二是围绕做强、做大汽车产业，重点发展整车、中高档轿车、汽车零配件和专用汽车生产：

1）按照国际化、集团化、专业化和规模化原则，以市场为导向，以产品为龙头，开发新产品，优化产品结构。通过龙头企业自主开发和与国内外大集团合资、合作，新增轿车产品生产，实现产业优化升级，扩大现有优势，实现整车持续高速发展；

2）按照"多品种、小批量、有特色"的原则，大力发展建筑工程、城市服务、机场、油田、高等级公路维护管理、现代物流业发展所需的各类专用车和特种车辆；

3）根据"专业化、模块化、系统化"的原则，分别按照汽车动力系统、传动系统、行驶系统、转向系统、制动系统、车身、电子电器、仪器仪表设备等专业化、模块化和系统化方式组织生产，形成既能满足服务于本地整车发展需要，又能为国内外其他汽车大企业提供优质的零配件产品的汽车零部件生产产业集群。

三是以资源型产品加工为切入点，遵循资源综合回收利用的技术流程，按照"减量化、再利用和资源化"原则，构建电力—锰冶炼—电解—建材—金属加工，甘蔗—机糖—糖蜜—酒精—酒精废液制生物肥—回田种蔗，甘蔗—机糖—蔗渣—制浆造纸—废液碱回收—再利用等循环经济产业链，重点发展电力、冶金产品深加工、纸浆造纸及纸制品、建材、化工、制药、制糖、酒精、造纸及纸制品、轻纺、机械制造、铝型（板、带、箔）材、生物工程、环保、民族特色医药、旅游工艺品加工等工业。

未来的空间布局：

一是按照工业园区、工业集中区的方式，进行工业空间布局组织，分别建设：

1）以南宁、柳州高新技术产业开发区、经济技术开发区为主的电子信息、生物工程、新材料等高新技术产业生产集中区。

2）以南宁—东盟经济开发区、柳州和来宾经济开发区为主的纺织服装、食品加工、农产品加工、印刷包装、家用电器、铝加工、汽车零部件加工及机械等先进制造业集聚区。

3）以六景工业园区、广西明阳工业园、兴宁三塘工业集中区、青秀伶俐工业集中区、宾阳黎塘工业集中区、隆安华侨经济区、西乡塘区工业集中区、邕宁区工业集中区、武鸣工业集中区、上林象山工业集中区、马山苏博工业集中区为主的化工、林浆纸、电子、电力、建材、食品加工、农产品加工、家具、玩具、文具等现代工业集聚区。

二是通过引进战略合作伙伴，优化整合机械工业，利用先进适用技术，发展自动化程度高、配套能力强、机电一体化的现代装备制造业，促进机械工业的高技术化、集群化发展，分别在阳和工业新区、柳江新兴工业园和河西工业区等园区，发展汽车及其零部件产品生产。

三是充分利用冶金工业基础，特别是钢、锡、锑等工业基础，通过建立健全"广西铟谷交易中心"、"铟材料技术研发和孵化中心"即广西铟、锡、锑工程技术研究中心和"铟光电材料产业园区"、柳州钢铁深加工及物流产业园，吸引国内外资金、先进技术到柳州投资办厂，促进钢、锡、锑产业的升级换代，发展新型金属材料工业，形成具有核心竞争力的铟、锡、锑、钢铁和金属锰的深加工产品产业集群。

2. 围绕中小企业，建设东盟产业合作核心区

在市场力量的驱动下，围绕矿产资源开发、农产品加工、食品制造、金属制品制造等，在西江流域经济带中段地区形成了量多面广的、且以非国有和非集体所有制为主的中小企业（约占全部中小企业数的55%），涉及的行业包括非金属矿物制品业、食品制造业、工艺美术等其他制造业、非金属矿采选业、煤炭采选业、化学原料及制品业、木材加工及竹藤等制品业、普通机械制造业、金属制品业、有色金属矿采选业等30多个行业。其中仅南宁和柳州两地市的中小工业企业占广西中小企业总数的比重分别达到18%和15%，是广西中小企业的主要分布地区和发展水平最高的地区。

在中国—东盟自由贸易区框架范围内，充分利用西江流域经济带中段地区中小企业多、机制灵活、发展水平相对高于越南、老挝、柬埔寨和缅甸等东盟的欠发达国家的优势，从优势互补、相互促进产业发展出发，围绕承接国际和东部地区产业转移，通过建立中国—东盟产业合作核心区，搭建中小企业参与国际竞争的发展平台，发展拾遗补缺的经贸合作，对于推动西江流域经济带产业发展具有重要的意义。

西江流域经济带中段地区处于中国—东盟自由贸易区的中心位置的核心区，同时又具有华南经济圈、西南经济圈和东盟经济圈的结合部区位优势，是建设中国—东盟产业合作核心区的理想地区。利用国际和我国东部沿海发达地区的产业转移与中国—东盟自由贸易区正式启动的有利时机，发挥中小企业劳动力成本低、机制灵活等优势，把握机遇，在南宁—柳州—来宾合适的地区择机建立面向"国内外两种资源、两个市场"的产业合作核心区，积极拓展经济发展空间，承接国内外产业转移，促进西江流域经济带及其广西产业发展。

建立中小企业合作核心区，引导中小企业主动调整、优化产业和产品结构，促进技术进步，提高产品质量，降低资源消耗，减少环境污染。

建立中小企业合作核心区，引导和帮助中小企业积极采用先进适用技术，促进生产工艺和装备水平的现代化。

建立中小企业合作核心区，运用现代科学技术改进质量控制方法和标准，完善产品质量和技术标准体系。

建立中小企业合作核心区，积极开展质量基础工作和提高质量管理能力。

3. 发挥南宁区域中心城市的作用，发展现代服务业

南宁市作为广西的首府城市和全自治区的经济、文化、政治中心，不仅是广西与西江流域经济带未来经济重点发展地区，而且还要承担起为西江流域经济带和整个广西的经济、产业和社会发展以及为中国—东盟合作区提供现代化的、高端金融、保险、信息交流、物流等服务的任务。

随着南宁作为中国—东盟博览会、中国—东盟发展论坛、南宁国际民歌艺术节等国际性会展活动的持续举办，现代服务业领域的国内国际合作交流合作领域日益扩大。一方面，使南宁积累了服务于国际经济活动的经验；另一方面，使南宁服务于国际经济活动的硬件条件趋于完善。作为中国—东盟合作的重要区域节点城市，南宁市规划到2020年，城市建成区人口发展到280万~300万，城市建成区建设用地将扩大到$300km^2$，中心城市的功能将进一步得到强化。这些为南宁发展高端现代服务业创造了良好的条件。

未来的发展重点：

优先发展为制造业配套的交通运输业、现代物流业、金融业、法律咨询和科技服务等生产性服务业，积极发展为居民生活服务的商贸、房地产、中介等生活性服务业，努力发展具有优势的旅游、文化、会展等新兴综合性服务业，加快现代服务业体系发展：

1) 加快现代服务业体系建设步伐，着力建设物流、商贸、金融、交通基础设施，为打造区域性信息交流、交通枢纽、金融中心提供硬件准备。

2）抓住当前国际服务业加快转移的重要机遇，吸引外商投资现代服务业和服务外包产业，鼓励外商在南宁设立物流中心、营运中心、培训中心，扩展服务业领域。

3）加快推进体制创新，吸引国内外各类金融机构前来扩展业务，吸引更多的金融入驻，促进区域性金融中心形成。

4）发展教育、文化、科研等高层次文化科技服务业，培养现代物流、金融保险、咨询策划、信息中介服务人才。

5）发展为总部经济服务的财务、法律、咨询、人力资源，以及商务楼宇、星级宾馆、商务会馆、大型商场等相关服务设施。

6）充分利用南宁地处广西—东盟合作区域的主门户、节点城市的优势，发展壮大交通物流和仓储服务业。发展外向型的现代服务业行业，如对外金融服务、信息咨询、广告、法律服务等。

通过建立立足华南地区，面向全自治区和中国与东盟合作区的金融（保险）中心、信息交流中心、综合交通枢纽中心、保税物流中心等，使南宁真正成为面向中国与东盟合作的区域性国际中心、综合交通门户和信息交流中心。

（三）突出资源优势，建设西段特色产业发展区

1. 依托矿产资源，发展深加工产业

由百色和崇左两市组成的西江流域经济带西段地区是西江流域经济带的资源富集区域，铝土矿、锰、铜矿、煤、黄金、锑、锌、稀土、膨润土、石油、重晶石、滑石、水晶、石灰石等矿产丰富，其中百色市域的平果、德保、靖西等县的铝土矿、铜矿、水晶、褐煤等储量居广西第一位，特别是铝土矿非常丰富，远景储量有 10 亿 t 以上，具有储量大、质量好、埋藏浅、易开采等特点。崇左市域的大新县的锰矿储量达到 1.49t，居全国第一位，占全国 25% 以上，宁明的膨润土储量 6.08t，是世界罕见的特大型矿藏。开发矿产资源，发展深加工工业具有资源上的优势。

另外，与西江流域经济带的崇左、百色相邻的东盟各国是石油、天然气、富铁矿、富锰矿、铝土矿、铅锌矿、钾盐等资源的富集区域，尤其是近邻越南北方地区的煤、铁、铬、钛、铜、铝、锡、铅、锌、金、铀、稀土等矿产资源都很丰富，可以围绕这些境外资源在境外发展资源开发和粗加工工业，为西江经济带资源深加工工业发展提供原材料（中间产品）。

目前百色和崇左两市分别围绕铝土矿、锰矿、石灰石等资源的开发利用，已形成了较大规模的铝工业、锰工业和水泥工业及其配套产业等，为进一步发展精深加工奠定了良好的基础。

未来的发展重点：

依托优势矿产资源，发展精深加工工业：

1）发挥铝资源优势，积极发展铝加工工业。按照"适度发展氧化铝，按比例发展电解铝，大力发展铝加工，不断延长铝产业链"要求，适当扩大氧化铝和电解铝的生产规

模,大力发展铝深加工工业。

2) 积极发展非冶金氧化铝,大力开发高纯超细氧化铝、分子筛系列化学品氧化铝、氢氧化铝和三聚磷酸铝等深加工产品,提高产品的附加值和产业竞争能力。

3) 合理开发锰资源,大力发展锰产品深加工工业。以市场为导向,以科技为动力和依托大企业,大力发展电解二氧化锰、电解金属锰、中低碳锰等市场需求量大、国家鼓励发展的产品,培育发展锰矿石—电解二氧化锰—碱锰电池产业链、锰矿石—电解金属锰—四氧化三锰(特种电解金属锰粉、锰合金添加剂)—锰铜合金(锰铝合金)产业链、锰矿石—锰系铁合金—中低碳锰铁合金产业链。

4) 开拓发展与铝工业配套产业。根据氧化铝、电解铝生产需要,适当发展碳素、烧碱、氟化盐、石灰、编织袋、钢球等铝工业配套产业,促进铝产业集群的形成。

5) 积极推进铜、锑、锌、石灰石和膨润土等资源的开发,发展铜、锑、锌等有色金属工业和建材工业。

2. 优化提升中越产业园,发展边贸经济

西江流域经济带西段的百色、崇左两市在地域上与越南紧密相连,文化上相通,经济上具有一定的互补性,经济社会活动交流频繁,具备进一步发展的愿望和潜力。崇左市、百色与越南交界的国境线全长898km(崇左533km、百色365km),占广西在陆地与越南接壤国境线总长度的80%以上,是我国通往东南亚国家最便捷的陆路通道所在地区之一。仅毗邻越南北部的崇左市拥有3个国家一类口岸和4个国家二类口岸,是中国拥有口岸最多的地级市之一。利用这些区位优势,通过相关工业开发区的建设,可为西江流域经济带的发展中利用国内、国外"两种资源、两个市场",使崇左、百色两市成为中国—东盟自由贸易区最活跃的前沿,为促进中国与东盟各国的经济和人员交流,提升西江流域经济带与东盟,特别是与越南的经济的合作与交流提供大舞台。

目前,西江流域经济带的崇左、百色两市成为中国与东盟国家在资源开发、边贸互市、商品交流等方面最为频繁的陆上地区之一,且具有较大的规模,为进一步发展边贸经济奠定了比较好的基础。

崇左、百色两市围绕各自的优势资源开发,分别建立了不少开发区和工业园,且已形成特色,如百色工业园就有银海铝业有限责任公司、融达铜业有限责任公司、百色光大锰业公司、中国蓝星华钛公司、广西百色丰林人造板有限公司、百色皓海碳素厂、百色中山美织有限公司等知名企业入驻,展现出良好的发展势头。崇左市的城市工业园区、广西中国—东盟青年产业园、凭祥边境经济合作区等3个市级工业园和国家级开发区,不仅交通便利,而且面向东盟市场,已形成了具有一定规模的锰产品加工、蔗糖精炼、文化纸、酵母等特色产业。其中崇左友谊关工业园已成为中国—东盟自由贸易区出口加工基地、承接东部劳动密集型产业转移的重要平台、凭祥市发展工业经济基础增长极、优化产业结构的助推器。现在该区的传统工业区、现代科技工业区、服务物流区等功能区已初步形成,为当地经济发展起到了很好的带动示范作用。

未来的发展重点:

第一,在对于中越边境地区的有关产业园区进行梳理的基础上,进一步明确各园区的产业功能分工，强化各园区的特色。

第二，利用我国在机电（家用电器，特别是小家电与机械）和轻纺工业等方面的优势，在崇左及百色建立面向东盟的机电工业园区（小家电、五金电器工业园等）、纺织工业园等。

第三，依托东盟各国的资源，通过合资与独资的方式，在越南境内建立面向国内市场的产业园区，如建立围绕资源开发利用的冶金工业园（如铜铝工业园、锰工业园）、农产品加工工业园等。

3. 利用特色农产品资源，发展农产品深加工产业

西江流域经济带西段的崇左和百色两市地跨南亚热带—中亚热带山地或季风性气候区，具有阳光充足，雨量丰沛，物种繁多，农产品品种多、产量大的特点。甘蔗、水果、蔬菜、木薯、禽畜、桑蚕、速生林、松脂、中药材、香料、油料、剑麻的产量在广西和全国占有重要地位。其中荔枝、菠萝、香蕉、芒果、八角、茴油、肉桂、茉莉花等更具特色。如崇左是全国著名的糖料蔗、水果产地，目前甘蔗产量达到1100万t以上，水果产量17万t以上。此外苦丁茶、八角、剑麻、木薯、菠萝、龙眼等特色亚热带农产品资源也极其丰富，可为农产品加工业提供了充足的原料。近几年，反季节蔬菜、优质大米、油料的产量也在不断上升，发展农产品加工工业具备良好的资源条件。

邻近的东盟国家农业资源丰富，各国农业发展条件不同，各具特色，也各有优势，尤其是这些国家的土地资源丰富，且土地开发程度不高，与西江流域经济带具有较好的互补性。西江流域经济带依托我国在农业产业、专有先进技术、融资渠道和农作物管理等优势条件，可积极开展与东盟国家合作开发农业资源，在崇左和百色等地区发展农产品加工基地。

经过多年发展，百色、崇左在制糖、制浆造纸、水果、特色酒、剑麻、八角、玉桂、茴油、蔬菜、香猪加工等形成了较大规模，具有较好的产业基础。根据市场需求，积极扩大特色优势农产品加工规模。

未来的发展重点：

充分利用区（国）内外两种资源，两个市场，扩大农产品加工规模，增加产品品种，提高加工水平：

1）以优势资源和优势产业为依托，根据市场需求，在百色、崇左地区，重点发展制糖、制浆造纸、果蔬、芒果、烤烟、香料、山茶油、葡萄酒和粮油食品的加工生产。

2）利用国内外芒果、烤烟资源，发展芒果果汁加工、烤烟加工。

3）围绕发挥山茶油的保健功能，扩大山茶油种植规模，发展特色山茶油的（深）加工工业等。

三、引导适度集聚，加快建设西江流域的产业极核

根据前述对发展阶段的分析，西江流域产业目前正处于由工业化初期阶段向中期阶段的过渡期。工业化是绝大多数发展中国家或地区提高物质生活水平，实现经济发展的一个不可逾越的阶段。目前，我国正处在工业化和城镇化加速推进的时期。由于区域工业化推

进具有明显的阶段性特征和空间结构演变规律,不同的发展阶段,产业结构变动和空间集聚扩散特征也有差异。陆大道院士提出著名的"点—轴系统"理论,核心是关于区域的"最佳结构与最佳发展"的理论模式概括。"点—轴系统"理论是我国进行各种层次的国土规划所广泛应用的理论工具,同时也是市场条件下的有效空间模式,是进行空间结构分析和空间规划的重要基础和手段。西江经济带充分运用科学理论,将亿吨黄金水道一级轴线建设好,引导西江流域各种资源要素、经济要素、人口要素等的适度集聚,加快建设核心城市、县域经济和产业园区3个空间尺度层面上的产业发展极核,使生产力布局与交通运输、水土资源、城市依托和要素市场实现最佳的空间组合,可以带动经济带乃至广西的经济社会快速发展。

核心城市:包括南宁、柳州、梧州、贵港、来宾、崇左、百色7个中心城市,是西江流域经济带的主要产业集聚极核,重点把核心城市做大、做强,大力发展都市型产业体系,逐步形成以知识经济、服务经济、绿色经济为主的产业结构,完善城市功能,更好地在区域发展中充分发挥核心城市的辐射效益和带动作用。

县域经济:包括7个中心城市下辖的40个县域(包括县级市),是西江流域经济带的重要产业集聚极核,也是西江经济带国民经济的基本单元,充分利用各自比较优势,依托城区骨干企业,以民营经济为主导,以园区为聚集载体,培育和发展各具特色的优势产业,形成经济发展新的增长极,提升产业带的整体水平,统筹城乡发展。

(一)发挥核心城市辐射效应,促进产业集聚快速发展

核心城市是西江经济带的主要产业集聚极核,是各市行政辖区的市中心城区的所在地,是各市的政治、经济、文化中心,无论是所具有的区位优势还是产业发展的经济比重在各市所占的比重都处于中心地位。西江经济带发展战略为核心城市提供了重大的发展机遇。如何把核心城市做大、做强,更好地在区域发展中充分发挥核心城市的辐射效益和带动作用。以各市主要产业园区为产业发展的载体,大力发展现代都市型产业体系,逐步形成以知识经济、服务经济、绿色经济为主的产业结构,同时加快城市化步伐,极化核心城市,全面提高城市发展质量,适度扩大城市规模,加强城市基础设施建设,完善城市功能,塑造城市特色,提升城市品位;现代都市型产业体系是以都市的信息流、人才流、物流和资金流等社会资源为依托,以文化创意、产品设计、研究开发、先进制造、营销管理和技术服务为主体,具有高知识性、高附加值、高竞争力等特点,能够在市中心区域生存和发展并与城市生态环境相协调的产业,主要有:金融服务业、电子与信息产业、生物科技产业、先进制造业、绿色食品加工业、商贸流通业、包装印刷业、纺织服装业、工艺美术品和旅游用品制造业等。抓好市区物流配送中心建设,适时组建电子商务中心和物流配送中心,建成集现代仓储、专业配送、多式联运、包装加工、信息服务、市场展示、货物交易的综合性现代流通行业。

南宁:围绕建设广西"首善之区"的目标,以南宁高新技术开发区和南宁经济技术开发区为核心组团,重点培育金融信息等现代生产性服务业,电子信息、生物工程与制药、生物质等高新技术产业,积极发展汽车零部件及机械装备、铝深加工、精细化工、消费品

工业等，适度发展化工、造纸、建材等产业，发展临港经济，促进现代物流商贸流通产业发展。

柳州：大力推进"柳州制造"走向"柳州创造"，努力实现创新型城市战略，形成一批有影响力的品牌。形成以阳和工业新区、高新区官塘创业园为龙头，优先发展汽车、钢铁、机械制造支柱产业，积极培育机电一体化设备、环保设备等现代制造业，引导产业园区化、规模化、集群化方向发展，加快发展现代商贸物流中心。

梧州：充分发挥西江经济带连接珠三角门户城市的区位优势，借力珠三角经济区的辐射，加快承接东部产业转移，拓展产业发展和城市建设的新空间，以梧州工业园区、进口再生资源加工园区为依托，重点发展制药、食品、日化、纺织服装以及宝石加工等特色产业，适度发展船舶制造、废旧金属加工、林产林化等产业。

贵港：依托临港优势，加快港口码头等基础设施建设，促进临港工业发展，打造贵港国家生态工业示范园、江南工业园和临港工业集中区等产业园区，优先发展糖业循环经济和综合利用体系，主动承接装备制造、船舶修造等产业，适度发展大吞吐量的建材、造纸等重化工业，加快发展大宗货物物流贸易中心，走新型工业化道路。

来宾：基于比较优势，以加快工业化为主线，"打基础、兴产业"，扩大工业优势产业规模，着力提高工业产业竞争力，依托"一区四园"（来宾市工业园区、河西工业园、凤凰工业园、迁江工业园、华侨高新园），四园产业联动、优势互补、协调发展，优先发展电力、冶金、制糖及综合利用、以茧丝绸加工为重点的农产品深加工等产业。

崇左：充分发挥面向东盟的地缘优势和扩大开放的政策优势，打造中国通往东盟的陆路大通道，适度扩大城市规模，为产业发展提供空间基础，加强基础设施建设，立足于资源优势，以崇左市城市工业区为依托，重点发展特色资源型和边境贸易型产业，巩固和提升制糖业，优化和加强锰业深加工，培育贸易流通和生态旅游等新兴产业，加强环境保护。

百色：依托富集资源优势，抓住广西把百色作为以铝为主的新工业基地的机遇，以百色工业园区为基础，着力打造以铝、铝加工和铝配套工业为主的工业体系，延伸产业链，提高附加值，建设中国乃至亚洲重要的生态铝工业基地，积极发展红色旅游、民俗旅游和特色农产品深加工业，加强环境保护。

（二）扶持县域产业增长极点，提升产业带的整体水平

县域经济（包括县级市，下同）是西江经济带国民经济的基本单元，在区域中占有举足轻重的地位。就全流域而言，2008 年末 40 个县域单元常住人口总数为 1731 万，占西江流域总人口的 66.4%；县域 GDP 总值 1807 亿元，占西江流域 GDP 总值的 45.4%。县城（包括县级市建成区，下同）是西江经济带的重要产业集聚极核，是各县行政辖区的中心城区所在地，是各县的政治、经济、文化中心。紧紧抓住中央统筹城乡发展、建社会主义新农村等重大机遇，积极扶持县域产业增长极点，壮大县域经济实力，提高县域经济在全流域经济中的比重，发挥产业和人口集聚功能，促进县域范围的工业化进程和城镇体系发展和完善，实施支持强县、扶持弱县等政策措施，推动县域经济加快发展，有利于促进区

域经济的总体实力，提升产业带的整体水平。统筹城乡发展，必须要有全局性、长远性及具有战略的眼光。县域应充分利用各自的比较优势，依托城区的优势产业和骨干企业，以民营经济为主导，以园区为企业聚集的载体，培育和发展具有辖区特色的优势产业，逐步形成经济发展新的增长极。发展路径主要有：一是特色经济方向。以现存优势资源为依托，开展差异化竞争，打造特色产业。40个县域经济体中，各县所处地理环境、自然和资源禀赋不同，经济发展水平和阶段也不相同，各自比较优势千差万别，因此充分结合县域比较优势，统筹考虑经济发展和产业结构调整目标和方式，促进县域经济发展。二是园区经济方式。经济增长点在园区、产业竞争力在园区，引导各类工业企业进园区，在"科学规划、政策扶持、统一管理"的前提下，加快产业和企业集聚，发挥规模效益和集聚效益。三是非公经济方向。县域经济所拥有的资金、人才等生产要素和核心城市相比较少，从东部沿海地区的发展经验来看，非公经济在富县强县中占有重要地位，积极鼓励社会资本、私营和个体参与县域经济发展和建设。四是重视可持续发展，注重人口、资源、环境的协调发展。

南宁6县：横县、武鸣县、隆安县、马山县、宾阳县、上林县。

1）横县，依托六景工业园区和那阳工业园区，重点发展重化工、制浆造纸、轻纺工业、茉莉花产业、糖业和茧丝绸业。

2）武鸣县，依托南宁—东盟经济开发区和伊岭工业集中区，重点发展食品及农副产品加工、机电等轻工业、精细化工及纸制品业。

3）隆安县，依托华侨管理区和宝塔工业集中区，重点发展农副产品加工、建材和电子信息等产业。

4）宾阳县，依托芦圩工业集中区和黎塘工业集中区，重点发展建材、食品和消费品工业。

5）马山县，依托苏博工业集中区，重点发展农副产品加工和建材等行业。

6）上林县，依托象山工业园区，通过煤电铝产业链重点发展加工制造业。

柳州6县：柳江县、柳城县、鹿寨县、融水县、融安县、三江县。

1）柳江县，整合柳江县工业基地资源，承接吸纳老城区产业转移，重点发展为汽车、机械等主导产业配套服务行业。

2）柳城县，以接纳柳州市工业辐射为主，整合六塘工业区、华侨经济等开发区，重点发展机械加工、机电一体化、新型材料、精细化工、茧丝绸深加工、农副产品深加工等产业。

3）鹿寨县，以鹿寨中心工业园为依托，引进承接江浙、广东等沿海发达地区产业转移为主，重点发展机械加工、电子信息、化工、造纸、茧丝绸加工等产业。

4）融水、融安、三江这3个县具有一定相似性，重点发展以农林产品、特色旅游为主的产业。其中，融水县主要有八角、茶叶、家禽、木材等农业产品，融安县主要有罗汉果茶饮料、竹炭加工、金橘等水果加工，三江县重点发展侗族风俗旅游业。

梧州4县（市）：苍梧县、岑溪市、藤县、蒙山县。

1）苍梧县，积极承接东部产业转移，依托苍梧工业集中区和石桥工业集中区，重点发展林化、化工、冶金、建材等资源优势产业和宝石加工产业。

2）岑溪市，重点发展资源优势产业和东部产业转移，花岗岩石材、冶金等资源优势产业，承接东部的皮革、毛织等产业转移。着力建设工业园区，促进工业集中集聚。

3）藤县，依托藤县工业集中区，重点发展钛白粉、高岭土陶瓷、林产化工、农产品深加工、电力等资源优势产业。

4）蒙山县，重点发展蚕丝绸为主的纺织产业，以木薯淀粉、中药为主的农产品深加工行业，以太平天国历史古迹为核心的旅游产业。

贵港2县（市）：桂平市、平南县。

1）桂平市，依托中国AAAA级西山风景名胜区、太平天国金田起义遗址、龙潭国家森林公园3个国家级旅游景区，重点发展生态旅游产业。

2）平南县，重点发展农产品加工、农贸商贸流通、建材、旅游等产业。

来宾5县（市）：忻城县、合山市、象州县、武宣县、金秀县

1）忻城县，以红渡工业区等沿江工业区为载体，依托乐滩电站等龙头企业，重点发展电力、冶炼、以蚕茧丝为重点的农林产品深加工等产业。

2）合山市，依托现有电力、煤炭、制糖等工业基础，重点发展电力、煤炭、冶炼、建材、机械加工，注重接续产业培育。

3）象州县，依托象州城南石龙工业集中区，重点发展制糖、化工、轻纺、以蚕茧丝为重点的农林产品深加工等产业。

4）武宣县，依托现有的制糖、建材等工业基础，重点发展制糖、酒精、建材、农产品加工等产业，引导集聚发展。

5）金秀县，发挥金秀"大瑶山生态民俗文化旅游区"的优势，重点发展旅游业、旅游工艺品加工、农林产品加工、民俗特色医药等行业。

崇左6县（市）：凭祥市、扶绥县、宁明县、龙州县、大新县、天等县

1）凭祥市，依托凭祥边境经济合作区和综合保税区，以进出口货物分装、加工、配送服务和电子机械的组装为基础建设贸易流通中心、出口加工中心和配套服务中心。

2）扶绥县，承接南宁产业转移为主，依托扶绥华侨投资区、扶绥百佳盛生物科技工业园、扶绥山圩剑麻工业园，重点发展果蔬、剑麻等农产品深加工，以系列氨基酸产品为主的生物科技等产业。

3）宁明、龙州、大新3县都具有丰富的旅游资源，如国家重点文物保护单位花山崖画、国家级自然保护区、德天瀑布等，重点发展文化旅游、生态旅游、民俗旅游等产业；其中，宁明依托宁明工业园，发展农产品加工业；龙州依托县城工业区，发展制糖业，以乌龙茶、优质水果、剑麻等为主的农产品加工业；大新发展苦丁茶、龙眼等农产品深加工，适度发展锰业加工。

4）天等县，发展锰业加工、农副产品加工和服装鞋帽、五金皮革等轻工业。

百色11县：平果县、田东县、田阳县、德保县、靖西县、那坡县、凌云县、乐业县、西林县、田林县、隆林县。

1）平果县，以平果江南工业园为依托，重点发展以平果铝为龙头，延伸铝业产业链，逐步形成集有色金属冶炼及深加工的新型工业县城。

2）田东县，以田东石化工业园为依托，重点发展中国石油援建的田东3套炼油装置

项目，以芒果种植、水果蔬菜加工销售为依托，发展农业产业化。

3）田阳县，以田阳工业园为依托，重点建设城东、红岭坡、那吉3个工业集中区，重点发展轻工业、糖纸产业和果菜生产配送产业。

4）南部山区工业带（包括德保、靖西、那坡3县），抓好华银氧化铝、靖西氧化铝、田阳氧化铝基地建设，重点发展铝土矿采选、氧化铝、锰业、保健酒和香料工业。

5）北部山区工业带（包括凌云、乐业、西林3县），重点发展电力、特色农副产品加工业及白云石为原料的镁金属工业等。

6）田林县，依托资源优势，重点发展林纸浆工业、八渡笋、油桐等农产品深加工等特色优势产业。

7）隆林县，重点发展水电等能源工业，适度发展铝加工业。

四、依托多类型产业集聚区（工业园区），整合产业带布局

（一）空间布局优化与规模调整

1. 布局调整

目前，西江经济带产业园区数量过多，B类以上产业园区42个，C类产业园区52个以上。产业园区的形式有很多种，但其设置的目的和本质都是通过对特定的区域给予特殊的优惠政策和集中投资，创造优于区外的良好的投资环境吸引内外资本和发展地方经济。一方面，产业园区过多，就难以体现出产业园区的特点，失去本来的意义。另一方面，产业园区设置数量过多和规模过大，投资需求可能会超过产业园区所能吸收的内外企业投资的总供给，造成各个产业园区过度竞争，造成众多低层次的重复建设和重复引进，导致资源的巨大浪费。因此，调整现有产业园区，有序发展沿江产业园区，有利于西江经济带的健康发展。

（1）产业园区布局的原则

1）产业园区与城镇建设相结合。产业发展是城市化的前提基础，城市化是产业发展的必然结果。新型工业化为城市化进程提供产业支撑，产业的发展壮大又要依托中心城市的辐射功能和集聚效应。产业布局与城市总体规划和土地利用总体规划相统一。

2）产业园区与交通干线相结合。西江经济带突出优势是沿江特色和综合交通条件，大吞吐量的工业生产要靠近交通运输干线，可以大大节省运输成本，从而取得较大的经济收益。同时也容易在交通沿线的城镇之间形成优势互补和分工协作格局。亿吨黄金水道建设，湘桂、黔桂等铁路设施，桂海、南友等高速公路，南宁、柳州、梧州等民用机场，为西江产业带的形成创造了良好条件。

3）产业园区布局与生态环境保护相结合。西江经济带工业化进程处于向工业化中期迈进的关键阶段，未来产业结构有偏重和大发展的趋势。因此围绕新型工业化，发展知识经济、循环经济、低碳经济，促进产业结构优化升级，保护生态环境，满足环境容量和控

制污染物排放标准;推动产业发展同人口适度增长、资源环境承载能力相协调,实现可持续发展。

(2) 产业园区布局划分技术路线

生态一票否决,凡是产业园区占用自然保护区的生态用地的,应该是撤并园区,实行必要的空间避让。

根据"点—轴"系统组织沿江产业园区的空间布局,近期重点发展"优先发展园区",加强产业园区的集聚和辐射能力,使其成为西江经济带的"一级点",中期重点发展"重点发展园区",使其成为西江经济带的"二级点"。同时,考虑到每个区县实现工业化的需要,若沿江县没有 B 类以上产业园区,可以考虑布局 1 个园区,作为县域产业集中的区域。从而使单个、静态的"点—轴"成为多个、动态的"点—轴"集合。

县域产业集中区域考虑不同类型产业园区布局指向不同,资源型产业园区按产业选址要求,现代制造业产业园区和农副产品特色产业园区布局在县城周边。

(3) 产业园区布局方案

根据产业园区的布局调整原则和技术路线,将沿江产业园区分为优先发展园区、重点发展园区和一般发展园区 3 种类型。其中优先发展园区和重点发展园区与 B 类以上产业园区综合评价的两类一致,一般发展园区在 B 类以上产业园区综合评价的一般发展园区基础上,增加马上县等 13 个县的工业集中区(图 6-22,表 6-26)。

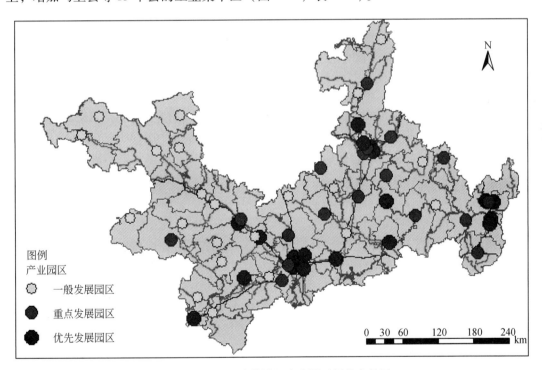

图 6-22 西江经济带沿江产业园区调整布局图

表 6-26 西江经济带沿江产业园区调整布局表

园区发展分类	产业园区数	产业园区名称
优先发展园区	19	南宁高新技术产业开发区、柳州高新技术产业园区、柳州市柳北工业区、南宁经济技术开发区百色工业园区、柳州市河西工业区、贵港江南工业园区、凭祥市边境经济合作区、藤县工业集中区、广西良庆经济开发区、梧州工业园区、南宁六景工业园区、柳州阳和工业园区、梧州长洲工业园区、来宾市工业区、苍梧工业园、靖西铝工业园区、南宁仙葫经济开发区、梧州进口再生资源加工园区
重点发展园区	18	南宁江南工业园区、柳州鹿寨经济开发区、平南县工业园区、南宁—东盟经济开发区、柳州市柳江新兴工业区、岑溪工业集中区、明阳工业区、梧州东部产业转移园区、平果工业区、桂平市长安工业集中区、田东石化工业园区、崇左市城市工业区、柳州市融安县工业集中区、象州县石龙工业集中区、蒙山县工业集中区、武宣工业区、宾阳县黎塘工业集中区、柳城县工业区
一般发展园区	18	南宁市隆安宝塔工业集中区、崇左市广西中国—东盟青年产业园、隆安华侨管理区、上林县象山工业集中区、忻城县红渡工业集中区
		马山县、融水县、三江县、大新县、天等县、宁明县、龙州县、合山县、金秀县、田阳县、德保县、那坡县、凌云县、乐业县、田林县、隆林县、西林县等工业集中区

2. 规模调整

（1）产业园区规模调整的依据

对于合理的产业园区规模，不同学者提出过不同观点，如王宁提出开发区的合适规模应该为 $1\sim3km^2$，最后发展不要超过 $5km^2$（王宁，1993）。清华大学为苏州高新区所作的发评价报告中认为，考虑到高技术产业对空间的要求、完整的社区环境、最佳的运营效益，高新技术产业开发区的规模不宜大于 $10km^2$，一般以 $3\sim5km^2$ 为宜（2000）。这些观点具有一定的参考价值。由于不同的产业园区在功能、依托的区域发展水平等各个方面均存在较大的差异，因此不存在统一的最佳规模的标准。没有最佳的产业园区的规模标准，并不意味着产业园区就可以无限膨胀和随意占地。单位土地的开发效益是衡量开发区土地利用的重要标尺。我们从规模与效益、产业类型、开发阶段、开发模式和依托城市等相关联的角度分析一下西江经济带沿江产业园区的规模分布。

从总体来看，虽然规划面积大小差异很大，但产业园区开发面积基本都在 $10km^2$ 以下（表 6-27）。产业园区开发面积为 $1.5\sim3.5km^2$ 和 $4\sim10km^2$ 单位面积产值最高；从产业园区发展到"集聚"和"二次创业"比较成熟的发展阶段来看，园区开发强度达到 40% 以上，产业园区的开发面积集中在 $5\sim10km^2$，园区规划面积为 $10\sim20km^2$；从产业类型看，资源型产业园区的面积为 $1\sim5km^2$，园区规划面积为 $10\sim15km^2$；轻工业产业园区在 $5km^2$ 左右，机械装备制造业在 $5\sim10km^2$；从依托的城市规模看，大于 50 万人的城市，产业园区开发面积为 $8\sim12km^2$，开发强度达到 40% 以上，20 万人以下城市的产业园区开发面积为 $1\sim5km^2$，园区产业开发强度在 20% 以下，依托 20 万~50 万人城市的产业园区开发面积在 $1\sim5km^2$，开发强度在 20%~40%。

表 6-27 西江经济带沿江部分产业园区开发情况

园区	级别	区县	园区发展阶段	产业类型	城镇规模（万人）	是否新城	规划面积（km²）	已开发面积（km²）	开发强度（%）	园区产出效益（亿元/km²）	区县产出效益（亿元/km²）
广西百色工业园区	自治区	百色市区	起步	资源型产业	5~20	否	17.3	1.47	8.50	15.81	0.43
广西梧州长洲工业园区	自治区	梧州市区	集聚	轻工业	20~50	否	0.27	0.05	18.52	1.68	0.07
南宁高新技术产业开发区	国家级	南宁市区	二次创业	高新技术产业	大于100	否	13.07	8.5	65.03	5.53	0.33
广西柳州阳和工业园区	自治区	柳州市区	二次创业	机械、装备制造	50~100	否	7.43	5.36	72.14	12.20	0.84
柳江县新兴工业区	A类	柳江县	起步	机械、装备制造	5~20	是	54.66	3.24	5.93	13.96	0.96
广西梧州工业园区	自治区	梧州市区	集聚	轻工业	20~50	否	4.52	1.81	40.04	3.14	0.35
广西鹿寨经济开发区	自治区	鹿寨县	集聚	特色农副产品加工	5~20	否	16.75	4.01	23.94	1.60	0.23
平果工业区	A类	平果县	集聚	资源型产业	5~20	否	10	3.52	35.20	0.62	0.09
广西贵港市江南工业园	自治区	贵港市区	集聚	资源型、轻工业	20~50	否	14.5	5.96	41.10	0.95	0.17
良庆经济开发区	自治区	南宁市区	集聚	资源型产业加工、综合	大于100	否	28	12.07	43.11	2.05	0.52
南宁—东盟经济开发区	自治区	武鸣县	起步	加工工业	5~20	否	59	6.42	10.88	0.37	0.10
崇左市城市工业区	A类	崇左市区	起步	资源型	5~20	否	15	1.42	9.47	3.26	0.96
六景工业园区	A类	横县	起步	化工、造纸	5~20	是	56.89	5.74	10.09	6.08	2.24
凭祥边境经济合作区	国家级	凭祥市	集聚	加工业	2~5	否	23.4	4.4	18.80	1.64	0.84
仙葫经济开发区	自治区	南宁市区	二次创业	轻工业	大于100	否	11.31	9.98	88.24	0.16	0.84

（2）沿江产业园区合理规模方案

依据上述分析，在已经开发面积基础上适度上调和适度下调，我们可以设定一个大致的产业园区规模标准，并与产业园区的产业类型、发展阶段、开发模式和依托城市等结合起来：

1）资源型产业园区，其产业发展主要与当地矿产等资源相关，发展比较好的园区规模，设定产业园区面积在 5~10 km²。

2）农副产品加工产业园区，产业园区面积为 1~5 km²。

3）机械装备制造产业园区，产业园区面积为 $10\sim15km^2$。

4）高新技术产业园区，产业园区面积为 $10\sim15km^2$。

5）综合性产业园区，视其依托城市规模大小，依托人口50万以上大城市的产业园区面积为 $15\sim20km^2$，依托人口50万以下区县的产业园区面积为 $5\sim10km^2$。

6）采用新城开发模式的产业园区，面积为 $20\sim30km^2$。

3. 建设导则

1）产业园区是工业发展土地集约利用的一种最佳方式，因此，增加产业园区的扶持和优惠政策引导产业入园区，同时严格限制其他园区外工业用地的审批，优先保证工业园区的用地保障。除了选址有特殊要求的资源型等项目外，其他工业项目应进区入园。广西每年将在国家下达的新增建设用地计划指标中实行计划单列，保障工业园区项目用地；各市安排的新增建设用地指标，主要安排给所在工业园区。工业园区用地要严格执行国家和广西的建设用地控制标准。

2）针对不同发展阶段的产业园区，实施不同的发展策略。对于起步阶段的园区，需要在起步阶段合理科学规划发展方向，发展本地特色产业，与成熟园区错位发展。对处于要素集聚阶段的园区，管理者开始着手考虑园区企业产业之间的关联和园区未来定位，为产业链的编制打好基础。处于第二次创业发展阶段的园区，具有较好的产业支撑和配套条件，园区应对要素重新整合，有意识地选择并培养主导产业的条件。

3）通过规划，科学合理地确定产业园区的功能定位，才能顺利地实现产业园区由形态开发为主向功能开发为主的转变，对进入产业园区的产业进行引导和控制，尽可能地避免招商引资后进入产业园区的多为第三产业和房地产经营项目，而缺乏与本地区产业发展和结构调整有关的核心重点项目的被动局面。产业园区的功能定位要与所在城市的性质和发展方向相适应，还要与承接产业转移和东盟一体化等新的发展形势相适应。

4）充分考虑产业园区与城镇和港口的关系。产业园区要尽量依托附近城镇提供的服务业，最大化地发挥城镇对园区的支撑作用以及园区对城镇的带动作用。有条件发展为新区的产业园区要提前安排产业园区与城镇的关系。统筹好产业园区与城镇、港口的空间组织关系，产业园区选址避免大运量穿过城市。

5）合理统筹产业园区的发展，按照"点—轴"系统组织西江经济带产业园区的发展。扶持优先发展产业园区，使其成为区域产业发展的龙头。增强产业园区的集聚力，提高产业辐射能力。同时培育重点发展产业园区，接受产业园区的辐射。发展区县一般的产业园区，使其成为当地工业集聚的生长点。

6）合理控制产业园区的规模。产业园区是集聚产业和集约利用土地，园区的产业基础、发展阶段和发展潜力决定产业园区的规模，并与区域发展相适应。积极引导多层标准厂房建设，大力推进项目节约用地。设立专项资金安排标准厂房补助，对标准厂房建设投资按规定给予补贴，鼓励现有及其通过厂房加层、改建、扩建等方式，提高园区土地产量利用率。修改《广西壮族自治区产业园区管理暂行办法》规定A类园区要 $10km^2$ 以上和B类要 $5km^2$ 以上的申报标准，避免驱动产业园区做大用地规模。

（二）产业园区的发展导向

1. 南宁市

（1）南宁高新技术产业开发区

发展现状：1992年经国务院批准为国家级高新区，规划面积为8.5km^2，2007年成为广西首个规模工业产值超百亿元的工业园区，截至2009年10月，完成工业总产值322.87亿元，完成工业增加值103.74亿元，完成税收总额19.54亿元，是广西智力及人才最密集的区域。

发展导向：重点发展生物工程及制药（中成药、生物制品、生物能源、药用包装）、电子信息及动漫产业（电子产品制造、软件、通信产品、动漫）、汽车零部件及机电（汽车灯具、散热器、中冷器、电力设备及其自动化产品）。

（2）南宁经济技术开发区

发展现状：2001年经国务院批准为国家级经济技术开发区。规划控制总面积110km^2（含托管区域），已开发土地面积6.22km^2，2009年10月完成工业总产值72.17亿元，工业增加值26亿元，税收4.57亿元。

发展导向：以利用外资为主要方式，形成以消费品为主要特色的经济园区，培育发展机电、精细化工、食品加工、造纸及纸制品等主导产业。

（3）南宁—东盟经济开发区

发展现状：2004年，经自治区政府批准在南宁华侨投资区基础上建立中国—东盟经济园区，开发区总面积180km^2，总人口3.5万，归侨侨眷近7000人。截至2009年10月园区完成工业总产值29.83亿元，工业增加值完成10.29亿元，完成财政收入1.2亿元。

发展导向：创建特色工业城、卫星城、华侨城作为发展目标，着力建设综合产业区、现代农业示范区和观光旅游度假区三大产业区，重点发展机械电子、家具制造、食品加工、服装鞋业等四大主导产业。

（4）广西良庆经济开发区

发展现状：是自治区级开发区，以工业开发为主，同时发展商贸物流、总部经济等，重点建设国际综合保税物流园、太安龙象工业集中区、IT产业物流园、生物制药园、有色金属加工园，建成了广西最大的私营企业工业园。截至2009年10月，开发区实现工业总产值59.87亿元，规模以上工业总产值54.42亿元，工业增加值19.76亿元。

发展导向：重点发展加工制造业、信息技术产业、现代物流业、总部经济。

（5）南宁仙葫经济开发区

发展现状：自治区级开发区，总体规划面积18km^2，国家发展和改革委员会审定开发面积为11.3km^2，截至2009年10月，开发区完成工业总产值5.5亿元，其中规模口以上工业总产值完成4.6亿元，完成工业增加值1.64亿元，利税8817万元。

发展导向：形成了以房地产、科研教育、休闲娱乐等三大行业为支柱产业，开发区产业定位为印刷、食品精细加工业。

（6）南宁六景工业园区

发展现状：自治区级开发区，园区一期规划面积7km²，二期规划面积15km²，远景规划面积50km²，规划人口30万。目前，一期规划用地基本用完，截至2009年10月，园区完成工业总产值11.91亿元，实现工业增加值3.57亿元，利税4873万元。

发展导向：以发展化工、制浆、造纸、茧丝绸加工及农副产品加工等产业为重点，物流业、仓储业和商住业为辅的综合型工业园区。

（7）南宁江南工业园区

发展现状：自治区级开发区，近期规划面积12.14km²，远期研究规划面积为32km²。2009年10月完成工业总产值12.59亿元，税收3641万元，财政收入2746万元。企业总数63家，其中，工业企业数50家、外资企业数1家。

发展导向：园区实行一区三园，由石柱岭铝加工产业园、江南经济园和沙井工业园3个部分组成。以铝业加工、物流商贸中心、水泥等建材产业为主。

（8）隆安华侨管理区

发展现状：自治区A类产业园区，规划总面积为20km²，一期规划4.76km²，截至2009年10月，园区完成工业总产值17.12亿元，实现工业增加值8.47亿元，税收992万元，财政收入1369万元。

发展导向：园区以承接东部产业转移为主导方向，以绿色食品加工、水泥、钢材铝材加工和机械电子为主导产业，以物流业、仓储业和商住为辅的综合型工业园区。

（9）广西宾阳县黎塘工业集中区

发展现状：自治区A类产业园区，园区规划范围面积22.561km²，所在地黎塘镇2004年被国家发展和改革委员会确定为全国小城镇建设试点镇。2009年10月，园区实现工业产值9.11亿元，工业增加值5亿元，实现税收4.28亿元。

发展导向：一区三园，东部产业园、石鼓岭产业园和北部产业园。其中，东部产业园以发展建材工业及商贸、仓储物流为主，石鼓岭产业园以发展消费品产业为主，北部产业园重点发展一类低污染产业和仓储物流业。

（10）南宁市隆安宝塔工业集中区

发展现状：自治区A类产业园区，是广西第一家由民营企业整体开发建设的园区，园区规划总面积为9.33km²，于2009年被纳入南宁生物国家高技术产业基地。

发展导向：一区两园，园区东部以研制生产生物技术药物、现代中药、生物制造为主导方向，南部建设成一个以水泥、水泥制品及农副产品加工等为主的产业园。

（11）明阳工业区（自治区农垦局）

发展现状：自治区A类园区，规划面积为50km²，首期开发20km²，已有54家企业入园建设，实现工业总产值12亿元，税收5269万元。

发展导向：发展以木薯变性淀粉、酒精、酵母为主要产品的木薯深加工产业，重点布局生物化工、电子信息、农产品深加工、新材料、机械制造、保税物流、现代农业等产业。

（12）上林县象山工业集中区

发展现状：规划总占地面积6.36km²，已开发1710亩，2009年10月，进驻象山工业集中区的工业企业有13家，实现工业总产值1.08亿元，税收3446万元。

发展导向：工业区大力发展煤—电—铝、煤—电—钒、活性白土、方解石等资源工业，重点发展煤—电—铝产业。

2. 柳州市

（1）广西柳州高新技术产业园区

发展现状：自治区级开发区，园区位于柳州市东部，由中心园片区和官塘园区两部分组成，园区规划面积约为130km^2。2009年10月，柳州高新区完成工业总产值643亿元，实现工业增加值128.9亿元，税收30亿元。

发展导向：中国西部重工业、装备工业的重要基地，柳州市经济增长的新核心，城市高新技术产业、现代服务业、物流业和职业教育的新中心。

（2）广西鹿寨经济开发区

发展现状：自治区级开发区，总规划面积22km^2，现开发土地面积6517亩，入驻企业108家，其中外资企业6家。下辖鹿寨工业园、雒容工业园、鹿雒工业长廊，现已形成了一区二园一长廊的发展格局。

发展导向：制糖、造纸、酒精行业；蚕茧、缫丝、捻丝、纺织等产业。

（3）广西柳州阳和工业园区

发展现状：自治区级开发区，规划分为3个区域，即阳和汽车机械园、古亭综合配套服务区、雒容工业园，规划面积约为50km^2，目前已开发面积685.6hm^2。

发展导向：重点围绕汽车、机械产业链。

（4）柳州市柳江新兴工业区

发展现状：自治区A类产业园区，规划面积26.26km^2，2009年10月，新兴工业园实现工业总产值63.53亿元，完成工业增加值17.91亿元，实现利税1.86亿元。

发展导向：逐渐成为吸引和承接东部产业转移的重要基地。

（5）柳州市河西工业区

发展现状：自治区A类产业园区，规划总面积11340.9亩，2009年10月河西工业区实现工业总产值62亿元，工业增加值18.61亿元，实现利税1.86亿元。

发展导向：建设成为汽车、工程机械整车生产及其零部件配套加工生产基地。

（6）柳州市柳北工业区

发展现状：自治区A类产业园区，由沙塘工业区和白露工业区组成，规划总用地面积10.26km^2，2009年10月柳北工业区完成工业总产值52.79亿元，完成工业增加值20亿元，实现税利6.07亿元。

发展导向：全力打造以钢材深加工、循环经济产业、轻纺服装加工业、汽车零部件、机械制造加工为主导的产业，并配套发展物流运输、仓储服务等服务行业。

（7）柳城县工业区

发展现状：自治区A类产业园区，由河西片区、六塘片区和沙埔片区组成，规划总面积1061hm^2，已开发面积327hm^2。2009年10月园区实现工业总产值18.62亿元，工业增加值4.67亿元，税收9215万元。

发展导向：农产品加工、化工、机械汽配等产业。

（8）融安县工业集中区

发展现状：自治区A类产业园区。园区规划总面积11.44km²，划分为石其、红卫、高泽和浮石4个片区，2008年融安县工业集中区实现工业总产值13.60亿元，税收0.86亿元，工业项目实际固定资产投资3.86亿元。

发展导向：重点发展果蔬农产品深加工产业、木材深加工、中草药加工，同时承接柳州市退城进郊工业项目产业。

3. 梧州市

（1）广西梧州工业园区

发展现状：自治区级开发区，规划面积19.2km²，首期开发面积9.5km²，是广西承接产业转移的示范基地。2009年10月，园区完成工业总产值18.74亿元，工业增加值5.9亿元，税收2.57亿元。

发展导向：规划为制药、纺织、电子、家电、日化、轻工、林化、综合8个产业区。

（2）广西梧州长洲工业园区

发展现状：自治区级经济开发区。园区位于梧州市区西部，总规划面积为27hm²，目前园区建有标准工业厂房、生产配套设施共90 000m²及5000m²临街商业配套。园区2009年10月完成工业总产值3.52亿元，实现工业增加值6979万元，利税1014万元。

发展导向：产业涉及钟表、电子、日用化工、纺织制品、光学仪器等多个高新技术、高产值行业。其中有著名的日本西铁城集团的领冠电子（梧州）有限公司、广西梧州索芙特保健品有限公司等知名企业。

（3）岑溪工业集中区

发展现状：自治区A类产业园区，由家电产业园、思英服装加工、善村工业园、筋竹大业工业园以及石材工业加工区五大专业园区组成，总规划面积6km²。截至2009年10月，工业集中区共引进企业68家，实际投资总额11.31亿元，实现工业总产值18.74亿元，工业增加值5.6亿元，税收2.57亿元。

发展导向：主要发展家电、电子产业。

（4）藤县工业集中区

发展现状：自治区A类产业园区，总规划面积为724.6hm²。分4个功能区：东部松塘铝型材、电子工业区，中部三坡轻工业区，中西部富吉钛品工业区，西部平政化工工业区。截至2009年10月，工业集中区内企业共实现工业总产值10亿元，实现工业增加值2.6亿元，税收4267万元。

发展导向：重点发展钛白化工、林产化工、建材、铝制品、电子及农产品加工、轻工业等支柱产业。

（5）苍梧工业园

发展现状：自治区A类产业园区，规划面积951.8hm²，现已开发利用350hm²。2009年10月工业园区实现工业总产值20.19亿元，工业增加值6.31亿元，上缴税金6740万元。

发展导向：承接产业转移重要基地，重点发展电子、机械、有色金属冶炼、高新技术等支柱产业。

(6) 梧州进口再生资源加工园区

发展现状：自治区 A 类产业园区，国家环境保护部批准建设的"圈区管理"试点园区，总规划面积 $7.56km^2$，首期规划开发面积 $3.33km^2$。已签订投资意向项目 14 个，在建企业 9 家，完成投资 2.52 亿元。

发展导向：建成为广西承接东部产业整体转移示范基地，以铜铝再生资源拆解加工为主的有色金属专业特色园区、国家级循环经济试点示范园区。

(7) 梧州东部产业转移园区

发展现状：自治区 A 类产业园区，梧州市承接东部产业转移的主要基地，总体规划面积 $1069hm^2$，整合万秀、蝶山、长洲 3 个城区工业集中区。

发展导向：重点发展工艺品制造、林产林化、建材、食品、轻化工、电子、医药等产业转移的聚集地。

(8) 蒙山县工业集中区

发展现状：自治区 B 类产业园区，规划面积为 $528.2hm^2$。2009 年 10 月集中区实现工业总产值 6.65 亿元，工业增加值 1.86 亿元，创税收 1890 万元，利润总额 989 万元。

发展导向：具有地方特色的农产品加工产业园区，主要发展纺织（蚕纺、针织）、食品、林产等农产品加工业，同时发展林化、玩具、宝石加工、塑胶、电子等东部转移的产业。

4. 贵港市

(1) 广西贵港江南工业园区

发展现状：贵港市唯一一个省级工业园区，规划面积为 $14.5km^2$，园区规划为 7 个功能区，即西北高新科技创业园、东北电子信息产业园、东部服装工艺园、中部食品医药加工园、东南五金建材园、中南精密化工园、西南冶炼制造园。2009 年 10 月，园区实现工业总产值 33 亿元，工业增加值 10 亿元，实现税收 8366 万元。

发展导向：主要产业有建材、化工、饲料、羽绒、服装、制鞋、电子、林产品加工等。

(2) 桂平市长安工业集中区

发展现状：自治区 A 类产业园区，规划总面积 $10km^2$，首期规划开发面积 $5.8km^2$，已有金源酒精、清隆机械、金田木业、维斯顿硅业、联润棉纺厂、香港茂荣集团、金龙工业租赁有限公司等 21 家知名企业进驻，合同投资总额 26.42 亿元，其中外资企业 12 个，总投资 22.82 亿元。

发展导向：是集研究与开发、生产与制造、销售与服务于一体的现代化工业集中区。

(3) 平南工业园区

发展现状：自治区 A 类产业园区，一区二园，2009 年引进入园项目 16 个，其中重大项目有项目总投资 150 亿元的麦科特有限公司年产 100 万辆摩托车、电动车产业园及研发中心，项目总投资 60 亿元的樱花集团（香港公司）电子产品基地，项目总投资 50 亿元的广西永源生物发展有限公司年产万吨保健酒和珍稀动物养殖项目，项目总投资 10 亿元的江苏阳光集团林产品加工基地及港口物流项目等。2009年平南工业园区实现工业总产值20多亿元，税收近2亿元。

发展导向：临江工业园主要产业为五金机械、装配轻工、食品和林产品加工、纺织、信息电子等，丹竹工业园主要产业为水泥和石灰石加工为主的建材业。

5. 百色市

（1）广西百色工业园区

发展现状：自治区级工业园区，是广西重点打造的10个产值超百亿园区之一，分为铝产业园和百侨工业园两个工业园。2009年10月园区实现工业总产值71.16亿元，工业增加值23.24亿元，税收2.52亿元。

发展导向：功能定位为铝加工、农副产品深加工、制造业等，发展方向以发展壮大铝深加工为主。

（2）平果工业区

发展现状：自治区级A类产业园区，是自治区重点建设的八大特色园区之一，总体规划$10km^2$，2009年10月园区实现工业总产值19.84亿元，工业增加值7.22亿元，税收4491万元。

发展导向：生产氧化铝、电解铝的机遇，发展铝产品加工及其配套的上下游项目。

（3）靖西铝工业园区

发展现状：自治区级A类产业园区，规划用地面积$23.11km^2$。截至2009年10月，园区完成工业总产值41亿元，工业增加值16.53亿元，税收8047万元。

发展导向：产业定位为铝加工及其相关的配套产业。

（4）广西田东石化工业园区

发展现状：自治区级A类产业园区，规划面积约$7.1km^2$，目前已开发土地面积近3000亩。目前园区共有入园项目24个，已建成投产的产业项目8个，总投资约30亿元；在建产业项目8个，总投资约26亿元；在谈的产业项目8个，总投资48亿元。

发展导向：重点发展石油化工基础原料、氯碱化工、化学品氧化铝、生物化工四大产品链，将最终发展成为西南氯碱基地、化学品氧化铝基地、水处理产品基地和石化新基地。

6. 来宾市

（1）来宾市工业区

发展现状：自治区级A类产业园区，规划面积$49.38km^2$，已建成面积$23.67km^2$，下辖凤凰工业园、河西工业园、迁江华侨工业园。2009年10月工业区实现工业总产值94.45亿元，工业增加值20.18亿元，利税8.11亿元，其中税收5.31亿元，工业项目实际投资总额14.64亿元。

发展导向：以电力产业体系为能源中心，以甘蔗生态产业、有色冶炼产业、锰冶炼及加工产业体系为主导，重点发展电力、冶金、造纸、化工、农林产品加工等产业，大力发展各种铝深加工产业。

(2) 武宣工业园区

发展现状：自治区A类产业园区，总规划面积1652.77 hm^2，采取"一区四园"的布局。2008年武宣工业园区实现工业总产值14.91亿元，税收1.07亿元。预计2009年实现工业总产值18亿元，税收1.2亿元，基础设施投入6000多万元。

发展导向：以制糖及综合利用、建材和轻纺业为主导产业。

7. 崇左市

(1) 凭祥市边境经济合作区

发展现状：国家级，核定面积7.2 km^2。现有60家工业企业入园，主要有生物质能源、生物农药、农副产品加工、红木加工展销、选矿、医药制品、冷藏等产业。截至2009年10月，实现工业总产值5.37亿元，工业增加值1.61亿元，税收4025万元。

发展导向：以对外贸易、跨国货物流通、加工工业为主的边境经济合作区。

(2) 崇左市广西中国—东盟青年产业园

发展现状：自治区A类产业园区，总规划面积34.8 km^2。2009年10月，园区实现工业总产值达2.92亿元，工业增加值6708万元，税收513万元。

发展导向：重点发展食品加工、林产林化等产业。

(3) 崇左市城市工业区

发展现状：自治区A类产业园区，工业区规划面积约30 km^2，规划为糖果食品轻工园区、资源加工园区、综合加工园区、高新技术园区4个功能园区。截至2009年10月，工业区实现工业总产值5亿元，工业增加值1.35亿元，税收1165亿元。

发展导向：重点发展蔗糖产业群、矿产品深加工产业群、建材化工产业群、食品和农副产品加工产业群、药品和化妆用品产业群、服装玩具等劳动密集型产业群六大产业群。

(三) 主要产业园区的空间组织

1. 轴线空间组织

(1) 总体思路

产业园区发展与交通干线（西江黄金水道、高速公路、铁路、国道等）相结合，其空间发展要以3个区段的园区集聚区为中心，即东段承接产业发展区（梧州、贵港）、中段高端产业集聚区（南宁）、西段铝业资源加工区（百色），3个狭长的集聚区形成西江流域的产业发展条带（图6-23）。

(2) 发展重点

东段承接产业发展区（梧州、贵港）：以两个自治区级产业园区为重点（梧州工业园区、贵港江南工业园），依托7个自治区A类园区及其余层次产业园区，重点发展五金、家电、陶瓷、建材、轻工、服装、食品、加工制造等产业，同时积极发展现代物流中心和商贸交易中心。

中段高端产业集聚区（南宁）：以南宁高新技术开发为中心，以5个自治区级园区为重点支撑，依托其他产业园区，依靠区位优势及政策等优势，重点发展高新技术、机电机

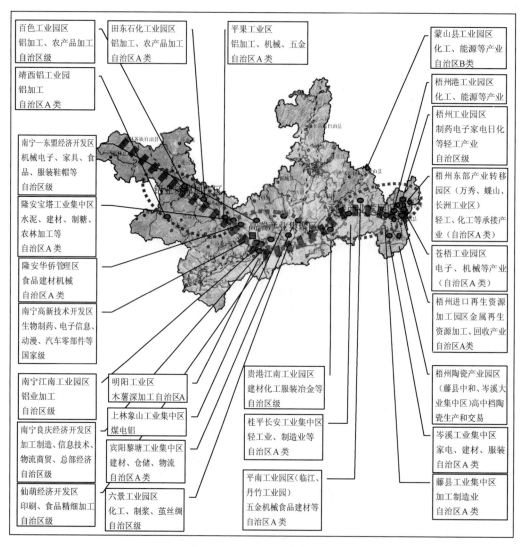

图 6-23　西江经济带发展轴线的产业园区布局

械、精细化工、汽车零部件、总部经济、食品加工等产业。

西段铝业资源加工区（百色）：以自治区级百色工业园区为中心，依托田东石化、靖西铝工业园区，大力发展铝加工业，延伸铝产业精深加工链，发展特色农产品加工业。

2. 两翼的空间组织

（1）总体思路

产业园区发展与交通干线相结合，其空间发展要以两翼产业发展条带进行空间组织，即北翼产业发展区（柳州、来宾）、南翼产业发展区（崇左）。两翼产业类型特色明显，差异化协同发展，两翼齐飞，提升西江经济带的产业发展水平（图6-24）。

（2）发展重点

北翼产业发展区（柳州、来宾）：柳州以3个自治区级产业园区为中心（高新技术开

第六章 可持续工业化的战略与路径

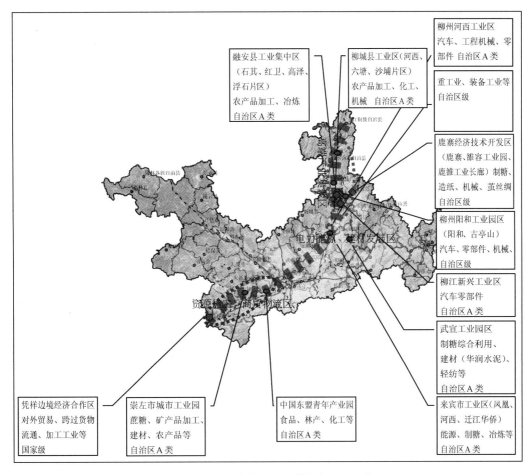

图 6-24　西江经济带发展两翼的产业园区布局

发区、阳和工业园区、鹿寨经济技术开发区),4 个自治区 A 类产业园区及其余园区为依托,形成北翼的高端产业集聚区,重点发展汽车、机械、零部件、机电设备、茧丝绸、农产品加工等产业。来宾以 2 个自治区 A 类产业园区为重点(来宾市工业区、武宣工业园区),依托其余层次产业园区,重点发展电力能源、制糖、冶炼、建材等产业。

南翼产业发展区(崇左):以国家级凭祥边境经济合作区为中心,依托两个自治区 A 类园区(崇左城市工业园、中国—东盟青年产业园)和其余园区为依托,充分发挥区位及资源等优势,重点发展国际贸易、现代物流、加工制造、矿产品开发、农产品加工等产业。

第五节　生态高效农业发展

一、农业产业发展现状

西江经济带所处的广西是全国农业资源大省,新中国成立以来,随着优化农产品区域布局、推进农业结构调整,广西农业实现了持续快速的发展。在广西的农业发展中,西江经济带 7 地市的地位举足轻重,作为主要农产品的粮食、油料、甘蔗以及水果产量 2008 年分别占到广西境内总产量的 51.0%、51.6%、62.5% 和 37.2%(图 6-25),实现农林牧副渔总产值 1151 亿元,占广西的 50% 以上。西江产业带已成为全国重要的蔗糖、桑蚕、亚热带水果以及淡水产品生产基地,也是粤港澳地区鲜活商品的主要供应地。

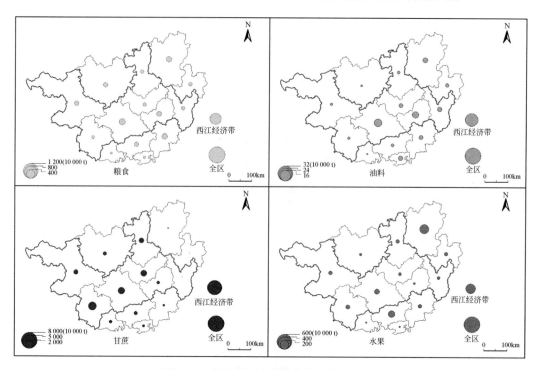

图 6-25　广西主要农产品产量的空间差异
资料来源:根据《广西统计年鉴 2009》整理

"十一五"期间,西江经济带农业发展成效显著,主要表现在粮食生产稳定发展,优势产业增长迅速,农业综合生产能力明显提高,农业区域布局不断优化,产业化经营有新突破,服务体系逐步完善,基础设施有所改善,农村社会不断进步。但是与此同时,农业发展也面临着一系列困难和挑战。

1. 耕地资源退化严重,劳动力资源流失加快

西江流域人多地少,人均耕地面积 0.76 亩远远低于全国人均耕地 1.4 亩的平均水平,而且由于坡地比例大,机械化耕作推广困难,劳动生产率比较低。即使如此随着城镇化和工业化进程快速推进,平原地带的耕地大量被转化为城市、工业用地,2000 年以来西江经济带耕地总面积减少了 75 466hm^2。并且由于化肥、农药过量和不当的使用导致耕地的土壤退化,耕层变浅,保水肥能力下降,致使耕地资源对农业发展的制约日益突出。与此同时随着户籍制度对区域间、产业间人口流动限制的缓和,2005~2008 年,第一产业就业人口减少了 184.8 万(-23%),其中一大批青壮年劳动者转移到二、三产业和城镇就业,导致西江经济带7地市从事农业生产的劳动力在年龄和文化知识结构上发生了很大的变化。留守儿童、空巢老人的人口和户数比例在逐步增大，高素质劳动力资源流失导致了传统农业粗放经营的恶性循环，延缓了农业产业升级的推进步伐。

2. 基础设施明显滞后，农业抗灾害能力薄弱

西江流域气候多变，灾害性天气出现频繁。其中崇左、百色等桂西地区多春旱，出现频率达60%～90%，梧州、贵港等桂东地区多秋旱，出现频率为50%～70%。灾害性天气频繁给农业生产造成严重经济损失的主要原因是基础设施不完备，抗灾能力薄弱。西江经济带的农业基础设施明显落后于全国水平，特别是水利设施老化失修、病险水库多、防汛抗旱能力不足尤为突出。2008年区域内有效灌溉面积为83.8万hm^2，一半左右的耕地无法保证正常灌溉。蔬菜基地旱涝保收面积比率持续下降，木薯生产基本靠雨水浇灌，甘蔗生产也受干旱的严重制约。农村道路交通建设进展缓慢，晴雨天都能通车的道路、部分蔗区的车运道路、相当部分林区及自然保护区的日常出行道路未得到改善。

3. 农业生产结构趋同，产业布局互补性不强

在新的区域竞争格局下，西江经济带农产品结构还不够合理，特色优势、互补优势不突出。农业结构调整按市场需求组织生产。但是，当市场上某种农产品价高畅销，就必然会诱发众多地方一哄而起，大力发展这种农产品生产，从而导致许多地方农业结构调整出现趋同。如梧州市的八角和荔枝曾经是市场上的紧俏货，但是随着相邻各地近几年大规模推广种植，市场上的八角和荔枝产品不断增多，价格不断下跌，分别由过去的10元/kg、30元/kg，跌至现在的3元/kg、6元/kg，极大挫伤了农民的生产积极性。再如蔗糖是西江经济带的传统支柱产业，在各地政府的倡导鼓励下，农民扩大种植面积，部分市、县还出台了各种优惠政策，但是在蔗糖的市场价一直处于低位徘徊的背景下，农户的增收受到了限制。

4. 农业组织化水平低，农产品市场竞争力差

改革开放30年以来，虽然西江流域的农业生产者参与市场的意识日益强烈，但是一家一户式分散生产经营格局没有根本转变，规模化、集约化、社会化的生产布局没有形成，农技服务体系不健全，技术指导难以到位，大多数农民的市场意识具有被动性、生存性、不稳定性及盲从性等不足。再加上产业产后加工对产中种植拉动不足，产业内部潜力挖掘不够，农业产业链有待延伸。这些问题导致该地区农产品普遍存在着"三多、三少、三低"现象，即普通产品、初级产品、粗加工产品多，优质产品、精深加工产品、精细产品少、附加值低、科技含量低、市场占有率低。中国—东盟自由贸易区启动后，由于东盟的农产品与广西雷同，而且上市早，价格低，对西江经济带的农业形成了一定的冲击，特别是对亚热带水果影响较大，导致了龙眼干、荔枝干加工业全面萎缩。一些农产品在东盟欠发达国家虽然具有一定的比较优势和出口潜力，但由于未达到卫生安全标准，制约了出口数量；另外由于加工水平低，包装简陋，致使相当多的农产品以大件统货出口，商品附加值低。

二、农业发展水平评价

1. 发展阶段理论判断

在发展经济学和农业经济理论中,传统农业、近代农业和现代农业的农业发展三阶段理论最为突出。20世纪60年代美国农业经济学家约翰·梅尔提出的农业发展三个阶段作为对农业发展阶段的划分方法被国际农经界广泛认可,其三个阶段分别是传统农业、低资本技术农业和高资本技术农业。传统农业是一个技术停滞的阶段,生产的增长主要依靠传统形式的投入物,如资本、土地、劳动力缓慢增长。因此,传统农业阶段的农业生产扩大实质上是通过各种投入物的使用量来实现,导致单位投入物的收益和生产率呈下降趋势。进入低资本技术农业阶段,技术进步的复合作用显著地提高了农业生产过程的效率以及农业生产的增长率,而技术进步则要求整个体制的完善和改良,是一个保证农业生产持续增长的动态过程,运用一系列既有的技术进入创新过程,这一过程的重点是提高作物单产和单位家畜的生产能力。但这一阶段使用的资本量仍然较小。第三阶段是高资本技术性动态农业,其基本特征包括:资本以大型机械的形式代替劳动力,劳动生产率得以持续提高;在生物学方面的研究有助于改进作物和动物的适应性,增加生产量,从而有利于提高劳动生产率;农业部门的相对重要性显著下降,资本积累已经足以支持非农产业部门的迅速发展;资本在农业部门的运用也日益集约化;非农业产业部门扩展的结果是,劳动力与土地比率下降,农场平均规模扩大;由于农业部门对资本需求很大,产生了对其他经济部门的需求,有利于促进其他经济发展。由于这一阶段经济转型已经完成,农业在整个经济中只占很小的比重,因而农业不再主要地担负援助其他经济部门发展的重任。正如海亚密和拉坦认为,这三个阶段大体上类似于罗斯托模式(Rostovian take-off model)中的起飞准备阶段、起飞阶段和向成熟推进阶段。小克利夫顿·R.沃顿综合了珀金斯—威特、约翰斯顿—梅勒和希尔—莫舍提出的阶段分类方法,概括了从传统农业阶段通过低资本技术农业进入高资本技术农业阶段变化的十大基本特征(表6-28)。比照目前西江经济带农业发展面临的主要问题可以判定其正处于由低资本技术农业向高资本技术农业过渡阶段。

表6-28 低资本技术农业与高资本技术农业阶段的十大基本特点

基本特点	低资本技术农业阶段	高资本技术农业阶段
一般的价值、态度、动机	否定的或有阻力的	肯定的或可接受的
生产目标	家庭消费和生存	收入和净利润
制定决策过程的特点	不合理的或传统的	合理的或"选择制定"
技术或工艺状态	静态的或传统的(没有或有缓慢的改革)	动态的或迅速的改革
农业产品商品化程度	自给或半自给	商品性的
农业投入商品化程度	家庭劳动和农业自产自销产品	商品性的
要素比例和报酬率	劳动与资本比率高;低劳动报酬	劳动与资本比率低;高劳动报酬

续表

基本特点	低资本技术农业阶段	高资本技术农业阶段
影响或服务于农业和乡村地区的机构	缺乏的和不完善的	有效的很好发展的
非消耗性农业资源的可得性	可得的	不可得的
农业部门占整个经济的份额	大	小

资料来源：根据（日）早见雄次郎、（美）拉坦（Ruttan, Vernon W.）著，吴伟东等译《农业发展：国际前景》（商务印书馆，1993年版）第17页原表整理

2. 发展指标体系评价

在保障"安全、低耗、生态"的前提下，构建"高产、优质、高效"农业体系是加快过渡、实现跨越式发展的必然途径。有鉴于此，本研究利用高产优质高效农业评价指标体系对西江经济带的农业以及区域农村的发展水平进行定量评估。此指标体系从理论与实践相结合的角度，以比较经济原则为基础，运用系统科学方法对诸多衡量农业发展水平的单项指标进行系统的递阶处理。指标体系系统图解和计算方法如图6-26所示。

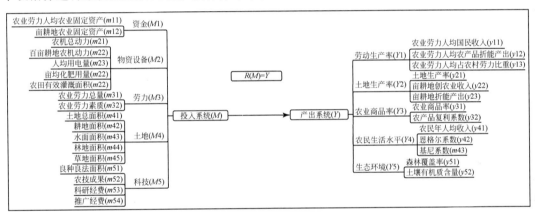

图6-26 高产优质高效指标评价体系系统和计算方法

按农业进步取决于生产要素更新原则设定投入论域，
$$M = \{资金（物质装备），劳力，土地，技术\}。$$
以通用度量标准设定产出论域，
$$Y = \{劳动生产率，土地生产率，农业商品率，农民生活水平，农业生态\}。$$
计算程序主要分为3步：①计算投入评价指数；②计算产出评价指数；③计算综合评价指数。

（1）投入评价指数计算

$$M_q = \sum_{i=1}^{n} M_i$$

式中，M_q为投入评价综合指数；$M_1 \sim M_5$分别为资金、物质装备、劳力、土地、技术投入指数。

$$M_i = \sum_{\substack{i=1 \\ j=1}}^{n} mQ_{ij}$$

式中，mQ_{ij}为构成主体要素的各群体指标指数。

$$mQ_{ij} = 1 - (S_{ij} - m_{ij})/S_{ij}$$

式中，S_{ij}为各投入要素指标相对应的各参照指标；m_{ij}为投入要素的群体指标(如m_{11}＝农业固定资产投入／农业劳动力)。

（2）产出评价指数计算

$$Y_q = \sum_{i=1}^{n} Y_i$$

式中，Y_q为产出评价综合指数；$Y_1 \sim Y_5$分别为劳动生产率、土地生产率、农业商品率、农民生活水平、生态环境的产出指数。

$$Y_i = \sum_{\substack{i=1\\j=1}}^{n} yQ_{ij}$$

式中，yQ_{ij}为产出系统群体指标指数。

$$yQ_{ij} = 1 - (\bar{S}_{ij} - y_{ij})/\bar{S}_{ij}$$

式中，$\bar{S}_{ij}$为各产出指标相对应的各参照指标；y_{ij}为产出群体指标。

（3）农业综合评价指数计算

$$H_i = \frac{Y_q}{M_q}$$

式中，H_i为农业综合评价指数(高产优质高效农业水平)。

利用以上指标评价体系计算方法分别对西江经济带、广西、全国的农业发展水平进行了初步评价，计算结果如表6-29所示。

表6-29 "高产、优质、高效"农业体系评价指数

区域 指数	Y_q	M_q	H_i
全　国	49.6	68.7	72.2
广　西	41.1	66.5	61.8
西江经济带	44.3	67.8	65.3

计算中所需西江经济带数据主要由合计西江经济带7市数据获取，"农业劳力人均农业固定资产"、"亩耕地农业固定资产"等一部分数据利用了广西平均值。计算结果说明，西江经济带的农业发展高于广西水平，但是与全国水平相比有很大差距。特别是产出评价指数低于全国水平5.3个百分点，农业产出效率低是目前西江经济带亟待解决的问题。

三、农业产业发展途径

鉴于本研究对西江经济带高产、高效、优质农业发展水平的判定结果，针对现存问题，认定应该把提高农业产出效率作为发展区域农业、加快产业升级的重要途径。《国务院关于进一步促进广西经济社会发展的若干意见》中，把大力发展特色农业作为广西"加快发展现代农业，夯实经济社会发展基础"的重要途径，把"积极开发名特优新农产品，

建设成为我国亚热带农产品重要产区"作为了发展特色农业的主要目标。

1. 特色农业发展条件

西江经济带大力发展特色农业的条件得天独厚,主要可以归纳为以下几个方面。

(1) 自然条件优越

西江流域属南亚热带季风气候,年均气温在 16~23℃,年降雨量在 1000~2800mm,4~9 月降雨量占年降雨量的 75%,水热资源丰富且水热同期,适于农作物生长,特别是亚热带水果、秋冬蔬菜等特色农产品生产。目前西江经济带已发现的植物有 280 多科、1700 多属、8000 多种,有"植物王国"、"香料之乡"、"天然花园"、"药物宝库"等美称。

(2) 区位条件突出

西江经济带东临经济发展水平较高的珠江三角洲,西连资源富集的云贵高原,南接国家大力支持发展的北部湾经济区和越南社会主义共和国,并且与东南亚许多国家隔海相望,陆海空相通。从交通条件来看,西江经济带现已初步构建了西南地区出海出边的三条大通道和邮电通信网络。按照区位理论,西江经济带独特的区位与其他地区相比,大大降低了空间交易费用,有利于农业参与国内外农业的区域分工,便于为国内外市场提供特色农产品。

(3) 政策优势明显

在近几年的中共中央、国务院发布的有关区域和产业发展文件与规划中,一直把发展特色农业作为我国新时期建设现代农业体系的重要组成部分和优化农业结构、转变农业增长方式、增强农业综合实力的有效途径。西江经济带地处西部少数民族地区,同时享受少数民族自治区和西部大开发的优惠政策。2001 年重新修订的《民族区域自治法》中,赋予了民族自治地方经济发展更优惠的政策、更充分的权利、更有力的支持。在西部大开发政策中也提出,西部地区农业开发,要适应农业结构战略性调整的要求,发挥比较优势,大力发展特色农业。

(4) 技术趋于成熟

"十一五"期间,西江经济带各市加强农业科技研究攻关和先进技术组装、配套及应用,取得了一批优秀科技成果。坚持自主创新与引进结合,积极选育优质、高抗、适应市场需求的农作物新品种。先进技术和新品种的引进,加快了农业技术的进步和农产品品种的更新换代,对提高农产品质量和效益发挥了重大作用。与此同时在重大技术的推广方面,积极推广水稻旱育稀植技术、水稻免耕抛秧技术、水稻联合收获机械化技术、蔗地深耕深松机械化技术等重大技术,加快推广速度,提高推广效益,取得显著成效。

(5) 产业基础雄厚

近几年来,按照生产专业化、布局区域化的思路,培育和发展了一批与产业化经营相适应的特色农产品生产基地。龙头企业逐步发展壮大,产业链不断延伸。目前,西江经济带范围内被认定为"农业产业化国家重点龙头企业"的有 7 家,辐射带动能力较强、与农户联结关系较紧密的农业产业组织覆盖了 1/3 以上的农村。农产品市场体系不断发育,社会化服务体系正在逐步建立健全。建成了一批具有一定规模的专业批发市场,如广西食糖批发市场、南宁五里亭蔬菜批发市场、田阳农副产品批发市场等,在搞活特色农产品流通、推动产业化经营中发挥了重要作用。

(6) 市场潜力巨大

西江经济带是我国发展热带、亚热带农业最有潜力的地区之一。热带农产品在《WTO农业协议》中确定是关系众多发展中国家特殊利益的产品，是首先实现全面自由贸易的产品，发达国家在执行市场准入承诺时，给予热带农产品贸易全面自由化提供更好的市场准入机会和条件。特别是中国—东盟自由贸易区的建立，更为西江经济带发展特色农业提供了机遇，带来了更大的市场空间。临近广东和港澳，为农业产业及其产品提供了广阔的国内市场和便利。

2. 特色农业发展定位

基于以上条件，紧紧围绕《国务院关于进一步促进广西经济社会发展的若干意见》的要求，在西江经济带充分利用各地的产业、区位、环境等优势，以提高农业生产综合能力为基础，以促进农业增效、农民增收、农村社会稳定发展为中心，以现代农业科技为支撑，以转变农业增长方式为主线，以创新农业经营模式为动力，推动农产品的空间集聚和产业升级整合。站在可持续发展的高度，充分发挥西江经济带生态环境优美、污染较小的优势，把实施特色农业区域布局与发展绿色生态农业结合起来，大力发展以"高产、优质、高效、安全、低耗、生态"为特征的特色农业，从根本上提高农产品的市场竞争力，把西江经济带建设成为全球高单产、高含糖量（即"双高"）甘蔗重要生产基地和全国亚热带水果重要产区和秋冬蔬菜主要供应地（图6-27）。

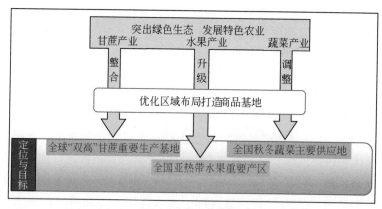

图6-27 西江经济带农业产业发展战略

四、优化特色农业布局

1. 优势特色农产品选择条件

不断调整优化特色农产品布局是新时期农业产业结构调整的客观要求，是创造农产品品牌、提高农产品市场竞争力的主要途径，是实现农村发展、农民增效、农民增收的重要手段，是加快农业现代化建设的必然选择。在特色农产品区域布局调整的过程中，应该从统一规划、总体布局、重点建设、分布实行的基本思路出发,坚持五大原则,即市场导向原则、比较优势原则、质量优先原则、可持续发展原则、尊重生产者意愿原则。选择优势特色农产品应该符合以下几个条件:①市场前景好,经过扶持和发展在国内外具有较强竞争力的产品或同类产品中的品牌产品;②生产地为该产品的生长适宜区,具有丰富而独特的农业资源条件和生态环境;③初级产品易于形成规模生产经营,有较好的商品开发潜力,能形成完整的产业链条;④有较好的产业基础和产业化经营水平,与龙头企业形成良性互动,具有创建知名品牌的条件;⑤产业发展与生态资源环境、社会经济相协调,形成良性循环,有利于农业产业的可持续发展。

根据以上选择条件,西江经济带各地区优先发展、重点扶持的特色农产品应主要包括(表6-30):①国家重点扶持发展的优势农产品,即被列入国家优势农产品区域布局规划并作为国家重点扶持发展的优势产业带之一的农产品,是西江经济带最具有比较优势的主导产品;②自治区优势农产品,是广西重点发展的农产品,这类产品能在全国范围内充分体现综合竞争优势,规模较大,效益显著;③地方特色农产品,包括一部分获得国家原产地域产品保护的农产品,这类产品地方传统特色鲜明,市场竞争力强,有利于创建地方特色品牌。

表6-30 西江经济带7地市优先发展、重点扶持的特色农产品

类 别	优势特色农产品(重点布局区)
国家重点扶持发展的优势农产品	甘 蔗
自治区优势农产品	亚热带水果、秋冬蔬菜、优质稻、桑蚕、食用菌、药用作物、木薯、茶叶
地方特色农产品	南宁市:西瓜(邕宁区)、茉莉花(横县)、旱藕(马山县)
	柳州市:柑橘(鹿寨县、柳城县、融安县、融水苗族自治县、柳北县)、竹笋(融水县、融安苗族自治县、三江侗族自治县、鹿寨县)、双季莲藕(柳江县)、黄栀子(鹿寨县、融水苗族自治县)
	梧州市:无籽西瓜(藤县)、迟熟荔枝(苍梧县、藤县)
	贵港市:覃塘莲藕(覃塘区)、金田淮山(桂平市)、紫荆甜竹笋(桂平市)、覃塘香葱(覃塘区)
地方特色农产品	百色市:芒果(右江区、天阳县、田东县)、<u>凌云白毫茶</u>(凌云县、西林县、隆林各族自治县)、"双低"油菜(乐业县、隆林各组自治县、西林县、田林县、凌云县、德保县、那坡县)、田东香米(田东县)
	来宾市:金银花(忻城县)、珍珠糯玉米(忻城县)、大果枇杷(合山市、象州县、武宣县、兴宾区、金秀瑶族自治县、忻城县)、花卉苗木(金秀瑶族自治县、象州县、武宣县、兴宾区)
	崇左市:山黄皮(龙州县、宁明县、大新县)、菠萝(宁明县、江州区、扶绥县)、天等指天椒(天等县)、黑皮冬瓜(扶绥县、江州区、宁明县)

注:下划线部分属于国家原产地域保护产品

2. 重点建设农产品商品基地

农产品商品基地是发展农业产业化的基础,是龙头企业发展的依托,也是提高整体经

济素质的重要一环。要按照横抓区域、纵抓产业、市场牵引、龙头带动、整体推动的思路，重点抓好能够发挥西江经济带资源优势的主导产业和骨干产品的商品基地建设。积极引导，加强协调，大力扶持，鼓励农业龙头企业和农民专业合作组织建设稳定的优势农产品生产、加工、供应基地，形成专业化、优质化、标准化和规模化的农业优势产业基地。全面推进无公害、绿色和有机农产品商品基地建设，到2020年扶持建立一批与国际质量标准接轨、通过国际质量认证的优势农产品出口生产、加工基地。

依据西江经济带7地市特色农产品资源优势、市场潜力以及今后的发展方向，建设甘蔗、水果、蔬菜、桑茶、中草药、花卉苗木、畜牧业、林产八大类特色农产品生产加工基地的重点布局如表6-31所示、图6-28所示。与此同时重点抓好农产品贸易、综合批发市场、冷库、仓储设施建设，主要包括加快壮大南宁市农产品综合批发市场等辐射区内外的农产品批发交易市场；在特色农产品主产区积极发展类似田阳县芒果专业批发市场、横县食用花卉加工贸易市场等专业性批发市场；巩固办好南宁五里亭批发市场、田阳农产品批发市场等多功能市场和水果、蔬菜批发市场。培育发展大宗农产品期货市场、花卉拍卖市场、租赁市场，网上营销，建立广西农产品网上虚拟市场。到2020年初步形成包括有形无形市场在内的农产品市场体系，为多种所有制流通主体进入西江经济带农产品市场创造良好的市场环境条件。

表6-31 特色农产品商品基地适宜发展区域

农产品商品基地		重点布局区域
	甘蔗	扶绥、宁明、大新、龙州、横县、邕宁、武鸣、宾阳隆安、柳城、柳江、鹿寨、武宣、象州、兴宾、田阳、田东、右江等县（市、区）
水果	香蕉、荔枝、龙眼、菠萝	贵港市、梧州市、南宁市
	优质柚	柳州市、玉林市、梧州市
	早熟温州柑、椪柑	柳州市北部
	芒果、干果、林果	百色市
	春夏熟水果	柳州市、来宾市
	冬熟和早春熟水果	南宁市、崇左市
	加工用菠萝	崇左市、南宁市
蔬菜	冬菜	右江河谷以及桂中、桂海高速公路沿线
	夏秋反季节蔬菜	柳州市、百色市的高山冷凉地区
	速生叶菜、高档特需蔬菜	中心城市城郊
	优质西甜瓜	南宁市、梧州市
	香菇、木耳等食用菌	百色市、柳州市、来宾市的山区
	双孢菇等食用菌	沿江平原地区
桑蚕茶	优质茧	横县、宾阳、上林、忻城、象州、融安、鹿寨、柳城、平南、港北、藤县、蒙山、邕宁等县（市、区）
	标准化茶叶	右江、凌云、西林、靖西、柳城、桂平、平南、三江、金秀、横县等县（市、区）

续表

	农产品商品基地	重点布局区域
中草药	罗汉果	柳州市
	桂 圆	崇左市
	三 七	百色市山区
花卉苗木	鲜切花、盆花、观叶植物、热带苗木、绿化草坪	南宁市、柳州等中心城市周边地区
	观赏花卉、绿化苗木	南宁市、柳州市、梧州等
	盆 景	百色市
	金花茶	崇左市
	食用花卉	横 县
畜 牧	奶 业	桂中、桂南高速公路沿线
	生 猪	田东、田阳、邕宁、来宾、柳江
	牛、羊	隆林、西林、武宣、柳江、忻城、苍梧
	家禽类	武鸣、邕宁、百色、平果、柳城、柳江
林 产	速生林	桂南、桂西、桂中、桂东山岳腹地
	工业原料林	桂南、桂中、桂东山岳地带
	桉树	来宾市、百色市
	竹	梧州市、百色市

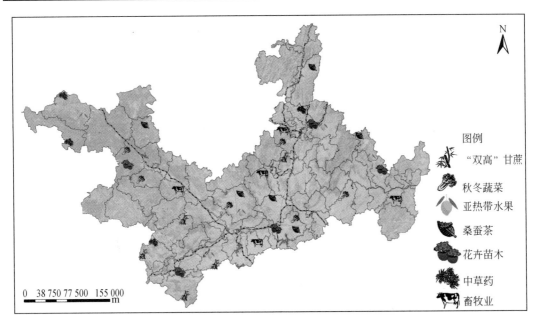

图 6-28 未来重点发展的特色农产品商品基地布局

五、整合甘蔗优势区域

1. 发展前景预测

在世界食糖总产量中,蔗糖产量约占65%,而我国食糖总产量中蔗糖则占到80%以上,因此我国的制糖工业和糖供应对原料蔗资源的依存度比较大。我国的甘蔗生产主要分布于广西、云南、广东、海南、福建、四川、湖南等地,其中西江经济带所处的广西是我国甘蔗的原产地之一,也是我国最重要的甘蔗主产区。从1992~1993年榨季起至今,广西的甘蔗种植面积、产量及产糖量均居全国首位,2008年甘蔗产量占全国总产量的66.2%。

我国各产区甘蔗生产的成本主要包括物质与服务费用、劳动力成本和土地成本,其中可变成本占总成本的85%以上,成本利润率从30%~80%不等,四川的成本利润率最高,达到80.26%,而广西的成本利润率最低,仅为30.99%(表6-32)。因此如何降低生产成本、提高成本利润率是广西甘蔗种植业亟待解决的问题。

表6-32 2006年甘蔗主产区甘蔗生产成本收益情况

	广西	云南	广东	海南	四川	湖南	平均值
总产值(元/亩)	1 285.40	1 168.02	1 791.35	1 203.78	1 842.52	1 591.07	1 334.25
总成本(元/亩)	981.29	794.46	997.76	735.74	1 022.14	1 198.42	934.77
物质与服务费(元/亩)	444.01	301.68	559.69	324.50	456.94	619.55	424.15
人工成本(元/亩)	432.35	377.25	309.90	387.28	530.88	426.57	405.62
土地成本(元/亩)	104.93	115.53	128.17	23.96	34.32	152.30	105.00
净利润(元/亩)	304.11	373.56	793.59	468.04	820.38	392.65	399.48
成本利润率(%)	30.99	47.02	79.54	63.61	80.26	32.76	42.74

资料来源:根据刘海清(2009)整理

西江经济带是广西甘蔗生产最集中的地区,2005~2008年甘蔗产量增加了57.2%,占到全区总产量的80%以上。2008年西江经济带19个市辖区、4个县级市、36个县中,有48个县(市、区)种植甘蔗,其中来宾市和崇左市的生产优势明显(图6-29)。

西江经济带的甘蔗生产主要是服务制糖业,因此,蔗农的收入受当年糖价格的影响比较大。但是甘蔗作为生长于热带、南亚热带地区的经济作物,目前已经不仅局限于作为制糖原料,或者简单地把产业链延长至食品加工业,以甘蔗种植为起点,一个大规模的复杂的工业体系正在逐渐形成(图6-30)。

甘蔗青叶可以用作饲料,可以直接用来喂牛、喂鱼等,同时也可以把甘蔗青叶加工成干蔗叶,粉碎后与其他食料混合后做饲料,用来养猪、养牛等;另外还可以将甘蔗叶直接

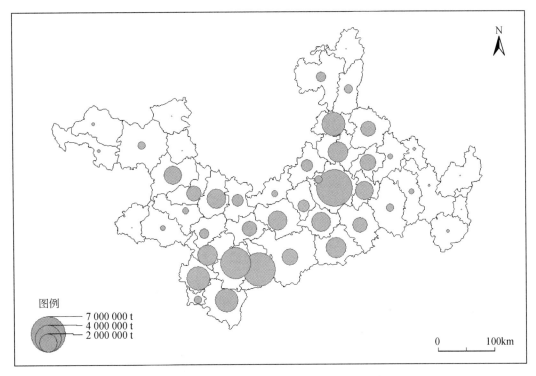

图 6-29　西江经济带甘蔗生产的分布（2008 年）
资料来源：根据《广西统计年鉴 2009》整理

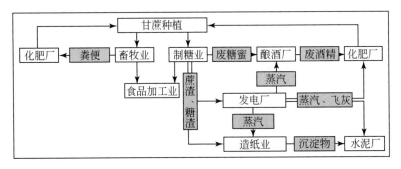

图 6-30　以甘蔗种植为起点的循环产业体系

粉碎后还田、深埋做有机肥。甘蔗制完糖后的副产物也还可以综合利用：蔗渣可用来造纸、制水泥、发电、制酒精以及有机肥。围绕甘蔗的种植，就可以带活相关产业的发展，促进蔗农增收，农业增效。围绕降低甘蔗种植成本，特别是应该千方百计降低甘蔗种植业的可变成本，增加科技投入，提高单位面积产量，推广机械化作业，从而提高甘蔗种植的净利润。

2. 产业发展思路

以市场为导向，以效益为中心，以生产农户增收为目标，适度调减甘蔗种植面积，优化区域布局，进一步提高单产和含糖量（即"双高"）。控制盲目扩大甘蔗种植规模，推进坡度25°以上蔗地退耕还林还草，非优势蔗区逐步退出甘蔗生产。选择综合条件突出、已形成相对稳定连片规模化生产的甘蔗生产带，推行"糖厂+农户"、"糖厂+基地"、"公司+基地"等产业化经营模式，积极推进重点制糖企业原料园区建设。推动相关龙头企业的改组改制，打造制糖企业布局合理，原料生产、加工、销售各环节有机衔接、功能完备、运行高效的农业产业化新局面。加强蔗区治旱工程建设，主要是田间沟渠配套和灌溉设施。适当扩大水田种蔗、机械化深耕深松、智能化施肥等增产增糖增效技术的推广。提高服务功能，建立健全农技、土肥、植保和农机等社会化服务体系。

六、调整蔬菜产业结构

1. 发展前景预测

西江经济带所处的广西是我国最主要的南菜北运和华南沿海地区秋淡市场蔬菜生产基地之一。近年来，广西把扩大蔬菜生产，特别是秋冬蔬菜开发作为种植业结构调整的突破口和增加农民收入的一项主要措施，从而促使了西江经济带的蔬菜生产逐渐从一家一户的分散经营向集约化、规模化、专业化、区域化经营转变，市场销售以自治区内为主逐渐扩大到区内外，特别是秋冬蔬菜的商品率超过60%。从目前蔬菜生产的分布来看，多集中于各地级市中心城区的周边地区，其中南宁市的武鸣县、柳州市的柳江县以及梧州市的藤县的蔬菜产量超过50万t（图6-31）。

西江经济带蔬菜生产的气候优势、成本优势、价格优势比较突出。大部分蔬菜栽培区地处丘陵山区，气候立体差异明显，山坡地夏秋凉爽，受台风、暴雨等灾害性天气影响小，冬季气温较高，"天然温室"效应明显，适宜不同种类蔬菜生长。秋冬蔬菜通过春提前、秋延后上市，可以填补东南沿海地区因高温台风和华中市场因低温寒冷蔬菜生产不足而形成的市场淡季空档。包括西江经济带在内的广西劳动力资源丰富，农村剩余劳动力多，以露地栽培为主的秋冬蔬菜成本低于北方主产区和高温高湿台风频发的沿海设施栽培地区。并且由于西江经济带毗邻珠江三角洲和东南亚地区，主产区与消费市场之间的蔬菜运输可以利用西江黄金水道，成本相对较低，因此，西江经济带的蔬菜生产还具有价格竞争优势，有利于做强、做大蔬菜产业。

2. 产业发展思路

针对西江经济带蔬菜生产的优势，以全面提升蔬菜产业综合竞争力和秋冬菜开发的经济效益为目标，突出特色，强化标准，积极推进优质高效秋冬菜开发。实施规模化、专业化和标准化生产，在继续扩大蔬菜生产面积的同时，重视专有品种的选育推广，积极提高单位面积产量。面向市场进一步调整优化蔬菜种植结构，围绕珠三角、长三角的全国主要

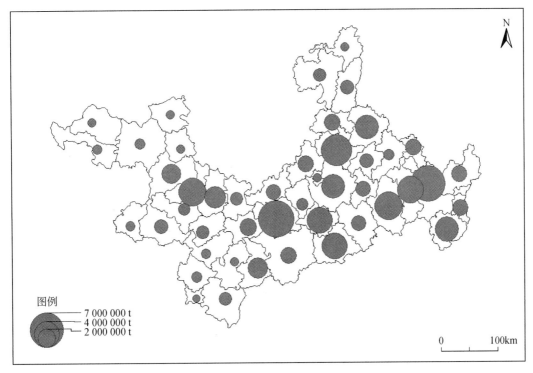

图 6-31 西江经济带的蔬菜生产分布（2008 年）
资料来源：根据《广西统计年鉴 2009》整理

都市经济圈秋淡市场和南菜北运蔬菜市场，积极稳妥地发展高档蔬菜、精细蔬菜和新、稀、特蔬菜，打造蕨菜、甜竹笋等特色蔬菜品牌。大力推进无公害蔬菜、绿色蔬菜和有机蔬菜生产，全面推进无公害、绿色和有机蔬菜生产基地建设。突出加工、保鲜、储运等薄弱环节，重点发展以速冻蔬菜、保鲜蔬菜、传统出口蔬菜、调理食品等为主的出口蔬菜产品，努力生产出符合国际标准的安全、洁净、保健的蔬菜产品。重点抓好产地蔬菜分级、包装、保鲜、储藏、速冻、脱水、萃取、罐头制作等深加工和蔬菜批发交易市场建设，逐步实现蔬菜产销一体化。

七、推进水果产业升级

1. 发展前景预测

西江经济带的水果种类繁多，2008 年水果产量比 2005 年增加 20%以上，达到 256 万 t。其中龙眼、荔枝、香蕉、柑橘、菠萝、柚子等亚热带水果市场潜力大。近年来，西江经济带亚热带水果的品种不断更新，熟期结构得到改善，鲜果应市期有所延长，生产水平持续提高。加工流通的产业化经营格局初步形成，建立了一批有一定规模和区域特色的果品专业市场，形成了比较完善的销售网络，产品覆盖全国并且远销东南亚以及欧美市场。创建品牌初见成效，果农的品牌意识正逐渐增强，涌现出了"通天"牌香蕉、"灵水"牌龙眼、"灵龙"牌荔枝等一批较知名品牌，市场占有率不断提高。目前各个县、市、区的水果产出量比较均衡，但是种类各异，其中产量超10万t的有：南宁市的武鸣县和隆安县，主要生产品种有龙眼、橙果、香蕉等；百色市的右江区是芒果的主要产区（图6-32）。

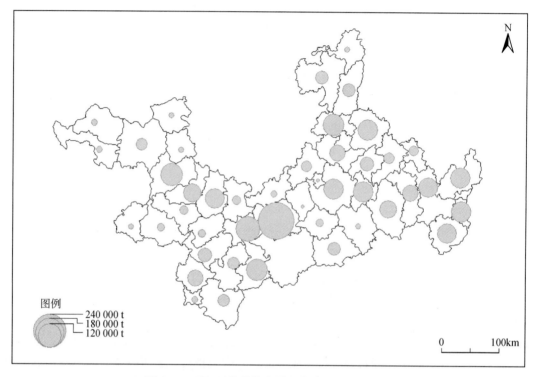

图6-32　西江经济带的水果生产分布（2008年）
资料来源：根据《广西统计年鉴2009》整理

但是在新的区域竞争格局下，西江经济带亚热带水果生产结构还不够合理，特色优势、互补优势不突出。农业结构调整按市场需求组织生产。但是，当市场上某种农产品价高畅销，就必然会立即诱发众多地方一哄而起，大力发展这种农产品生产，这样导致许多地方农业结构调整出现趋同。大部分亚热带水果对产地条件的敏感性决定了其经济栽培区域和产量的局限性。例如，龙眼的主产国仅有少数几个国家（中国、泰国、越南、印度、澳大利亚等），其总产量在150万t上下，人均占有量不足0.3kg。我国龙眼的人均占有量高于国际水平，约在0.7kg，而广西龙眼面积和产量分别约占世界龙眼总面积和总产量的35%和27%。广西的亚热带水果罐头以及果干制品在国内外市场上有一定的知名度，市场前景广阔。建立中国—东盟自由贸易区以后，一些东盟国家的同类产品凭借其早熟优势抢占了我国部分市场，给西江经济带亚热带水果生产带来了一定的冲击，但是凭借着质量、价格以及成本上的相对优势，西江经济带亚热带水果仍具备较好的市场竞争力。

2. 产业发展思路

在当前和今后一个时期西江经济带亚热带水果产业主攻方向是发展区域优势明显、地方特色突出的荔枝、龙眼、芒果、香蕉、菠萝等亚热带水果；搞好柑橘、柚子类水果优势产业建设；以品种改良为中心，抓好中低产果园改造，提高良种覆盖率，水果品种结构优化，增加名特优新稀和加工型果生产比重；适当发展黄皮、油梨、杨桃、橄榄、澳洲坚果、桃、李、沙梨、枇杷、葡萄等水果生产，建立具有区域特色的时令水果经济带。大力发展水果储藏保鲜与加工，开发水果生物保鲜技术，提高水果采后清洗、分级、预冷、杀菌、打蜡、包装等商品化处理水平，加大冷藏运输等基础设施建设；通过招商引资积极发展果汁、果酱、果酒、果粉等果品深加工企业，提高水果加工率，带动水果产业化经营。到 2020 年，在龙眼、荔枝、香蕉等大宗水果生产中，形成周年相对均衡应市的早、中、晚熟格局，逐步培育"种植生产—储运保鲜—加工销售"为一体的产业体系。

第六节 可持续工业化政策体系

一、改善产业发展环境，承接国内外产业转移

同国内经济发展快、工业自我发展能力强的地区相比，西江经济带工业普遍存在自我发展能力弱的问题。为快速推进工业发展，在西江经济带建设中要把改善产业发展环境作为吸引国内外产业资本、承接国内外产业转移、促进工业发展和结构调整的抓手。把吸引外来投资作为促进西江流域经济带产业发展的切入点。

第一，改善产业发展环境，在于改善当地的基础设施条件，提高配套协作水平。

第二，改善产业发展环境，在于提高政府部门的行政服务水平，树立主动服务和无偿提供公共服务的意识。

第三，改善产业发展环境，要树立依法行政机制，做到公正执法、公平执法。

第四，改善产业发展环境，就是要建立公平竞争环境，做到依法经营，有序竞争。

第五，改善产业发展环境，在于树立良好的社会风气和环境，让人放心投资、安心经营。

第六，改善投资软环境，就是要树立起全社会的职业精神、敬业精神。

二、建立公平公正的政策环境氛围，鼓励大中小企业发展

大型骨干企业少、中小企业发展不足，是西江流域经济带产业发展需要解决的重要问题。大型骨干企业具有明显的带动和辐射作用，是促进区域经济发展的重要引擎。一个地区缺少大型骨干企业不仅导致区域经济发展缺少动力，更影响到区域经济的竞争力。相对于大工业企业而言，以民营资本为主的中小企业具有机制灵活、拾遗补缺和吸纳劳动力多的优势。在区域经济发展中，中小企业以其量大面广和专业化在区域经济发展和就业等方

面有着举足轻重的地位，发挥着不可替代的作用。在西江流域经济带产业发展的中，既要鼓励企业做强、做大，又要鼓励企业的专业化发展。既要注重引进大财团发展大企业，又要重视扶持中小企业发展。

三、建立新产品发展基金，鼓励企业技术创新

资源耗费大，产业层次低，产品档次低和创新能力弱，也是西江流域经济带产业发展中面临的主要问题。在今后西江流域经济带产业发展中，各级政府应从企业增值税、所得税和营业税中分别提取一定的比例，建立新产品发展基金和创新基金，支持鼓励企业进行技术创新，发展新技术，开发新产品，对于促进产业发展及做强、做大企业具有重要意义。

今后西江流域经济带发展的关键在于技术创新和技术进步，充分突出科学技术在工业产业发展中的重要作用，进行技术革新和技术创新，掌握具有自主知识产权的核心技术是今后西江流域经济带发展、增强企业竞争力的不二法宝。从技术更新和设备更新入手进行技术创新。在技术创新中，瞄准国际领先水平进行技术合作和联合攻关。抓好先进设备的技术引进与先进工艺流程的消化吸收工作，从技术创新中，寻求工业产业发展的机会和新的产业生（增）长点。

四、尽快建立相应的政策体系，促进重点产业发展

建立鼓励水（煤）电—铝工业一体化发展政策。深化能源价格改革，制定和颁布铝—电结合的政策措施，协调好发电企业、电网企业和工业企业的利益关系，制定有利于重点产业发展的电价政策，鼓励电力企业向电解铝企业开展直供电工作。完善煤电二次联动价格，促进煤、电、油、运的综合协调。

加快出台鼓励企业节能环保的优惠和扶持政策。鼓励企业加快设备的技术改造、产品调整结构，淘汰高耗能、高污染、技术落后的产能；加快推广应用先进节能环保技术和产品，实施重大节能环保项目，强化重点耗能和减排企业节能环保管理。支持重点产业的骨干企业建设重大节能环保项目和循环经济示范项目。

采取引进与培养相结合的原则，制定人才吸引和培育政策。鼓励企业和学校，加强培养企业高素质经营管理人才、专业技术人才和高技能人才。以重点产业重点项目为依托，加强人才高地建设，发挥集聚人才、催生新技术、孵化新成果、促进新发展的作用。鼓励企业开展智力引进，吸引高层次人才为企业服务。建立企业自主创新的人才激励机制。

第七章 战略性新兴服务业的培育

战略性新兴服务业是指对经济社会全局和长远发展具有重大引领带动作用,物质资源消耗少、成长潜力大、综合效益好的现代服务业。流域开发的国内外经验表明,现代服务业是实现流域产业接续、升级和流域可持续发展的持续支撑。为此,本章通过分析西江经济带的资源禀赋条件、产业基础和区位优势,提出以物流产业、总部经济等生产性服务业与旅游休闲产业等生活性服务业为重点,前瞻性地发展战略性新兴服务业,拓展对外开放和区域合作的新领域,增强广西西江经济带的影响力、竞争力和持续发展能力。

第一节 发展现状与重点

在分析战略性新兴服务业的特征、吸纳就业能力、影响健康发展的主要因素等现状条件的基础上,从优化提升产业结构、提升产业竞争力和影响力出发,论证了战略性新兴服务业的战略导向和未来发展的重点领域。

一、现状分析

1. 发展现状

在广西范围内,西江经济带的服务业发展水平相对较高,2008年的增加值达到1469.4亿元,占全区服务业增加值的近60%。2005~2008年,西江经济带服务业发展呈现以下四大特征(图7-1)。

第一,服务业总量上升迅速,占GDP比重有所下降。《国务院关于加快发展服务业的若干意见》以及《广西壮族自治区人民政府关于加快发展服务业的实施意见》发布以后,西江经济带的服务业发展迅速,完成生产总值由2005年的889亿元增加到2008年的1469亿元,但是在第二产业快速发展的背景下,服务业占GDP比重由2005年的39.5%下降至36.9%。

第二,生活性服务业发展为主,生产性服务业发展为辅。生产性服务业,如技术咨询、会计、法律机构、包装、装潢业、金融保险行业等发展缓慢,而为生活服务的部门,如餐饮业、运输业、商业、房地产业等行业发展较快。

第三,传统服务业发展为主,现代服务业发展为辅。如图7-1,西江经济带服务业的发展结构以交通运输、批发零售、住宿餐饮等传统服务业为主,现代服务业的发展水平与东部沿海地区相比较存在着较大的差距。

第四,区域发展不均衡,中小城市和农村的服务业发展水平滞后。西江经济带7市的服务业发展水平极不均衡,2008年南宁市的服务业增加值相当于其他6市的总和。

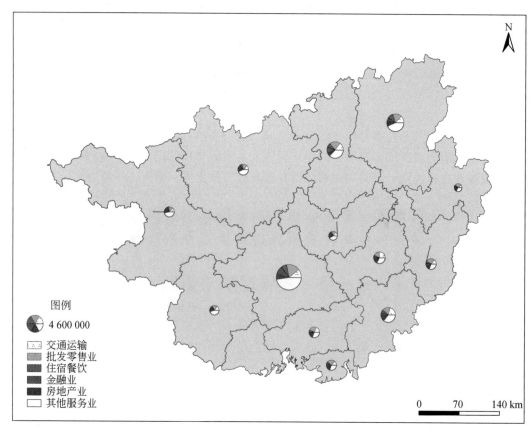

图 7-1　广西服务业发展空间分异（2008 年）
资料来源：根据《广西服务业发展报告 2009》整理

2. 吸纳就业能力

根据库兹涅茨、钱纳里、赛尔奎因等著名学者对产业结构变动规律的研究成果，对广西服务业的就业水平进行考察（表 7-1）。

表 7-1　传统就业结构变动模式与西江经济带就业结构

模　式	人均 GDP（美元）	农业（%）	工业（%）	服务业（%）
库兹涅茨模式（1958 年）	1000	17.7	45.3	37.0
钱纳里—艾尔金顿—西姆斯模式（1964 年）	1000	28.6	30.7	40.7
塞尔奎因—钱纳里模式（1980 年）	1000	51.7	19.2	32.8
西江经济带三次产业就业结构（2008 年）	2109（14 428 元）	53.1	19.9	27.0

资料来源：根据张淑君（2006）整理

3 种传统就业结构变动模式表明当人均 GDP 为 1000 美元时，服务业就业比重分别为 37%、40.7% 和 32.8%，比人均约 2109 美元的西江经济带服务业就业比重分别高出 10、13.7 和 5.8 个百分点。由于上述 2005～2008 年，人均 GDP 和服务业就业比重的变化呈现反比的趋势,因此,根据目前资料很难判定西江经济带人均 GDP 相当于 1000 美元时,其服务业就业比重与 3 种传统就业结构变动模式的差距是否更为明显。

根据第三产业就业人员比重,我国各省直辖市、自治区大体可分为 3 个类型,即第三产业突出型,包括上海、北京等直辖市;三产业均衡型,主要指广东、山东等沿海发达地区;第三产业滞后型,内陆地区特别是欠发达地区多属于此类型(图 7-2)。与全国各省直辖市、自治区相比较,广西第三产业就业人员比例仅高于河南省,而西江经济带服务业就业人员比例比全国平均水平低 6 个百分点。虽然 2008 年西江经济带第三产业就业人数占就业人员总数比重高于第二产业,但是从比人均 GDP 国内最少的贵州省低 12 个百分点来看,服务业在吸纳就业方面的作用还没有被充分发挥出来,亟待进一步加强。

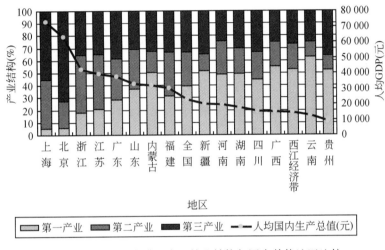

图 7-2 西江经济带三产业就业结构与国内其他地区比较

3. 影响健康发展的主要因素

谋求西江经济带资源的最优配置,解决在未来经济和社会发展中将面临的资金、市场、人才、技术等多方面的需求,必须扭转当前服务业供给不足、结构不合理、服务水平低、竞争力不强的局面。吴静茹(2008)通过对广西服务业主要行业就业潜力的分析基础上,明确提出服务业劳动生产率不高和服务产品有效需求不足是制约广西服务业,尤其是现代服务业发展最主要的因素。其主要观点基本适用于西江经济带。

制约服务业劳动生产率提高的因素主要包括现代生产要素投入不足和体制性障碍两个方面。其中现代生产要素投入不足具体表现为资金支持不够、人力资源结构不合理、科研技术水平落后。

资金是任何社会和任何行业发展都必需的生产要素,现代服务业发展需要前期资金投入,其运行过程需要金融产品的支持。但是由于广西的服务业企、事业单位规模较小,资金结余有限,再加上金融业的发展滞后,服务业发展缺乏足够的资金支持。

现代服务业,尤其是金融、信息软件、咨询、科学研究等现代服务业的发展要求从业人员具备较高的文化素质。但是广西服务业的从业人员文化素质整体水平偏低,并且人才结构与市场需求结构不对口，导致现代服务业人才极度缺乏。

知识技术运用的程度和普及的范围直接影响到区域的经济增长方式以及产业结构和水平。广西服务业企业大多规模较小，资金有限，科研资金、现代化设备采购资金较紧缺，从节约人力、物力的角度考虑，服务企业更倾向于学习和引进先进省市的研究成果，实行"拿来主义"，自主研发意识薄弱。

体制性障碍主要表现为部分行业准入门槛偏高和行业服务质量缺乏监管。

广西服务业的市场化程度低，除部分传统服务业外，市场准入限制颇多，导致金融、通讯、物流等现代服务业，以及医疗、文化、体育等社会公益性服务业长期以来基本处于国有资本垄断经营、管制经营或限制经营的状态，缺乏市场竞争，影响了相关服务行业的发展。

广西服务业起步较晚，服务市场不完善，市场秩序比较混乱，服务水平较低，质量管理不规范。以房地产行业为例，由于目前绝大部分房地产企业出售期房产品，消费者购买产品时仅依据置业顾问的描绘和简单的技术指标，没有看到产品实体，因而产品与模型差距大、产品达不到验收标准的现象时有发生。

市场需求是行业发展的内在动力，旺盛的市场需求犹如"兴奋剂"，刺激行业规模急剧扩大。但是广西经济发展整体水平低、城镇化水平落后，从而导致服务产品有效需求严重不足。

由于历史、地理位置、经济基础等多方面原因，广西的经济发展水平一直落后于全国平均水平。进入21世纪以后，虽然广西经济发展迅速，为服务业的快速发展提供了较好的经济基础，但是由于基础比较薄弱，经济总量仍然较小，居民可支配收入水平偏低，在一定程度上降低了对服务产品，尤其是现代服务产品的有效需求。

此外，广西农村地区基础设施较为薄弱，城乡结构不合理，地域分布不均衡，城镇服务业对农村地区的带动辐射作用和服务功能未能得到充分发挥，目前城镇居民仍是服务产品的主要消费群体。服务业，尤其是现代服务业的发展需要大量城镇居民的支撑，没有一定数量的服务对象，现代服务业要向纵深发展则无从谈起。截止到2008年，广西除南宁（50.2％）和柳州（48.8％）外，大部分地市的城镇化率远远低于全国城镇化水平（45.68％），其中属于西江经济带的梧州、贵港、百色、来宾、崇左的城镇化率仅为39.5％、32.9％、31.6％、31.9％和31.5％。城镇化水平滞后，制约了现代服务业的发展速度。

二、发展战略导向

经过30多年的改革开放，西江经济带的经济特征已逐步由供给驱动型转向供给和需求共同驱动型。在此背景下，推进经济社会持续快速发展将更多地依靠服务业带动，这是经济发展的普遍规律，也得到了世界经济发展的实践证明。《国务院关于进一步促进广西经济社会发展的若干意见》中提出，促进广西经济社会发展的战略任务之一是充分发挥西江经济带的集聚辐射带动作用，打造"三个基地一个中心"，其中区域性现代商贸物流基地和信息交流中心属于服务业领域。

依托西江经济带优越的区位和交通条件、民族和谐的社会环境优势，牢牢把握改革开放持续深化和区域合作步伐不断加快的机遇，积极发展高附加值、高层次、知识型的现代服务业是在西江经济带构筑现代产业体系，促进产业改造升级的重要途径。紧紧围绕实现环境、社会、经济的可持续发展，建设富裕、优美和谐新西江的核心目标，为了不断强化现代服务业在提高都市经济发展水平、提升城市服务功能、转变经济发展方式、加快培育新经济增长点、促进产业结构升级、加快制造业转型提升、提高对外开放水平、加快承接国际产业梯度转移等方面的功能，西江经济带的服务业发展，应该瞄准打造门类齐全、承载能力强的生产性服务业集聚带和沟通东西部、连接海内外的国际物流通道两大主题，培养、强化区域服务业"三大能力"，即在实施西江经济带发展战略中的引领产业全面升级的能力、在推进西部大开发过程中带动社会良性发展的能力、在策应泛北部湾经济合作区建设中的促进区域间交流合作的能力。

力争到2020年，服务业增加值占GDP的比重达到45%，从业人员占全社会从业人员比重提高到55%，服务业结构明显优化，就业容量明显增加，公共服务供给能力和水平明显提高，市场竞争力明显增强，服务业发展水平与全面建设小康社会要求相适应。通过构建充满活力、特色鲜明、布局合理、优势互补的现代服务业体系，打造西部地区最具有魅力的宜业、宜居西江带（图7-3）。

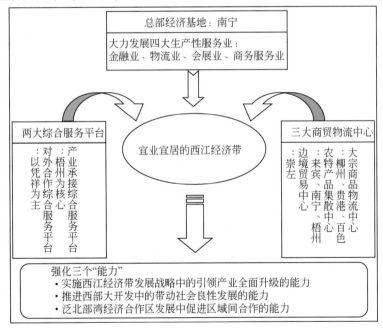

图7-3 西江经济带服务业发展战略

第二节 生产性服务业的发展

生产性服务业是指为保持工业生产过程的连续性、促进工业技术进步、产业升级和提高生产效率提供保障服务的服务行业。它是从制造业内部生产服务部门而独立发展起来的新兴产业，依附于制造业企业而存在，贯穿于企业生产的上游、中游、下游诸环节中，以人力资本和知识资本作为主要投入品，把日益专业化的人力资本和知识资本引进制造业，是第二、第三产业加速融合的关键环节。从西江经济带的发展条件和战略定位分析，近期大力发展总部经济、金融、会展、商贸物流等生产性服务业是优化提升西江经济带产业结构、转变经济发展方式的重要途径。

一、总部经济发展

总部经济是指某区域由于特有的优势资源吸引企业总部集群布局，形成总部集聚效应并通过"总部—制造基地"功能链条辐射带动生产制造基地所在区域发展，由此实现不同区域分工协作、资源优化配置的一种经济形态。

发展总部经济可以为区域发展带来多种经济效应，如税收效应、产业乘数效应、消费效应、就业效应、社会资本效应。大批国内外企业总部入驻，可以提高区域知名度、信誉度，促进区域政府提高服务质量，优化商务环境，完善城市基础设施和人居环境，推进多元文化融合与互动，加快城市国际化发展。

1. 总体分析

随着西江经济带产业规模的扩大和产业结构的调整，物流、金融、会展、商务等为制造业服务的生产性服务业逐渐发展壮大。与消费性服务业不同，生产性服务业主要呈现出服务性、知识密集性、高增值性等特点。因此，加快发展生产性服务业有利于保持工业生产过程的连续性，促进工业技术进步、产业升级，提高生产效率。当前西江经济带建设深入推进，生产性服务业在提高都市经济发展水平、提升城市服务功能等方面的作用日益显现。生产性服务业不但能为制造业提供智力型服务、降低制造业交易成本，而且有利于转变经济发展方式、加快培育新经济增长点、促进产业结构升级、加快制造业转型提升，提高对外开放水平、加快承接东部地区的产业转移。因此全面发展生产性服务业是西江流域区域经济一体化发展战略的必然选择。

在西江经济带7地市中，南宁市的服务业发展一直以来保持着领头羊地位，发挥着引领、带动整个自治区服务业发展的作用。近年来，南宁市服务业发展不断加快，金融保险、信息服务、商务服务等新兴服务业迅速成长，商贸流通、餐饮住宿、交通旅游等传统服务业特色突出。2008年，南宁市服务业实现增加值656.9亿元，占西江经济带比重达到44.7%，同比增长17.1%，高出全区增长速度6个百分点。随着"中国—东盟博览会"、"南宁国际民歌艺术节"等国际性会展活动的持续举办，服务业领域的国内国际合作交流也在不断扩大，市场主体日益多元化。特别是由于北部湾经济区建设速度的全面提升，为经济区建设配套的物流、会展、金融、商务服务、信息技术等互补性服务业发展前景看好，集聚效应初步显现，为南宁市服务业发展提供了多层次的市场支撑。因此，在全面发展西江经济带生产性服务业的过程中，应依托南宁市的产业发展基础，充分利用中国—东盟博览会永久性会址的品牌效应，积极发挥自治区首府和北部湾经济区核心城市的聚散、辐射能力，大力推动服务东盟经济合作、辐射珠三角的总部经济发展。不断强化南宁市在西江经济带一体化发展中战略支点和辐射带动作用，通过促进南宁市与周边地区的资金流、物流、信息流的传递,拓展现代服务业,特别是生产性服务业发展的新空间。

2. 区域性国际金融中心建设可行性

2008年全球金融危机的爆发和新兴市场的崛起对传统国际金融中心及货币体系产生了深远的影响,区域性国际金融中心进一步朝着多元化的方向发展扩散。随着中国—东盟自由贸易区的推进和泛北部湾经济合作的扩大,具有中国—东盟窗口功能的南宁市正在依托自身优势和中国经济以及人民币国际地位的不断增强,经历着跨越式发展,成为区域性国际金融中心的竞争优势与日俱增。

南宁市是西江经济带,乃至广西的金融中心。2008年金融机构人民币存款余额为2320.5亿元,贷款余额为2316.6亿元,分别占广西的33.3%和47.0%,与2005年相比都提高了约3个百分点(图7-4)。这就意味着南宁市在广西聚集整合社会资金的能力越来越强大,引领带动经济社会发展的地位和作用越来越突出。

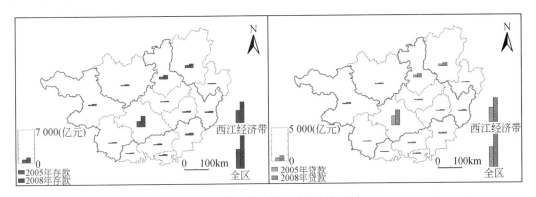

图7-4 广西金融业发展的空间差异
资料来源:根据《广西统计年鉴2009》整理

随着国家批准实施广西北部湾经济区开放开发战略,国内外金融机构陆续进入南宁,建设区域性国际金融中心的形势越来越好。2008年新增3家全国性股份银行、2家外资银行设立了分行、1家外资银行设立代表处,区域性银行总部和全国性银行区域总部的设立实现零的突破,中国建设银行南方信用卡运行中心正在南宁筹建,首家区域性股份制银行"广西北部湾银行"正式挂牌开业。

历史证明,国际金融中心的形成是在一定的时代背景下,通常表现为某个重大事件,随着一个地区的经济崛起而确立。在这个过程中,对应时代特征、符合地区条件的战略措施必不可少(表7-2)。根据国际金融中心形成与发展的历史规律,中国—东盟区域性国际金融中心的形成和发展初步具备了三大宏观基础条件,即中国—东盟区域内持续的贸易增长速度加大了对区域性国际金融中心服务的市场需求和经济基础;中国人民币的稳定与国际地位的不断提升是形成区域性国际金融中心的必要条件;宏观经济政策导向与扶持是构建区域性国际金融中心必不可少的催化剂。

表7-2 国际金融中心形成因素比较

国际金融中心的变迁		基础条件	形成环境	战略措施
产生时代	地理位置			
13世纪	威尼斯	海港和旅游城市	重商主义新秩序	发展国际贸易
18世纪	阿姆斯特丹	重要港口	东方贸易繁荣	稳定货币价值
19世纪	伦敦	全球政治、经济中心	工业革命 经济快速增长 结构变化	发展股份制银行 调整经济结构
20世纪50年代	纽约	出海港	全球经济重心转移 工业体系日趋完善	马歇尔计划 布雷顿森林体系 创新金融业态
20世纪70年代	欧洲	经济共同体	欧洲货币市场	境外信贷中介策略
20世纪80年代	东京	亚洲经济中心	经济高速增长 广场协议	财务战略上的 技术革新 放宽金融政策

资料来源：根据朱峰，许阳千（2009）整理和修改

基于以上条件，立足于西江经济带，以南宁市为中心，以周边城市为依托，辐射西南、华南、中南，面向东盟，构建连接多区域金融业的重要通道、交流桥梁和合作平台，建成以基础设施建设融资中心、农业发展融资中心、中小企业融资中心和特色金融业务中心为主体的多层次、相互共生的综合性区域金融服务中心，形成集金融产业中心、金融市场中心、金融信息中心和金融监管中心为一体，拥有全方位的金融市场体系，覆盖期货、信贷、信托、证券各领域的健全金融机构，面向泛北部湾经济区及中国—东盟自贸区等多区域合作的区域性国际金融中心。

区域性国际金融中心建设关键应该注意以下几点：

①选择具有区域发展特色的发展模式。中国—东盟自由贸易区的经济活动以国际贸易为主，抓住这一特点，在充分遵循国际金融中心历史发展路径规律的基础上，借鉴伦敦、纽约和东京三大全球金融中心在历史演变过程中政府政策运作的成功经验，优化南宁市向区域性国际金融中心发展的政策支撑体系，以区域产业间贸易服务为主导，通过广西北部湾、西江经济带经济的快速增长推动南宁市在中国—东盟自由贸易区中的作用和地位，增强南宁市成为区域性国际金融中心的聚积效应，优先探索"人民币离岸金融中心"的发展模式，使南宁市形成较强的金融服务特色。②加快推动金融机构改革开放。强化政策指导，推动地方金融资源重组，积极发展和壮大本土金融机构，促进地方银行和农村信用社改革，提高金融服务能力和服务质量。扩大金融开放，加大"引银入桂"力度，大力引进国内外银行、保险、证券、信托、期货等金融机构入驻西江经济带，不断壮大金融总量。加强与粤港澳和东盟地区的金融合作，培育建立区域内信用和融资平台，鼓励银行、证券、保险、信托等金融企业对外合资合作，推动建立泛北部湾银行联合体。建立健全区域金融服务体系，完善区域内会计制度、金融监管制度以及法律体系等一系列金融措施。③不断完善资本市场体系。大力发展股票、期货、债券、产权市场，培育多层次的资本市

场体系。加快上市企业的培育,增加上市公司数量,提高上市公司素质,增强融资功能。大力开发企业理财服务、中介服务、结算服务和电子银行服务等业务。加快基金产业发展,壮大证券投资基金,设立西江经济带产业投资基金和创业风险投资基金,鼓励设立私募基金。支持保险业组织、保险产品服务和管理创新。

3. 会展产业核心城市的发展潜力与发展途径

会展业是一个国家或地区第三产业发展日趋成熟和完善后出现的一个综合性大、关联性强、收益率高的现代服务行业。会展业不同于一般产业,它除了直接为经济体系创造产出、提供就业外,还能通过促进广泛的经济、社会、文化交流,带动相关产业的升级进步,并且以会展城市为中心的会展经济,向周边区域辐射,可以带动周边经济的发展。

会展产业在中国起步比较晚,但近年递增速度达到20%以上,创造直接收入超过100亿元,直接或间接带动关联产业的产出近1000亿元,以北京、上海、广州等老牌会展中心城市为核心竞合发展的会展城市群已经形成(表7-3)。

表7-3 中国主要会展城市及会展格局

会展业城市群	会展城市	有影响力的国际会展	核心城市特点
以北京为核心的环渤海地区	北京、天津、大连等	世界妇女大会、成功举办2008年奥运会等	首都、全国第二大城市及政治、经济、交通和文化中心。会展主题多、规模大、档次高
以上海为核心的长三角地区	上海、宁波、杭州、苏州等	APEC会议、成功申办2010年世界博览会等	全国的经济、金融、贸易和航运中心,拥有全国最大的工业基地和最大的外贸港口。开放程度高、国际知名度高
以广州、香港为核心的珠三角地区	广州、香港、深圳、珠海等	国际旅游展销会、成功申办2010年亚运会等	中国的"南大门"、大陆第三大经济城市,华南地区政治、经济、科技、教育和文化中心,全国最重要的交通枢纽之一,外贸名城,"海上丝绸之路"起点
以南宁为核心的西南地区	南宁、成都、昆明、桂林等	中国—东盟博览会、泛北部湾经济合作论坛等	大西南出海通道的枢纽城市,联接华南、西南的商贸流通城市,中国—东盟博览会永久举办地,环境优美、气候宜人,适合人类居住的绿色之城

资料来源:根据徐印州(2008)整理

梳理会展城市群的城市特点可以发现,核心城市一般具备几个条件,即产业集中度高,市场发达;地理位置好,出行便捷;自然环境好,人文特征明显;硬件设施齐备,开放程度高。随着中国—东盟自由贸易区的推进和泛北部湾经济合作的扩大,南宁市已经基本具备成为面向中国—东盟的会展城市群核心城市的条件。在基础设施方面,南宁市除了拥有广西展览馆、广西科技馆、广西民歌广场、广西人民大会堂、南宁人民大会堂等一大批优良会展场地外，2003年建成的南宁国际会展中心，可容纳约3400个国际标准展位，这些都为南宁市会展业的快速发展奠定了良好的基础。在会展项目方面，在政府的大力支持下，培育了一些非常有潜质的展会，例如"南宁国际人居展"、"中国—东盟会展业合作高峰会"、"泛北部湾经济合作论坛"、"广西房博会"、"广西车展"等，从而南宁市迅速积累了大量的办展办会经验。目前广西财经学院、广西国际商务职业技术学院等院校经教育部批准，成为全国少数设置有本科层次会展经济与管理专业的院校，培养会展业界需要的核心人才，保障了在南宁市会展业发展中后备人力资源的供给。

中国—东盟博览会的长久落户并成功举办，无疑是南宁市会展业发展的一个重大机遇。加速推进西江经济带区域性国际化战略进程，最大限度地发展南宁市会展产业，必须做好以下4方面的工作。

①重视城市形象设计。南宁市会展经济的发展前景与建设区域性国际化城市的发展前景是相互依存、密不可分的。在吸收现代商贸会展产业发展的同时，大力加强城市历史文化产业发展，做好城市历史文化物质遗产、精神遗产的整理、保护、挖掘与开发利用、发展工作，形成首府城市特色的旅游产业体系。尤其是利用当前国家和地方大力发展文化产业和文化事业的良好形势，在吸收和利用历史文化产业的基础上，推进历史文化名城建设，创造富有广西特色的会展产业体系。②创造良好的发展环境。加强宏观调控，做好中长期规划、发展战略、产业政策等，促进会展市场的公平竞争和资源的合理配置。健全法律法规，在全国率先以法律法规等制度创新为突破点，用法律制度有效规范会展业，加强对非市场行为的控制与管理。同时，进一步完善会展行业协会职能，增强行业协会的自律和服务功能，维护会员权益，发挥协会在行业自律、市场规范、信息交流、咨询评估、市场调查、知识产权保护、政策研究等方面的作用。鼓励发展经纪机构、代理机构、咨询服务机构等中介组织，充分发挥其在企业、市场以及展会之间的纽带作用。③充分结合本地优势。充分依托特色农业、建材装备制造、旅游文化等优势产业，整合地区优势资源，着力培育有实力的品牌展览公司、有影响力的专业品牌展会，如农产品博览会、汽车博览会、住宅产业博览会、旅游博览会等，形成会展业与优势产业互相促进、联合互动、共同发展的局面。④加快专业人才的培养和先进理念的引进。加快培养、培训会展创意设计、经营管理、营销经纪人才，鼓励教育、科研机构与企业之间联合建设会展人才培养基地。改革现有用人制度，向社会广泛招贤纳才，同时通过建立有效的竞争机制和激励机制，挖掘人才潜能。加强与国外展览业的交流与合作，加快引进国外先进的管理手段和先进经验，提高展览从业人员的整体素质。大力引进国内外高端人才，建立完善人才引进、选聘、使用、培训及激励机制，培育会展业领军人物。

二、商贸物流产业发展

（一）发展现代商贸物流产业的重要意义

近年来，广西努力创造有利于商贸流通业发展的政策和体制环境，鼓励和支持社会力量投资兴办商贸流通业实体，改造提升商品流通、商业服务等产业。2008年，广西实现社会消费品零售总额2238亿元，同比增长23%（扣除物价因素实际增长13%），规模和增速均创1996年以来新高，增速高于广西GDP增长水平10.5个百分点。

在广西的商贸流通业中，西江经济带7地市的地位举足轻重。2008年社会消费品零售总额达到1345亿元，占广西全区的60%以上，其中南宁市和柳州市列一、二位，所占比重分别为28.2%和15.0%。目前，广西境内有商品专业市场3380处，其中70%以上位于西江经济带范围内，特别是食糖、钢铁、旅游产品和农副产品为主的大型专业市场已经展现其规模和集散优势。南宁虎邱钢材市场、广西糖网食糖批发市场、田阳农产品批发市场、柳州汽车贸易园等一批交易市场均有较强的辐射能力，成为广西全区乃至全国的骨干专业市场。

立足产业基础优势，坚持改造提升与规范发展并重，扎实推进商贸流通业发展是建立健全现代服务业体系的重要组成部分。紧紧围绕西江经济带的产业发展和区域产业布局的优化，从促进贸工农一体化发展出发，积极构筑矿产资源交易网络和特色农副产品流通网络；紧紧围绕适应城乡居民消费扩大和结构升级的需求，从统筹城乡一体化发展出发，进一步完善城市商贸流通网络和农村商品流通网络（图7-5）。

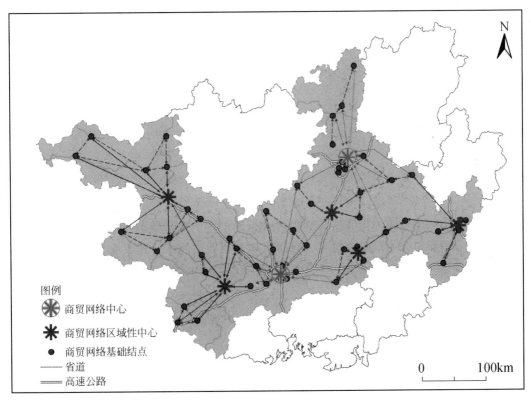

图7-5 西江经济带现代商贸业空间格局

（1）矿产资源交易网络

西江经济带矿产资源蕴藏丰富，特别是百色、崇左两市属于广西资源富集区，矿产种类多，储量大，分布较集中，开发前景广阔。与此同时充分发挥区位优势，利用与周边地区矿产资源的优势互补，有条件实现矿产资源的优化配置（表7-4）。

表7-4 西江经济带及周边地区矿产资源形势

地　区	矿产资源种类	
西江经济带	优势矿产：锰、锑、膨润土、锡、重晶石、钒、钨、铝、滑石、水泥用石灰岩、担、重稀土矿、高岭土、银、锌、锐、轻稀土矿、普通萤石、钦、铅、汞等	
	平势矿产：硫铁矿、耐火黏土、金、玻璃用硅砂、石膏等	
	劣势矿产：煤、铁、铜、镍、钴、钥、硼、磷、硅灰石等	
	缺门矿产：铬、铂族元素、锶、菱镁矿、钾盐、岩盐、金刚石、石墨、硅藻等	
与西江经济带形成优势互补的周边地区矿产资源	云南：铂族元素、钾盐、岩盐、芒硝、石膏、硅藻土、铁、铜、石棉、磷、煤等	
	贵州：磷、煤等	
	越南：铜、铁、锡、铝土、铬铁等	
	泰国、老挝：钾石盐、光卤石等	

资料来源：根据李永球（1997）整理

西江经济带的矿产开发业已基本具备参与国际竞争与合作开发的实力，正面临极好的机遇。从有利于营造"公开、公平、公正"的矿产资源市场秩序，充分发挥矿产资源的社会、经济效益，提升矿产资源交易市场的运行效率出发，以建立健全有较强辐射能力的矿业资源交易中心为载体，积极构建覆盖我国西南地区和东盟资源富集地区的矿业资源交易网络。矿产资源交易网络应该从以下3个方面入手。

①大力改善投资环境。进一步完善法制，落实优惠政策，简化准入机制，实行"一厅一楼"式办公，简化手续，优化服务。设立矿业科技创新基金和重点优势矿产勘查基金，强化对区域内资源的调查及储量准备，支持重点科研开发利用及支持重点风险勘查项目，完成一批重大科技创新项目的攻关和产业化运作。②加快矿业交易中心建设。积极准备择机组建现代化矿业交易市场，创造条件与伦敦、纽约等地的矿产品交易市场联网，使之逐步发展成为有较强辐射能力的矿业交易中心。③合理高效利用区域内外资源。以重点矿产品为"龙头"，组建企业集团，提高本地区矿产品在国际市场上的竞争能力，整治低水平重复建设，积极排查、整合小矿山。加强生态环境保护和建设，抓好矿产资源的综合利用。依靠选矿工艺成熟、技术设备先进等比较优势，通过互惠合作采取多种方式，多层次联合开发利用包括东盟地区在内的区域内外资源。

（2）农副产品流通网络

自2006年以来，随着"双百市场工程"的启动和快速推进，西江经济带农副产品的商贸流通业迅速发展，主要表现在一是改善了农产品流通设施，拓展了农产品的流通渠道；二是减少了农产品仓储、流通环节损耗，降低了流通成本；三是促进了农业增收，带动了地方经济发展。

加快农副产品商贸流通业的发展是促进农村发展、农业增效、农民增收的重要途径。积极发挥西江流域优势特色农副产品资源优势和农副产品商贸流通业的发展基础，从完善农副产品质量监督体系、加强流通基础设施建设、开拓农副产品流通新途径3个方面构建以区域性大型批发市场为龙头、产地批发市场为基础、覆盖全区、辐射全国、面向东南亚和南亚的现代特色农副产品流通网络。在规划期内应把工作重点放在以下几个方面。

①完善农副产品质量监督体系。培育壮大农村现代流通龙头企业，积极推行"合作组织+龙头企业+农户"的农业产业化经营形式。以蔗糖、亚热带水果等优势特色农产品为重点引导实行标准化、专业化、规模化生产，扩大规模，提升质量。根据国际市场需求调整产业结构，按国际标准组织生产，以资源优化整合为前提，以现有农产品质检机构为基础，以法律、法规和技术指标为依据，不断完善农副产品质量监督体系。②加强流通基础设施建设。改造提升现有交易市场的管理水平，拓展服务功能。重点指导广西食糖中心批发市场、广西糖网食糖批发市场和田阳农产品批发市场等专业市场改造，进一步完善柳州食糖现货交易市场，提升电子商务交易系统，扩大交易规模。积极培育全国性和跨区域的大型标准化农副产品批发市场，加快地方性标准化农副产品批发市场以及大型农副产品物流配送中心建设。完善市场功能，规范交易流程，提高物流配送效率。③开拓农副产品流通新途径。建立农副产品直销网络，重点支持大型农副产品商贸流通企业集团开展从基地建设、生产加工、物流配送到销售终端一条龙的农产品贸工农一体化经营，促进农产品加工增值。加快建设以冷藏和低温仓储、运输为主的农产品冷链系统，建立统一高效的鲜活农产品绿色通道，发展以农产品物流配送中心和农产品生鲜连锁超市为代表的新型农产品流通方式。以商贸流通综合服务店或连锁加盟店为依托，在每个行政村建立农副产品收购点，培育"生产（加工）基地—配送中心—批发市场（连锁超市）"的农产品直接采购销售物流模式。

（3）城市商贸流通网络

以中心城市为核心，通过覆盖周边城镇乡村的商贸流通网络组织商品流通，实现广泛的经济协作是建设多功能中心城市不可忽视的重要组成部分。近几年，西江经济带区域内的城市商业网点布局日趋合理，结构不断优化，大连万达商业广场、航洋国际购物中心等大型多功能商业网点成为消费者集聚的新热点。结合西江经济带的城市建设，不断完善现代商贸流通业规划和基础设施，规范布局商业网点和商品市场，建立和完善中央商务区、商业核心区、商业区、商业街、商圈以及便民社区商业服务网点。力争到2020年初步建成以国际化区域性商业片区为先导，市域商业中心为核心，区域商业中心为纽带，社区商业网络为基础，商业街为特色，与各市经济发展水平和对外开放水平相适应，网点布局合理、业态结构优化，流通方式多样，服务功能完善，地方特色鲜明的现代城市商贸物流网络。在规划期内应把工作重点放在以下几个方面。

①建立健全重要消费品储备体系。完善和健全城市生活必需品、重点生产资料、重点流通企业运行监测体系，逐步建立起监测手段科学、监测网络完善的市场运行预测预警和快速反应机制。建立和完善粮食、猪肉、成品油等重要商品储备制度，依法规范管理，保证市场供应。②加强社区商业建设。开展以"便利消费进社区，便民服务进家庭"为主题的城市社区商业"双进"工程，鼓励支持有实力、信誉好的连锁企业进入社区，服务社区居民，扩大居民消费，组织符合条件的社区积极申报国家级示范社区和自治区级示范社区。③深入实施"品牌战略"。贯彻落实商务部《促进老字号振兴发展的指导意见》，一方面充分挖掘"老字号"的潜能，大力引导企业发展特色化、专业化、品牌化经营，鼓励

流通企业创立和维护商标信誉,推进流通企业品牌建设;另一方面加强对流通知名企业、中华老字号、著名商标的保护工作,力促其保值增值,培植和保护本地化特色经济发展。④积极引入新型商贸业态。围绕提升城市品位、丰富居民生活、优化商业布局、完善商业服务功能,重点引进国内外著名专业店、专卖店、折扣店、24小时便利店等流通业态。实施"提倡绿色消费、培育绿色市场、开辟绿色通道"的"三绿工程",开展"创建绿色商场、绿色饭店、绿色餐饮"活动,转变商贸流通业增长方式。

(4) 农村商品流通网络

自2005年以来,在广西积极组织实施"万村千乡"市场工程的大背景下,以承办企业为龙头,以连锁、加盟为纽带,以乡村农家店为销售终端,实行统一采购、统一配送、统一标示、统一服务,面向广大农村,为农民生产、生活需要服务的新型农村商品流通网络在西江经济带已初具规模。为了逐步缩小城乡消费差距,进一步改善农村消费环境,保障农民方便消费、放心消费,在规划期内应把工作重点放在以下几个方面。

①加大"万村千乡市场工程"的实施力度。加快乡镇农贸市场进行改造,完善农村商业网点规划布局,组织适销对路的商品,满足农村多种消费需求,对食品、食盐、副食品、日用化工品等涉及消费安全的商品实行集中采购、配送,为农民创造方便、实惠、安全的消费环境。有条件的行政村建立日用消费品超市,方便农民就近、安全消费购物。②引进培育商贸连锁流通龙头企业。在重点实施"万村千乡市场工程"基础上,按照多功能商贸综合服务网点标准和要求,督促引导承办企业以直营连锁、特许加盟连锁等方式改造整合基层供销社、代销店等经营网点或新建农村商业网点。鼓励和支持有实力、经营情况良好的各类现代物流企业加快商品配送中心建设,有效整合基层商务、供销、农业、粮食等系统及个体经营网点资源。③建立健全村级商贸综合服务网点。按照商务部《农家店建设与改造规范》标准,向农村延伸发展连锁农家店,充分发挥"农家店"一店多用、商贸网络一网多用功能,对农家店实施标准化建设和规范化管理,使之成为集农副产品收购、再生资源回收、农民生活服务、商务信息服务及邮政通信代办等多功能于一体的村级商贸综合服务网点。

(二) 商贸物流中心优选和布局

现代物流业在发达国家和地区已迅速发展成为具有强大生命力的新兴产业,在国民经济发展中发挥着越来越重要的作用。发展现代物流业,对降低企业经营成本,提高企业的市场竞争力,加快区域产业结构的调整、优化、升级,增强国际竞争力,具有重大战略意义。

目前,西江经济带各市都已制定了发展现代物流业规划,从税收、资金、政策、人才等方面给予大力支持。在《广西现代物流业发展"十一五"规划》中,把建设现代物流基础设施作为主要任务,其中在西江经济带区域内,规划建设南宁物流园区、柳州物流园区、边境物流园区、城市物流中心。近年来,西江经济带各市抓住国家批准《广西北部湾经济区发展规划》、发布《国务院关于进一步促进广西经济社会发展的若干意见》的机遇,努力推进现代物流业发展,物流重大项目取得新进展,物流规模逐步扩大,服务水平不断提高,物流企业进一步壮大,对国民经济的快速发展和经济运行质量的提高起到了重要的支撑作用（图7-6）。

紧紧围绕《国务院关于印发物流业调整和振兴规划的通知》中提出的新时期发展现代物流业的主要任务，即积极扩大物流市场需求、大力推进物流服务的社会化和专业化、加快物流企业兼并重组、推动重点领域物流发展、加快国际物流和保税物流发展。西江经济带现代物流业的发展战略可以设定为：优化物流业发展的区域布局、加强物流基础设施建设的衔接与协调、提高物流信息化水平、完善物流标准化体系、加强物流新技术的开发和应用，以强化服务业拉动产业全面升级能力为目标，以交通枢纽、重点口岸及重点产业集聚区为依托，积极推进集货、仓储、中转、加工、配送等功能于一身的大宗商品物流中心、农特产品集散中心、边贸物流中心的建设。

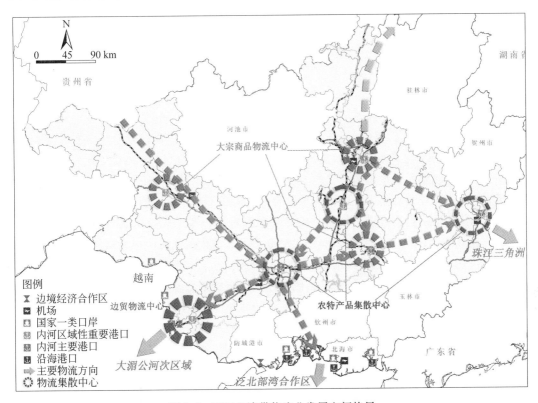

图7-6 西江经济带物流业发展空间格局

1. 依托黄金水道，建设大宗商品物流中心

积极围绕广西建设"西江黄金水道"的战略目标，依托西江经济带的重点产业和优势产业，以加快发展临港型经济、实现临港产业协调发展为目的，不断提高各类专业物流的产业水平，重点引导扶持装备制造产品、煤炭和建材、铝资源和铝产品等大宗货物专业流通中心的发展。

柳州市是我国西部的工业重镇，是广西最大的工业城市。柳州市的冶金、汽车、机械、日用化工等产业及其产品已经在全国范围内具有较强的竞争力，并且形成了工业经济日趋完善、农业经济有余、第三产业蓬勃发展的总体经济发展格局。大型企业群体尤其是大型制造业企业群体在柳州总体经济规模中所占的份额较重，且大多分布于市区附近，柳州市内加工制造、商品流通、金融服务和信息管理等在中心城市形成的集聚效应与依托中心城市在技术、资本、商品、产业、信息等服务上的扩散效应，正在成为柳州经济发展的重要推动力量。与此同时，柳州市在道路交通、通信交通以及物流据点等基础设施方面也创造了相当的条件。近年来，物流企业特别是现代物流企业快速成长，物流业总体运行质量和效益较好，桂中海迅柳北物流基地项目进展顺利，长乐现代物流园开工。柳州市国联运输有限公司、柳州物资储运贸易总公司和柳州第二运输有限责任公司被列为全国第四批税收试点物流企业。2008年全市完成货物发送量5433.3万t，同比增长13.2%，完成货物周转量591 604.5万t·km，同比增长了19.7%。

与柳州市比较，贵港市的水运交通优势更明显，国家投资的西江航运建设一期工程和二期工程的两个航运枢纽（桂平港和贵港港）都在贵港市境内。近年来贵港市港口的货物吞吐量基本保持了稳步上升的态势，从1995年的2002万t增加到2008年的3112万t，占到了广西内河港口货物吞吐量的2/3以上。从贵港市港口出入港货物的结构来看，基本以工业原料和重工业产品为主。随着香港华润集团、台湾水泥集团等大型水泥生产企业的入驻以及生产规模的扩大，贵港市已经成为广西最大的水泥生产基地和粤港澳地区水泥的主要供应地。因此2008年，贵港市港口出港货物中水泥所占比重已接近50%。此外，贵港港作为西煤东送的中转港，贵港市委、市政府提出了"西联、东进、南下"发展战略，即西联大西南腹地、东进珠三角、南下北部湾。随着腹地经济的不断发展，贵港市每年组织港口部门和企业到西南腹地宣传推介港口优势。中转贵州煤炭和金属、非金属矿石等货物逐年攀升，2008年中转煤炭已达600万t，中转矿石达200多万t，成为西南东向出海最便捷的通道。

百色市因其丰富的铝土矿资源和品种多样的铝产品、拥有"南国铝都"的美名而闻名。在国家西部大开发战略指导下，百色利用铝土矿资源富集的优势，铝工业产业逐步发展为革命老区群众脱贫致富的主要产业之一。2003年，广西作出把百色建设成为以铝工业为主的广西新工业基地和中国乃至亚洲重要的铝工业基地的决策，全力支持百色铝产业建设。百色的交通状况是制约铝产业发展的一个重要因素，因此近年来在广西政府的大力支持下，百色市围绕打造"通边达海的大西南交通枢纽"战略目标，不断加快高速公路、港口、运输站场等交通基础设施建设，开辟新航线，加快形成水陆配套、相互贯通、内外通达、便捷通畅、高效安全的出海出边现代综合立体交通体系，交通的通达性和便利性大大提高。

根据以上三市的交通条件和区域产业优势，围绕发展沿江产业带、集聚发展现代物流业，将物流业聚集发展与沿江产业带建设相衔接，进一步明确物流业集聚发展目标、建设规划和功能定位；努力提高优势产业产品的汇集、配比、中转、分发，直至输送到需求网点全过程的效益，不断加大对交通基础设施建设资金的投入，着力建设大宗货物多式联运物流枢纽港；改造完善与大宗商品物流相匹配的专业性基础设施，沿西江黄金水道推进一批枢纽型现代化物流园区建设。

2. 发挥农业资源优势，建设农特产品集散中心

西江经济带第三产业发展为农业服务的领域应该是多方面的。当前西江经济带农业发展最需要的服务是市场服务,随着中国—东盟自由贸易区的建立,农业市场服务的需求会更强烈。与西江经济带其他地市相比,南宁、来宾、梧州更具有在这方面为区域农业服务的条件。

在农业资源方面,南宁和来宾分别是西江经济带最大的水果和甘蔗产地,蔬菜生产也主要集中在三市。依托西江经济带绿色生态农业资源,大力支持建设蔗糖、亚热带水果、秋冬蔬菜等农特产品集散中心,有利于加快农业产业化进程,提高农业生产效率和农产品生产者收入。在交通运输条件方面,南宁是西南地区的中心城市,基础设施完善,是我国传统的综合运输枢纽之一,具有充足多样的运输资源,发达完善的综合运输资源的易得性使南宁市具有吸引综合运输货源的能力。来宾位于西江黄金水道中线,源于云南省的红水河与源于贵州的柳江在境内交汇,水路、铁路、高速公路交汇集中,水陆交通中转便利。梧州是连接西南地区农产品生产基地和粤港澳地区消费市场最重要的通道。

围绕建设农特产品集散中心的必要条件,今后要加紧以下4方面的工作。

①建设农产品生产基地。农特产品集散中心必须有坚实的农产品生产基地,基地建设应先从郊区做起,根据地区农业特点和市场需求趋势,农业生产基地应该以高档、新鲜和绿色为主,其中又以有机农业为主体。②建设农产品加工基地。与农产品生产基地一样,农产品加工基地是辐射西南、华南、中南,面向东盟,打造农特产品集散中心不可缺少的有机组成部分。农产品加工业和食品工业既是都市型工业,又是都市型农业,应该大力发展。利用港口城市发展农产品加工和食品工业是国外许多国家的成功经验。农产品经过加工不仅可以提高品质、保鲜、延长储存时间,而且还可以使农产品增值。③建设农产品市场。建设农特产品集散中心,必须有各种类型的农产品市场。要有批发市场,也要有期货市场;要有专业市场,也要有综合市场;要有产地和地方性的市场,更要有中央和国际级的市场。为了对国内外农产品能产生巨大的吸引力,这些农产品市场的规模要足够大,设施必须国际一流。此外这类市场应该是"公益"的,政府要给予如免税等优惠和支持。只有这样,才能有巨大的胸怀吞吐世界范围的农业物流。④优化投资环境。投资环境的建设不仅是诸如仓储、市场设施等硬件,更主要的是政策等软件。一方面欢迎全国和全世界的投资者投资农业生产,另一方面欢迎他们来投资农产品加工业和各类农产品批发市场,这样不仅可以把外地、外国的资金、技术带来,而且还可以通过强化西江经济带和投资者所在地的相互联系,开拓市场空间。

3. 依托边境合作,巩固边贸物流中心

随着中国—东盟自由贸易区、"大湄公河次区域经济合作"以及中越"两廊一圈"发展步伐不断加快,位于中国—东盟区域经济合作核心地带的广西,其对外经济贸易和合作面临着前所未有的机遇。2008年全区外贸进出口总额达到132.8亿美元,同比增长了43.2%。其中出口73.5亿美元,同比增长43.8%;进口59.3亿美元,同比增长42.5%。在主要贸易方式中,边境小额贸易(以下简称边贸)分别占进出口总额的13.2%和16.8%,仅次于一般贸易。边境贸易指在两国的边境地区,通过居民、贸易机构或指定的企业进行的进出口贸易,具体包括边境小额贸易、边民互市贸易和边境地区经济技术合作。

在广西全区边贸中,属于西江经济带的崇左市和百色市占据了举足轻重的地位(表7-

5)。特别是崇左市，边境线长达533km，占广西陆地边境线的50%以上，是广西边境线最长的地级市。拥有国家一类口岸3个，二类口岸4个，边民互市贸易点13处，交通便捷，区位优势明显，边贸进出口长期以来居广西全区各市之首。广西是我国唯一同时享受西部大开发政策、少数民族地区自治政策、边境地区开放政策和沿海地区开放政策的省级行政区。其中除沿海地区开放政策以外，三大政策体系对西江经济带的边贸发展起到了巨大的推动作用（表7-6）。

表7-5 广西边境地区开放格局一览表

类别	名称
沿海开放城市	防城港市港口区
沿海经济开发区	防城港市防城区
沿边开放城市	<u>凭祥市</u>、东兴市
国家一类口岸	公路：<u>凭祥市友谊关</u>、<u>龙州水口</u>、<u>靖西龙邦</u>、东兴市
	铁路：<u>凭祥市</u>
	海运：北海港、防城港、钦州港（含果子山港）
	海运边贸口岸：江山港、石头埠港、企沙港
国家二类口岸	<u>凭祥平而关</u>、<u>宁明爱店</u>、<u>大新硕龙</u>、<u>龙州科甲口</u>、<u>那坡平孟</u>、<u>靖西岳圩</u>等7处
边贸互市点	<u>崇左市13处</u>、<u>百色市6处</u>、防城港市6处
边境经济合作区	<u>凭祥边境经济合作区</u>、东兴边境经济合作区
综合保税区	<u>凭祥综合保税区</u>

注：下划线部分属于西江经济带
资料来源：根据朱小琼（2007）整理

表7-6 广西（西江经济带）边境贸易可享受的优惠政策

政策体系	主要优惠政策
西部大开发政策	享有《国务院关于实施西部大开发若干政策措施的通知》和《关于西部大开发若干政策措施的实施意见》规定的五大类十九条具体优惠政策；对国务院发布的《外商投资产业指导目录》中的鼓励类产业、《中西部地区外商投资优势产业目录》中规定的产业、广西确定的6个重点产业和7个改造产业等，企业所得税均可按减15%的税率征收
民族地区自治政策	广西根据国家赋予少数民族自治区的自治权限和国家有关文件精神，2001年底出台了涉及投资、税收、土地、矿产资源、价格和收费6个方面贯彻国家西部大开发政策的措施；2003年，广西又出台了提高对外开放水平、改善投资软环境等4个重要文件
沿海地区开放政策	享有国家施行的各种沿海开放优惠政策
边境地区开放政策	对边境小额贸易企业通过边境口岸进口原产于毗邻国家的商品，除极少数商品外，进口关税和进口环节增值税按法定税率减半征收；边民通过互市贸易进口的商品（仅限生活用品），每人每天价值在人民币3000元以下的，免征进口关税和进口环节增值税；边境地区对外经济技术合作项下换回物资的进口，享受边境小额贸易的进口税收政策；边境小额贸易企业同时享有对外经济技术合作经营权，可开展与毗邻国家边境地区的承包工程和劳务合作业务；《国务院关于促进边境地区经济贸易发展问题的批复》取消边贸税收减半的政策而改由转向转移支付的办法，加大了国家对边境贸易发展的财政支持力度，提高了边民互市的进口免税额度等优惠政策

资料来源：根据朱小琼（2007）整理

在"大湄公河次区域经济合作跨境运输协定框架"下,根据《国务院关于促进边境地区经济贸易发展问题的批复》和《财政部 海关总署 国家税务总局关于促进边境贸易发展有关财税政策的通知》的精神,以目前我国享受优惠条件最多的广西凭祥综合保税区为依托,充分利用区位优势和政策优势,把崇左市打造成为集加工、批发、转口贸易于一体的边贸物流中心。

加快边境口岸自由贸易区建设,保持原有边境贸易优惠政策的连续性和稳定性,并从当地实际情况出发制定一些新的边境贸易优惠政策。加大对边境贸易发展的财政支持力度,积极吸引投资者参与口岸基础设施建设,特别是对出入口岸所在地的县乡(镇)公路的投资改造以及沿边公路建设。加快边境口岸贸易加工区建设,以此作为集聚特色产业的重要载体。从与东盟地区优势互补的原则出发,充分利用区位优势和资源优势调整边境口岸地区产业结构,增强外引内联的吸引力。在基础产业、服务业、高科技领域扩大合作,使边境地区经济技术合作向广度和深度发展。积极吸引有条件的内地企业到边境地区投资设厂,加工橡胶类产品、农副产品和海鲜产品等出口产品,拉动边境地区工业和相关服务业发展。培育扶持龙头企业发展,加大对重点企业在资金信贷、出口市场开拓、技术改造更新换代等方面的各种优惠。

三、企业综合服务平台建设

招商引资、发展民营经济是近年来广西社会经济生活中的热门话题,也是各级党委、政府发展经济的一项重要工作。于2001年在全区范围内开展的以引进区外民营企业为主要对象的"百企入桂"招商活动,已经成为广西对外开放、吸引民营资本的一个响亮品牌。

2000年以前,外省民企到广西的投资,主要是自发性的投资,每年项目开工率不足30%,投资额都是在10多亿左右徘徊。5年来通过有组织的招商,每年项目开工率达到70%以上,到位资金逐年上升,2004年全区引进区外资金超过了300亿元,2005年政府对外公布数字为414亿元,实际达到了550亿元。与此同时,广西的民营企业加速发展,2001年以前区内民营经济占GDP的比重仅为25%,截至2006年占GDP的比重达到50%。小水电、医药、有色金属加工、农产品加工、房地产等行业已成为民营企业投资的主要领域。

为加快中小企业发展,进一步发挥其在经济社会发展中的积极作用,推动农村富余劳动力向非农产业和城镇转移,壮大县域经济,促进社会充分就业,推进工业化、城镇化进程,广西人民政府于2007年印发了《关于加快中小企业发展的若干意见》。在此以后,中小企业保持了较快的发展速度,对全区经济增长的贡献突出。截至2008年6月,广西中小企业比2007年增加了14.3万户,从业人员增加了150.6万。2008年上半年,全区中小工业企业实现主营业务收入1313.9亿元,同比增长19%,利润85.86亿元,同比增长12.3%。其中,规模企业发展势头良好,对中小企业整体发展起到了明显的支撑作用。广西的中小企业主要分布在南宁、柳州等西江流域地区,其中工业中小企业相对集中在以南北走向为主的铁路和高速公路沿线以及沿江沿海一带,农产品加工的中小企业主要分布于农业产业化水平比较高的地区(图7-7)。

西江经济带的中小企业,历来就面临着许多成长中的问题,如在信息收集、资金筹

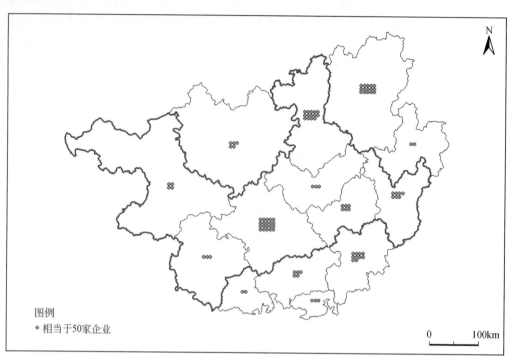

图 7-7　广西中小企业的分布（2008 年）
资料来源：《广西统计年鉴2009》

措、人才储备、技术开发等方面都存在着严重的弱点，这些弱点在 2009 年国际金融危机的影响下更显突出（图 7-8）。

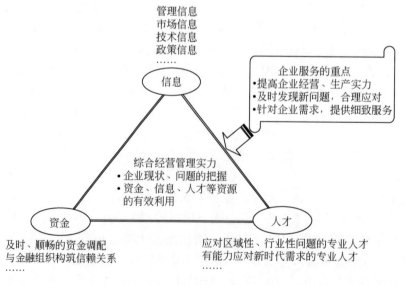

图 7-8　中小企业面临的主要问题

为了实现中小企业的持续、平稳、快速增长，加快中小企业综合服务平台建设势在必行。中小企业需要多方面的服务，从解决制约中小企业发展的"瓶颈"问题来看，一般要在资金融通、技术支持、人才培训、市场开拓、创业辅导、信息网络、管理咨询等诸多方面提供多元化、综合性、智力型、全方位的服务。在今后一段时期内，以优化中小企业发展环境为目标，以政府主导、市场化运作为原则，以广西中小企业网（广西非公经济网）为基础，应从以下3个方面加速推进中小企业综合服务平台建设。

①政府部门与中小企业之间的服务平台。通过网站和其他信息渠道，整合各类法规政策及相关信息资源，方便中小企业获得国内外市场信息。建立对中小企业进行会计制度、内部控制制度、财务规划、预算制度和利润中心等方面的辅导机制。设立专项资金重点支持中小企业服务体系、信用担保体系、公共技术平台建设。支持中小企业技术改造、自主创新、清洁生产、先进标准制定、争创名牌企业等产业扶持项目。积极整合地区现有培训资源，设立专项资金，根据中小企业的不同发展阶段不同需求对企业经营者和员工开展多种形式的培训。②服务机构与中小企业之间的服务平台。整合各类中介服务资源，发挥行业协会作用，创立能为中小企业发展提供市场化服务的"西江经济带中小企业协会"。在此基础上，联合区域内中小企业服务机构和相关企业，成立"中小企业服务联盟"，利用信息网络技术等多种形式为中小企业构建一站式服务平台。坚持社会化、专业化、市场化原则，不断完善社会服务体系，支持开展创业辅导、筹资融资、市场开拓、技术支持、认证认可、信息服务、管理咨询、人才培训等各类综合服务。③企业间的信息沟通平台。进一步完善"广西中小企业创新科技服务网"，加快企业及产品数据库、技术成果数据库等多个数据库及管理系统建设。利用网站的平台作用，为中小企业展示企业风采和产品风貌提供便利条件，让中小企业了解本地区产业布局、市场情况，相互间加强产业链合作，防止资源浪费。积极构建信用互助担保体系，在人才、技术、经营理念等多方面推动中小企业与大企业、中小企业之间的交流与合作。鼓励、组织中小企业参加"中国国际中小企业博览会"等国际交流活动，扩大招展招商推介会的举办规模，促进与世界各国各地区中小企业开展交流与合作，拓展市场，促进中小企业健康发展。

第三节 休闲旅游产业发展条件与战略选择

一、旅游发展条件分析

（一）优势条件

1. 区位优势

在我国大西南区域，西江经济带区位独特，处于"泛珠江三角洲"合作区，即"9 + 2"① 经济区与东盟自由贸易区的结合部，在大湄公河区域和"两廊一圈"② 范围内，是

---

① "9 +2" 为福建、江西、湖南、广西、海南、四川、贵州、云南等9个省（区）和香港、澳门特别行政区。
② 指昆明—老街—河内—海防—广宁、南宁—谅山—河内—海防—广宁经济走廊和北部湾经济圈。

中国与东盟各国交往的门户和通道,是大西南出海的通道之一。在广西,西江经济带北接桂林地区,南连北部湾。独特的区位优势,不仅使得西江经济带在更大范围的旅游区域经济格局中位置独特,而且在广西客源市场的开拓与区域旅游经济合作、人流、物流、资金流、信息流的汇聚方面具有独特的优势,这种区位优势又衍生出西江经济带独有的客源市场优势,即处于连接经济发达的珠江三角洲地区和大西南旅游区的通道位置。

2. 独有的旅游资源优势

在广西,桂林和北部湾是广西旅游产业集中分布区,西江经济带所涉及的区域似乎处于一个旅游次级发展区,属于我国旅游业发展滞后区域。形成这种现象的主要原因是西江经济带独特的旅游资源优势没有被充分认识和挖掘。西江经济带的旅游资源有其独特性和多样性,具有发展休闲旅游业的良好资源和环境条件,总体概括,具有如下特征。

1)优良的生态环境优势(图7-9):西江经济带受工业和城市污染的程度轻,总体环境质量优良,为旅游业的可持续发展提供了良好的生态环境资源和条件。西江水系是目前中国大江河中唯一可直接饮用的二类水。这些都为发展生态休闲旅游业提供了环境基础。西江经济带以亚热带气候为主,良好的气候条件成为其自然生态环境良好的重要前提。由于区域的水热条件优良,自然生态自我恢复能力较强,植被覆盖度高,休闲旅游的环境承

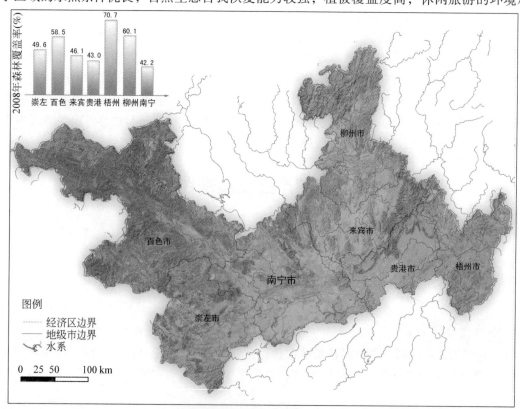

图7-9 旅游自然环境背景

载力较强。

2)动植物资源丰富:西江经济带是我国动植物种类最为丰富的地区之一,全国70%的生物资源(多珍稀动植物)在西江经济带内可以找到,金秀等森林区有世界著名的植物活化石"银杉"等濒危物种,并分布有白头叶猴、黑叶猴及红腹角雉、黄腹角雉、白颈长尾雉等珍稀动物。西江经济带森林资源丰富,森林覆盖率很高,所辖的7个地市的森林覆盖率全部在40%以上,平均森林覆盖率达到了52.89%,高于广西的平均森林覆盖率41.33%,为发展生态休闲旅游提供了环境条件(图7-10)。森林覆盖率以梧州和柳州最高,分别达到70.7%、60.1%,尤其是柳州市北部山区和梧州市的山区区域是广西主要林区,是发展生态休闲旅游的理想区域。西江经济带中药材资源是全球10个最丰富的地区之一。截止到2003年底,西江经济带已经建有37个自然保护区(表7-7),8个国家级森林公园(表7-8,图7-11)。其中国家级自然保护区3个,省级17个,市级2个。保护区的类型以森林生态系统保护为主,但是各个保护区内都有大量珍稀动植物。3个国家级自然保护区分布在南宁、崇左和来宾。百色市拥有岑王老山等17个自然保护区,是西江经济带拥有保护区数量最多的地级市。靖西通灵大峡谷等景区,气候温和,草木常青,珍稀植物种类繁多,具有浓郁的亚热带风光,是国内种类最丰富的植被区之一。这些区域成为发展生态休闲旅游的理想基地。

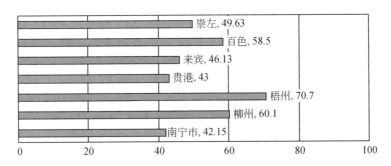

图7-10 2008年西江流域森林覆盖率(%)

表7-7 西江经济带自然保护区一览表

名称	行政区域	面积(hm²)	主要保护对象	类型	级别
大明山	武鸣、马山、上林县	16 994	季风常绿阔叶林、水源涵养林及自然景观	森林生态	国家级
那林	武鸣、马山、上林县	19 900	野生动植物及其生境	森林生态	省级
黄莲顶鸟类	武鸣、马山、上林县	276	鸟类及水源林	野生动物	县级
大平山	桂平市	1 867	水源林、桫椤、瑶山鳄蜥	森林生态	省级
六景泥盆系地质	横县	5	泥盆系地质剖面	地质遗迹	省级

续表

名　称	行政区域	面　积（hm²）	主要保护对象	类　型	级　别
龙　山	上林县	10 749	常绿阔叶林、典型山地森林生态系统	森林生态	省　级
龙虎山	隆安县	2 766	广西猕猴、珍贵药用植物及自然景观	野生植物	省　级
岜　盆	扶绥县	8 000	白头叶猴、黑叶猴等珍稀动物	野生动物	省　级
西大明山	扶绥、隆安、大兴等县	60 100	水源涵养林	森林生态	省　级
板　利	崇左县	18 530	白头叶猴、黑叶猴、猕猴等珍贵动物	野生动物	省　级
恩　城	大新县	20 900	黑叶猴、猕猴等珍稀动物	野生动物	省　级
下　雷	大新县	7 920	水源涵养林及野生动植物	森林生态	省　级
弄　岗	龙州、宁明县	10 080	亚热带石灰岩季雨林、白头叶猴、黑叶猴等	森林生态	国家级
龙州青龙山	龙州县	15 100	水源涵养林	森林生态	县　级
春　秀	龙州县	7 870	水源涵养林及野生动植物	森林生态	县　级
拉沟鸟类	鹿寨县	9 592	红腹角雉、白颈长尾雉等鸟类及水源林	野生动物	县　级
大落泥盆系剖面	象州县	12	泥盆系地质剖面	地质遗迹	省　级
三锁鸟类	融安自治县	5 000	红腹角鸡、黄腹角鸡等鸟类	野生动物	县　级
元宝山	融水自治县	4 159	元宝山冷杉、珍稀动物及水源涵养林	森林生态	省　级
大瑶山	金秀自治县	24 907	水源林及瑶山鳄蜥、银杉	森林生态	国家级
澄碧湖	百色市	77 000	水源涵养林	森林生态	市　级
百东湖	百色市	41 600	水源涵养林	森林生态	市　级
大王岭	百色市	81 900	水源涵养林	森林生态	省　级
达洪江	平果县	28 400	水源涵养林及野生动植物	森林生态	县　级
黄连山	德保县	13 600	水源涵养林	森林生态	县　级
古龙山	靖西县	29 675	水源涵养林及野生动植物	森林生态	县　级
地　州	靖西县	12 100	水源涵养林	森林生态	县　级
靖西底定	靖西县	900	水源涵养林及野生动植物	森林生态	省　级
侬　信	那坡县	10 500	水源涵养林及野生动植物	森林生态	县　级
德　浮	那坡县	12 200	水源涵养林及野生动植物	森林生态	县　级
弄　化	那坡县	13 400	水源涵养林及野生动植物	森林生态	县　级
凌云泗水河	凌云县	20 950	水源涵养林	森林生态	省　级
岑王老山	田林、凌云县	29 800	季风常绿阔叶林	森林生态	省　级
金钟山	隆林自治县	27 300	鸟　类	野生动物	省　级
花　贡	西林县	15 700	水源涵养林	森林生态	县　级
那　左	西林县	40 000	水源涵养林及野生动植物	森林生态	县　级
猫街鸟类	西林县	26 100	鸟类及水源涵养林	野生动物	县　级

表 7-8　西江经济带国家森林公园

序　号	名　称	地理位置
1	良凤江国家森林公园	南　宁
2	龙潭国家森林公园	桂　平
3	元宝山国家森林公园	融水苗族自治县
4	大瑶山国家森林公园	金　秀
5	飞龙湖国家森林公园	梧　州
6	太平狮山国家森林公园	梧　州
7	红茶沟国家森林公园	融　安
8	三门江国家森林公园	柳　州

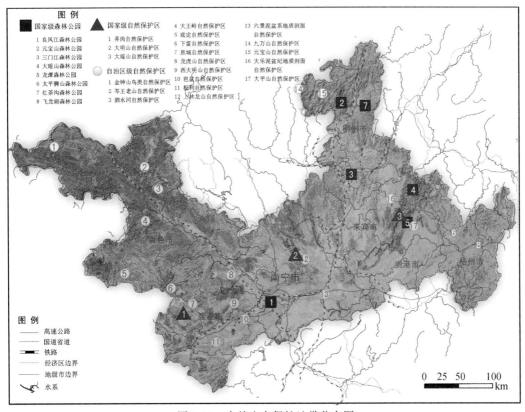

图 7-11　自然生态保护地带分布图

3）丰富的河流水域景观：西江水系是我国水资源量最为丰富的水系，上游支流众多，水量丰富。西江黄金水道及其支流沿岸风光秀美，易于打造成一条具备良好的休闲旅游条件的沿江景观廊道和沿江城市的水城景观。西江及其支流黔江、郁江、右江、左江、柳江、红水河等水系自然和文化景观各异，发展水上旅游的条件优良。

4）典型的喀斯特地貌景观：西江经济带属于热带岩溶地区，拥有典型的喀斯特岩溶地貌景观，包括典型的喀斯特峰丛洼地、峰林谷地、孤峰平原等，是世界著名的喀斯特地貌景观分布区，形成独特的山环水绕、风景秀丽的喀斯特地貌景观资源。其中柳州市的鹿寨、融水、柳江等县，来宾市的忻城，南宁的武鸣等区域喀斯特地貌景观类型丰富，景观价值高。除喀斯特地貌景观资源外，来宾金秀、崇左左江等区域拥有旅游开发价值很高的丹霞地貌景观，其中金秀大瑶山丹霞地貌景观和丰富的珍稀森林景观形成高品位的旅游资源组合。大石围天坑、德天瀑布等也为世界级旅游资源。

5) 多彩的民族风情：西江经济带是我国主要的少数民族聚居地之一，具备厚重而多彩的原生态文化。瑶族、苗族、侗族等少数民族文化传统保留完好，分布集中，是我国少数民族风情最为突出的区域；柳州、来宾等区域民族风情独特。区域内有金秀瑶族、融水苗族、三江侗族等民族自治县，保留有原文化生态特征的民族文化传统，大量村寨的民族传统和民族特色建筑景观保留完好。

6) 厚重的历史文化：西江经济带历史悠久，文化内涵深厚，是我国远古人类活动的重要中心，中国南方文明的摇篮之一。"柳江人"遗址、白莲洞遗址等是我国重要的史前人类遗址，在我国古人类研究方面具有重要价值。"柳江人"头骨化石是我国乃至东亚目前发现和保存的少有的最早、最完整的现代人类化石之一，"柳江人"遗址是迄今我国乃至东亚发现的最早的现代人类遗址之一。位于左江及其支流明江沿岸的花山文化艺术画廊绵延200多公里，不仅是中华民族宝贵的文化遗产，而且以其神秘的历史，成为重要的旅游吸引力。西江经济带内拥有南宁、柳州、梧州等历史文化名城。柳州以曾任柳州刺史的唐代文学家、思想家和政治家柳宗元而著名，柳候祠、柳候公园等成为城市的文化标志。梧州历史上曾为西江经济带重要的水陆码头、区域经济中心，中西文化荟萃，以骑楼为特色的古苍梧城风貌独具特色。

3. 区域合作优势

在区域合作方面，主要有3个层面：一是广西北部湾经济层面的旅游合作，南宁与北海、钦州、防城港、玉林、崇左6个城市的旅游联盟合作机制不断完善；二是与泛珠江三角之间的旅游合作；三是与北部湾东盟各国的旅游合作。

在与周边区域合作方面，南宁市先后联合桂林、长沙、贵阳等西南10城市，郑州、大连等北方重点旅游城市共同开发旅游产品，联手开拓广东、华东等地市场，开辟了广东、郑州等地旅游专列。注重加强与西南10城市的旅游合作，促成了与桂林、贵阳、长沙、大连等市达成捆绑销售协议。借助北部湾经济区开放、开发和中国—东盟博览会在南宁长期举办的契机，南宁市旅游局牵头与北海、钦州、防城港、玉林、崇左等5市旅游局建立了北部湾经济区"4+2"城市旅游联盟，联手开展宣传促销工作。贵港、来宾加入了两广10市区域旅游合作组织，这是在"9+2"泛珠江三角洲合作框架下由广东、广西的旅游部门倡议成立的一个区域性旅游合作组织，成员包括广东的茂名、湛江、阳江、云浮以及广西的北海、防城港、玉林、钦州、贵港、来宾，主要是在旅游市场管理、旅游宣传推介、旅游信息等方面进行合作，以此打造区域内无障碍旅游，实现区域旅游市场一体化。

与泛珠江三角洲经济区旅游合作越来越密切。广西已与广东省正式签订了两广无障碍旅游合作协议，并已正式实施。现在两广间基本实现了无障碍旅游，广西还将努力将无障碍旅游扩展到泛珠江三角洲其他各省市。广西积极参与"9+2"旅游合作建设，与香港、澳门都保持密切的联系与交流。广西与香港每年都互相到对方那里参加各种旅游展览，举办旅游推介会，邀请对方旅行商、媒体考察。广西还在香港设立了广西旅游发展中心，与港中旅签订了旅游营销代理协议，双方共同推广品质游。

在与东盟国家的合作方面，加强与东盟的泰国、马来西亚、越南等国家的旅游交流与合作，开辟了马来西亚旅游包机、泰国旅游包机及自驾车团队来邕考察旅游，为招徕大型旅游团队打开了新的通道，提升了南宁市在中西部城市、东盟国家的知名度。与泰国、西班牙、俄罗斯、加拿大等10多个国家达成旅游合作协议，开辟国际旅游精品线路30多条。为打造广西与东盟的旅游合作平台，2004年第一届中国—东盟博览会召开前夕，广西旅游局成功地主办了"中国—东盟国际旅游合作论坛"，来自东盟各国和我国的著名专家学者以及旅游部门的负责人围绕中国与东盟的旅游合作特别是广西与东盟旅游合作的方方面面展开了深入的研讨，内容包括边境地区旅游、旅游交通合作、旅游信息合作、旅游机构合作、旅游企业合作、旅游便利化合作、旅游危机处理合作、旅游宣传促销合作、旅游人才资源开发合作等。2004年和2007年，广西组织了两次"走进东盟——广西旅游国际大篷车大型宣传促销活动"。到目前为止，广西旅游局先后与东盟各国的17家旅游机构签订了旅游合作协议或合作备忘录。东盟各国也积极组织旅游部门到广西开展宣传促销活动，特别是积极参加每届的中国—东盟博览会旅游专题，推介、展示东盟各国的旅游资源，举办各种旅游投资洽谈会及项目推介会，广泛宣传促销各自的优势旅游产品和线路。

注重与大湄公河次区域的旅游合作。广西与云南是中国两个加入大湄公河次区域的省区。近几年，广西与大湄公河次区域的泰国、缅甸、老挝、越南、柬埔寨等国的旅游合作也非常频繁。一方面广西积极参加大湄公河次区域旅游合作，组织各种会议，加强与该组织及大湄公河次区域各国的交流，另一方面，广西积极参与亚洲开发银行资助的大湄公河次区域的旅游项目开发与建设，特别是旅游扶贫项目、旅游环保项目和旅游教育项目。另外，广西还积极参加在大湄公河次区域国家举办的各种国际旅游展，如胡志明国际旅游展、曼谷国际旅游展、吴哥国际旅游展等。

中越边境旅游合作不断深化。广西与越南的河内市、广宁省、谅山省接壤，中越边境旅游这几年开展得红红火火。广西与越南边境三省市的交流就像走亲戚一样频繁，双方在旅游产品开发、旅游线路组织、旅游市场营销、旅游项目建设、旅游市场管理、应急机制建设、旅游人才培训等各方面都有良好的合作。如在旅游项目建设方面，广西有北海、防城港至越南下龙湾的海上航线合作、中越界河漂流项目合作、德天跨国瀑布项目建设合作等。在旅游线路方面，广西与河内市旅游厅共同开发了"中越跨国胡志明足迹之旅"，与河内市、广宁省正在共同开发中越跨国自驾车旅游线路。在旅游市场营销方面的合作更为密切，广西每年都组织参加越南广宁下龙国际旅游节，与广宁省、河内市旅游厅共同参加广东国际旅游文化节，并共同举办了两国三地大型旅游宣传促销活动，包括共同举办中越边境旅游展、共同举办中越边境旅游推介会等，成为广东国际旅游文化节上的一大亮点。

4. 政府重视水系等景观打造的优势

南宁、梧州、柳州、来宾都提出建设"水城"的城市发展方向。南宁将水的空间与商业文化娱乐中心结合，推出水上游览，减少滨水地区机动车辆的通行，完成南湖—竹排冲核心水景环的建设，在滨水区域建立慢行游览系统，实现公共交通与水上交通站点、码头的紧密衔接，陆路与水上交通的便捷互换。

柳州近年来致力于打造"百里柳江"景观带。景观带北起柳江上游规划铁路桥，南到下游柳南高速公路洛维大桥，全长约 55.5km，景观带沿柳江两岸纵深 300~500m。"百里柳江"景观带的建设使得柳州城市人文环境与自然环境实现了和谐相融，体现了城市发展的现代化、人性化、生态化。

梧州历史上就是一座水城，西江的 4 条支流——漓江、柳江、黔江、郁江都在梧州附近汇合。西江梧州段汇合了广西 90% 的来水。梧州历史上是广西内陆港口城市，西南水路咽喉重地，西南商品重要集散地。

来宾于 2009 年开始规划"引水入城"系统工程，开发滨江旅游资源，建设盘古文化公园和中央公园，打造桂中新兴旅游水城。

（二）劣势分析

目前，旅游产业的总体发展水平偏低。主要原因是：

1. 区域旅游竞争激烈

区内的竞争主要表现为三大区域的竞争，即桂林旅游圈、西江经济带旅游圈和环北部湾旅游圈的竞争。西江经济带的很多资源和桂林旅游圈的资源具有相似性和雷同性，在整个广西的主要客源市场都是面向粤港澳的情况下，资源的知名度成为决定旅游业发展的重要影响因素，在这一方面，显然西江经济带是不占优势的。有数据表明，桂林和北海之间的南宁是承接两者旅游行程的中转地。因此，西江经济带应突出南宁这一增长极。与桂林和北海相比，西江经济带勉强算是具有优势的旅游资源，一是民族风情旅游资源，二是会展旅游资源，三是红色旅游资源，四是边关风情旅游资源。点上的旅游资源则是类似德天瀑布、大石围天坑之类的壮景。

此外，与桂林相比具有优势的旅游资源又和周边的云南和贵州存在竞争，这也是西江经济带旅游业发展所面临的资源上的两难境地。云南和贵州的少数民族风情蜚声中外，知名度大大超过西江经济带。在这种竞争态势下，西江经济带旅游业要想做大做强一定要实行联合营销的战略，结束各自为战的局面。

2. 旅游景区建设成熟度较低

截止到 2008 年底，西江经济带共有 19 个 AAAA 级景区，17 个 AAA 级景区（表7-9，图7-12）。其中，南宁市 AAAA 级景区和 AAA 级景区的数量占西江经济带所有的 AAA 级和 AAAA 级景区的近 1/2，其次是柳州。景区建设水平反映了城市经济实力和景区开发水平的密切关系。在经济实力不太发达地区，如崇左、百色、来宾等区域，虽然有崇左德天瀑布、百色乐业大石围天坑、来宾的金秀大瑶山等高等级资源，但是景区开发一直处于起步阶段，建设资金投入量小，景区开发水平低。西江经济带开发的旅游产品主要以游览观光、休闲度假、民俗风情为主,而历史文化、会展商务、科考探险、宗教朝拜、健身疗养、生态田园、文化娱乐、科普修学和都市旅游及其他专题旅游产品开发相对滞后。

表7-9 西江经济带A级旅游景区概况

等级	地 市	景区名称
AAAA（19）	南宁（6）	嘉和城温泉谷、九曲湾温泉、青秀山、八桂田园、动物园、药用植物园
	柳州（4）	大龙潭、立鱼峰、柳侯公园、三江程阳八寨景区
	贵港（1）	桂平西山
	百色（5）	百色起义纪念馆、通灵大峡谷、乐业大石围天坑、古龙山峡谷群、大王岭景区
	梧州（2）	骑楼城-龙母庙景区、藤县的石表山休闲旅游景区
	崇左（1）	大新德天跨国瀑布
AAA（17）	南宁（10）	金花茶公园、良凤江、人民公园、伊岭岩、西津湖、乡村大世界、龙虎山、九龙瀑布、昆仑关、蔡氏书香古宅群
	柳州（3）	都乐公园、花果山生态景区、融水贝江景区
	百色（2）	澄碧湖、田东十里莲塘
	来宾（1）	莲花山
	崇左（1）	凭祥友谊关

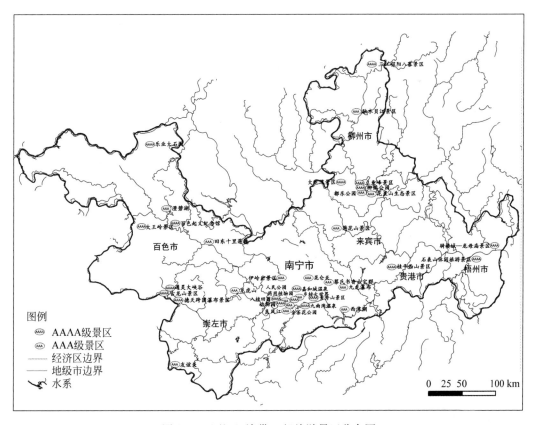

图7-12 西江经济带A级旅游景区分布图

2009年以来，西江经济带旅游开发力度有较大的提升，其中柳州在旅游开发方面的力度更为强劲，启动了一系列的旅游项目，包括旅游景区项目、城市景观改造项目、基础设施建设项目等。见表7-10，图7-13。

表7-10 西江经济带重点旅游建设项目（2009年）

市	项目名称	建设规模	建设年限	进　展	项目业主
南宁市	梦幻水都—山水国际景区	划总用地面积7 687.5亩（含水库水面面积1 359亩），建设用地约2 900亩，景观绿地及生态林地面积3 428.5亩，规划建筑面积35.95万m²	2009~2012	已经做总体规划	南宁老虎岭旅游开发公司
	南宁圣名岭东盟民族园旅游景区	总占地面积约为263hm²。以东盟民俗文化为主题，凸显"情、谊、缘、圣"主题思想，建设东盟民俗主题园、东盟宗教文化区、东盟休闲蜜月度假区、东盟艺术家园区4个功能区	2009~2013	已做规划	广西圣名岭旅游开发公司
柳州市	窑埠渡口古街	将打造成为汉代文化和侗族文化相结合的旅游商业街。规划范围：东至规划道路，南至蟠龙山，西至柳江，北至文昌桥。主要建设内容：古码头、广场、古街、住宅、酒店、亲水平台、博物馆、民俗文化馆等各种商业配套设施及停车设施	2009~2011	已完成设计方案	柳州市文化局
	东门城楼街坊改造	将建设为以东门城楼为代表，包括仿明清风格步行街、明清民俗馆等具有明清建筑风格的旅游商业。规划总用地面积38 207m²	2009~2012	已完成总平方案设计，准备进行总平方案设计报批工作；完成拆迁预评估	柳州市东通公司
	白莲洞片区综合开发	依托白莲洞史前人类文化资源优势，结合与白莲洞紧密相连的都乐公园优美的自然风光，打造集城市古生态文化旅游景区、国际欢乐主题文化公园、高档会所为一体的综合旅游目的地	2009~2015	已完成项目可研	市文化局
	龙潭景区改造提升	驳岸修建、景区道路修建、水上舞台、生态休闲景区、绿化彩化工程	2009~2011	完成相关规划	龙潭公园管理处

续表

市	项目名称	建设规模	建设年限	进展	项目业主
柳州市	三门江国家森林公园及沿江旅游开发	以三门江国家森林公园现有的旅游资源和良好的森林环境以及周边水域为基础，整合开发成为融观光、休闲度假、科普教育、会议培训等功能于一体的旅游目的地。沿环江至三门江沿河岸两岸，建设世界各国的风情园，集各国的风情、民俗、文化及餐饮于一带，形成一组可以吸引国际、国内游客的景观带	2009~2012	规划之中	柳州市旅游局
	百里柳江旅游船码头、游艇俱乐部等旅游基础设施建设	1. 游艇俱乐部建造：在岸上建设会所建筑，作为游艇俱乐部基地，配套建设浮式游艇码头泊位及防波堤等。经营游艇观光、游艇租赁、游艇维养、商务会议、新闻发布等 2. 码头、游客接待中心、旅游厕所等基础设施建造	2009~2010	目前码头方案正在评审阶段	柳州市旅游局
	先锋酒吧公园	将打造成为有现代气息、有强烈视觉冲击力的时尚建筑风格的风情酒吧街	2009~2011	1. 立项，申请规划设计条件及用地许可证 2. 瀑布工程完工并完成整改	
	元宝山国家森林公园生态风情区	国家自然保护区、国家森林公园，是山岳型自然风景区。元宝山为广西第三高峰。周围苗村侗寨密集，少数民族风情浓郁。按2010年接待52万人次的目标及规模，进行前期建设，包括旅游基础设施（旅游配套公路、浏览码头、步道、水电供应等）、服务设施（民俗风情表演场、购物饮食街等）以及生态环境保护工程建设，并建设苗族生态博物馆	2009~2012	完成相关规划。2009年进行前期建设	融水县旅游局

续表

市	项目名称	建设规模	建设年限	进展	项目业主
柳州市	广西鹿寨香桥岩溶国家地质公园	建设内容为"地质公园（景区）—功能区（游览观光区）—景点（项目）三级区划系统"。以天坑、天井、天窗、天生桥等岩溶地文景观为主，辅以多种自然及人文景观。人文景观有"一方保障"摩崖石刻、"人间仙境"摩崖石刻、仙人洞、石达开南征遗址等。建设"地质公园游览观光功能区"，包括九弄沟大峡谷及瀑布观光区和大石观光区、弯山大石海观光区、天生桥及河源观光区等和配套设施	2009～2012	已有规划，完成项目可研	鹿寨县旅游局
	融安融江旅游区	大洲（游客接待中心、古榕公园、风情演绎广场、沙滩游乐场）、情人岛（情人酒吧、爱情许愿树）锦绣融江度假酒店、大洲农家接待、鹭鸶洲（鹭鸶花堤、水上花海、垂钓园、茶肆、鹭鸶渔庄、榨油作坊）、主题乡村观光区、水质水体保护及滨江景观提升、特色水上游憩、基础设施及环境整治等	2009～2015	完成规划	融安县旅游局
	融安红茶沟旅游区	主服务区（包括山门、民族歌舞表演广场、红茶水街、特色餐馆、森林主题酒吧、游客接待中心、停车场等）、红茶沟溪谷游乐区（红茶楼、红茶谷等）、米洞休闲度假区（红茶山庄、红茶人家）、米洞溪谷游览区、道路建设及水体整治等	2009～2012	完成规划	融安县旅游局
	柳江县龙怀景区	依托龙怀水库整个库区，建一座集旅游、度假、娱乐、餐饮、购物、展示欧式民俗及文化为一体的纯欧式风格的观光旅游度假，包括"欧洲小镇"、"棕榈湾"、"水上乐园""西湾会所"等。占地14 565亩（属国有土地，由柳江县龙怀水库管理所管理）	2009～2010	柳江县立项核准，已完成景区旅游总体规划和可行性研究报告	柳江县旅游局

续表

市	项目名称	建设规模	建设年限	进　展	项目业主
柳州市	柳江县天竺园游览景区有限公司	天竺园农业观光旅游区将建设成为自然环境优美、旅游项目丰富、景区文化含量深厚、接待服务设施完善、旅游服务质量优质、具有显著地方特色的国家级旅游商务度假区。总体规划目标为建一栋有450间客房、8个会议室的四星级宾馆、水上乐园及会议度假酒店	2009~2010	目前正在预征地	柳江县天竺园景区旅游有限公司
	"金太阳"生态农业示范区	包括和平村和新圩村沿江区域，面积约430hm²。以社会主义新农村建设为主题，融入生态农业观光这一农业产业转型的新思路，并与"百里柳江"规划做很好的对接，打造以生态农业为内涵，以地域文化为载体，以休闲度假、艺术之旅为辅助，汇集生态农庄、东南亚风情度假村、民族风情美食城、特色农家乐、葡萄园、大地艺术农田景观区、艺术工作坊等功能区域的生态农业示范区	2009~2011	—	柳南区政府
	"百里柳江"源头——凤山邓家洲开发	凤山自古为文明古镇，是古龙城发源地，依托开山寺的名气，新建邓家洲旅游点，开辟大埔至凤山、凤山至柳州水上游线，购置豪华游船、游艇、旅游客车等	2009~2010	—	—
	柳江县百朋镇怀洪原生态农业观光旅游区	拟以万亩原生态藕海、自然山水和村落文化资源为依托，打造原生态自然景色与壮乡村落文化相结合的农业观光旅游项目	2009~2010	—	柳江县旅游局
	日月光旅游馆观光园	项目建设规模：400~600亩。建设佛教艺术园、五百园（百花园、百竹园、百草园、百果园、百鸟园）、民族文化艺术中心（民族图腾展示区、民族文化艺术展厅），配套建设科普天文台、水上娱乐场所、娱乐休闲中心、滑索、酒店等	2009~2010	—	柳州市城中区

续表

市	项目名称	建设规模	建设年限	进展	项目业主
柳州市	柳城金洞四十八弄自然生态景区开发	建设成为集休闲、游乐、度假为一体的生态旅游景区	2009~2011	—	柳城县旅游局
贵港市	贵港市旅游服务中心基础设施项目	集宣传促销、咨询服务、集中办公、旅游商品集中经营等功能的综合场所，占地约50亩，总建筑面积约30 000m² 的基础设施项目	2009~2011	2009年6月、3年	贵港市旅游发展有限公司
	桂平西山风景名胜区基础设施项目	景区大门区广场16 259m²、停车场4 010m²、道路交通7 387m²、环境保护工程、给排水及供电工程等	2009~2011	2009年3月、3年	桂平市西山风景名胜区管理处
	平南鹏山文化旅游休闲区	开发高尔夫旅游项带动休闲度假、汽车营地、生态农林、徒步露营、房地产和新乡镇、新农村建设项目	2009~2011	2009年6月、3年	平南县旅游局
	桂平龙潭国家森林公园设施建设	道路、服务设施、景点建设及配套设施建设	2011~2013	—	政府及招商引资
	桂平大藤峡旅游区建设	道路、服务设施、景点建设及配套设施建设	2011~2015	—	政府及招商引资
来宾市	金秀县民俗旅游综合开发区	旅游接待宾馆、漂流设施、交通、停车场、表演场地等基础设施	2009~2010	—	广州电润水电设备有限公司
	锦绣生态休闲度假山庄	旅游接待山庄、休闲娱乐场所、停车场、景区公路及公共基础设施	2009~2012	—	柳州恒斌建材商行
	蓬莱洲旅游度假区	40hm²	2009~2015	2009.3	广西江南保利投资有限公司
百色市	大王岭景区二期开发	休闲度假中心	2009~2010	—	大王岭旅游公司
	右江旅游开发项目	建设沿江旅游码头、配套大型观光游船、沿江两岸景观环境整治等	2010~2015	规划中	百色市旅游局

续表

市	项目名称	建设规模	建设年限	进展	项目业主
崇左市	花山国家级风景名胜区——左江景区旅游基础设施建设项目	花山风景名胜区所辖的左江流域涉及的县（市、区）旅游专业码头、停车场、游客接待中心、旅游厕所、垃圾处理场、旅游交通道路等	2009~2011	2009年上半年	管理单位：崇左市人民政府项目业主：崇左市旅游局
	自驾车旅游示范区建设	完善辖区的观光路网改造、旅游标识体系、汽车营地及配套汽车综合服务体系设施建设	2010~2013	规划中	崇左市城投公司
	东盟国际体育休闲生态旅游区	建设体育休闲球场、体育旅游休闲中心和相关配套设施	2010~2015	规划中	招商引资
	中越德天—板约瀑布国际旅游合作区	建设国际旅游合作区、中越商贸旅游街、民族风情园及宾馆配套设施等	2010~2015	规划中	德天旅游公司
	龙州古城历史文化街区保护	对城区南街、新街、龙江街灯部分历史文化底蕴较深厚的街道、码头修建改造	2010~2013	规划中	龙州红八军纪念馆
	宁明花山温泉国际度假村项目	占地面积396.36亩，包括商业区、娱乐区、温泉区、别墅区、体育活动区等五大功能和一条明江景观带，及别墅式酒店、网球场、羽毛球场、游船码头等	2009~2011	—	广西宁明宏大林产有限公司
	凭祥友谊关及大小连城景区综合开发项目	建设中越友谊馆、边境文化长廊；大小连城的文物维修、旅游基础设施建设等	2009~2012	—	凭祥市友谊关旅游开发有限公司、广西凭祥盛澳投资开发有限公司

注：根据广西旅游局提供资料

在广西十大精品线路中，西江经济带主要组织了其中的六大线路，包括大新德天跨国瀑布边关游、大石围天坑群探秘游、太平天国宗教历史文化游、邓小平足迹游和壮、苗、瑶、侗、仫佬族风情游及中越边境游。西江经济带是刘三姐风情游、孙中山北伐足迹游等两条线路的组成部分。

3. 旅游接待设施发展水平较低

西江经济带目前已经有188家星级酒店（表7-11），但是接近1/2的星级酒店在南宁，可以看到南宁发达的旅游接待能力以及南宁在西江经济带中服务业的优势。星级酒店中的

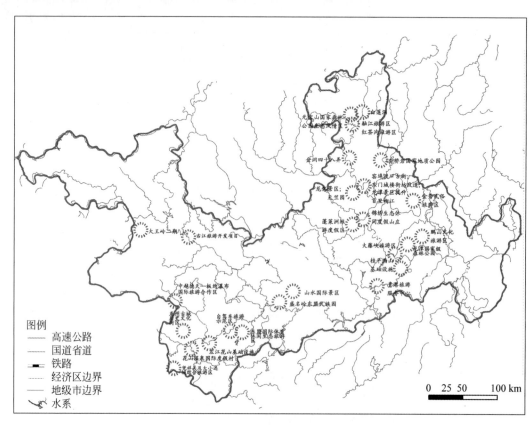

图 7-13 2009 年重点建设项目分布

高星级酒店业亦主要集中在南宁，西江经济带的 6 家五星级酒店中南宁占到了 5 家，15 家四星级酒店中南宁占 11 家。西江经济带的星级酒店中，二星级酒店和三星级酒店最多，高星级酒店相对很缺乏，星级酒店空间分布情况见图 7-14。到目前为止，贵港、梧州、来宾、百色和崇左没有一家五星级酒店，来宾、百色、崇左没有四星级酒店，这也反映了西江经济带旅游接待发展不均衡以及总体设施水平较低的现状，尤其是旅游发展潜力较大的崇左和来宾的宾馆设施条件十分落后。

表 7-11 西江经济带星级酒店基本情况表

地 区	五星级	四星级	三星级	二星级	一星级	合 计
南 宁	5	11	29	37	0	82
柳 州	1	2	13	8	0	24
梧 州	0	1	10	6	3	20
贵 港	0	1	11	6	0	18
来 宾	0	0	4	3	0	7
百 色	0	0	8	9	0	17
崇 左	0	0	7	12	1	20
合 计	6	15	82	81	4	188

第七章 战略性新兴服务业的培育

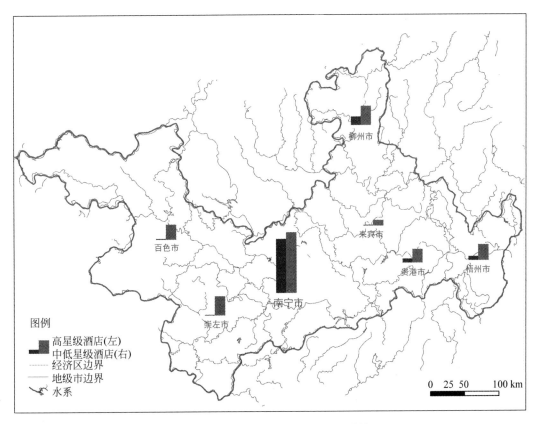

图 7-14 西江经济带旅游宾馆饭店经营情况

从宾馆的接待情况上来看,南宁和百色最好,其次为柳州,南宁和百色与排名第三的柳州相差很大,而百色市接待能力要远远低于南宁,而在旅游宾馆的接待总人数上能够持平也反映出南宁的接待能力过剩和百色接待能力不足的问题(表 7-12,图 7-15)。

表 7-12 广西旅游度假区一览表

序 号	名 称	类 型	级 别
1	北海银滩旅游度假区	海滨沙滩	国家级
2	桂平西山旅游度假区	山 地	自治区级
3	玉林佛子山旅游度假区	山 湖	自治区级
4	桂林桃花江旅游度假区	内 河	自治区级
5	灵川青狮潭旅游度假区	内 湖	自治区级
6	龙胜温泉旅游度假区	温 泉	自治区级
7	防城江山半岛旅游度假区	热带海滨	自治区级
8	合浦南国星岛湖旅游度假区	内 河	自治区级
9	北海涠洲岛旅游度假区	热带海滨	自治区级
10	荔浦丰鱼岩田园旅游度假区	岩 溶	自治区级

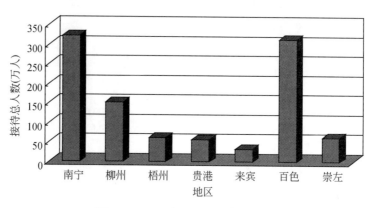

图 7-15　2008 年旅游宾馆接待情况

整个广西的旅游度假区的级别均不高,除了北海银滩属于国家级旅游度假区以外,其他都是自治区级甚至市、县级。西江经济带休闲养生旅游产品相对较少,以旅游度假区为例,目前整个广西 10 个自治区级以上的旅游度假区中,大部分集中在北海与桂林市,只有桂平西山旅游度假区位于西江经济带。

在旅行社发展方面(图 7-16),旅行社总量以南宁市最多,柳州市次之,其他几个不相上下,这种现状基本上与各地的经济实力呈现一致的局面。以国际社来说,南宁市最多,其次是崇左市。与其他地市不同的是,崇左市国际社的数量超过了国内社的数量,这也反映了边境出入境旅游的繁荣的局面。在 7 个地市中,来宾是唯一一个没有国际社的。

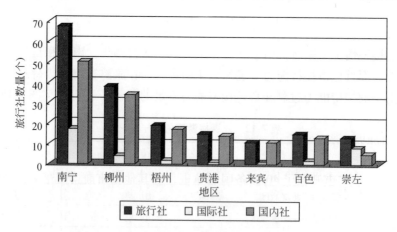

图 7-16　2008 年西江流域各地区的旅行社基本情况

在旅游客车数量方面(表 7-13),南宁市最多、梧州次之,柳州、来宾、百色、崇左不相上下,贵港最少。大型客车的数量上,百色最少,南宁最高。中型客车的数量以南宁最多,达到 198 辆,拉开了与其他地区的中型客车数量的巨大差距。小型客车以南宁和百色较多。游船上看,柳州市座位数最多,且以大型游船为主,与柳州相比,崇左的游船总数要高,但是座位数却低于柳州,说明崇左游船的规模要小。梧州虽然号称"水都",但是水上旅游发展基本为空白,全市没有游船,这与其称谓很不相配。

表 7-13　旅游客车与游船

城　市	大型客车	中型客车	小型客车	合　计	游船总数	游船座位数
南　宁	110	198	91	399	5	390
柳　州	51	11	6	68	16	2 383
梧　州	74	17	12	103	0	0
贵　港	15	12	2	29	6	800
来　宾	19	34	15	68	0	0
百　色	4	13	42	59	7	280
崇　左	30	18	4	52	45	2 270

4. 旅游交通网络有待完善

总体来看，西江经济带已经架构起了以铁路、公路、民航运输为骨干的交通网络。在整个综合交通体系中，南宁和柳州是两个重要的节点。虽然西江经济带基本的交通网络格局已经形成，但是由于从整个区域范围内来看，旅游资源在西江经济带的分布有分散性的特点，这就对交通设施及可达性提出了更高的要求。从目前交通设施的可达性能力上看，远远不能满足旅游需求。西江经济带交通设施的分布格局以增强各个地级市的联系为主，而各个地级市内部的交通设施发展则不均衡，南宁和柳州的交通较为发达，柳州提出"一小时经济圈"的口号，而经济欠发达地区的百色、崇左、来宾等地区区内联系极为不便。以百色市为例，从百色到乐业的大石围天坑乘坐快巴需要三个半小时的时间，从崇左市区到德天瀑布的时间也要三到四个小时，而且这类世界级资源所在的地级市仍缺乏国际航班，使得从南宁到景区的时间进一步拉长，这无疑限制了景区走出广西、走向世界的前行之路。

在航空交通方面，南宁、百色、梧州、柳州已拥有机场。在航线方面，南宁机场已经开通了 9 条国际航线，分别为南宁—胡志明市、南宁—吉隆坡、南宁—雅加达、南宁—曼谷、南宁—新加坡、南宁—金边、南宁—马尼拉、南宁—宿务、南宁—首尔；地区航线 4 条，包括南宁—香港、南宁—澳门、南宁—台湾台北（经澳门中转）、南宁—台湾高雄（经澳门中转）。南宁市开通了 40 多条国内航班，而其他城市航空交通发展相对滞后，柳州航班限于国内重要城市，而梧州和百色的机场的辐射范围更小，只开通了 3 条国内航班。旅游航空交通网络相对较不完善。

西江经济带通行的铁路有湘桂线、黔桂线、焦柳线、黎湛线、南昆线，这些铁路干线连接了南宁—百色、南宁—柳州、南宁—凭祥、柳州—来宾等，几个重要的城市节点有南宁、柳州、黎塘。从铁路方面看，7 地市联系较为密切的是南宁、柳州、百色、崇左、贵港和来宾。但是铁路的客运条件相对较差，不能满足旅游对交通的快速、舒适、便捷的要求。

西江经济带公路建设发展速度较快，已完成和在建的公路基本可以满足城市之间快速交通要求。纵向桂海高速公路贯通南北，横向以南百高速公路—六业高速公路贯通东西，基本骨架已经形成。但是通向景区的连接道路等级较低。

在水运方面，虽然目前西江经济带有南宁港、柳州港、贵港港、梧州港4个内河港口，但是基本上水上运输的主要功能限定在了货运上。唯一开通的一条航线是梧州—香港客运航线，这也是广西第一条航行香港的水上客运航线。除了这一条运输路线外，基本上没有其他的水长线运输路线。

5. 入境旅游市场发展滞后

2008年，广西的旅游外汇收入在全国排名第14位，其中桂林的旅游外汇收入为38747万美元，占整个广西份额的64%。西江经济带7个地级市的国际旅游外汇收入（图7-17）仅占广西旅游外汇收入的20%，总和不及桂林的1/3。西江经济带中南宁和崇左入境旅游收入较为突出，两市旅游外汇收入占广西总额的12%。

从入境旅游的接待量上看（图7-18），西江经济带7地市的入境旅游接待量为46.92万人次，占广西总额的23%。桂林占广西总额的62%，桂林的接待量是西江经济带接待量的近3倍。以上的分析表明西江经济带的入境旅游不管是在广西区内还是在全国都处于发展落后的位置，发展潜力仍没有得到释放。

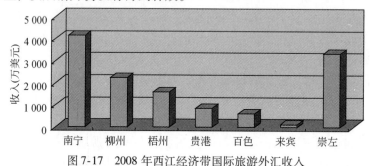

图7-17 2008年西江经济带国际旅游外汇收入

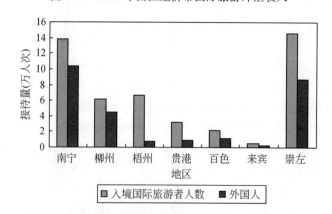

图7-18 2008年西江经济带各地市入境旅游接待情况

西江经济带7个地级市之间比较而言，崇左接待入境旅游者数量位列第一，南宁紧随其后，梧州和柳州次之，来宾最少。南宁作为省会城市，国际旅游外汇收入最高，其次为崇左，柳州和梧州次之。贵港、百色、来宾由于入境旅游市场十分有限，所占份额较少。南宁市国际旅游外汇收入之所以最高，首先与南宁市的省会城市地位密不可分，东盟博览会永久落户南宁更增强了南宁与东盟国家的联系，其次，南宁是广西区内两大旅游集散中心之一，南宁吴圩机场开通了与东盟主要城市的国际航班。南宁市入境旅游者的比例中外国人份额很高，这也说明了南宁的客源市场比较多元，并不局限在港澳台同胞和华侨。从入境旅游者的地域构成上看，南宁市外国人的比例高达75%，柳州市此比例为73%，这两个城市的入境旅游者主要是商务游客。崇左的入境旅游者中，外国人达到59%，显示了崇左旅游资源所蕴涵的高品质内涵。梧州的入境旅游者以华侨和港澳台同胞所占比例最高，占整个入境旅游市场的88%，贵港次之，为72%，显示了梧州、贵港与港澳台之间存在的深远的文化渊源。从国外旅游者人均花费上来看，柳州超过350美元，南宁和来宾300美元，贵港和百色为250~300美元，梧州和崇左为200~250美元。总体消费水平较低，显示了区域旅游开发深度较低（图7-19）。

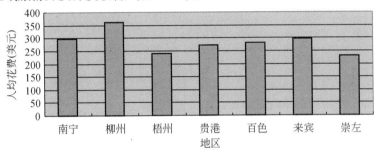

图7-19　2008年西江经济带各地市国外旅游者人均花费

崇左市入境接待以边境旅游为主。崇左共有各类边境口岸11个，其中国家一类口岸3个，是东南亚人进入中国的重要门户之一，地缘和区位优势明显。边境口岸入境条件的放宽，极大促进了崇左的边境旅游。从崇左的入境旅游者构成上看，外国人的比例并不十分高，对东盟的地缘优势尚未完全凸显。入境旅游者花费水平在整个西江经济带也处于最低的水平，旅游收入以旅游者数量取胜，旅游本地接待水平尚需提升。

柳州市的旅游接待能力在西江经济中位列第二位，仅次于南宁。国外旅游者人均花费独占鳌头，超过350美元。虽然接待人数略低于梧州，但是由于人均花费最高的缘故，接待收入排第三位。这主要得益于2008年10月份F1国际摩托艇大赛在柳州的举办，刺激了入境旅游的增长，10月份全市旅游接待人数创全年最高。

梧州靠近港澳台的区位优势使得梧州入境旅游中的港澳台同胞比例很高，达到88%。其中，在港澳台游客中，香港游客最多，增速也最快，台湾游客次之，澳门游客最少。从人均花费来看，梧州和崇左的人均旅游花费属于最低水平。

贵港和百色的入境旅游业的发展基本上处于同一阶段，相较于百色来说，贵港的区位优势比较明显，但是缺乏在广西内具有影响力的旅游资源，所以对港澳台的地缘优势尚未完全体现。百色在整个西江经济带中所处的区位条件不是很好，虽然具有乐业大石围天坑等世界级的旅游资源，但是旅游开发起步较晚，旅游基础设施条件较差，限制了入境旅游的发展。

来宾在入境旅游上基本上处于起步阶段。来宾城市建制较晚，城市建设及接待能力都急需提升，而且市区内基本上没有旅游点，旅游点主要集中在金秀县城和象州县。而金秀和象州旅游接待设施落后，接待能力不足。此外，来宾经济欠发达，与港澳台地区的经济联系薄弱，这也是入境旅游发展难以突破的重要原因之一。

从入境旅游发展速度分析，2003~2008年，西江经济带7个地市的入境旅游接待量持续增长，南宁和贵港的增长速度最高（图7-20）。

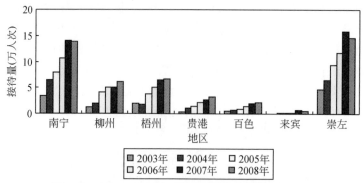

图7-20　2003~2008年西江经济带入境旅游者人次

从旅游外汇收入增长速度上（图7-21）看，柳州的增长速度最高，其次为百色。来宾的增长速度在7地市中是最慢的。

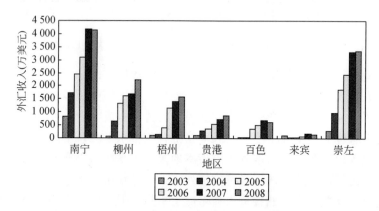

图7-21　2003~2008年西江经济带国际旅游外汇收入

6. 国内的旅游市场发展不均衡

在国内旅游发展中（图7-22），南宁市一枝独秀，远远超过排名第二的柳州，百色位居第三，梧州、贵港和来宾的接待量不相上下，来宾最少。

从国内旅游总收入上看，国内旅游总收入排名与国内旅游人数基本上是一致的，南宁最高，贵港、来宾和崇左略低。这说明在国内旅游者人均花费上，南宁市的优势并不明显，柳州的人均花费上超过南宁排名第一，其次是南宁和梧州，百色位居第四，贵港、来宾与崇左的人均花费最少（图7-23）。2008年，全国国内旅游出游人均花费511.0元。与全国平均水平相比，只有柳州、南宁和梧州超越了这一水平，其他4个地市远远低于这一水平。

从增长速度上看，西江经济带的7个地级市的旅游接待量呈线性增长，2003~2008年，南宁、柳州、梧州、百色和崇左的国内旅游接待量基本上实现了翻倍的增长，南宁市

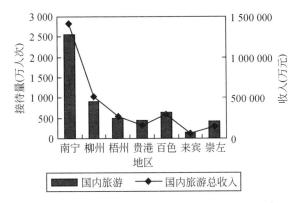

图 7-22　2008 年西江经济带国内旅游基本情况

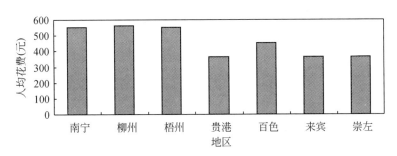

图 7-23　2008 年西江经济带 7 个地市国内旅游者人均花费

的增长幅度最为明显（图 7-24）。尽管 2008 年雪灾、地震等自然灾害及金融危机发生，但是并没有影响到西江经济带的旅游业。相反，在 2008 年，南宁实现了旅游接待量上的快速腾飞。基本上，各市在西江经济带中的旅游接待量排位格局并没有发生较大的变化。南宁最高，柳州第二，来宾最少。百色接待量的增长速度较快，2004 年超过贵港。2003 年落后于贵港的梧州在 2007 年与之持平，并于 2008 年超过了贵港。总体看，贵港和来宾的旅游增长速度较低。

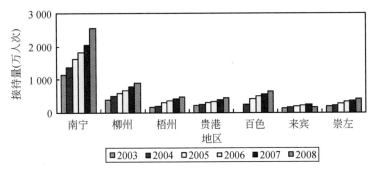

图 7-24　2003～2008 年西江经济带国内旅游接待量

从国内旅游收入上看（图 7-25），南宁市最高，2003 年在整个西江经济带中所占份额超过60%，随着其他各市旅游业的发展，南宁市在整个西江经济带中所占的份额不断下降，这表明了国内旅游收入的区域差异呈现不断缩小的趋势。柳州的国内旅游收入仅次于南宁，但是两者之间的差距还是很明显的。梧州和百色水平相当，贵港和崇左水平相当，在2003~2008年都是持续增长的。来宾的增长速度不明显，处于西江经济带旅游业发展中最落后的位置，并且随时间的变化这种格局没有改变。此外，国内旅游收入与国内旅游接待量密切相关。与入境旅游不同的是，国内旅游接待量和收入受金融危机的影响小。2008年，西江经济带7地级市除崇左外都保持了平稳的增长态势。

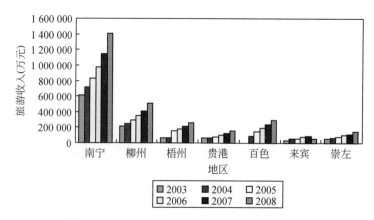

图7-25　2003~2008年西江经济带国内旅游收入

以国内旅游的接待量来看，西江经济带的优势是较为明显的，尤其是南宁市的旅游接待量超过了桂林。2008年国内旅游接待量和旅游收入，南宁均为桂林的两倍左右（表7-14）。

表7-14　2003~2008年桂林市的国内旅游基本情况表

名　称	2003	2004	2005	2006	2007	2008
旅游接待量（万人次）	809.73	1 030.66	1 104.99	1 227.33	1 402.04	1 501.9
旅游收入（万元）	254 009	345 208	387 674	477 803	583 757	737 765

西江经济带的客源结构以国内旅客为主，占广西接待游客总量的90%以上，周边的区域性市场占主导。珠江三角洲是西江经济带最主要的国内客源市场。实现珠江三角洲发达的消费能力与西江经济带丰富的旅游资源的对接、客源地与目的地的对接是西江经济带产品开发的主要思路。西江经济带面向珠江三角洲及港澳台市场，与其他地区相比具有极大的区位优势，市场前景巨大。梧州市由于距离客源市场广东省较近的区位优势，面向珠江三角洲的市场区位优势明显。

（三）发展机遇与挑战

1. 国家鼓励发展休闲旅游产业的政策机遇

旅游业是国家西部大开发中鼓励外商投资发展的特色经济产业，投资广西旅游业除享受国家统一规定的优惠政策外,还可享受国家和广西在西部大开发中出台的一系列优惠政策以及少数民族地区、扶贫开发、沿海开放、边境开放等多重优惠待遇。2009年12月14日,国务院提出了把旅游业定位为我国优先发展的综合性产业,实施旅游业发展国家战略的战略定位。在这一战略的推动下,国家将采取一系列重大举措,制定相应的政策措施,包括刺激需求方面,广泛开展国民旅游休闲行动;在供给方面则加快旅游重大基础设施建设、积极开发旅游产品、提高旅游服务水平等,以此促进我国旅游业的全面发展与进步。

2. 中国—东盟博览会永久落户南宁的机遇

中国—东盟博览会永久落户南宁,增强了东盟透过南宁这一窗口与中国的联系,这对加快推进中国—东盟旅游合作与交流具有重大的现实意义和深远的历史意义。南宁作为这一联系的纽带,将首先受益。地缘相近的西江经济带和东盟具有十分便利的旅游合作条件。在东盟旅游热的背景之下,广西正在实施旅游强省战略。2009年,广西将加大对东盟国家的旅游宣传,这将增强以南宁为中心的西江经济带入境旅游的接待能力。

3. 西江经济带建设使得区域一体化能力提高的机遇

随着西江经济带区域一体化能力的不断提高,进行地区间密切而深入的合作,整合西江的旅游资源,实行联合营销,推出区域性的经典旅游线路,将使西江经济带的旅游业获得一次腾飞的机会。区域联系的加强,也将带热本地出行。

4. 西江经济带城市之间快速交通体系的形成

未来几年来西江经济带道路交通条件将得到快速改善,包括高速公路、城际快速交通、铁路、机场等快速便捷的交通网络正在形成,其中连接柳州、梧州、珠江三角洲和港澳的快速交通,连接梧州、桂林大旅游区的快速交通,连接南宁和崇左、百色的快速交通逐步形成,区域交通正逐步进入网络化发展,为旅游发展提供了必要的交通条件。

5. 区域竞争的挑战

西江经济带旅游业所面临的挑战主要来自区内的桂林和泛北部湾地区的竞争与区外的贵州和云南对客源的竞争。桂林是广西旅游业的龙头城市,泛北部湾、贵州和云南等已经树立的知名度和旅游形象显然比西江经济带更加具有优势,而在旅游宣传方面不具优势的力度则使西江不得不在未来旅游业发展中面临更为激烈的竞争。

6. 休闲旅游产业与其他产业协调发展的挑战

休闲旅游产业发展需要相应的资源配套,包括土地资源、岸线资源、水资源等,这必然与其他产业发展的资源需求发生矛盾,包括工业、港口建设、园区建设等。所以在土地资源、岸线资源、水资源配置方面必须要统筹安排,给予休闲旅游产业合理的发展空间。

二、发展定位与发展目标

(一) 休闲旅游产业地位与产业功能

根据西江经济带旅游业发展的现状、资源条件，以及未来西江经济带产业结构调整方向和与其他产业发展的关系，休闲旅游业在西江经济带未来经济发展中的地位与作用是充分重视和强调休闲旅游业对西江经济带产业发展、社会人文和自然环境改善的带动作用，而非休闲旅游业的直接经济功能。休闲旅游产业对西江经济带的综合带动作用包括：

——利用休闲旅游业的开放性，提高西江经济带第二产业的产业结构调整速度，通过发展休闲旅游业全面改善西江经济带的景观环境、改善投资环境和人居环境，促进资金、人才和高新技术向西江经济带集聚。

——将旅游业作为西江经济带实现经济结构优化调整的重要产业来发展，通过发展休闲旅游业推动城市环境建设、商贸繁荣，带动第三产业的发展。通过大规模的旅游景区和接待设施的建设，改善城市整体形象和人居环境。

(二) 休闲旅游的区域地位定位

发挥西江经济带位居华南地区——广东、广西核心区域的区位优势、市场优势，借助西江黄金水道建设的契机，将西江经济带建设成为：以西江为主轴，连接广东、广西两省区，与港澳接轨，辐射华南地区的休闲旅游的黄金走廊；广西的桂林、北部湾两大旅游区之间的纽带和通道。

(三) 休闲旅游的发展目标定位

改变传统重港口、工业经济发展，忽视人居环境的发展思路，沿江城市与沿江生态走廊带之间互为依托，形成一个以城市为核心，以绿色生态休闲产业集聚区、公共绿色休闲空间为纽带的商务游憩、休闲产业集约经营、旅游产业集群开发的休闲旅游产业带和公共绿色休闲空间，形成一条新的"经济走廊、绿色长廊、风景画卷"。

(四) 休闲旅游发展的阶段性目标

近期（2010~2015年）：将休闲旅游作为改善西江经济带整体形象、增强区域活力、推动区域产业结构调整、改善投资和居住环境的动力产业和政府的重要公益性产业来发展。

中期（2016~2020年）：将休闲旅游作为西江经济带第三产业发展重要组成部分，并逐步培育为第三产业的支柱产业和促进西江经济带形成良好发展形象的重要窗口。休闲旅游形成较高的综合服务水平和完善的配套设施。

远期（2020~2030年）：休闲旅游业与西江经济带其他产业成衔接良好的空间组合关系和分工，成为西江经济带的景观亮点、服务亮点、产业亮点，形成一批具有完善旅游服务功能的旅游城市。

三、发展战略与重点

战略思路：将西江休闲旅游经济带建设作为西江经济带建设的重要组成部分。正确处理旅游产业发展与其他产业发展之间的关系（用地、城市布局、园区布局等），使得休闲旅游产业成为推进沿江经济结构优化升级、人居环境改善、实现可持续发展的助推产业。

（一）建立休闲旅游产品体系，打造休闲产业集聚区

以西江干流及其相关支流为依托，综合考虑交通便捷程度及沿岸旅游资源丰度，统一规划西江岸线，划分特色旅游功能区，进行合理的旅游产品布局，开发集观光、娱乐、休闲度假等多功能于一体的水上旅游产品、滨水旅游产品。大力发展西江干流游轮等水上运动旅游项目和左江、柳江等支流的水上观光项目。依托良好的生态环境，发展自驾车观光游、特色房车游和体育休闲旅游。以百色为核心，大力发展红色旅游。发展民族风情文化旅游，增加瑶族、苗族、侗族等少数民族地区经济收入。

建设旅游目的地体系，在旅游发展中引入经济园区概念和机制，选择旅游目的地体系发展较为成熟的区域或城市，如南宁市、柳州市建设旅游目的地体系。通过建设旅游城镇、旅游通道、旅游休闲度假区、旅游景区4个环节，全方位推进旅游目的地体系建设。

结合现有基础设施与未来发展前景，充分利用西江旅游走廊多类旅游资源，发展休闲养生、生态休闲、文化旅游、都市休闲等多类型产品群。充分挖掘壮族、侗族、瑶族、苗族等少数民族文化内涵，进行文化产品深度开发。打造一批沿江精品旅游景区和度假区，如乐业天坑群等国家独一无二的品牌，逐步形成沿江绿色生态走廊、旅游中心城市和特色旅游城镇等旅游景区合理配置的旅游发展格局。

进一步完善桂平西山、凭祥边境商贸旅游、南宁—东盟永久会址等主要景区景点的旅游服务功能。高水平开发建设崇左德天瀑布国际旅游景区、金秀大瑶山生态旅游景区、柳州北部民族风情、百色红色旅游等一批精品景区。高标准规划南宁、柳州、梧州等一批旅游目的地城市。

大力发展边贸旅游。在凭祥等口岸区实行开放、便利的出入境管理措施，推进边境旅游，在越南设立旅游接待分支机构，推进德天瀑布等跨国景区的合作开发。

利用崇左、百色、南宁、柳州等地区热带农业资源，推动热带特色农业与旅游相结合，发展热带水果等旅游购物集散中心。建设沿江观光农业、休闲农业示范基地。

（二）大力提升中心城市旅游功能，发展都市商务会展旅游

加快南宁等现代大都市的文化休闲和会展产业的发展，大力发展与旅游相关的现代服务业，促进服务业转型升级。积极培育具有广西地域和民族特色的文化产业群。通过举办大型旅游文化演出和节庆活动，丰富演艺文化市场。培育南宁的国际会展旅游品牌。在南宁、柳州等大城市积极发展大型综合性休闲购物中心、专业旅游商品市场、品牌折扣店和特色商务休闲业街区，完善城镇旅游和休闲度假区的商业配套设施，逐步将南宁、柳州、梧州等城市建设成为休闲购物中心城市。

发挥南宁—东盟对外开放前沿的作用，依托东盟永久基地的品牌优势，全方位开展区域性、国际性经贸文化交流活动以及高层次的外交外事活动，使南宁成为我国立足亚洲、面向世界的重要国际交往平台。

引导南宁等大都市，崇左、梧州、桂平、金秀等中小城市以及沿江地区，发展与旅游业相适应的休闲房地产业，发展富有广西民族特色的、高品质的星级宾馆、度假村等房地产项目。利用梧州、南宁等城市冬季良好的气候条件，发展满足避寒、疗养等不同需求的度假居住型房地产。完善南宁等大城市的旅游集散功能，提升崇左、桂平、三江、金秀等旅游城镇的旅游服务功能，促进旅游产业向旅游城镇集聚。着力培育金秀、杨美等一批特色旅游小城镇。加大对百色革命老区、少数民族地区的旅游扶持力度。

（三）充分考虑休闲旅游用地需求，统筹安排沿江景观用地

统筹安排和保障休闲旅游产业发展各类用地需求、岸线需求，推进城乡土地一体化管理。科学论证、统筹规划沿江大小岛屿的开发利用。科学布局休闲旅游集约区，引导休闲产业相对向沿江地带和环南宁等大都市周边集聚发展。在发展沿江新型工业园区的同时，大力优化港口区和重点工业园区、开发区内部的景观环境，形成休闲功能。

（四）改善旅游服务水平，提升旅游产业发展素质

充分发挥西江经济带的区位和资源优势，以建设绿色休闲旅游走廊为目标，坚持生态环境优先，推动西江旅游业及相关现代服务业的发展，构建全国乃至世界一流的西江休闲旅游目的地。推进资源节约型和环境友好型社会建设，探索人与自然和谐相处的文明发展之路，建设生态休闲示范区。推进旅游服务标准化和国际质量认证，在旅游餐饮、住宿、交通、景区、旅行社、导游、购物及应急管理等方面，按照国际通行的旅游服务标准体系标准。利用南宁、桂林、梧州等大学旅游教育资源，加强旅游教育培训，全面提高旅游及相关行业从业人员的文明素质和服务水平。

（五）完善旅游基础设施，发展水上旅游交通体系

加强基础设施建设，增强服务保障能力，构建安全、方便、快捷的综合旅游交通运输

体系。完善南宁等旅游中心城市的旅游交通基础设施条件，加快南宁至崇左等重要旅游通道的旅游交通建设。结合区域民用机场布局优化和建设，适时建设崇左等重要旅游区的旅游机场，开通柳州、梧州等城市通往主要客源地的航线。

结合风景河段建设，加强邕江南宁段、左江崇左段、黔江梧州段等重要江段的旅游码头基础设施建设，尽快形成功能配套齐全水上观光休闲旅游体系，推进游轮、游艇码头建设。

（六）发挥政府主导作用，充分重视旅游投资环境的改善

按照休闲旅游建设项目的性质，西江经济带休闲旅游建设项目包括政府主导型的公益性的绿色休闲空间的打造、重要基础设施的建设和市场主导型的休闲旅游产业的发展。政府每年要预算一定的经费集中支持公共绿色休闲空间的打造、重要景区的旅游基础设施、景区结构空间调整，与社会公益项目、旅游生态与环境保护项目的实施等。对于市场主导型项目，要建立良好的政策保障体系，通过旅游市场配置资源，采取市场运作方式进行建设和管理。

（七）构建核心休闲旅游产品，提升市场吸引力和竞争力

主导旅游产品指区域旅游开发的主要产品构成，西江经济带重点建设五大类型主导旅游产品。

休闲度假旅游产品：利用东盟自由贸易区的发展机遇，发展面向不同市场层面的不同档次的休闲旅游产品。包括：面向港澳、珠江三角洲等区域市场的，以豪华高尔夫为核心的高端休闲旅游产品，特殊政策支持的跨国休闲度假区；面向周边大都市市场和本地市场的大众化休闲旅游产品，包括水上休闲、滨水休闲、森林生态休闲。

观光旅游产品：深度开发喀斯特地貌景观资源，热带动植物景观资源，瀑布、湖泊和河流水系资源，历史文化景观资源，发展自然风光观光旅游产品、历史文化观光旅游产品、水上观光旅游产品。

民族文化与历史文化旅游产品：利用广西浓郁的民族文化资源，结合民族地区脱贫和经济发展，大力发展民族文化旅游，通过建设民族风情特色村寨、特色城镇、民族文化表演等，形成独具特色的民族风情旅游产品，并以此推动民族文化的繁荣和保护。

沿边商贸旅游产品：充分利用延边的商贸环境，发展出境购物旅游产品，尤其是面向越南的出境旅游。

都市会展旅游产品：利用南宁—东盟永久会址，构建南宁都市会展旅游产品，建成西南地区国际会展旅游中心。

（八）大力发展辅助旅游产品，提升旅游产品容量

根据西江经济带旅游资源特点，重点发展三大类型辅助旅游产品：都市乡村休闲旅游

产品、宗教朝圣旅游产品、左江和右江红色旅游产品。

四、发展规模与指标预测

(一) 休闲旅游产业发展规模指标

到 2020 年，西江经济带的休闲环境营造，景区建设，旅游基础设施建设、旅游服务水平显著提升，旅游业增加值占西江经济带生产总值比重达到 9% 以上，旅游从业人数占总从业人数比重达到 10% 以上。

到 2025 年，旅游服务设施、休闲度假设施、旅游经营管理和服务水平与国际旅游服务标准基本接轨，初步建成一条休闲度假旅游功能完善的黄金旅游带。旅游业增加值占生产总值比重达到 13% 以上，旅游从业人数占总从业人数比重达到 15% 以上。

(二) 旅游接待量及旅游收入指标

1. 国际旅游目标

根据未来西江的建设环境和配套设施的完善以及沿江城市带的一体化和岸线的完善，在入境旅游接待方面由起初的 12% 的增长率，在 2015~2020 年达到 18%，在 2020~2025 年达到 20%（表 7-15）。

——2015 年入境旅游达到 81 万人次，旅游收入为 1.9 亿美元；

——到 2020 年达到 130 万人次，入境旅游收入 2.7 亿美元，此阶段入境旅游的增长方式开始向集约型转变，2015~2020 年旅游收入增长率高于游客人数增长率一个百分点；

——2025 年入境旅游 226 万人次，旅游收入 4.3 亿美元，旅游收入增长率高于旅游人次数增长率一个百分点；

表 7-15　入境旅游人数和收入预测

年　份	旅游接待量（万人次）	增长率（%）	旅游收入（万美元）	增长率（%）
2008	46.92	12	12 881.57	12
2015	81.32	18	19 136.58	19
2020	130.23	20	27 399.98	21
2025	226.84	—	42 641.10	—

2. 国内旅游目标

在国内旅游方面，由于国家未来的宏观经济政策与庞大的休闲需求，国内旅游接待人次将保持在15%的增长率之上，伴随西江经济带旅游环境的不断改善和知名度的提升，在2015~2020年、2020~2030年的增长率分别达到18%、20%（表7-16）。旅游收入的增长态势基本与此类似，但是，在2015年之后，国内旅游不仅会在数量上增加，在人均消费额度上也开始增加，因此国内旅游收入的增长率略高于旅游接待量的增长率。

——2015年，国内旅游接待量达到1亿人次，旅游收入522亿元；

——2020年，国内旅游接待量为1.4亿人次，旅游收入748亿元；

——2025年，国内旅游接待量为2.1亿人次，旅游收入1164亿元；

表 7-16　国内休闲旅游人数和收入预测

年　份	旅游接待量（万人次）	增长率（%）	旅游收入（万元）	增长率（%）
2008	5 596.62	15	2 845 970	15
2015	10 272.11	18	5 223 532.38	19
2020	14 100.06	20	7 479 117.36	21
2025	21 051.28	—	11 639 342.56	—

第四节　休闲旅游产业的空间布局

一、总体格局

依托西江经济带内部城镇体系格局、旅游资源分布、交通格局以及旅游资源的空间联系和景观特征差异，综合考虑客源市场区位、城市发展水平、区域旅游线路组织及客流空间组织差异，对西江经济带内部休闲旅游产业进行合理的资源配置和产业要素的空间布局，以旅游中心城市为核心，建设若干个功能完善、相对独立的旅游区域，并以此为基础，确定各旅游协作区的发展战略和空间布局结构，建立完善的区域旅游发展格局和旅游服务体系。主要布局建设五大旅游空间类型（图7-26）：

——建设四大区域性的旅游中心城市：将南宁、柳州、梧州、崇左建设为区域性的旅游中心城市，其中将南宁建设为一级旅游中心城市，将崇左建设成为旅游城市。

——以旅游中心城市为中心，建立四大旅游功能区：南宁、崇左—百色旅游功能区、梧州—贵港旅游功能区、来宾—柳州旅游功能区。

——沿交通干线、西江干流和支流沿岸，建设沿西江和西江支流的休闲旅游产业发展带，包括左江、右江、柳江、红水河、黔江和西江干流滨水休闲旅游产业带。

——建设一批专业性的旅游县市和特色旅游小城镇：主要包括金秀、融水、武鸣、宁明、龙州、大新等县和金秀县城、杨美镇、宁明县城等一批旅游小城镇。

——建设多条区域旅游快速交通通道：南宁—崇左—大新旅游通道；梧州—柳州—三江、融水旅游通道；梧州—贵港—南宁旅游通道；南宁—来宾—柳州旅游通道；南宁—百色旅游通道。

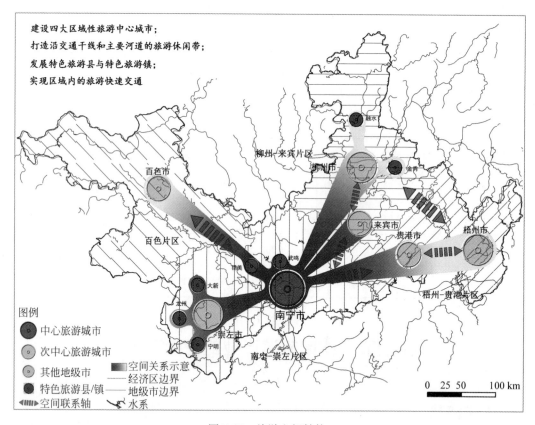

图 7-26　旅游空间结构

（一）建设 4 个旅游中心城市

重点建设南宁、柳州、梧州、崇左四大旅游中心城市，形成区域旅游集散和辐射中心。一级旅游中心城市为南宁，二级旅游城市为梧州、柳州。以南宁、柳州、贵港、梧州、崇左、百色等中心城市及其城市沿江地带为核心，发展都市休闲旅游，提升休闲和生态岸段用地比例，打造都市游憩商务区，提升城市发展的整体品质。贯通主要旅游中心城市和旅游景区、休闲旅游产业集聚区之间的快速交通联系，形成网络化的旅游空间结构。旅游中心城镇重点发展特色商业和文化街区，南宁等城市打造都市商务休闲区、旅游商品集聚休闲街区。

(二)以中心城市为依托,建设四大休闲旅游产业发展片区

以中心城市为依托,以主要交通枢纽为纽带,构建"中心城市—休闲旅游发展轴"的发展格局。通过中心城市和旅游增长轴的带动作用,实现区域旅游业的均衡发展,形成有序的旅游协作区。从东向西形成4个旅游区,建设两级旅游组织中心城市。4个旅游观光区为梧州—贵港片区、柳州—来宾片区、南宁—崇左片区、百色片区。根据交通干线组织和旅游交通网络,以四大旅游功能区为单元,构建旅游集散中心城市,连接旅游中心和旅游景区、度假区的交通网络系统和旅游服务系统。

(三)构建沿江绿色生态休闲产业走廊

结合沿江生态环境改造,平衡沿江工业、港口、景观和休闲用地,营造绿色休闲产业走廊。对非城市岸线加强生态保护,营造滨水生态绿地和湿地生态景观。对城市岸线,结合城镇建设规划和岸线规划,建设现代化的滨江城市,开辟沿江景观岸线,形成以南宁为核心,以贵港、梧州、柳州、来宾、崇左为节点,以滨江生态公园和休闲度假区为节点的绿色生态休闲大走廊。

构建以休闲产业为主要构成的休闲产业集聚区。建设城市休闲产业集聚区,生态休闲产业集聚区。在南宁、柳州、梧州、贵港等大中城市,结合市政建设,商业区改造,旧街区改造,引进休闲产业元素,聚集休闲产业业态,打造城市游憩商务区、会议展览区、商贸购物、休闲运动、文化创意、娱乐公园等休闲区。在左江上游、右江上游和融江、贝江等生态区,结合生态环境改造,集聚绿色休闲产业要素,形成绿色休闲产业集聚空间。

打造休闲旅游产业集聚区与休闲产业园区。休闲旅游产业集聚区主要指休闲产业集中布局,内部形成服务功能互补、旅游基础设施共享、旅游市场共享、旅游管理规范的休闲旅游企业集中分布区。休闲旅游产业集聚区布局选择在自然生态环境优良、旅游资源丰富、第二产业发展程度较低、旅游产业有条件发展成为支柱产业或主导产业的区域。根据西江经济带的区域分异特征,近中期重点构建三大休闲旅游产业集聚区:左江上游边境风情休闲旅游产业集聚区;柳江上游森林生态休闲产业集聚区;右江上游休闲农业集聚区。这三大休闲旅游产业集聚区都布局在西江及其支流的上游区域,属于西江经济带的生态环境涵养区。依托重点旅游吸引物(景区),西江上游生态休闲产业集聚区,包括崇左左江休闲产业集聚带,柳江上游休闲产业集聚带,建设重点休闲岛屿与休闲园区,包括浔江群岛、长洲岛、横县—西津湿地。对各个旅游区内部的旅游产品进行优化组合,特色互补,形成若干个品牌旅游区(点),主要包括来宾金秀大瑶山、崇左德天瀑布、百色起义纪念馆、大石围天坑,梧州骑楼古城等。

沿江休闲旅游产业布局见图7-27。

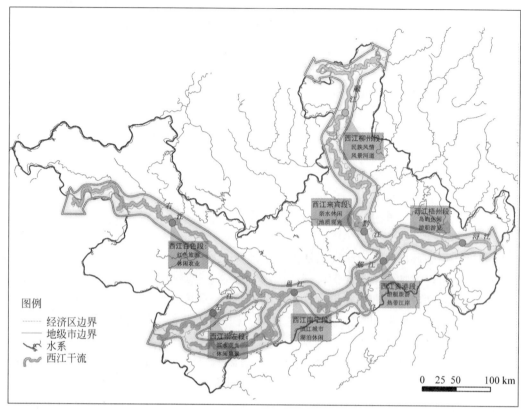

图 7-27 沿江休闲旅游产业业态布局

（四）建设一批特色旅游小城镇

构建休闲旅游与休闲景观发展廊道，如南宁—梧州廊道：重点构建都市公共休闲空间和景观廊道，在左江廊道、右江廊道、柳江廊道、黔江廊道布局沿江重点旅游区和景观廊道，并打造沿边商贸、休闲旅游廊道。在带状休闲空间整体的打造、沿江绿色休闲空间组织方面，主要打造两条休闲廊道，一条是连接城镇的滨江绿色生态廊道，另一条是沿边商贸、观光旅游廊道。主要依托西江黄金水道的建设，将旅游资源丰富的西江支流建设成为生态旅游休闲带。旅游产品依托主要交通轴线建设，形成多条旅游发展轴线。各旅游城镇分布见图7-28。

（五）构建多条旅游快速交通通道

根据集散中心—休闲旅游产业集聚区的空间分布，构建：

——南宁—崇左—大新、宁明、凭祥的边境旅游快速通道，改善边境旅游带旅游交通条件；

——构建梧州—桂林通道，形成一条连接港澳和桂林的旅游交通廊道，带动梧州境内

第七章 战略性新兴服务业的培育

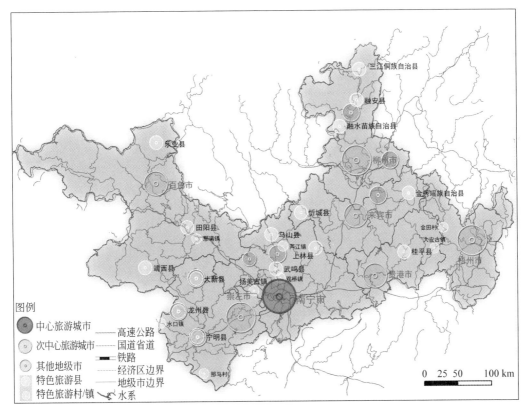

图 7-28 旅游城镇规划图

沿线旅游资源开发；

——建设柳州—三江—龙胜—桂林快速旅游交通通道，形成桂北大旅游环线；

——构建梧州—贵港—南宁旅游廊道，带动沿西江的休闲旅游产业发展。

二、旅游中心城市和服务体系

（一）以四大中心城市为中心，构建区域性旅游集散和服务中心

以南宁、柳州、梧州和崇左四大旅游中心城市为核心，构建辐射整个西江经济带的旅游服务和旅游集散中心。南宁、柳州、梧州、崇左4个旅游中心城市旅游服务存在较大差异，南宁、柳州、梧州都有机场，构成未来西江经济带航空旅游交通的节点。目前南宁和柳州都已经成为西南地区的交通中心，随着南梧高速等高速公路的建设，梧州将重新成为连接两广的交通枢纽城市。所以南宁、柳州、梧州在交通区位和城市发展水平以及资源条件方面，具有发展成为旅游中心城市的条件。在城市旅游服务设施发展方面，南宁和柳州的旅游服务设施条件较好，集中了西江经济带高档次的旅游宾馆等设施，而梧州和崇左的旅游服务设施水平较低。

崇左与南宁之间的高速公路已经通车，对外交通条件较好，旅游资源丰富，但是崇左内部交通基础设施相对落后，城市旅游服务功能薄弱，市区与主要旅游景区之间的交通条件较差，限制了旅游景区的可达性和市区旅游服务功能的发挥。崇左旅游以南宁为一级集散中心，崇左市区为二级集散中心，要按照旅游城市的要求，大力发展旅游接待服务设施，使其成为周边生态旅游区，边境旅游带发展的依托城镇。

梧州具有发展城市旅游的资源条件，但是仍没有形成休闲旅游城市的产业业态。所以要重点完善崇左、梧州等主要旅游接待区的旅游宾馆设施，强化城市的旅游接待服务功能和自身的旅游休闲功能。

（二）大力发展四大旅游中心城市的商务休闲设施，构建都市商务休闲街区

建立具有综合功能的都市游憩商务区已经成为城市公共休闲活动空间的重要内容，是城市中心商务区未来发展的重要趋势之一，也是都市旅游休闲发展的重要方向。将都市游憩商务区（RBD）游憩和商业有机结合，形成都市商业、休闲活动集聚的区域，这已经成为现代都市空间的重要构成。以休闲娱乐功能为主的都市商务游憩区的建设对提高城市整体竞争力和城市区域经济的发展具有重要的推动作用。西江经济带旅游中心城市的建设，首先要适应现代都市发展需求和发展趋势，将打造集休闲娱乐、都市观光、商务会展、创意产业等新兴产业为一体的都市游憩商务区作为旅游中心城市建设的重要内容。

要进一步加强南宁、柳州作为西江经济带旅游集散中心的地位，重视都市商务休闲旅游区建设，根据现代城市风貌相融合的特点与旅游休闲区总体定位，在南宁、柳州、梧州等城市滨水地带构建滨水商业景观带，突出滨水城市休闲景观特色，带动包括城市休闲商务在内的现代服务业，逐步形成融休闲娱乐、都市观光、商务会展、创意产业等新兴产业为一体的都市游憩商务区，形成最具商业游憩产业活力的黄金发展带。

提升南宁市区都市观光、商贸会展、休闲购物、美食娱乐等功能。促进会议、展览设施的完善，发展邕江景观走廊，建设城市水系景观游憩系统，构建东部国际生态会议度假区、中部文化博览生活区和西部科教文化区。将南宁打造成中国绿城、中国—东盟会展之都、美食天堂、购物中心。

柳州市围绕建设历史文化名城的契机，打造以柳州市区为中心的都市旅游带，包括柳州市区和城市外围的郊区、柳江县、柳城县和鹿寨县的环都市区域。市区内恢复和重建柳州历史古城文化景观区，重点开发和挖掘传统街区，古城遗址等古城文化内涵；开发特色文化旅游产品，包括奇石文化、柳宗元文化和国际性文化景点；建设沿江城市景观带，重点建设沿柳江的景观带，形成城市生态景观廊道；建设和调整城市公园，重点改造和整合城市的几大公园，形成不同主题的公园系列；开发工业旅游产品，重点开发大型和具有知名度的工业旅游项目。建设环城市观光、度假和休闲旅游带，整合大龙潭—游山—都乐公园—白莲洞文化生态旅游产品，将这一景区建设成为面向全国市场的大型休息娱乐旅游区。

打造梧州市古城区休闲商务业态，围绕古城旅游开发和打造历史文化休闲城市的目标，对古城区的商业业态进行旅游化和休闲化升级改造，增加古街区酒店、客栈、发展以酒吧、咖啡吧、特色餐饮为主要业态和休闲街区，建设成为面向广东地区尤其是珠江三角洲地区客

源市场的主要休闲型城市和西江经济带纵深区域旅游的前沿城市和交通枢纽城市。

针对崇左商业服务业发展基础薄弱的现状，结合城市沿江生态环境改造，建设服务于旅游、休闲的商业街区，提升崇左市区的旅游服务功能。

三、四大旅游功能区

按照西江经济带城市分布以及旅游环境特征，休闲旅游开发以旅游中心城市为依托，划分为南宁—崇左片区、柳州—来宾片区、梧州—贵港片区、百色片区4个片区。每一个片区形成内部分工与联系密切的、结构有序的、向外围辐射的休闲旅游区。

（一）南宁—崇左片区：打造我国西南地区最具潜力的国际休闲旅游区

南宁—崇左片区位于广西南部区域，属于南宁现代都市—崇左旅游资源富集区，发展休闲旅游的资源、市场、区位条件十分优越。南宁作为具有亚热带特色风情的现代大都市，是广西旅游发展的核心城市之一。邕江穿越南宁市区，形成典型的江城景观。北部的武鸣是广西著名生态旅游区和壮族风情旅游区。市区周边的青秀山、良凤江国家森林公园、扬美古镇等休闲旅游区环城分布。南宁市区拥有亚太地区最大的专业性药用植物园广西药用植物园，以及众多的城市公园，形成绿城和水城景观。中国—东盟博览会永久落户南宁，为南宁的城市旅游发展提供了不可多得的机遇。位于市区的南宁中国东盟博览会会址的南宁国际会展中心，占地面积850亩，建筑面积15.21万 m^2，具有举办国内外大型会议、展览和演艺活动的条件，使得南宁具备了发展成为国际会展城市的基础条件。在上海举行的第三届中国会展业高峰论坛会上，南宁国际会展中心被评为"2006年度中国最佳会展中心"，中国—东盟博览会被评为"2006年度中国十大最具影响力政府主导型展会"。在区位上，南宁作为广西首府，北连山水甲天下的桂林，南接滨海旅游城市北海，处于对接广西南北、呼应东西的旅游枢纽地位。南宁与桂林、北海构成了广西贯穿南北的黄金旅游轴线，是广西两大旅游集散中心之一。在中国与东盟中南半岛旅游合作圈中，南宁是重要的旅游网络节点，是中国连接东盟的国际旅游大通道的前沿中心城市。崇左市是广西旅游资源条件富集区，整个县域范围都为国家级风景名胜区。区域内旅游资源总量丰富，类型多样。沿左江及其支流自然景观环境优美，凭祥边境旅游城市具有发展边贸旅游的独有条件。拥有亚洲最大的天然跨国瀑布大新德天瀑布、壮族历史文化代表花山岩画、世界八大斜塔之一的左江斜塔、我国九大名关之一友谊关等高等级、高品位的旅游资源。在区位上，崇左市紧邻南宁市，与越南相邻，地处通往东盟各国的大陆桥上，拥有长距离的边境线，是我国通往东南亚最大、最便捷的陆路通道，区位优势显著。以左江—邕江为轴线，以南宁—崇左高速公路为纽带，以南宁空港为集散中心，将南宁现代国际大都市和崇左国际级的旅游资源富集区紧密相连，构成西江经济带发展休闲旅游产业潜力条件最为优良的区域。南宁市共有国家AAAA级旅游区4家（青秀山风景名胜区、嘉和城景区、九曲湾温泉度假村、八桂田园）、国家AAA级旅游区5家（良凤江国家森林公园、伊岭岩景区、南宁市人民公园、金花茶公园、横县西津湖风景区）、全国农业旅游示范点1家（广西现代农业科技示范园)。南宁市已初步形成以城市风貌、青秀山、大明山观光旅游，一般商务会议旅游，以南宁国际民歌节为主的壮族文化风情游，以昆仑关、扬美古镇等为主的历史文化等构成多功能的旅游产品体系。部分旅游产品的市场影响力逐步扩大，造就了如南宁国际民歌节等具有一定世界影响力的旅游品牌。产品由单纯的观光型向集观光、度假、修学、运动、商务、会议于一体的旅游产品体系转换，并开发了"壮乡文化风情游"、"中越跨国旅游"、"边关览胜游"等旅游活动。南宁作为全区旅游及东南亚跨国游客源集散中心的地位逐渐建立，商务、会展的都市旅游功能日益凸现。广西旅游集散中心、旅游服务中心，面向东盟的区域合作国家旅游集散城市，区域性国际会议会展中心。

在空间结构上，构建一个以南宁市为主中心，以崇左市为副中心城市，以邕江—左江为主景观轴线，以扬美古镇、宁明、凭祥、龙州、德天为节点和旅游吸引，以明江、水口河、平而河国际河流等左江支流为副轴线，构建一个服务设施完善、交通畅通、具有国际影响力的休闲旅游区（图7-29）。

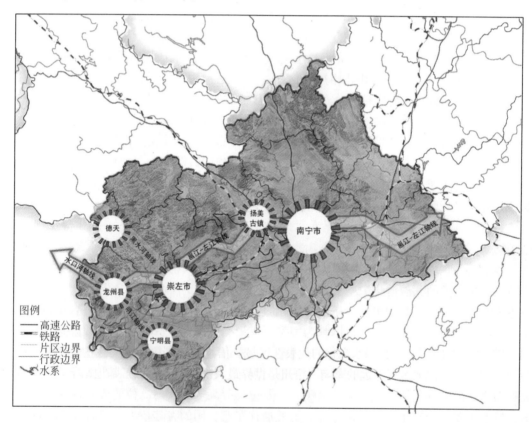

图7-29 南宁—崇左片区分区规划图

强化旅游中心城市的建设。南宁作为省会城市，也是多功能、现代化的大城市，是广西最大的经济中心城市，历史文化名城，南宁都市旅游定位的意义必将超越南宁本身的地域范围，对周边地区乃至对整个广西旅游的发展都会起到促进作用。依托南宁独特的都市旅游资源和优越的区位条件发展都市旅游。南宁作为东盟永久会址，将是我国和东盟贸易中心，各种东盟经济商贸展览和专业会议在南宁举行，东盟国家的客商逐年增加，商务旅游将成为南宁都市旅游的主要活动形式。崇左与东盟的地缘优势同样不可忽视,众多的边关也成为南宁与东盟贸易的重要补充,共同构成了区域与东盟密切联系的优势。打造南宁市省会大都市,集休闲观光、度假、商务会展及都市体验为一体的特色景观城市,开发南宁城市夜景、滨水区夜游及休闲购物街等多种都市旅游产品,使其成为西南地区重要的旅游中心城市。围绕以南宁国际民歌艺术节为核心的文化品牌,以中国—东盟博览会为龙头的会展旅游,以壮族风情为特色的民族文化游,以南宁市区为依托的美食购物旅游,塑造提升南宁"中国绿城,壮乡歌海,会展之城"的品牌形象,将南宁市建设成为区域性国际旅游目的地、旅游集散中心。

崇左市充分发挥毗邻首府南宁市的区位优势和旅游资源优势,依托南宁这个区域中心城市组织客源,形成"南宁—大新德天—宁明花山—凭祥友谊关—崇左市区—南宁"旅游环线,打造南宁—凭祥友谊关廊道,依托南友高速公路、南宁—吴圩公路,与德天跨国大瀑布旅游区对接,形成边关山水、跨国旅游线,将崇左市旅游线路延伸到越南及其他东盟国家。改造左江两岸生态景观环境,打造从南宁至崇左市区生态景观大通道。强化崇左城市旅游功能,改善城市景观环境,以左江为轴线,构建城市景观轴,建设公共游憩区,大力改造江北公园、左江石景林、归龙斜塔等相关景点。大力提升崇左市区的旅游接待服务能力和水平,按照专业旅游城镇的标准配置特色购物街区、旅游宾馆酒店、休闲娱乐设施等。

(二) 梧州—贵港片区:打造特色"古都水城",构建西南宗教文化旅游中心

梧州和贵港片区市地理位置独特,北回归线从市区通过,属亚热带季风气候。青山环抱,绿水萦绕,物产丰富,气候宜人。梧州和贵港是西江水运中心城市,历史上因水运而繁荣,是西江经济带重要的水运集散中心。

梧州作为西江历史上最为繁荣的水运集散中心之一,历史悠久,文化内涵丰富,是国家级的历史文化名城。历史上,梧州曾是岭南地区政治、经济、文化中心,是岭南的大都会,明朝后期的180多年,梧州又是两广政治、军事重镇。清光绪二十三年(1897年),梧州辟为通商口岸,英国在梧州设立领事馆,成为广西第一个对外商埠。开辟通商口岸后,西洋文化侵入,在梧州城区留下英国领事馆等一批西洋建筑。梧州是西江干流段的起点区域,西江集广西784条河流水量,占广西90%的水资源,水流面积占到梧州市区总面积的9.28%,故梧州被称为"水都",是我国水文化的代表性区域。信奉龙母是梧州水文化的重要体现,龙母庙在粤、港、澳地区有深远的影响。梧州是世界最大的人造宝石加工基地,宝石业已成为梧州市一个独具特色的产业,人工宝石加工量占全国总量的80%,世界总量的40%。已经形成汇集宝石加工、首饰镶嵌一条龙服务的工业旅游点。从2004年开始,梧州市已经举办了六届国际宝石节。位于市区繁华西环路地段的"宝石城"是全国乃至东南亚宝玉石饰品最大的现代化专业交易中心,也是奇石古玩、金银饰品以及旅游商品的交易中心。

贵港市旅游资源内容丰富,拥有国家AAAA级桂平西山风景名胜区、太平天国起义金田旅游区、桂平龙潭国家森林公园和平天山国家森林公园,东湖—南山、平天山森林公园、北回线标志公园、大藤峡景区、白石洞天景区、东塔等风景区、森林公园和历史文化景区。贵港市是桂东及华南的宗教文化中心,宗教文化涵盖了佛道两教,拥具有1000多

年历史的有南山寺、西山的龙华寺和洗石庵、白石山、罗丛岩等宗教寺庙。桂平西山是全国七大佛教圣地之一，是广西佛教最早传播地之一。在广西七大旅游精品线路中，贵港是"祈福感恩"旅游线路的重要节点。

梧州市与贵港市同属于桂东旅游经济区，贵港的旅游资源主要集中于桂平市，空间上与梧州市更为接近。作为广西东大门、粤港澳水路、陆路游客来往广西必经的旅游枢纽地梧州市以及集国家级风景名胜、文物保护单位、森林公园为一体的桂平市，两者在历史文化、宗教名胜和侨乡风貌等旅游资源有一定的相似性。

在空间结构上，形成以梧州为前沿，以郁江为轴线，贵港、桂平等城市为节点，以桂平西山、苍梧古城、沧海新城、大藤峡为旅游吸引的带状休闲、观光、宗教旅游区（图7-30）。

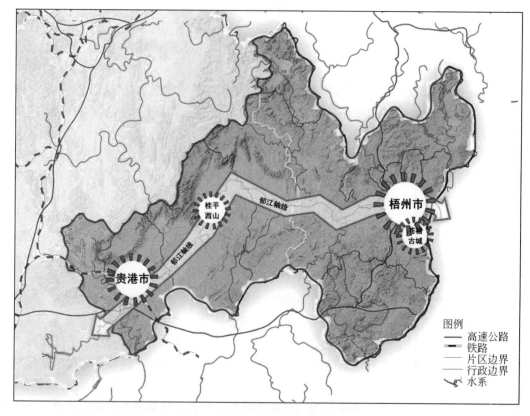

图7-30　梧州—贵港片区分区规划图

充分挖掘梧州古城的历史文化内涵和古城景观风貌资源，对苍梧古城进行旅游业态培育，形成具有购物、文化休闲、游览观光功能的旅游城镇。通过整合龙母庙、骑楼城、白云山、中山公园等一批具有历史文化内涵的旅游资源以及围绕"国际宝石城"、"苍海梧湖"的建设，塑造梧州市"苍梧文化古都"的旅游形象。在旅游产品方面着力构建梧州市文化休闲、水体休闲和度假休闲三大旅游产品体系，将其打造为区域性休闲城市。利用梧州市"两广咽喉"以及地处穗桂邕旅游黄金三角的重心的区位优势、利用梧州市所拥有的丰富多样深厚精彩的历史文化底蕴和西江水运枢纽地位，使其成为连接大珠江三角洲区域的桥梁，桂东旅游经济区的核心，将梧州发展成为岭南重要的休闲旅游目的地。依托苍梧古城-骑楼城、宝石城和鸳江丽港（双城一港）等资源，营建特色专业街、水文化民俗风情街、灯光夜市、开通"西江夜游"项目，扩大建设历史文化浮雕长廊，与骑楼城—龙母庙景区联动；优化"宝石城"，提升宝石城的品味，发展购物旅游。贯通鸳鸯江与西江的水上连接交通，对沿岸灯光灯色进行改造，发展水上游乐设施，形成一条都市水上游览线，并纳入西江水上休闲旅游产品体系。随着西江亿吨"黄金水道"的形成，发展从梧州至藤县，梧州到桂平的大藤游艇休闲观光旅游线路。依托长洲水利枢纽建设开发城市公共游憩空间，以长洲水利枢纽为龙头的库区，发展西江百里画廊观光及休闲农家游、亲水系列游品牌，提升梧州的城市都市旅游品位。连接梧州与贵港的浔江最大的特色是具有各具特色的岛屿，江中有10个各具特色的岛屿，平均9km一个岛屿。同时浔江历史文化丰富，沿线保留有灵济寺、龙母庙、襕洲狮王、疍家文化、袁崇焕故里等文化遗产，沿线的岛屿大部分保持着原始的生态植被和古朴的民俗民风。依托梧州背后巨大的珠江三角洲客源市场，通过打造浔江旅游景观带，开发浔江众多的岛屿旅游资源，将浔江建设成文化遗产长廊与乡村生态休闲廊道。

在旅游城镇建设方面，重点建设桂平特色旅游城镇。桂平是广西重要的旅游资源集聚区，桂平西山为国家级的风景旅游区，大藤峡景区景观独特，具有很大的旅游开发价值。浔江旅游景观带的建设可以将历史文化名城梧州市与桂平市丰富的自然资源有机结合，形成畅通的水上—陆路旅游交通通道，成为梧州—贵港旅游组团的重要支撑。贵港市区重点发展港北商业游憩区—郁江两岸景观带，包括贵港内河港港口历史文化街区、贵港滨江船家文化风情带；南山—东湖旅游景区。并着力打造贵港市桂平西山、南山公园为主线的"宗教文化之旅"。

（三）柳州—来宾片区：构建著名的喀斯特景观区，广西民族风情旅游区

柳州和来宾是我国喀斯特地貌景观最为典型的区域，峰丛洼地、峰林谷地等构成了独具特色的地貌景观。串珠状圆形峰丛洼地、峰林谷地，岩溶洞穴和地下河十分发育，其中较为有名的岩溶景区包括柳州市区的大龙潭、都乐洞、白莲洞、红庙地下河、洛维喀斯特峰林景观、鹿寨县的天生桥与溶洞景观、柳城和柳江的孤峰和峰林景观、忻城县的峰林景观。来宾市的中部和西部，包括象州县部分区域、兴宾区、忻城县等地区，柳州的柳城、柳江、鹿寨等区域以奇秀的喀斯特地貌景观为特色，溶洞、峰林峰丛、岩溶山地景观多彩多姿。柳江环绕柳州市区之中，形成独特的山水景观。来宾市的金秀瑶族自治县、武宣县、象州县以独特的山岳景观和峡谷风光、丹霞地貌、瑶族风情为突出特点。其中，金秀大瑶山（圣堂山）为国家级自然保护区，动植物资源丰富，有世界著名的植物活化石"银杉"和动物活化石"瑶山鳄蜥"以及金斑喙凤蝶、瑶山苣苔等濒危物种。圣堂山上的万亩变色杜鹃花林种类繁多，有20多个品种。象州温泉资源丰富，被称为中南第一泉的温泉，属高热矿泉水，水温在73～77℃之间，最高水温可达85℃，流量每小时可达235t。长滩河、金秀河红壶峡谷、红水河风景秀丽，峡谷险峻。柳州和来宾属于我国西南部旅游发展的高潜力区域。

柳州市是典型山水城市，城内孤峰耸立，柳江环绕城区，形成"四野环山立，一水抱

城流"的景观。柳州拥有深厚的历史文化内涵,为国家级历史文化名城。唐代著名的文学家、政治家柳宗元曾在柳州担任刺史,留下了大量的历史轶事和文化遗迹。柳州市是我国奇石交易中心,具有全国最大的奇石交易市场,奇石交易已经形成一个独特的产业。八桂奇石馆、箭盘山奇石馆等奇石展馆的规模和收藏在位居全国首位。柳州市作为我国重要的工业城市,发达的工业也提供了工业旅游资源重要的基础条件,五菱汽车、柳钢工业旅游、金嗓子喉宝等具有工业观光旅游开发价值。

柳州北部的三江侗族和融水苗族自治县是我国少数民族文化保留最为完整的区域。三江侗族自治县是著名的侗族鼓楼和风雨桥之乡,是广西北部最有吸引力的旅游区。融水,融安苗族自治县以苗寨和苗族丰富多彩的节日活动,独特的自然景观为特色,旅游开发起步较早。金秀瑶族自治县是新中国成立后成立的第一个瑶族自治县,是我国著名的瑶族聚居地,有"世界瑶都"之称。瑶族文化、生活习俗、民族风情浓郁,瑶族的服饰、民居、节庆、民歌以及传统民俗农耕生活丰富多彩,特色明显。著名的人类社会学家费孝通先生认为"世界瑶族研究中心在中国、中国瑶族研究中心在金秀"。金秀瑶族自治县现有茶山瑶、盘瑶、花蓝瑶、山子瑶、坳瑶5个瑶族支系,是世界上瑶族支系最多的县份,每个瑶族支系都有自己独具一格的民歌、舞蹈艺术、节庆,形成了五彩缤纷的瑶族风情。来宾是盘古文化的重要发祥地,境内保留有丰富的盘古文化,盘古庙、盘古神话传说、盘古歌谣、有关盘古内容的师公戏,以及以盘古命名的村庄、山岭、岩洞等。来宾市忻城县有国内保存最完整的土司衙门—忻城莫土司衙署,是全国现存规模最大、保存最好的土司建筑,1996年定为全国重点文物保护单位。

柳州市在地理区位上处于黔桂旅游大区的中心枢纽位置,东连广西第一旅游城市桂林市,南接省会城市南宁市。柳州市与来宾市均以自然旅游资源和少数民族文化旅游资源作为旅游资源的主体,而且两者也存在着旅游资源的互补性,比如来宾市独特的温泉资源是柳州市所不具备的,因此两市在发展休闲旅游产业上有着良好的合作基础。柳州市是我国西南地区著名的工业城市,广西最大的工业基地,工业经济发达。建成为风情工业旅游城市,丰富百里柳江风情,结合多类型博物馆,发展柳州特色博物馆旅游产品。协调好与桂林、南宁在旅游业发展方面的对接,尤其是在旅游产品促销、旅游交通组织、线路组织方面的对接是柳州市发展旅游业的关键。在旅游资源开发方面,应加强与来宾金秀等周边地区的旅游资源的联合开发,将柳州建设成为区域性旅游组织中心和交通中心,并可凭借柳州市优越的交通条件以及毗邻桂林市的区位优势,依托桂林市组织客源。柳州市作为中国优秀旅游城市和历史文化名城,市区旅游资源丰富,主要包括7个城市公园、城市历史文化遗址、奇石文化和沿柳江景观带等,环柳州的郊区旅游区可以开发具有全国市场意义的历史文化和民族风情旅游产品,建设具有满足城市居民度假和休闲旅游需求功能的旅游产品,开发城郊观光农业旅游产品。柳州市要围绕"百里柳江都市休闲游"打造"中国水上娱乐运动之都"。百里柳江画廊的亮点项目有(包括规划在建项目):柳州大龙潭民俗文化村(AAAA级)、柳候祠(AAAA级)、立鱼峰(AAAA级)、东门古城楼、窑埠古镇、柳州风情港、蟠龙山大瀑布、滨江景观大道、柳州文庙、西来寺、摩天轮、中华奇石门、三门江休闲度假区、生态工业园。"百里柳江都市旅游"项目包括整合沿江旅游资源,近期建设柳州风情港等标志性城市旅游景观;依托柳工、上汽通用五菱、柳钢、两面针、金嗓子等有代表性的企业和工业博物馆，开发工业旅游产品；依托柳州市博物馆、奇石馆、南方古人类博物馆和拟建的工业博物馆、自然博物馆、军事博物园、柳宗元博物馆，发展博物馆旅游产品。

来宾市地处广西中部，紧邻柳州市，是南宁至桂林之间的一个节点城市。来宾市的旅游资源特色明显，形成了"人无我有，人有我特"的局面，与柳州市的旅游资源存在差异性，有利于开发出与周边旅游地不同的旅游产品，从而形成一种区域间良好的合作关系和区域联动。来宾市以瑶族文化闻名天下，大瑶山自然生态瑶族文化旅游带与柳江沿岸的象州温泉从空间上与柳州市区构成环形旅游圈，通过开发柳江沿岸景观以及区域交通条件的改善，促进中部核心旅游圈的形成。

柳州—来宾片区空间布局见图 7-31。

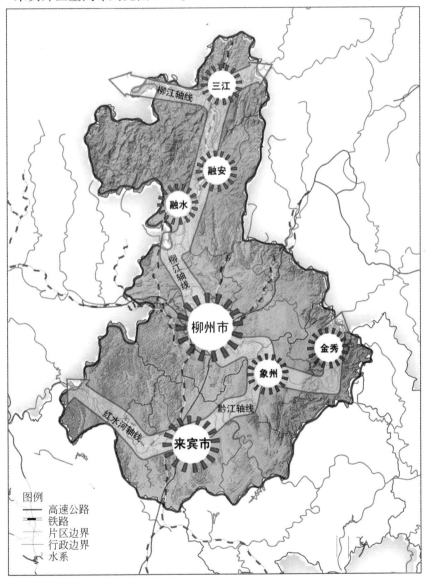

图 7-31　柳州—来宾区分区规划

(四)百色片区,构建我国著名的红色旅游—乡村休闲旅游区

百色地区是广西人口密度最小的市,是广西重要的森林分布区,森林覆盖率达58.6%,具有原生态的自然环境。右江河谷是全国著名的亚热带水果基地、是"芒果之乡"。百色也是典型的喀斯特地貌区,有天坑、大瀑布、地下河流、溶洞奇观等丰富多样的奇特地形地貌。其中,乐业大石围天坑喀斯特地貌为自然奇观,旅游开发价值巨大。地处山区的百色乐业县具有独特的避暑气候,具有发展避暑度假旅游的气候条件。

百色市是我国著名的红色革命之都,中国12个红色旅游重点景区之一。百色市是百色起义的发祥地,邓小平战斗过的地方,拥有大量革命遗迹,如粤东会馆(红七军军部旧址)、百色起义纪念碑和纪念馆、清风楼、长蛇岭攻坚战遗址、革命纪念公园、百色起义革命烈士纪念碑、右江民族博物馆、铜鼓楼等。

百色市是桂西旅游经济区的重要组成部分之一,而桂西旅游经济区是广西旅游发展的后劲和潜力所在,因而百色的旅游业发展前景广阔。结合桂西旅游经济区的建设,将百色市打造成为桂滇黔旅游集散地和区域性交通枢纽,成为产品丰富、设施完备、效益显著的重要旅游区。百色市旅游资源丰富,境内有与百色起义相关的红七军军部旧址、百色起义纪念馆、右江工农民主政府旧址等40多处历史遗存,在全国红色旅游中具有着重要地位;自然风光绚丽多姿,有世界奇观天坑,还有大瀑布、地下河流、溶洞奇观等丰富多样的奇特地形地貌。

百色市在大力打造红色旅游品牌的同时,将红色旅游与丰富的生态、历史、文化、民俗风情等旅游资源结合起来,进行整体规划和推进,打造广西旅游新一极。重点发展南、北、中三个片区,形成"一个中心、两翼齐飞"模式(图7-32):以百色市区(右江区)

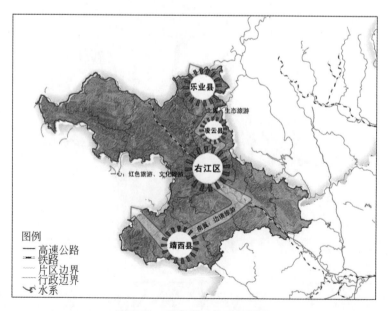

图7-32 百色片区分区规划图

为中心的革命胜迹、历史文化旅游区,建成客源集散中心、革命胜迹教育中心、民族文化艺术中心和休闲度假中心;以靖西为中心的山水风光、边关风情、民风民俗旅游区(包括靖西、那坡、德保的景区景点)构建南部旅游区;以凌云、乐业为中心的岩溶地貌奇观、生态旅游探险旅游区(包括凌云、乐业的景区景点)构建北部旅游区;"两翼发展"重点的资源依托分别是通灵大峡谷和大石围天坑。

提升百色市区的旅游功能,重点发展百色市旅游步行街,展现西南地方建筑和少数民族建筑特色,发展步行街旅游观光、旅游购物和旅游餐饮多功能综合的旅游产品;建设市区沿江景观带,沿澄碧河地带建成公共游憩园林绿地、民俗文化广场,展示百色独特的自然风貌和民俗文化。

四、沿江休闲旅游产业带

(一)发展目标和思路

西江流域在广西境内大型支流众多,水量充沛,具有发展大型水上休闲旅游产品(大中型游艇等)的条件,其中郁江、浔江、黔江、西江(浔江与桂江在梧州汇合后称为西江)、柳江下游河面宽阔,常年水量丰沛,可发展大型游艇休闲旅游产品(图7-33)。西江上游的右江及其支流、左江及其支流、红水河及其支流也都具有发展小型水上休闲、观光旅游的条件。按照不同江段的航道条件,岸线条件,划分不同的滨水休闲旅游带,形成不同功能的休闲岸段是未来西江经济带沿江岸线利用和土地利用的重要方向。

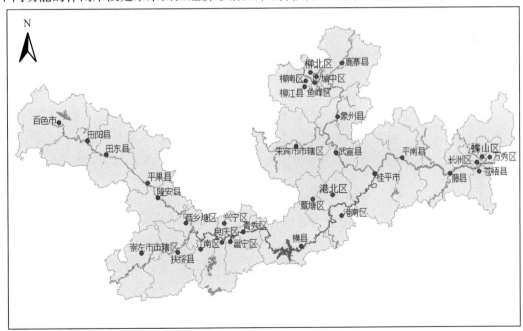

图7-33 西江游艇旅游产品重点干线岸段分布

航道等级和船闸条件是发展水上休闲旅游的前提条件。目前在西江范围内，已建成1000吨级航道574km、500吨级航道233km、300吨级航道768km；建成枢纽30座、船闸21座。未来西江亿吨黄金水道建设将极大地改善西江航运条件。到2020年，将形成连接南宁、贵港、梧州、百色、来宾、柳州、崇左7市共1480km的内河水运主通道。总体形成1000吨级以上深水航道，其中南宁、来宾、柳州以下建成2000吨级航道，贵港以下建成3000吨级航道，形成以西江水运干线和右江、红水河、柳黔江水运通道为主骨架，干流支流畅通、直达珠江三角洲和港澳，设施较为完善的内河航道网。在港口建设方面，形成以贵港、梧州、南宁主要港口为核心，百色、来宾、柳州、崇左等地区性港口为重要组成部分的内河港口体系。桂平二线船闸、鱼梁航运枢纽、老口航运枢纽、大藤峡水利枢纽、长洲水利枢纽三线四线船闸以及贵港、西津、柳江红花二线船闸等项目的实施，西江航道通航条件将得到改善。畅通的内河航道系统和港口配套设施体系为发展以游艇为主的水上休闲旅游提供了基本条件。未来南宁、梧州、柳州等城市水系的恢复将使得城市水系和西江水系贯通，为发展多功能的都市水上休闲旅游提供了基础支撑。

建设具有游览功能的风景河段是流域开发建设的重要内容，也是提升流域开发起点的重要切入点。从沿江地区的发展需求出发，统筹协调沿江的城镇建设、产业布局、岸线利用和环境保护的关系，充分体现西江经济带的人文环境、自然景观和城市特色，强化西江经济带的景观、生态建设与环境保护，促进沿江休闲带、风光带与产业带、城市带的协调发展。

在沿江经济带开发中，要将沿江景观带开发作为西江经济带开发的重点，突出滨江风景景观功能，建设沿江风景廊道，构建沿江休闲旅游产业，作为未来西江经济带沿江产业布局的重要组成部分。在沿江岸线利用布局中要明确各个江段的功能分区，严控在风景河段布局工业，合理安排风景景观江段的建设，合理布局休闲产业区。

根据沿江城市发展条件、旅游资源富集程度，并考虑现有旅游开发状况，合理布局水上休闲旅游发展，构建休闲旅游发展轴，打造若干条沿江休闲旅游产业带，促进西江经济带内休闲旅游产业的集聚发展。形成一个以城市为核心，沿江城市、沿江生态走廊带与休闲旅游产业之间互为依托，以绿色生态休闲走廊为纽带的，具有商务游憩、休闲产业集约经营、旅游产业集群开发的休闲旅游产业带。合理建设水上配套设施和旅游专门设施，开发水上观光娱乐、水上运动等旅游项目，发展豪华观光游艇、滨江商务游憩区，使得西江经济带不仅是一条人口与产业集聚带，而且是一条具有优美的景观环境、完善的休闲功能的休闲旅游带。

在西江经济带建设中，滨江景观带是景观价值最高的区域。在沿江带的建设中，要以带状水域为核心，以水岸绿化带为环境背景，充分发挥河道的开敞空间的观赏价值，构建休闲旅游带。强调滨水绿带景观的亲水性设计、滨水绿带的空间营造和垂直绿化，形成亲水空间。通过风景和景观条件的改善、人文环境的设立、绿化空间的形成等多元素交织和介入，突出沿江休闲空间的开放性和参与性，营造符合生态化要求的沿江绿色生态空间。

对沿江用地进行分区合理的引导与控制，强化沿江带的公共游憩、景观、生态服务三大功能，塑造高品质的城市公共空间和郊野游憩空间，建成贯通郊野与城市、连接历史与现代、融合自然与人文的生态长廊、景观长廊和产业长廊。

(二) 总体布局

从构建沿江地区整体观光和休闲旅游的景观格局出发，统筹协调沿江地区的生产、生活、生态和基础设施等不同开发区域的景观建设要求，建设融文化景观、生态景观为一体的景观空间，构造一条点（城市、产业园区、休闲产业集聚区）、面（湖泊湿地）、线（航道和沿江景观带）有机结合，畅通、便捷的休闲旅游风光带。根据各个江段的发展条件，航道条件、城市条件，形成：都市风景观光、滨江商务休闲带，观光码头—沿江乡野风光观光带—水库湖泊休闲产业园区—上游休闲产业集聚区的沿江休闲产业带布局。

1) 水上休闲旅游的港口服务中心：以南宁、柳州、梧州 3 个主要水上休闲旅游港口为核心，以百色、来宾、柳州、崇左 4 个地区性港口为重要组成部分，其他港口为补充，建设滨江观光旅游码头体系。形成布局合理、层次分明、功能明确的内河港口体系。结合港口建设，合理配置游轮、游艇码头，发展水上旅游的配套设施（表7-17）。

表 7-17　西江经济带重点建设的湖泊旅游区

名　称	规　模	主要景观特征
西津湖水库	东西长100多km，南北一般宽1400m，面积240 km²	西津湖水宽阔、幽深、碧绿、秀美，湖光山色，融为一体，气象万千。主要景点：西津日出、鹿鸣幽港、独石山湾、平塘仙迹、南乡港口、三阳河汊
澄碧湖水库	最大水库面积39.1 km²，正常水深65m	融"山、水、林、岛"于一体，群山环抱，碧水潋滟，其秀丽的湖光山色构成了水库独具特色的旅游资源。主要景点有：莲花山、坝首景观、月亮湾、白沙坡、花果山、虎头岭
大王滩水库	蓄水面积达38km²	集防洪、灌溉、发电、旅游等功能于一体，湖面广阔，湖水清澄湛蓝，晶莹玲珑，潋滟生辉，如明镜般透亮洁净。在青山、绿水、蓝天、白云交相辉映下，波光粼粼，异彩纷呈。大王滩旅游服务设施齐全，有度假村、大型休闲运动中心、水上娱乐运动中心
达开水库	南北长30 km，东西最宽处3km，总面积80km²	四面环水的岛屿和伸向湖面的半岛，建有古色古香的唐式农舍或中西结合的楼房，在浓浓的烟霞里，变得朦朦胧胧，隐隐约约，如海市蜃楼，如太虚幻想仙境。更有奇石之乡的奇石千姿百态，石在水中浮，水在石上流。山水相连，天人合一

2) 水库湿片区—休闲度假产业集聚区："西江旅游走廊"水库湿地主要包括百色的澄碧河—澄碧湖、南宁市郁江—西津水库、良凤江—大王滩水库、贵港黔江—达开水库。河段风光与这些水库风光完美衔接，成为水上旅游开发的亮点。尤其是澄碧河—澄碧湖与

郁江—西津水库、良凤江—大王滩水库、达开江—达开江水库、贵港黔江—大藤峡水库完美的衔接，将成为水上旅游开发的精髓。

3) 沿江乡野风光带：在非都市江段，侧重于沿江生态景观建设，进行岸线景观环境质量的改善，沿江合理布局观赏性植物带，形成具有游览观赏价值的岸线景观。沿江合理布局休闲旅游用地，发展休闲度假。

（三）西江邕江段（南宁—横县）——风景观光河段建设

邕江为西江最大支流，从南宁到横县全长210km，郁江两岸植被良好，河流含沙量小，水环境本底较好。其中南宁至西津水库段全长169km，丰水期可通航千吨级船舶。邕江常年可通航，邕江两岸的旅游资源十分丰富，有扬美古镇、良凤江国家森林公园、青秀山风景名胜区、桂平西山。沿郁江两岸水库湖泊资源丰富，有大王滩水库、湿地型湖泊西津水库。综合考虑西江（包括广东、广西段）休闲观光旅游发展条件，利用南宁以下2000t航道、贵港以下3000t航道的航道等级条件，打造南宁—贵港—梧州、郁江—浔江段的游艇水上休闲、观光旅游廊道；远期考虑发展大型游艇产品，直接通往珠江三角洲乃至香港地区。在建设沿江景观带的同时，重点建设如下风景河段：

1) 邕江南宁都市商务休闲风景河段：西江南宁段主要包括了邕江以及郁江、左江和右江的一部分，其中，南宁城区邕江段横穿南宁市区，是南宁市区重要的景观廊道，沿线有青秀山风景名胜区。南宁港位于南宁市邕江河段，是广西内河重要的转运港，南宁港上溯左江可达龙津港，溯右江可通百色，下航可抵港澳，水陆空交通条件优越。依托南宁建设中国绿城、中国—东盟会展之都的契机，打造南宁邕江商贸休闲旅游景观走廊。处理好沿江景观带建设与港口建设的关系，沿江按高质量景观廊道进行建设控制，禁止沿江发展工业和港口，逐步搬迁工业用地、货运港口，实现沿江两岸的全面景观化、都市商务休闲化改造。逐步弱化滨江大道的交通干道功能，强化休闲功能，重视沿江休闲人行步道及观景功能的建设，强化休闲娱乐、观光旅游、文化生活、体育健身、生态建设等功能，形成精致、协调的多功能公共休闲空间。开辟沿江游览观光车通道，把青秀山风景名胜区、南湖公园串成一体，开发邕江水上游线和邕江夜游活动，形成南宁市区的特色黄金游览线。以临近的扬美古镇为重点整合周边山水资源，构建古镇历史文化游、乡村休闲游旅游线路。把邕江南宁段建设成为能够充分体现南宁城市特色的景观线，建设完善的休闲娱乐设施，形成具有城市水上（夜景）观光休闲功能的生态旅游休闲带。

2) 杨美古镇风景河段：杨美古镇位于南宁以西38km处，左江、右江、邕江三江在杨美汇合，形成广阔的江面。杨美古镇三面环江，万亩香蕉林环绕，自然环境独特，古镇内保持有明清时期的古街、古巷、古祠、古庙、古宅、古树、古闸门、古码头、文武塔、烽火台，是南宁外围重要的乡村休闲旅游点。以杨美古镇为中心，利用优良的环境条件，向沿江地带扩展休闲旅游发展空间，以三江汇流景观区为核心，构建一个大型乡村休闲旅游基地。同时发展从杨美古镇沿邕江到南宁的水上游艇休闲旅游线，使其成为连接左江和邕江水上旅游线的重要节点。强化杨美古镇到南宁沿邕江的两岸景观的建设。

3) 西津湖水库休闲度假区：西津湖位于横县县城西南，离县城6km。西津水电站装机容量23.44万kW，是郁江干流上最大水电站。西津湖风景区范围为$14.5km^2$，是邕江重要的湿地保护区。依托西津水库库区良好的生态环境，以茉莉花特色农业种植、生态民俗、应天寺等为旅游吸引，发展观光游览、乡村农业休闲、宗教朝拜、特色乡村农业观、乡村农业休闲体验。

（四）西江贵港段——郁江风景旅游河段（横县—桂平）

郁江是西江水系中的航运干线，有广西最大的内河港贵港。西津以下原只能通120吨级船舶河段，现已成为千吨级轮船可达南宁的河段。西津至贵港蓑衣滩段长104km，为千吨级航道；贵港蓑衣滩以下至桂平段长112km，属桂平航运枢纽库区，此段可通航千吨级船队。浔江与桂江在梧州汇合后称为西江，自梧州至广东三水思贤窖长224km，枯水落差2.5m。浔江由桂平至梧州段全长169km，为西江干流河段，河道宽阔、水量充沛，一般河宽500~800m，水量条件满足游艇旅游要求，但航道船舶密度大，是广西最繁忙的内河航道，90%的广西内河运量都通过该段航道完成。梧州以下，先后有桂江、贺江等支流汇入，水量陆续增加，河道宽阔。西江贵港段的水系有黔江、浔江和郁江。在浔江和郁江的长期的共同作用下，形成了浔郁平原。农业资源、水力资源、矿产资源、旅游资源十分丰富，是广西重要的商品粮、糖、果、肉桂和禽畜生产基地，素有广西"鱼米之乡"、"甘蔗之乡"等美誉。沿岸的旅游资源有：黔江的大藤峡、贵港市区的南山寺和东湖、桂平的西山、北回归线标志公园。贵港港按"一城一港"格局进行规划建设，拥有城北、城南、桂平、平南4个港区，溯江而上达南宁，北上柳州，东去梧州、达粤港澳，开辟有珠江水系内河运输及香港、澳门等航线。公路方面，通过209国道、324国道、南梧二级公路、南宁至广州高速公路与西南、华南、华中各地相通；铁路方面，通过黎湛铁路、南昆铁路与全国各地相连。水路、铁路、公路三大运输方式高效衔接。

郁江贵港市区岸段：贵港市区郁江段从市区南部穿过，贵港港是广西最大的内河港。郁江穿绕贵港中心城，但是郁江岸线主要是港口，水泥厂、糖厂、造纸厂等多为污染企业。郁江岸线缺乏统一规划，功能紊乱，生产岸线与生活岸线混淆。景观岸线、生态岸线、商贸岸线未有效开发利用，可达性差，潜在价值未被挖掘，北岸密集的老住宅侵占滨水岸段，南岸大部分岸段没有得到应有的利用，没有形成应有的公共绿色休闲空间。生产岸线用沿江用地零散、拥挤，岸线资源没有得到合理开发利用。"四江一河"（鲤鱼江、马草江、沙江、杜冲江和牛皮河）也缺乏保护和利用，缺乏对公共绿色休闲空间的统一考虑。

长洲水利枢纽蓄水后，浔江河段水上航运条件大为改善，全年可通航3000吨级以下船舶。桂平、横县、藤县沿江水位上升，湖面变宽，沿江生态环境改善，为发展滨江和水上休闲观光旅游提供了条件。综合考虑航运与旅游功能的结合，利用南宁—西津水库—贵港沿线景观资源及航道条件，在郁江南宁到贵港段发展大型游艇旅游。

开发黔江大藤峡游艇旅游基地。大藤峡是广西境内最大最长的峡谷，峡中河道曲折，江流湍急。大藤峡水利枢纽工程建成后，将形成一个上溯到来宾的广阔水面，为发展水上休闲旅游提供了条件。将发展大藤峡水上旅游线，使其成为上溯来宾、下达桂平的水上休闲旅游线，建设游艇基地，构建西江游艇经济发展核心。北回归线标志公园、西江航运枢纽工程、黔江大桥等也分布在黔江两岸。

（五）西江梧州段

西江梧州段集广西784条河流水量，占广西90%的水资源，水流面积占到梧州市区总面积的9.28%。浔江沿岸的梧州市区及苍梧县和藤县拥有丰富的景观资源，上游段有长洲岛生态型岛屿，在梧州城区段有梧州古骑楼城、龙母庙、白云山等旅游资源。将梧州市区与苍梧、藤县旅游资源进行有效整合，打造"百里浔江"休闲景观带，重点开发浔江上9个各具特色的岛屿（长洲、襫洲、托洲、登洲、洲儿、思礼洲、泗洲、黄驼洲、党洲）、鸳鸯江风情、长洲水利枢纽、白云山及黄华河等。结合梧州市"新水都"的建设，以及龙母文化、袁崇焕故里等资源的整合，形成集观光、休闲于一体的特色旅游岸段，构建百里浔江景观廊道。利用良好的航道条件，发展水上休闲旅游，包括高端游艇休闲、水上运动休闲等。

建设专用旅游港口。梧州港是广西最大的内河港口，位于桂江、浔江和西江的汇合处，是西江经济带的"水上门户"。往东下航可达广州、香港、澳门，溯浔江西上可通南宁、百色、柳州，沿桂江北上可至桂林。梧州水运历史悠久，在清代发展为广西内河最大的港口。光绪二十三年（1897），梧州开埠，外轮开始进入，成为广西内河最大的对外贸易口岸，是广西各地以及云南、贵州、四川等地进出口货物的集散地，同110多个国家和地区有贸易往来。2004年10月梧州港被列入全国内河主要港口。梧州港曾开行定期客轮航线"漓江号"，9小时可达香港。依托浔江、北流河，桂江与浔江汇流等条件，开发河流沿线滨水旅游产品及水上旅游产品。将龙母文化与天国烽火等主题旅游产品与浔江水上旅游产品组合，打造水上、水下完美结合的岸段旅游产品。加大梧州市城区龙母庙、骑楼城保护性开发。

构建滨水休闲旅游产品体系，以滨水度假为龙头，配套水上观光、漂流、娱乐、文化、节庆等多种产品形式，从而形成一个水体休闲旅游产品体系。在鸳江大桥—冷水冲一线全长约2.7km，结合河东防洪堤工程建设，搬迁码头，发展都市水上娱乐设施，对沿江景观进行改造，提高河东区景观环境质量。建设鸳鸯江旅游线，扩大"鸳鸯江风情游"规模，提升梧州市旅游功能。沿鸳鸯江修建旅游船码头，改善沿江景观环境。

重视长洲岛的旅游开发，将长洲岛规划建成以旅游、文化、娱乐、体育为主的城市绿心，岸线长约14.5km。结合长洲水利枢纽建设，发展旅游观光。沿岸进行景观绿化，保护生态环境，树立新区形象。

苍梧县作为梧州市"大梧州"规划的重要组成部分，大力提升其休闲功能。结合西江防洪大堤的建设，形成景观优美的休闲岸线。结合体育训练基地及高旺新区建设，发展水上体育等休闲娱乐产品。

（六）西江百色段——右江及其支流红色旅游和休闲农业带

西江百色段为右江，右江正源驮娘江，发源于云南广南龙山，流经广南、富宁及广西西林、田林，至百色纳澄碧河后称右江。右江经田阳、田东、平果、隆安，至邕宁宋村（亦称合江村）与左江汇合，下流称郁江。右江干流全长724km，流域面积约40 000km，能通百吨以上油轮。沿江两岸及其支流因冲积而形成的右江平原（右江河谷），土地肥沃，盛产粮食和甘蔗，有"桂西明珠"之称。右江两岸为河谷盆地，亚热带季风气候，四季无霜，两岸有着良田万顷，盛产粮、蔗、芒果和香蕉，是百色市自然条件最优良的粮、果仓。右江支流有田东龙须河风景区。

郁江上游右江段南宁至百色河段现为六级航道，目前只能通航120吨级船舶，而且枯水期需减载运行。百色以上河段现无营运性通航。百色水利枢纽工程建成后，经过枯水流量调节，并辅以航道整治，可使百色至田东河段通航300吨级船舶，达到五级航道标准；田东至南宁河段通航500吨级船舶，达到四级航道标准，目前航道条件受限，不适宜游艇旅游产品开发。随着航道建设，发展百色—南宁右江水上观光与滨江休闲旅游产品。

右江沿岸区域是红色旅游资源和绿色生态旅游资源的集中分布区，有红七军司令部旧址、澄碧湖水库、福禄河瀑布、变色泉、龙须河、檀河古人类遗址、那音水库、百谷遗址、阳圩汉墓葬群。依托龙须河、布柳河、古龙山、大王岭等有丰富的滨水环境，建设右江休闲产业和观光景观带。

重点建设澄碧河与澄碧湖旅游区。澄碧湖全长127km，湖面面积39km^2，总库容11.54亿m^3。依托澄碧河段已开发资源打造右江景观带，以澄碧河为中心，将澄碧河与澄碧湖的旅游资源有机连接，建设休闲度假旅游区，形成具有自身特色的"带—面"滨水休闲旅游区。打造沿江景观带，把百色市沿澄碧河地带建成公共游憩园林、公共绿地与文化广场。开发利用天生桥水电站与水库旅游产品，通过天生桥水库，发展滇、黔、桂三省（区）跨省游；利用田阳县百东河、建设百东河水库美丽风光，建设百东河水源林保护区，发展滨水生态旅游。

右江河谷是广西著名的水果生产基地，是全国南菜北运基地、亚热带水果基地、中国芒果之乡、全国无公害茶园示范基地，拥有百万亩优质水果生产基地。处于右江河谷的右江、田阳、田东和平果是亚热带水果集中产区，盛产芒果、香蕉和龙眼等亚热带水果，有面积达33.1万亩的芒果生产基地。以右江为纽带，以沿江水果生产基地为依托，建设沿江亚热带水果农业景观，发展亚热带水果观光及采摘旅游品牌，构建一条乡村休闲旅游产业带。

建设田东县龙须河风光带。右江两岸的风光秀美，其支流龙须河风景区河段水域、陆域全长约17km，沿河两岸岭山翠竹，风景秀丽，物产丰富，自然风光秀丽迷人，生态环境优良，可发展观光娱乐、漂流等旅游项目。

（七）西江崇左段——左江及其支流休闲旅游产业带

左江发源于中、越交界的枯隆山，经凭祥平而河与龙州水口河汇合，流经龙州丽江，与宁明的明江和黑水河汇合后流经崇左江州区、扶绥河段进入邕江，上游为水口河、平而河、明江和黑水河。左江沿岸的旅游资源有：小连城、崇左石林、左江斜塔、白云洞、碧云洞、黑水河风光、水口湖、黄巢城、板麦石塔、左江花山、喀兰水库、狮子岭温泉、响水瀑布。

左江发源于越南，上游为水口河、平而河、明江和黑水河，流域覆盖扶绥、江州、龙州、宁明、大新、凭祥、天等、上思、靖西、那坡等10个县（市、区）及越南的谅山省和高平省，下游与右江汇合归入邕江。上溯水口河航道可达越南高平省高平市，由平而河航道可达越南谅山省谅山市；左江下游可沿西江航运干线通贵港、梧州、广州、珠海、深圳、香港和澳门。左江在崇左市有等级航道549km。目前，沿左江航道有早年以工代赈建起来的崇左中心港、扶绥港、龙州港、宁明港、凭祥港5个简易港区码头。其中，崇左港建于1993年，为货运码头，占用岸线1000m，靠泊100~150吨级船舶。龙州境内有3个简易旅游码头，宁明境内有2个简易旅游码头。凭祥港平而河口岸码头，货物主要是越南干果、杂货。

西江支流左江上游扇形观光休闲旅游产业集聚区段：西江水系中，左江是广西唯一的一条国际水路通道。根据《崇左市港口总体规划》，在"十二五"期末将建成崇左港，打通左江上的8个碍航闸坝，左江从上游龙州一直到南宁三江口320多公里的航道就会变成三级航道，可以行驶千吨级船舶，基础配套设施与左江沿岸丰富的旅游资源有机结合，具备发展游艇旅游的先决条件。依托龙州左江风光游与黑水河"水上石林"，发展中型游艇观光旅游产品。

目前崇左市已经启动左江航道的规划和前期工作，规划在"十二五"期末建成崇左港，崇左港划分为中心港区、扶绥港区、龙州港区、宁明港区和凭祥港区共5个港区。目前已开展航道通航研究与前期工作。左江航道是"西江亿吨级黄金水道"的重要组成部分，《广西壮族自治区内河水运发展规划》把崇左至南宁宋村三江口航道规划为3级。崇左市把左江航道通行工程纳入近期重点项目之一，研究论证崇左上游航道等级的提高问题，重点是补建或扩建现有水利、水电工程的船闸及河道疏通等工程，构建"国际水路大通道、百里山水大画廊和城乡发展大动脉"。充分发挥左江内河航运优势，打造国际水路大通道。加强与越南有关方面对接，共同推进平而河（越南为奇琼河）、水口河（越南为平江河）上游的通航，实现中越国际水路联运，使左江航运成为崇左市未来旅游发展的重要载体。左江流域风景区种类多、品位高，明江段、丽江段、黑水河段均连成一线，打造百里山水画廊。结合左江通航工程的实施，跨国航道通航的建设，"国际水路大通道、百里山水大画廊"的打造，南宁至龙州河段将达到1000吨级航道标准。随着国际水道全线贯通，中越经贸往来将扩大。

左江途径"三县一市一区"，即凭祥市、龙州县、宁明县、江州区、扶绥县。左江两岸群山嵯峨，连绵不断，笋峰挺拔，风光秀丽，传说优美，充满了神秘色彩。左江水流湍急多湾，河道大多迂回曲折于崇山峻岭之中，溶洞暗河遍布，两岸植被繁茂，动植物资源十分丰富。崇左市左江的等级航道549km，其中，崇左城区至扶绥县界的左江段长170km，崇左至龙州左江段116km，龙州至水口的水口河段54km，龙州至平而的平而河段47km，宁明至上金河口的明江河段44km，宁明至在妙的明江河段118km。这些河段沿岸风景秀美，具有发展水上休闲旅游和观光旅游的条件。整治黑水河、归春河航道。2008年，崇左市有旅游客运4家，造船企业1家，省级船舶10艘，共1880吨位，县级船舶

153艘，共4880载重吨、2154客位。加强与越南旅游线路方面的对接，共同推进平而河（越南为奇琼河）、水口河（越南为平江河）上游的水上旅游线路通航，打造中越国际旅游线路。

基于这一区域旅游资源品质高、分布集中的特点，采取整体规模开发的方式，以左江为轴线，建设左江风光画廊，重形成青山、碧水、峰林、绿树的观光旅游带，重点开发龙州上金段、宁明花山段、崇左市区段、扶绥县城段等以及崇左白头叶猴自然保护区、弄岗国家级自然保护区等。

近期开发的重点是升级旅游产品、加强配套设施协作能力，但因为左江花山属于国家级森林公园，不适合大规模的基础设施建设，故近期需要在船舶停靠点布置一些小规模的服务设施。重点建设如下滨水景区：

1）左江花山风景区：著名的花山岩画位于宁明县明江河岸，是国家重点文物保护单位，花山国家级重点风景名胜区的核心区。沿江村落民风淳朴，田园风光，恍若桃花源，有上百处岩画，以宁明花山岩画为最，堪称人与自然和谐相处的典范，极具古文化考察和观光价值。沿江主要景点有紫霞洞、花山岩画、民族山寨、斜塔、金鸡岩等。此外，还有棉江花山岩画、上金香角、冷温泉、沉香仙板、少女沐浴、黄巢宝剑等50多个景点、景观。

2）黑水河风光：黑水河河水属于左江支流，河水清澈，风光绮丽，两岸石峰倒影，田园村舍错落其间，山水风景旖旎迷人。从边陲硕龙镇至那岸，水程十多公里，是黑水河美丽山水风光精华的荟萃。黑水河田园风光、那岸奇景和那榜田园风光是黑水河主要旅游吸引点。改善崇左市区到黑水河的交通条件和其他旅游配套设施，建设黑水河休闲和观光旅游景区是黑水河旅游开发的主要任务。

3）响水瀑布：位于左江左岸，响水旧镇旁边。高15m，宽37m，瀑布顶平坦。由大新县怀阳村和龙州县逐卜乡一带数十条小河汇集而成三叉响水河，河水漫过平坦的瀑布顶飞泻而下，构成了响水瀑布奇观。

（八）西江来宾段——黔江风景河段

西江来宾段主要是指来宾境内的红水河、柳江、黔江三条河流，该段主要流经区域包括来宾市辖区的忻城县、合山市、兴宾区、武宣县、象州县等三县一市一区。西江来宾段山地丘陵面积大，水资源丰富，整体生态条件良好。区域内动植物种丰富，数据显示区内有维管束植物213科870属2335种，野生陆栖脊椎动物373种，是广西生物多样性最丰富的区域之一，是广西的物种基因库。

西江黔江段——水上休闲娱乐江段：红水河—黔柳江（柳州至桂平段）是西江重要的支流，是西江干流的上游，全长550km，主要规划有天生桥一级、天生桥二级、平班、龙滩、岩滩、大化、百龙滩、乐滩、桥巩、大藤峡10个梯级电站及下游长洲水利枢纽等。在大藤峡、红花、浮石等三级电站完全建成后，成为三级航道，通航千吨级船舶；规划柳州至石龙三江口160km为三级航道，黔江石龙三江口至桂平124km为二级航道。沿黔江的来宾象州、武宣及贵港桂平都是旅游资源十分丰富的城市。借助大藤峡水利枢纽工程的建设，在来宾以下发展黔江—达开水库—大藤峡—桂平休闲观光旅游带。

来宾市八仙天池—百崖槽景区、贵港市达开水库风光、大藤峡都是黔江风光带的重点旅游产品。远期在柳州市的融江—清江—柳江—贝江等适宜岸段建设一些水上娱乐功能区，对岸段相关的旅游景点景区进行合理开发，如三门江国家森林公园及来宾市百崖大峡谷景区。重点建设开发百崖大峡谷，由于百崖大峡谷年均温16～24℃，氧分充足，负离子高，可建成避暑和疗养胜地。达开水库与大藤峡的建设已具有初步规模，近期重点建设达开水库的交通设施，改善其四级公路，扩大建设大藤峡景区，发展来宾、柳州交接地。黔江贵港段岸上旅游资源包括桂平西山、大平山、龙潭森林公园以及太平天国金田起义遗址等。桂平市是郁江、黔江与浔江三江会流节点，将桂平定位为西江经济带的旅游重镇，壮大"桂平西山"经典旅游产品。总体上来看，黔江"亲水"旅游产品挖掘潜力大，前景广阔。2005年大藤峡建成游船专用码头，开发了沿岸雨丝洞、铜鼓冲、金银潭三个景点，配套观光游船6艘，建成了"大藤峡"摩崖石刻，规划期内继续加强大藤峡旅游建设与水上旅游产品开发。

红水河忻城段河道蜿蜒曲折，河岸有百里翠竹、水乡田园风光，具有建设"百里画廊"观光旅游景观带的条件。武宣百崖峡谷、象州花池温泉、忻城土司衙署构成重要的旅游吸引。西江红水河桥巩水电站从合山市到忻城境内30km具有发展水上漂流的条件，重点发展水上漂流和喀斯特地貌景观观光，建设成为著名的喀斯特地貌景观带。

（九）西江柳州段——柳江及其支流风景河段

柳江是珠江水系西江左岸重要支流，黔、桂水上交通要道。上游在贵州省境称都柳江，至广西三江侗族自治县老堡称融江，过柳城后始称柳江。柳江自上而下连接柳州市与来宾市，沿岸旅游资源丰富。依托柳州市这个广西重要的旅游集散地，开发柳江沿岸的旅游资源，促进柳州市与来宾市旅游休闲产业的互动发展。以柳州市区为起端，可开发的旅游资源主要以柳州市大龙潭风景名胜区以及立鱼峰景区，来宾市运江古镇、象州温泉、八仙天池－百崖槽风景名胜区等为主，通过这些生态休闲旅游产品的开发带动柳江风景带建设。

柳江流至鹿寨的江口汇洛清江，南流至来宾的三江口与红水河汇合。流域年均温达18～20℃，生长期长达330天以上；年降水量1400～1800mm，4～8月为雨季，占全年降水量的72%。由于高温多雨，适宜亚热带、热带作物生长，年可三熟。上游及山区为中国重要杉木林区。柳江属雨源型河流，水量丰富，年均径流深876mm。4～8月为汛期，占全年径流总量的80%，柳州站最大流量2.59万 m^3/s，最小枯水流量85m^3/s，洪枯流量最大变幅达281倍，但年际变化小，径流变差系数仅0.20。泥沙含量低，仅0.11kg/m^3，为中国少沙河流之一。柳江流域是石灰岩分布区，多峰林和溶洞景观。柳江上游的三江侗族自治县的程阳八寨、融水苗族风情、丹洲古镇、元宝山—贝江风景区、三门江风景区旅游发展条件优良，有条件发展成为西江经济带休闲旅游产业集聚区（表7-18）。

表 7-18 重点岸段

适宜岸段	游艇旅游产品分类
郁江段（南宁城区至西津水库）	大型
郁江段（西津水库至贵港蓑衣滩）	大型
黔柳江（柳州至桂平段）	大中型
右江（田东至南宁河段）	大中型
右江（百色至田东河段）	中小型
左江（龙州到南宁三江口）	大中型

五、重点发展的旅游县和特色旅游小城镇

旅游县和旅游小城镇是休闲旅游产业发展的重点区域，旅游资源丰富且集中分布，将休闲度假旅游环境良好的县域和小城镇发展为以旅游产业为主导产业的特色旅游县（市），并将区位条件优良、历史文化内涵深厚、环境优美的小城镇建设为特色旅游城镇，构成旅游发展的主要节点区域（表 7-19）。

表 7-19 重点建设的旅游县和旅游小城镇

所属城市	旅游县	专业化的旅游小城镇	特色
南宁	武鸣	两江镇，双桥镇	壮族风情旅游特色城镇，突出壮乡之旅，壮族发源地，大明山旅游带，伊岭岩喀斯特等景区的旅游服务集散中心
南宁	马山	—	壮族文化，民歌之乡
南宁	—	杨美古镇	历史文化，休闲度假特色城镇
柳州	融水	—	苗族风情，自然生态
柳州	融安	—	森林生态休闲旅游
柳州	三江	—	侗族风情
来宾	金秀	—	自然生态旅游，瑶族风情
来宾	忻城	—	壮族风情，喀斯特景观
贵港	桂平	—	历史文化旅游
贵港	—	大安古镇	历史文化古镇
梧州	—	金田	历史文化古镇，红色旅游
崇左	宁明	—	自然生态和历史文化观光，生态休闲
崇左	龙州	边境口岸水口镇	乡村旅游，红色旅游
崇左	大新	边境小镇那马	自然观光，生态休闲
百色	田阳	那满镇	乡村休闲旅游
百色	乐业	—	喀斯特地貌奇观

（一）建设一批以休闲旅游产业为主导产业的旅游县（市）

根据各个县市的资源条件，南宁的武鸣，来宾的金秀、忻城，柳州的融水、融安、三江，崇左的宁明、大新、龙州，百色的乐业等县，拥有品位高、特色突出、数量丰富的旅游资源，休闲旅游发展的环境条件优良，具有将休闲旅游业发展成为县域经济的主导产业的资源条件。

以大型风景区为主要支撑的旅游县，包括金秀、大新、宁明、桂平等县（市）。这些县（市）自然生态环境优良，拥有大型的旅游风景区，如金秀大瑶山、宁明花山、大新德天瀑布等，都是国家级的著名风景名胜区或自然保护区。县域生态环境良好，工业等其他产业发展受到生态环境保护的限制，旅游产业成为优势产业。

以生态休闲旅游为主要功能的县（市），包括融水、融安、龙州、蒙山等。

（二）建设一批特色旅游小城镇

旅游小城镇指依托自身的历史文化资源、自然环境资源或大型旅游景区，以旅游业为龙头、以基础设施建设为重点，形成以旅游经济为主体、以观光或休闲度假为主要吸引、具有综合旅游服务功能的专业性旅游小城镇。

发展以旅游地产为主要形式的休闲居住功能，以乡土文化和创意艺术为主要吸引的文化旅游，包括各种形式的艺术村、艺术社区；培育休闲商业购物旅游功能，建设各具特色的商业区，包括少数民族风情街、美食长廊、购物集市；发展小城镇度假功能，建设休闲型小城镇，发展会议休闲和商务度假。

重点建设的旅游小城镇包括杨美古镇、金秀县城、金田镇、边境小镇那马镇、水口镇、休闲农业型城镇上林县三里镇等。依托大型景区和优良的自然环境而发展的旅游服务型小城镇，包括依托大明山风景区的两江镇、双桥镇和历史古镇大安等。

大力改善这些小城镇的基础设施条件，改善生态环境，完善小城镇旅游服务功能，使其成为专业化的旅游城镇。按照旅游城镇的建设要求，引导旅游小城镇建设规划，注重当地历史文脉的继承，倡导人与自然和谐相处，建设生态优良、环境优美、特色鲜明的生态观光休闲型旅游城镇。探索建立多元化的旅游投资体制，解决旅游小城镇建设资金不足的问题。

六、旅游快速通道

（一）建设完善的旅游交通网络体系

西江实施水运、陆运、航空综合交通枢纽战略，为西江经济带休闲旅游发展提供了基础和机遇。在未来西江经济带建设中，休闲旅游将是受益于综合交通枢纽建设的最直接、最有效的产业。围绕交通建设发展休闲旅游，与水路大通道建设同步推进水上休闲旅游产业发展。建立内外结合的综合性交通网络，通过有效缩短西江经地带重要旅游区与上海主要客源市场,包括珠江三角洲、长江三角洲等区域的航空、铁路、陆路以及水路节点的距离,建立便利的外部交通;而在内部应设计包括公共交通、私人交通在内的交通系统,打通内部脉络,从而形成畅通的生态交通线路。在旅游交通网络体系中,贯通南北、纵贯东西的两条交通主轴线,即"梧州—贵港—南宁—百色"的横轴及"柳州—来宾—南宁—崇左"的纵轴的形成将成为区域性的旅游交通网络的主干通道。

未来休闲旅游交通网络的空间布局主体框架以南宁、柳州为中心形成辐射全国的旅游交通集散中心,以梧州、贵港、来宾、崇左、百色为次级中心,形成三级旅游交通通道,即省际通道、区域性通道和区域内专线旅游通道,形成以7个城市为节点、以各景区为目的地的旅游交通网。

借助两条高速铁路的建设大力发展铁路旅游交通,提升南宁市作为广西旅游交通枢纽中心的地位。南宁—广州高速铁路、南宁—衡阳高速铁路(其中南宁—柳州为城际高速铁路)的建设将形成以南宁为核心的连接区内外的快速铁路交通通道。依托南宁铁路枢纽站的建设,加强南宁与西江经济带中各城市和重要旅游景区之间的交通建设,将南宁打造成广西重要的旅游集散中心。南宁—来宾—柳州段城际高速铁路的建设将促进3个城市旅游资源的整合和休闲旅游产业的一体化发展。加强南宁作为区域性国际旅游城市的作用,尽快将南宁机场建设为4E级机场,建设中国对接东盟的航空集散枢纽,逐步开通南宁到东南亚及东亚太各国主要旅游城市的国际航线以及南宁到重点旅游城市的国内航线。水运方面,完善邕江南宁段水上旅游航线服务,使游船成为集运输、观光、娱乐为一体的旅游交通设施。加强南宁—贵港—梧州的航运建设,并依托梧州紧邻广东省的区位优势,吸引更多珠江三角洲地区的客源。

建设柳江柳州—来宾航段的水上休闲观光旅游线。柳州市河网纵横,内河航运条件较好,进一步加强柳江水运建设;柳州—来宾段航道建设尤为重要,对整合两市旅游资源发展意义重大。稳定的水路交通和沿线喀斯特风光是柳州发展水上旅游的潜在优势,尤其是融安—融水—柳城—凤山—柳州—洛维园艺场是发展水上旅游交通的理想河段。

来宾市应整治红水河和黔江河道通航能力,完善忻城红水河水上旅游航运服务、武宣—桂平的大藤峡旅游航运服务,形成由客运快班、旅游巴士、游船、环保旅游车等构建的旅游交通运输网络体系。百色市为今后右江水上旅游的顺利开展,近期内有必要加强对右江河道的防污治理和增大河岸两侧的绿化力度。此外,需要在适宜的位置建立港口和码头设施,供巡游船只停泊,并向游客提供船只租赁服务或者用于普通客运。同时,澄碧湖、万峰湖和天生桥—天湖景区也是开展水上旅游的重要场所,也有必要建立码头设施或小型船坞,并购进一些高质量的船只,以满足游客越来越高的要求。梧州按照完善为主、新建为辅的原则进行港口建设改造,新建梧州港客运站,配合洛湛铁路梧州段的建设新建梧州水陆联运码头,充分发挥梧州市作为广西水运枢纽港的作用。要加大西江水上资源的开发,使桂江、西江的游览、休闲、游戏、猎奇游成为梧州旅游的重要产品。搞好中山码头、冬训基地码头、思良码头、苍梧龙圩码头、藤县码头、蒙江码头等旅游码头建设。崇左市重点加强左江流域的丽江、平儿河航道建设,加快沿岸码头改建工作,形成完善的水运旅游服务体系。

（二）构建通向重点旅游区的旅游快速交通通道

加强重点景区与对外交通网络之间的联系，改善边远地区知名旅游景点交通不便的现状。开通崇左市区至德天大瀑布的直达公路，百色市区至大石围天坑、通灵大峡谷的直达公路，推进景区建设。结合重点景区的开发，重点打造如下旅游快速通道：

南宁—崇左市—德天瀑布、宁明旅游快速通道：修建"南宁到德天"旅游快速通道，缩短南宁到德天瀑布的时间，控制在 2 小时以内，把沿线休闲园区、休闲城镇紧密联系起来，打造一条世界级的精品旅游线路。

梧州—桂林旅游快速通道：在建的桂林至梧州公路由 311.3km 高速公路和 30km 支线公路组成，经阳朔、平乐、同古、富罗等地，行车时间为 3 小时。桂梧高速公路的建设对于提升珠江三角洲客源市场和桂林旅游及柳州旅游区之间的交通便捷性具有重大意义。结合这条高速公路的建设，强化沿线旅游资源的开发，同时建立沿线的旅游标示系统，形成一条连通广西和珠江三角洲的旅游通道。

柳州—融水—三江旅游快速通道：正在建设的龙胜至三江二级公路（柳州段），里程为 39km。三江—柳州高速公路为三江—北海高速公路的一段，里程为 182km，已完成前期工作。阳朔—鹿寨、桂林—三江两个续建项目也将开工。其中，阳朔—鹿寨高速公路建设里程为 44km，桂林—三江高速公路建设里程 29km，都在建设或已列入规划项目。这些高速公路的建设将极大地改善桂北地区的交通环境，为桂北地区的旅游开发带来重大机遇。重新振兴桂北地区生态休闲度假旅游，形成广西新的旅游增长极的条件已经具备。

南宁—友谊关旅游快速通道：南宁至友谊关高速公路全长 179km，是我国第一条通向东盟的高速公路，是通往越南乃至东南亚地区最便捷的陆路通道。强化南友公路的旅游通道功能，开通旅游专线，改善沿线生态景观环境，建设旅游标识系统。

黔桂旅游通道：开通贵阳—黔东南—桂西北—柳州—桂林旅游通道。

湘桂旅游通道：开通张家界—三江—融水—柳州—桂林旅游通道。

粤桂旅游通道：开通珠江三角洲到梧州的旅游通道。

此外，还要构建崇左—越南水陆国际旅游通道、梧州—桂林—柳州—鹿寨—香桥岩—金秀生态旅游黄金通道、桂林—柳州—融水—融安—三江北部风情旅游通道、南宁—柳州—鹿寨—金秀生态旅游黄金通道。

第五节　公共绿色休闲空间建设

公共休闲空间是公共休闲的场所，在未来区域发展中，公共休闲空间的发展是区域发展的重要组成要素。根据城市公共休闲空间的构成，公共休闲空间主要分为公共绿色休闲空间、商务休闲空间，前者属于城市的公共服务范畴，后者属于休闲产业范畴。公共绿色休闲空间主要指开敞的公共绿色休闲空间，其发展水平是区域发展质量、文化底蕴和现代精神风貌的直接体现。新的区域发展观要求在经济的同时必须要注重开敞性的公共绿色休闲空间的建设，通过公共绿色休闲空间的建设，形成满足城市公共休闲需求，并能体现区域文化特色和城市风貌的公共活动空间。评判区域公共绿色休闲空间的发展水平的指标包括公共绿色空间的大小、地域文化特色、区位条件等。合理地选择公共绿色休闲空间布局,营造具有人性化、亲近感、融入人文自然生态的公共绿色休闲空间是区域公共绿色休闲空间建设的主要任务。

一、公共休闲空间发展现状与问题

公共绿色休闲空间的建设既是区域公共服务功能建设的一部分,也是生态建设的重要组成。一方面,西江经济带处于喀斯特地貌区,生态环境较为脆弱。但另一方面,由于区域水热条件较为优良,环境的自我恢复能力较强。近年来西江经济带沿线城市对生态环境保护以及绿色空间的建设日益重视,各个城市以人与自然和谐发展为目标,很多城市都实施了建设"蓝天碧水"生态城市的工程,不仅城市景观环境和生态环境质量有较大改善,也为公共绿色休闲空间的发展提供了场所。目前已经初步形成以自然保护区、森林公园、城市郊野公园、环绕城市的乡村农田系统为主要构成的斑块状公共绿色休闲空间,以滨江绿带、绿色交通通道——景观公路为主要构成的轴线绿色空间,以城市公园、城市街心公园为主要构成的沿江带状绿色空间三大类型的绿色空间(图7-34)。

图7-34 公共绿色休闲空间构成

(一)城市绿化环境大大改善,为公共绿色休闲空间的形成提供了基础

近年来,西江经济带沿江城镇对城市生态环境的改善日益重视,南宁、柳州、来宾等城市都在城市生态环境建设方面投入大量资金,大力开展城市绿化建设,实施"蓝天、碧水、宁静、绿地"等生态工程,贯彻构建"绿城、水城"的城建理念,城市绿地系统布局趋于完善。城镇绿化工程不仅使得城市生态环境质量有很大的提升,也满足了不断增长的市民休闲、游览的需要。

从"十一五"开始,南宁市把新建开敞性的公共公园或中小型公共绿地项目列入市政建设项目,公共绿地数量不断增长。近年来,南宁市在市区外围实施了百里环城森林生态圈和五象岭森林公园的建设。在邕江沿岸实施景观绿化美化工程,形成集园林绿化、滨江景观、休闲观光、健身娱乐为一体的邕江滨水公园,在邕江两岸建成江南岸28km、江北岸26km长的绿色景观廊道工程,形成一条开敞性的绿色休闲长廊。2008年,南宁市将园林绿化列为城市公益性项目,人民公园、金花茶公园、狮山公园等5个公园全部实行免费开放。民族大道、江北大道等道路也完成绿化建设。在南宁辖区内共有森林自然保护区和森林公园10个,面积达6.24万 hm^2,占全市国土面积的2.8%。南宁市域森林覆盖率达到42.15%，城市建成区绿化覆盖率38.98%，绿地率33.67%，人均公共绿地面积12.53m^2，水岸绿化率和道路绿化率80%，部分绿化指标已基本达到国家森林城市评价指标。南宁市的公共绿色休闲空间注重特色的打造，人民公园以热带阴生植物为特色，青秀山以苏铁类植物为特色，金花茶公园致力于建设金花茶（"植物界的大熊猫"）基因库，南湖广场打造名树博览园，民歌广场体现了"四季如春"的景观特色。未来还将在市区内继续增建公园，增加公园绿地面积。在南宁未来的生态建设中，提出建设"六大自然保护区"、"十个森林公园"、"二十个生态主题园"等公共绿色休闲项目的建设目标，构建一个城乡一体的优良生态环境体系。南宁市在城市绿化工程建设过程中充分考虑满足市民休闲、健身的需要，进行了相关休闲设施的配套建设。

柳州市近年来大力实施"碧水蓝天、青山绿地"工程、"柳江环境整治"工程、创建"国家园林城市"工程。2004~2009年，柳州市园林绿地建设财政资金投入近40亿多元，全市新增绿地176hm^2，城市绿地率32%，绿化覆盖率达37.1%，人均公共绿地面积10.3m^2，森林面积109.6万hm^2，森林覆盖率60.1%。柳州市还实施了提升主要道路的生态景观质量工程，在城市进出口道路及重要节点进行森林景观改造，补植大树及各类绿化植物。对龙潭公园、雀山公园、都乐公园进行改造提升，建设动物园观赏野生猴放养区。围绕打造山水生态城市，推进旅游精品工程，提升城市形象，实施"百里柳江"景观带建设和都市休闲旅游项目，实施了以大龙潭—白莲洞景区为代表的城市休闲度假旅游等项目。这些工程的实施使得柳州市的城市生态环境质量得到显著改善，城市生态环境逐步优化，市区空气质量优良率达到97.5%，城市环境舒适度、城市自然环境优美度分别位居全国第九位和第十位，获得"中国人居环境范例奖"。

梧州境内丘陵低山、河谷盆地广泛发育，植被茂密、森林覆盖率高、整体绿化良好，自然风景名胜区和山体公园较多。梧州创建国家森林城市，实施了"八大工程"，重点进行了环城山体绿化工程，城市出入口及街道绿化工程，高速公路、铁路两旁可视山体及沿线公路路基范围内绿化、美化绿色通道工程，林业生态工程，桂江、西江两岸绿化带工程，乡镇、村屯绿化（新农村绿色家园建设）工程。城市外围生态环境得到很大的改善，城市公园大多位于城市外围，城市内居住用地中绿地相对缺乏，街头绿地、道路绿化不多，服务于居民的休闲绿地较少。但是由于梧州处于丘陵地区，市区四面环山，城市用地紧张，公共绿地少，公共绿色休闲空间分散分布在山地上，市区内建筑密集，用地狭小，缺少公共绿化和开敞空间。

（二）新建公路景观绿化程度较高，形成新的绿色景观廊道

近年来西江经济带相继建成通车多条高速公路，其中南宁至百色（南宁—安吉—坛洛）、南宁至柳州（南宁—宾阳，小平阳—柳州）、南宁至钦州（南宁—良庆南）等4条高速公路已经投入使用。在建设高速公路的同时，对公路沿线景观都配套进行了绿化美化，形成多条不仅具有生态防护功能，而且融南国植物景观特点、民族文化特色于一体的绿色景观长廊。南宁市实施了百里环城森林生态圈工程，计划对环城高速公路（长度为100km）内侧100m、外侧1000m范围内的可视面坡的6万多亩林地实施绿化美化工程。

崇左市实施了中国—东盟陆路大通道生态建设工程，规划在南友高速公路崇左段、长151km的公路两旁形成以木棉树为主的绿色通道。

（三）形成一批生态环境优良的绿色区域，为公共绿色休闲空间建设提供条件

西江经济带中南宁市的武鸣、上林、马山、隆安、横县，崇左的大新县、江洲区、梧州的蒙山县为"国家级生态示范区"，南宁的隆安县城厢镇、崇左市大新县硕龙镇被评为"全国环境优美乡镇"。百色市、柳州市、崇左市的宁明都致力于创建生态市（县）。柳州部分县区被列入"南岭山地水源涵养重要区"，左、右江流域被列入"桂西南石灰岩地区生物多样性保护重要区"。

（四）已有的公共绿色开敞区域的休闲功能较弱

休闲功能是现代城市的四大功能之一，为人们提供良好的生活、休闲空间是现代城市发展的重要内容。西江经济带虽然绿色空间范围在不断扩大，但是整体休闲功能较弱。城郊公共绿色休闲空间较少，多为用于商业性的旅游开发项目，公众的休闲出游受到约束，降低了公众休闲活动的重复率。现有的公共绿色休闲空间存在单一性问题，在景观设计上不注重和当地地理环境、历史、民族风情、社区文化特征等结合，忽略本土特色化，设计雷同性明显，功能配套不完善。

（五）后备的公共绿色休闲空间不足

西江经济带内各个城镇普遍存在公共休闲空间用地紧缺、空间分布不合理的问题。新建的面积较大、标志性的公共休闲广场远离居民区，人流量不多，公共效应不足。老城区人流量多的区域休闲场所分布零散不连片，环境容量小，难以满足人们的休闲需求。未来西江经济带城市的不断发展要求有更多的土地来支持，大多城市都面临用地紧张、后备土地不足的问题。人口规模扩大，城市基础设施、服务设施等建设用地需求量不断增长，公共休闲用地比例小、增加幅度小。新型居住小区中的绿地、休闲长廊可以一定程度地满足人们的需求，但大都零散不连片，较大面积的比较集中的公共绿色休闲空间少。

都市周边的乡村休闲环境较差。乡村是未来公共绿色休闲空间的重要构成，但是西江经济带沿线乡村普遍存在卫生环境问题，乡村基础设施严重缺乏，生活污染、畜禽养殖污染日益严重，工业污染威胁增加。

休闲必将会成为未来西江经济带发展的一个重点方向，针对这个趋势，打造有强大休闲功能的区域和休闲功能的现代城市群应该是未来西江经济带发展的主导方向。

二、建设公共绿色休闲空间的意义和条件分析

（一）建设公共绿色休闲空间目的与意义

随着城市化进程的深入，城乡发展进入了"大众化休闲时代"，休闲产业和公共休闲

空间建设在城市建设和城市经济中的地位日益上升,城市绿色休闲空间成为城市休闲功能的重要组成,并且在维护城市生态安全、美化城市环境、保持生物多样性产业方面具有重要作用,开展生态旅游和生态教育、提高人居环境等方面有重要意义。公共绿色休闲空间的发展水平不仅是体现区域绿化水平高低的重要指标,而且是体现区域发展的生态性、自然性、人文性、科学性和艺术性的重要指标。

在西江经济带发展中,要顺应休闲时代的要求,抓住机遇,制定合理的产业政策,完善城乡休闲的软硬件设施,构建"休闲型"城市品牌。将重视生活品质和民生、优化环境、树立良好的对外形象、创造良好人居环境、提升发展素质和文化品位作为西江经济带城市未来发展的重要目标之一。合理配置和建设一批规模大、布局合理、文化内涵丰富、民族特色突出的公共绿色休闲空间,通过沿江公共绿色休闲空间建设,以及城市道路绿化建设和绿化改造,形成具有强大休闲功能的公共绿色休闲体系和宜居舒适的公共绿色休闲空间,是西江经济带发展保持活力的重要途径。建立城市公共绿色生态休闲系统,形成以开敞空间为主体的城市公共绿色休闲空间和政府公共休闲服务与管理体系,提供满足居民日益增长的休闲需求是西江经济带建设的主要内容。

充分利用西江经济带生态环境条件,以"山、河、湖、田、林"为基本环境背景,坚持以人为本,塑造绿色休闲家园,建设绿色生态休闲型城市和休闲型乡村应作为西江经济带发展的主要方向。

(二)建设公共绿色休闲空间的条件

西江经济带"青山耸立,河川纵横,湖泊广布,良田万顷,南国风情浓郁"优良的自然环境和人文环境条件,为构建生态环境持续发展、人与自然高度和谐的绿色休闲体系提供了物质基础。

西江经济带沿江城镇滨江分布,水系丰富,为发展滨水休闲提供了环境条件。西江经济带森林覆盖率高,气候温暖湿润,雨量充沛,气候宜人。城市群山绿野环绕,绿树成荫,风景秀美;无论是气候特征,还是自然条件、环境质量,西江经济带都具有建设生态休闲的条件。

(三)构建绿色生态休闲空间的主要任务

公众对公共绿色休闲空间的需求的增长,对西江经济带的市容环境、基础设施、市民素质、城市建设等提出了更高的要求。

——培育现代化的休闲理念和城市发展理念。建设休闲型城市,休闲是基本生活得到满足之后更高层次的需求,是追求个人自由全面发展的表现,是社会文明进步的标志。把握现代休闲的基本特征和发展趋势,倡导现代休闲消费方式。

——创造国际化的休闲环境。优良的环境是创造绿色生态休闲型的重要条件。搞好园林绿化,提高绿化覆盖率,建设绿色城市、生态城市、花园城市。

——配备标准化的休闲设施。全面提升交通、公园、步行街、文化、体育、娱乐、健身等公共基础设施档次,加强居民区公共场地、活动中心建设。搞好居民区和公共场地的绿化美化,完善城市广场的休闲功能,为居民提供良好的活动休憩场所。注重对历史文物、历史区街、古树、老字号的保护,加强商业特色街区的建设,保持历史传统,突出都市个性。

——提供个性化的休闲服务。采用国际服务标准,确立以人为本的服务理念,创新服务内容,转变服务方式,提高服务水平,充分满足国内外老年、中青年、少年儿童不同年龄层次,高、中、低不同收入阶层,男性、女性不同群体多样化、个性化的休闲需求。打造西江经济带"休闲型"城市品牌。

(四) 公共绿色休闲空间建设类型

根据西江经济带自然环境特点和公共休闲活动需求,构建点、线、面结合的公共绿色休闲空间体系,包括:

——构建城市内部绿色公共休闲体系。在城市内部,合理配置城市公园绿地、广场绿地、街头绿地、小区绿地,提供休闲设施,建设公共绿色休闲空间,满足城市居民日常休闲活动需求。

——建设环城带状生态公共休闲空间。在城镇建设区外围一定范围内,建设绿色开敞空间,为相邻城镇和城乡之间提供缓冲空间和休闲场所,提供更多的居民休闲游憩场所,包括各类城市郊野公园、环城绿带、乡村公园等。在城市边缘或近郊区建设城市郊野公园,提供观赏、休闲、游憩、娱乐的各种大型园林绿化场地和设施,形成设施完善的大型公共绿地,并维护城市生态平衡。

——建设滨水带状公共休闲空间。包括沿江绿色生态廊道和沿交通干线的绿色生态廊道。在沿江及堤围、大型湖泊及沼泽、大中型水库,结合生态廊道的建设,布局公共滨水休闲带,包括主干河流等。

——建设绿色生态休闲区。在左江、右江、柳江、黔江等水系上游的生态涵养区、水源保护区等区域,结合自然保护区、森林公园、风景名胜区建设,合理配置发展绿色公共生态休闲区。

三、公共绿色休闲空间类型与布局

(一) 合理布局城市内部的公共绿色休闲空间

在城市建设中,合理配套建设城市绿色生态休闲区,逐步完善城市外围公共休闲绿地系统,提升城市景观品质,形成结构清晰、体系完整、功能完善城市的公共绿色休闲系统。建设市区休闲公园、城市绿廊、街心绿地广场等公益性绿色市民休闲设施。河岸边建设亲水平台,为市民创造更为和谐健康的公共休闲生活空间,打造各具特色的绿色休闲空间,建设具有"绿都、水城"特色的城市休闲体系。

——建设都市绿色生态商务休闲区。将南宁、柳州等大城市的商业、房地产、文化、体育和绿色休闲空间的建设结合，形成多功能共生的休闲空间，城市沿江生态廊道的建设与公共休闲设施的建设结合，发展都市绿色休闲空间。针对城市历史文化特点及居民与游客的需求特征，将城市公共绿色休闲空间建设以及商业区建设以及交通建设相结合，合理布局休憩、观光、购物、娱乐、文化等城市功能组团，从而形成一个既有南国文化内涵，又适宜旅游购物、休闲、娱乐和饮食的城市功能区。在都市公共绿色休闲空间适当配置功能多样性、独特的都市商业文化，开展表演性和参与性的公共活动，形成以商业文化为基础、以民俗文化和娱乐休闲文化为特点的都市生态休闲系统。发展以商业聚集区为核心的公共休闲空间。

——不断强化和扩展公共绿色休闲空间，发展绿色休闲型社区。扩大绿地等生态休闲空间，建设绿色休闲社区，作为家庭休闲空间的重要内容。

（二）建设绿色生态型休闲城市

建设一批具有良好休闲环境的绿色休闲型城市和小城镇。

——建设绿色生态型休闲城市。将南宁、柳州、梧州、崇左等自然或历史文化资源丰富，休闲资源特色突出的城镇建设成为绿色休闲型城镇。从人性化、生态性、国际感的角度，营造独具南国魅力的人居环境，塑造极具个性特征的、富有亲和力的西江经济带城市的新形象。通过休闲型城市的建设，为城市经济发展提供强大动力，提升城市形象、增强城市国际综合竞争力。

——建设一批生态休闲型城镇。将金秀、马山、融水、融安等城镇建设成为绿色休闲型城镇。

（三）构建环都市区的绿色休闲带

在环都市区域大力发展具有休闲功能的森林公园和都市郊野公园。设立公共绿色开敞空间，提供体验式步行交通。注重环城绿带的建设，使得风景优美的环城绿色休闲带成为西江经济带城市的重要特征。对于南宁，柳州等城市规模较大，休闲资源丰富、产品种类齐备、建立休闲产业多元，满足多样化的休闲需求，提升城市公共生态休闲功能。

建设公共开敞空间和城市绿地、道路绿色走廊，满足休闲、娱乐需求。通过高密度、高质量的绿化美化，增加公共开敞绿色空间的可进入性和环境质量。塑造区域空间形态的绿色空间，包括大型水库、河流、生态保护区、水源涵养区、风景名胜区等，进行限制性开发，保持其自然面貌，提供休闲服务。

建设生态休闲型城市，大型购物中心、特色购物步行街、旧城历史文化改造区、新城文化休闲区。

开展各类文化演出、特色文化主题展示、休闲教育等活动，进一步增进休闲空间的文化气息。居住区休闲空间是休闲活动的载体。在居住区中充分利用环境优势创造出更加具有欣赏性和人性化的休闲空间。居住区休闲空间硬质景观、居住区绿地、滨水绿带、水域研究、公共设施及小品等。

重视广场、街道和公园的休闲功能，以提高城市生活质量，在城市空间点上寻找突破口，重组创新，改造和发展城市公共空间，重新审视城市公共空间改善中的问题，城市各区域发展的相对平衡和城市资源的统筹配置，实现区域层面的公共休闲空间改造。以可持续发展为原则，以城市文化资源保护和创新为核心，进行区域空间改造和开发，营造一个有文化、有特色的城市公共休闲空间。重视城市休闲空间的艺术气氛，以文化来促进城市。公共空间是一个城市的重要组成部分，城市休闲空间的改造、扩张土地规模提供新的公共休闲空间，重视文化、艺术资源的渗入。

在河流及堤岸、大型湖泊及沼泽、大中型水库及水源林、风景绿地建设森林公园、旅游度假区、城市郊野公园，建设城市缓冲绿带，形成环城绿带，进行休闲设施的重点建设。

在柳州、崇左、百色等河流上游水源保护区的水源涵养林区以及其他水源保护区域（包括禁戒区和限制区）配置一定的公共休闲区域。商品用材林基地和果林地也应作为公共休闲绿地。

形成从社区—城区—环城市休闲游憩带—乡村的绿色休闲空间体系。在南宁、柳州等大都市周边地区和崇左等休闲旅游产业集聚区全面实施生态农业、生态林业、生态能源、生态恢复与重建、生态旅游、城乡环境设施和生态文化建设等方面的重点建设工程，改善乡村生态环境，优化经济结构，构建人与自然和谐相处，环境优美的。

合理使用沿江岸线，构建沿江公共绿色休闲带。以西江干流和各个支流为轴线，结合岸段保护和景观塑造，构建绿色景观空间，建设滨水带状休闲区和湿地生态休闲公园，与生态涵养区共同组成形成公共绿色生态休闲空间系统。穿越各个中心城的滨江段作为重点城市生态绿地建设地段，形成沿江滨水公共休闲空间，并向城市外部延展，与城市外围大生态系统相接。在生态绿地休闲系统结构框架之下，以道路与滨水绿地为主体构成的绿色休闲空间。优化西江及其支流水路生态环境，构建绿色、生态、环保、和谐的水路休闲空间。

——结合西江干流南宁—梧州段两岸生态景观廊道建设，发展带状休闲空间。

——来宾红水河段、柳州市柳江景观河段等主要旅游江段率先实施景观绿化工程。

——推进航道管养基地、航运枢纽、船闸、码头绿化美化工作，形成休闲小区，绿化设计突出地方特色和民族风情。

（四）基于合理的功能区划，建设生态休闲功能区

到2009年11月，广西共有78家国家级和省级自然保护区，其中西江经济带占43处。合理定位西江经济带各个区域的发展方向和功能，结合西江经济带西南部、北部的生态涵养区和水源涵养区建设，整合各种生态环境资源和历史人文资源，依托原生的自然生态环境，如自然保护区、森林公园等，形成具有生态保育功能和生态休闲功能的绿色休闲功能区。

（五）完善沿主干公路的休闲服务体系

结合公路景观绿化美化，完善高速公路沿线休闲设施引导标志系统、游客休息系统，尤其是大大提升南宁—百色、南宁—崇左高速公路的旅游服务功能，服务区的旅游咨询功能以及绿色廊道的观赏价值，建设沿线布局公共绿色休闲区域。

南宁至百色高速沿线公共绿色休闲空间：建设与右江沿岸景观匹配的绿色带，沿线配置休闲空间长廊。通过景观绿化塑造地方特色文化景观。重点实施田东服务区、右江观景台绿化美化工程，通过特色设计，打造集休闲、生态停车、地方民族风情、红色文化为一体的特色休闲服务区。

柳州—南宁高速公路休闲服务功能的营造：柳州为"南岭山地水源涵养重要区"，也是未来西江经济带重要的生态休闲区。南宁—柳州高速公路公路全长共224km，是西江经济带高速公路网的南北大通道的重要组成部分，是中国与东盟国家合作和国内地区合作的重要通道，也使未来西江经济带沟通南北的休闲交通重要通道。注重沿线休闲交通的附属设施建设、服务区建设及管理、生态建设及节能环保、沿线景观绿化和美化，形成一条绿色景观带，提升绿色通道和绿色景观廊道（沿江、沿交通干线）的休闲旅游服务功能。

（六）提升乡村和农业的绿色生态休闲服务

构建环城都市农业休闲圈、近郊生态农业休闲圈，形成乡村观光休闲场所的功能。以沿江两侧和城市绿化隔离带为主，形成环状高效农业休闲带，将南宁、柳州等大都市环城的乡村列入环城绿带的范畴，保留农业景观、林地景观，促进市区与郊区一体化，构建环都市的乡村绿色空间板块。

四、绿色休闲空间的分区导引

（一）南宁市——构建"宜居的绿色生态休闲型城市"形象

南宁以发展成为我国西南地区的"国际化大都市"，和"最适宜居住的绿色生态休闲城市"为目标，充分利用南宁市优越的城市生态环境和水系条件、众多的城市公园、城市绿地系统和青秀山、良凤江国家森林公园以及环城绿带等资源条件（表7-20），构建一个具有完善休闲功能，类型多样的公共绿色休闲空间体系。将南宁打造成为具有亚热带特色的中国绿城、现代绿色生态休闲型城市。

——合理配置绿色休闲空间。以邕江沿线为主轴，形成沿邕江的"带状"休闲区的发展格局。目前邕江两岸滨水地区的休闲功能营造、景观环境塑造、服务设施建设还未能进行有效衔接，邕江沿线的滨水休闲功能和景观特色仍有待完善，滨水地区的土地价值没有得到充分体现。按照观光、旅游、休闲为主的定位，进一步强化邕江两岸的生态休闲功能，优化沿江产业布局，调整经济结构，通过公共休闲空间的打造，带动沿江交通、商贸、餐饮、旅游、文体、房地产等服务业的发展，努力把邕江两岸建设成为南宁最具活力、特色鲜明的公共休闲带和休闲产业带。

表7-20 南宁市区公共绿色休闲空间分布

类型	数量	名称	布局
自然保护区	1	邕宁那兰鹭鸟自然保护区	市区南晓镇
水源林保护区	2	金花茶自然保护区	市郊区富蔗乡
		天雹水库候鸟保护区	市郊区心圩江镇
风景名胜区	6	青秀山风景名胜区	市区东南青秀山
		良凤江国际森林公园	市郊友谊公路15km处
		石门森林公园	市区民族大道东段
		老虎岭风景区	市郊高峰林场内
		金沙湖风景区	市郊区石埠西北
		杨美古镇	市西郊左江边杨美村

——针对南宁城市休闲功能不完善，绿色生态空间与休闲空间分离的问题，休闲空间中文化设施缺乏和文化活动不足的现象（表7-21），改善公共休闲空间布局和设施，强化公共绿色休闲空间的文化特征，增加休闲文化设施，引入特色休闲活动，强化文化设施的种类和数量，组织丰富多彩的休闲文化活动，加强城市绿色休闲空间的文化性塑造。通过绿色文化广场、休闲街区等建设，形成文化休闲空间。

表7-21 南宁市公共绿色休闲空间需求预测

	人口（万）	建成区绿地率（％）	绿化覆盖率（％）	人均公园绿地面积（m²）	新增绿地面积（hm²）
现状（2008）	180	37.40	42.50	10.4	—
规划期末（2020）	300	38.70	45	12	1 728

——城市生态水系和休闲空间的构建。邕江在南宁市区内共9条支流，市区及周边大型水库有凤亭河水库、屯六水库、大王滩水库，水资源比较丰富。未来南宁市区的发展要形成以邕江为轴线的"一轴两带多中心"的模式，围绕水城的打造并结合城市滨江岸线利用，充分开发城市休闲岸线，突出南宁市区水城、江城特色，塑造舒适休闲城市形象。充分利用发达的河流水系，以城市重点景观河道——邕江、可利江、心圩江、朝阳溪、竹排冲、良凤江、水塘江、八尺江为主体形成贯穿城市的水网，同时沿河流和主要城市道路布置大中型公共休闲空间，包括绿化公园、绿化带，形成绿网，从而建立起城市生态休闲网络，形成城市与自然相依的良好城市休闲环境。结合水脉的整治和风景区、森林公园等公园绿地建设，在城市中形成以青秀山、五象岭为主体的大型城市休闲区，形成城市中的大型绿色开敞空间。结合绿城、水城建设以及东盟主题，打造中央商务游憩区，形成南宁现代休闲型旅游城市品牌，突出商务休闲业态。扬美古镇历史文化遗产丰厚，结合邕江段景

观带打造，重点加强邕江段城区到扬美古镇的旅游休闲水道的建设，打造滨江绿色休闲走廊。在空间格局上形成沿城区外围呈环状和放射状的公共绿色休闲区域，形成南宁中心城外围生态休闲圈。以大环境森林自然景观为基质，以生态斑块、生态廊道为景观元素，构建区域生态休闲体系。

——城市外围绿色休闲空间的构建。重点建设北部环大明山自然保护区和南部大王滩等水库水源保护区。从整个市域范围来看，南宁市的高等级旅游资源除了市区集聚外，主要分布在武鸣县与横县，而马山县、隆安县则拥有众多较低等级旅游资源，即全市的重要旅游资源主要分布在中部与东南部。而南宁市的城镇发展主要以东向（珠江三角洲）和南向（北部湾）为主，结合未来城镇的发展导向对市域旅游资源进行合理空间布局开发。开发西津湖旅游片区，以西津湖旅游区和镇龙山旅游区为重点，突出西津湖湿地生态游、九龙瀑布群森林生态游、乡村庙会、良凤江—凤凰湖休闲游，突出亚热带自然生态、山野特色，以生态游憩、绿色休闲为主要功能的近郊环城游憩地。

——结合城市未来发展空间管制导引，对南宁市绿色休闲公共空间进行布局。为满足城市人口的旅游休闲需求并合理控制城市规模，在北部环大明山自然保护区和南部大王滩等水库水源保护区周边布局绿色公共休闲区。在东部六景、峦城、横州等乡镇，做好与西津水库生态保护区的协调，结合生态保护区之间的隔离带建设和过渡带的生态恢复，形成绿色休闲空间。

——构建大型绿色公共开敞空间。马山西部、隆安西部、武陵地区、马山—武鸣、大王滩、西津水库等区域、生物多样性功能区（大明山、宾阳—横县）和生态农业区（隆安、上林—宾阳—横县）要加强绿化建设及生态保护，为城市人口提供绿色休闲功能区。

（二）柳州——建立山水城市新形象

柳州市是历史文化名城，山水景观独具特色的综合性工业城市，集自然山水、历史文化、现代化建设于一体的城市。柳州市三面环山、一面傍柳江，是典型的岩溶地貌区，主要地貌类型为岩溶残蚀型峰林平原和峰林丛洼地，被誉为"世界第一天然盆景"。充分利用柳州市山、水景观优势条件，扩展公共绿色休闲空间，创造具有休闲功能的山水园林休闲城市，形成网络结构合理，生态环境优良，景观特征明显的城市公共绿色休闲系统。

——建设城市公共滨水休闲带。柳江抱城自然形成U型水环，逐步迁出沿江滨水的工业产业，开辟连续分布的滨江公园和休闲带，将柳江市区段32km（以铁路桥—河东大桥江段为主）江岸建设成连续的滨水休闲带、滨江公园和绿化带，形成不同的主题休闲区。在柳江两岸的鱼峰区和柳北半岛的城中区的都市商务休闲区，将中心商务休闲区和柳江两岸的蟠龙山、驾鹤山、马鞍山等自然山体在空间上整合，与滨江休闲带共同构成柳州市滨水休闲城市的核心功能区。柳江作为柳州市区得天独厚的景观资源，应成为公共休闲的核心轴线。增建富有地方特色的滨江步行街、文化商业街、露天剧院、舞场及夜市，以及水上游乐设施。建设沿江文化长廊，以柳州的地方和多彩的少数民族文化为主题，沿江布置柳江文化长廊。

——整合市区公园绿地，形成都市生态休闲空间，柳州有市级和区级公园25座，规划用地面积884.5hm², 有综合公园、主题公园、小游园、居住区公园。根据城市用地与结构, 结合现状自然山水条件, 合理调整并确定公园的内容与分布, 应强调公园绿地与城市休闲活动的结合, 使公园在城市公共休闲空间体系中发挥重要作用。结合城市道路和广场, 形成具有一定活动内容和设施的开敞公共休闲空间。以公园环为核心, 将江滨绿化、街头绿化、池塘山体、绿化空地连为一体, 形成市民休闲散步的游览步行体系。

——依托城市东部的莲花山景区和城市南部的龙潭、都乐岩风景区、洛维园艺场等, 配备休闲设施, 进行整体休闲环境建设, 发展成为市区外围的都市绿色休闲区。南部龙潭—都乐岩风景区内有大龙潭、帽河、都乐岩和白莲洞4个市级公园, 控制范围约28km²。该区主要以旅游观光为主, 对大龙潭公园和都乐岩地区的田园山水风光及自然山水应严格保护, 控制周边地区的开发建设, 恢复山体绿化植被。结合柳州市的山、水、洞、石和古人类文化遗址, 建立主题公园和教育基地。主要山体作为生态绿地。

——建设环城绿色休闲带。柳州市区四面环山, 形成柳州城外围的天然绿色屏障。在城市外围结合自然条件设置开敞性的绿色公共休闲区。莲花山景区, 大龙潭（大区域范围）和都乐岩（包括观光农业旅游区等）为风景区, 要求按照规划进行植被恢复、保护, 逐步形成城市外围开敞休闲空间, 成为城市外围的绿色休闲区。

——在东北部建设大型公共休闲区, 满足不断增长的市民休闲需求。依托三门江国家森林公园, 建设郊野公园, 构建新的公共绿色休闲空间。

（三）百色——建设绿色生态休闲型城市

总体来看, 块状绿色休闲空间数量多, 分布集中; 轴线绿色空间具备发展的基础, 但是打造景观绿带的意识不强; 而点状绿色空间因为城市建市晚的原因, 城市建设较为落后, 点状空间有限。

右江区现有已建成的公园共有4处, 分别为森林公园、迎龙山公园、百色起义纪念碑园和江滨公园（表7-22）。从公园的规模上看, 迎龙山公园尚未达到综合性公园最低面积10hm²的要求, 百色起义纪念碑园的面积刚刚达到综合性公园的要求, 森林公园的面积较大。百色市区的公园面积偏小, 而且分布主要是在城市的西北方向上的城东区部分, 老城区的公园数量少。2009~2012年, 百色市政府投资建设麒麟山公园、龙景中央公园和栖凤坡公园等大型公园, 在建成区内部将满足市民的休闲需要, 发挥游憩功能。

表7-22 城市公园一览表

名 称	占地面积	位 置
森林公园（人民公园）	19.34hm²	市中心区新兴路
迎龙山公园	6.94hm²	城东迎龙山
百色起义纪念碑园	10.29hm²	城东后龙山
麒麟山公园	在建77.8hm²	—
龙景中央公园	在建100亩	龙景区
栖凤坡公园	在建250hm²	—

现状公园及街头绿地基本上分布在旧城区的中山路和城北路两侧以及旧城区东部，城区西部和中山路以南、河东区公共绿地较少。现状城区居住区绿地偏少，旧区居住绿地尤其缺乏，新建住宅区绿地率普遍低于20%。防护绿地主要集中在右江和澄碧河两岸。

郊区的绿色空间规模较大，以水源涵养林为主，属于森林生态保护类型，主要分布在右江森林河谷地带和湖泊周围，现有澄碧湖、百东湖、大王岭3个自然保护区（表7-23）。

表7-23 百色市自然保护区一览

名称	行政区域	面积（hm²）	主要保护对象	类型	级别
澄碧湖	百色市	77 000	水源涵养林	森林生态	市级
百东湖	百色市	41 600	水源涵养林	森林生态	市级
大王岭	百色市	81 900	水源涵养林	森林生态	省级

2008年，百色市的城市人均公园绿地面积达到了9.19m²，城市建成区绿地率为32.92%，建成区绿化覆盖率为33.59%。从总量上来看，百色市的绿化覆盖面积为1261hm²，建成区的绿化覆盖面积为1066hm²，园林绿地面积达到1045hm²，园林绿地全部位于建成区，公园绿地面积为159hm²，公园面积为68hm²。

从规模上看，百色市的休闲绿色空间居西江经济带的中游水平。在整个西江经济带的7个城市中，百色市的人均公园绿地面积列第四，建成区绿地率为第四，建成区绿化覆盖率列第三，居中游水平，并且三项指标均高于广西的平均水平（表7-24）。

表7-24 西江经济带7城市绿化指标对比表

地区	人均公园绿地面积（m²）	公园绿地面积（hm²）	建成区绿地率（%）	建成区绿化覆盖率（%）
百色	9.19	159	32.92	33.59
南宁	10.29	2 030	33.67	38.98
柳州	10.70	1 656	32.00	37.11
梧州	7.13	282	30.58	31.83
贵港	11.69	455	27.78	26.59
崇左	7.54	92	35.59	37.38
来宾	6.12	82	15.09	22.06
广西	8.61	7 195	28.07	32.67

在百色市的2004~2020年城市总体规划中，提出的目标是按照国家标准打造国家级生态城市，如果以这样的目标来进行的话，百色市区未来的目标需要达到人均公园绿地面积为9m²，绿地率到达到35%，建成区绿化率达到40%。根据百色市区未来的人口增长能力和建成区的面积，就可以得到百色市未来的公园绿地空间的需求以及建成区绿地面积和绿化覆盖面积的增加值（表7-25）。

表 7-25 百色市未来的绿色休闲空间需求表

绿色休闲指标	人均公园绿地面积	城市人口	未来公园绿地总量	现状	新增公园绿地面积
基本数值	9m^2	50万	450hm^2	159hm^2	291hm^2
绿色休闲指标	建成区绿地率	建成区面积	未来建成区绿地面积	现状	新增绿地面积
基本数值	35%	5 000hm^2	1 750hm^2	1 045hm^2	705hm^2
绿色休闲指标	建成区绿化率	建成区面积	未来建成区绿化覆盖面积	现状	新增绿化覆盖面积
基本数值	40%	5 000hm^2	2 000hm^2	1 066hm^2	934hm^2

其中公园绿地的面积要增加接近两倍，以年增长率来计算，每年要实现公园绿地的增长量达到11%，新增绿地面积的增长速度达到5.3%，新增绿化覆盖面积的增长速度达到6.5%。

2008年，右江区的人均可支配收入达到1.52万元。随着可支配收入的持续增加，百色市右江区的旅游需求也是不断增长的，出行范围也将不断延伸，因此，除城市建成区之外，也要将郊区的绿色休闲空间纳入规划的具体范围内。

景观风貌的打造上围绕人文景观轴和右江澄碧河生态走廊，规划建设两条景观风貌带——城市休闲购物带和滨河高尚住宅带，以及9个景观风貌区——现代城市景观风貌区、旧城传统景观风貌区、教育产业景观风貌区、革命教育景观风貌区、城市窗口景观风貌区、都市工业园景观风貌区、新型工业园景观风貌区、芒果湿地景观风貌区、河谷森林景观风貌区。

结合未来城市的空间结构布局和景观风貌布局，本着满足本地市民及区域性的休闲需求的原则，百色市区未来的休闲空间布局围绕"三江两湖"（右江、鹅江、澄碧河与澄碧湖、百色水利枢纽库区）和右江森林河谷景观，着重打造以右江河谷周边的森林为基底、以"三江两湖"为骨架、以城市公园为斑块的休闲空间结构。

中心城区以右江生态走廊为主轴线，两岸布置适当的江滨公园，打造绿色景观带。在城西区和城北区的集合处，以迎龙山公园和百色烈士纪念碑园为核心，以澄碧河为带建设休闲绿色空间，向北延伸到澄碧湖水库。在新城龙景区，结合未来的休闲需求，规划以社区为核心的公园建设，完善新城的市政设施和绿色空间。

城区的外围地区围绕右江河谷森林，以森林、山体、河流形成一个反映河谷森林景观特色的绿色空间。远郊区以重要的自然保护区如大王岭原始森林、澄碧湖和百东湖水库作为发展绿色休闲空间的核心，向郊区的乡野景观扩展。

（四）梧州——建设风景园林型城市

梧州境内丘陵低山连绵，河谷盆地广泛发育，植被茂密、森林覆盖率高，城市外围整体生态环境良好，但市区内建筑密集，用地狭小，缺少公共绿化和开敞空间。梧州作为山区城镇，在现有发展空间上不足的条件下，结合市区外围交通走廊的建设，考虑在外围建设若干公共绿色基地，以疏解城市未来发展过程中出现的休闲需求。

长洲岛整体绿化生态环境良好，除发展低密度高尚住宅区和大型文化、体育设施，建设大面积的生态公园。

将白云山风景名胜区作为梧州市的绿心、市民休闲娱乐及旅游城市的基础。保持白云山风景名胜区的自然特色，改善风景区外围生态环境，增修和完善山上各景点的游览步道，扩大原有上山车用道路，将景区建设成为公共绿色休闲空间。

建构与城市建设体系相平衡的公共绿色空间，建设适宜创业发展、生活的山水城市。培育森林休闲生态系统，增强自然的生态服务功能，控制城市连片发展，培育必要的城市组团间生态隔离带，并形成休闲空间。

改善白云山周边环境，构建绿色公共生态休闲区。白云山风景区西临近河东旧城，为自治区级风景名胜区，面积355hm^2，海拔367m，为梧州第一名山，森林植被茂密。公园内的黑叶猴繁殖中心是目前世界上最大的黑叶猴繁殖基地和全国品种最多的宝巾花栽培基地。园内有广西最大的蝴蝶标本馆，品种达1万多种。目前白云山外围被生活区逐渐蚕食，外围景观环境较差。要确保强制性控制绿地系统用地的开敞性和公用性，增设公共开放性绿地公园、游乐园、野营基地、野生动物园、名胜古迹等以及体育设施用地，发展生产性绿地如花圃、苗圃、植物园等，还有名人墓园、人生纪念林地、防护林等。要逐渐扩展白云山绿色景观空间，沟通与西江、桂江之间的景观廊道，形成梧州市区最大的绿色生态公共休闲空间，并与骑楼城共同构成梧州市生态与古城文化休闲中心。

构建城市公园绿色休闲体系（表7-26）。根据梧州市有山有水的自然环境特点，按照生态化、因地制宜、均衡分布与就近服务等原则，合理布局城市公共休闲空间，合理安排公园绿地、生产绿地、防护绿地和其他绿地，加强绿地的公共休闲服务功能建设，营造生态休闲城市空间。

表7-26 公园类绿色公共休闲区

序号	名称	面积（hm^2）	性质
1	中山公园	9.9	综合性公园，以文化古迹、教育为主
2	珠山公园	12.36	游憩性公园，以文化古迹、教育为主
3	潘塘公园	10.76	游乐性公园，以游憩为主
4	三和公园	46.2	游憩性公园，以日常游憩、锻炼为主
5	玫瑰湖公园	125.5	生态公园，以自然风光为主
6	碧桂公园	4.1	街旁绿地
7	三龙公园	41.5	游憩性公园，以日常娱乐、锻炼为主
8	逸泉公园	10.1	街道广场绿地
9	新龙公园	11	综合性公园，以休闲为主
10	苍梧公园	12.3	综合性公园
11	千禧公园	17.7	游憩性公园，以休闲娱乐为主
12	顺宜公园	65.1	游憩、休闲为主
13	平塘公园	17.0	游憩性公园，以休闲娱乐为主
14	泮塘公园	27.7	游憩性公园，以日常游憩、锻炼为主
合计		411.2	

以北山中山公园、河堤公园、珠山公园、潘塘公园、玫瑰湖公园等公园为核心，向沿江、沿山扩展开敞性的公共休闲空间。改变河东区建筑密度高，公共绿地缺乏的现状，结合骑楼城改造和休闲房地产开发，增加街头休闲绿地和小游园。在保留原有公园绿地的基础上，将穿插在城区中的山体开辟为绿色公共休闲区。在新城区布局多处大型公共绿色休闲公园。充分利用长洲岛生态环境良好的优势，建设岛屿型的生态休闲公园。

（五）贵港——建设现代滨水港口型生态城市形象

贵港市区外围生态景观环境较好，但是中心城现状公园数量少，共有成规模的城市公园3个，分别为东湖公园、南山公园和马草江公园（在建）。全市现状公园绿地总面积289.7hm^2。贵港市旧城居住区环境质量较差，绿化建设较薄弱，居住区内绿地率较低，基本无公园绿地。贵港市旧城居住区环境质量较差，绿化建设较薄弱，居住区内绿地率较低，基本无公园绿地。滨江滨湖地区的园林绿地建设滞后，而随着城市建设步伐的加快，可开发的滨江滨湖绿地逐年减少，滨水绿地没有形成生态休闲功能。

贵港市的区域生态功能区与城镇公共绿地、江河湖泊等自然山水是贵港市公共休闲空间的重要组成部分，与市民生活息息相关，是体现"人与自然和谐共存"的城市发展理念，建设宜居绿色生态家园的基本内容。城市公共绿色休闲空间由两个层次构成，包括森林、水库、自然保护区、基本农田保护区等生态资源的合理整合，构筑中心城外围的公共生态休闲绿色空间。城区内休闲系统主要由公共绿地、生态廊道构成，形成结构清晰、体系完整的公共绿色休闲空间。

利用贵港北部、西部、南部的山地和生态绿地，布局绿色公共休闲区，包括西山风景名胜区、龙潭国家森林公园、平天山森林公园、大平山自然保护区、大瑶山自然保护区（局部）、大桂山风景区周边等自然生态环境优良的区域，以及东部部分生态环境优良的区域，形成分布于城市东、西、南、北4个方向的绿色休闲区。

在城市内部增建公共绿色休闲区，使城市公共绿地建设主要指标达到国家园林城市标准。合理布局公园绿地、生产绿地、防护绿地、附属绿地及其他绿地，并增设公共休闲设施。嘉庆市域内河流水系和各类湖泊水塘的治理，营建湿地生态休闲景观，滨水休闲区。

郁江滨水休闲带：依托郁江建设滨水休闲带形成。郁江在贵港中心城段约有20km长，目前沿江缺乏休闲功能，郁江及其沿岸的景观环境较差。未来城市发展中，要将郁江沿岸作为贵港城市重要的滨水休闲带，对郁江两岸的城市段进行休闲功能建设，满足不同人群的休闲需求。将沿江景观建设与防洪、绿化、交通、和休闲活动相结合，形成公共开放空间，建设"城市休闲水岸"。依托鲤鱼江、马草江、沙江、杜冲江和牛皮河"四江一河"建设城市内部公共休闲空间。结合"四江一河"缺乏水系整治和开发建设，建设滨水休闲空间，强调生态保护和人的休闲功能的打造，配置相应休闲服务设施。营造滨湖公共休闲空间，形成东湖、南湖、圣湖等滨湖公共休闲空间。

郁江两岸逐步从货运和居住功能向商业、休闲等综合功能转化，从以工业生产港口为主要功能的水岸，转变为城市生态和公共休闲水岸，逐步缩小生产岸线，增加景观和休闲岸线，增加城市活力。

郁江北岸在现有生产和港口岸线的基础上，构建具有休闲功能公用滨水岸线和景观岸线，限制生产岸线的蔓延。不利建港和生产的岸线规划全部建设成为具有生态和休闲功能的岸线。郁江南岸，杜冲江以西岸线以发展城市公共滨水休闲岸线。对城区"四江一河"进行规划整治后，两岸发展公共休闲功能，并推进沿东湖和南湖形成城市公共休闲空间。

（六）崇左——构建绿色生态休闲与旅游型城市形象

按照旅游区和旅游中心城市的发展要求，崇左的绿色公共空间建设不仅服务于城市居民，而且服务于游客。充分挖掘城市自然资源的风景旅游开发潜力，以构建完善城市生态休闲环境为目标，构建一个由生态绿地、公园绿地、道路绿地、居住区绿地及风景区组成的点、线、面结合的绿色公共休闲系统，形成功能完善的独具特色的山水生态休闲型城市。根据《城市用地分类与规划建设用地标准》（GBJ137—90）的规定，崇左的城市规划人均绿地要大于$9.0m^2$/人，其中公共绿地大于$7.0m^2$/人，绿地在城市建设用地中所占比例达到8%~15%。

1. 建设绿色生态休闲型的旅游中心城市

综合考虑崇左作为旅游中心城市的性质，在规划期末崇左市绿地总面积达到$741.49hm^2$、人均绿地面积$14.83m^2$，城市公共绿地总面积达到$440.80hm^2$，人均公共绿地面积$8.82m^2$，绿化覆盖率达到40%。成为绿色生态型园林休闲城市。以城市内市级公园、一般公园、居住区公园、城市广场地绿化以及各种特殊空间绿化组成的市中心绿化为核心，并结合组团布局的绿化渗透结构形成星罗棋布、经纬交织的绿化体系，同时结合自然山体的绿化形成楔形绿地插入城市形成绿色通道，构成"点、线、面、环、楔"相结合的多种公共绿色休闲空间。实现山水与城市的有机结合，形成丰富而独特的旅游城市生态绿地系统。

加强中心城区周边大环境的绿化建设，利用有利条件，如背景山体、农、林、园地等，形成强有力的城市绿色大背景。同时，从背景山体沿左江和城市中的山体等形成通道式楔形绿地，并通过遍及全市的带状道路防护绿地，向内延伸，形成以普遍绿化为基础，道路绿化为骨架，城市公园和公共绿地为重点，点线面结合的城市绿化网络。以城市公园为骨架，在城市主要地段建设12个公园，并要重视街头绿地，居住区绿地和单位绿地建设。

2. 建设沿左江的绿色生态休闲廊道

利用左江的滨江绿化和自然山体在建成区内构筑城市的生态绿化带；

以市区和周边众多的自然山体以及左江作为环境背景，建设生态休闲绿色空间。以水口湖及石景林景区构成城市南部的生态休闲区。依托两山一川地势，在3个片区之间组成生态绿化分隔带。

建设左江风光带：北抵归龙塔，西达水口湖，形成一个连续、完整、多样的线型城市开放空间，保护沿江生态环境，沿江两岸设置30~50m宽的绿化景观带，配以人行道路为主的绿色景观休闲游览道、景观桥梁。

建立以城市公园为核心的绿色公共休闲体系。包括斜塔公园、江景公园等 11 个城市公园。在大型旅游景区周边发展郊野公园类型的公共绿色休闲空间。

（七）来宾——建设沿江滨水生态休闲廊道

来宾市域位于红水河、柳江、黔江交汇区，滨水休闲的环境条件优良。但是来宾滨水休闲环境仍没有形成。来宾旧城区建筑密度大，预留绿地面积不足，建成区公共绿地数量少，人均指标偏低。建成区绿地覆盖率、绿地率、人均公共绿地面积距广西的要求分别相差较远。公共绿地分布不均匀。城区园林绿地的总体布局比较零散，不构成系统，绿地之间缺乏有机联系，公共绿地空间规模与服务半径尚不配套，未能形成规模适当、功能完善和独具特色的城市公共绿地系统。

建设来宾城区的绿色休闲空间：包括来宾城区以东以犁头山、龙女山和鸡冠山为主的山地，迁江镇西部的摩天山、大朝山所在山地，以及来宾城区周围散布的独峰；红水河沿江生态休闲带，生态绿地带。建设红水河生态景观休闲带、凤凰河生态景观休闲带。依托城市公共绿地包括 13 个公园和街头绿地，形成公共绿色休闲空间。改善滨水带生态环境，对红水河、环城水系、清水河、龙降河、凤凰河城区段两岸进行重点绿化，开辟为滨江公共生态休闲带，在中心城建设风景区、森林公园和郊野公园，建成游览观光、康乐保健与休闲度假的风景区。利用金秀、忻城、象州的生态环境条件、结合旅游开发，建设绿色公共生态休闲空间。将金秀建设成为西江经济带重要的绿色生态休闲型城镇。

第八章　健康城市化与社会事业发展

城市化是改善人们生活质量，实现社会可持续发展的重要途径。目前，西江经济带城市化水平远低于全国，从功能定位和发展潜力看，未来该区域能够也应当适度加快城市化。如何在城市化过程中实现非农人口生产方式、生活方式的转变和提升，如何实现城市特色品牌和特色形象的打造是健康城市化的核心目标。本部分通过对健康城市化关键问题的分析，通过对城市化演变历程和现状的回顾，通过对城市化水平的预测来解析西江经济带的城市化与社会事业发展。

第一节　健康城市化的关键问题

健康城市化是与资源开发、环境保护、经济社会发展相协调的城市化。推进城镇健康、协调、可持续发展，稳步提高城市化水平，有效缓解城镇就业压力，提高人居环境质量是健康城市化的内在要求。西江经济带由于特殊的区位条件、资源禀赋、经济发展阶段和社会结构特征，推进健康城市化过程中也面临一些特殊问题。

一、城市化发展的区内外背景

（一）新的认识和政策关注使区域地位迅速上升

广西地处华南、西南结合部，是我国面向东盟的重要门户和前沿地带，是西南地区最便捷的出海大通道，在促进区域协调发展，深化与东盟开放合作，维护国家安全和西南边疆稳定中具有重要的战略地位。其中，西江经济带正好处于和北部湾沿海经济区、东盟合作区、珠江三角洲结合的黄金位置，区位优势明显，水土、气候等环境本底条件也比较好，同时又具有很强的资源优势，在我国西部地区中属于发展条件比较好的地区。但由于受历史因素、空间发展格局的影响以及各种体制、机制的制约，这种区位优势和发展潜力没有转化为相应的经济优势，在整个区域中的经济和社会地位不强，基本上没有形成对整个自治区的辐射和带动作用。据广西统计年鉴2005年和2008年的数字，西江经济带7个城市的总人口、城镇人口和经济总量在整个自治区中的比重几乎相同，一直保持在54%~56%。

近年来，广东沿海地区产业发展越来越受到土地和环境的限制，商务与运营成本正在迅速提高。加之受2008年世界金融危机的影响，经济结构调整压力急剧加大，产业转移的步伐随之加快，这给相对落后的广西带来了一个发展机遇。近年，国家政策对广西的发展给予更多的关注。2009年国务院颁布了《关于进一步促进广西经济社会发展的若干意见》，从国内外经济环境形势的变化着眼，提出促进广西经济社会发展对形成西部大开发和东中西互动的新的增长极、深化与东盟的战略合作、促进民族地区发展，以及化解世界金融危机影响具有重大意义。而推动沿海沿江率先发展，完善区域发展总体格局，加强基础设施建设等成为落实政策的主要措施。其中，提出要充分发挥北部湾经济区的引领带动作用，积极打造西江经济带产业集聚优势，增强资源富集的广西地区自我发展能力，加强工业园区建设。同时，提出要加强基础设施建设，增强跨越发展的支撑能力，以及加快社会事业发展，提高公共服务水平。提出了加强城镇体系及基础设施建设，强化规划引导，建设特色明显、功能完善、布局合理、资源节约、生态良好的城镇体系，合理调整城市行政区划，完善城市功能等具体要求。

这些新的认识和新的政策关注，成为重新梳理西江经济带城镇发展格局和发展思路的契机，为整合和优化人口和城市化的空间格局，加强社会事业，增强对周边地区的辐射和带动作用，从而促进人口和经济的进一步集聚，提升西江经济带的区域地位创造了有利条件。

（二）西江黄金水道的大规模开发急需周边城市提供优良的空间支撑

西江黄金水道开发与相关产业和交通基础设施的建设使区域发展条件发生重大改变，亟须从人口发展和城镇建设上为产业发展提供优良的支撑与空间载体。

在广西综合交通运输体系建设中，内河水运具有重要地位。历史上的西江曾经是广西城镇发展的空间主轴，孕育了一大批城市和乡镇。但近十年来，由于铁路和高速公路的发展，水运的地位越来越低，资源优势逐渐被忽略。2008年，广西做出了"打造西江亿吨级黄金水道，推动区域经济协调发展"的重大决策，并开始组织编制了西江黄金水道建设规划，确定了枢纽和船闸、航道、港口等重大工程，仅2008～2012年，开工建设项目的总投资就达到750亿元。2020年，将连接西江7个地级市的1480km内河水运主通道全部建成为1000吨级以上航道，其中，南宁、来宾、柳州以下将建成2000吨级航道，贵港以下建成3000吨级航道。同时，加快内河港口的现代化现设，形成以贵港、梧州、南宁主要港口为核心，其他地区性港口为补充的内河港口体系。

西江黄金水道的开发将迅速改善周边区域的交通运输条件。铁路、公路、水路相互衔接，优势互补的综合交通运输体系，将会大大降低综合物流成本，为产业的拓展、提升和集聚提供了新的动力。产业的发展和空间集聚离不开城镇所提供的资金、劳动力、市场和配套服务业的保障。同时，在市场化条件下，城镇发展的水平也是决定企业区位选择和劳动力资源分配的关键因素。因此，《国务院关于进一步促进广西经济社会发展的若干意见》中提出，要以区域内重点城市为节点，以产业园区为载体，完善空间布局，形成分工明确、优势明显、协作配套的产业带。

然而，目前西江经济带的县、市中除了南宁和柳州两个中心城市之外，各个城市的城市化水平普遍很低，城市建设和社会事业发展滞后。另外，以西江黄金水道为媒介的社会和文化联系较弱。其结果是削弱了整个地区的产业支撑能力，人口集聚能力的布局与产业开发和基础设施的规划格局不适应，很难适应未来的发展要求。

(三)新形势下城市化成为我国扩大内需的重要抓手和政策着力点

2008年世界金融危机以来,国内外经济环境发生了很大变化。为了增强抵御外部风险的能力,减少国内外经济环境变化对我国的不利影响,亟须从根本上增强经济发展的内在动力,调整经济结构,稳固农业基础,增强就业和劳动保障能力。为此,国家提出了内需型增长战略,并以此为导向出台了一系列扩大国内需求的措施,包括加快民生工程、基础设施、生态环境建设和灾后重建,提高城乡居民特别是低收入群体的收入水平,促进经济平稳较快增长。为此,2009年12月的中央经济工作会议提出:"要以扩大内需特别是增加居民消费需求为重点,以稳步推进城市化为依托,优化产业结构,努力使经济结构调整取得明显进展。"强调城市化是本次经济工作会议有别于以往会议的内容之一。在新的政策导向下,城市化将成为应对外部形势变化,扩大国内需求和调整经济结构的重要抓手与政策着力点。

改革开放30年来,我国的城市化率稳步提升,从1978年的17.9%上升到2008年的45.7%,累计提高27.8个百分点,区域发展水平和城乡居民收入与生活条件有了极大的改善。在大规模的城市化过程中,土地城市化速度过快,加剧了对资源环境的消耗,生态安全和粮食安全的隐患突出。认识到"冒进式"城市化的种种弊端,国家提出了健康城市化的要求,对新增城镇土地利用实施了严格的管控,从一定程度上遏制了城镇土地的空间扩张。2004年以来,人口城市化的速度有所减缓。2008年的世界金融危机造成东南沿海地区大量农民工返乡,也在一定程度上促使内陆地区城市化进程放缓。在此背景下,城市化政策导向的调整成为应对国内外经济形势变化的一个新的选择。

同时,城市化也是调整城乡居民的一次收入差距、优化城乡经济结构的措施之一。2009年12月的中央经济会议提出,要把加大国民收入分配调整力度,增强居民特别是低收入群众消费能力作为经济政策的主要目标之一。事实上,多年来我国城乡收入差距持续扩大。1983年城镇居民人均可支配收入与农村居民人均纯收入之比为1.82,而2008年上升为3.31。广西的城乡居民收入之比高于全国,2008年达到3.52,其中百色的城乡居民收入比高达4.67,因此缩减发展差异的任务更加艰巨(表8-1)。城市化政策的调整可能会给这些地区的城乡统筹发展带来一定的机会。

表8-1　2008年广西各地市城乡居民收入差异

地　区		城镇居民人均可支配收入(元)	农村居民人均纯收入(元)	城乡居民收入比
广西全区		13 676	3 891	3.52
西江产业带地级市	西江产业带7个地级市	13 628	3 743	3.64
	南宁市	14 446	4 001	3.61
	柳州市	14 474	3 956	3.66
	梧州市	13 873	3 854	3.60
	贵港市	12 666	4 049	3.13
	百色市	13 169	2 820	4.67
	来宾市	14 037	3 767	3.73
	崇左市	12 732	3 754	3.39

续表

地区		城镇居民人均可支配收入（元）	农村居民人均纯收入（元）	城乡居民收入比
其他地级市	桂林市	14 636	4 465	3.28
	北海市	13 989	4 310	3.25
	防城港市	14 364	4 474	3.21
	钦州市	14 106	4 444	3.17
	玉林市	14 156	4 123	3.43
	贺州市	12 772	3 458	3.69
	河池市	12 042	2 994	4.02

资料来源：根据《广西统计年鉴2009》整理

（四）户籍制度改革将推动条件较好的中小城市和城镇加快发展

我国城乡二元结构限制了人口、土地、资金等生产要素在城乡之间的自由流动，不仅造成区域发展效率的损失，也造成对社会公平性的损害。消解城乡之间发展水平的差距，逐步取消二元结构的体制性障碍对区域发展的影响，是城乡统筹的重要内容之一。例如，近些年来发达地区城镇居民的工资水平逐年提高，但外来农民工的边际收益却不断递减，凸显了制度性因素对城市化的制约。

2009年的中央经济工作会议提出，"要把解决符合条件的农业转移人口逐步在城镇就业和落户作为推进城市化的重要任务，放宽中小城市和城镇户籍限制"，进一步细化了城市化的具体实施途径。扩大内需政策和户籍政策的改革将直接刺激经济的发展和城市化水平的提高，为农村人口逐步向中小城市和城镇转移创造了制度条件，也为城市建设开拓了新的动力和空间。受放宽户籍限制的政策的影响，预计未来几年内中小城市和城镇对周边农村人口的吸纳作用将强化；但这也必然带来就业、住房、文教、卫生和社会保障等方面的压力，对中小城市的自身建设提出了更高的要求。

西江流域的整体城市化水平不高，农村非农人口数量比较大。另据统计，目前，7个地级市中每年净流出的外出务工人口有70%以上流向广东，10%左右流向其他东部沿海省份。随着工资收入差距缩减和流入地经济转型速度加快，人口回流是未来的主导趋势，因此未来几年农村富余劳动力转移安置的压力可能进一步加大。根据我国西部地区人口城市化的一般规律，农村人口向城镇转移的过程中，一般是先逐步向临近的城镇集中，然后寻求向区域中心城市跳跃的机会。西江经济带中有不少产业基础比较好或交通区位条件优越，但目前规模比较小的城市和城镇，吸引人口集聚的空间潜力比较大。另外，西江经济带为少数民族聚居的地区，出于聚居习惯的影响，向本地中心城市和城镇转移的趋势会比较明显。这些因素可能会使西江地区中小城市吸纳农村剩余劳动力的速度显著提高，给城镇的空间格局带来新的影响。

二、流域城市发展的一般特征

(一) 加快"据点"城镇及城镇群(带)的建设,提高集聚能力

国内外经验表明,"据点"城镇和重点城镇群(带)的建设,为沿江经济带的发展提供了重要的支点。对于西江流域而言,西江经济带亦将广西的"三群一带"串联,包括南北钦防沿海城市群(含南宁)、桂中城镇群(含柳州、来宾)、桂东南城镇群(含梧州、贵港)和右江长廊城镇带(百色)等。

目前西江带已有特大城市(南宁)和大城市(柳州)各一个,要充分发挥二者的中心辐射作用,并与贵港有机结合,促进"南柳贵"区域经济一体化,充分利用该区域城镇的资源、技术及产业优势,加速形成西江经济带上"南柳贵金三角";充分利用贵港与梧州的资源优势,提升贵梧城镇带的集聚能力;同时,加快右江走廊城镇带和左江支流城镇带的建设,提高百色、崇左的辐射作用。通过对西江经济带"据点"城镇及城镇群(带)的建设,促进西江经济带城镇的快速发展,为西江经济带经济的快速发展提供支撑。

(二) 亲水宜居的环境作为提升城市竞争力的重要空间资源,日益受到重视

国内外很多优美宜居的大都市都是依托于江河发展起来的。例如,塞纳河孕育了巴黎,莱茵河孕育了法兰克福,泰晤士河孕育了伦敦,哈得逊河孕育了纽约,汉江和长江分别孕育了武汉和南京。这些城市由最早的集镇发展成今天的特大城市,而且展现出历久不衰的魅力和生机,在很大程度上是充分利用了滨水的特色景观资源。

另外,由于滨水空间发展的优势明显,其巨大的生态、游憩与景观价值吸引一些城市在发展战略上选择不断向沿江河方向靠拢,如重庆。从城市内部来看,沿江河地段生态环境良好、服务业发达,往往是城市最具魅力的精华地段,景观和城市文化最为丰富,城市设计最有想象力,房地产价格最高,这充分体现了亲水宜居的环境所蕴涵的巨大价值。

以上经验表明,岸线资源是城市发展的重要空间资源,它的合理布局和高效利用,是沿江经济带城镇发展的重点。合理利用岸线,整合生产、生活与休闲功能,将滨水的环境转化为城镇的魅力和经济价值,是滨江城区(镇)空间发展战略的重要组成部分。

目前,西江经济带处于大规模建设的起步阶段,各种港口和建设项目迅速上马,岸线资源的合理规划和高效利用尤为重要。必须合理利用沿江岸线,在加强港口建设的同时,要充分考虑对景观岸线、城市休闲岸线的预留,用于生活、休闲等功能,实现滨江地区的生产、生活和休闲功能的协调发展。

(三) 突出城镇特色,实现沿江城镇合理的职能与产业分工与合作

滨江城镇特别是相邻城镇资源比较相近,如果缺乏分工合作,很容易产生无序竞争的

情况。国内外沿江城镇带的成功经验表明,对各自特色的深入挖掘以及合理的职能分工与合作,是整个沿江城镇带发展的重要保证;同时,正是有了各具特色的城镇,才形成了文化、产业、旅游等方面的合作基础,共同构成了沿江的特色城镇带。

西江经济带的城镇在文化、旅游、资源、景观及少数民族等方面特色明显。如百色市的左右江红色旅游区是全国12个重点红色旅游区之一,红色革命文化底蕴浓厚;桂平西山风景名胜区和宁明花山风景名胜区为国家级风景名胜区,柳州市为国家历史文化名城;崇左市拥有丰富的锰矿资源,平果县、靖远县和德保县有较多的铝矿资源,贵港市与梧州市水资源丰富;柳州市工业基础较好,汽车制造业竞争优势突出。另外,西江带共包含壮族、瑶族、苗族、侗族、仫佬族等11个少数民族(以壮族、瑶族、苗族和侗族人口最多),包括隆林、金秀、三江和融水4个少数民族自治县,地域风情和民族特色浓郁。

结合各区段的资源特点,对沿江的不同区段进行分区,实现城镇功能的合理分工,从而更加突出城镇的特色,是国内外沿江城镇发展给我们的重要启示。在西江经济带的规划中,应结合各个城镇的具体情况,立足铝、锰、水能、旅游资源,选定各自的发展方式,突出城镇的产业特色,在西江经济带上、中、下游各段形成各具特色的城镇职能,从而加快城镇的发展步伐。

(四)重视水质监测与沿江生态环境保护

从国外经验来看,莱茵河、密西西比河等流域的城镇,历经产业开发等历史阶段,如今最吸引人的是保留下来的优美的环境和多彩的文化,这些环境因素构成了对人口和产业的强大吸引力,由此形成的发达的旅游、休闲和文化产业,到今天为止仍然为城市提供了大量的就业机会,成为整个区域持续发展的动力源泉。在西江经济带的城镇发展中,一定要借鉴以上经验,高度重视沿江的生态环境保护,为经济区和沿江城镇的可持续发展创造动力源泉。

(五)通过城镇间的多元化合作增强沿江经济带的协调性,强化带动作用

长江经济带的成功经验表明,沿江经济带各城镇的多元化合作,对于保障整个经济带的协调发展具有重要作用。其中不但要包括环保、交通、产业等方面的具体合作,而且应该建立一个能够协调各部门、各地区的制度框架。

三、需要解决的主要问题

(一)岸线资源的整合利用和生产、生态与生活岸线的协调

在西江黄金水道战略的带动下,沿岸港口发展十分迅速,需要从亲水宜居、打造西江特色城镇带的空间战略要求出发,重点关注岸线资源的整合利用和生产、生态与生活岸线的协调。

目前，西江大部分岸线的功能和布局散乱，生活和休闲功能没有得到有效利用。例如，一些水泥厂、糖厂、造纸厂等污染企业位于水系上游，致使水体受到不同程度的污染；由于岸线缺乏统一规划，港口过于密集，生产岸线与生活岸线混淆；生活岸线的亲水性和可达性差，同时两岸的交通联系不畅，使水系的潜在景观文化价值难以得到发挥。在这些城市，生产岸线、生活岸线和生态岸线资源的合理规划及开发利用显得尤为重要。

此外，一些城市对城市景观和城市特色的通盘考虑不足，城市建设用地迅速扩张，造成了周围环境的破坏，原有的形态和结构特色正在迅速消失。随着城市开发强度的提高，西江流域大部分城市山环水抱的独特性景观资源有所丧失。近年来城市建设中对滨水空间的建设重视不足，很多滨水地段缺少基本的环境建设，造成景观资源的巨大浪费。此外，城市历史文化也正在消逝，亟须整理和保护。例如，很多中小城市的老城区空间拥挤状态逐渐加剧，建筑密度过高，公共空间严重缺乏，原有的建筑特色和空间氛围减弱，历史文化消逝。而大部分新兴城区风貌单一，没有延续原有的文化脉络，显得缺乏特色。因此，梳理城市的景观脉络，通过滨水空间的建设和沿江特色景观与历史文化资源的保护及利用，重塑城市风貌特色具有重要的意义，也是规划中需要重点考虑的课题。

（二）与珠江三角洲、北部湾和东盟合作区的合作互动

西江产业带与珠江三角洲、北部湾和东盟合作区的产业经济联系是影响未来人口与城镇发展的关键要素，必须处理好西江流域人口和城镇发展与周边区域发展的互动关系。

改革开放以来，珠江三角洲城镇密集区作为我国整个东部沿海地区的门户，形成了极其强大的经济辐射能力。今后西江流域城镇将利用临近珠江三角洲的空间优势和现有的产业基础，继续接受珠江三角洲的辐射与带动。近期产业转移的新趋势由传统的梯度转移及沿交通线蔓延转移，转变为向具有较好产业基础和投资环境的地区进行跳跃式转移；由小规模、分散转移，转向大规模以产业链为纽带的整体转移和配套转移，加工贸易业类企业成为转移重点。近年来，珠江三角洲许多地区已经出现土地供不应求，土地成本和商务成本不断上升，加之世界金融危机的影响和国内市场的开拓，产业转移的步伐将会进一步加快。这对西江城镇带的人口和城镇建设而言既是一个机遇，也是一个挑战。为了避免城市之间的无序竞争和不惜成本引进低层次的产业，应该在人力资本和土地储备相对完备、上下游产业链基础比较好的城镇有选择地打造大型特色产业基地，为承接产业转移做出适当安排。

在北部湾战略的带动下，近几年来北海、钦州、防城港等城市发展势头强劲，区域人口集聚的态势也比较明显。但柳州、桂林等中心城市的经济地位仍然十分突出，所以这些城市对人口的吸纳作用主要限于本地农村人口。广西加入东盟合作框架，将继续提升南宁作为区域性国际城市的地位，对广西乃至西南地区的城市产生更大的集聚作用。

在人口和城镇发展的预测中，不能仅仅依靠历史数据的推演，而是需要对以上各种因素的消长关系进行深入分析，从区域的宏观视角把握未来人口和城市化的总体格局。

（三）与现有城镇经济区体系的矛盾和冲突的调整

西江经济区的7个地级市，分属广西城镇体系规划中确定的四大城镇经济区：桂南沿

海经济区（南宁、北海、钦州、防城港）、桂东经济区（贵港、梧州、玉林），桂西经济区（百色、崇左、河池）、桂中经济区（柳州、来宾）。目前，几个大的城镇经济区之间的联系比较松散，各城镇经济区之间以及城镇经济区内部的城市之间都存在一定的竞争合作关系。例如，北部湾经济区具有一定的先发集聚优势，对其他城镇的人口集聚形成一定的竞争；南宁和柳州作为广西最大的两个中心城市，经济互补性较强，距离也很近，但长期以来社会经济联系比较弱，甚至存在一定的隔离；桂东经济区的贵港和梧州功能趋同，存在较强的竞合关系。贵港与梧州从规模、地位、发展水平与发展条件上均十分相似，同属西江内河港口城市，市区中心空间距离仅有180km，但相互之间存在隔阂与壁垒，经济联系并不十分密切。两个城市均极力希望能够接受东部的辐射与产业转移。随着两市招商引资条件日益完善，特别是洛湛铁路的建成将结束梧州没有铁路的历史，使梧州与内陆城市的联系进一步加强，贵港与梧州的竞争关系将逐渐激化。

在西江黄金水道开发的背景下，需要从西江经济区的层面对现有的城镇经济区的结构进行综合性的调整，对城镇经济区之间及其内部城镇的关系进行重新梳理。在尽可能地与现有城市经济区中确定的各个城市的定位和发展方向保持一致的原则下，从全局战略出发对矛盾比较突出的城市进行调整，并需要提出城市之间分工合作的思路和框架。

（四）西江流域及各个区段的水环境和生态保护

流域生态环境对西江沿岸城镇发展构成刚性的约束。西江沿岸城镇全部依靠西江取水，对水环境的依赖很大。然而，目前百色、崇左、来宾等中上游城市的产业以资源初级加工和糖业、造纸等污染严重的产业为主，流域水环境的保护有很大的压力。由于缺乏城市公共服务设施，百色、来宾和崇左以及中下游的梧州等市镇的生活污水处理率非常低（表8-2），很多城市生产、生活污水未经处理即排入河流湖泊，导致部分水体污染，湖泊富营养化。此外，各级水利枢纽的建设使西江干流的水流基本上处于静止状态，客观上造成水体的自净能力降低，如果城镇、港口和工业园区沿江布局过密，必然会加重水环境保护的难度。此外，城市扩张和其他人为活动对水系的自然结构造成破坏，部分支流水系被填埋断流，水系面积缩减，水系微细结构发生改变，既破坏了水体的自然生境，也增大了洪涝灾害压力。

表8-2　2008年广西各地级市污水和垃圾处理情况

处理率	南宁	柳州	梧州	贵港	百色	来宾	崇左
生活污水（%）	87.5	66.07	2.71	52.13	7.71	0.89	2.76
生活垃圾（%）	58.35	70.86	45.93	54.95	15.27	69.17	10.46

资料来源：广西2008年城市建设统计年报

为此，需要从流域生态环境的观点出发，对沿江城镇的布局进行通盘规划，根据各个区段生态环境的不同要求提出城镇密度和布局的要求，并把空间管制措施落实到空间区段上去。同时，应该建立跨行政区的流域生态环境管控机制，整合和明确涉水部门的管理职能和责任，从大的流域范围内统一考虑水安全、水资源、水环境、水景观、水文化等问题，统筹考虑上下游、江两岸整体开发与控制，以利于河流综合效益的发挥。

（五）民族地区和沿边、老区、贫困山区的人口与城市化发展

西江经济带的大部分城镇为少数民族聚居地区，在人口和城市化建设方面具有一定的特殊性。例如，少数民族计划生育政策，人口性别比不平衡的问题，独特的生活习俗和聚居习惯等。根据2000年第五次人口普查的结果，全区出生人口性别比高达128.8，2005年为121.2，其中苗族、侗族等少数民族的出生人口性别比高达150以上。为了社会稳定和人口安全，未来需要加大调整政策的力度。

另外，百色、崇左，以及柳州、来宾的部分县属于沿边、老区或贫困山区，农村贫困面比较大，基础设施和教育卫生等社会事业发展滞后，城镇发展面临特殊困难。同时这些地区大多位于西江上游，生态环境压力较大，不宜进行大规模的产业开发。为此，一些城市提出了可资借鉴的人口迁移思路，如百色的"下山、进城、入谷"。除此以外，可能还需要一些人口和城市化政策、城镇建设资金扶助等方面的特殊政策和实施办法。

第二节　城市化的历史演变与现状

西江经济带包含西江流域的7个地级市共59个县（市、区）级行政单位，土地面积13.09万 km^2，总人口2757万。其中，除了7个市的市辖区，有40个县（市区）。其中，直接与西江主干河流邻接的有33个县（市、区），县域面积6.31万 km^2，总人口1752万。

一、人口与城镇发展的历史轨迹

广西地处云贵高原边缘，地势由西北向东南倾斜，具有开敞的地形地貌特点、相对独立的河谷盆地。桂东北、桂东、桂南大多数系河谷盆地，这决定了广西人口沿江发源、繁衍和集聚的空间特点和人口沿河谷分布的基本格局。西江水系作为广西最大的水系体，其流域面积占全自治区陆地面积的86%，经过河流冲击和地质演变，在其水系周边形成了广西人口集聚的主要沿河盆地，沿柳江的桂中盆地，沿郁江、浔江分布的百色、南宁盆地以及郁江、浔江平原等。西江流域气候温暖、雨量充沛、光照充足等亚热带季风气候的特点有利于人类的生存和农工业的发展，促进西江流域人口的自然增长。早在四五万年前，旧石器时代晚期，就有"郁江人"在此生息繁衍，他们与自然融合、发展，建立了农耕社会的基础。秦始皇统一岭南后，开凿灵渠，把长江、珠江水系联结起来，促进了广西与中原经济和文化的交流，封建时期的汉、唐、宋、明、清等朝代均在广西设立行政机构，沿西江沿线轴线发展城镇体系。

西江上游地区与越南接壤，使这里适宜人口集聚和繁衍，但相对复杂的政治环境使这里的人口增长受到很多人为因素的影响，政治局势紧张时人类的生存受到战争的威胁，和平时期其独特的人文环境使其具有与他国外贸往来的便利，促进了人类不同文化的交流，强化了人口的流动。

（一）新中国成立以来西江流域人口和城镇的演变

新中国成立之初，西江流域很多现在的行政中心当时只是县级单位，并没有发挥其区域带动作用。如今的边境重市崇左由于边境地区烽烟不断，人口大量内迁，人口增长极为缓慢。由于其特殊的战略地位，国家没有在当地进行城镇建设和工业布局，因此城市化基本处于停歇状态，长期的战争创伤留下了很多历史问题。在计划经济时期，我国人口和城镇发展的模式基本上是自上而下，依靠国家来推动。当时位于西江流域中上游的百色市、贵港市、来宾市均未列入地级市的行列，产业均以农业为主，生产力低下，人口增长缓慢，城市化处于起步阶段。

相比之下，南宁、梧州、柳州则在国家的大力扶持下，依靠自身优势迅速成长。自1950年南宁市被确立为省会城市以来，依靠其行政中心的特殊优势，其城镇人口进入快速增长时期，1960年城镇人口82万，是1949年城镇人口的8倍。梧州市历史悠久，自古就是西江重要港口城市，新中国成立后，梧州口岸作为中国一类口岸，仍以出口货物为主，云南、贵州、四川经广西出口的物资96.3%从梧州口岸出口。同时梧州市也是广西最早的工业基地，早在20世纪二三十年代，梧州市的火电、火柴、肥皂、电池、机械、纺织、冶炼、医药、化工等行业就享有盛誉。垄断式的港口优势及早期的工业基础为梧州人口城市化的迅速崛起提供有利的支撑。柳州的城市化过程更能体现自上而下的发展模式。"一五"、"二五"期间，中央和广西在柳州布局了一大批重点企业，如柳州钢铁厂、电厂、造纸厂、化肥厂、重型机械厂、机车车辆厂、水泥厂、铁路枢纽、枕木防腐厂等十大项目，初步奠定了柳州的工业城市基础。工业化的快速发展推动了人口城市化的快速集聚。到1959年年底，柳州市区人口达26.6万。

由于当时运输条件的限制同时也受历朝城镇沿河布局的历史因素影响，西江流域城镇发展较其他地区优势更为明显。南宁、梧州、柳州均为一级城市发展轴线上的重点城市，1954~1957年，南宁、柳州、桂林、梧州、百色属于人口净迁入地区。除桂林外，广西的其他人口净迁入地区均位于西江流域。1960~1978年由于文化大革命的原因，大量城镇人口迁往农村，城市化处于停歇状态。新中国成立以来，西江经济带各城市缺乏相互沟通交流与合作，基本属于在国家扶持下的独立发展阶段，但西江流域一直是当时人口集聚的核心区域（表8-3）。

表8-3 西江流域重点城市人口变动对比表

地 区	1981年比1954年增长人口		迁移增长人口（万）
	人口（万）	比例（%）	
南宁市	45.4	223.95	20.8
柳州市	38.5	228.19	15.5
梧州市	13.4	119.20	7.0

注：由于该时期来宾、贵港、崇左、百色还没成为地级市，资料不详。

(二) 近年来西江流域城市化的发展变化

近年来由于广西境内湘桂铁路、黎湛铁路、黔桂铁路、焦柳铁路、南昆铁路等多条铁路的竣工通车，其交通网络日趋完善。相比公路和铁路运输，水路运输在客运方面的劣势以及西江水运客运技术的落后和基础设施几十年没有大的改进，使西江流域在交通方面的优势逐渐暗淡，部分西江流域城市开始衰落，而国家对广西北部湾经济区的大力扶持使沿海的钦州、防城港以及铁路沿线城市成为人口城市化快速集聚地区，沿江已经不再是影响人口分布的格局的唯一因素。

20世纪80年代，广西各市人口数量大幅增长，但增长速度差异明显。在这一时期，黎湛铁路通过的玉林地区成为广西人口增长最多的区域，同时也是人口最密集的区域；钦州地区则是人口增长最快的地区，相比之下，位于西江流域的百色地区、梧州地区等均低于广西平均水平。在当时的5个地级市中，梧州作为西江流域的最大港口城市，是唯一市域人口比重下降的地级市，由1982年占广西人口比重的2.11%，下降到1990年的2.09%。由于公路网不完善、铁路不通，梧州经济发展受到制约，导致人口和城市化发展缓慢。而1988年新设的贵港市由于有黎湛铁路和两条公路干线在此交汇，逐渐取代梧州市的港口地位成为西江流域第一大港，形成了水路交通枢纽城市。南宁、柳州在这一时期城市化水平稳定提高，城市化率分别为19.95%、14.15%，分列广西的前两名。百色地区由于多山地、交通不便、经济落后等原因，城市化依然处于起步阶段，低于10%。崇左由于战争遗留下的历史问题依然处于起步阶段。西江流域人口城市化由于没有新的增长点拉动，城市化水平缓慢增长。

西江流域少数民族众多，1990年第四次全国人口普查资料显示，广西内居住着49个少数民族，他们的居住条件与汉族差异很大，除壮族和回族外，其余的10个主要少数民族主要聚居在边境地区和山区，远离城镇，甚至有些民族还处于刀耕火种的生产方式阶段，社会经济生活和生产十分单一。

(三) 城镇空间分布格局的历史变迁和兴衰

新中国成立以来，广西经过多次专区和地区调整，于1982年确立了4个地级市，3个县级市，17个市辖区，92个镇，其中除了桂林以外，南宁、柳州、梧州均地处西江流域。在当时的城市发展轴线中，浔江、郁江、左江为一条主轴，另一条为邕陆路南延至崇左。一级中心城市有5个，其中梧州、柳州、南宁位于西江流域。在二级中心城市中，贵港、百色、宾阳、田阳、桂平、象县、平南属于西江流域。

近年来广西地级市增加到9个，县级市10个，市辖区29个。其中西江流域只有贵港市依托其水路交通枢纽城市的优势而列入地级市，而其余新进入的4个地级市——玉林、钦州、北海、防城港——都隶属北部湾经济区的范畴。城镇空间分布格局的转变，表明了广西经济及城镇建设中心的转移和发展方向的变化。北部湾经济开发区逐渐成为广西经济和城镇建设的又一新的核心区域。与此同时，西江流域的城镇格局则主要以城市扩张为主，1983~

2002年，梧州、柳州、南宁分别将所属的郊区并入城区范畴，并对现有城区进行过调整。

目前，广西共有14个地级市、7个县级市、34个市辖区。2002年以来广西顺应国家行政区域调整的潮流，曾先后多次进行行政区划的调整，撤销了各个地区的行署，有的地市合并，有的地市分离，即在原地区管辖的某个县新建一个地级市，其中西江流域的百色属于地市合并，南宁、梧州、柳州均属于地市分离，新建地级市有贵港、崇左、来宾（表8-4）。至此结束了西江流域上游无地级市的局面。行政区域的调整有力地推动了新兴地级市的发展，增强了西江流域的经济联系。

表8-4 广西行政区划变动表

项目	城市数量	西江经济带城市数量	属西江经济带城市名称
1982年地级市	4	3	南宁、柳州、梧州
2000年地级市	9	3	南宁、柳州、梧州、贵港
2008年地级市	14	7	南宁、柳州、梧州、贵港、百色、来宾、崇左
地级市合并	4	1	百色
地级市分离	4	3	南宁、柳州、梧州
新建地级市	4	3	贵港、来宾、崇左

二、人口与城市化发展的现状特点

（一）城镇人口增长较快，但城市化水平低

1. 2000年以来城市化速度加快，在广西城镇人口中的比重明显上升

1990~2008年，西江经济带的城镇人口从393.5万增至1045万，城镇人口总量增长较快；城市化水平也由1990年的24.6%增至37.9%，步入城市化的中期发展阶段（图8-1）。诺瑟姆认为，城市化水平达到30%~40%时步入中期。我国城市化率在36%时便大体进入中期阶段。

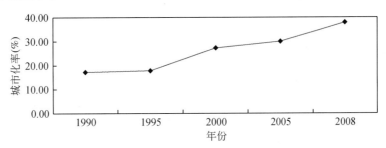

图8-1 1990~2008年西江流域人口城市化率

通过图8-2的比较可以看出，西江经济带的城市化水平与全国平均水平有很大差距。1990~2000年，西江经济区7个地级市的城镇人口增加了301.1万，占广西城镇人口增加总量的43.2%，在广西城镇人口中的比重从61.4%下降到51.9%。2000年以来，西江经济区

在整个广西的城镇人口承载地位逐渐恢复。2000~2008年,西江经济区的城镇人口增加了350.3万,占广西城镇人口增长的69%。2008年在广西城镇人口中的比例攀升到56.8%。

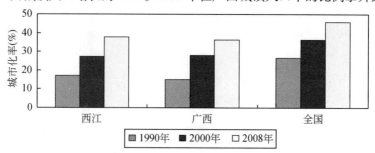

图 8-2　西江经济带、广西和全国的城市化率比较

2. 城市化水平和质量比较低,对农村剩余劳动力的吸纳能力不强

西江经济带城市化水平滞后于工业化和经济发展水平,制约了第三产业的发展,限制了农村剩余劳动力向城镇的转移。此外,从城镇经济职能和建设水平来看,许多低层次城镇与一般乡村聚落相似,工业和乡镇企业不发达,城镇建设滞后,市政基础设施不完善,娱乐与文化服务设施不足,城镇人口素质不高,城镇景观较差,部分城镇环境污染比较严重,吸纳农村剩余劳动力的能力不强。这主要是因为20世纪80年代后,广西实行的"市管县"、"整县改市"、"整乡改镇"、"镇带村"等行政区划体制,使市镇数量大幅提升,1990~2008年西江流域增加了4个地级市、3个县,地级市数量增加了一倍还多。大量农民和居委会人员被划入市镇版图,大面积的城区仍然是农业、农村人口和农村管理体制。

(二)流域上、中、下游的空间差异比较明显,呈现出不同的发展特征

西江经济带总人口为2756.76万,其中城镇人口为1045.02万,沿江城镇平均城市化水平为37.91%。但沿江7个地级市城镇水平差异较大,仅南宁、柳州和梧州城市化水平超过西江经济带城市化平均水平,其余4个城市均低于平均水平(表8-5)。

表 8-5　西江流域各地市城镇人口、城市化率、城镇人口增加值、增长率

城　市	2008年城镇人口 (万)	城市化率 (%)	2000~2008年 城镇人口增加(万)	2000~2008年 城市化增长(%)
南　宁	347.5	50.2	118.0	12.4
柳　州	179.9	49.3	34.0	8.0
梧　州	120.9	38.6	36.7	8.5
贵　港	140.3	28.0	44.5	2.9
百　色	114.5	29.2	55.6	11.5
来　宾	73.0	28.9	30.2	8.4
崇　左	68.6	28.6	31.0	9.8

1. 上游的老少边地区城市化发展相对滞后，尚处于快速发展的起步期

1990 年以来老少边地区城市化发展一直处于稳步上升的阶段，但由于展基础薄弱，发展起点低，城市化进程因此也相当缓慢。2000 年老少边地区城市化水平依然低于 15%，为全区城市化水平最低的地区。近年来边境地区逐渐从战争阴影中走出，随着中国—东盟贸易区合作的建立，其人口和城市化有了长足的发展（图 8-3）。2008 年老少边地区的城

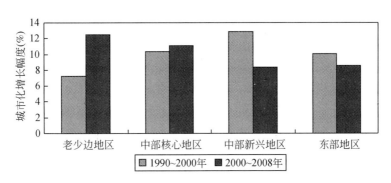

图 8-3　西江经济带地区城市化水平的增长幅度

镇人口为 183.1 万，2008 年城市化率为 28.9%，2000~2008 年增长了 86.4 万，城市化率提升了 12.5 个百分点。

2. 中游地区城市化稳步增长，柳州、南宁等中心城市发展比较成熟，但新兴地级市差距明显

中游地区是西江流域人口城市化最为发达的地区。南宁作为首府城市有其先天的政治优势，柳州由于其雄厚的工业基础和完善的工业体系，人口城市化均明显高出西江流域其他地区。2008 年中部核心城镇人口为 1056.5 万，城市化率水平为 49.9%，2000~2008 年城镇人口增长了 91.5 万，城市化率增长 11 个百分点。目前核心城市城市化率位于全自治区之首，处于城镇人口快速集聚的中期阶段。

贵港、来宾作为新兴的中部城市，经济基础薄弱，工业体系不完整，人口城市化水平远不及南宁、柳州等中心城市。2008 年新兴城市地区城镇人口为 213.4 万，2008 年城市化率为 28.2%，2000~2008 年城市人口增长 74.7 万，城市化率提升了 8 个百分点。目前城市化水平与老少边地区相近，但其增长速度明显明显低于老少边地区（图 8-3）。这主要是新兴城市地区与核心区域同处中部地区，本地城镇吸引力远不如核心地区，随着交通条件的改善，新兴地区与核心地区的联系更急紧密，新兴地区的大量剩余劳动力涌入核心地区，对本地区的城市化城市化构成了一定限制。

3. 下游地区人口城市化动力不足，城市化发展一度衰退，近年来逐渐回升

梧州作为西江黄金水道上连接两广的门户，其城市化率水平一直排在广西的前列，但由于近些年来其港口优势受到贵港市的水陆联运的挑战，城镇发展也受到了制约。然而，刚刚建成的洛湛铁路以及即将建成通车的南宁—广州高速公路、规划建设的南宁—广州高速铁路等，将大大改变这一局面。2008 年梧州市城镇人口为 120.9 万，城市化率为 39%，

2000~2008年城市人口增长36.7万,城市化率年均提升了1.1个百分点(图8-3)。

(三)城市化滞后于工业化,第三产业和社会事业发展滞后

经济是城市化的决定因素,世界人口城市化的历史表明,人均经济发展水平与城市化水平存在着粗略的正向相关,即经济发展水平越高,城市化水平越高。按照诺瑟姆的城市化与经济相关法理论,城镇人口比例与经济发展水平(人均GDP)存在显著的相关性。如果按照周一星根据157个国家和地区数据得出的世界各国城市化水平的经验公式 $y = 40.55\lg x - 74.96$(其中 y 为城市化率,x 为人均GDP)来估算,西江经济区的城市化水平应该在50%以上,明显高出西江经济带的实际城市化率。

我国学术界一般认为我国城市化滞后于工业化水平。2008年西江经济带工业产值为156.78亿元,占GDP总量的39.4%,相当于全国2003年时的工业化水平,而城市化水平仅相当于全国2001年的水平,可见与全国相比城市化水平更加滞后。有学者提出,城市化与工业化的合理比率为140%~250%。按照这个标准来判断,西江经济带的城市化水平的滞后也比较严重。

2008年西江经济带第三产业比重为36.9%,略高于广西全自治区水平,但仅仅相当于全国1998年的水平。第三产业相对的发展不足削弱了西江经济带的人口集聚能力,限制农村剩余劳动向城镇的转移。西江流域7个地级市的三次产业比重均存在比例失调的现象,相比全国2008年三次产业比重,第一产业所占比重普遍偏高,南宁第二产业发展不完善,工业化发展不足,第二产业对城市经济发展的支撑力度弱;其他城镇则是相对的第三产业发展缓慢,比重低。按照配第—克拉克定理的解释,第一产业过高无法有力地支撑城市的发展,第三产业比重过低则无法有效的吸收农村剩余劳动力(图8-4)。经济、城市化、第三产业落后使得西江流域的社会事业发展艰难,2008年西江经济带普通高等学校毕业生人数为5.4万,占总人口比重的2.1‰,仅为全国同期水平4.2‰的一半,人才的落后制约着产业的创新和城市的管理。

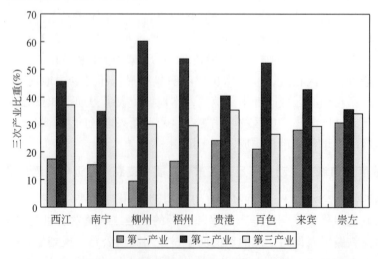

图8-4 西江经济带各地市三次产业比重

（四）城镇土地利用结构不优，大部分中小城市的工业和居住用地比例偏低

土地城市化相对于人口城市化而言的是一种城市发展、人口产业集聚带来的城市建设用地扩张过程，西江经济带总体上并没有出现全国范围内的土地城市化增长速度高于人口城市化增长速度的现象，即产业开发引起的建成区土地大规模扩张的问题（图 8-5）。目前，西江经济带各城市的人均城市建设用地面积在 80.9～119.8 m^2/人。其中，梧州与崇左人均城市建设用地面积偏紧，相当于国家Ⅱ级城市标准。新兴平原城市贵港相当于国家Ⅲ级标准，其余城市相当于国家Ⅳ级标准，属于人均用地比较宽松的地区（表 8-6）。

西江经济带各城市普遍存在着土地利用结构不优的问题。首先，都存在人均居住面积过高的问题，除崇左和柳州接近于人均居住面积的国家标准，其余城市都超过国家标准（表 8-7）。一方面反映了部分城市土地粗放利用的问题，另一方面对于土地资源紧缺的城市来说，反映了城市其他方面的建设用地紧张与不足。例如，梧州的公共设施、道路广场和绿地明显过低，崇左的人均绿地也远远低于国家标准。

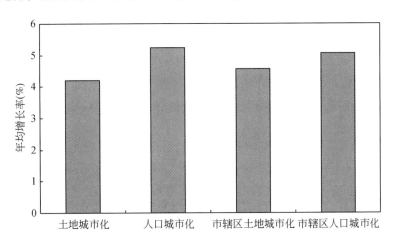

图 8-5　2000～2008 年西江经济带土地城市化与人口城市化

表 8-6　我国《城市用地分类与规划建设用地标准》

人均建设用地指标分级		人均单项建设用地指标表	
指标级别	用地指标（m^2/人）	类别名称	用地指标（m^2/人）
Ⅰ	60.1～75.0	居住用地	18.0～28.0
Ⅱ	75.1～90.0	工业用地	10.0～25.0
Ⅲ	90.1～105.0	道路广场用地	7.0～15.0
Ⅳ	105.1～120.0	绿地	≥9.0
		公共绿地	≥7.0

表 8-7　西江经济带各市辖区人均用地水平　　　　　（单位：m²/人）

城市 项目	南宁	柳州	梧州	贵港	来宾	百色	崇左
城市建设用地	113.2	119.8	84.2	99.3	115.9	113.8	80.9
居住	41.0	28.2	34.9	32.8	41.5	38.2	29.0
公共设施	19.8	18.1	7.5	7.0	13.0	17.1	10.6
工业	14.7	32.9	21.3	20.9	22.1	17.6	15.4
仓储	2.5	3.4	3.9	4.0	4.9	4.1	3.4
对外交通	2.9	4.6	2.1	5.9	4.2	7.9	3.7
道路广场	14.5	11.3	6.7	8.8	11.1	13.4	7.1
市政公用设施	2.7	7.4	1.9	4.1	4.4	6.0	4.1
绿地	13.1	6.8	2.8	7.6	13.8	8.8	3.2
特殊	1.9	7.2	3.2	8.3	0.8	0.7	4.3

（五）城市滨河空间土地利用效率低下，未能突显滨水城市特色

国内外沿江和沿海城市的发展经验表明，城市水体及水系空间环境是城市极其重要的空间资源，是这些城市得天独厚的魅力所在，而且具有显著的经济价值。因此，滨水空间的高效利用和亲水空间的营造，是创造宜居的生活环境以及高品位生活空间和城市景观的重要举措，沿江部分也往往是城市设计的精华所在。在城市总体格局和空间骨架中，水系和滨水空间常常是与城市绿化体系融为一体，构成"虚空间"的体系，发挥景观轴线和生态廊道的作用。

柳州与南宁较好地利用了滨水空间，沿江安排了大量的休闲空间和绿地，而且对于沿江景观带进行了重点打造，城市沿江地区主要以生活和生态岸线为主。但是西江流域的很多其他城市对滨水的空间资源的价值认识不足，亲水宜居的城市特色体现不足。例如，位于西江上游左江段的崇左新城区远离左江一线，而生产性岸线则成为占据沿江岸线的主体。贵港的城市中心区远离江岸，城市居住用地发展方向与沿江方向垂直，生活性岸线所占比重偏低，阻碍着亲水城市的特色与优势。另外，大部分城市的沿江部分缺乏必要的城市设计。例如，居住片区与水面之间缺少公共性空间，未能形成连续的滨江景观廊道。滨水空间的环境和景观价值在城市发展中并没有体现出来，这样的现状其实是空间资源的一种浪费。

三、城镇规模等级现状分析

（一）城镇规模等级

2008 年西江经济带总人口为 2756.8 万，其中城镇人口 1045 万，占总人口的 37.9%。

西江经济带按城镇人口现状规模可分为6个等级（表8-8），如图8-6所示。

表8-8 西江经济带现状城镇规模等级表

现状规模	城镇数	城镇名称
大于100万	1	南宁
50万~100万	1	柳州
20万~50万	2	梧州、贵港
5万~20万	25	桂平、来宾、宾阳、岑溪、横县、百色、武鸣、平南、藤县、鹿寨、崇左、扶绥、柳江、宁明、苍梧、平果、融水、柳城、合山、田东、龙州、融安、武宣、上林、靖西 其他重点建制镇：黎塘
2万~5万	15	大新、象州、田阳、隆安、马山、忻城、德保、凭祥、三江、蒙山、天等、隆林、田林、金秀、那坡 其他重点建制镇：蒲庙
小于2万	3	凌云、乐业、西林

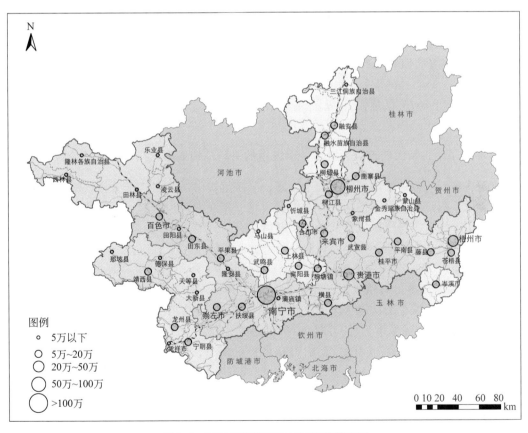

图8-6 西江经济带现状城镇规模等级图

1）中心城区人口规模超过100万的城市，即南宁。2008年南宁中心城区人口规模为185.95万。南宁市是广西的中心城市，是广西政治、经济、金融、信息、贸易、科教和文化中心，西南地区出海通道，中国—东盟自由贸易区、南贵昆经济带的枢纽城市和综合性核心城市。第三产业发达，但工业发展相对薄弱，甚至低于柳州市的工业职能。与全国其他省会城市相比，南宁人口规模排在后列。近十多年是南宁的人口高速增长时期，其中心城区的人口规模由20世纪80年代中期的60万增至目前180万，与其第三产业发展密切相关。

2）中心城区人口规模50万~100万的城市，即柳州。2008年柳州市区人口规模为90.76万。柳州是广西副中心城市、工业基地与国家历史文化名城，同时也是广西乃至华南重要的铁路交通枢纽，但第三产业相对落后，人口规模与其地位不相适应。

3）中心城区人口规模20万~50万的城市，包括梧州与贵港两个城市。其中，梧州是设立较早的地级市，是广西的内河交通门户、重要的外贸口岸城市，桂东地区与粤港澳（珠江三角洲）联系的水陆交通枢纽。而贵港是近几年设立的地级市，广西重要的铁水联运枢纽，也是广西接受粤港澳的经济辐射和产业转移的主要区域。

4）中心城区人口规模5万~20万的城镇，主要包括设市的小城市和规模较大的县城。这一级的城镇已基本脱离典型的县域中心模式，第二、三产业获得较快发展，其某些工业职能的辐射范围超出县城范围。

5）中心城区人口规模2万~5万的城镇，主要包括发展条件较差、位置较偏的县城。这一级城镇政治、文化、集贸职能占主导地位，聚集人口的能力有限。

6）中心城区人口规模2万以下的城镇，主要包括发展条件差的县城及绝大部分建制镇（乡）。这一级城镇聚集人口的能力十分有限。

（二）西江经济带城镇布局的主要特点

1. 形成了个别特大城市和大城市，但城镇的平均规模偏小，东西部城镇分布不均

广西从东到西，地形由平原向山地过渡，经济逐步由强变弱，城镇分布从东到西也由密向稀变化，西江经济带同样如此。大中城市均分布在中部和东部，西部的百色和崇左至今未形成中等城市，呈现区域发展不均衡的特点。

南宁和柳州是西江经济带上人口规模最大的两座城市，同时也分别为广西的中心城市与副中心城市。2008年其中心城区人口分别是185.95万和90.76万，两者的经济指标，尤其是人均GDP与地方财政收入差距不大。南宁和柳州在发展中合理分工，各自发挥着中心城市和副中心城市的功能与作用。此外，梧州、贵港中心城区人口分别为28.80万和28.56万，进入了中等城市行列。西江经济带特大、大、中、小城镇数量分别为1、1、2、43（仅统计至县城以上城镇单元）；中等城市数量偏少，规模偏小；一些地域中心城市，如百色、来宾等，城市规模不足20万人，崇左城市规模更是不足10万人，仍属小城市之列；除此以外的县城（含县级市），平均规模仅6万人。其中，西部县城的城市规模大多分布在2万~5万人，中部和东部县城的城市规模大多分布在5万~20万人，反映出西江经济带的城镇规模总体偏小，总体呈现出以小城镇为主的非均衡发展的状态。

2. 主要中心城市特点鲜明，但多数城镇职能趋同，城镇综合实力不强

从西江经济带的城镇现状来看，主要的中心城市有较明显的职能分工。南宁作为广西的首府，其行政、商贸、金融、文化和信息中心的职能较为突出；柳州既是历史文化名城，又是广西重要工业城市和铁路交通枢纽；梧州是以商贸职能为主的内河港口城市，贵港是广西重要的铁水联运枢纽，同时也是广西接受粤港澳的经济辐射和产业转移的主要区域。除此之外，西江经济带大多数低层次城镇的职能存在较大的趋同性，发展方向与分工不明确，城镇性质大同小异；大部分城镇产业结构趋同，缺乏优势产业和特色经济，资源合理开发和综合利用不够，经济效益不高，并且与区域内其他城镇的经济、文化联系较少，更多的只是行政意义的中心。这种缺乏经济中心功能的城市，不能很好地起到带动整个区域发展的作用。

3. 在西江经济带上初步形成依托主要交通干线发展的"三群一带"

城镇一般是在地理条件优越的地方，特别是在地势较为平坦，交通便利的河谷地带首先出现和发展起来，其空间分布受河流、地形和交通线的影响很大，沿西江形成的3个城镇群和1个城镇带已初具规模。无一例外地沿主要交通干线分布。南北钦防城市群主要依托南防和钦北铁路及南北和钦防高速公路，以南宁为核心；桂东南城镇群主要依托南梧、玉梧高等级公路及西江干流，以梧州、贵港为核心；桂中城镇群主要依托湘桂铁路、焦柳铁路及桂海高速公路，以柳州为核心，来宾为副中心；百色则主要依托南昆铁路及南宁至百色高等级公路形成了右江走廊城镇带。这些城镇群（带）的中心均分布在西江经济带上，西江经济带的开发将会把南北钦防沿海城市群（含南宁）、桂中城镇群（含柳州、来宾）、桂东南城镇群（含梧州、贵港）城镇群及右江长廊城镇带（百色）密切地联系起来，有巨大的战略意义。西江经济带7个地市乡镇分布情况如表8-9所示。

表8-9 西江经济带城镇分布情况

城 市	面积（km^2）	乡镇数量（个）	其中建制镇（个）	乡镇密度（个/$100km^2$）	建制镇密度（个/$100km^2$）
南 宁	22 122	129	93	0.58	0.42
柳 州	18 617	98	45	0.53	0.24
梧 州	12 588	65	59	0.52	0.47
贵 港	10 606	85	57	0.80	0.54
崇 左	17 351	79	37	0.46	0.21
来 宾	13 411	74	30	0.55	0.22
百 色	36 201	183	61	0.51	0.17
合 计	237 252	1 324	748	0.56	0.32

资料来源：根据《广西统计年鉴2005》整理而得

四、西江经济带与周边城市群的比较

选取周边5个城市群与西江经济带作比较，分别为：①北部湾经济区，包括广西的南宁、北海、钦州、防城港、玉林、崇左6地市；②滇中城市群，包括云南昆明、曲靖、玉溪、楚雄4地区；③黔中城市群，包括贵州贵阳、六盘水、遵义3地市；④粤西地区，包括广东的阳江、湛江、茂名3地市；⑤粤北地区，包括广东的韶关、河源、梅州、清远、云浮5地市。选取这5个区域与西江经济带进行比较具有以下几方面的意义：①在区位优势方面，这5个区域与西江经济带在空间上邻近，在参与东盟贸易合作和承接珠江三角洲产业转移中具有同等重要的地位。②在经济发展方面，六大区域经济发展水平较为接近，工业化发展处于起步阶段，社会事业发展水平也较为相似。③在自然资源方面，六区域均依山傍水，矿产丰富，具有较高的自然环境本底特征，生态涵养性较优于其他区域。

1. 经济发展水平比较

如图8-7中所示，在六大区域中，西江经济带人均GDP处于中等水平，排名略低于滇中城市群和粤西地区，居第三位；人均地方财政收入水平和城市居民家庭人均可支配收入水平较高，分别居第一位和第二位；农村居民人均纯收入水平较低，排名在倒数第二位。总体发展水平处于中等偏上的地位。

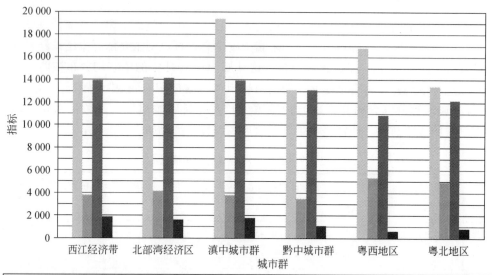

图8-7 六大区域经济发展基本水平比较

2. 产业结构比较

从增加值比例结构上看，除北部湾经济区外，其余五大区域产业结构均呈现"二、三、一"的格局，北部湾经济区呈现"三、二、一"的产业格局，西江经济带产业结构处于中等水平，第一产业比重排名第三，二、三产业比重均排在第四位。从增加值总量上看，西江经济带优势明显。第二产业增加值和第三产业增加值均居六大区域之首（表8-10，图8-8）。

表 8-10 六大区域产业结构比较

区域	第一产业比重（%）	第二产业比重（%）	第三产业比重（%）	第一产业增加值（亿元）	第二产业增加值（亿元）	第三产业增加值（亿元）
西江经济带	17.5	45.5	36.9	697.8	1 810.1	1 469.4
北部湾经济区	21.0	38.0	41.0	650.2	1 172.9	1 267.3
云南滇中城市群	12.0	50.4	37.6	395.2	1 662.1	1 237.8
贵州黔中城市群	10.2	50.6	39.2	188.4	936.4	726.3
广东粤西地区	21.2	43.4	35.4	581.9	1 193.5	975.0
广东粤北地区	17.0	50.4	32.6	422.3	1 253.1	809.0

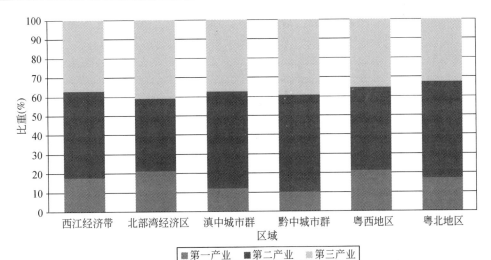

图 8-8 六大区域产业结构比较

3. 对外贸易状况比较

2008 年六大区域中，北部湾经济区进出口总额最大，滇中城市群其次，粤北地区排名第三位，西江经济带仅排名第四位；粤北地区的对外贸易依存度在六大区域中最高，达 19.9%，而西江经济带对外贸易依存度最低，仅为 9.7%。在实际利用外资方面，2008 年六大区域中粤北地区最高，北部湾经济区排名第二位，西江经济带位居第三位。总体来看，西江经济带对外开放程度较低，对外贸易依存度和进出口总额较周边其他区域明显偏低（表 8-11，图 8-9）。

表 8-11 六大区域对外贸易情况比较

指标	西江经济带	北部湾经济区	滇中城市群	黔中城市群	粤西地区	粤北地区
进出口总额（亿美元）	55.6	81.0	77.7	28.7	53.2	71.1
对外依存度（%）	9.7	18.2	16.4	10.8	13.4	19.9
实际利用外资（亿美元）	7.9	6.8	6.7	1.1	3.8	11.6

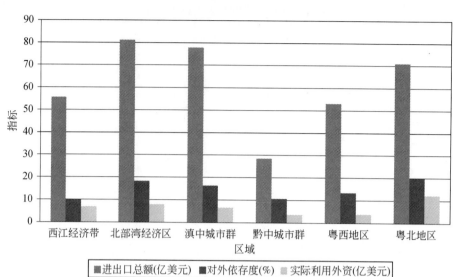

图 8-9 六大区域对外贸易情况比较

4. 社会事业情况比较

从表 8-12 中可以看出，2008 年六大区域中，北部湾经济区、西江经济带和黔中城市群的教育状况高于其余 3 个区域，且在高校数量、任职教师和在校学生方面均存在明显差距，其中西江经济带地区教育 3 项指标排名最高。在医疗卫生方面，粤西地区、粤北地区略低于其余 4 个区域，西江经济带地区处于中等偏下的水平。

表 8-12 六大区域教育、医疗情况比较

指　标	北部湾经济区	西江经济带	滇中城市群	黔中城市群	粤西地区	粤北地区
普通高等学校（所）	39	44	9	24	6	6
普通高等学校专任教师数（人）	16 127	18 822	3 504	12 941	4 997	3 361
普通高等学校在校学生数（人）	360 513	399 729	50 691	265 109	85 930	64 322
医院、卫生院数（个）	620	975	1 205	648	395	713
医院、卫生院床位数（张）	47 021	65 571	57 626	37 051	31 192	35 514
医生数（人）	25 353	34 416	27 588	74 673	18 996	19 757
每万人床位数（张）	21.6	23.8	33.9	26.2	17.8	19.2
每万人医生数（人）	11.6	12.5	16.2	52.8	10.8	10.7

表 8-13 给出了 2008 年六大区域交通运输量的情况，可以看出，在货运总量方面，北部湾经济区共运输货物 168 297.18 万 t，排名最高，西江经济带位居第二，2008 年货运量为 42 907.26 万 t，与前者差距较大，在铁路、公路、水运、民航方面，西江经济带分别排

在第五、第二、第二、第三位,可见其铁路运输方面较落后于其他运输方式。

表8-13 六大区域交通运输状况比较

指标	北部湾经济区	西江经济带	滇中城市群	黔中城市群	粤西地区	粤北地区
货运总量(万t)	168 297.18	42 907.26	31 593.4	19 469.7	17 871.29	20 657
铁路货运总量(万t)	3 785	1 838	3 820	3 784	3 230	637
公路货运量(万t)	25 454	34 421	25 556	15 372	12 872	17 366
水运货运量(万t)	139 055	6 645	125	312	1 769	2 654
民用航空货运量(万t)	3.183 7	3.258 5	23.5	1.7	0.291 4	0
客运总量(万人)	32 211.5	35 894.1	18 303.7	60 034.3	16 834.3	28 101.2
铁路旅客运量(万人)	1 125.2	1 424.1	1 574	1 846	314	215.2
公路客运量(万人)	28 272.3	33 722.9	12 865.3	57 621	16 204	27 637
水运客运量(万人)	244	556.8	260.5	358.3	286	247
民用航空客运量(万人)	198.016 8	190.422 9	1 582	209	30.283 7	2

5. 生态环境比较

从绿化上看,2008年,西江经济带的绿地总面积和建成区绿化覆盖总面积最高,人均绿地面积和建成区绿化覆盖率也排在前面,其自然环境本底条件较好,但从污染物排放方面看,2008年六地区中,西江经济带两种污染物排放量最高,其中工业废水排放量已达到10万t以上,工业二氧化硫排放量也明显高于其他地区,污染情况较严重,环境压力较大(表8-14)。

表8-14 六区域生态环境状况比较

指标	北部湾经济区	西江经济带	滇中城市群	黔中城市群	粤西地区	粤北地区
工业废水排放量(万t)	33 807	138 392	13 358.11	7 083	16 509	25 292
工业二氧化硫排放量(t)	143 847	588 071	198 586	252 407	107 013	239 756
绿地面积(hm^2)	40 112	46 446	11 181	8 605	7 053	26 664
人均绿地面积(m^2)	63.21	60.04	31.77	24.51	22.16	112.33
建成区绿化覆盖面积(hm^2)	12 554	16 276	12 013	9 247	7 704	7 745
建成区绿化覆盖率(%)	32.63	35.54	35.86	32.12	28.81	37.13

五、沿江各市城镇存在的主要问题

（一）南宁

南宁市域现有特大城市1个，无中等城市，5万人以上的县城4个，2万~5万人的县城2个，2万人以上的建制镇2个。2008年，南宁市域总人口为691.69万，其中城镇人口为347.54万，城市化率为49.96%，高出西江经济带城市化平均水平12个百分点。目前城镇发展现状特征和存在主要问题有：

1. 中心城市一枝独秀，缺乏中间等级

2005年6月的行政区划调整使南宁市形成了6县6区、103个乡镇的行政区划格局。2008年，南宁中心城区人口为189万，其所辖范围内城镇均未达到20万人，10万人以上的宾阳、横县与武鸣城镇规模分别为14.77万人、13.38万人、11.86万人，上林县城镇规模仅5.19万人，而隆安与马山均未达到5万人。由此可见，南宁市城镇体系缺乏中间等级。

2. 区域城镇发展缓慢，集聚效应不强

从建制镇数量统计表数据可以看出，建制镇中（不含县城）镇区规模1万人以下的城镇占到93%，5000人以下的占到55%，由此可见，镇区规模普遍偏小，集聚效应弱，基本上处于自发型的城市化模式。

3. 城镇职能专业化分工不明显，县域经济特色明显

除中心城市属于区域中心综合型外，其余建制镇多数为普通集镇，有一些以农副产品加工为主，少量以建材生产为主，这与其所处的区域发展阶段相对应。但是，在城镇发展方向与分工不明确的同时，县域经济却具备较好的特色优势。

4. 沿河流和主要交通轴线分布的市域城镇空间结构

城镇绝大部分沿邕江、右江、郁江及其支流分布，并且以南宁中心城为中心，沿主要交通轴线（高速公路、国道、省道等）呈放射状分布。

（二）柳州

柳州市域现有大城市1个，无中等城市，5万人以上的县城5个，2万~5万人的县城1个，1万人以上的建制镇3个，1万人以下的建制镇30个。2008年，柳州市域总人口为364.90万，其中城镇人口为179.98万，城市化率为48.82%，高出西江带城市化平均水平近11个百分点，市区非农人口占市区总人口的比重更是高达88.44%。其他各县城市化水平都低于20%。城镇发展存在问题主要有以下两点：①市域城市化水平差异较大。2000年柳州市城市化水平接近100%,其他县城市化水平均不足30%,差距十分显著。②工业化对城市化的推动不足。2008年柳州市三次产业比例为17.68∶54.90∶27.42,根据一般经验来判断,柳州已进入城市化的成熟期,城市化水平应当达到70%左右,然而柳州现状城市化率尚不到45%。

(三) 梧州

梧州市域现有中等城市1个,5万人以上的县城3个,2万~5万人的县城1个。2008年,梧州市域总人口为313.20万,其中城镇人口为120.90万,城市化率为39.51%,高出西江带城市化平均水平。2000年底,梧州市域城市化水平为30.23%,2000~2008年,梧州市域城市化水平年均增长1.16%,增长速度较快。梧州市域城市化水平的过低,已经影响到了梧州市域各城镇的建设规模,成为制约各城镇经济发展速度的一个主要因素,影响到了城镇的进一步发展。尤其是位于梧州市区周边的城镇,城镇人口规模小和用地规模不足已经成为限制梧州市区向外扩展和工业发展的重要因素。目前城镇发展存在主要问题有:①城镇规模小,用地规模不足;②城市化水平较低;③城镇基础设施不完善限制城镇发展;④山水城市特色不突出,城镇建筑风貌特色不足。

(四) 来宾

来宾现辖1区1市4县,分别是兴宾区、合山市、忻城县、象州县、武宣县、金秀瑶族自治县,有3个街道办事处、29个镇、37个乡、724个村委会和45个居委会。全市总面积1.34万km^2。2008年,全市总人口为252.74万,人口密度为187人/km^2。从城镇的分布看,城镇发展呈现沿水路、陆路交通干线分布的格局,红水河、黔江、湘桂铁路、来合铁路、柳南高速以及穿越市域内的国道、省道沿线,分布了来宾市65%的乡镇。随着来宾市经济社会生产力的不断发展、交通网络的逐步完善及西江经济带的开发,来宾的城镇将步入一个新的发展时期。城镇发展存在主要问题如下:

1. 城镇空间分布不均衡,城镇规模偏小

从城镇和人口分布的现状看,城镇和人口主要集中在中部的兴宾、合山和武宣,其中合山的城镇密度为0.86个/100km^2、人口密度达395人/km^2;东部和西部相对较少,其中金秀的城镇密度为0.40个/100km^2、人口密度仅为61人/km^2,城镇在地域上表现出明显的不均衡分布特点。

从城镇的人口规模看,全市没有城镇能达到中等城市规模,只有中心城区(16.71万)达到10万人,其余城镇均不足10万人,县级市合山仅5.92万人,武宣仅5.35万人,主要县象州、忻城的人口也不足5万人,金秀仅有2.1万人,其中1万人以下城镇占全市城镇数85%,5000人以下城镇占全市城镇数60%,反映出来宾市的城镇规模总体偏小,属于以小城镇为主的城镇体系,且城镇体系发育不完备。

2. 城市化水平低,城市化质量不高

2005年来宾城镇人口为64.07万,城市化率为25.96%;2008年城镇人口为73.09万,城市化水平为31.9%，仍低于西江带平均城市化水平6个百分点。可以看出，尽管差距在逐步缩小，但总体上城市化程度仍较低，城镇化进程推进较缓慢。从城镇经济职能和建设水平来看，城镇服务功能不完善，特别是小集镇服务功能不齐全。许多低层次城镇与一般乡村聚落相似，工业和乡镇企业不发达，城镇建设滞后，市政基础设施不完善，防灾减灾能力低下，安全保障体系不健全。娱乐与文化服务设施不足，城镇人口素质不高，城镇景观较差，部分城镇环境污染比较严重，吸纳农村剩余劳动力的能力不强，城市化质量不高。

3. 城镇职能趋同，城镇聚集辐射功能不强

来宾市大多数城镇的功能存在较大的趋同性，职能单一，多表现为管理、服务职能。城镇发展方向与分工不明确，大部分城镇产业结构趋同，工业多为资源型工业，以农产品加工为主，缺乏优势产业和特色经济，资源的合理开发和综合利用不够，区域经济效益不高，没有体现出多元化城镇发展模式。

一些县域中心城市，如忻城、金秀经济实力不强，其经济辐射范围小，辐射力并不能达到相应的行政管辖范围。一些规模更小的城镇，与区域内其他城镇的经济、文化联系较少，更多的只是行政意义的中心。这种缺乏经济中心功能的城镇，不能很好地起到带动整个区域发展的作用，城镇聚集能力不强。

（五）贵港

贵港市域现有中等城市1个，5万人以上的县城2个。2008年，贵港市域总人口为501.85万，其中城镇人口为140.35万，城市化率为32.9%，低于西江经济带平均水平5个百分点。城镇发展存在以下几个主要问题：

1. 中心城区、县（市）驻地人口密度大

2008年贵港总人口为501.85万，比上年增长2.09%。其中非农业人口为56.49万，城镇人口为140.35万，城市化率为32.9%，低于西江经济带37.9%的平均城市化水平。全市人口密度为1166人/km^2，其中贵港市区为1291人/km^2；平南县为2624人/km^2；桂平市为591人/km^2。高人口密度区主要集中在中心城区及附近的八塘、桥圩、湛江，桂平市区附近的石咀和平南县城及周边的大安，300人/km^{2}以下的乡镇较少，主要分布北部山区。人口密度表现为以中心城区、县（市）驻地为中心的高分布。

2. 城镇密度大、集聚程度低、缺乏增长极

贵港市城镇密度较大，西江、黎湛铁路和324国道、南梧公路等沿线分布着市域约65%的城镇，城镇密度达72座/万km^2，远大于全国19座/万km^{2}和广西56座/万km^{2}的水平。人均GDP为5000元以上的城镇占城镇总数的31.9%，主要分布在中心城区、县（市）驻地周边及与玉林交界的中沙、罗秀、平山等镇。人均GDP为3000~5000元的城镇占城镇总数的51.4%，涵盖市域的大部分城镇。人均GDP为3000元以下的城镇占城镇总数的16.7%，分散于覃塘区北部，港南区南部和桂平市南部等地。人均GDP地域分布

表现为中间高、四周低的现状特征。

贵港市域城镇分布是典型的首位分布,城镇体系底部的城镇质量不高,规模较小,缺少有实力的、能带动地区发展的中坚小城镇。建制镇镇区人口小于1万的城镇占建制镇总数的63.3%,镇区规模普遍偏小,集聚效应弱,基本上处于自发型的城市化模式。

3. 中心城市辐射力不强

贵港作为市域中心城区,是全市的政治、经济中心,2007年,贵港3区GDP、人口规模分别占到3市县的43.4%和37.0%。与桂平、平南相比,贵港中心城区并不具有绝对优势,贵港市区相对薄弱的工业基础,使其无法通过产业转移和扩散带动其他城镇。桂平和平南现状规模和经济实力也较弱,目前难以成为贵港市区之外有效的次级辐射源,更难以拉动市域城镇的整体发展,彼此之间还存在激烈竞争。例如,3县市都沿西江规划了规模庞大的港区,并没有考虑附近港口的发展可能,更称不上有分工合作。既降低了港口整体发展优势和集聚效益,又对岸线资源保护造成压力。3县市的功能定位比较明确,但在具体实施中,3县市纷纷竞争建材等资源型项目,扩大港口大宗货物运输,重复建设倾向已经显现。在区域基础设施建设和生态环境保护方面还未体现共建共享的意愿。在旅游、公共交通、信息化建设等方面的合作比较薄弱,致使区域优势资源发挥大打折扣。

4. 工业化与城市化互动不足

2008年贵港人均GDP(按常住人口)为9387元,在西江经济带7地市中排名最后,整体上处于工业化初期,农业比重较高,第二产业比例明显偏低。

一方面,贵港主要工业行业以农副产品加工业、建材业、中医药制造业、化工、冶金等传统产业为主,占整个工业经济的比重达95%以上,产业结构性矛盾突出。主要行业中制糖、造纸产业发展不够稳定,面临原料来源的巨大压力,易受市场价格的影响;农副产品加工、建材业、制药业等多为初级、低附加值的产品,资源优势尚未得到发挥;机械制造、冶金、化工等关联度较强的行业,对产业之间的联动和渗透远远不够,生产集中度低。总体工业化水平偏低,制约了城市化的推进。另一方面,城镇作为工业集聚中心的作用并没有充分发挥,贵港市域仅有的自治区级江南工业园现状产业聚集有限,难以形成集聚效应推动产业的进一步发展。

(六)百色

百色市域无大城市和中等城市,5万人以上的县城4个,2万~5万人的县城5个,2万人以下的县城3个。2008年,百色市域总人口为392.37万,其中城镇人口为114.55万,城市化率为31.56%,比西江带城市化平均水平低6个百分点。目前城镇发展存在主要问题有:①右江区、田东、田阳及平果等主要城镇均沿铁路公路及右江分布;②城市化水平低,城镇规模偏小;③城镇实力偏弱,缺乏有集聚能力与集聚效益的龙头城市;④城镇功能单一,缺乏支撑产业。

(七) 崇左

崇左市域无大城市和中等城市，5 万人以上的县城 3 个，2 万～5 万人的县城 3 个。2008 年，崇左市域总人口 240 万，其中城镇人口 68.61 万人，城市化率为 31.5%，比西江带城市化平均水平低 6 个百分点。从崇左的范围来看，崇左市中心城区与南宁市区联系方便，距南宁市机场较近，同时又处在南宁与凭祥之间相对中心的位置上，区位条件是崇左市最优越的，在经济基础方面也是全崇左市最好的，工业与物资贸易相对发达，驮卢、新和则各自拥有相当的工业基础，而其余几个镇在产业结构上仍呈农业型，工业发展相对较慢，经济基础方面显然处于较低层次。目前崇左城镇发展存在以下几个主要问题：

1. 城镇体系发育不完善，数量多，规模小

崇左缺少中心城镇，由于各县呈相对封闭状态，经济实力差，仍未形成一个足以带动整个地区发展的中心。

2. 城镇城镇建设水平普遍较低，集聚效应和扩散能力低

城镇体系发育不完善，乡镇数量多而规模小，规模等级不鲜明。崇左除市区和县城人口集中外，其余乡镇非农业人口均较少，城市各类设施形不成规模效应，城镇建设水平普遍较低；城镇之间经济联系松散，集聚效应和扩散能力低。

3. 城镇沿铁路公路分布，城镇密度低

小城镇主要沿铁路、公路分布，城镇密度低。各乡镇经济规模较小，城市经济发展处于较低阶段；而基础设施服务范围的狭窄又阻碍了乡镇经济的发展。

4. 缺少中心城镇，各县相对封闭；职能分工不明显，横向经济联系较少

由于崇左各城镇基础较差，且长期处于广西南部地区以南宁为中心的高首位度城镇体系之中，各城镇横向经济联系较少，缺乏整体协作与分工，职能分工不明显。

综合以上分析，将沿江 7 地市存在的主要问题进行归结，如表 8-15 所示。

表 8-15　西江经济带沿江 7 个地市存在的问题

城　市	城镇存在主要问题
南　宁	中心城市一枝独秀，缺乏中间等级 区域城镇发展缓慢，集聚效应不强 城镇职能专业化分工不明显，县域经济特色明显 沿河流和主要交通轴线分布的市域城镇空间结构
梧　州	城镇规模小，用地规模不足 城市化水平较低 城镇基础设施不完善限制城镇发展 山水城市特色不突出，城镇建筑风貌特色不足

续表

城 市	城镇存在主要问题
柳 州	市域各城镇城市化水平差异较大 中心城市一枝独秀,缺乏中间等级 工业化对城市化的推动不足
贵 港	中心城区、县(市)驻地人口密度大 城镇密度大、集聚程度低、缺乏增长极 中心城市辐射力不强,城市化水平低 工业化与城市化互动不足 山水城市特色不突出,城镇建筑风貌特色不足 右江区、田东、田阳及平果等主要城镇均沿铁路等交通干线及右江分布
百 色	城市化水平低,整体处于发展初级阶段,仅右江区进入城市化中期水平 城镇体系发育不完善,规模过小 城镇实力偏弱,缺乏有集聚能力与集聚效益的龙头城市 城镇功能单一,缺乏支撑产业
来 宾	城镇空间分布不均衡,城镇规模偏小 城市化水平低,城市化质量不高 城镇职能类同,城镇聚集辐射功能不强
崇 左	城镇体系发育不完善,数量多,规模小 城镇城镇建设水平普遍较低,集聚效应和扩散能力低 城镇沿铁路公路分布,城镇密度低 缺少中心城镇,各县相对封闭 职能分工不明显,横向经济联系较少

六、已有规划中设定的西江经济区人口和城镇发展目标

我们对广西城镇体系规划及各地市总体规划,人口发展战略研究对2020年人口和城镇、经济发展目标所作的预测进行了整理,如表8-16所示。

通过比较我们注意到,广西各地级市城市总体规划和地区性规划中设定的人口和城市化目标一般高于自治区的城镇体系规划。另外,各地市人口发展战略中对未来总人口的估计一般低于城镇体系规划中设定的目标。我们认为,各地市有可能希望刻意增加人口规模以求获得更多的新增土地利用指标,而自治区城镇体系规划较少存在这样的动机,同时城镇体系规划在考虑了不同地区的发展基础和条件的基础上,从区域层面上对各个地市的目标进行了一定的综合,因此城镇体系规划中确定的目标相对来说更加可信一些。另外,人口发展战略所设定的目标不仅考虑到人口的控制,而且同时是出于未来的经济社会发展的人均目标的考虑,例如,为了追求人均GDP和人均社会发展水平,人口目标不宜设定过高。因此,人口发展战略的总人口目标比起其他规划要保守一些。

表 8-16 广西及西江经济区各个地市的人口、城镇和经济发展目标

地区	2010 年					2015 年					2020 年				
	总人口（万）	城镇人口（万）	城镇化率（%）	GDP（亿元）	三次产业比重	人均GDP（元）	总人口（万）	城镇人口（万）	城镇化率（%）	GDP（亿元）	三次产业比重	人均GDP（元）	总人口（万）	城镇人口（万）	城镇化率（%）	GDP（亿元）	三次产业比重	人均GDP（元）
广西	5 200	1 976	38			8 000							5 500~5 700	2 850	50			15 000
南宁	690~710	340~360	48~52	1 400	12:36:52	20 000							780~800	470~505	60~65	3 600	7:45:48	45 570
柳州	420	220	51										480	300	62			
梧州	304	130~134	43~44	530									335	178~198	53~59	1 370	10:55:35	40 000
贵港				599	20:45:35		479	210	44				513	256	50	2 562	10:50:40	
来宾					11:67:22		275	121	44	1 335	14:50:46		285	157	55			
百色	382		29.00	579		15 000							403		52	1 600	6:63:31	40 000
崇左	230	79	35										242	114	47		35:25:40	
西江7个地市级合计													3 038~3 058	1 705~1 740	56~57			

注：①数据来源：自治区，《2006-2020 年城镇体系规划》；南宁市，《2008-2020 年城市总体规划》；柳州市，《2008-2020 年城市总体规划》；梧州市，《2009 修改版》城市总体规划》；贵港市，《2008-2030 年城市总体规划》；来宾市，《2008-2025 年城市总体规划》；百色市，《2004-2020 年城市总体规划》；崇左市，《2002-2020 年城市总体规划》；

②自治区总人口：人口和计生部门发展战略为 2020 年 5500 万，《城镇体系规划》为 2020 年 5700 万；

③南宁市 GDP、三次产业比重、人均 GDP 有三种预测方案，表中为中等方案。高方案：2010 年 GDP 1500 亿元，第一、二、三产业分别为 160 亿、600 亿、740 亿元，人均 GDP 21 400元；2020 年 GDP 4700 亿元，第一、二、三产业分别为 280 亿、2260 亿、2160 亿元，人均 GDP 59 500 元。低方案：2010 年 GDP 1300 亿元，第一、二、三产业分别为 180 亿、430 亿、690 亿元，人均 GDP 18 570 亿元；2020 年 GDP 2800 亿元，第一、二、三产业分别为 220 亿、1120 亿、1460 亿元，人均 GDP 35 440 元；

④柳州市：人口计生委预测人口 2010 年 381.5 万，2020 年 413.2 万，2050 年 446.9 万；

⑤贵港市：预测年份为 2015 年、2020 年、2030 年；

⑥来宾市：预测年份为 2015 年、2020 年、2025 年；

⑦根据广西城镇体系规划及各地市总体规划、人口发展战略研究对 2020 年人口和城镇、经济发展目标所作的预测而整理得出

就广西而言，目前广西属于人口净流出地区。在相当长的时期内，与广东等经济发达省份的差距还会存在，由于经济收入差而带来的人口迁移现象将长期存在，所以人口净流出的情况不会发生根本改变。因此，我们认为人口发展战略所设定的 2020 年总人口 5500万的目标（可视为常住人口）是基本合理的。而自治区城镇体系规划中设定的西江经济带各地市的城镇人口目标可作为西江经济带未来发展目标比较可靠的参照。

第三节 城市化水平预测

经济集聚而产生的规模效应、接触机会、经济互补和由此带来的创新是人口集聚与城镇发展的动因。人口集聚和城镇的发展有利于提高基础设施效率、提升服务设施等级、扩大市场规模和提高消费水平。这是中心地理论（Christaller, 1933; Losch, 1940）、消费乘数理论（Pred, 1966）和市场潜力分析（Harris, 1954）等区域经济学说的理论基础。城市化的现象伴随着生产的集聚、生活的集聚、消费的集聚和污染的集聚。根据这些思路，人口集聚和城市化水平的分析采用的主要方法是从区域发展条件、动力因素和约束条件几个方面进行分析，包括城乡人口的增长速度、产业的带动作用、农村劳动力的转移、政策因素的影响以及资源环境约束等。

进入 21 世纪以来，在国内外经济形势和区域开发政策的带动下，广西和西江经济带的人口与城市化格局进入快速调整时期。在西江经济带的特定环境下，原有资源和生态环境容量比较大，目前对人口集聚和城镇发展的制约作用还不太明显，但是其他各种因素的影响具有很大的空间差异。同时，西江亿吨级黄金水道开发和北部湾开发等区域开发政策等因素对人口集聚与城镇发展的作用凸显。所以，对于新因素影响的合理把握是预测未来人口与城市化水平的关键。此外，要想更清晰地洞察人口和城镇发展的目标与路径，有必要从区域层面上分析西江经济区与周边经济区的关系，从而对本地区的定位有一个整体性的合理判断。

一、未来人口和城镇发展格局的驱动机制

（一）各市差异明显，"十一五"期间部分地区人口迁移的数量和格局发生了明显转变

2008 年，西江经济带 7 地市的总人口为 2757 万，占广西总人口 5049 万的 54.6%。常住人口为 2607 万，占广西常住人口的 54.1%（表 8-17）。整体上来说，西江经济区属于人口外流地区，目前向外净迁移的人口约 150 万。

表 8-17 2000 年以来西江经济区各市的总人口和常住人口 （单位：万）

地 区	1990 年	1995 年	2000 年		2005 年		2008 年	
	总人口	总人口	总人口	常住人口	总人口	常住人口	总人口	常住人口
南 宁	563.2	594.9	625.3	605.7	659.5	654.6	691.7	695.6
柳 州	315.9	326.1	340.6	353.1	356.7	363.7	364.9	368.7
梧 州	246.8	269.8	288.3	279.6	305.4	297.7	313.2	306.0

续表

地 区	1990年 总人口	1995年 总人口	2000年 总人口	2000年 常住人口	2005年 总人口	2005年 常住人口	2008年 总人口	2008年 常住人口
贵 港	382.1	424.9	457.1	382.8	470.4	395.5	501.9	426.6
百 色	345.7	356.1	361.4	333.2	373.8	344.8	392.4	363.0
来 宾	215.2	233.0	239.8	209.1	246.8	220.5	252.7	229.1
崇 左	213.3	222.1	224.6	200.4	230.7	207.7	240.0	217.8
西江7市合计	2 282.1	2 339.0	2 537.2	2 364.0	2 643.3	2 484.6	2 756.8	2 606.8
广西全区	4 242.0	4 543.0	4 751.0	4 489.4	4 925.0	4 660.0	5 049.0	4 816.0
西江7市占广西比例（%）	53.8	51.5	53.4	52.7	53.7	53.3	54.6	54.1

南宁在2000年之前人口净流出（外出人口减去外来常住人口）还比较明显，2000年在20万人左右。但近年来南宁的区域性政治和经济中心地位得到强化，其地处华南沿海经济圈、西南腹地经济圈与东南亚经济圈交汇中心的区位优势得以发挥，产业园区建设加快，设立了2个国家级开发区和5个省级开发区，2005年以来GDP年均增长16%，财政收入和全社会固定资产的年均增长均为24%，发展势头十分强劲。产业结构已经由改革开放初期的42.97:35.41:22.62迅速调整为2008年的15.44:34.65:49.91。由于第二产业和第三产业的迅速发展，带来了就业机会的增加，随之人口流出量急速减少，特别是北部湾开发战略和东盟开放合作战略实施以来，从2007年开始已经转变为人口净流入地区，2008年净流入人口4万左右（表8-18）。2006年开始，南宁人口机械增长对总人口增长的贡献率开始超过了人口的自然增长。这些变化表明，区域开发战略对中心区域人口集聚的作用已经初步显现，并呈现越来越明显的势头（图8-10）。

表8-18　2000~2008年人口净迁移的统计　　　　　　　　　　（单位：万）

类 型	城 市	2000年	2005年	2008年
数量变化较小，发展趋势为流入	南 宁	19.6	4.9	-4.0
	柳 州	-12.6	-7.1	-3.8
	梧 州	8.7	7.8	7.2
稳定强流出	贵 港	74.3	74.9	75.3
稳定较强流出	百 色	28.2	29.0	29.4
	来 宾	30.8	26.3	23.6
	崇 左	24.1	22.9	22.2
西江经济带7地市合计		173.2	158.7	150.0
广西全区		261.6	265.0	233.0
西江经济带7地市占广西比例（%）		66.2	59.9	64.4

注：负号表示流入

柳州是广西最重要的工业城市，也是我国南方传统的老工业基地，华南、西南地区重要的交通枢纽、商贸物流中心和国家历史文化名城。由于第二产业发展水平较高，大量城市就业机会，一直保持着人口净流入，2002年以前，人口的净流入数量超过10万，最近几年受城区发展容量的限制和产业向周边县扩张的影响，净流入人口有所下降，保持在

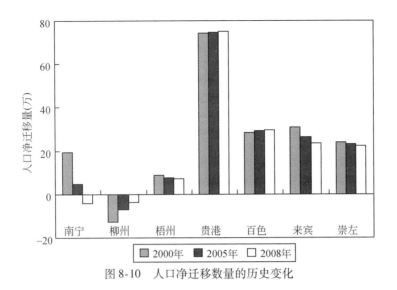

图 8-10 人口净迁移数量的历史变化

4 万~5 万的水平。柳州人口的发展轨迹是传统的工业化带动类型的典型代表。

其他几个地市人口的发展在数量和空间上具有很大差异。首先,贵港人口大量外流的现象非常明显,2000~2008 年每年的净流出人口在 70 万~75 万,年间变化不大。其次,百色、来宾、崇左的人口净外流数量也在具有数量上相对稳定的特征,外流数量较贵港相对较少,近年来年间净外流人口数量保持在 20 万~30 万。据广西人口和劳动保障部门的统计,西江地区外出务工的人口主要是来自农村的富余劳动力,其中有 70% 以上是流向珠江三角洲地区,10% 左右流向其他东部沿海省份,其余流向区内和市内的城镇地区。从人口外流数量比较稳定的状态来看,说明大部分人口已经是常年在外生活。

梧州 2000~2008 年人口呈现净流出状态,但相对来说流出数量比较小,而且呈逐渐稳定减少趋势。这一方面是由于梧州历史悠久,传统上具有较好的城镇发展基础。2000 年梧州的城市化水平已经达到 30.1%,而同期贵港的城市化水平为 25%,百色、来宾和崇左的城镇水平仅在 20% 左右(按照 2008 年行政区划进行调整的数字)。另一方面,2000 年以来珠江三角洲地区向西部地区产业转移的步伐加快,梧州作为广西通向广东的陆上门户,在承接珠江三角洲产业转移方面具有较大优势,所以人口净流出的势头有所减缓。

根据人口净迁移的变化情况,我们对 7 地市的类型进行了分析(图 8-11,图 8-12)。结果表明,南宁、柳州、梧州可划为第一种类型,其特点是城镇发展基础相对较好,人口净迁移的数量变化较小,而且净流入为主要发展趋势。贵港属于第二种类型,在西江经济带的 7 地市中,贵港的总人口仅次于南宁,2008 年为 501.9 万,由于城市化发展相对滞后(按照第五次人口普查的常住人口统计口径计算,2008 年城镇人口比例为 32.9%),农村富余劳动力数量十分巨大,所以人口数量保持了稳定的强流出态势。百色、来宾和崇左属于第三种类型,即人口向外迁移的数量和速度都保持相对稳定。同时,从 2000 年和 2005 年以来变化趋势的对比可以看出,2005 年以来属于同一类型的各个地市之间特征更加相近,类型化的特征越来越明显。以上对过去发展趋势的整体把握为分析和预测未来人口与城市化的发展态势提供了一定的基础。

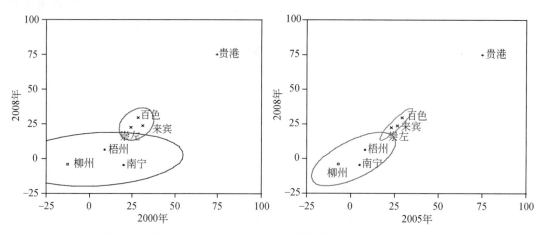

图 8-11　按 2000~2008 年净流出人口划分的地市类型（单位：万）

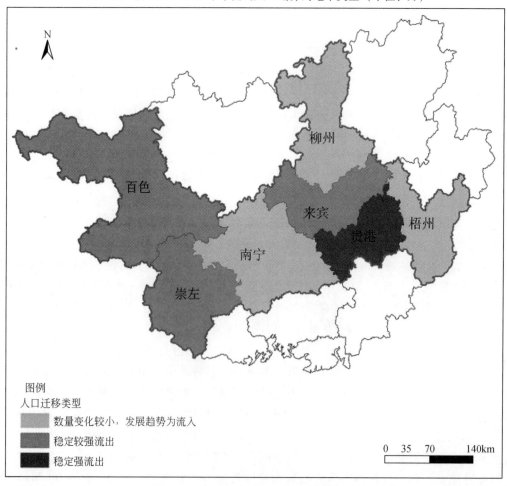

图 8-12　各地级市人口迁移类型的划分

（二）人口和城市化的动力机制将发生根本转变，未来发展存在更大不确定性

2009 年，国务院发布了《关于进一步促进广西经济社会发展的若干意见》，提出积极打造西江经济带的产业集聚优势，从而进一步强化了西江经济带在广西产业和城镇发展中的重要地位。意见提出，"要加快西江黄金水道开发，提高同行能力，形成铁路、公路、水路相互衔接，优势互补的综合交通运输体系，有效降低综合物流成本，为产业拓展，提升，集聚提供强有力的支撑，以区域内重点城市为节点，以产业园区为载体，完善空间布局，形成分工明确，优势明显，协作配套的产业带"。这些战略举措将构成对西江地区城镇发展的强大推动力，对大部分城镇而言，人口和城市化发展的动力机制将发生根本转变。

1. 沿江港口的城镇建设与产业发展为大幅提升西江地带农村人口的沿江集聚提供动力

工业化是城市化和人口集聚的核心动力。伴随西江亿吨级黄金水道开发，尤其是以南宁、柳州为中心的中游沿江地市的大规模产业基础设施和产业园区的建设，将进一步提升制造业、物流和生产性服务业的发展水平，为城市经济发展创造新的增长点。城市建设投资和城市环境的改善，将促进消费市场和服务业的发展。这些新的因素将为城镇带来大量新的就业机会，从而形成对周边农村的辐射力和带动力，提升农村人口向城镇集聚的水平。上述因素有可能使西江经济区在泛珠江三角洲乃至整个西部地区人口和产业集聚的相对优势度得到较大提升，从而吸引更多外部资金和人才资源。

2. 综合性交通体系的全面建设将大幅改善城镇之间的联系

构筑和强化西江城镇带，不仅可以有效地整合沿江城市的经济资源，也能显著地增强沿水系的轴线发展和辐射效应，从而增加经济增长的活力因子，使西江经济带成为广西最有活力和有实力的经济区。

目前，西江经济区的综合性区域交通体系正在迅速重构。西江航道作为珠江水系干流的一部分，是国家水运建设重点"一纵两横两网"主通道的重要组成部分，上接右江、红水河、黔江直至云贵，下达广东，连通港澳。2000 年以来，全国重化工工业加速推进使运输需求快速增长。特别是在我国东南部地区水系密集的地区，随着土地和环境成本不断提高，人均 GDP 水平相继进入内河优势发挥的临界区，内河运输运能大、占地节约的比较优势逐渐显现出来，因此沿江经济区的战略得到前所未有的重视，如长江经济带、皖江经济带等。在此背景下，西江黄金水道的建设对区域空间格局的重塑具有重要意义。除此以外，2009 年西江经济区 7 地市之间的高速道路已经全部开通，南广、湘桂（南柳）之间的城际铁路开始规划建设，预计 2012 年将和亿吨级黄金水道一同完成。通向北部湾、云南、贵州和广东的其他铁路（如柳韶铁路）也在加紧建设之中。未来，交通时间和交通成本的有效节约，将大大拉近珠江三角洲、西江经济区、北部湾等经济区的经济互动距离，增强相互之间的辐射和反辐射作用，这对西江城镇带城市资源的整合将产生很大影响。从区域层面上说，可以促进与云贵和粤港澳的经济，社会和文化联系，推动各区域发挥各自

的区位优势和资源及经济的互补优势。从西江经济区层面来说，将改变以往各个城市的经济和社会资源分散割裂的状态，重新形成互补集约的格局，通过对封闭化和分散化的资源的利用提升经济和社会资源的利用效率。例如，为城镇旅游的发展创造了广阔的发达地区客源市场，促进西江城镇带旅游业及相关第三产业的发展；此外，也会带动城市之间房地产市场的投资和人才交流。

基于城市之间的交通成本矩阵，我们对铁路（图8-13）和一般公路时代、高速公路时代和未来的综合交通体系时代城市之间的可达性进行了多维尺度分析。结果显示，由于城市相互之间可达性的提高，经济圈和生活圈的范围及城市群的空间构造将发生很大变化，随着黄金水道和综合交通体系的形成，围绕西江中游的南宁、柳州、来宾、贵港将形成一个联系非常紧密的城市核心区，梧州—贵港和柳州之间将会形成一条新的发展廊道（图8-14）。

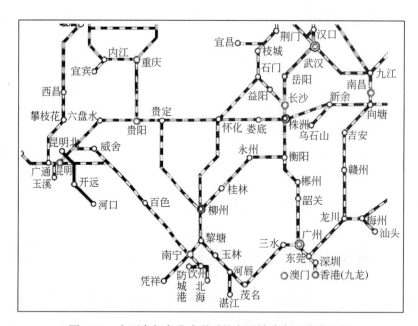

图 8-13　大西南与粤港澳联系的主要铁路交通路线现状

3. 随着区域之间收入差异的缩小，以及本地的城乡统筹特别是户籍改革政策的具体落实，农村人口向城镇转移的政策制约逐步减弱，对部分城镇的人口集聚可能会产生较大影响

广西的农村劳动力资源丰富，由于农村劳动生产率的提高，大量农村剩余劳动力逐步从农业生产中释放出来。尽管近些年来经济社会得到了快速发展，但是城乡收入水平的剪刀差反而在扩大，2005年城乡居民的收入比为3.6，2008年扩大到3.8，崇左2008年高达4.7。因此，农村富余劳动力向城镇转移成为自然的趋势。根据广西人口和计生部门的统计，2008年农村富余劳动力总数达550多万，跨省流出450多万，80%左右流向珠江三角洲和发达的沿海省份。按照西江经济区向外迁移的人口占广西的比例为60%来估算，西江7地市的跨省流出人口在270万左右。

第八章 健康城市化与社会事业发展

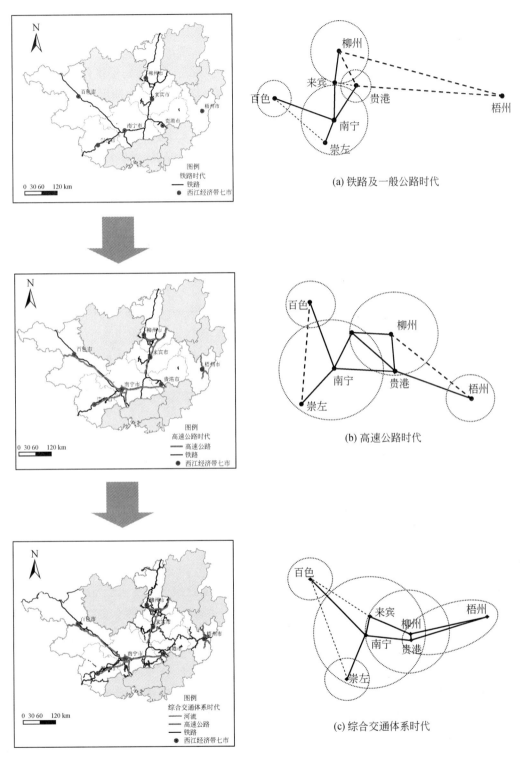

图 8-14 不同交通体系模式下城市之间的联系

在新的国内外经济发展环境的作用下，内地省份和流入地之间的经济收入差距逐步缩小，同时流入地的经济结构也在快速转型。因此，人口的回流将变成一个不可忽视的新因素。那么，将有多大比例的人口回流？这些人口又将流向哪里？首先，很有可能会向区内发达城市集聚，另外，根据新的户籍制度改革的要求，户籍制度的放松将首先在中小城市和城镇推行，因此一些比较有潜力的中小城市和城镇的本地城市化速度可能会提高得比较快。

根据西部地区城市化的经验，农村人口大部分是先进入附近的小城镇，然后寻找机会向发展机会更好的城市迁移，因此本地城市化水平的提高会促进小城镇对周边农村地区产生辐射作用。我们统计了 2008 年西江经济带城市的非农城市化水平，发现 7 地市的非农城市化水平（非农人口比总人口）远低于实际的城市化水平（图 8-15）。假设非农城市化率与实际城市化率存在线性关系，表现为图中的直线。那么，就 7 地市来说，贵港、百色和梧州的非农城市化水平还要显著低于预测。这说明这 3 个城市的潜在城市化现象尤其明显，换而言之，户籍制度的约束对这 3 个城市最为明显。未来，如果户籍制度有所放松，这些城市可能会获得相对较大的机会。

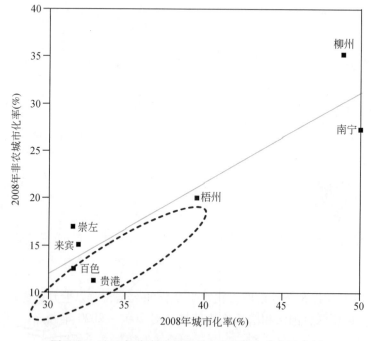

图 8-15 2008 年非农城市化率和本地城市化水平分析

4. **在未来的人口和城镇发展中，水系景观和地域文化资源的挖掘可能会给一些处于衰退的历史城市（城镇）和特色城镇带来新的生机**

广西西江地处亚热带，沿岸城镇江流环绕，溪河蜿蜒，风景优美。水系上游大部分地区是少数民族聚居区，如百色、崇左以及柳州的融水苗族自治县、三江侗族自治县，来宾的金秀瑶族自治县等，汉族以外的少数民族人口占总人口的 2/3 以上，景观和地域文化资源十分丰富。通过西江水系生活岸线和休闲岸线的建设，将使城市特色更加突出，同时上下游之间的旅游通道尺度建立，还有利于促进特色农业和生态旅游城镇的开发。

在西江中游的城市中，南宁提出了打造"绿城"、"水城"的发展理念，柳州也将自己定位为山水城市和国家历史文化名城，把百里柳江景观带的打造作为城市环境的重要战略。但是其他尚处于城市建设起步阶段的城市，特别是贵港的郁江段和来宾的红水河段，大部分岸线的生活和休闲功能没有得到有效利用。一些水泥厂、糖厂、造纸厂等污染企业位于水系上游，致使水体受到不同程度的污染；由于岸线缺乏统一规划，港口过于密集，生产岸线与生活岸线混淆；生活岸线的亲水性和可达性差，同时两岸的交通联系不畅，使水系的潜在景观文化价值难以得到发挥。在这些城市，生产岸线，生活岸线和生态岸线资源的合理规划与开发利用显得尤为重要。同时，城市滨水空间的建设和沿江特色景观与历史文化资源的有效利用，对梳理城市的景观脉络，重塑城市风貌特色具有重要的意义。

梧州位于西江主干流和桂江的三江口，依山傍水，曾是因水运而繁华的重镇，人口密集、经济比较发达，历史上曾有"小香港"之称。近代以来，由于西江水运的衰退和长期没有铁路与高速公路，所以城市地位一落千丈。在此期间形成的城市空间格局也和城市未来发展构成较大矛盾。例如，西江南北两岸的城市建设与位于长洲岛的机场的净空要求产生矛盾，城市向西拓展受到铁路线的限制等。西江水道的复苏和洛湛铁路、柳肇铁路以及南广高铁等区域基础设施建设将使梧州的区域地位得到复苏。根据历史条件和新的发展定位，梧州有可能打造成独具特色的现代化商埠和江岛城市。

（三）新因素的作用开始显现，发展基础和开发政策的时空效应趋于显著

基于以上分析，我们认为在新的发展形势下，西江经济带建设给西江流域城镇的发展带来各种各样新的发展机会。除了历史的惯性因素，区域产业发展格局和综合交通体系的重构，户籍制度改革，历史文化资源的重新挖掘等必将对未来人口集聚和城镇发展产生重要的作用。由于各个城镇受到不同因素的影响强度有一定差异，所以各个地区的人口和城镇不会保持线性同步增长，而是会发生格局上的显著变化。

我们运用1990年以来7地市城市化水平变化的数据，对以上判断做了进一步的分析和检验。首先，运用联合国法和增长趋势外推法对2008~2020年西江各市的城市化水平进行了初步分析。联合国法是预测一个国家或地区城市化水平的常用方法，基本原理是假定城乡人口增长率差保持不变，首先利用两个时点的城市化率历史数据计算出城乡人口增长率差，然后据此对未来的城市化水平进行估计。在这种方法里，城市化率的增长表现为S形的曲线，与城市化速度一开始发展较慢，然后逐渐加快，后来又逐渐减缓的规律比较相符，被联合国用来推算各个国家两次相邻人口普查年之间的城市化水平。在此，我们运用了2000年第五次全国人口普查数据，根据市镇人口口径计算的城市化率和广西统计年鉴中通过人口抽样调查调整而给出的2008年的城镇人口数据（表8-19）。在增长趋势外推法的预测中，我们采用了线形增长模型，结果如表8-20所示。

表 8-19　联合国法对西江经济带 7 地市城市化率的估算　　　　（单位:%）

城市 年份	南宁	柳州	梧州	贵港	百色	来宾	崇左	西江7市	广西
1990	26.1	32.7	20.1	5.6	9.2	9.4	9.3		
1991	27.2	33.5	20.9	6.6	9.9	10.2	10.1		
1992	28.3	34.4	21.8	7.8	10.6	11.1	10.8		
1993	29.4	35.2	22.8	9.1	11.3	12	11.6		
1994	30.5	36	23.7	10.6	12.1	13	12.5		
1995	31.7	36.9	24.7	12.4	12.9	14.1	13.4		
1996	32.9	37.8	25.7	14.4	13.7	15.2	14.3		
1997	34.1	38.7	26.8	16.6	14.7	16.4	15.3		
1998	35.4	39.5	27.9	19.1	15.6	17.7	16.4		
1999	36.6	40.4	29	21.9	16.6	19.1	17.5		
2000	37.9	41.3	30.1	25	17.7	20.5	18.7	29.4	28.2
2001	39.3	42.2	31.2	25.9	19.1	21.7	20.1	30.6	29.3
2002	40.8	43.2	32.3	26.9	20.6	23	21.5	31.9	30.5
2003	42.3	44.1	33.5	27.8	22.3	24.4	23	33.2	31.7
2004	43.8	45	34.6	28.8	23.9	25.8	24.6	34.5	33
2005	45.4	46	35.8	29.8	25.7	27.2	26.2	35.9	34.2
2006	46.9	46.9	37	30.8	27.6	28.8	27.9	37.3	35.5
2007	48.4	47.9	38.3	31.8	29.5	30.3	29.7	38.7	36.8
2008	49.96	48.82	39.51	32.9	31.6	31.9	31.5	40.1	38.2
2009	51.5	49.8	40.9	34	33.7	33.5	33.4	41.5	39.5
2010	53	50.7	42	35.1	35.8	35.2	35.3	43	40.9
2011	54.6	51.7	43.3	36.2	38	36.9	37.3	44.4	42.3
2012	56.1	52.6	44.6	37.3	40.3	38.7	39.4	45.9	43.6
2013	57.6	53.6	45.9	38.4	42.6	40.5	41.5	47.4	45
2014	59.1	54.5	47.2	39.5	45	42.3	43.6	48.9	46.5
2015	60.6	55.4	48.5	40.7	47.4	44.1	45.7	50.4	47.9
2016	62	56.4	49.8	41.9	49.7	46	47.8	51.9	49.3
2017	63.5	57.3	51.1	43	52.1	47.8	50	53.3	50.7
2018	64.9	58.2	52.4	44.2	54.4	49.7	52.2	54.8	52.1
2019	66.3	59.1	53.7	45.4	56.8	51.6	54.3	56.3	53.5
2020	67.6	60.1	55	46.6	59.2	53.4	56.4	57.7	54.9
2000~2008年 城乡人口 增长率差	0.0616	0.0379	0.0522	0.048	0.0954	0.0746	0.0863	0.0594	0.0568

表 8-20　线性增长趋势外推法对西江经济带 7 个地市城市化率的估算　（单位:%）

年份\城市	南宁	柳州	梧州	贵港	百色	来宾	崇左	西江7市	广西
2000	37.9	41.3	30.1	25	17.7	20.5	18.7	29.4	28.15
2001	39.4	42.3	31.3	26	19.4	21.9	20.3	30.7	29.4
2002	40.9	43.2	32.4	27	21.2	23.4	21.9	32.1	30.7
2003	42.4	44.1	33.6	28	22.9	24.8	23.5	33.4	31.9
2004	43.9	45.1	34.8	29	24.6	26.2	25.1	34.7	33.2
2005	45.4	46	36	29.9	26.4	27.6	26.7	36.1	34.4
2006	46.9	46.9	37.2	30.9	28.1	29.1	28.3	37.4	35.7
2007	48.5	47.9	38.3	31.9	29.8	30.5	29.9	38.8	36.9
2008	49.96	48.82	39.51	32.9	31.6	31.9	31.5	40.1	38.2
2009	51.5	49.8	40.7	33.9	33.3	33.3	33.1	41.4	39.4
2010	53	50.7	41.9	34.9	35	34.7	34.7	42.8	40.7
2011	54.5	51.6	43	35.9	36.8	36.2	36.3	44.1	41.9
2012	56	52.6	44.2	36.8	38.5	37.6	37.9	45.5	43.2
2013	57.5	53.5	45.4	37.8	40.2	39	39.5	46.8	44.4
2014	59	54.4	46.6	38.8	42	40.4	41.1	48.1	45.7
2015	60.5	55.4	47.8	39.8	43.7	41.9	42.7	49.5	46.9
2016	62	56.3	48.9	40.8	45.4	43.3	44.3	50.8	48.2
2017	63.5	57.3	50.1	41.8	47.2	44.7	45.9	52.2	49.4
2018	65.1	58.2	51.3	42.7	48.9	46.1	47.5	53.5	50.7
2019	66.6	59.1	52.5	43.7	50.6	47.6	49.1	54.8	51.9
2020	68.1	60.1	53.7	44.7	52.4	49	50.6	56.2	53.2
2000~2008年线性增长速度	1.509	0.937	1.179	0.984	1.734	1.424	1.596	1.339	1.251

总体而言，我们认为上述两种方法的估计偏高，特别是对百色和崇左等地市的估计分别在 55% 以上和 50% 以上，与城市总体规划及人口发展战略研究的结果存在较大矛盾。究其原因，是因为联合国法和趋势外推法都是基于过于几年内的发展趋势在未来仍然保持不变的假设，而事实上，2000~2008 年正是北部湾开发战略，东盟合作战略等一系列政策因素和其他因素对这个区域的人口与城市化的空间格局不断发生变化的时期，驱动力的强度在时间上和空间上都不均匀，因此城乡人口增长率差或年均增长率保持不变的基本假设都不能成立。

另外一种城市化率的常规估算方法是城市化与经济发展水平的相关分析法。假设城市化率与人均 GDP 的水平之间存在对数线性关系，以 ln（人均 GDP）为自变量，城市化水平的历史数据为因变量构线性回归模型，估算人均 GDP 对城市化率的弹性系数。然后，以未来的人均 GDP 的发展目标为参数，运用模型对未来的城市化水平进行预测。大量研究表明，在发展趋势比较平稳，空间格局变化不大的情况下，经济增长模型对城市化率的拟合优度通常达到 0.95 以上。考虑到 1995~2005 年西江地区的地市级行政区划做过较大调整（1995 年贵港市由玉林市的下辖县级市转为地级市，2002 年来宾和崇左分别由柳州市与南宁市分出改为地级市），期间城市化水平可能有较大波动，所以我们重点对 2005 年以来的趋势进行了回归分析。数据为 2005 年和 2008 年 7 个地级市的城市化率数据。

结果表明，以 ln（人均 GDP）为自变量的线性回归模型仅能解释城市化率分散的 83% 左右，这表明其他因素对于城市化的发展水平有着不可忽略的影响。为了半定量地表征这些因素，我们构建了代表就业结构的第二、三产业就业比重，代表产业和历史文化基础的发展基础指标，代表新建行政单位发展条件的新兴制约以及代表区域发展战略机遇的开发政策指标等。例如，因为南宁受到北部湾开发战略和东盟合作战略的双重强劲带动，所以将 2005 年和 2008 年南宁的开发政策指标设为 1；与此同时，处于中越边境口岸的崇左也受到了一定的带动作用，在 2006 年国务院批复的《广西北部湾经济区发展规划》中，崇左更是被纳入北部湾经济区"4+2"的区域合作范围，获得了更多政策层面的关注。通过对相关影响要素的综合考虑，我们将北部湾 2005 年的开发政策指标设为 0.1，2008 年的开发政策指标设为 0.3（表 8-21）。

表 8-21　2005 年和 2008 年西江 7 市城市化率及相关影响因素数据

项目	城市化率（%）	人均生产总值（元）	ln（人均 GDP）	第二、三产业就业人员比重	发展基础	开发政策
南宁（2005 年）	45.4	10 967.6	9.303	0.423	0.8	1
柳州（2005 年）	46.0	14 355.4	9.572	0.517	1	0
梧州（2005 年）	35.8	7 478.0	8.920	0.420	0.3	0
贵港（2005 年）	29.8	4 826.4	8.482	0.485	0	0
百色（2005 年）	25.7	6 403.6	8.765	0.229	0.2	0
来宾（2005 年）	27.2	6 888.3	8.838	0.367	0	0
崇左（2005 年）	26.2	6 551.8	8.787	0.290	0	0.1
南宁（2008 年）	50.0	19 102	9.858	0.500	1	1
柳州（2008 年）	48.8	24 776	10.118	0.505	0.8	0
梧州（2008 年）	39.5	13 115	9.482	0.480	0.4	0
贵港（2008 年）	32.9	9 387	9.147	0.501	0	0
百色（2008 年）	31.6	11 517	9.352	0.336	0.2	0
来宾（2008 年）	31.9	11 903	9.385	0.394	0	0
崇左（2008 年）	31.5	12 226	9.411	0.414	0	0.3

新的线性回归模型的拟合优度达到 0.982，而且 ln（人均 GDP），第二、三产业就业比重，发展基础和开发政策等 4 项指标都具有统计显著性，这证明了其他影响因子也是阐述区域城市化发展动力及其空间格局的重要因素（表 8-22）。

表 8-22 2005~2008 年城市化率模型的推算结果

变量名	回归系数	标准误差	t 值	显著性水平
常量	-20.640	10.473	-1.97	0.080
ln（人均 GDP）	4.340	1.207	3.59	0.006
第二、三产业就业人员比重	28.430	5.150	5.52	0.000
发展基础	12.270	1.534	8.00	0.000
开发政策	2.440	1.253	1.95	0.084
R^2	0.982			
调整后的 R^2	0.974			

由此可见，传统的趋势外推模型和经济增长模型都不容易对人口与城市化做出精确的预测。要想对西江地区的未来发展做出比较合理的判断，必须综合地考虑各种新因素的影响，同时还需要对不同影响因素的作用强度的空间差异进行一定的把握。

二、人口与城市化水平预测的思路和技术路线设计

通过以上分析，我们在传统预测方法的基础上提出了以影响因素分析和区域发展水平比较为基础的技术方案。具体而言，包括 4 个步骤。

（1）第一步，总人口规模的预测

分析过去若干年人口自然增长以及人口迁移的规模和速度；参照各地市的人口和计划生育部门及劳动保障部门的规划进行综合调整；对各地市外出常住人口回流的强度进行估算，并基于不同情景的假设对总人口规模进行预测。

（2）第二步，城市化的空间影响因素分析和城市化水平预测

通过分析区域产业发展格局和综合交通体系重构，户籍制度改革，景观和历史文化资源再生的影响，对各种新因素对各个地区人口集聚和城镇发展的影响进行综合评价；对西江经济区内部各个地市的城市化发展的相对速度进行分析；从而对近期和中期城市化发展水平的上下限做出大致的判断和预测。

（3）第三步，城镇人口空间格局的区域协调

重点选择北部湾经济区、珠江三角洲地区、粤西和粤北地区等与西江经济区上邻接、相互关系比较分明的区域作为参照系，从经济和社会发展基础、资源和生态环境条件等方面比较西江经济区城镇发展的相对优势，提出西江经济带城镇人口的空间布局预测方案；在广西、西江经济带与 33 个沿江县市的 3 个区域尺度上，对目标区域的人口和城市化水平进行综合调整，从而提出未来的发展目标。

（4）第四步，以目标为导向的政策分析

从区域的整体视角出发审视现有的各级规划中有可能产生矛盾的地方，提出调整的建议。总结实现人口和城市化发展战略目标的政策路径与需要解决的相关问题；对西江经济带的城市化发展战略做出时序和空间上的合理安排。

三、总人口规模的预测

广西没有做过以西江经济带为地域单元的人口和城镇统计，城镇体系规划与各地市的常住人口和城镇人口统计数据在统计口径上有很多不一致的地方。为此我们首先以2008年的行政区划为标准对不同来源的数据进行了修正。总人口历史数据以1990年和2000年的全国人口普查与广西统计年鉴中的2008年数据为准。常住人口以2000年全国人口普查、2005年广西1%人口抽样调查和2009年广西统计年鉴中提供的数据为准。城镇人口以1990年第四次人口普查的城区人口，2000年第五次人口普查和2005年1%人口抽样调查的市镇人口为准，并根据该口径对各地市统计年鉴的数据进行了调整。

（一）人口自然增长率的分析和预测

人口总量巨大是我国的经济社会发展的最大制约。经过三十多年的努力，广西的人口再生产类型实现了历史性转变，有效缓解了经济社会增长和环境的压力。受少数民族生育习惯和计划生育政策的影响，广西的人口自然增长率略高于全国平均水平，2005~2008年大体保持在8‰~9‰。从历史数据来看，西江流域地区除了贵港市的人口自然增长率偏高（主要是受外出流动人口比例较高的影响），其他地级市的人口自然增长率基本上与自治区的平均水平相当（表8-23）。根据广西"十一五"规划人口和计生部门对人口发展的中长期计划，为了达到广西"十一五"规划提出的2020年与全国同步实现人均GDP3000美元的目标，2010年总人口应控制在5200万以内，2020年总人口控制在5500万以内。为此，2008~2020年人口自然增长率必须要控制在9‰以内，平均增长率不能超过7.16‰。

表8-23 2000年以来各地市人口自然增长率 （单位:‰）

地区 年份	南宁	柳州	梧州	贵港	百色	来宾	崇左	广西全区
2000	6.9	6.9	9.4	16.0	6.0	5.9	4.3	7.9
2005	7.2	8.0	8.9	10.8	6.9	6.8	7.3	8.17
2008	6.4	6.9	9.7	18.5	10.7	13.0	8.4	8.7

西江经济带内少数民族人口比例较高，特别是柳州、贵港和百色壮族以外的实行少数民族生育政策的人口比例分别在22%、9%和8%左右，所以控制总人口的任务尤其艰巨。今后，加强人口总量的控制力度仍然是一个长期的政策方向。考虑到西江经济带的实际情况，我们认为2008~2020年的平均人口自然增长率目标控制在8‰~9‰是比较可行的。

基于此，以西江各地市2008年总人口为基数，按照人口自然增长率为8‰~9‰对未来的总人口进行了预测（表8-24），结果如图8-16所示。根据结果，未来西江地区7地市总人口在广西的比重大体保持不变，在55%左右。

表 8-24　2008～2020 年总人口预测表

地　区	2008 年总人口（万人）	2008～2020 年人口自然增长率（‰）	2010 年（万）	2015 年（万）	2020 年（万）
南　宁	691.7	8～9	702.8～704.2	731.4～736.5	761.1～770.2
柳　州	364.9	8～9	370.8～371.5	385.8～388.5	401.5～406.3
梧　州	313.2	8～9	318.2～318.9	331.2～333.5	344.6～348.8
贵　港	501.9	8～9	509.9～510.9	530.6～534.3	552.2～558.8
百　色	392.4	8～9	398.7～399.5	414.9～417.8	431.7～436.9
来　宾	252.7	8～9	256.8～257.3	267.2～269.1	278.1～281.4
崇　左	240	8～9	243.9～244.3	253.8～255.5	264.1～267.3
西江 7 市合计	2 756.8	8～9	2 801～2 807	2 915～2 935	3 033～3 070
广西全区	5 049	89	5 120～5 150	5 300～5 350	5 500

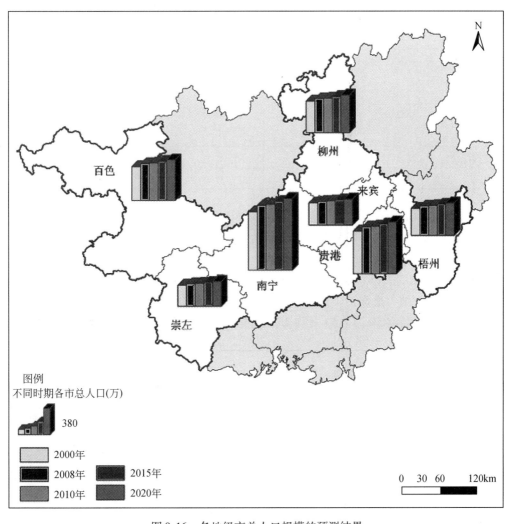

图 8-16　各地级市总人口规模的预测结果

（二）人口净迁移数量的预测

2000~2008年，西江经济带7地市的人口净外迁数量从173万缩减为目前的150万左右。如图8-11所示，人口外迁在各地市之间分布很不均匀，贵港市净流出人口占总数的一半左右，其余净流出人口主要来自百色、来宾和崇左3个市。首先，我们利用2000年、2005年和2008年3个时点数据推算了市外净迁移人口的数量与迁移速度（表8-25）。然后设计了2008~2020年人口净迁移趋势的两种情景。其一，假设未来将按照同样的趋势发展；其二，假设受户籍放宽政策和当地产业发展的辐射与带动，在区外务工的人口会产生比较明显的回流，目前，处于人口净外流状态的几个地市由于人口的回流，每一年的净流出人口将减少30%。

表8-25 市外净迁移人口的数量和速度

地区	市外净迁移人口在总人口中的比例（%）			年间变化百分点	
	2000年	2005年	2008年	2000~2005年	2005~2008年
南宁	3.14	0.74	-0.57	0.48	0.44
柳州	-3.69	-1.98	-1.03	-0.34	-0.32
梧州	3.01	2.54	2.30	0.09	0.08
贵港	16.26	15.93	14.99	0.07	0.31
百色	7.81	7.75	7.50	0.01	0.08
来宾	12.83	10.66	9.35	0.43	0.44
崇左	10.75	9.94	9.25	0.16	0.23

在相当长的时间内，广东等东部沿海作为经济最发达、最有活力的地区其地位不可能发生改变，所以从中长期来看，西江经济带总体上仍然会是人口净外迁的地区。但是人口外迁数量将会有一定的减少。在情景一之下，2020年的人口净外迁数量为90万，而在情景二之下，2020年的人口净外迁数量为65万左右，为目前的40%左右。从各市的分布来看，南宁的人口吸纳力最强，预计2020年将有45万左右的净流入人口。百色和贵港的人口流出数量分别保持在50万~60万和25万左右，其他几个城市将保持人口基本平衡或有适量的人口净流出（表8-26）。

表8-26 两种情景下人口净迁移数量的预测 （单位：万）

地区	2008年	情景一：趋势外推			情景二：部分人口回流		
		2010年	2015年	2020年	2010年	2015年	2020年
南宁	-4.0	-10.3	-26.6	-43.9	-10.3	-26.6	-43.9
柳州	-3.8	-1.5	4.6	11.0	-1.5	4.6	11.0
梧州	7.2	6.9	5.8	4.6	6.6	4.8	2.9
贵港	75.3	74.1	68.1	61.6	72.5	62.3	51.4

续表

地 区	2008 年	情景一：趋势外推			情景二：部分人口回流		
		2010 年	2015 年	2020 年	2010 年	2015 年	2020 年
百 色	29.4	29.6	28.7	27.7	29.2	27.5	25.6
来 宾	23.6	22.0	16.8	11.3	20.9	12.7	4.1
崇 左	22.2	21.7	19.4	17.0	21.1	17.4	13.4
西江 7 市总计	150.0	142.5	116.8	89.3	138.6	102.7	64.6

值得一提的是，柳州的情况具有一定特殊性，作为西江经济区的中心城市之一和广西最重要的工业基地，柳州具有很强的人口吸纳能力，据劳动保障部门的估计，2008 年在外务工人数为 24.5 万，而同年净流入人口为 3.8 万，因此 28.3 万的外来常住人口，他们大部分在城市中工作和生活。但是由于城市发展空间受限，外来常住人口的总量难有很大增加，总人口反而很有可能会减少。因此，表 4-21 中的预测结果是基本合理的。

据此估计，两种情景下 2020 年西江经济区的常住人口分别在 2910 万和 2940 万左右（表 8-27）。

表 8-27　两种情景下的常住人口预测表　　　　　　　　（单位：万）

地 区	2008 年	情景 1			情景 2		
		2010 年	2015 年	2020 年	2010 年	2015 年	2020 年
南 宁	695.6	721.3	758.5	797.4	721.3	758.5	797.4
柳 州	368.7	376.6	381.6	386.5	376.6	381.6	386.5
梧 州	306.0	315.1	325.7	336.6	315.3	326.6	338.3
贵 港	426.6	441.7	463.0	485.1	443.3	468.7	495.2
百 色	363.0	373.8	386.5	399.7	374.1	387.7	401.8
来 宾	229.1	237.8	250.6	264.0	238.9	254.7	271.2
崇 左	217.8	225.0	234.6	244.5	225.6	236.6	248.1
西江 7 市合计	2 607.0	2 691.0	2 800.0	2 914.0	2 695.0	2 814.0	2 939.0

四、各地市的城市化水平及其空间分布的预测

2000~2008 年，广西的城市化水平由 28.2% 提高到 38.2%，年均提高了 1.25 个百分点。西江经济带 7 地市的城市化水平年均提高 1.34 个百分点。这一速度大大超过了全国 1% 的水平（表 8-28）。根据前面的分析，我们认为西江经济带各个区域的城市化水平除了受到经济发展的驱动，还将受到西江黄金水道产业开发和综合性交通体系整备，以及历史文化因素的作用；同时，发展基础和开发政策对于时空格局重构的影响将会越来越大。

表 8-28 2000~2008 年西江经济区各地市城市化水平　　　　（单位:%）

地区　年份	南宁	柳州	梧州	贵港	百色	来宾	崇左	西江7市	广西全区
2000	37.9	41.3	30.1	25.0	17.7	20.5	18.7	29.4	28.2
2005	45.4	46.0	36.0	29.9	26.4	27.6	26.7	36.1	34.4
2008	50.0	48.8	39.5	32.9	31.6	31.9	31.5	40.1	38.2
2000~2008年均增长百分点	1.509	0.937	1.179	0.984	1.734	1.424	1.596	1.339	1.251

（一）各种因素对于城市化发展的影响强度的预期

我们对各种影响因素进行了细分，并基于相关资料对近期每种因素对 7 地市城市化发展的影响强度进行了定性判断（表 8-29）。表中星号越多表明影响强度越大，这里不仅考虑了同一因素在不同地市之间的分异，也考虑了不同因素之间的相对关系。例如，由于户籍和社保制度改革的影响，现在城市化水平比较低（中小城市和城镇）的地区和潜在城市化现象比较明显的地区，未来城市化的速度会相对快一些。

表 8-29　影响因素和影响强度分析

影响因素	南宁	柳州	梧州	贵港	百色	来宾	崇左	判断依据
1. 产业开发								
沿海产业转移			**	***		*		沿江转移模式，当地资源基础等
黄金水道开发	**	*	***	***	*	**		航道级别
综合交通体系	***	**	**	*	**	**	*	综合里程和区位优势度
2. 户籍和社会保障								
本地城市化			**	**	**	*	*	户籍和社保制度改革，前文分析
3. 历史基础								
省会地位	***							
产业基础	**	*						
4. 文化资源								
历史文化	*	**	**		*			历史文化资源
生态人文景观	*	*			**		**	流域上下游关系
民族地域文化	**	**			***	***	***	少数民族人口比例
5. 区域政策								
北部湾开发	**						*	"4"及"4+2"范畴
东盟自贸区	**				*		*	位置关系

关于综合交通体系的影响强度的估算，我们在各个地级市现有铁路，公路和航道里程

（L0）的基础上，对现状和未来各种交通方式的分担系数矩阵（$W_i(0, t)$）进行了假设，并根据未来铁路和高速公路、水路的拓展情况（L_t）对各市的综合里程进行了估算。然后据此对7个地级市的相对交通优势度进行了评价（表8-30~表8-32）。表8-29的影响强度是基于未来交通优势度的排序而做出的定性判断。

表8-30 现状道路里程L0

地区		铁路（km）	公路（km）		内河航道（km）	总计（km）
			合计	高速公路		
广西全区		2 416	99 273	2 181	6 175	107 864
西江经济带	南宁	263	10 398.55	524.97	481.1	11 142.65
	梧州	153	5 108.72	111	335.8	5 597.52
	柳州	380	7 489	242.79	202.8	8 071.8
	来宾	257	5 661.79	74.7	430	6 348.79
	贵港	115	5 853.44	33	363	6 331.443
	百色	270	12 912.57	178.85	318.8	13 501.368
	崇左	180	6 156.79	160.12	549	6 885.787
	合计	1 618	53 580.86	1 325.4	2 680.5	57 879.36
占全区比例		0.67	0.54	0.61	0.43	0.54

表8-31 西江经济带7地市的现状交通优势度

地区	各种交通方式的分担系数				综合里程（km）	交通优势度
	铁路	一般公路	高速公路	内河航道		
南宁	0.4	0.1	0.4	0.1	1 198.2	1.22
梧州	0.4	0.1	0.4	0.1	881.5	0.9
柳州	0.4	0.1	0.4	0.1	997.2	1.02
来宾	0.4	0.1	0.4	0.1	954.6	0.97
贵港	0.4	0.1	0.4	0.1	1 121.6	1.14
百色	0.4	0.1	0.4	0.1	869.1	0.89
崇左	0.4	0.1	0.4	0.1	837.2	0.85
西江7市平均					979.9	

表8-32 西江经济带7地市的未来交通优势度

地区	各种交通方式的分担系数				综合里程（km）	交通优势度
	铁路	一般公路	高速公路	内河航道		
南宁	0.32	0.1	0.38	0.2	1 214.8	1.18
梧州	0.3	0.1	0.35	0.25	983.2	0.96
柳州	0.32	0.1	0.38	0.2	1 030.2	1.00
来宾	0.32	0.1	0.38	0.2	1 029.8	1.00

续表

地区	各种交通方式的分担系数				综合里程（km）	交通优势度
	铁路	一般公路	高速公路	内河航道		
贵 港	0.32	0.1	0.38	0.2	1 192.3	1.16
百 色	0.35	0.1	0.4	0.15	871.6	0.85
崇 左	0.35	0.1	0.4	0.15	855.6	0.83
西江7市平均					1 025.3	

（二）近期和中期城市化速度与水平的预测

基于影响强度的估测，根据不同时期影响要素的相对重要性和影响强度的高低，对城市化发展的序位关系进行了重新整理（图8-17）。在强度表上，可以看出两个明显的序位三角形阵列，一个是以南宁—柳州—贵港—来宾—梧州—百色—崇左为序的三角，其主要的影响因素是西江经济带产业开发、历史基础和区域开发政策。我们认为，这些因素是近期，特别是今后3～5年形成西江经济带城市化格局的最重要的因素，因此这些城市的城市化速度将大体保持这样的序位。

项目		南宁	柳州	贵港	来宾	梧州	百色	崇左
产业开发	沿海地区产业转移			***	*	**		
	黄金水道开发	**	**	***	**	***	*	
	综合交通体系	***	***	***	***	***	*	*
历史基础	省会地位	***						
	产业基础	**	***					
开发政策	北部湾经济区	**						*
	东盟自由贸易区	**					*	
户籍和社会保障	本地城镇化			**	*	**	**	*
景观文化资源		*	**			**	*	
历史文化	生态人文景观	*	*				**	**
	少数民族文化	*	*		**		**	**

图8-17 影响要素和城市化发展序位的分析

另一个三角的序位关系恰好相反，其主导影响因素是景观文化资源和户籍与社会保障制度改革。它们对城市化发展的带动关系是崇左—百色—梧州—来宾—贵港—柳州—南宁。户籍制度和社保制度改革对于我国城市化的影响是长期而深远的，考虑到我国区域差距大，农村人口众多的国情，如果户籍制度一下子就完全放开，很可能会有大量农村人口涌入城市，不但给就业、住房和社会保障带来巨大的压力，还很有可能会产生由于过度城市化而带来的失业和贫民窟等各种社会问题。所以户籍制度改革必然是要和农村社保、土地流转等一系列改革挂钩,循序渐进地推进。因此,户籍和社会保障制度的持续影响更可能是在几年以后在广大中小城市中逐渐显示出来。景观文化资源作为城市化的推动力也是一个相对持久的因素。西江经济区依托于西江水系,又是少数民族文化十分丰富的地区,但是目前部分城市对景观和地域文化资源的挖掘还远远不够,在产业开发的同时也带来很多生态环境的破坏。客观地说,在经济发展还未达到一定阶段时这种现象是比较普遍的。随着西江黄金水道的开发,沿岸城市经济实力的增强和城市建设的发展,文化资源因素将成为可持续发展的重要驱动力,对于形成区域文化品牌和竞争力产生越来越重要的作用。对于文化资源富集,同时目前相对落后一些的崇左、百色、梧州等城市来说,尤其应该有这样的认识。

基于上述分析和判断,对7地市和西江经济带近期与中期的城市化增长速度进行了预估,并对2015年和2020年两个时点的城市化水平进行了预测。根据我们的估算结果,2009~2015年期间西江经济区的城市化保持年均增加1.2~1.4个百分点的高速发展,2015年城市化水平将达到48%~50%。2015~2020年期间城市化年均增长速度大体在0.9~1.1个百分点,到2020年城市化水平达到53%~55%。2020年,南宁的城市化水平将达到62%~65%,柳州为61%~64%,梧州为53%~56%,贵港和来宾为45%~48%,百色和崇左两市的城市化水平大约在44%~47%。

根据总人口、常住人口和城市化水平的预测结果,我们推算了各个地级市未来的城镇人口(表8-33,图8-18,表8-34)。在总人口预测的第一种情境下,2015年和2020年7个地级市的城镇人口分别为1380万和1510万左右,在广西城镇人口的比例分别为60%和57%左右。在第二种情景下,常住人口总量的推算数量较高,相应的,2015年和2020年城镇人口分别为1380万和1590万左右,在广西的比重在59%~60%(图8-19)。

表8-33　2015年和2020年西江经济带各地市城市化速度与水平的预测（单位:%）

地　区	2008年	年均增长百分点			2015年		2020年	
		2000~2008年	2009~2015年	2016~2020年	下　限	上　限	下　限	上　限
南　宁	50	1.509	1.2~1.5	0.8~1.0	58.4	60.5	62.4	65.5
柳　州	48.8	0.937	1.2~1.5	0.8~1.0	57.2	59.3	61.2	64.3
梧　州	39.5	1.179	1.2~1.5	1.0~1.3	47.9	50	52.9	56.5
贵　港	32.9	0.984	1.2~1.5	0.8~1.0	41.3	43.4	45.3	48.4
百　色	31.6	1.734	0.9~1.2	1.2~1.5	37.9	40	43.9	47.5
来　宾	31.9	1.424	1.2~1.5	1.0~1.3	40.3	42.4	45.3	48.9
崇　左	31.5	1.596	0.9~1.2	1.2~1.5	37.8	39.9	43.8	47.4
西江7市	40.1*	1.339	1.2~1.4	0.9~1.1	48.5	49.9	53	55.4
广　西	38.2	1.251				≥50		

*此处城镇人口统计口径为2000人口普查同样口径。广西统计年鉴及城镇体系规划等采用的口径为市镇人口口径,为37.9%

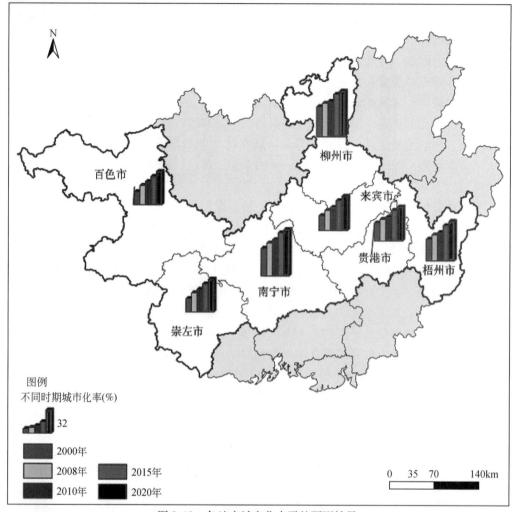

图 8-18 各地市城市化水平的预测结果

表 8-34 西江经济带各地市城镇人口预测

地 区	常住人口					城镇人口			
	现状 2008	情景 1		情景 2		情景 1		情景 2	
		2015 年	2020 年	2015 年	2020 年	2015 年	2020 年	2015 年	2020 年
南 宁	695.6	758.5	797.4	758.5	797.4	450.9	485.1	450.9	509.9
柳 州	368.7	381.6	386.5	381.6	386.5	222.3	239.5	222.3	242.5
梧 州	306	325.7	336.6	326.6	338.3	159.4	178.2	159.9	185.1
贵 港	426.6	463	485.1	468.7	495.2	196.1	216.9	198.5	232
百 色	363	386.5	399.7	387.7	401.8	150.5	176.6	151	183.6
来 宾	229.1	250.6	264	254.7	271.2	103.6	118	105.3	127.7
崇 左	217.8	234.6	244.5	236.6	248.1	91.1	107	91.9	113.1
西江 7 市	2 607	2 800	2 914	2 814	2 939	1 378	1 518	1 384	1 593
广 西	4 816	5 087	5 288	5 164	5 352	2 294	2 644	2 329	2 676
西江 7 市比重（%）	54.1	55	55.1	54.5	54.9	60	57.4	59.4	59.5

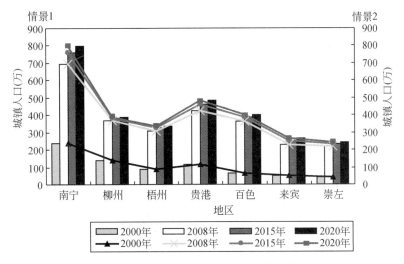

图 8-19　两种情景下 7 个地市的城镇人口

按照以上统计，西江中游核心地区的 4 个城市（南宁、柳州、贵港、来宾）2020 年在西江经济区常住人口的比重基本上与目前持平（66%），城镇人口的比例保持在 70% 左右。与此同时，梧州常住人口和城镇人口在西江经济区的比重均保持在 12% 左右。桂西的百色和崇左两市常住人口与城镇人口在西江经济区所占比重分别为 22% 和 19%（表8-35）。

表 8-35　西江各区域城镇人口的分配

项　目	中部核心 4 市 （南宁、柳州、贵港、来宾）	梧　州	桂西两市 （百色、崇左）
2008 年城镇人口	1 720	306	580.8
占西江经济区比例（%）	66	12	22
2020 年常住人口（情景1）	1 933	336.6	644.2
占西江经济区比例（%）	66	12	22
2020 年常住人口（情景2）	1 950.3	338.3	649.9
占西江经济区比例（%）	66	12	22
2020 年城镇人口（情景1）	1 059.5	178.2	283.6
占西江经济区比例（%）	70	12	19
2020 年城镇人口（情景2）	1 112.1	185.1	296.7
占西江经济区比例（%）	70	12	19

五、城镇人口空间格局的区域协调

（一）广西城市化的重要载体，在自治区发挥更重要的作用

从广西的层面来看，以西江经济带上升为国家战略为目标导向，西江流域的城镇人口

和经济总量在整个广西的比重更高,重要性更大,将是广西未来城市化的重要载体。

根据 2008 年广西城市建设统计年报的统计,广西的 14 个地级市中,西江 7 市在广西的总人口比重和城区人口比重分别为 53.6% 和 56.7%,城区人口相对集聚度(等于西江 7 市城区人口比例/广西全区城区人口比例)为 1.06,比较明显地高于其他 7 个地级市的城镇人口相对集聚度 0.93。此外,西江流域的城市对于外来人口的吸引力也明显较高,城区暂住人口在全区城区暂住人口的比重达到 3/4 以上(表 8-36)。由此可见,从发展趋势来看西江流域城市具有较强的吸引力。

表 8-36 2008 年广西各地市城镇人口和暂住人口统计

	地 区	市区人口(万)	市区暂住人口(万)	城区人口(万)	城区暂住人口(万)	城区人口比例(%)	城区暂住人口比例(%)	城区人口集聚度
	广 西	5 122.4	203.9	1195.1	154.8	23.30	13.00	1
西江7市	南 宁	693.9	49.9	213.9	40.3	30.80	18.80	1.32
	柳 州	362.9	61.8	142.2	60.6	39.20	42.60	1.68
	梧 州	302.8	7.1	71.4	4.6	23.60	6.40	1.01
	贵 港	497.9	4.4	76.7	2.8	15.40	3.70	0.66
	百 色	392	16.6	81.8	6.8	20.90	8.30	0.89
	来 宾	253.4	1.9	40	0.9	15.80	2.20	0.68
	崇 左	243.2	2.2	52.2	1.6	21.50	3.00	0.92
	西江 7 市合计	2 745.9	143.9	678.1	117.5	24.70	17.30	1.06
	全区比重(%)	53.60	70.60	56.70	75.90			
其他7市	桂 林	509.2	13.1	129.6	10	25.40	7.70	1.09
	北 海	156.4	0	74.9	1.5	47.90	2.00	2.05
	防城港	86.6	3.2	26.8	1.8	30.90	6.50	1.33
	钦 州	362.9	6.5	56.3	5.4	15.50	9.50	0.67
	玉 林	641.7	11.7	118.5	5.9	18.50	5.00	0.79
	贺 州	219.9	10.7	38.9	7.5	17.70	19.30	0.76
	河 池	399.8	14.9	72	5.3	18.00	7.40	0.77
	其他 7 市合计	2 376.5	60	517	37.4	21.80	7.20	0.93
	全区比重(%)	46.40	29.40	43.30	24.10			

我们进一步对 2005 年和 2008 年城区人口集聚度在各市之间的分布进行了比较。由于 2005 年城市人口数据或 2008 年城区人口数据口径上不一致,不能相互比较,所以我们按照年份分别把这些城市按照人口集聚度的高低进行了分级,然后对集聚度等级的空间分布进行比较(表 8-37)。

第八章 健康城市化与社会事业发展

表 8-37　2005 年和 2008 年广西城市人口集聚等级的比较

地　区		城市人口比例（%）	城区人口集聚度	集聚度等级 (1: 大于 1.5 2: 大于 1.0 3: 大于 0.8 4: 小于 0.8)	城区人口比例（%）	城区人口集聚度	集聚度等级 (1: 大于 1.5 2: 大于 1.0 3: 大于 0.8 4: 小于 0.8)
广　西		23.8	1.00		23.3	1.00	
西江 7 市	南　宁	45.0	1.89	1	30.8	1.32	2
	柳　州	39.3	1.65	1	39.2	1.68	1
	梧　州	22.0	0.92	3	23.6	1.01	2
	贵　港	12.7	0.53	4	15.4	0.66	4
	百　色	15.2	0.64	4	20.9	0.89	3
	来　宾	13.4	0.56	4	15.8	0.68	4
	崇　左	18.9	0.79	4	21.5	0.92	3
	西江 7 市	27.1	1.14		24.7	1.06	
其他 7 市	桂　林	24.5	1.03	2	25.4	1.09	2
	北　海	48.6	2.04	1	47.9	2.05	1
	防城港	21.2	0.89	3	30.9	1.33	2
	钦　州	10.3	0.43	4	15.5	0.67	4
	玉　林	17.9	0.75	4	18.5	0.79	4
	贺　州	17.7	0.74	4	17.7	0.76	4
	河　池	16.9	0.71	4	18.0	0.77	4
	其他 7 市	20.2	0.85		21.8	0.93	

注：2005 年城市人口数据和 2008 年城区人口数据口径不一致，故而不应直接比较

如图 8-20 所示，2005 年南宁、柳州和北海 3 个城市的人口集聚度最为突出。而随着北部湾开发战略的深入实施，几年来北海、钦州、防城港的城镇人口集聚度整体上有了很大提升，南宁过于集中的优势地位有所缓和，而柳州基本上保持了其相对优势，桂林的人口吸引力也有所加强。在此期间，西江沿岸城市梧州、贵港、百色、来宾和崇左的人口集聚优势度都有一定的提升。

这些事实表明，在城市化格局得到优化的同时，广西的城镇人口的空间格局已经显现出极化的特征。桂南的北部湾城镇群（尤其是南宁、北海与防城港），桂中的柳州和桂北的桂林成为人口集聚的中心。就西江经济带而言，位于两广咽喉要道的梧州、左江的崇左与右江上游的百色等人口集聚等级的提升，反映了各自的自然资源和区位优势正在逐步转化为城镇人口集聚的带动力。

以上发展态势给广西的城镇人口进一步向西江经济带集聚奠定了良好的基础。根据前文对西江经济区各个地市城市化水平和城镇总人口的估计，在两种不同的政策情景下（第一情景：总人口和迁移人口变化趋势保持不变；第二情景：30% 的净流出人口回流），

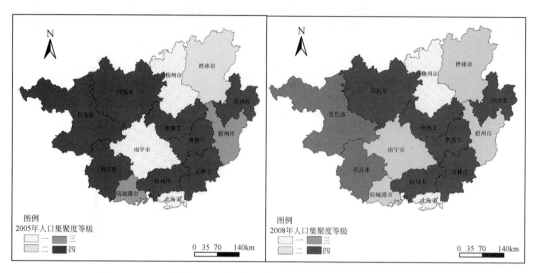

图 8-20　2005 年和 2008 年广西各地市城区人口集聚度等级的比较

2020 年西江经济带的城镇人口都将在目前的基础上有明显的提高，由 2008 年的 54% 左右提高到接近 60%。

（二）西江经济带与北部湾和桂林等城市的竞合

广西城镇体系规划将广西划分为五大经济区，包括桂东经济区（玉林、贵港、贺州）、桂南沿海经济区（南宁、北部湾、钦州、防城港）、桂西经济区（百色、河池、崇左）、桂北经济区（桂林）和桂中经济区（柳州、来宾）。从 2000 年城市化水平的历史资料来看，桂北经济区的城市化水平滞后于桂中经济区，与桂东经济区大体相当，且比较明显地高于桂西经济区（表 8-38）。

表 8-38　广西五大经济区城镇人口占普查登记人口的比重（2000 年）

地　区		城镇人口（万）	普查登记人口（万）	城镇人口比重（%）
桂东经济区	合　计	369.75	1 397.96	26.4
	梧州市	85.89	285.35	30.1
	玉林市	138.44	521.95	26.5
	贵港市	98.74	394.11	25.1
	贺州地区	46.68	196.55	23.7
桂南沿海经济区	合　计	342.64	846.16	40.5
	南宁市	182.25	328.55	55.5
	北海市	66.41	145.23	45.7
	钦州市	64.92	297.48	21.8
	防城港市	29.06	74.9	38.8

续表

地 区		城镇人口（万）	普查登记人口（万）	城镇人口比重（%）
桂西经济区	合 计	231.96	1 198.92	19.3
	南宁地区	90.98	497.66	18.3
	百色地区	61.67	341.75	18
	河池地区	79.31	359.51	22.1
桂北经济区	桂林市	128.53	471.98	27.2
桂中经济区	合 计	191.07	574.35	33.3
	柳州市	127.87	213.85	59.8
	柳州地区	63.2	360.5	17.5

注：南宁地区包括南宁市、凭祥市以及现崇左市所有乡县
资料来源：根据《广西2000年人口普查快速汇总资料》整理而得

广西的城市多中心结构突出，南宁、柳州和桂林是最大的3个城市，在广西城镇体系规划中，2020年它们的城市人口规模分别达到200万~300万、160万~200万和120万。这3座城市在发展中形成了合理的分工，分别发挥着广西中心城市和副中心城市的功能和作用。桂林是具有国际知名度的旅游城市和历史文化名城，以旅游为龙头的第三产业十分发达，同时漓江流域的其他城市特色也非常突出，对周边地区具有较强的辐射力。另外，北部湾的北海、防城港等城市也在迅速崛起，人口集聚的速度非常快。在未来的发展中，北部湾和桂北城镇群可能与西江经济区城市化的发展构成一定的竞合关系。

我们利用《广西北部湾经济区发展规划》（2009年批复）、《广西城镇体系规划》、《广西十一五规划》，以及人口和计划生育委员会的规划资料，对不同区域的比例关系进行了简单的分析。将广西区分为北部湾三市（北钦防），西江经济带和其他地区3个区。因为没有桂林等城市的城市总体规划资料，所以没有做特别区分。

根据北部湾经济区发展规划的预测，2010年北部湾区域的总人口和城市化率将达到1400万和45%，2020年总人口和城市化率将达到1900万和60%。

2005年，北钦防、西江经济带和其他地区的城镇人口在广西城镇人口中的比例分别是11%、52%和36%左右。如果2010年和2020年北部湾经济区规划与我们所预测的西江区域的城市化水平目标能够实现，那么2010年3个区域的比重将调整为12%、57%和31%左右；2020年调整为24%、58%和18%（表8-39）。显然北部湾和西江流域之外的其他地区城镇人口大量流出，城镇人口的比重下降过快，这对于其他区域的城镇发展是很不利的。

表8-39 北部湾、西江经济区和其他区域城镇的竞合关系

地 区	2005年		2010年		2020年	
	城镇人口（万）	广西比重（%）	城镇人口（万）	广西比重（%）	城镇人口（万）	广西比重（%）
广西 a	1 685.8		2 081.2		2 750.0	
北部湾 b	482.5	28.6	630.0	30.3	1 140.0	41.5
南宁 c	296.9	17.6	370.7	17.8	474.7	17.3

续表

地区	2005 年		2010 年		2020 年	
	城镇人口（万）	广西比重（%）	城镇人口（万）	广西比重（%）	城镇人口（万）	广西比重（%）
北钦防 $d=b-c$	185.6	11.0	259.3	12.5	665.3	24.2
西江 e	892.1	52.9	1 184.8	56.9	1 582.0	57.5
其他地区 $f=a-d-e$	608.1	36.1	637.1	30.6	502.7	18.3

在上述情景下，广西 2020 年城市化目标设定比较低，和北部湾及西江经济区的城市化发展出现了矛盾。我们认为，北部湾经济区和西江经济带发展战略的提出，将加快该区域的经济和社会发展步伐，并进而带动广西的城市化进程，因此 2020 年广西的城市化率可能比预期水平有一定提高。

为了达成区域协调发展的目标，我们建议适当提高南宁和广西的 2020 年城市化水平的目标，我们试将之调整为 53%。按照新的设定目标，2020 年北钦防、西江经济区和其他地区城镇人口在广西的比例分别为 19%、54.3% 和 23.8%。同时，包括桂林在内的其他地区城市化水平在 46% 左右（表 8-40）。考虑到北部湾沿海经济区是广西未来经济发展的龙头，西江经济区也是重要的产业和城镇积聚区，而且目前没有纳入两者的地区除了桂林市和玉林市以外城镇发展大多相对滞后，我们认未经过调整的目标大体是合理的。

表 8-40　广西各区域城市化水平的调整方案

地区	2005 年	2010 年			2020 年		
	城市化率（%）	城镇人口（万）	广西比重（%）	城市化率（%）	城镇人口（万）	广西比重（%）	城市化率（%）
广西全区		2 081		40.1	2 915		53
北部湾	39.2	630	30.3	45.0	1 140	39.1	60
南　宁	45.4	371	17.8	51.4	500	17.2	61.4
北钦防	32.3	259	12.5	38.2	555	19.0	50.3
西　江	35.9	1 185	56.9	44.0	1 582	54.3	53.8
其他地区	32.6	637	30.6	38.0	693	23.8	45.8

（三）与珠江三角洲和粤西、粤北等地区的比较

我国的人口和经济格局沿东南沿海发展带密集展开。其中珠江三角洲地区凭借改革开放最早、邻近港澳和国际大市场的区位优势，获得了高度发展，并对广大内陆地区产生强大的辐射作用，但在经济和人口高度集聚的同时，经济发展与资源及生态环境的矛盾日趋尖锐。广西虽具有毗邻珠江三角洲的优势，但其人口和经济集聚水平不可能超过珠江三角洲地区，其发展路径选择也必然是和资源禀赋与生态环境相协调，寻求具有本地特色的发展道路，才有可能获得相对的优势。

西江经济带的核心地区与粤西的湛茂都市区相比，同样具有邻近沿海港口的优势，在产业结构方面也各具特色。虽然西江经济区距离珠江三角洲的距离比较远，但西江航道经过整治以后将大大降低与珠江三角洲的综合交通成本。同时，2010年1月1日起东盟自由贸易区正式开放，尽管近期可能会对一些本地产业形成竞争，但长远来看与东盟的合作还是共赢的。据此我们认为2020年西江经济区的核心地区与粤西的城市化水平可能会大体相当或略高一些。桂西的百色和崇左位于西江上游，总体上属于生态保护区和限制开发区域，与粤北地区有一定相似之处。考虑到目前桂西地区城市化水平比较低，有很多国家级和自治区级贫困县，发展水平低于北江上游的韶关地区，我们的判断是百色和崇左2020年的城市化水平仍然会低于粤北地区。

根据广东省国土规划对于未来广东省各个经济区城镇发展格局和城市化水平的预测，2020年，珠江三角洲的城市化水平将达到80%左右，粤西地区在52%~55%，粤北地区在50%左右。比照西江经济区各地市的城市化水平预测结果（南宁市的城市化水平将达到62%~65%，柳州为61%~64%，梧州为53%~56%，贵港和来宾为45%~48%，百色和崇左两市的城市化水平在44%~47%），与上述判断基本相符。

六、人口和城市化发展的政策分析

以上我们通过对西江经济区人口和城镇发展的现状条件、历史基础、开发政策驱动、文化资源等因素的分析，以及西江经济区周边区域的协调关系的考察，对未来的人口和城市化发展目标进行了勾勒。一方面，由于各种内外环境的影响，西江经济带的人口和城市化发展的动力机制将发生根本转变，未来的发展存在更大的不确定性。所以，要想实现设定的目标，对于一些关键因素的把握显得尤为重要。另一方面，积极促进西江经济区发展的目的是为了强化经济区的相对优势，形成引领区域社会经济发展的充满生机和活力的增长核。人口和产业的集聚与城市化发展作为达成这一目标的基础手段和载体，是否能够发挥其作用还存在一些其他条件的制约。因此，这就需要进一步明确人口和城市化的政策着力点，提出切实有效的引导和管制措施。

（一）加强人口增长的控制，改善人口结构，提高劳动力素质

1. 稳定低生育水平

在相当长的时期内，我国都将面对农村对人口的强大推力与城镇对农村剩余劳动力消纳能力有限的矛盾，控制人口是取得调控人口和城镇发展主动权的最有效手段（周一星，1995）。在总人口的预估中，我们将2008~2020年西江经济区的平均人口自然增长率目标设定为8‰~9‰。而西江经济区内人口增长势头一直比较强，控制人口增长的压力很大。目前的人口自然增长率略低于9‰，超过全国的平均水平，这意味着要想实现2020年与全国相当的人均发展水平，经济增长速度必须要一直保持更高的增长速度。受人口惯性和20世纪80年代出生的独生子女进入婚龄后可以生育二胎政策的影响，未来出生人口将

出现结构性的回升。同时,广西的传统生育观念还比较强,据调查89%的农村已婚育龄妇女希望生育两个以上孩子,95%希望儿女双全。一些少数民族人口比例较高,特别是在允许生育二胎的少数民族聚居地区,控制人口的任务尤其艰巨。

2. 改善人口结构

西江经济区的人口结构性矛盾非常突出,一是人口老龄化超前,老年人口抚养比加大,给社会保障带来更大的压力。二是出生人口性别比长期畸高,2000年第五次全国人口普查为125.6,"十五"时期平均为122.7。在部分少数民族地区,出生人口性别比高达150以上。这种情况对今后的人口安全和社会稳定构成了严重威胁,今后必须通过有效的控制和引导来优化人口结构。

3. 提高人口和劳动力素质

近年来劳动适龄人口持续高增,就业压力比较沉重。根据2009年的有关统计,广西有400多万农村富余劳动力需要转移就业,约70万学生毕业需要就业,还有大约15万的历年下岗失业人员需要安置。目前西江经济带的农村富余劳动力也存在劳动力素质较低的问题。要想把扩大就业作为西江城镇带建设的主要途径,一是要加大政策支持力度,扩大生产性就业领域,创造灵活多样的就业形式和就业岗位,尤其是增加第一产业和第三产业的开发性就业,尽可能把剩余劳动力稳定在本地;二是要大力开展职业教育,提高技能培训资金的投入和培训力度。

(二)充分利用产业开发和政策带动的优势,增强对社会投资的传带能力

1. 城镇格局与产业结构、基础设施的有机结合

形成一个有生机、有活力的区域发展引擎,需要产业技术政策,城市环境和空间基础设施几个方面的共同支撑。在西江亿吨级航道和经济区开发建设的背景下,产业开发和政策带动是西江经济区人口集聚与城市化发展的最重要的驱动力。在国内外经济形势变化的条件下,国家对于西江经济区的发展给予了高度的战略关注,对于西江经济区来说是一个重大机遇。应该充分把握住机遇,城镇空间的布局要与产业体系结构和区域基础设施的格局高度协调,为经济的发展提供空间载体。

2. 加强城市软硬环境的建设,培育吸引人才、资金和企业的能力

西江经济区很多城市的发展属于投资驱动型,高度依赖于政府投资,而对人才,资金和民间企业的吸引力相对薄弱。从未来十几年的发展着眼,必须强化市场机制在城市发展中的主导作用。为此从现在开始就要创造优良的软硬件环境,提升对人才、资金和企业的吸引力。2008年以来,国家为了扩大内需增加了投资力度,重点是加快民生工程、基础设施、生态环境建设和灾后恢复重建等,这些措施有力地带动了短期内的就业,基础设施和生态环境的改善为带动社会投资创造了良好的条件与氛围。在此基础上,今后的西江流域

城镇发展的重点是加强空间管制，改善城市环境和发展社会事业，形成宜居宜劳的生活空间，而西江水系和岸线资源的保护与利用应该作为重点。

（三）注重多重驱动力的协调发展，增强可持续发展的能力

1. 深入推动户籍和社会保障制度，提高政策的灵活性和适应能力

在西江经济带的未来城市化进程中，除了产业开发和政策推动，户籍和社会保障制度、景观和文化资源的作用不可忽视。社会生产力的发展并不能彻底解决城市化的问题，我国城市化的基本矛盾要靠理顺城乡关系才能得到根本解决。在户籍、住宅、教育、医疗、社会保障等许多方面，城乡之间存在着非对抗性的利益冲突，这样的城乡二元结构已经在我国运行了半个多世纪。目前西江经济带部分城市已经开始了户籍制度改革，但是据我们在各地市实地调研的情况发现，目前解决这一问题主要还是通过农村土地纳入城镇范围，把农村居民改为城镇居民，农村人口特别是农民工并没有"市民化"。未来应更加注重推进人口迁移意义上的城市化。土地对农村剩余劳动力流动的开放，不仅关系到延续已久的城乡利益的再分配，而且需要政策的灵活性和适应能力，对可能产生的新情况具有较强的承受力，这是未来城市化能否健康发展的重要影响因素之一。

2. 因地制宜，打造西江特色城镇带的区域品牌

为了提高区域开发的整体效率，产业和项目投资将集中于西江中游开发条件最好的区域，而其他区域的发展优势在很大程度上取决于对本地特色资源的挖掘和利用。同时，为了促进区域协调发展，强调基本公共服务的均等化。就目前的情况来看，一些比较发达的地区往往更加重视景观和地域文化资源的有效利用。例如，南宁提出了打造"绿城"和"水城"的发展理念，柳州把山水城市和百里柳江景观带的打造作为城市发展战略的重点。但是其他尚处于城市建设起步阶段的其他城市重视不够。为了给城市的可持续发展创造条件，从现在开始就应该加强城市滨水空间的建设和沿江特色景观与历史文化资源的有效利用，梳理城市的景观脉络，重塑城市风貌特色。尤其是西江上游的百色、崇左以及发展相对较慢的梧州等地区的城镇，特别需要因地制宜，打造特色城镇品牌。

（四）打造西江中游城市生活圈，建立有效的区域协作和联动机制

1. 大力打造西江中游 1 小时城市生活圈

未来，西江经济带城镇之间的联系必将更加紧密。随着黄金水道，高速公路和湘桂、南广高速铁路的建设以及综合交通体系的形成，西江中游的南宁、柳州、来宾、贵港的时空距离收缩，将会形成一个联系非常紧密的城市密集区，梧州—贵港和柳州之间将会形成一条新的城镇发展廊道。在这样一个构想之下，核心区的几个城市之间的交通距离不超过1小时，事实上已经进入了同一个生活圈。空间格局的调整给生活圈域内城市之间各种要

素的流动创造了极大便利条件，有利于优势互补，提高资源的配置效率，同时也将促进基础设施等级的提升，对周边地区产生更大的辐射力。

2. 建立有效的区域协作和联动机制

国内外流域发展的经验表明，建立区域层面的一体化的有效的流域协作和联动机制，对于水资源管理、水环境保护、水景观利用、水文化开发、交通组织和产业协作具有重要的意义。西江经济区如能建立这样的跨行政区机制，必将有力促进流域上下游之间，流域内部城镇之间，以及沿江城镇与外围城镇的协调发展。

第四节　城镇职能与空间结构

一、西江经济带开发对沿江城镇发展的影响评估

（一）综合评估

西江经济带的开发势必会对其目前的城镇格局产生重大影响。由于沿江各城镇的经济区位、自然资源、产业基础等发展条件的差异，其所受到西江流域开发的影响程度各不相同。因此，综合评价西江经济带开发对沿江城镇发展的影响程度，是规划城镇发展速度、职能类型、等级规模、发展重点及西江带城镇的空间布局重要依据。

综合评价就是选取西江经济带开发对沿江城镇发展影响的若干指标因素，通过定性与定量评价，利用数学模型计算结果并进行分析，以此评定各沿江城镇的受影响程度，从而使决策定量化、客观化（表8-41）。

表8-41　西江经济带开发对沿江区域及城镇发展的影响指标体系

评价因子	参考权重（%）	参考因素
经济区位改善	15	（1）与东盟的联系 （2）与珠江三角洲的联系 （3）与北部湾港口及城市的联系 （4）与自治区中心城市南宁的联系
综合交通条件改善	35	（1）航空运输条件 （2）铁路运输条件 （3）高速公路等陆运条件 （4）水路条件 （5）综合运输条件
水运能力提升	15	（1）航道等级提升 （2）港口码头的新建、扩建等
产业发展潜力提升	35	（1）工业园区数量、规模等级的提升 （2）沿江旅游业、物流业等服务业发展

西江经济带开发将会在多个方面影响沿江城镇的发展，根据沿江城镇发展的特点，在对沿江城镇影响要素全面调查与分析的基础上，结合在实际规划工作中的经验总结，筛选出经济区位改善、综合交通条件改善、水运能力提升、产业发展潜力提升4个方面作为评价因子，明确各因子的参考要素，建立评价指标体系。

按5分制方法，通过专家打分法确定沿江城镇的各因子得分，其中5代表带动作用非常强，4代表带动作用强，3代表带动作用较强，2代表带动作用一般，1代表带动作用弱。经济区位条件主要从西江经济带开发对该城镇与邻近大城市、城镇群等（东盟、珠江三角洲、南宁市及北部湾）联系的改善程度来考虑，根据改善程度的强弱由专家赋予不同分值；综合交通条件主要从城镇的铁路、高速公路、航空和水路条件几方面的改善程度来考虑，由专家赋予不同分值；水运能力提升主要从该城镇航道等级的提升和港口码头的新建、扩建等方面来考虑，根据水运能力提升的程度大小，由专家赋予不同分值；产业潜力的提升则主要从西江经济带开发引起该城镇工业园区的数量、规模等级提升和沿江旅游业、物流业等服务业发展角度来考虑，根据潜力大小赋予不同分值。同时，通过专家打分法确定各评价因子权重，最后通过计算得到各城镇综合得分，得分反映西江经济带开发对该城镇发展的影响程度。沿江各县市的得分如表8-42所示。

表8-42 西江经济带对沿江各县市影响评价表

所属	区（县、市）	区位改善（-0.15）	综合交通优势（-0.35）	水运能力提升（-0.15）	产业发展潜力（-0.35）	综合得分	排名
南宁	市区	2	4	4	4	3.7	13
	武鸣县	3	3	1	3	2.7	31
	横县	3	3	5	5	4	6
	宾阳县	2	3	1	3	2.55	32
	上林县	3	2	1	2	2	39
	马山县	2	3	1	2	2.2	34
	隆安县	2	4	4	3	3.35	20
梧州	市区	4	5	5	5	4.85	1
	苍梧县	3	5	5	4	4.35	3
	岑溪市	3	3	4	3	3.15	25
	藤县	4	3	4	5	4	6
	蒙山县	2	3	1	2	2.2	35
贵港	市区	4	4	5	5	4.5	2
	平南县	3	3	3	4	4	6
	桂平市	3	3	5	5	4	6
柳州	市区	4	4	4	5	4.35	4
	柳城县	3	4	3	4	3.7	14
	柳江县	3	4	4	4	3.85	12
	鹿寨县	3	4	2	4	3.55	16
	融水县	2	3	3	3	2.85	27
	融安县	2	3	3	3	2.85	28
	三江县	1	5	1	2	2.75	30

续表

所属	区(县、市)	区位改善 (−0.15)	综合交通优势 (−0.35)	水运能力提升 (−0.15)	产业发展潜力 (−0.35)	综合得分	排名
来宾	兴宾区	4	4	3	5	4.2	5
	合山市	3	3	3	4	3.35	21
	象州县	3	3	1	4	3.05	26
	武宣县	3	3	3	4	3.35	22
	忻城县	2	2	1	2	1.85	40
	金秀县	2	2	1	2	1.85	41
百色	右江区	3	4	4	3	3.5	18
	平果县	4	4	4	4	4	10
	田阳县	3	4	4	3	3.5	19
	靖西县	3	3	2	3	2.85	29
	田东县	3	4	2	3	3.35	23
	那坡县	1	3	1	1	1.7	42
	隆林县	1	3	1	2	2.05	37
	田林县	1	3	1	2	2.05	38
	西林县	1	2	1	1	1.35	44
	乐业县	1	2	1	1	1.35	44
	凌云县	1	2	1	1	1.35	44
	德保县	2	3	1	2	2.2	36
崇左	江州区	3	4	2	4	3.55	17
	扶绥县	4	4	2	4	3.7	15
	大新县	2	2	1	1	1.5	43
	龙州县	2	3	1	3	2.55	33
	宁明县	2	4	1	4	3.25	24
	天等县	1	2	1	1	1.35	47
	凭祥市	4	4	1	5	3.9	11

从以上西江经济带开发对沿江县市发展影响的评价中可以看出，沿江各县市受到西江经济带开发的影响存在明显的差异。根据各城镇所受到西江带开发影响程度大小，可以将沿江县市分为3个层次，分别为受影响程度很强（Ⅰ级）、受影响程度较强（Ⅱ级）和受影响程度一般（Ⅲ级），如表8-43所示。

表8-43　西江经济带对沿江县市带动作用分级表

影响程度（带动作用）	城镇数	城镇名称
带动作用很强（Ⅰ级）	10	梧州市区、贵港市区、苍梧县、柳州市区、来宾市区、横县、藤县、桂平市、平南县、平果县

续表

影响程度（带动作用）	城镇数	城镇名称
带动作用较强（Ⅱ级）	16	凭祥市、柳江县、南宁市区、柳城县、扶绥县、鹿寨县、崇左市区、百色市区、田阳县、隆安县、合山市、武宣县、田东县、宁明县、岑溪市、象州县
带动作用一般（Ⅲ级）	21	融水县、融安县、靖西县、三江县、武鸣县、宾阳县、龙州县、马山县、蒙山县、德保县、隆林县、田林县、上林县、忻城县、金秀县、那坡县、大新县、西林县、乐业县、凌云县、天等县

（二）影响的空间特征

西江经济带沿江各城镇由于所处的地理位置不同，经济区位、交通条件和水运能力与产业基础也各有优劣，因而所受西江经济带开发影响程度有所差异，但从宏观上看，西江带开发的影响仍存在一定的规律和特点，以下从西江流域和市域两个尺度进行分析。

1. 流域尺度

从流域尺度来看，西江经济带开发对沿江城镇影响的呈现出以下几个特点：

1）对下游地区的影响大于上游。无论是西江干流还是各支流，西江经济带开发对沿江城镇的影响均呈现下游影响大于上游的特点，这与水运能力有关。对西江干流而言，下游城镇如贵港、梧州所受到西江带开发的影响明显大于上游的崇左、百色等城镇；对于支流右江而言，对下游的平果、田东、田阳等所受到影响明显大于上游的隆林等城镇，对于左江、柳江等支流也是如此。

2）城镇受带动作用按照距西江距离依次递减，邻近沿江地区影响大于沿江较远地区。例如，蒙山、金秀、天等、大新等城镇距离西江较远，受到西江经济带开发的带动作用一般。

2. 市域尺度

从市域角度来看，西江经济带开发对沿江城镇影响差异明显，其影响程度如表8-44所示。梧州受到影响极大，其中梧州市区、苍梧县和藤县3个城镇受到西江经济带的拉动作用极强，岑溪市受到带动作用较强，而蒙山县则影响微弱，分析具体原因，主要是其未处于主要交通要道上，同时距沿江港口相对较远，受制于经济区位条件和综合交通条件较大；贵港受到影响也极大，其中贵港市区、桂平市和平南县受到西江经济带带动极强，分析具体原因，主要得益于水运能力和产业发展潜力提升；柳州整体上来看受到西江经济带带动作用较强，其中柳州市区能极强地接受到西江经济带的辐射，柳江县、柳城县两城镇也能较强地受到西江带的拉动，而融水县、融安县与三江县3个城镇则受到影响较为微弱，分析具体原因，受制于产业发展潜力和区位条件较大；来宾受到影响也较强，其中来宾市区受到影响极强，合山县、象州县与武宣县3个城镇受到影响较强，而金秀则受到拉动作用较小，分析具体原因，主要是其未处于主要交通要道，受制于综合交通条件和产业发展潜力较大；南宁整体来看也能较强地接受到西江经济带的影响，其中横县受到拉动作用极强,南宁市区和隆安县受到影响较强,而武鸣县、宾阳县、上林县和马山县则受到影响相对微弱,分析具体原因,受制于水运能力提升、综合交通条件及产业发展潜力较大;崇左、百色与其他沿江城市比较,受到西江影响相对较小,然而百色的平果县仍能极强地受到西江经济带的带动,凭祥市、扶绥县、崇左市区、田阳县、百色市区和田东县几个城镇受到影响较强,而余下大多数城镇能受到西江经济带的拉动作用极其微弱,分析具体原因,主要是因为后者从水运能力提升中得益较小而且产业发展潜力有限(图8-21)。

表8-44 西江经济带开发对沿江7市的影响程度

城市名称	Ⅰ级(个)	所占比例(%)	Ⅱ级(个)	所占比例(%)	Ⅲ级(个)	所占比例(%)	合计(个)
梧 州	3	60	1	20	1	20	5
贵 港	2	66.7	1	33.3	0	0	3
柳 州	1	14.2	3	42.9	3	42.9	7
南 宁	1	14.3	2	28.6	4	57.1	7
来 宾	1	16.7	3	50	2	33.3	6
百 色	1	8.3	3	25	8	66.7	12
崇 左	0	0	4	57.1	3	42.9	7

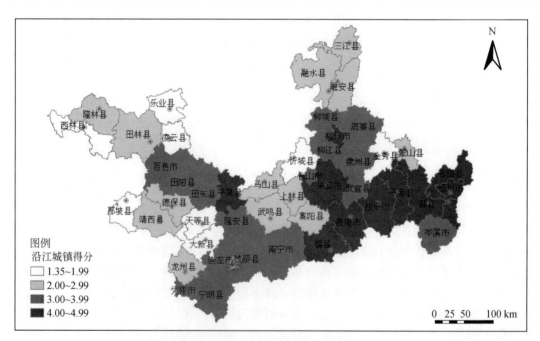

图8-21 西江经济带对沿江城镇影响

(三)西江经济带开发对沿江县市的影响

西江经济带上苍梧县、横县、藤县、桂平市、平南县和平果县得分处于第一层次(Ⅰ

级），说明它们具备很好的发展条件，西江经济带开发将会对以上 6 个县市产生很大的带动作用（图 8-22）；凭祥市、柳江县、柳城县、扶绥县、鹿寨县得分均在 3.5 分以上，说明它们具备较好的发展条件，分析具体原因，凭祥市和扶绥县主要得益于产业发展潜力的提升与区位条件的改善，但同时受制于水运能力较大，柳江县得益于各方面条件（包括经济区位、综合交通条件、水运能力和产业发展潜力）的改善，柳城县和鹿寨县则得益于产业发展潜力的提升与综合交通条件的改善，在一定程度上受制于水运能力和经济区位条件；田阳县、隆安县、平南县、合山市、武宣县、田东县、宁明县、岑溪市、象州县得分均在 3~3.5 分，仍处于第二层次（Ⅱ级），受到西江经济带开发的影响仍较强；融水县、融安县、靖西县等 21 个县市得分均在 3 分以下，因而受到西江经济带开发的影响一般。

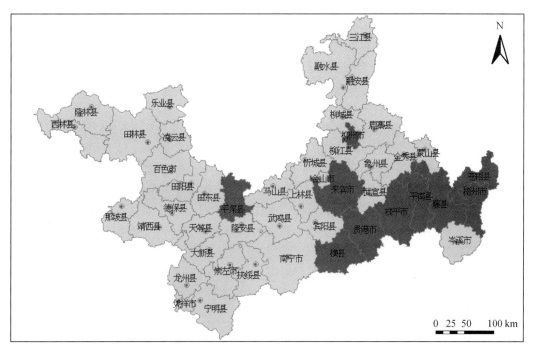

图 8-22 受西江带开发影响很强的县（市）

1）苍梧县。在上述评价中，苍梧县综合得分高达 4.35 分，位居西江经济带第 3 位，分析具体原因，主要得益于综合交通优势度改善和产业潜力的提升。苍梧县位于浔江、桂江两江汇合处，东面与广东省接壤，2008 年末，城镇人口为 6.58 万。县城所在的龙圩镇和所辖的石桥镇有较好的工业和商贸基础，将会很强地接受西江经济带开发的辐射作用，大坡和新地镇则受到影响较强，其余城镇受到影响一般。

2）横县。在上述评价中，横县综合得分为 4 分，位居西江经济带第 6 位，分析具体原因，主要得益于水运能力和产业发展潜力的提升。2008 年末，横县城镇人口为 13.38 万。西江经济带的开发较强程度地改善了横县的经济区位和综合交通优势，在很大程度上提升了其水运能力和产业发展潜力。西江带开发对横县的带动作用与六景工业园的发展关系密切。六景镇是新兴的工业基地，有很强的工业基础，六景工业园区是区级工业园区，发展势头迅猛，西江带开发将会极大地带动其发展；县城所在的横州镇及伶俐镇分别有较强商贸和工业基础,受到西江带的带动作用较强,其余城镇则受到影响一般。

3）藤县。在上述评价中,藤县综合得分为 4 分,位居西江经济带第 6 位,分析具体原因,主要得益于产业发展潜力的提升。2008 年末,藤县城镇人口为 10.62 万。西江经济带的开发提升了该县水运能力,改善了其经济区位和综合交通优势。县城所在的藤城镇有较好的工业基础,所辖的太平镇有较好的商贸基础,第三产业较为发达,西江带开发将对这两镇有很大的带动作用;另外,塘步镇区位条件优越,东邻苍梧县城龙圩镇,有一定的工业和旅游业基础,能较强地接受西江经济带的带动作用;其余城镇则受到影响一般。

4）桂平市。在上述评价中,桂平市综合得分为 4 分,位居西江经济带第 6 位,分析具体原因,主要得益于产业发展潜力和水运能力的提升。2008 年末,桂平市城镇人口为 16.74 万。桂平市工业集中区开发建设进程加快,长安工业集中区、龙门工业集中区已经初具规模;木乐镇、社坡镇、中沙镇、思宜镇、江口镇等以服装针织、机械制造、医药、小五金、竹编工艺为特色的乡镇工业集中区不断完善,已经成为当地经济发展的新亮点,西江经济带的开发,给这些产业的快速发展提供难得的机遇,同时水运能力的改善也会较强地促进这几个城镇的发展,其余城镇受到带动作用则相对较弱。另外,2009 年,桂平引入投资 5.6 亿元的桂平西山国家级风景名胜区旅游综合开发项目,西江经济带的开发在一定程度上也将促进桂平旅游业的发展。

5）平南县。在上述评价中,平南县综合得分为 4 分,位居西江经济带第 6 位,分析具体原因,主要得益于产业发展潜力和水运能力的提升。2008 年末,平南县城镇人口为 11.19 万。平南县水陆交通方便,是我国西南地区通往粤、港、澳地区的东向最便捷通道,区位条件优越。平南县特色工业初具规模,大安镇的木材、沙砖、服装等产业具备一定的优势,丹竹镇是平南县传统的工业重镇、农业大镇和经济强镇,工业基础较好,水泥、石灰、冶炼等工业较为发达,西江带的开发将对其产生很强的带动作用;县城所在的平南镇塑料、橡胶工业较为发达,西江带开发将对其产生较强的带动作用;其余城镇受到西江经济带开发影响一般。

6）平果县。在上述评价中,平果县综合得分为 4 分,位居西江经济带第 6 位,分析主要原因,主要得益于经济区位和综合交通条件改善、产业发展潜力和水运能力的提升几个方面。2008 年末,平果县城镇人口为 6.39 万。平果县被誉为"南国铝都",是我国大西南出海通道上的重镇,为滇、黔、桂三省（自治区）的交通要冲,桂西重要的商贸物资集散地,区位条件优越。平果处于桂东南开放与桂西开发的结合部,是右江河谷经济开发带的重要组成部分,经济地位突出。平果县目前已形成以铝工业为核心,包括化工工业、制糖业、建材业、农副产品加工业在内的地方工业体系。铝工业成为该县的特色经济,西江经济带的开发,较大地改善了平果县的经济区位条件和综合交通条件,使平果县其他地区的经济联系更为密切。平果工业园区和平果港区的建设迅速,西江带的开发也较大地提升了水运能力和产业发展潜力,将会为平果的铝加工业和其他工业带来很大的发展机遇,有力地带动平果县各城镇的发展。

（四）西江经济带开发对沿江城镇的影响

沿江各城镇由于城镇规模、经济区位、综合交通、水运条件及产业基础等条件有所差异，因而各城镇受到西江带开发的影响程度会有所不同。那些具备一定人口规模、经济区位优越、交通便利、产业基础较好的临江城镇将会在西江经济带开发中遇到难得的发展机遇，受到很强的带动作用。在研究各城镇所受西江带开发影响的同时，必须充分考虑结合城镇所处的区域发展条件的优劣。

根据西江经济带开发对沿江城镇影响的特点，综合考虑各城镇的所处区域、综合交通改善、水运能力及产业基础提升等条件，最终将西江带开发对沿线城镇发展的影响结果归纳如表8-45所示。

表8-45 西江经济带开发对沿江城镇发展的影响

城市名称	区（县、市）	影响很强（Ⅰ级）	影响较强（Ⅱ级）	影响一般（Ⅲ级）
南宁市	市 区	三塘镇	金陵镇、吴圩镇	其他乡镇
	武鸣县		城厢镇	其他乡镇
	横 县	六景镇	横州镇、伶俐镇	其他乡镇
	宾阳县		黎塘镇、芦圩镇	其他乡镇
	上林县		大丰镇	其他乡镇
	马山县		白山镇	其他乡镇
	隆安县		城厢镇、那桐镇	其他乡镇
梧州市	市 区	长洲镇、旺甫镇	城东镇、龙湖镇	其他乡镇
	苍梧县	龙圩镇、石桥镇	大坡镇、新地镇	其他乡镇
	岑溪市		马路镇	其他乡镇
	藤 县	藤城镇、太平镇	塘步镇、蒙江镇	其他乡镇
	蒙山县		蒙山镇	其他乡镇
贵港市	市 区	桥圩镇、大圩镇	石卡镇	其他乡镇
	平南县	大安镇、丹竹镇	平南镇	其他乡镇
	桂平市	西山镇、江口镇	社坡镇、金田镇、厚禄乡	其他乡镇
柳州市	市 区		沙塘镇	其他乡镇
	柳城县	大埔镇	沙埔镇、东泉镇、六塘镇	其他乡镇
	柳江县	拉堡镇	穿山镇、百朋镇、洛满镇	其他乡镇
	鹿寨县		鹿寨镇、雒容镇	其他乡镇
	融水县		融水镇、和睦镇	其他乡镇
	融安县		长安镇、浮石镇、大良镇	其他乡镇
	三江县		丹洲镇、古宜镇	其他乡镇
来宾市	兴宾区	凤凰镇、迁江镇	小平阳镇	其他乡镇
	合山市		岭南镇	其他乡镇
	象州县		石龙镇、象州镇	其他乡镇
	武宣县		武宣镇	其他乡镇
	忻城县		红渡镇	其他乡镇
	金秀县		桐木镇、金秀镇	其他乡镇

续表

城市名称	区（县、市）	影响很强（Ⅰ级）	影响较强（Ⅱ级）	影响一般（Ⅲ级）
百色市	右江区		阳圩镇、四塘镇	其他乡镇
	平果县	马头镇	四塘镇、榜圩镇	其他乡镇
	田阳县		田州镇、头塘镇	其他乡镇
	靖西县		新靖镇	其他乡镇
	田东县		平马镇、祥周镇、思林镇	其他乡镇
	那坡县		城厢镇	其他乡镇
	隆林县		新洲镇	其他乡镇
	田林县		乐里镇	其他乡镇
	西林县		八达镇	其他乡镇
	乐业县		同乐镇	其他乡镇
	凌云县		泗城镇	其他乡镇
	德保县		城关镇	其他乡镇
崇左市	江州区		驮卢镇、太平镇、新和镇	其他乡镇
	扶绥县		新宁镇、东门镇	其他乡镇
	大新县		桃城镇	其他乡镇
	龙州县		龙州镇	其他乡镇
	宁明县		城中镇	其他乡镇
	天等县		天等镇	其他乡镇
	凭祥市	凭祥镇		其他乡镇

从表8-45可以看出，西江带开发对沿江各城镇发展的影响，也呈现出与东密西疏和临江分布的特点。以下为部分重点影响城镇的分析。

1) 六景镇。横县所辖的六景镇是新兴的工业基地，是全国重点镇、广西小城镇建设重点镇、自治区小康示范镇和南宁市东部副中心城市，具有得天独厚的水、陆、空交通区位优势和丰富的自然资源。六景镇交通区位优势十分明显，湘桂铁路在六景设火车站，离黎钦铁路横县站仅10km，桂海高速、南广高速、六良二级公路穿境而过，高速公路有六景出入口，郁江航道长年能通航1000t货轮，西江经济带的开发将使其水运能力大大提高，镇区距离南宁国际机场仅45分钟车程。六景工业园区为自治区级开发区，背靠大西南，面向粤港澳，位于中国—东盟自由贸易区经济圈和泛珠江三角洲经济圈的交汇点上，区位优势突出，交通便利，高速公路、铁路、水路、航空"四位一体"的交通优势，使其具备发展现代工业、物流业的先决条件。西江经济带开发将会给六景镇带来难得的发展机遇。

2) 石桥镇。苍梧县石桥镇是全国重点城镇，207国道贯穿全镇，并位于洛湛铁路沿线，交通优势明显，具备较好的工业基础，尤其是水泥业在洛湛铁路、桂梧高速公路、南梧广高速公路通车以后，水泥销售半径将扩大，可开拓更远的市场，如广东、海南、湖南等，直至港澳、东南亚市场。2009年已引入投资3.8亿元的120万t旋窑干法水泥生产线项目，区位条件的改善，水运能力的提升和综合交通优势度的提高将进一步促进石桥镇的发展。苍梧县其余城镇发展较之石桥镇则相对受到带动作用较小。

3）太平镇。藤县太平镇2003年被广西人民政府定为广西小康示范镇，2004年成为全国重点镇，位于藤县的北部。国道321线（成都至广州）线纵贯南北、省道211线（容县至太平）和多条县道在城区交汇，交通条件优越。工业和第三产业较为发达，第三产业比重较大，为商贸型城镇。另外，太平狮山国家森林公园也坐落于此。太平镇位于西江沿岸，西江经济带的开发将会促进太平镇工业、商贸业和旅游业的发展，对太平镇产生很强的带动作用。

4）大安镇。平南县大安镇是全国小城镇建设试点镇和广西小康示范镇，位于平南县东南部，是平南县南河片政治、经济、文化中心。区位条件较为优越，省道容（县）太（平）线与南梧二级公路交汇于境内，是玉林往桂林、南宁以至大西南通往广州的交通要道。大安镇有相当的工业基础，服装、木材、沙砖等工业具备一定的产业优势，西江经济带的开发在一定程度上改善了其区位条件，提升其水运能力，同时也为产业发展带来较大的机遇，从而促进该城镇的发展。其余城镇则受到西江带动作用相对较小。

二、西江经济带城镇总体空间布局与功能分工

（一）3个城镇总体布局方案

1. "中心辐射型"方案

根据《广西城镇体系规划（2006–2020年）》，广西城镇体系的空间布局规划形式为：依托4条一级城镇发展轴和3条二级城镇发展轴，引导培育4个城市（镇）群和4条城镇带。其中，4条一级城镇发展轴分别为：南北钦防城镇发展轴（南宁—钦州—北海、防城港）、南梧城镇发展轴（南宁—贵港—桂平—梧州及南宁—玉林—容县—岑溪—梧州）、湘桂城镇发展轴（南宁—柳州—桂林—全州）和右江走廊城镇发展轴（南宁—平果—百色）。3条二级城镇发展轴分别为：黔桂城镇发展轴（柳州—宜州—河池—南丹）、桂梧城镇发展轴（桂林—平乐—贺州—梧州）和桂西南城镇发展轴（南宁—崇左—凭祥）。4个城市（镇）群分别为：以南宁为核心城市的南北钦防沿海城市群，以梧州、玉林、贵港为重心的桂东南城镇群，以桂林为中心的桂北城镇群和以柳州为中心的桂中城镇群。4条城镇带分别为：以河池、宜州为轴心的黔桂走廊城镇带，以百色、平果为轴心的右江走廊城镇带，以贺州、钟山、富川为轴心的桂东北城镇带和以崇左、宁明、凭祥为轴心的桂西南城镇带。

显然，根据《广西城镇体系规划（2006–2020年）》，西江经济带的城镇空间布局格局为：依托南梧城镇发展轴（南宁—贵港—桂平—梧州）、湘桂城镇发展轴（南宁—柳州）、右江走廊城镇发展轴（南宁—平果—百色）和桂西南城镇发展轴（南宁—崇左—凭祥），形成以南宁市为中心、以桂东南城镇群、桂中城镇群、右江走廊城镇带和桂西南城镇带为重点的空间布局规划形态，或可称之为由"四轴二群二带一中心"所构成的"中心辐射型"城镇带空间格局，如图8-23所示。

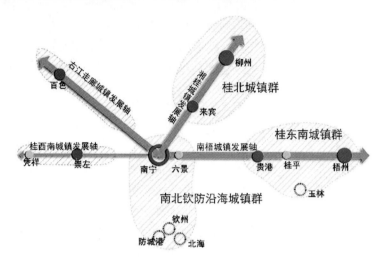

图 8-23 "中心辐射型"方案

其中，南梧城镇发展轴（南宁—贵港—桂平—梧州），由梧州—南宁的西江主航道以及现南梧二级公路所组成，未来的交通轴线还包括南广高速铁路。在这条轴线上，已初步形成了由多个规模相当、经济实力相差不大的，以梧州、贵港为重心，包括桂平、平南、藤县、等中小城市所组成的桂东南城镇群，在城镇群内部，相邻城镇距离不远，有的甚至仅二十多公里，交通时间均在一小时左右或更短。随着这一区域高等级公路网的建成，各城镇间联系将更加便捷、密切。

湘桂城镇发展轴（南宁—六景—来宾—柳州），主要依托湘桂铁路和南柳高速公路等主要交通运输干线，并将以柳州为中心的桂中城镇群紧紧联系起来。湘桂轴自东北向西南斜贯广西，位置居中，实力强，基础雄厚，是广西最重要的轴线之一。该轴线加强了广西与中原地区的联系，并承担着大西南出海通道的部分功能。轴线上的桂中城镇群则是广西的工业基地，西南、华南重要的铁路枢纽和物资集散中心。

右江走廊城镇发展轴（南宁—平果—百色），主要由南昆铁路、南宁—百色—罗村口高速公路及右江等主要交通干线共同组成，轴线自南宁起，经过平果、田阳、百色、田林等主要城市，与云南、贵州相连，并形成了以百色、平果为轴心的右江走廊城镇带。该轴线构成大西南出海通道广西段的骨干，直接沟通广西沿海与大西南的联系，在大西南经济社会发展战略中担当重要角色。轴线穿越地带有丰富的矿产资源、水电资源和农林资源，为资源型和劳动密集型产业的发展奠定了基础。目前，该地带技术型和资金密集型产业发展的条件还不成熟，要在资源型和劳动密集型产业发展的基础上，积累资金，提高技术和教育水平，逐步调整产业结构，循序渐进地发展。

桂西南城镇发展轴（南宁—崇左—凭祥），主要依托湘桂铁路（南宁至友谊关段）、南宁至友谊关高等级公路等主要交通干线而形成，其中包括了以凭祥、崇左、宁明为轴心的桂西南城镇带。该轴线自中心城市南宁起，向西南有铁路和公路与越南相接，为广西与越南的经济联系提供了便利的交通条件，是我国与东南亚的陆路通道之一，也是广西交通运输的主干线之一。

该方案是我们根据西江经济带的范围从《广西城镇体系规划（2006—2020年）》整理

总结出来的。因为该规划是在2006年编制的，实际上该方案并没有专门研究西江经济带发展规划及其对城镇布局的影响，针对性较差。

该方案具有以下特点：

1）突出南宁市作为区域中心城市的绝对地位和辐射带动功能，具有极为显著的中心边缘特征。4条城镇发展轴都是由南宁向外辐射的。

2）对西江黄金水道开发对城镇发展的影响重视不够。城镇发展轴线主要是依据铁路或高速公路来拟定的，从而将位于西江主航道的南梧城镇发展轴与不通水运或航运等级较低的湘桂城镇发展轴（南宁—柳州）和右江走廊城镇发展轴都作为一级发展轴。

3）对以柳州为中心的桂中城镇群和以梧州、贵港为重心的桂东南城镇群间的联系重视不够。

4）未充分考虑和重视中国—东盟自由贸易区对城镇发展的影响。将桂西南城镇发展轴（南宁—崇左—凭祥）仅定为二级城镇发展轴，低于右江走廊城镇发展轴（南宁—平果—百色）的等级。

5）对因西江经济带开发而可能快速发展的新兴城镇，如六景、桂平等未做考虑与重视。

随着西江经济带规划的实施，必将对区域城镇发展影及其空间布局产生重大的影响。根据本报告对该影响的评估结果，另提出以下两种城镇空间布局构想，供讨论选择。

2. "倒T字型"方案

根据该方案（图8-24），西江经济带的城镇空间总体格局由东西向的梧南凭一级城镇发展轴（梧州—贵港—南宁—崇左—凭祥）和南北向的湘桂二级城镇发展轴（柳州—来宾—六横）以及西北向的右江走廊三级城镇发展轴（南宁—平果—百色）所组成。其中，南北向的湘桂二级城镇发展轴与东西向的梧南凭一级城镇发展轴在横县的六景镇附近相交，并沿铁路和规划修建的六景—钦州的高速公路向南延伸至钦州港，呈"十字"形。

图8-24 "倒T字型"方案

该方案具有以下特点：

1）强调和重视东盟自由贸易区对西江经济带发展的巨大影响，将桂西南城镇发展轴（南宁—崇左—凭祥）提升为一级城镇发展轴。

2）将南梧城镇发展轴和桂西南城镇发展轴合二为一，形成一条东接珠江三角洲、西联东盟（越南）的西江经济带城镇发展主轴。该轴线的梧州—贵港—南宁段，不仅是广西西江万吨黄金水道的主航道，而且还有铁路、高速公路和航空港与珠江三角洲地区和北部港沿海港口城市保持密切的联系。这种轴线不仅西江经济带甚至广西全自治区的主要城镇密集带，并且在广西城镇体系中具有重要的东接（珠江三角洲）西联（东盟）、南承（北部湾）北射（桂北、桂中）的战略地位。

3）将湘桂城镇发展轴（柳州—来宾—六横）和右江走廊（南宁—平果—百色）分别作为二级城镇发展轴和三级城镇发展轴。因为这两种轴线上城镇的发展条件和发展潜力要明显地逊于南梧凭城镇发展主轴。

4）突出梧州市、六景镇和凭祥市的重要地位与发展前景。梧州市是西江经济带与珠江三角洲的连接点，战略区位极为重要，在西江万吨黄金水道开发和西江经济带发展规划中受益最大。六景镇位处南梧城镇发展轴和湘桂城镇发展轴的交叉点上，随着西江经济发展规划的实施（如平陆运河的开通）和南宁市工业布局的外迁，其水陆等综合交通条件大幅改善，将快速发展成为新兴的工业重镇。随着中国—东盟自由贸易区的建设，凭祥市的边贸物流业、出口加工业等将获得良好的发展机遇，快速成长为特色鲜明的新兴边贸型城市。

3. "金三角型"方案

如图 8-25 所示，该方案与"中心辐射型"方案的主要区别是，随着西江黄金水道的开发，特别是柳江段和黔江段通航能力的改善，将沿江形成柳黔（柳江—黔江—西江郁江段）这条一级城镇发展轴，从而构成南宁—柳州—贵港这一个"金三角型"城镇集聚区。

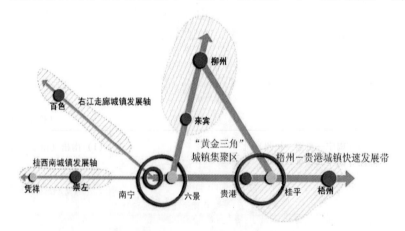

图 8-25 "金三角型"方案

根据该方案，西江经济带的城镇空间总体格局由南梧（南宁—贵港—梧州）、湘桂（南宁—六景—柳州）和柳黔（柳江—黔江—西江郁江段）这 3 条一级城镇发展轴，以及右江走廊（南宁—平果—百色）和桂西南（南宁—崇左—凭祥）这 2 条二级城镇发展轴所组成，并形成南宁—柳州—贵港这一个"金三角型"城镇集聚区和梧州—桂平—贵港城镇快速发展带。

该方案具有以下特点：

1）突出和重视西江经济带开发对柳州市发展的重要影响，认为西江柳江段和黔江段通航能力的改善将极大地促进柳州市的发展，并密切柳州市与南梧城镇集聚区的联系，形成湘桂（南宁—六景—柳州）和柳黔（柳江—黔江—西江郁江段）2条一级城镇发展轴。

2）将右江走廊（南宁—平果—百色）和桂西南（南宁—崇左—凭祥）作为二级城镇发展轴，这与前两个方案有所区别。其理由主要包括，右江走廊地区城镇发展空间有限，发展潜力较小；凭祥、友谊关并不是中国—东盟自由贸易区最重要的边贸口岸，并且中越关系还有可能出现波动，凭祥—南宁轴线上的城镇发展潜力有限。

3）突出和重视贵港市、桂平市、六景镇的重要地位和发展前景。贵港市及桂平市位处南梧（南宁—贵港—梧州）和柳贵（柳州—桂平—贵港）这2条一级城镇发展轴的交叉点上，并且也是"金三角"城镇集聚区的一个端点；同样，六景镇也处于南梧（南宁—贵港—梧州）和湘桂（南宁—六景—柳州）这2条一级城镇发展轴的交叉点上，经济区位非常优越，具有难得的发展机遇与潜力。

（二）方案比选与西江经济带城镇总体空间布局（推荐方案）

表8-46对西江经济带城镇总体空间布局的3种构想方案进行了比较。显然，这3种方案都将南梧城镇发展轴（南宁—贵港—梧州）作为西江经济带最重要的城镇发展轴和集聚区，但对其他城镇发展轴，特别是桂西南（南宁—崇左—凭祥）、右江走廊（南宁—平果—百色）和柳黔（柳江—黔江—西江郁江段）等城镇发展轴的重要性，各有不同的认识。

同样，3种方案都认为南宁市、柳州市和六景镇等是西江经济带中具有重要战略地位的节点城镇，但对贵港市、梧州市、百色市、凭祥市和桂平市等城镇的重要性及发展前景的认识，也具有较显著的差别。

表8-46 西江经济带城镇总体空间布局方案比较

项 目	方案1："中心辐射型"	方案2："倒T字型"	方案3："金三角型"（推荐方案）
一级城镇发展轴	（1）南梧（南宁—贵港—梧州） （2）湘桂（南宁—六景—柳州） （3）右江走廊（南宁—平果—百色）	梧南凭（梧州—贵港—南宁—崇左—凭祥）	（1）南梧（南宁—贵港—梧州） （2）湘桂（南宁—六景—柳州） （3）柳黔（柳江—黔江—西江郁江段）
二级城镇发展轴	桂西南（南宁—崇左—凭祥）	湘桂（柳州—来宾—六横）	（1）右江走廊（南宁—平果—百色） （2）桂西南（南宁—崇左—凭祥）
三级城镇发展轴	无	右江走廊（南宁—平果—百色）	无
重要节点城市	南宁市、柳州市、贵港市、梧州市、百色市、六景镇	南宁市、柳州市、梧州市、六景镇、凭祥市	南宁市、柳州市、贵港市、六景镇、桂平市

续表

项 目	方案 1："中心辐射型"	方案 2："倒 T 字型"	方案 3："金三角型"（推荐方案）
主要特色	突出南宁市作为区域中心城市的绝对地位和辐射带动功能，4 条城镇发展轴都由南宁向外辐射	重视东盟自由贸易区的巨大影响，将桂西南城镇发展轴提升为一级城镇发展轴，并与南梧城镇发展全二为一，构成一条东接（珠江三角洲）西联（东盟）、南承（北部湾）北射（桂北、桂中）的主体城镇密集带	形成南宁（六景）—柳州—贵港（桂平）"金三角"城镇集聚区和梧州—贵港城镇快速发展带

根据西江经济带总体规划目标以及西江经济带规划对沿岸区域及城镇的影响的综合评价，本报告将方案 3 作为推荐作方案。因此，本报告所推荐的西江经济带的城镇空间总体空间布局为：

依托南梧（南宁—贵港—梧州）、湘桂（南宁—六景—柳州）和柳贵（柳州—桂平—贵港）等 3 条一级城镇发展轴和右江走廊（南宁—平果—百色）以及桂西南（南宁—崇左—凭祥）等 2 条二级城镇发展轴，形成南（宁）柳（州）贵（港）"金三角"城镇集聚区、以梧州、桂平、贵港为重点的桂东南城镇群，以百色、平果为轴心的右江走廊城镇带和以崇左、宁明、凭祥为轴心的桂西南城镇带。

在该方案下，西江经济带的城镇空间格局如图 8-26 所示。

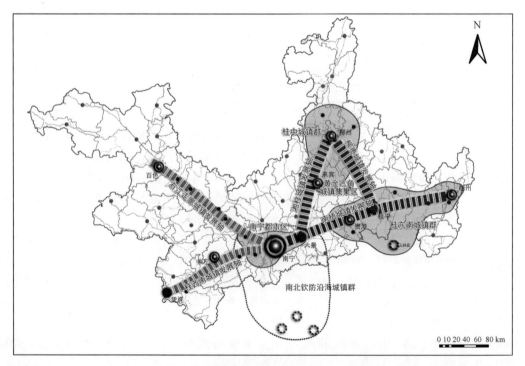

图 8-26　城镇空间布局推荐方案（金三角型）

（三）城镇空间布局重点与职能分工

依托交通干线（特别是西江黄金水道）、大型基础设施和大型工业能源基地，引导和推进城市群、城镇带的形成与发展，是推进西江经济带城市化的重要措施。同时，各城镇要充分发挥各自的优势与特色，明确职能分工，增强经济社会联系，实现资源共享、优势互补，充分发挥中心城市的辐射带动功能和城市（镇）群和城镇带的联动作用。

（1）充分发挥中心城市的辐射与带动功能，重点抓好南（宁）柳（州）贵（港）"金三角"城镇集聚区的建设

南（宁）柳（州）贵（港）"金三角"城镇集聚区是西江经济带的核心和最重要的经济、产业、人口和城镇的复合集聚区，并且通过南宁、柳州和贵港分别与广西的南北钦防城市群、桂中城市群和桂东南城市群边为一体。因此，南（宁）柳（州）贵（港）"金三角"城镇集聚区的建设是事关西江经济带总体发展成功的关键。

1）充分发挥南宁作为西江经济带的核心城市的辐射带动功能，增强西江经济带与南北钦防城市群的联系。南宁是广西的首府、西南地区交通枢纽、中国—东盟自由贸易区的区域性国际城市，也是西江经济带的中心城市及其与南北钦防城市群联系枢纽。要优化整合现有工业、扩大优势产业的规模。面向国际国内两个市场，配合中国和东盟自由贸易区、南（宁）贵（阳）昆（明）经济区的建设，扩大商贸、金融保险、信息服务、交通运输、物流配送、专业服务、房地产、咨询与中介以及旅游、会展产业等第三产业的经济总量，发展高新技术、高附加值的第二产业和现代化的亚热带农业。扩大高等教育规模，建设高水平的科研机构，加快南宁高新技术产业开发区和软件园的建设。加快建设南宁信息港、会展中心和体育中心。以建设中国绿城为目标，加强城市生态建设，提高人居环境质量，将南宁建设成为交通枢纽、对外贸易窗口和以第三产业为主导，经济文化发达，具备较完善综合性职能、环境优美、具有良好生态和居住条件的省会城市与区域性国际城市。

其中，要重点将横县的六景建设成为以重化工和仓储物流业为特色的工业城市。六景镇在战略区位、对外交通、用地条件等多方面具有综合优势，要依托自治区级六景工业园区的建设，重点发展能源、化工、造纸、有色金属深加工等产业，快速建设成为以重化工和仓储物流业为特色的工业城市。

2）加强柳州与南（宁）梧（州）城镇发展轴的经济社会联系，促进湘桂（南宁—来宾—柳州）和柳黔（柳江—黔江—西江郁江段）沿线城镇的发展。柳州是广西副中心城市，广西铁路交通枢纽、工业中心、国家历史文化名城，也是西江经济带的中心城市之一及其与桂北城市群和湖南、贵州的联系枢纽。柳州位于广西中部偏东北，西江支流—柳江的中游，为湘桂、黔桂和枝柳铁路交汇处，南距南宁 250km，北距桂林 150km，柳州是广西重要的工业城市，广西的第二大城市，少数民族聚居区。规划重点发展汽车、机械、冶金、食品、建材、日用化工等优势产业，加快城市基础设施建设，以工业发展带动经济、社会的综合协调发展。要加强环境保护，加快城区和大环境绿化建设，提升文化品位和城市景观环境质量，建成为经济文化发达的一流的山水园林城市。

不过，随着国家批准实施广西北部湾区域发展战略，广西在产业、资源、资金、人才、交通等方面的投入向南部地区倾斜；并且随着南昆铁路的建成、贵广高速客运铁路的建设、柳州铁路局的搬迁以及广西其他城市及周边地区交通条件的改善，柳州的交通枢纽中心地位下降，导致柳州原有的地缘和交通两大优势正在弱化，在区域竞争格局中边缘化的危险正在加大。

西江经济带总体规划的制订与实施，将有助于柳州市应对"被边缘化"的风险，并充分发挥其作为广西工业中心、铁路交通枢纽、及国家历史文化名城的优势，带动湘桂沿线和柳江与黔江沿岸城镇，如来宾市、黎塘镇、象州镇、武宣镇、桂平市等的发展。

3）来宾是红水河下游以冶金、电力工业为主导的区域中心城市。来宾市地处大西南出海通道要冲，北距广西工业重地柳州市 70 km，沿桂海高速公路往南 156km 可达首府南宁。境内交通便利，湘桂铁路、桂海高速贯穿境内；209、322、323 国道贯通市境；水路运输以红水河和柳江河为主。来宾要抓住设立地级市这一新的发展机遇，努力营造良好的生态和人居环境，把来宾市建设成为以铝业、制糖、蚕茧丝加工、电力和冶炼为特色的区域性工业基地、区域性商贸物流基地、西江黄金水道上的内河枢纽港、富有浓郁地方文化和民族特色的山水园林宜居城市。

（2）进一步明确梧州、贵港等城市间的职能分工与协作联系，加快桂东南城镇群建设

贵港与梧州从规模、地位、发展水平与发展条件上均十分相似，同属西江内河港口城市，市区中心空间距离仅有 180km，但目前相互之间存在隔阂与壁垒，经济联系并不十分密切。但随着区域基础设施特别是南广高速铁路和梧贵高速公路和西江航道升级等的建设与完善，一方面，梧州与贵港两城市间的联系与交往将更加紧密，另一方面，两城市间的与竞争关系也会更趋激化。目前两个城市均采用"以港兴城、前港后园、工业强市、积极承接产业转移"等类似的发展策略，同质化现象比较严重，不利于桂东城镇群的健康发展。

为此，如表 8-47 所示，本报告从区位与交通条件、地形与用地条件、区域概况、矿产资源、旅游资源、现状产业基础、当地的战略定位及发展目标、发展策略和城市规划等多个方面，对梧州市和贵港市发展的比较优势与劣势进行了比较与总结，并结合前文所提出的西江经济带"金三角"城镇总体布局方案，提出了梧州市和贵港市的功能定位与发展方向，旨在促进这两个城市的错位发展和协同发展，并带动桂东城镇群的形成与发展。

表 8-47　梧州与贵港发展条件与功能定位比较

项　目	梧　州	贵　港
区位与交通条件	位处桂江与西江浔江段交汇处，广西东联珠江三角洲的第一港，有"广西水上门户"之称	位处桂江与西江黔江段交汇处，是黎湛铁路与西江交汇点的中转港口和华南地区第一大港。2008 年港口货物吞吐量占广西内河港口货物吞吐量的 2/3 强
地形与用地条件	以山地丘陵为主，有"山城之称"，用地空间狭窄	位处广西最大冲积平原—浔郁平原的中部，用地条件优良

续表

项 目	梧 州	贵 港
区域概况	千年古城,于1927年设市;现辖3区1市3县,总面积为1.26km²,总人口为320万人。市区建成区面积为36.1km²,市区人口为36.2万	1995年设为地级市;现辖3区1市3县,总面积为1.26km²,总人口为320万。市区建成区面积为42.1km²,市区人口为39.3万
矿产资源	储量丰富的高岭土、花岗岩等	已发现矿种43种(含亚矿种),主要矿产地约100处。其中优势矿产有锰、金、铅、锌、三水铝、石灰岩、白云岩等
旅游资源	有国家4A级旅游景区2处,250多处风光、胜迹和文物点,是"中国优秀旅游城市"	有国家4A级景区1处、4个国家级景区和多个自治区级的风景名胜区和文物保护单位
现状产业基础	是广西的轻工业中心,已形成医药、食品、纺织、人工宝石等四大特色产业和机械制造、林产林化、有色金属、电力能源、建材、化工等六大优势产业	初步形成了能源、建材、糖纸、冶金等优势产业
当地的战略定位与发展目标	区域性枢纽城市、西江黄金水道中心城市、承接产业转移示范基地	桂东南区域性中心城市和南国特色园林港口城市;广西重要的水陆交通枢纽;西江流域中心城市
当地的发展策略	以港兴城;前港后园;工业强市;积极承接产业转移	以港兴城;前港后园;工业强市;积极承接产业转移
城市规划	2020年规划城区建设用地80km²,人口80万	2020年规划城区建设用地79km²,人口75万
比较优势与劣势	历史悠久,是广西与珠江三角洲联系的门户城市,工商业与旅游业的发展条件与基础较好,城市服务能力较强。但城市与产业发展的用地条件较差	区位适中,综合交通条件较好,与贵州及珠江三角洲、南北钦防和桂中城市群的联系便利,城市与产业发展的用地条件优良,矿产资源较丰富,工业发展基础较好。但目前城市的基础设施较差,服务能力较弱
建议的功能定位与发展方向	西江经济带的门户城市,区域性商贸旅游中心梧州中心城市宜采用"富而美"的发展策略,优先改善城市人居环境和服务功能,重点发展商贸物流、旅游休闲等用地较少、附加值高的服务业和都市型工业,可在外围地区适度发展机械制造、林产林化、有色金属等重化工业和陶瓷等产业	西江经济带的中心城市之一,西江内河港口工业与商贸物流基地。立足于本区的资源优势和区位优势,积极发展建材、金属冶炼、电力、化工、制糖造纸五大支柱产业和港口物流业,打造以临港制造业和港口经济为特色的内河港口工业城市。同时,贵港作为"金三角"城镇集聚区的核心城市之一,远景城市人口将超过百万

桂平应规划建设成为旅游业、商贸服务业等第三产业发达的现代化园林城市。桂平位处黔江与西江郁江段交汇处，拥有国家重点的西山风景名胜区。要充分利用丰富的旅游和亚热带农林资源优势，大力发展旅游及相关服务业，加快改造传统工业，不断增强城市经济实力。要加大环境建设和整治力度，加强城市景观建设，提高人居环境质量，建成著名的风景园林城市。

（3）依托大型工业能源基地建设，培育以百色、平果为轴心的右江走廊城镇带

百色右江河谷走廊城镇带是指包括右江区、田阳县、田东县和平果县在内的沿右江两岸形成的城镇密集地带。该城镇带面积为 11 369km^2，现状人口有150多万，人文和自然条件十分优越。

右江河谷走廊城镇带地处大西南主要出海"黄金通道"之一，是云贵等地距离出海口最近的通道。百色同时也是我国大西南出海通道的交通枢纽和物资集散地之一，区位优势明显。一直以来就是西南三省交界处的交通要道和物资集散中心区域。

右江河谷走廊城镇带及其周边地区具有十分丰富的资源，这些资源为城镇带的发展提供了非常好的基础。我们把这些丰富的资源归为六大资源，即矿产资源、土地资源、水力资源、生态资源、劳动力资源、旅游资源。百色市蕴藏着丰富的矿产资源。如铝土、金、铜、锰等金属矿产资源；石油、煤炭等能源矿产资源；膨润土等非金属矿产资源资源，尤其是铝矿，不仅储量大，而且品相高，具备大规模开发的优越条件。这些矿产资源是发展资源型工业的重要基础。据统计，百色市已发现57个矿种，探明储量的有34种，已开发利用的26种；发现矿产地157处，其中大中型矿床50多处。已探明的主要矿产中，铝土矿、铜矿、水晶、褐煤等储量居广西首位；黄金储量为广西第一，是全国第二个金三角。

右江河谷走廊城镇带目前总体经济发展水平偏低，经济基础薄弱，产业结构单一。从区域合作和城市空间组织的角度出发，逐步改变右江河谷走廊城镇带各城镇相对独立的现状，通过加强区域合作，基础设施共享和强化产业经济联系，将右江河谷各城镇融合在一个相互联系，共同发展，相互依托，共同进步的一个区域整体中。

要依托南昆铁路及南宁—百色高等级公路，着重发展铝工业、电力工业和旅游业，建设成为广西的铝工业基地、西电东送基地及民俗文化和革命历史教育基地，并以此带动区域内城镇的发展。

根据百色市人民政府编制的《百色右江河谷走廊城镇带规划（2006—2020）》，至2020年，右江河谷走廊城镇带常住总人口为200万，城市化水平60.2%，城镇人口为120.4万。右江河谷走廊城镇带的发展定位是：亚洲铝工业基地的核心之一；国家红色革命传统教育基地；西南重要的出海大通道；黔滇桂结合部重要的物资集散区域；桂西区域人口、产业的核心载体。

右江河谷走廊城镇的空间分布具有鲜明的地域特点，呈现出鲜明的带形加散点状的城镇空间分布特色。中部河谷盆状地区的城镇沿主要右江及交通干道呈现明显带状分布，北部土山地区和南部石山地区的城镇则呈现出散点状的分布特征，尤其是右江区北部和南部地区，散点状分布的特征更加明显。同时，中部城镇分布密集而南北较为稀疏，中部城镇的数量和城镇密度明显高于南北部。

百色市是右江河谷走廊城镇带的中心城市，属综合型城市，是国家西南出海大通道重

要的交通枢纽和流通中心，百色市的政治、经济与文化中心。

平果县城是右江河谷走廊城镇带的副中心城市和重要工业城市，是国家重要的铝产业基地，百色市域副中心城市，百色市东门户，平果县的政治、经济、文化中心。

田阳县城（含田州、那坡、头塘）是右江河谷走廊城镇带的重点城市，属综合型城市，是田阳县的政治、经济和文化中心，重要的交通节点和农产品流通中心，重点发展物流业、农产品加工业和区域性专业市场。

田东县城（含平马、祥周）是右江河谷走廊城镇带的重点城市，属综合型城市，是田东县的政治、经济和文化中心，重要的交通节点和石化产业基地，重点发展石油化工业、煤炭电力工业和农产品加工业。

（4）利用好建设中国—东盟自由贸易区的历史机遇，促进以凭祥、崇左为轴心的桂西南城镇带的形成

桂西南城镇带由崇左市及其所辖市县组成。该带东联桂东南及粤、港、澳，西接云、贵、川，扼守大西南出海通道和东南沿海西向通道的咽喉，面对沿海、西南及东南亚三大市场。具有沿边、沿江、沿铁路、临首府、近海的区位优势，湘桂铁路干线贯通全境，公路交通四通八达。左江、右江、郁江是境域内最大的河流，上可通百色，下可达广州、深圳、香港和澳门。

区域内的主要城镇沿湘桂铁路及南宁至凭祥公路呈带状分布。要进一步发展糖业和锰业为主的优势产业和支柱产业，发展边境出口加工、国际贸易、边境贸易、边境旅游、跨国旅游。

崇左是桂西南城镇带的中心城市，左江流域交通枢纽和商贸、文化中心，大力发展制糖业、农产品加工业、国际贸易、旅游业，建成生态良好、富有南亚热带特色的山水园林城市。

凭祥市是桂西南城镇带的副中心城市，要充分利用建立中国—东盟自由贸易区的难得机遇，建成富有边关历史风貌的跨国旅游、边境商贸口岸城市。

（四）城镇规模结构

根据《广西城镇体系规划（2006—2020）》，2020年西江经济带城镇体系的规模结构如表8-48所示。

表8-48　2020年西江经济带规划城镇规模分级表——《广西城镇体系规划（2006—2020）》

规划规模（万人）	城镇数	城镇名称（万人）
大于100	2	南宁（200~300）、柳州（160~200）
50~100	2	梧州（90）、贵港（70）
20~50	11	来宾（40）、崇左（35）、百色（40）、桂平（45）、岑溪（40）、宾阳（40）、横县（25）、平南（22）、田东（20）、武鸣（320）、鹿寨（20）

续表

规划规模（万人）	城镇数	城镇名称（万人）
5~20	33	柳城、融水、柳江、三江、合山、武宣、象州、忻城、苍梧、蒙山、藤县、隆安、靖西、隆林、扶绥、大新、天等、宁明、龙州、凭祥、上林、马山、融安、田阳、平果 其他重点建制镇： 黎塘、六景、吴圩、伶俐、金陵、三塘、那桐、大塘
2~5	4	金秀、西林、凌云、那坡、乐业、田林、德保 其他重点建制镇： 麻峒镇、沙塘镇、雒容镇、小平阳镇、大安、桥圩、五塘、苏圩、长塘、那楼、锣圩、府城、双桥、峦城、校椅、云表、新桥、大桥、白圩、周鹿
小于2	4	凌云、乐业、西林、德保

不过，我们也注意到，在各地级市、县及县级市所编制的城市规划中，有不少城市所确定的 2020 年城市规模要大于《广西城镇体系规划（2006—2020）》所确定的城市规模，如贵港的城镇人口规模为 75 万人而非 70 万人，来宾的为 60 万人而非 40 万人，崇左的为 50 万人而非 35 万人，百色的为 50 万人而非 40 万人，平南为 30 万~40 万人而 22 万人，田东为 35 万人而非 20 万人，武鸣为 30 万~40 万人而 20 万人，平果为 45 万人，融安为 21 万人，田阳为 30 万人，六景为 8 万~12 万人。

如果以各城市自己编制的城市规划为准的话，西江经济带的城镇规模结构将发生较大的变化，特别是 50 万~100 万人的大城市，将由原来的 2 个（梧州市和贵港市）增加至 5 个，来宾、崇左和百色也将成为 2020 年的大城市。

而实际上，这 3 个城市的发展条件较差、现状基础较弱、发展潜力较小，不太可能在 2020 年达到如此巨大的城镇人口规模。各城市自己编制的城市规划所确定的城市人口规模可能是根据它们是地级市的行政级别，人为地提高地城市人口规模的。总体看来，《广西城镇体系规划（2006—2020）》所确定的西江经济带 2020 年各城市的人口规模，要比各城市自己所编制的城市规划所确定的人口规模更具可信度。

不过，随着西江经济带总体规划的实施，必将对区域内城镇发展产生广泛而深远的影响，并对《广西城镇体系规划（2006—2020）》所确定的西江经济带 2020 年各城市的人口规模也产生较大的影响。

根据本报告对城镇发展影响的评估结果，并结合本报告所提出的南（宁）柳（州）贵（港）"金三角"城镇总体布局，对以下城镇 2020 年或远景城镇人口规模提出如下修改意见：

1）贵港 2020 年的城镇人口规模有可能会超过 70 万，远景（2030 年）可能会超过 100 万，成为特大城市。贵港市在西江经济带总体规划中将受益最大，并依托其区位优势和交通优势，成长成为西江经济带的中心城市之一和西江内河港口工业与商贸物流基地，与南宁和柳州共同构成"金三角"城镇集聚区的3个端点城市之一。快速的产业与城市发展，并带来快速的人口集聚，远景成为人口超百万的特大城市。据贵港市人民政府编制的《贵港城市总体规划（2008—2030）》："未来贵港市中心城范围内的城市人口也将达到160万～180万人。相应的，贵港市中心城范围内的城市用地规模，也将分别达到160～200km^2。"

2）梧州远景（2030年）人口规模也可能超过100万，成为特大城市。根据《梧州城市总体规划（2002—2020）（2009修改版）》，梧州的城镇人口规模将由2008年的36万增长至2020年的80万，年均增长3.6万。如果其城镇人口在2020～2030年按年均增长2万计，梧州将在2030年达到100万人。

3）六景远景城镇人口将超过20万，进入中等城市的行列。六景位处南（宁）柳（州）贵（港）"金三角"城镇集区的重要城镇发展轴线上和西江主航道上，在战略区位、对外交通、用地条件等多方面具有综合优势，将依托自治区级六景工业园区的建设，快速发展成为以重化工和仓储物流业为特色的工业城市。据横县人民政府所编制的《横县六景镇总体规划（2008－2025）》，六景镇区的人口规模近期2015年为14万，远期2025年为26万～27万人。

据估计，远景（2030年）西江经济带将形成4个人口超100万的超大城市，即南宁、柳州、贵港和梧州。

三、重点城市和城镇发展指引

西江经济带总体开发将对区域内各城镇的发展产生广泛而深刻的影响。一方面，以西江万吨黄金水道建设为重点的区域性基础设施建设，为沿江地区城镇发展提供了强劲的发展动力和良好的发展机遇。西江经济带总体开发将极大地改善沿江各城镇的经济区位条件和战略地位，大幅提升它们对资本、产业、人口等吸引力和集聚力。另一方面，西江经济带城市化快速发展也给沿江地区城镇建设带来了不容忽视的挑战与风险。地方政府对快速发展经济的追求与冲动，极易导致大多数沿江岸线被码头、工业园区等生产性功能所占用，而生活性、生态性岸线极为匮缺；产业与人口的快速增长在可能导致作为城镇饮用水源的西江的水质下降、被污染的风险增加等问题。

因此，有必要根据西江经济带总体规划的目标和总体格局，对在此之前各城市所编制的城市总体规划进行重新审视，更好地抓住西江经济带开发所带来的机遇，更好地体现西江经济带开发对城镇发展的要求，引导和促进"亲水宜居、生机勃勃"的西江城镇带的形成与发展。为此，本报告对南宁、柳州、梧州和贵港这四大中心城市的城市规划进行审视，并提出规划发展指引供相关部门参考。

（一）南宁发展指引

《南宁市城市总体规划（2008—2020）》突出了南宁在中国—东盟合作中的桥头堡作用和北部湾城镇群发展中的核心作用，但对西江黄金水道开发对南宁市发展的带动作用和南宁市在西江经济带中的核心作用未做专门有研究和部署。建议对以下几方面进行补充完善（图8-27）。

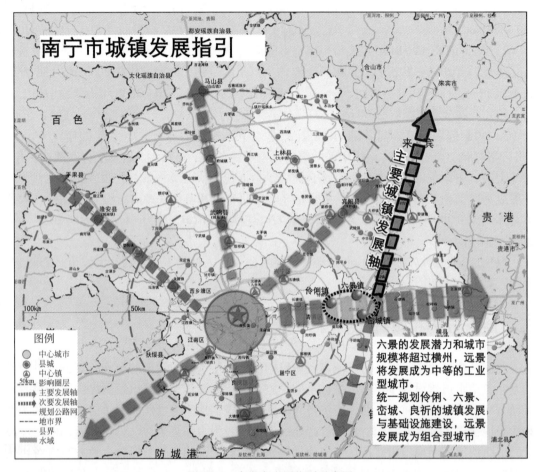

图8-27　南宁市发展指引示意图

1）在市域空间发展总体结构中，建议将黎塘镇—六景镇—峦城镇这条城镇发展轴由目前的次要发展轴提升为主要发展轴。

该城镇发展轴在南宁市域东部由北向南联系来宾和钦州方向，实际上就是《广西城镇体系规划（2006－2020年）》和西江经济带中所提出的湘桂城镇一级发展轴（南宁—柳州）在南宁市的部分。虽然，该轴线在南宁市域内部的重要性并不显著，但为了与自治区城镇体系规划和西江经济带空间结构布局保持一致，建议将其提升为主要城镇发展轴。这与将中心城——大塘，即南宁市向南联系北钦防地区的发展轴作为主要发展轴的道理是一样的。

2）强化山水自然景观、塑造"山水城市"特色，打造"中国绿城"和"中国水城"。

南宁城市建设要按照"显山露水"的要求，保护好山、水、树，为城市发展与自然环境的和谐共处奠定坚实基础。南宁市区内水系发达，邕江与其众多支流及周边水库、池塘，构成了以邕江为主干的庞大水系网络，要全面综合统筹考虑城市的水质、行洪、截污、补水、绿化、湿地、建筑、景观以及交通、旅游等城市可持续发展的需要；要多运用生态、自然的办法和技术，保护好、恢复好城市水环境的生态环境系统，使人与自然和谐共生、共存，全面提升城市品位和文化韵味。南宁可将城市中的山、水、树、绿衔接搭配，加快河网、湖、塘的综合整治，凸显南宁城市特色，从而形成独特的城市灵气和个性。依据南宁市城市总体规划，建立完善的绿化网络体系和综合水网体系，形成"一脉一核两带"的总体景观架构，打造南宁"中国绿城"加"中国南方水城"的双城形象。

3）重视六景的发展潜力，建议远景改镇为市，并统一研究和规划六景、伶俐、峦城和良祈的港口建设、产业发展和用地布局，形成有机联系的组合型城市。

六景位处西江黄金水道的主航道上，港口建设条件优越，并且位于南梧与湘桂两条一级城镇发展轴的交汇处，铁路、高速公路、水运等综合交通条件优越，并且拥有自治区级六景工业园区，其发展潜力巨大，将重点建设成为以重化工和仓储物流业为特色的工业城市。显然，随着西江经济带总体规划的实施，六景的发展条件与潜力要明显地优越于横县县城（横州）等其他城镇。

不过，在《南宁市城市总体规划（2008—2020）》城镇规模等级结构中，2020年六景（含六景工业区）的人口规模为15万~20万，而横州为20万~25万，要比六景高一个等级。这可能是由于横州是县政府驻地行政等级较高，而六景目前是一般城镇的缘故。在横县六景镇人民政府编制的《南宁市横县六景镇总体规划（2008—2025）》中，规划六景镇镇区近期2015年人口规模为15.06万，远期2025年镇区人口规模为26.69万。

另外，更为重要的是，六景、伶俐、峦城和良祈这4个城镇，虽然在行政上相互独立，特别是伶俐还不与其他3个城镇同在一个区县行政管辖区，但它们在空间上相距较近，未来的发展上联系紧密，建议统一研究和规划这4个城镇的港口建设、产业发展和用地布局等，形成一个在功能上具在有机联系的组合型城市。

因此，远景来看，以六景为核心的组合型城市的人口规模将超过20万，有必要将其改为正式的建制市，或可称为六景市。

4）六景镇总体规划中工业用地和生产性岸线所占比重过大，建议增加和预留足够的生活性与生态性岸线及空间，为城镇功能完善及可持续发展创造良好的环境条件。

在六景镇总体规划的用地布局规划图中，几乎所有的滨水岸线均被规划为港口码头等生产性岸线，生活性和生态性岸线缺乏；工业用地占地比重过大，公共设施用地及公园、绿地缺乏；六景组团和峦城组团、良祈农场组团之间缺乏有机联系。所有这些方面，均不利用于城镇可持续发展，建议修改完善（图8-28）。

（二）柳州发展指引

柳州城市行政区划调整是编制《柳州市城市发展总体规划（2008—2020）》的主要背景之一。2002年9月15日，经国务院正式批准，撤销原柳州地区，柳州市由原辖柳江、柳城两县，改为辖三江、融水、融安、鹿寨、柳城、柳江六县，柳州市地域面积增加到

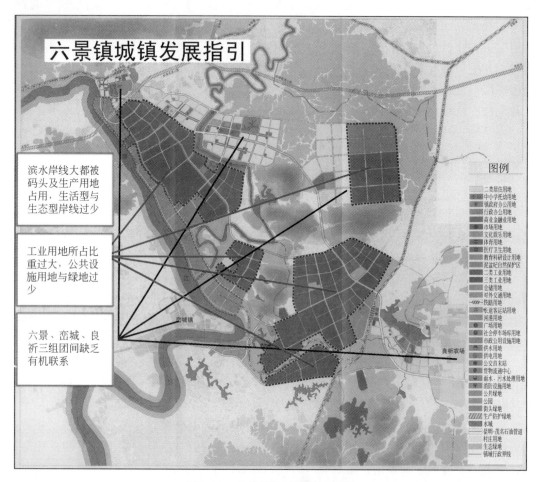

图 8-28 六景镇发展指引示意图

18 617 km^2，人口增加到 362.5 万（2008 年统计年鉴）。柳州市区撤销原郊区，合并为与柳北区、城中区、柳南区和鱼峰区。市域面积及人口有了较大增长。行政区划的调整，为城市整合资源、调整结构提供了更为广阔的空间和舞台。

不过，柳州城区建设用地的空间拓展主要受到山体及铁路等影响，如何合理、有效地拓展远景城市发展空间，仍然是柳州城市发展所面临的关键问题之一。从用地条件、交通环境、资源利用等方面，以及整个城市大的形态结构的合理性来看，目前的城市空间承载力明显不足，对承担城市未来发展任务存在明显的瓶颈制约。同时，柳州城市空间又过于集中，城市未来的承载能力不足，需要向外跨越发展，而向外的空间拓展能力则受资金投入、建设用地规模、行政区划限制等条件约束。因此，建议在以下方面进行调整（图 8-29）。

1）进一步深入研究远景城市空间发展的"东进"与"南拓"方案，并进行相应的行政区划调整。

"东进"方案是将鹿寨部分区域纳入柳州市区域行政管辖范围，即将现由鹿寨县管辖

第八章 健康城市化与社会事业发展

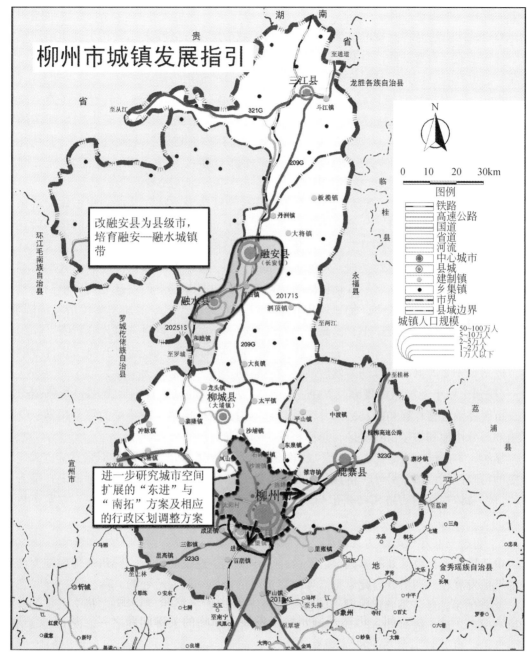

图 8-29　柳州发展指引示意图

的雒容镇切块并入柳州市区。随着柳州城市发展和空间拓展，一批项目布局在官塘区内，官塘地区正集聚着新的发展条件和优势，将成为柳州新一轮发展的重要"引擎"。官塘片区大部分属鹿寨县雒容镇管辖，城市东进向官塘一带发展，必须突破现有行政边界限制。官塘片区开发是柳州区域中心地位提升的重要战略支撑之一。官塘片区调整并入柳州市区，柳州城市东进将获得广阔的发展空间，有利于市区对城市规划区范围内的开发建设进行统一管理，对城市空间布局结构优化和产业布局调整、基础设施建设以及其他各项管理都会起到很大的推进作用,是柳州市区域中心地位提升的重要支撑。行政管辖范围调整后,柳州城市东进获得充裕的发展空间,有利于城市规模发展壮大,有利于柳州市产业布局调整和工业超常规发展,有利于柳东新区开发,与老城形成"两城"格局带动柳州市经济发展,也有利于柳州市区对鹿寨县县城及其他各镇的辐射带动。

此外,如保持雒容镇现有行政区划的完整性,有利于方案实施,具有很强的可操作性。目前,雒容镇已经划归柳东新区托管,下一步,考虑到雒容镇镇区为柳东新区的组成部分,为保持现有行政区划的完整,尽可能避免行政区划调整导致行政区割裂和社会经济矛盾,将雒容镇整体并入柳州市区,与现柳东新区其他部分一起组成新的柳东新区。

"南拓"方案是将柳江县纳入柳州市区域行政管辖范围。柳江县在柳州市域经济体系当中的地位正在逐渐提升,然而较为偏重工业配套方面,且与柳州市域之外的经济联系不多,属于较为典型的依赖型经济实体。从"柳州经济圈"发展的需要看,柳江县未来将承担市区工业经济空间转移对土地、资源、环境的压力,柳江县融入市区之后,人均指标将在短期内加速提升到市区水平,这种增速比柳江县在自身基础上的增速要高。格局调整有利于通过集聚带来规模效应,加速城市化进程,带来人均产能的增加和单位消耗的降低,提高固定资产投资的单位产出,提高人均财政总收入贡献率,增强"柳州经济圈"作为一个区域经济整体的综合竞争力。进行适时、适当的格局调整,无论对于柳江县自身的发展,还是对于实施柳州城乡统筹发展新格局战略的实现,都是利大于弊。

《柳州市城市发展总体规划(2008—2020)》所确定的城市规划区范围包括柳州市市区及市区外围紧密相连的邻县的部分区域,具体为:①拉堡镇、进德镇的部分用地;②雒容镇的部分用地和古亭山开发区,总面积约为860km^2。

显然,本版城市规划将"东进"方案的部分用地纳入了市区,但尚不完整,也未进行相应的行政区划调整。另外,柳江县位处西江经济带中湘桂一级城镇发展轴线上,随着西江经济带总体规划的实施和柳州市与南梧城镇发展轴联系的加强,"南拓"方案将更趋重要。

2)将融安县建设改制为县级市,培育融安—融水城镇带。

由于历史上行政区划的原因,以及公路、水路航道建设的滞后,柳州北部融江支流沿线的城镇发展相对滞后,因此也是需要重点加强的地带。融安地处湘、黔、桂三省(自治区)交界地带,经济基础比较强,区位和交通优势也较为明显。随着西江黄金水道的开发和柳州市中心城市辐射带动作用的加强,可以考虑将融安打造成为桂中经济区北部的地域中心城市,以农林加工为主的商贸及交通发达的综合型城市,并依托融江、枝柳铁路、209国道,结合南部的黔桂铁路、宜柳高速公路和柳江,形成以长安、融水为基础,以融安县浮石镇为结合点的融安—融水城镇带。在此基础上,远景可组建一个组团式结构的带形城市。

3)着力塑造"城在山中,山在城中,城在水边,水在城里"的柳州城市景观风貌特色。

柳州城市景观富有特色,三面环山,中间开阔低平,形成一个群山包围的盆地,盆地内分布有若干的孤山独峰,峭立于城区中,成为重要的空间视觉焦点,蜿蜒曲流的柳江使城市呈现为一个大盆景的空间形态。

近些年来柳江滨水建设虽取得了一定成绩，"百里柳江"粗具雏形。但总的来说仍远远无法满足人民生活的需要，尚面临以下问题：①大部分沿江滨水土地仍被"赖水为生"的传统产业和"资源消费型"的水域活动所占据，市民一般无法接近。②滨水环境较差，掠夺性破坏活动仍在继续发生，水流域自然生态功能失调。③滨水权属复杂，没有一个强有力的机构执行统一建设和管理；资金来源单一，用于日常维护尚入不敷出。④滨水开发缺乏整体观念、目标单一、手法单调、滨水面貌千篇一律，无法展现滨水特色和城市风格。

柳江是柳州市区得天独厚的景观资源，首先应该为公共大众使用。应加强对柳江滨水地带的综合整治与整体规划，通过开辟连续的滨江公园和绿化带，增建富有地方特色的滨江小街、沿江文化长廊等综合措施，促进"亲水宜居城市"建设。

未来城市将继续扩展，最终将填满原来作为景观背景的东、西、北、东南部山体之间的广大地区，城市将与山、水元素融为一体，从而形成山、水、城有机结合的山水城市特色，即"城在山中，山在城中，城在水边，水在城里"的山水城市空间结构。

（三）贵港发展指引

《贵港市城市总体规划（2008—2030）》认为中心城区城市建设的现状主要问题为：一是用地布局不合理。贵糖、红旗纸厂等污染企业位于郁江上游，同居住用地混杂，污染、干扰严重；沿街商业沿街蔓延，缺乏高品质的商业设施；居住用地缺乏规划，配套设施落后。二是用地结构不合理。居住用地比例明显偏高；社会公共服务设施，如文化体育等公共服务设施比例偏低；绿地所占比例仅为 8.8%，明显偏低。三是基础设施亟待完善。四是岸线利用结构性问题突出。长期以来岸线利用均以工业、港口等生产性岸线为主，居住、休闲、旅游景观等生活性岸线开发明显不足。并且由于岸线利用混杂，降低了岸线资源的利用率，影响了陆域用地的合理开发，增加了陆域土地调整和功能置换的难度。五是城市特色缺失。对历史特色的挖掘传承、对自然禀赋的利用开发不足，城市缺乏个性和特色。沿郁江北岸大部分被用作生产岸线，南岸则未被充分利用，缺乏滨江城市特色。

新版城市规划针对这些问题，制订了不少合理可行的解决方案，取得了显著的成效。如针对城市特色缺失的问题，开展了中心城景观风貌规划，提出城市建设布局要体现"浔郁荷城"特色，并将贵港城市形象定位为"浔郁古郡，活力荷城"。

不过，从该版规划方案的中心城空间结构和用地布局来看，其所提出的"浔郁荷城"城市特色和"浔郁古郡，活力荷城"的城市形象定位并不能在城市布局与城市建设上得到有效的体现上展示，城市特色缺乏的问题仍未得到有效解决。

为此，我们建议重新研究东湖片区和南湖片区的功能定位、用地规划和城市设计，建议将该组团规划定位为贵港市的城市文化休闲旅游中心，旨在彰显贵港的"港城"或"江城"特色，促进"亲水宜居"城市建设（图 8-30）。

1) 对东湖南湖组团区域进行总体城市设计，使之成为贵港城市特色和城市定位的标志区，并通过设计、建设一批地标性的建筑、城市小品在城市建设上予以体现。

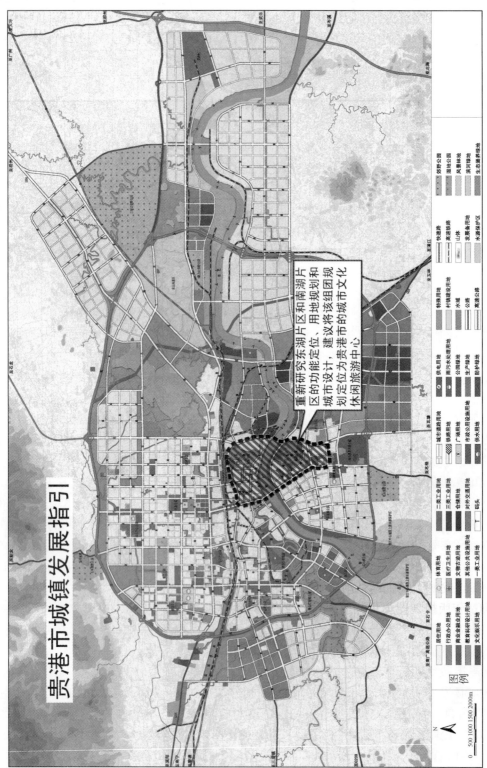

图8-30 贵港市发展指引示意图

2）妥善处理好与东湖片区东侧的爱凯尔贵港集装箱码头在岸线利用、城市景观等方面的关系，体现港城特色。

3）适当增加本组团内文化娱乐、公共设施和商业服务等为外来游客和全市公共服务等功能的用地的比重，相应减少居住用地等仅为当地社区服务的用地的比重。

4）将该级团规划建设为市级商务中心。目前将市级商务中心布局在市政府所在地的行政中心，该方案有待商榷。

（四）梧州市发展指引

《梧州市城市总体规划（2002—2020年）》（2009修改版），是针对2002～2009年梧州所面临发展环境与形势的变化以及2002版规划在实施过程中所出现的问题而修编的。在修编过程中，已将"西江经济带的构建"作为"区域发展环境的改变"之中的一个背景环境予以考虑。不过，由于当时主要仅是考虑西江黄金水道开发的影响，尚不清楚西江经济带总体规划的目标与构想，因此该版规划仍有待商榷之处。我们建议（图8-31）：

1）进一步深入研究梧州在新形势下的城市功能定位，特别是其与贵港市的相对比较优势及职能分工。建议将梧州市定位确定为：西江经济带的门户城市和区域性商贸旅游中心。目前梧州与贵港都是采取"以港兴城；前港后园；工业强市；积极承接产业转移"等类似的发展策略，同质化现象比较严重，不利于桂东城镇群的健康发展。本报告在对两城市的比较优势与劣势进行了比较与总结后，提出梧州宜采用"富而美"的发展策略，优先改善城市人居环境和服务功能，重点发展商贸物流、旅游休闲等用地较少、附加值高的服务业和都市型工业，可在外围地区适度发展机械制造、林产林化、有色金属等重化工业和陶瓷等产业，与贵港打造以临港制造业和港口经济为特色的内河港口工业城市的定位有较显著的区别，实现错位发展，共同带动桂东城市群的形成与发展。

2）进一步深入研究中心城区建设用地的发展方向，特别是与苍梧县在城市发展过程中行政区划的调整方案。梧州市的地形特点是四周高、中间低，地形以山地丘陵为主，丘陵地占80%以上，市区建筑很多依山而建，素有"山城"之称。由此而产生的突出问题是梧州城区空间狭小，城区过于密集和集中，使梧州城市规模扩展严重受阻，城市的集聚、带动作用难以发挥。因此，加大行政区划调整，拓展城市发展空间、完善城市功能，是梧州城市发展所面临的紧迫问题之一。

2002年版规划即提出，梧州城市主体发展方向应以向南为主，遵循"南拓、西联、东优、北控"的原则，重点发展三龙片区、苍梧片区、优化发展长洲片区。2009年版仍确定城市主体发展方向以向南为主，遵循的原则调整为"南连、西进、东优、北拓"，向南重点连接和发展苍梧城区。

梧州城市主体发展方向选择主体发展方向选择向南重点、连接和发展苍梧城区，是适合实际的。2009年版规划已将苍梧县的龙圩镇纳入中心城区，但目前行政区划的调整方案仍未确定，致使行政管理成本过高和管理效率低下，亟待研究解决。

3）取消或搬迁长洲岛上的梧州机场，将长洲岛整体规划建设为梧州市的休闲旅游基地。长洲岛应定位为以旅游、文化、娱乐、体育为主的城市"绿心"，其功能为结合长州

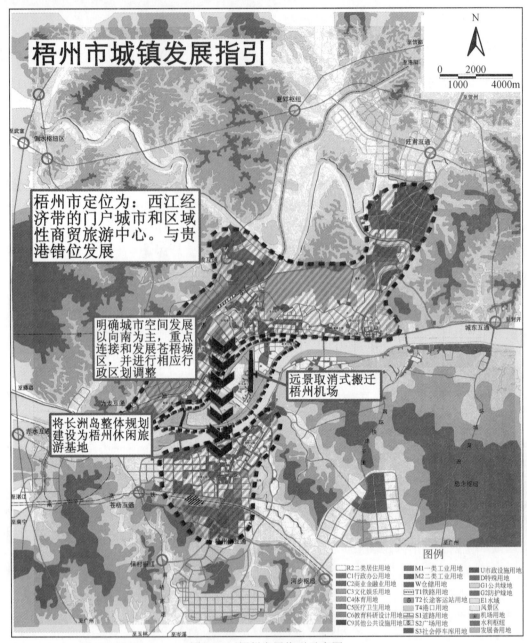

图 8-31 梧州发展指引示意图

水利枢纽旅游观光的城市生态区。目前布局在该岛中部的梧州机场，虽然航班较小，利用率不高，但是机场对全岛的土地使用与城市建设的限制及负面影响极大。

实际上，在南广高速铁路通车之后，从梧州至南宁和至广州的时间都将在1小时之内，从而主要以南宁和广州为目的地的梧州机场已无存在的必要。同时，随着梧州至广州和南宁的联系更加便利，梧州丰富独特的旅游资源和悠久的历史文化底蕴将吸引大批珠江三角洲的游客，促进休闲旅游业的快速发展，客观上要求建设一个休闲旅游中心。无论从区位条件还是资源环境基础等多方面来看，长洲岛都是规划建设为梧州市休闲旅游（中心）基地的首选之地。

第五节 社会事业发展

随着市场经济的发展,我国居民的收入差异迅速扩大,阶层分化加剧,由此引发的社会矛盾和社会冲突正在突显;另外,大规模的工业化和城市化带来劳动力市场的巨大变化,人口的社会流动性大大增加,传统的社会管理体制亟待创新。党的十七大把"社会建设"提升到与经济建设、政治建设、文化建设同样重要的战略地位,这意味着社会建设已被正式、纲领性地纳入国家发展战略。

在我国的社会主义初级发展阶段,社会建设的目标是保障和改善民生,优化社会结构,提高全民素质,促进公共服务均等化。具体来说,应该着重加强3个层面的建设:一是以促进社会公正,维护社会团结为目标的社会事业,主要是面向诸如残疾人、老人、失业人群等社会特殊群体,体现社会责任与人本关怀;二是以防范社会风险,维护社会安全为目标的社会事业,主要是面向全体社会成员提供最基本的社会保障和社会治安;三是以增进社会成员福利为目标的社会事业,主要是提升社会成员的人力资本和生活质量,包括教育、文化、体育等社会事业。

西江经济带的城镇发展,不仅要整合流域经济,增强区域内部城镇之间的分工和协作,也有必要把社会事业建设放在更加突出的位置,对人口空间布局进行优化和引导,从而构建与经济发展相适应的社会事业发展新格局。社会事业与人民生活息息相关,直接关系到西江经济带区域形象和功能的提升,关系到经济社会的统筹协调发展,关系到西江黄金水道的建设成效和发展质量。

从西江流域7地市社会事业的发展现状看,总体上存在着不全面和不均衡问题,与北部湾等发达地区相比,尚存在较大差距。首先,城镇建设和社会服务滞后,总量不足的矛盾比较突出。城市建设基础差,底子薄,社会服务水平低。由于社会经济发展水平的制约,目前的公共服务财政投入水准很难满足社会的需求。西江经济区正处于人口和城市化迅速发展的时期,人口老龄化加速,劳动就业保障压力急剧增加,给医疗、教育和社保带来更大的压力。其次,社会事业区域空间布局不均衡。中心城市和其他城市,城区和农村地区,平原地区和山区的服务水准和设施配置具有较大的差异。

为此,应以西江黄金水道开发为契机,以实现经济社会协调发展为目标,以改革发展创新为动力,推进科技、教育、文化、卫生、体育等各项社会事业的繁荣和发展,为人口和城市化的健康发展提供支撑和保障。

一、西江经济带社会事业规划的目标和原则

(一)西江经济带社会事业规划的目标

1. 总体目标

全面贯彻落实科学发展观,结合广西西江经济带发展的实际,综合考虑少数民族地区

的客观实际和发展需求，全面评估西江经济带各个城市社会事业发展中存在的主要问题，以促进公共服务均等化、构建和谐社会和改善区域发展环境为目标，统筹安排和优化配置公共服务设施资源，加快科技、文化、教育、卫生、体育等社会事业发展，充分发挥公共服务设施在完善城市功能、优化空间布局、引导城市建设方面的作用，全面提高西江流域各地区的社会事业发展水平，提升区域性中心城市功能，统筹城乡协调发展，提高人民群众的生活品质，促进各城市经济与社会事业的全面进步。

2. 具体目标

西江经济带是广西未来人口和产业重点集聚的区域之一，也是城市化重点发展的区域。据测算，到2020年，西江经济带将承载广西60%的人口，城市化率达到53%~55%的发展水平。按照西江经济带不同的区位条件、发展基础和规划定位，社会事业的空间布局可以分为3种区域类型，一是沿江平原区；二是丘陵山区；三是民族地区和边远地区。不同的区域有不同的发展目标和发展重点，具有不同的等级结构。

1) 沿江平原区：基本贯穿了西江经济带的核心区域，主要包括南宁（六景）—柳州—贵港（桂平）构成的黄金三角城镇密集区（包括处于连接轴上的来宾市）；左右江城镇发展带以及贵港—梧州沿江城镇带三大区域的沿江县市。沿江平原区的各县、市社会事业发展基础好，公共服务设施配套相对完善，交通便利，今后应进一步优化公共服务设施的空间配置，改善服务质量，重点加强高等教育、高端医疗服务和大型文体设施建设，提升中心城市的服务功能，不断优化和提升区域中心城市和县城驻地的公共服务质量和水平，加强乡镇驻地投入水平，争创西江经济带统筹城乡社会事业发展的示范区，构建区域服务中心—组团（片区）服务中心和社区（乡镇）服务中心三级体系。

2) 丘陵山区：西江经济带处于该区的县市较多，交通不便，除了加强县、市政府驻地的社会事业建设外，重点加强各乡镇的公共服务设施投资，特别是教育、医疗等基础服务重心向乡镇转移，方便山区居民的就近就医和子女就学，不断提高社会服务水平，构建县城服务中心、乡镇服务中心和中心村服务中心三级体系。

3) 民族地区和边远山区：社会事业发展相对滞后，城乡居民文化素质偏低，交通出行不便，与丘陵山区比较类似。应充分考虑该区域的民族构成复杂性与对外联系的不便性，教育医疗等公共服务适当向乡镇下移，建设寄宿式中小学，完善九年义务教育覆盖体系，简化医疗报销程序，建设县城服务中心—乡镇服务中心—中心村服务中心三级服务体系，不断改善民族地区和边远山区的公共服务可达性和社会发展环境。

（二）社会事业建设的基本原则

（1）坚持政府主导，社会参与

提供公共服务是政府的责任，必须坚持政府主导，保障公共服务的提供和绩效。强化政府在市场经济条件下的社会管理和公共服务职能，调动社会力量广泛参与。

（2）坚持扩大总量，整体提高

加大对社会事业的投入，解决总量不足的矛盾，提高整体水平，满足城乡居民多层次、多方面的发展需求。

(3) 坚持公平公正,发挥效率

促进公民享有基本公共服务的权利平等与机会均等,提高公共资源的配置效率,提高社会事业投资的经济效益。

(4) 坚持突出重点,统筹兼顾

强化重点领域、薄弱环节和薄弱地区的发展,扩大教育、卫生、文化等公共服务的供给能力,促进各项社会事业协调发展,促进西江流域区域、城乡之间的协调发展。

二、西江经济带社会事业发展现状分析

由于广西西江经济带7个城市的区位条件、地形特征和经济发展水平存在比较大的区域差异,导致西江经济带各县市的社会事业呈现不均衡的发展特征,城市发展环境的差异性比较显著。下面从教育、科技、文化、医疗、社会保障等方面探讨西江经济带社会事业发展的区域特征。

(一) 县市级教育服务比较均衡,但部分边远少数民族县落后

1. 各个县市的儿童入学率较高,边远山区的入学率有待提高

西江经济带大部分县市的儿童入学率已达到99%以上,总体情况比较理想,但部分县市的儿童入学率仍然偏低。从儿童入学率的区域分布图来看(图8-32),沿江分布的县市普遍较好,外围地区少数县市升学率偏低。具体而言,右江上游地区田林县、靖西县,儿童入学率在98%以下。此外,南宁市马山县、柳州市三江县以及梧州市蒙山县,儿童入学率也明显偏低。也就是说,儿童入学率偏低的县市主要以偏远的山区县和少数民族县为主。

2. 中小学教育资源的空间匹配不够均衡,特别是上游部分区县数量偏低

从7地市的整体情况看,在校小学生数量近3年来稳步减少,从2006年的240万名减少到2008年的230万名,而小学教师数量得到较大提高,从2006年的8.34万名提高到2008年的11.57万名。在校中学生数量同样表现出稳步减少的态势,从2006年的163万名减少到2008年的150万名,减少了13万名,而中学教师队伍基本保持小幅稳定增长,从2006年的8.2万名提高到2008年的8.5万名。与此相对应,西江经济带每位教师平均负担的小学生数量减幅较大,而平均负担的中学生数量也在稳步减少(图8-33)。由于中小学生人数总体呈现减少的态势,西江流域的中小学校面临的整编压力越来越大。

从各地级市的情况来看(图8-34),梧州和贵港两市平均每个教师负担的小学生数量远高于西江经济带平均值,小学教师队伍有待扩编。而崇左、柳州和来宾平均每个教师负担的小学生数量偏少,面临着一定的整编裁员压力。从平均每个教师负担的中学生数量情况看,各地市差别不是很大,贵港和来宾偏高一些,而崇左、梧州和柳州偏低一些。总体来看,西江流域的中小学校存在一定的结构性矛盾,各地市师生比不平衡,有待跨区域地调配与整合。

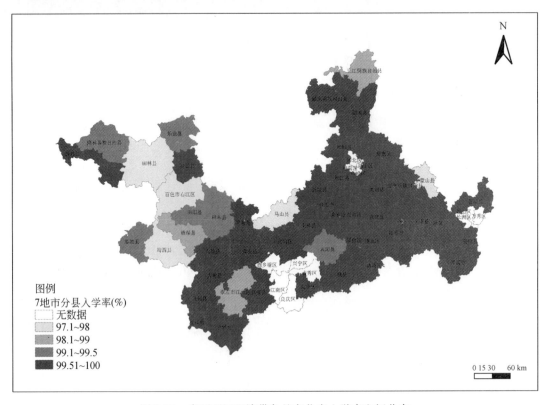

图 8-32　广西西江经济带各县市儿童入学率空间分布

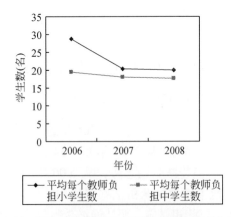

图 8-33　西江经济带 2006~2008 年师生比变化情况

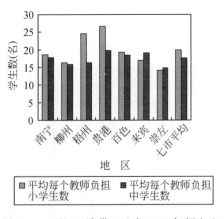

图 8-34　西江经济带 7 地市 2008 年师生比

从每万人中学生和小学生的数量看，西江下游梧州和贵港的平均数量较大，中小学的教育压力和教学任务较繁重。从中小学生数量差异来看（图 8-35，图 8-36），崇左市江洲区、天等县、大新县和宁明县以及百色北部隆林县、西林县、田林县、乐业县、凌云县每万人小学生的数量较多，而每万人中学生数量偏少，特别是与省内外其他地区相比，西江流域每万人口普通高中在校生人数明显偏少。其他地区每万人中小学生数量相对均衡，发展比较平稳。

第八章 健康城市化与社会事业发展

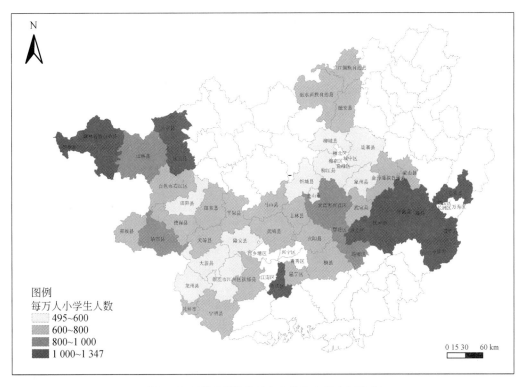

图 8-35 西江经济带万人小学生人数空间分布

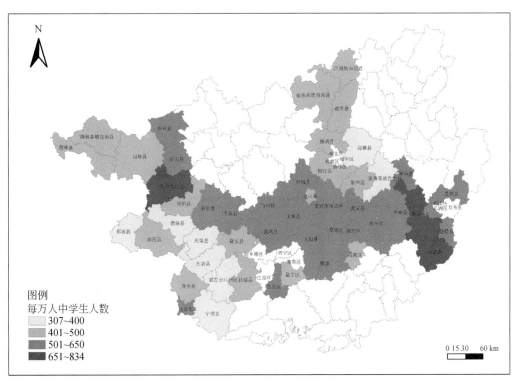

图 8-36 西江经济带万人中学生人数空间分布

从每万人的中小学教师数量看（图 8-37，图 8-38），地级市周边临近县市的中小学教

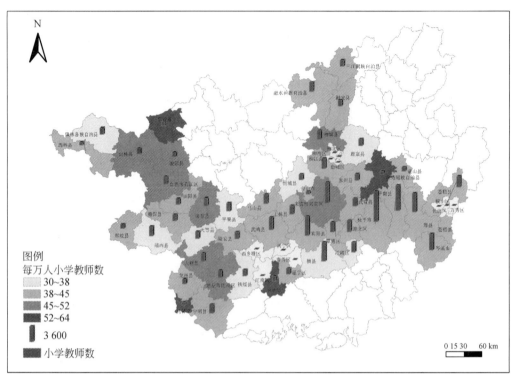

图 8-37　各县市万人小学教师数空间分布

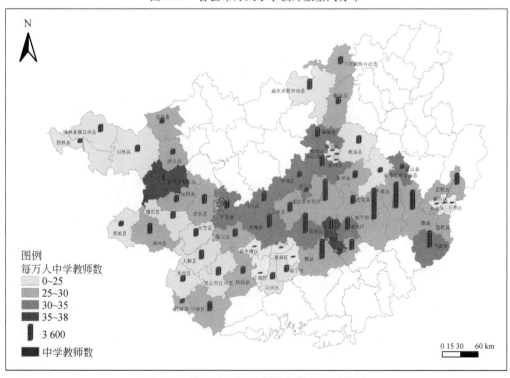

图 8-38　各县市万人中学教师数与中学数量

师数量明显较多，而外围地区的平均数量明显偏少。具体而言，崇左和南宁北部、百色南部、梧州西部和来宾西北部小学教师数量偏少，小学数量也偏少。而中学教师数量偏少的地区主要集中在百色南部西北部、崇左大部分地区。中小学空间匹配不均衡的现象也十分明显。

从西江经济带各县市每个教师平均负担的学生数量看，存在较大的空间差异（图8-39，图8-40）。梧州、贵港和百色北部地区平均每个教师负担的小学生数量偏高，人均在25个以上。而柳城县、合山市、金秀县、大新县、龙州县和凭祥市平均数量偏少，人均12.5个以内。负担的中学生数量表现出类似的差异，梧州、贵港和百色北部平均每个教师负担的中学生数量偏高，在20个以上，而柳城县、崇左市江州区、宁明县数量偏少，在14个以内。

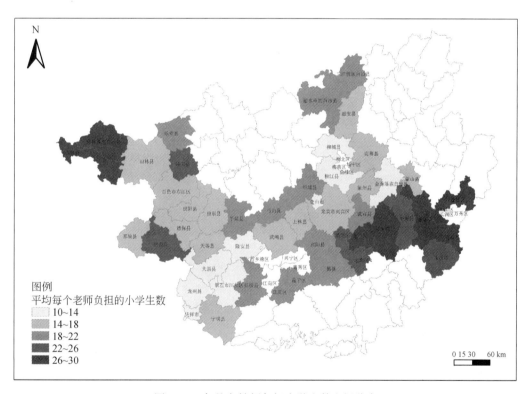

图8-39　各县市教师负担小学生数空间分布

从小学生在校人数和中学生在校人数的比例看（图8-41），梧州、贵港以及左右江流域大部分县市的比例均大于1.5，表明以上地区在未来5年内中学仍将有较多的生源，而这个大比例地区又和平均每个教师负担的中学生数空间分布大体一致，表明这一类地区具有较大的教学压力，教师队伍有待加强，特别是百色北部的乐业县、田林县、隆林县和西林县以及崇左南部的宁明县，面临的压力最大。相比较而言，百色右江区比例小于1，说明小学生数量低于中学生数量，今后5年内部分中学将面临生源不足，压缩学校和缩减编制的问题。

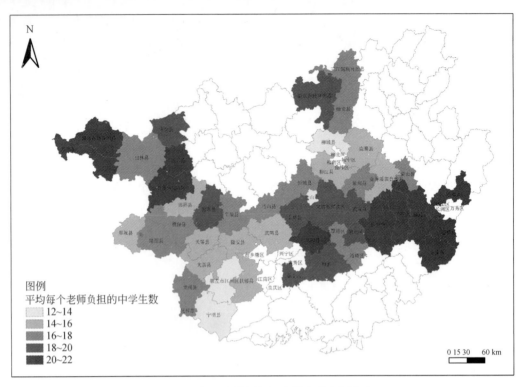

图 8-40　各县市教师负担中学生数空间分布

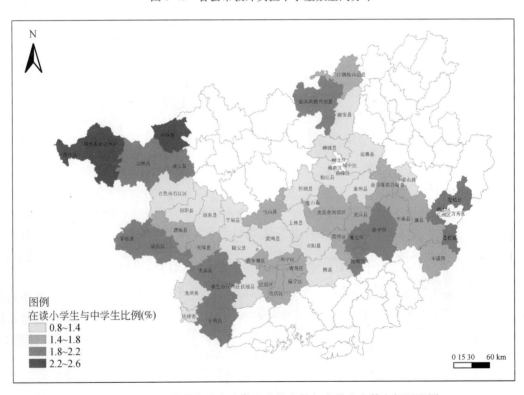

图 8-41　西江经济带各县市小学生在校人数与中学生人数空间匹配图

(二) 基本医疗服务集中于少数中心城市，不均衡状况十分明显

1. 平原河谷地区（南宁、柳州）医疗设施比较好，梧州、贵港医疗设施有待加强

不论从万人床位数还是从医生数来看（图8-42），南宁和柳州条件较好，远超过7地市及广西全区的平均水平；而梧州和贵港床位数不足7地市平均数的一半，特别是贵港，每万人的医生人数只有7人，远低于西江流域经济带平均水平。从医院数量看，南宁、柳州和百色数量较多，都在180座以上。梧州、贵港、来宾、崇左医院数量在100座左右。从医生数和床位数的匹配看（图8-43），梧州市床位数较少，有待改善。

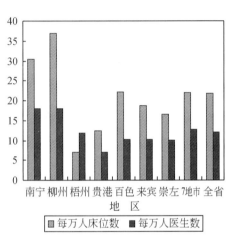

图8-42 各地市万人医生数和床位数

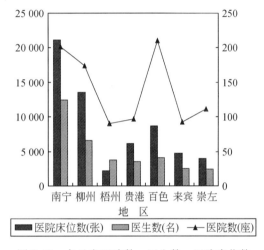

图8-43 各地市医院数、医生数、医院床位数

2. 城乡差异显著，农村地区医疗服务严重落后

从每万人的床位数空间分布看，主要集中在地级市的市辖区，特别是南宁、柳州、梧州、百色4市的城区。另外，除了平南县、藤县和桂平市外，沿西江流域主干道分布的各个县市每万人床位数标准较高。隆林县、凌云县、那坡县、德保县、靖西县、宁明县、横县、上林县、马山县、忻城县、象州县、金秀县、柳江县和柳城县等西江外围县市较差（图8-44）。这些外围县市的医院数大多在10座以内，县城以外乡镇的医疗设施比较落后，城乡差别非常显著。

此外，医疗技术人员的密度也表现出很大的空间差异（图8-45，图8-46），7个地级市的市辖区仍然是分布密集地区，在左右江流域的各县市、梧州东部、柳州北部各县市医生人数较多，其他外围区县和民族县每万人医生数量较少。在33个核心县中，桂平县、平南县、藤县、柳江县、柳城县、象州县，每万人医生数量偏少。

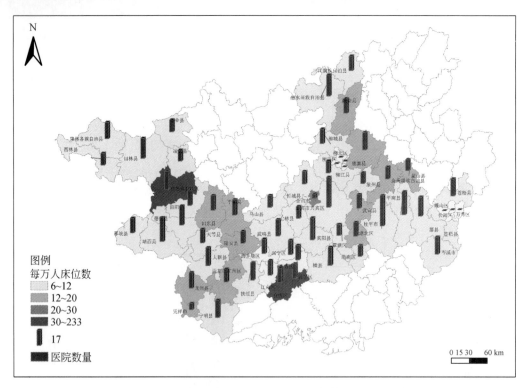

图 8-44　广西西江经济带各县市医院数与床位数空间分布

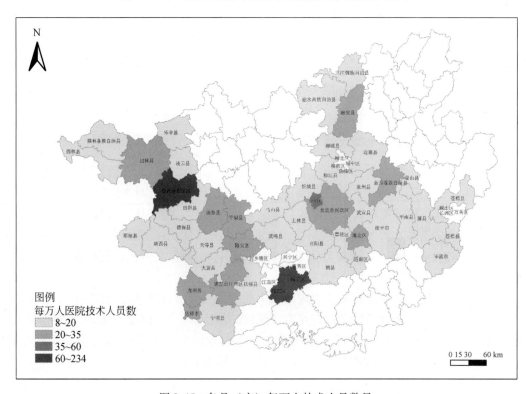

图 8-45　各县（市）每万人技术人员数量

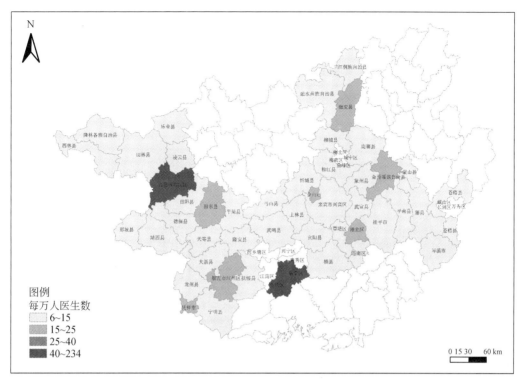

图 8-46　各县（市）每万人医生数量

（三）社会保障覆盖面有限，山区、沿边和少数民族贫困县的保障力度有待加强

1. 城镇居民最低生活保障人数区域分布不均衡

从 7 地市每万人最低生活保障人数来看（图 8-47），柳州、贵港和来宾的最低生活保障的覆盖率较好，基本上在每万人 40 人以上。南宁的低保覆盖率略高于 7 地市平均水平。

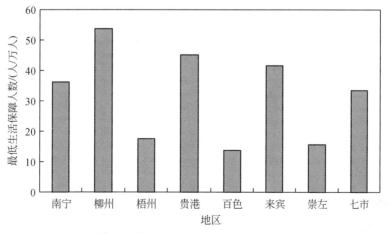

图 8-47　各地级市万人城镇居民最低生活保障人数统计

西江上游的百色和崇左以及下游的梧州低保人数较少，不及7市平均水平的一半。从各县市城镇居民最低生活保障人数的空间分布看，低保人数覆盖率较高的县市主要分布在左右江流域的部分县市。如西林县、田林县、天等县、扶绥县、宁明县、凭祥市、合山市以及三江县，参加低保人数均在每万人160人以上。而宾阳县、柳江县和南宁市良庆区参加低保人数较少，每万人中不足40人（图8-48）。重视和扶持低收入群体，低保工作有待加强。

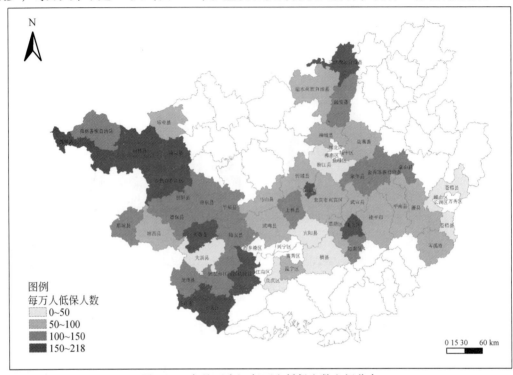

图8-48　各县（市）每万人低保人数空间分布

2. 养老和社会福利设施的分布具有较大空间差异

从社会福利设施的数量分布看（图8-49），南宁和梧州数量较多，西江上游百色和崇左两市床位数较少。柳州情况比较特殊，福利院数量较少，但床位数达到4500张，仅次于南宁，说明柳州每个福利院的规模较大。从分区县的万人床位数看（图8-50），百色所在的右江流域城镇带各区县普遍较高。在黄金三角城镇群的北翼柳城县、东翼桂平县和平南县社会福利院床位数偏少。另外就是出于外围的三江县、平果县和宁明县平均床位数偏少。总体上看，社会福利设施的空间分布不太均衡。

3. 三险的参保人数分布不均衡，西江中游城镇群地区相对集中

从各地市的统计数据看（图8-51），参加基本养老保险、基本医疗保险和失业保险的参保人数区域分布不均衡，南宁市和柳州市三大保险参保人数最多，两市参保人数之和占7地市的80%以上。三项保险参保人数最少的是崇左市，三个险种每万人参保人数都不足100人，其次是贵港、百色和来宾市的三大保险参保人数较少，特别是百色的基本养老保险和崇左的基本医疗保险，远低于其他县市，参保人数有待进一步提高。

第八章 健康城市化与社会事业发展

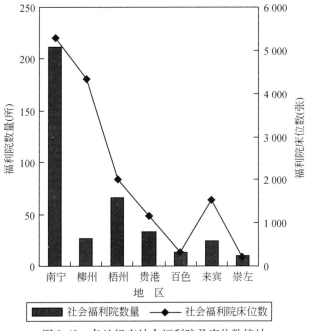

图 8-49 各地级市社会福利院及床位数统计

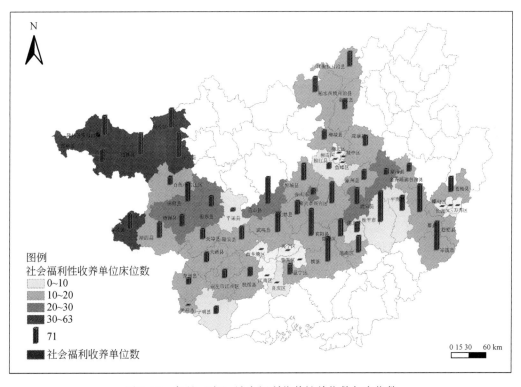

图 8-50 各县（市）社会福利收养性单位数与床位数

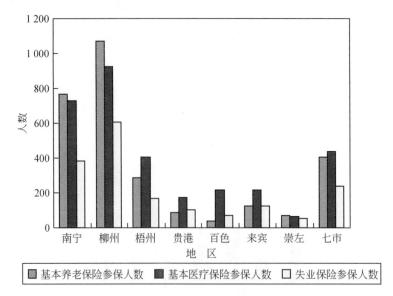

图 8-51　各地级市基本养老保险、基本医疗保险和失业保险万人参保人数统计

从分区县的三大保险参保人数空间分布看（图 8-52），西江下游地区人数普遍较高，特别是黄金三角地区，参保人数总体处于最高水平，集聚性分布特征较为明显。与此相对应，西江经济带外围区县三大险种参保人数普遍偏少，社会保险扶持力度有待加强。从三大险种的投保情况来看，参加医疗保险的人数和比例是最多的，养老保险参保人数最少，宣传和动员工作有待进一步加强。

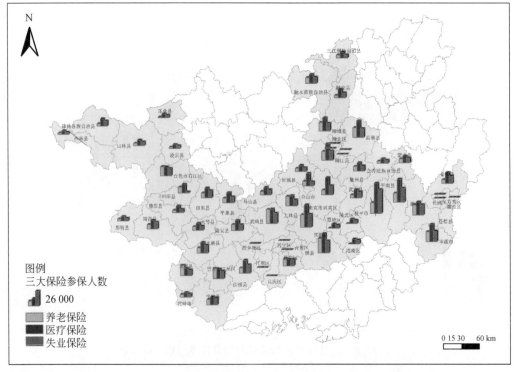

图 8-52　各县（市）基本养老保险、基本医疗保险和失业保险参保人数

(四)南宁和柳州形成科技和文化中心,其他地区的科技文化投入偏低

1. 各市科技支出差异悬殊,高校以及职业学校高度集中于南宁和柳州

从各市的科技支出看(图8-53),南宁和柳州遥遥领先,分别达到1.9亿元和1.1亿元,其余5市科技支出比例相对很小。除了梧州达到1340万元,其他4市的科技支出仅有400多万元,不足柳州的5%,不足南宁的3%,科技人才的引入、研发投资和科技支出力度有待加强。

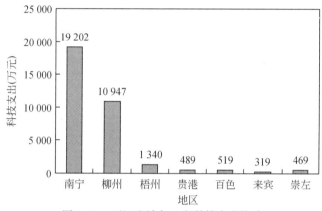

图8-53 西江流域各地市科技支出统计

高等院校的空间分布,主要集中于南宁和柳州,分别有28所和7所,其次是崇左和百色各有4所,来宾和梧州只有一所高等院校,目前贵港还没有高等院校入住,各地悬殊较大(图8-54)。中职院校也存在类似的情况,南宁、柳州和梧州中职数量较多,在20所以上。贵港和来宾分别有12所和11所,而百色和崇左还没有1所中职院校,左右江流域的职业教育亟待提高。与此相对应,高等院校的教师数和学生数的分布情况与院校数量基本对应(图8-55,图8-56)。值得一提的是,柳州的中职教育特色突出,不论从院校数量,还是教师和学生数量,都处于较高水平,具有一定的优势。近年来,中等职业教育招生

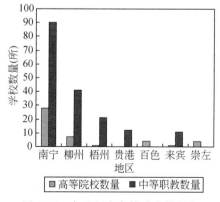

图8-54 各地级市高等或中等职业教育学校数量

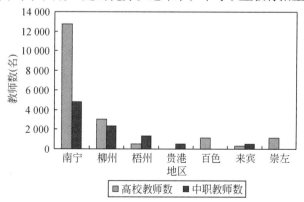

图8-55 各地级市高校和中职教师数量

和在校人数增长很快,生均办学条件明显下降,特别是高水平的职业教育教师数量严重不足。

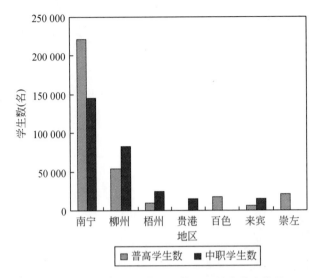

图 8-56　各地级市高等或中等职业教育学生数量

2. 文化体育支出区域差异大,文化体育设施有待改善

西江流域经济带文化体育和传媒支出的集聚特征明显,主要是集中在省会南宁,支出额达到 8.3 亿元,占 7 地市的 80% 以上(图 8-57)。其他各市除了柳州的文化体育与传媒支出达到 1.6 亿元以外,其他 5 市都处于较低水平,特别是百色、来宾和崇左,文化体育支出不足 500 万,区域差距非常大。总起来看,西江流域城乡均衡的公共文化服务体系运行保障机制尚未建立,文化事业财政投入比例偏低,公共文化服务机构运转困难,公共文化基础设施落后,文化单位活力、竞争力不强。区域之间、城乡之间的文化发展水平不平衡,尤其是一些农村贫困地区文化建设严重滞后。

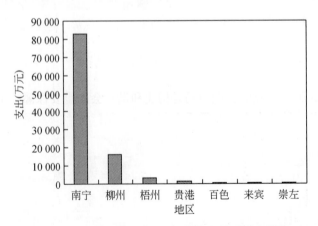

图 8-57　西江流域 7 地市文化体育与传媒支出情况

从体育场馆数量看（图8-58），南宁和柳州各有14个，数量较多。梧州和贵港仅有2个和1个，这表明在梧州和贵港的各个县基本没有体育馆分布，体育设施相对匮乏。剧场影院的数量差异也很大，在南宁和柳州分别有8所和4所，在梧州有2所，在贵港和崇左有1所，而百色和崇左没有有剧场影院，文化娱乐设施严重不足。从各市图书馆藏书看，南宁作为省会和文化中心，数量最多。其次是柳州和百色数量较多。贵港、来宾和崇左仅有50万册左右，梧州最低，不足10万册。从体育场馆、剧场影院数和图书馆总藏书数量来看，在西江流域7地市的空间分布极不均衡，公共服务均等化的目标任重而道远。

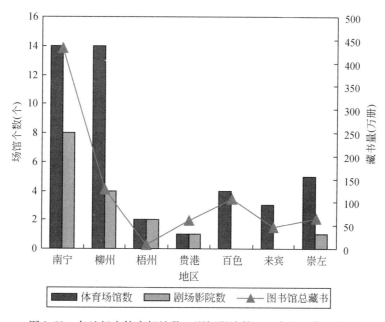

图8-58　各地级市体育场馆数、剧场影院数和图书馆总藏书情况

三、促进社会事业发展的核心战略

（一）推进公共服务均等化战略，促进社会事业的均衡化发展

社会事业和公共服务设施的合理布局是构建和谐社会的重要保障。但是，西江经济区在推进基本公共服务均等化存在一些矛盾和制约，一是区域之间发展水平不均衡，城乡公共服务水平之间存在较大差距。二是西江经济区正处于人口和城市化迅速发展的时期，人口老龄化加速，劳动就业保障压力急剧增加，给医疗和社会保障带来更大的压力。三是由于社会经济发展水平的制约，部分地区目前的公共服务财政投入水准很难满足社会的需求。为此必须尽量减轻基本公共服务均等化对财政投入的依赖，更多地依靠社会力量参与，依靠制度、机制改善，形成一个与现行经济发展水平相适应的基本公共服务均等化体系。总之，需要根据新的社会需求调整基本公共服务供给的次序、重心和范围，使之更加

符合社会大众的实际需求。

(1) 明确实现基本公共服务均等化需涵盖的内容，制定专项规划

基本公共服务均等化的内容必须涵盖以下3个方面的要素：社会平等要素、地域平等要素和普遍开放要素。应研究制定广西西江流域基本公共服务均等化的专项战略规划，并逐年推出年度行动计划，从短期、中期、长期3个阶段，明确本流域推进基本公共服务均等化的阶段、进度和目标。

(2) 建立可持续的基本公共服务均等化的财政支持体制

必须调整和优化公共支出结构，优先用于基础教育、基本医疗保障、基本住房保障、环境保护、社会安全网、基础设施维护，以及其他具有比较优势的用途上。就投资的重点领域讲，应该优先发展科技、教育等能够拓展人的基本能力的公共服务。另一方面，公共服务均等化的群体重点应该放在低收入人群身上，对城市、农村中等收入及以上人群，更多地要以缴费型的公共服务项目为主。

(3) 完善公共服务体系，提高公共服务有效供给的水平

围绕建立统一、有效的公共服务体系的目标，推进事业单位分类改革，引入法人治理结构，探索"管办分离"的事业单位改革模式，提高事业单位公共服务供给能力。通过提供与生产分开，建立政府与其他行动主体的合作机制，实现政府与私人部门、第三部门共同治理。另外，政府可以根据不同的基本公共服务的特点以及不同的群体需求，充分运用政府供给、市场供给和志愿供给等多元化供给机制。

(二) 通过教育、医疗服务的配置引导老少边穷地区人口格局，提高公共资源效率

(1) 山区

一些山区农村交通不便，发展基础薄弱，当地居民的就医、就学存在诸多的不便。应该因地制宜，引导农村居民适当向河谷平原地区和城镇集中，在未来的发展中应把公共服务设施的配置作为引导的重要手段加以强化。大力改善县城和城镇的公共服务设施配套建设，积极引导山区居民"下山进城入谷"，在有序推进山区居民城市化进程的同时，不断提高社会服务设施的质量和水平。

(2) 少数民族和边远地区

西江流域经济带许多地区是少数民族地区、边远山区和贫穷落后地区，社会事业发展非常不均衡，应当以改善民生为重点，以公共财政为支撑，着力解决少数民族和边远地区人民群众最关心、最直接、最现实的利益问题，着重加强教育、医疗等基础服务建设，加快建设寄宿式学校，保证少数民族地区和边远地区九年义务教育的顺利实施。切实解决少数民族地区看病难、报销难的问题，简化报销程序，探索看病与报销即时一站式服务体制，根据少数民族和边远地区发展实际配置公共服务和优惠政策，关切民生、解决民忧、满足民愿作为社会事业发展的出发点和落脚点。

(3) 农村地区

统筹城乡发展，建立城乡社会事业协调并进的长效机制。在提升城市已有公共资源的

利用效率基础上，优先增加乡村的社会事业资源，缩小城乡公共服务的差距，促进社会事业在行业之间、地区之间和城乡之间协调发展。农村地区的公共服务设施配套建设不能全面开花，应适度集中，结合社会主义新农村建设，以中心村建设为主要依托配置小学、卫生室、文化室等设施，促进西江流域广大农村居民能够较方便的获得基本的公共服务。

（三）加大老少边穷地区的社会事业投入力度，创造均等发展机会

西江经济带各个县（市、区）的社会经济发展水平存在较大的区域差异，而由于各自的资源禀赋和产业基础不同，因此，要不断改善城乡人居环境，促进城乡社会事业和公共服务的均等化，需要进行公共投资改革。通过财政转移支付、政策倾斜等手段，加强贫穷落后地区的基础设施建设和公共服务设施建设，不断提高社会事业的发展水平，促进西江经济带的全面崛起。西江流域经济带公共投资改革与优化配置，可以考虑从以下几方面进行推进。

（1）利用政策高地的优势，争取国家和自治区层面的更多支持

伴随着西江黄金水道的建设，西江流域经济带面临着新的发展机遇，但同时也存在着发展基础较薄弱、产业联系和产业竞争力不强、公共服务和社会基础设施不配套等突出问题。因此，作为广西的两大区域战略，北部湾地区发展条件较好，具备了基本的自我发展的能力，而西江经济带在产业整合和优化发展环境方面还有待加强，而所有这一切需要公共投资的引导和支持。建议自治区政府拨出专项资金，加强西江经济带城镇基础设施建设、社会公共服务设施建设和人居环境建设，不断提升西江经济带的区域竞争力。

（2）保持社会公益性项目的适当的比例和规模

一直以来，政府比较重视那些投资收益比较高、市场调节比较灵敏、具有竞争能力的项目，如重工业、商业、仓储业、房产、金融保险等产业。但这些产业项目应该是市场行为，政府不应该太多介入。政府应该重视建设周期长、投资额大、收益较低的基础设施投资和社会公益性项目的投资，如科技、教育、文化、卫生、体育、环保、城市基础设施等事业。在西江流域经济带的开发建设中，在重视基础性项目和重点支柱产业投资的同时，要重点满足社会公益性项目投资的需要，以弥补市场缺陷，实现资源的最优配置。在今后相当长的时期内，应该对西江流域经济带各城市社会公益性项目保持一个持续稳定的投资比例和合理规模，弥补社会公共服务设施的缺口，不断优化西江流域各城市的社会环境。

（3）对老、少、边、穷地区给予更多的扶持和政策倾斜

西江经济带各个县（市、区）社会经济发展不平衡，特别是老、少、边、穷地区，与南宁、柳州等中心城市相比，还存在比较大的差距。因此，公共投资支出应适当向老、少、边、穷地区倾斜。通过落户补贴等形式引导老、少、边、穷地区农村人口向县城和其他城市集中。总体上看，老、少、边、穷地区资源环境承载力较弱，广大的农村人口给资源环境带来了沉重的压力，因此，有必要通过补贴和政策引导，促进老少边穷地区的人口迁移，促进城市化的持续健康发展。另一方面，扶持老、少、边、穷和民族地区的产业发展，给予一定的税收减免和就业补贴，鼓励企业吸收本地劳动力就业，减轻劳动密集型企业和资源型企业的经营压力。

(四)加强社会事业建设与户籍制度、社保制度改革的对接

随着社会经济的持续快速发展,加快城市化进程成为必然的趋势,而西江经济带7地市的城市化水平在37.9%,比全国低7.8个百分点。因此,应该加强户籍制度改革,积极推进西江流域的城市化进程,同时把社会事业建设与户籍制度改革、社保制度改革有机衔接起来。

不断优化中心城市、县城和建制镇的公共服务设施建设,改善社会发展环境,引导农村人口向城镇集聚。加快户籍制度配套改革,积极引导西江经济带农业人口向中小城市及小城镇集中。户籍制度改革,可以分几个层面进行。对于农村人口申请向所在城镇落户的,简化审批手续,并给予一定的安家补助。对于农村人口申请向所在县城落户的,应该有固定的工作或稳定的收入来源,尽量减少县城的发展压力,增强发展活力。对于农村人口向地级市驻地迁移的,实行买房落户政策,注意保证城市化的质量。另外,对于投靠亲属的户籍申请,应给予便利和积极引导。对于农业户口与城镇居民结婚的,结婚登记以后即可以允许农业户口向配偶所在的城镇迁移。通过多样化的形式和差异化的户籍政策,加快西江经济带户籍制度改革,促进西江经济带城市化的快速提高和健康发展。

四、西江经济带社会事业投入的调整和优化

(一)教育事业的空间布局与优化配置

1. 2020年总体目标

1)全面实现城乡免费义务教育。小学适龄儿童入学率和初中毛入学率达到100%,初中三年保留率达到98%左右,基本解决边远山区义务教育不便和适龄儿童中途辍学问题,适龄残疾少年儿童入学率达到95%以上,地级城市义务教育学校100%达到规范化学校标准。

2)普及高中阶段教育。西江流域高中阶段教育毛入学率达到85%以上,普通高中教育和中等职业技术教育(含技工教育)在校生规模大体相等,南宁、柳州等发达地区力争各县(市、区)全面普及高中阶段教育。

3)高等教育大众化水平不断提升。力争西江流域7地市高等教育毛入学率达到35%以上。

4)中等职业教育大发展。到2020年,西江流域中等职业技术学校(含技工学校)年招生数达到20万人,全日制在校生数达到60万人。

5)打造现代教师队伍。到2020年,形成学前和小学教师以专科为主、普通中学和中等职业学校教师以本科为主且硕士占一定比例、高等学校新入职专任教师具备硕士或以上学位的新三级制专任教师学历和学位结构体系。

2. 布局优化与调整标准

借鉴国家和广西各相关部门的发展规划以及其他区域的社会事业发展目标，并结合西江经济带的具体情况，我们提出了对西江经济带的社会事业发展的标准（表8-49）。

表8-49 西江流域各县市中小学规模调整标准

	调整依据	基本规模	调整分类
小学布局	以总人口数的11%～12%作为小学在校生的基数为依据，根据区域内人口、经济、交通、自然和原有学校设置等情况划分学区后布点建设	一个完全小学应该有一至六年级的并行班，以每个班级30～40名学生计算，全校学生数在400人左右。根据人口年龄结构，中心村的村域规模可以确定在4000人左右，建议3～5个行政村确定一个中心村	桂平市、平南县、横县、宾阳县等相对平坦的80万人口以上的大县原则上一个乡镇设置1所中心小学和8～10所完全小学，主要为所在地一二年级和学区三年级及以上学生提供就学；武鸣县、宁明县、柳江县、岑溪县等40万～80万的县市，原则上一个乡镇设置1所中心小学和4～5所完全小学，主要为所在地一二年级和学区三年级及以上学生提供就学。金秀、三江、融安等少数民族为主的山区县和左右江流域乐业、西林等其他各县市中人口稀少或区域面积较小的乡镇，可只设置1所乡镇中心小学或九年制学校，另外设置1～2所寄宿式完全小学
初中布局	以总人口数的5%～6%作为初中在校生的基数为依据，制定调整规划	坚持以提高九年义务教育水平和提高办学规模效益为前提，校点相对集中，规模适度扩大	覆盖人口在2.5万人以上的乡镇，原则上设一所初中；边远山区和少数民族地区覆盖人口在2万人以上的乡镇，原则上可以设一所初中，但学校规模原则要达到900人以上。人口不及上述标准的，采取临近乡镇联合办学、举办九年一贯制学校或集中在县城办学等模式。经过调整规模和设施改善的初中或九年一贯制学校，应全部达到寄宿制学校办学标准
高中布局	以总人口数的3%左右作为高中在校生的基数为依据，制定调整规划	各县市要在实施"两基"攻坚、巩固提高"两基"成果的基础上，加强优质教育资源建设，有计划、有步骤地加强高中学校建设，有条件的地方要积极推进初、高中分离扩容，扩大高中教育的覆盖面和办学规模，解决"普九"的瓶颈	力争在每个县市建成1～2所规模在1 000～3 000人的地区级示范性高中学校。在地级市驻地建成2所规模在2 000～3 000人的省级示范性高中，并不断提高高中办学效益和质量，满足广大人民群众对优质高中教育的需求。同时，要进一步加大职业教育结构调整力度，加快职业教育改革与发展步伐，使全州职普比例更趋合理

3. 具体思路与优化建议

1）大力发展高等教育，推进西江流域高校布局调整，加快高等教育基地建设，引进、新建一批高校和科研院所，进入初步普及高等教育阶段，实现教学、科研资源共享，促进科研院所建设，实现产、学、研一体化。尽快改变高等教育落后的局面，争取每个地级市都有1~2所高等院校（图8-59）。优化南宁市高等院校空间布局，扩建邕宁五合大学城，引导高等院校集群式发展，促进基础设施和公共服务设施的共建共享。不断提升柳州市高等教育质量，引进国内外知名学者，大力增加教育设施投资，争取尽快使广西工学院升格为广西理工（工业）大学，增加学校的知名度和影响力。百色和崇左应重视高等院校学科的综合化发展，加强学科建设，尽量将专业性院校向综合性大学转变，争取将百色学院升格为百色大学。来宾和梧州目前仅有一所高等院校，争取在5~10内增加1~2所专业性的专科院校和高职院校，培养专业化的人才。应尽快改变贵港没有高等院校的局面，结合本市较发达的建材工业和水上运输业，争取建设1~2所专业性的建材类或船舶类专科院校，同时加强与省内外知名高校联系，争取引进建立知名高校的分校或二级学院。

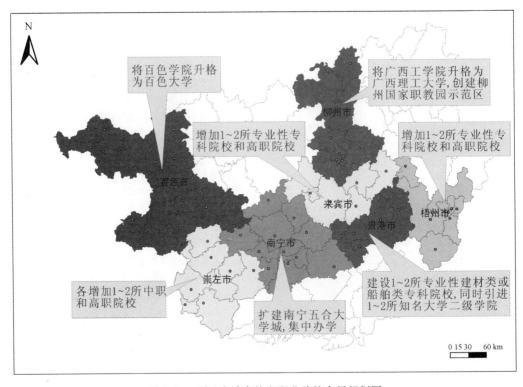

图8-59 西江流域高校和职业院校布局规划图

2）加强西江流域高等和中等职业教育，加大技术工人培养力度。职业教育是实现劳动力转移，培养技术性人才的重要途径。加强职业学校建设；发展社区教育，构建终身教育体系，满足继续教育基本需求。扩建和新建一批高等职业学院和中等职业学校。以行政区为单位，整合、优化辖区内各类教育资源，新建一批继续教育学院（校）。针对西江流域各城市职业教育较薄弱，劳动力过剩的局面，应高度重视高等和中等职业教育，大力培养专业技能型人才。充分利用柳州职业教育的优势，将柳州市职教园建设成为全国职业教育示范基地。加强崇左、百色的中等职业教育，争取在5年内各新建成2所以上中职院校。加强梧州、贵港和来宾职业教育师资力量和硬件设施建设，争取在近期各将2所以上的中职院校升格为高职院校，大力培养高级化技能人才。

3）营造良好学习环境，扩建和改建寄宿式小学和中学（图 8-60）。实施中小学标准化建设工程，高水平实施九年义务教育；建设优质普通高中，基本普及高中阶段教育，形成现代基础教育体系。严格按照国家标准安排中小学用地，加强现有学校用地管理，禁止任何单位和个人侵占学校用地或挪作非教学用途。充分考虑西江流域地形复杂，山区较多，出行不便的实际情况，加大中小学投资力度，改善就学环境，争取将偏远山区的大部分中小学改造成为全日制寄宿式中小学，给上学不便的中小学生提供一个良好的学习环境。同时，应增加教育补贴，减轻偏远山区贫困家庭的教育压力，争取让所有的孩子特别是少数民族地区的孩子都能顺利完成九年义务教育，不断提高西江流域各县市各民族的教育素质。

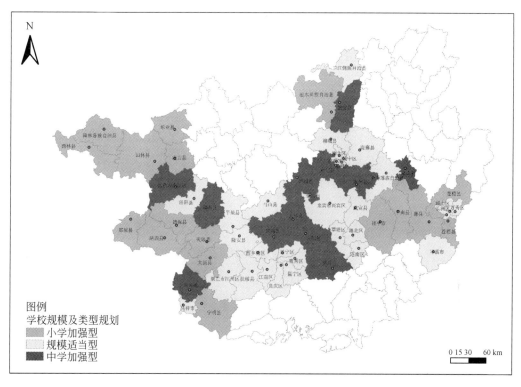

图 8-60　西江流域各县市中小学规模调整规划图

（二）医疗卫生事业的空间布局与优化配置

1. 2020 年总体目标

1）基本医疗保障制度全面覆盖城乡居民。全面推开城镇居民基本医疗保险，解决重点困难人群的基本医疗保险问题；到 2015 年，西江经济带城镇居民基本医疗保险参保率达到 90% 以上，新型农村合作医疗参合率达到 95% 以上；到 2020 年，城镇职工基本医疗保险、城镇居民基本医疗保险和新型农村合作医疗制度参保（合）率均达到95%以上。

2）城镇居民基本医疗保险和新型农村合作医疗的补助标准进一步提高。到2020年，各级财政对城镇居民基本医疗保险和新型农村合作医疗的补助标准提高到每人每年150元以上。

3）城乡医疗救助制度不断健全，覆盖西江经济带所有困难家庭。

4）在西江经济带普遍建立比较规范的新型农村合作医疗制度和县、镇、村三级医疗卫生服务体系。

5）在西江经济带初步建立比较完善的社区卫生服务体系。

2. 优化布局与调整标准

在西江流域7个中心城市，保留和依托现有三级医院，扩建1~2所大型综合医院和一所三级甲等综合医院。争取每一个县城有1个以上综合性的三甲医院，1个中医院，3~5个专业性的医院，增强医疗服务的覆盖范围和服务水平（图8-61）。

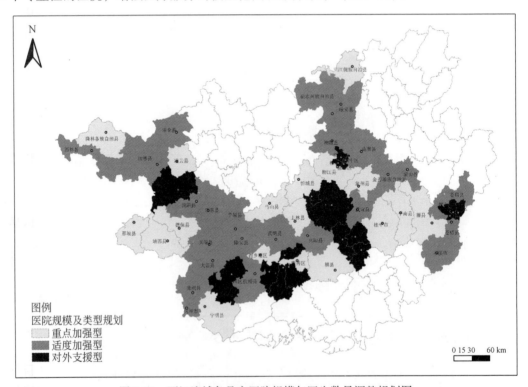

图8-61 西江流域各县市医院规模与医生数量调整规划图

到2020年，力争西江经济带每个行政村（乡镇卫生院所在地除外）设置1个卫生站，原则上每个建制乡镇必须有1所政府举办的卫生院。

总体上按照街道办事处所辖范围或按照3万~5万人的居民人数规划设置1所社区卫生服务中心。到2020年，社区卫生服务中心基本全覆盖。

3. 具体思路与优化建议

1）充分利用现有医疗卫生资源，构建分布合理、功能完善、方便群众的医疗体系，建设运转协调、职能清晰的疾病预防控制体系、医疗救治体系和突发公共卫生事件应急体系。

2）促进高等级医院的均衡化布局，满足广大城乡居民的就医需求。7个中心城市扩建1~2所大型综合医院和1所三级甲等综合医院。每一个县城有一个以上综合性的三甲医院和3~5个专业性的医院。增加医疗设备投资，大力引进先进医疗设备。另外，在西江流域7地市医务人员定期交换机制，不断提高各地区的医疗水平和服务能力。

3）利用现有卫生资源，逐步形成高效、优质、便捷的社区医疗卫生服务体系，实现预防、保健、医疗、康复、健康教育、计划生育指导为一体的社区卫生服务功能。每3万~5万人口设立一个社区卫生服务中心。

4）乡镇卫生院的质量提升与优化配置。不断增加乡镇卫生院的医疗设备投资，加大专业技术人员的培养和引进力度，争取实现一般常见病和一些小型手术在乡镇中心医院能够完成。在西江流域各个地级市开展巡回义诊活动，抽调市区高水平医师组成联合义诊团，下到各乡镇进行义诊咨询，促进优势医疗资源共享。

5）农村医疗卫生点的普及。促进农村医疗卫生点的全覆盖式布局，力争在每个行政村至少一处农村医疗卫生室，方便农村居民就近就医。

6）鼓励、支持和引导社会资本举办非公立医院，加大市场竞争，不断提高医疗服务水平，加快形成西江流域经济带多元化办医格局。

7）其他医疗卫生设施。建设各市的传染病医疗中心，设立市级疾病预防控制机构和卫生监督机构，每个区县建立一个区县级疾病预防控制中心。

8）创新城乡医疗保险制度，充分考虑西江流域广大偏远山区看病不便、报销不便的实际，探索看病治疗与医保结算同步政策，简化偏远山区的报销程序，方便广大山区居民及时就近的看病与报销。

（三）社会保险与社会保障事业的空间布局与优化配置

1. 2020年总体目标

1）完善城镇职工基本养老保险制度。建立养老保险基金预算管理制度和工作目标考核责任制，制定和执行西江经济带统一的养老保险政策，统一养老金计发办法和统筹项目，统一养老保险业务经办机构和规程；建立健全养老金正常调整机制，不断提高养老金水平。

2）按照国家部署开展新型农村社会养老保险试点，逐步推广并基本建立农村养老保障制度。

3）建立完善社会救助体系和优抚安置保障体系，依法保障各种救助对象的基本生活，确保优抚对象"病有所医、医有所保"，逐步实现区域内城乡待遇一体化。

4）逐步提高五保供养对象和城市"三无人员"的保障标准，使农村五保对象不低于当地居民的平均生活水平，使城市"三无人员"的生活得到基本保障。

5）建立救灾资金与当地财政收入和人均生活状况相衔接的投入机制。到2020年，建成4个省级区域救灾物资储备仓库。健全救灾物资储备体系，储备充足的生活类救灾应急物资。

6）建立完善社会福利体系，以服务老年人、残疾人、孤儿为主逐步扩大到社会人群，推动社会福利服务由补缺型向适度普惠型转变。

2. 优化布局与调整标准

不断完善社会救助体系，依法保障各种救助对象的基本生活。到2020年，西江经济带所辖地区年人均收入低于1500元的困难家庭全部纳入低保范围，实现应保尽保。到2020年，基本养老保险、基本医疗保险和失业保险参保覆盖率达到95%以上。

3. 具体思路与优化建议

1）加快发展社会福利事业，健全市、区两级社会福利设施和救助机构。大力发展老年服务业，建设老年医疗、文化、教育和体育设施；完善残疾人康复、教育、就业培训等设施。

2）关注低收入群体，不断扩大最低生活保障的覆盖面。关注民生，特别是失业、伤残和智障群体的生活状况，对于生活困难，不能自立的家庭，尽量纳入最低生活保障，突出人本关怀，不断改善弱势群体的生活条件。

3）做好社会保险的宣传和动员工作，增加三大保险的普及率。尽快改变基本养老保险、基本医疗保险和失业保险参保人数区域不均衡的局面，加大崇左、来宾、百色、贵港和梧州的社保力度，不断增加三大保险的参保人数。重点加大西江流域外围边远山区的社会保险支持力度，提高外围山区县的社保水平。

4）加大社会保障力度，增加社会福利设施。进一步加强贵港市社会福利收养性单位数量，支撑黄金三角城镇密集带的发展。大力提高左江流域福利设施水平，不断改善崇左市社会福利设施条件。重视边远山区福利设施的空间布局，不断提高福利设施覆盖范围和接纳条件。

（四）科技文化事业的空间布局与优化配置

1. 2020年总体目标

1）争取每个地市都有3~5项具有自主知识产权的技术品牌，建成覆盖城乡的科技支农网络。

2）基本解决群众收听广播收看电视电影难问题。到2020年，基本实现20户以上已通电自然村全部通广播电视。基本实现每个行政村每月放映一场电影。

3）基本解决群众看书难问题。到2020年，实现县有文化馆、图书馆，乡镇有综合文化站,行政村有文化活动室。

4)文化信息资源共享水平显著提高。继续完善省级分中心和市级支中心,积极落实和新建县级支中心,到2020年建成覆盖城乡的文化信息资源共享工程服务网络。

5)公共体育服务水平明显改善,群众体育健身难问题基本得到解决,基本实现社区体育健身设施全覆盖。

2. 优化布局与调整标准

在中心城区和每个区县至少建设1个文化馆、1个图书馆、1座影剧院、1个青少年活动中心等,有条件的地方可以建博物馆(或文物陈列厅)、展览馆、剧场、电影城。

100%的社区建有1个以上的健身点(配有健身路径、室外乒乓球台、小篮板等),符合条件的学校体育场地要100%向社会开放,各机关、企事业单位建有体育健身设施。

3. 具体思路与优化建议

1)充分利用南宁、柳州等城市的科技资源优势,加大科技投资力度,加强科技创新,充分发挥科技的支撑与引领作用。根据自治区政府发展千亿元产业的部署,集中攻克一批制约千亿元产业发展的共性关键技术,加快推广一批自主创新产品和技术,带动西江经济带产业结构调整和发展方式转变。

2)以乡镇驻地和城市社区为重点,构建结构合理、发展均衡、网络健全、运行有效、惠及全民、覆盖城乡的公共文化服务体系。同时加大农村的公共文化重点工程建设,逐步提高公共文化服务的能力和水平。积极推进西江流域文化产业的发展,大力扶持、引导南宁会展节庆产业中心、柳州动漫产业中心等重点文化产业项目的建设。

3)加强文化体育设施建设,丰富居民业余文化生活。合理布局、优化结构、突出重点、分级配置,建立由市级、区县级、乡镇级组成的三级文化设施网络。在中心城区和区县建设一批功能性较强的文化娱乐设施。文化设施包括文化馆、图书馆、影剧院、青少年活动中心等,有条件的地方可以建博物馆(或文物陈列厅)、展览馆、剧场、电影城等综合性的、能代表区域文化特色的文化设施。以社区为单位建立完善的基层文化设施体系,以综合性、多功能街道文化站为主,设施要求具有图书阅览、科普宣传、社区教育、体育健身、展览、老年学校、青少年活动、咨询及信息传输等功能。

4)区域覆盖和重点建设相结合,建设一批竞技体育、群众体育、全民健身相结合的体育设施。加强体育设施建设,特别是梧州和贵港的各区县,争取每个县市至少建设一座体育馆,为广大居民提供健身场所。健全社区体育设施,新区的社区体育设施严格按国家标准设置并同步建设,补充完善旧区的社区体育设施。提倡社会体育场馆设施资源共享和高效利用,有条件的高校、中小学应开放其体育场馆,满足群众性体育运动的需要。

5)加快剧场影院的建设力度,争取每个区县都至少有一座剧场或影院,特别是增加百色和来宾剧场影院的建设力度,不断丰富当地居民的文化娱乐生活。

6)完善图书馆建设,增加图书馆藏书种类和数量。重点支持贵港、来宾、崇左和梧州的藏书量,特别是梧州的藏书量过少,亟待充实和完善,不断满足广大居民的文化需求。

7）建立良性合作机制，促进科技文化事业的共建共享。加大科技人才培训力度，不断增强科技人才的素质和水平。充分挖掘西江流域文化底蕴和文化特色，扶持文化团体的发展，加强文化合作和文化交流，不断增强西江流域经济带的归属感和认同感。

第六节 健康城市化的政策框架

一、引导人口有序流动与合理分布，提高城市化质量

未来，西江经济带将成为广西承载人口集聚的重要载体，将承载广西城镇人口的将近60%，以及大部分在广西工作的常住外来人口。西江经济带的城市化水平将超过广西的平均水平，达到53%~55%。2008年西江地区的城市化率为37.9%，这意味着在未来的12年间，平均每年的城市化率增长速度要超过1.2个百分点，也即每年要有超过30万的农村人口进入城镇。

积极引导人口在城乡和区域合理分布，建立市场调节、政策推动、利益导向、公共服务资源配置等多种杠杆有机结合的人口布局调整和优化机制，使人口分布与西江流域各城市的功能、形态、环境相适应。加快产业结构的调整和升级，积极稳妥地推进人口城市化。调整户口迁移、人口流动管理政策，建立西江流域外来人口动态监测体系和就业用工信息预测、预报制度，促进人口和劳动力资源的高效配置。

（一）通过产业技术政策的合理选择和园区集中布局，创造更多的城镇就业机会

要通过产业和技术政策的引导，创造更多的城镇就业机会，打造吸引人口向城镇集聚的强大引擎。各地区的城镇根据形成重点开发区、生态保护区和限制开发区的要求，设立不同的产业门类选择标准和合理的准入门槛，产业向园区集中，并培育与产业开发相应的研发和生产性服务功能，形成各具特色、错位发展、相互链接的具有竞争力的产业集群。在空间布局方面，强调产业园区与城镇的合理布局和互动，创造良好的工作和生活环境。

通过优良的产业发展的软硬环境的打造吸引外来人才、资金和企业。对地方中小企业和传统企业加大创业、金融、税收等方面扶持力度。从可持续发展和培育人才、为未来发展创造均等的发展机会的视角出发，特别重视教育和科技文化等方面的投入，重视人才培养和教育培训。重视市场的培育，提高人口的消费能力。

（二）加强城市建设和社会事业投入，为人口和城镇要素的集聚创造条件

为了保证城市化的快速进程健康而有序，同时为了形成富有生机和活力的区域发展环境，不但要从生产性行业的角度为人口和产业集聚提供充足的发展动力，而且要从生活服务业的角度为新增城镇人口提供优越的发展条件。为此，要通过基础设施、城市环境和社

会事业的完善为人们提供充足的就业机会、提供可支付的住房和必要的社会保障，从而形成一个健全的消费市场。西江经济带各城镇特别要注重后者，应根据各自不同的功能定位和特点，加强在城市建设和社会事业方面的投入，为人口和城镇要素的集聚创造条件。

要大力推进公共服务的均等化战略，促进社会事业的均衡化发展。一是对社会事业相对薄弱的老少边穷地区加大投入力度，体现人文关怀，促进民族和社会和谐。二是通过教育、医疗等公共服务设施的配置对过于分散、不适宜居住的边远山区及库区人口进行有意识的引导，鼓励人们集中到条件更好一些地区来集中居住，从而提高公共资源配置效率。

（三）依托于特色经济，加强新农村建设，促进城乡统筹

统筹城乡发展，是改变我国城乡二元结构、缩小城乡差距的必由之路，是维护社会稳定、建设和谐社会的重要保障。2010年的中央一号文件把统筹城乡发展作为全面建设小康社会的根本要求，把推进城市化作为保持经济平稳较快发展的持久动力。在建设社会主义新农村过程中，西江流域经济带必须树立和落实科学发展观，坚持"多予、少取、放活"和"工业反哺农业、城市支持农村"的方针，努力改善农村生产生活条件，提高农民生活质量，促使农村整体面貌出现较大改观，逐步把农村建设成为"生产发展、生活宽裕、乡风文明、村容整洁、管理民主"的社会主义新农村。

农业是弱势产业，农村是弱势地区，农民是弱势群体，西江流域应该高度重视"三农"问题的解决，充分发挥当地优势资源，发展农产品加工等特色产业，促进当地劳动力向非农化转移。从统筹城乡发展看，小城镇是县域经济的增长点，是连接城乡、工农的基地。要解决农业问题，就要大力发展非农产业；要解决农村问题，就要促进小城镇发展；要解决农民问题，就要保证农村劳动力转移就业。因此，西江经济带的发展要优先发展小城镇，加强中心村建设，不断完善农村公共服务设施的覆盖范围。"三农"问题的解决，事关城乡统筹能否真正落实，事关我国经济能否具备内生的动力和基础，事关全面建设小康社会能否实现。

作为西部的少数民族聚居地区，在新农村建设过程中，西江流域特色经济的发展是必然的选择，而特色人力资源的开发是十分有效地途径。就西江流域来看，可以从以下几方面开展工作：首先是发展特色农业经济，加大西江两岸无公害蔬菜和野菜的栽培培育，加大芒果、荔枝、香蕉等亚热带水果的品种改良和深加工。其次是发展特色工业，依托本身比较丰富的矿产资源、能源资源以及本地的特色资源发展相应的工业体系。再者，依托西江流域民族地区自然、历史、民族风情、宗教文化等资源发展特色旅游经济。

（四）针对上中下游地区的不同特点，实施有地方特色的城市化发展战略

1) 西江上游的百色和崇左地区的2020年城市化目标为44%~47%，而两市2008年城市化率较低，在31%~32%，但今后城市化速度将超过大多数其他地市。两市在特色经济方面具有较大优势。以百色、田东、田阳、平果为中心的右江河谷走廊城镇具有优越的工业能源基础和人文与自然文化特色，同时城镇的空间分布具有鲜明的地域特点，呈带形

加散点状分布。未来，将依托大型工业能源基地建设，培育以百色、平果为轴心的右江走廊城镇带。适应这一要求，百色的人口净迁出量会有所减少，常住人口由2008年的229.1万增加2020年的260万~270万。应加快山区农村人口向河谷平原集中，坚持"下山，进城，入谷"的城市化模式。崇左的特色是具有优越的边贸区位优势，2010年1月1日中国—东盟自由贸易区正式开通后在崇左和凭祥设立了保税港区，贸易额剧增。未来，要利用好建设中国—东盟自由贸易区的历史机遇，促进以凭祥、崇左为轴心的桂西南城镇带的形成。随着外来人口的增加，崇左的净流出人口也会减少，常住人口由2008年的217.8万人增加到2020年的245万~250万人。应依托于边贸城镇的建设，大力促进旅游和商贸、文化产业的发展，带动人口向城镇带集聚。

2）西江中游的南宁、柳州、贵港、来宾4市是西江经济区密集的城镇群集聚区，未来，也是一个重点打造的核心地区。南宁市的城市化水平将达到62%~65%，柳州61%~64%，贵港和来宾45%~48%。这一地区是西江经济区产业开发的重点，除了本地农村人口的城市化外，将吸引较多的外来人口，未来该地区城镇人口占整个西江经济带的比重在70%以上。城市化发展的重点是加强一体化生活圈的打造，提高土地利用效率，全面提升人居环境建设的质量。在南宁的"绿城"、"水城"，柳州的"山水城市"、"百里柳江"等城市环境品牌战略的基础上，将之扩展到整个城市群地区。

3）梧州将成为西江经济带的门户城市和区域性商贸旅游中心。2020年人口将变为净流入地区，城市化率由2008年的39.5%提高到53%~56%，在西江经济区的7地中仅次于南宁和柳州。梧州具有优越的区位条件，深厚的人文资源和历史基础，人口基数也比较适中，但城市用地比较受限。在西江经济带开发和与粤、港、澳合作的西江资源共同开发利用中，梧州市交通区位条件改善最大，苍梧、岑溪等城镇的区域地位有重大提升，展示出巨大的发展潜力。为了适应梧州市的城市化发展，特别要注意与贵港采取差异化的发展战略，实施"富而美"的发展策略，优先改善城市环境和服务功能，重点发展商贸旅游功能，与贵港打造以临港制造业和港口经济为特色的内河港口工业城市的定位形成显著区别，实现错位发展，共同带动桂东城市群的形成与发展。

（五）利用户籍制度的改革，引导人口向次级中心城市和新兴城市（镇）集聚

国家新近出台的户籍制度改革的举措将加快人口向中小城市和城镇集聚的速度。目前西江经济区缺乏次级中心城市，城市过于分散，人口规模偏小。同时按照未来的发展格局，需要有一批有发展潜力的新兴城市和城镇作为支撑，如六景，桂平，藤县，平南等。为了促进新的格局的形成，可优先在这些城镇实行宽松的户籍制度，通过制度约束的放宽，为人口、资金和向次级中心城市和新型城市（城镇）集聚创造条件。

为此，一是要大力加强城市和城镇人居环境特别是教育、医疗等服务功能的建设。二是放宽落户门槛和建立人口流动机制。在中心城市购买一定面积以上的商品房的居民可以在城市落户，激发中高收入群体进入中心城区定居的积极性；同时积极吸纳有专业技能的人才，科研人员、技术工人在中心城区落户，由此不断改善中心城区人口构成，提高人口素质。

制定优惠政策，引导流动人口在县城集聚。有固定收入、有固定职业或固定住所的居民，可以自由选择在县城落户。另外，一些有技能的农民工，手工业工人，也可以按照个人意愿在县城落户。加强投资和规划引导，促进人口在中心镇集中。加强小城镇基础设施投资力度，改善小城镇发展条件，建设安居工程，积极吸引周边村民向小城镇集中居住。对于放弃原有村庄的宅基地，自愿到城镇落户居住的，一次性给予一定的安家补贴，鼓励农村居民集中在小城镇居住。

（六）加强流动人口的技能培训，引导农民工有序移动

现阶段劳动力资源丰富依然是西江经济区的重要发展优势之一。随着广西加快发展步伐，外出流动人口人数在减少，而流动人口向中心城市集聚的势头十分明显。各地区要加强流动人口的技能培训和统一管理，建立良性的人口输出机制，积极引导农民工到城镇务工定居。提高农民工的法制意识和维权意识，有效维护农民工的合法权益。

完善就业服务体系，不断增强社会保障功能。继续实施积极的就业政策，推进城乡统筹就业，形成城乡统一的劳动力市场和公平竞争的就业制度，完善就业服务体系和市场导向的就业机制，改善就业和创业环境，大力提升劳动者职业技能和创业能力，提高就业质量。

二、抓住历史机遇，加快形成西江经济带城镇群的全新空间格局

加快"据点"城镇及城镇群（带）的建设，提高其集聚能力。目前西江带已有特大城市（南宁）和大城市（柳州）各一个，要充分发挥二者的中心辐射作用，并与贵港有机结合，促进南柳贵区域经济一体化，充分利用该区域城镇的资源、技术及产业优势，加速形成西江经济带上南柳贵"金三角"城镇集聚区；充分利用贵港与梧州的资源优势，提升贵梧城镇带的集聚能力；同时，加快右江走廊城镇带和左江支流城镇带的建设，提高百色、崇左的辐射作用。通过对西江经济带"据点"城镇及城镇群（带）的建设，促进西江经济带城镇的快速发展，为西江经济带经济的快速发展提供支撑。

（一）重点打造南柳贵"金三角"人口和城镇集聚核心区

南（宁）柳（州）贵（港）"金三角"城镇集聚区是西江经济带的核心和最重要的经济、产业、人口和城镇的复合集聚区，并且通过南宁、柳州和贵港分别与广西的南北钦防城市群、桂中城市群和桂东南城市群连为一体。因此，南（宁）柳（州）贵（港）"金三角"城镇集聚区的建设是事关西江经济带总体发展成功的关键。应加强对土地利用、生态环境、交通和基础设施等方面的管制和协调，城镇要素的空间集聚，以发展中心城市和培育次中心城市为重点，不断优化区域内部的空间结构，加强各级城市的人居环境建设水平。

充分发挥南宁作为西江经济带的核心城市的辐射带动功能，增强西江经济带与南北钦防城市群的联系。加强柳州市与南（宁）梧（州）城镇发展轴的经济社会联系，促进湘桂

（南宁—来宾—柳州）和柳黔（柳江—黔江—西江郁江段）沿线城镇的发展。立足于贵港的资源和区位优势，打造以临港制造业和港口经济为特色的内河港口工业城市。同时，贵港作为"金三角"城镇集聚区的核心城市之一，远景城市人口将超过百万。来宾将打造成以冶金、电力工业为主导的区域性工业基地和商贸物流基地。在几个城市中，贵港和来宾的城市基础设施较差，服务能力较弱，未来应重点提升其城市基础设施和服务功能。

（二）结合西江生态廊道功能，合理布局沿江城镇，整合岸线资源

在梧州—贵港、右江河谷和南宁—崇左—凭祥等都将以西江为依托形成带状发展廊道。流域生态环境对西江沿岸城镇发展构成刚性的约束。西江沿岸城镇全部依靠西江取水，对水环境的依赖很大。为此特别需要优化西江中上游的产业布局，提高城市水处理能力，城镇污水处理率应达到国家标准。上游城镇的密度不宜过高，各城镇之间应保持河流自净所要求的合理距离。为了提高基础设施的综合利用效率，西江上游的城镇应主要以沿江单侧组团式布局为主。另外，梧州—贵港城镇发展廊道城镇密度较高，未来应适应西江水道的美化绿化要求，主要以沿江发展为主，将西江岸线纳入城市的休闲和公共空间，加强西江两岸城区之间的城市交通联系，梧州市应积极拓展向南与苍梧城区联系的城市发展轴线。

为了有效发挥西江岸线的生活和休闲功能，沿江城市和城镇应对生产岸线，生活岸线和生态岸线资源进行合理的规划和开发利用。梳理城市的景观脉络，通过滨水空间的建设和沿江特色景观和历史文化资源的保护和利用，重塑城市风貌特色。

（三）通过行政区划调整与管理体制改革为城镇发展创造更大的空间

随着城市化进程的不断加快，西江流域部分城市的拓展空间面临较大矛盾。为了形成更加合理的区域空间格局，应通过合理的行政区划调整和政策扶持，重点培育西江流域有发展前景的城镇群和城镇带。

黄金三角城镇群应充分考虑三大节点的发展空间与发展规模。南宁市六景镇不仅是高速公路的重要节点，同时又有化工园区和千吨级的集装箱码头，具有较大的发展潜力。因此，建议整合六景镇、开发区以及周边地区，成立南宁市新的市辖区或者争取升格为县级市。柳州市是我国华南地区重要的老工业基地和交通枢纽，目前产业多元化发展，城区产业向鹿寨县雒容镇扩散，并形成了相当规模的产业园区，城区南部基本和柳城县连成一片。因此，可以考虑整合河东新区和开发区，将雒容镇升格位市辖区，同时将柳城县撤县改区，扩大柳州市中心城区的发展空间，统筹城乡协调发展。桂平具有较好的区位条件和发展基础，应积极探索行政管理体制创新，推进贵港—桂平的一体化建设。

深化西江流域经济带行政管理体制改革，提高政府公共服务能力。以决策与执行分开为切入点，理顺政事关系。探索改变目前以职能和部门为导向的公共服务体系，通过决策与执行分开，成立大部门的服务决策机构，将服务性职能部门从政府中剥离出来，成立专门的执行机构，专司公共服务执行。合理分摊各级政府基本公共服务均等化的成本与责任，向县市下放更多的微观公共服务管理权力，并相应地增加地方财权。政府要尽量转移

出那些可以由社会公共组织承担、由市场自行调节的职能，强化公共服务职能。加强上下级政府之间的分工与协作，提高公共服务供给效率。同时，要构建基本公共服务均等化的法律约束机制。完善保障基本公共服务提供主体、资金来源、管理体制的规范性，进一步明确各级政府、部门所应承担的具体责任，同时，制定未履行责任的制约、惩罚制度等责任追究机制，使每个环节落实均等化措施。

与此同时，一些城市对城市景观和城市特色的通盘考虑不足，城市建设用地迅速扩张，造成了周围环境的破坏，原有的形态和结构特色正在迅速消失。随着城市开发强度的提高，西江流域大部分城市的山环水抱的独特性景观资源有所丧失。近年来城市建设中对滨水空间的建设重视不足，很多滨水地段缺少基本的环境建设，造成景观资源的巨大浪费。此外，城市历史文化也正在消逝，亟须整理和保护。例如，很多中小城市的老城区空间拥挤状态逐渐加剧，建筑密度过高，公共空间严重缺乏，原有的建筑特色和空间氛围减弱，历史文化消逝。而大部分新兴城区风貌单一，没有延续原有的文化脉络，显得缺乏特色。因此，梳理城市的景观脉络，通过滨水空间的建设和沿江特色景观和历史文化资源的保护和利用，重塑城市风貌特色具有重要的意义，也是规划中需要重点考虑的课题。

三、高度重视亲水宜居的自然环境和地域文化特色，培育区域竞争力

（一）充分利用西江水道资源，建设各具特色的沿江景观带与城市风貌

落实西江岸线的功能分区，合理布局港口、工业区和休闲旅游区，积极打造各具特色的沿江景观带和休闲旅游区。西江流域各城市具有沿江布局的特殊区位，具有良好的自然条件和开阔的自然河岸景观，因而其滨江带景观成为沿江城市最为主要的特色景观，滨江岸线、滨海大道及港口的景观带资源、多样化的沿岸景观为沿江城市的特色打造和旅游开发提供了良好的发展机遇。西江流域滨江景观带的开发建设，是一个庞大的系统工程（表8-50）。滨江景观带的建设主要以城市岸段为重点，建设融大江风貌于一体的滨江景观。必须坚持高标准、高品位、体现流畅、明快的格调，追求文化、艺术和现代科技的完美结合。近期应达到充分发挥城市景观、旅游、文化休闲的功能，远期增加休闲娱乐和金融商贸功能。

表8-50 西江流域各城市特色风貌与沿江景观建设

地 区	城市特色	功能定位	沿江景观建设
南 宁	"中国绿城"品牌，积极打造"中国水城"，重视"山水城市"特色塑造，强化山水自然景观	建立完善的绿化网络体系和生态保护区，实现生态景观面貌的多样性。打造综合性的滨江度假休闲旅游区	重点改善邕江南宁城区段的沿江景观，注重南宁城区水系的连通与沿岸绿化，增加滨江休闲娱乐和商务功能
柳 州	百里柳江景观带，"壶形"古城风貌	充分挖掘历史文化内涵，打造具有山水特色和文化内涵的休闲旅游区	加大沿江旧城区拆迁和改造力度，增加商务休闲及金融功能

续表

地区	城市特色	功能定位	沿江景观建设
梧州	富有地方特色、自然气息浓厚的"山、水、城、绿"和谐一体的城市环境	形成"群山为绿色背景,两江为景观纽带"的生态景观格局	加强桂江、浔江两岸的景观廊道的建设,将江水景色引入城区,增加滨江绿化和休闲廊道
贵港	具有"山、江、城"的大山水和"水、丘、家"的小山水双重景观格局	建立城市生态绿地网络,并充分利用发达的河流水系,打造城市滨水魅力线	科学划分郁江的生态性岸线、生产性岸线和生活性岸线,保护城市山水格局,提升城市特色和品质
来宾	环城水系,突显山水城市格局	充分挖掘民族文化资源,建设具有时代特征和壮乡特色的山水园林城市	加大红水河沿岸的景观绿带建设
百色	城区三面环山,右江、澄碧河穿城而过	自然景观与城市生活的密切融合,着力打造沿江景观带与休闲带	重点拓展右江、澄碧河的滨河生态走廊,不断改善两岸景色和绿化,沿河岸两侧控制一定的绿化隔离带,展现城市河流的特性和大自然赋予的地方特色
崇左	左江穿城而过,绿化条件好	打造沿江景观廊道,增加商务休闲功能	加强左江沿岸的旧城改造与景观建设,建设绿化隔离带

(二) 加强滨水空间的规划引导和城市设计,打造亲水宜居、自然和谐的人居环境

临江滨水地区是沿江城市特有的自然景观资源,它承载着当地独特的历史与个性。西江流域7地市都是因水而兴起的,其地理、经济和文化条件在临江城市中属于比较典型的类型。滨水沿线的开发建设作为城市设计中重要的富于特色的组成部分,不仅对城市景观影响巨大,也将对城市经济发展产生重大的影响。因此,应该高度重视临江滨水空间的合理利用与景观设计,这对于改善人均环境,提升城市形象和城市环境生活品质具有十分重要的推动作用。

河流滨水地带是典型的生态交错带,这里物质、能量的流动与交换过程非常频繁,因此生物种类繁多,物种与环境相互作用来实现河流滨水地带的生态平衡。因此,应坚持生态性原则,注重流域生态的"创造性"保护。城市经济迅猛发展要求建立高标准的工程防洪设施,创造舒适的人居生活环境,又要求城市滨水空间尽可能保持自然生态特征,体现城市独特风貌,两者在一定层面上难免会产生矛盾,因此在设计中必须要考虑到临江滨水区这一特殊性,根据实际情况,对规划区域作准确的功能定位。沿江滨水景观与城市景观是一脉相承的,体现在沿江立面线状景观线的连续统一,即水际线、岸基线、林冠线和沿江城市轮廓线等景观线,这一系列景观线的连贯统一使沿江地段与城市空间保证了视觉上

的整体连续,设计理念上的可持续性。

滨水景观设计的目的是通过城市设计使水域空间成为城市的有机整体,把滨水空间打造成具有独特认同感和心理归属感的城市意向空间,同时通过亲水环境的营造,为大众提供丰富而具有文化内涵的生活休闲空间。与此同时,使滨水空间的环境和景观价值得到转化资产价值。特色性是"场所感"形成的重要前提,能使人区别场所间的差异,唤起对一个地方的回忆。对滨水区的景观设计,应尊重其原有的社会、文化与历史价值。充分挖掘西江流域的人文内涵,与滨江环境和谐统一,打造西江流域亲水性、宜居性的人居环境。

(三)传承少数民族地区的文化特色

西江流域是我国主要的少数民族聚居区之一,当前的发展情况是,文化基础设施条件相对落后,公共文化服务体系比较薄弱,文化机构不够健全,人才相对缺乏,文化产品和服务供给能力不强。因此,必须深刻认识繁荣发展少数民族文化事业的特殊重要性和紧迫性,采取多种措施,传承西江流域各少数民族的文化特色。在有利于西江流域社会经济持续健康发展和民族团结进步前提下,使各民族饮食习惯、衣着服饰、建筑风格、生产方式、技术技艺、文学艺术、宗教信仰、节日风俗等,得到切实尊重、保护和传承。

西江流域经济带民族构成比较复杂,地域类型复杂多样,因此不能一刀切,盲目的推进城市化进程。对于发展基础较好,以汉族和壮族为主的地区,应积极推进城市化进程,采取多种措施引导广大农村居民向城镇聚居。对于少数民族聚居的地区,应尊重当地的民族习惯和地方特色,建设有少数民族特色的民居。延续历史发展文脉,引导少数民族居民适度集聚布局,完善当地基础设施和公共服务设施配套建设,改善当地居民的人居环境。

(四)挖掘城市历史底蕴与文化内涵,促进历史文化名城的复兴

充分挖掘南宁、柳州、梧州和百色的历史文脉和旅游资源,建设具有文化内涵的城市雕塑和标志性的主题公园,增强各城市的文化品位和深厚底蕴,营造浓郁的文化氛围。南宁市应突出秀丽壮美的岭南风光,展现以壮民族文化为主的体现时代性、包容性的城市文化,形成富有魅力和特色的文化交流平台。加快南宁市中山路的改造步伐,修缮和新建具有浓郁广西特色的骑楼建筑,复兴独具特色的广西饮食文化。同时结合香港街、澳门街、台湾街的建设,打造各具特色的商业街和休闲文化氛围。

柳州具有悠久的历史和深厚的文化底蕴,应充分利用百里柳江、文化长廊的品牌优势,大力推广文化旅游、休闲旅游。突出柳州独具特色的"壶形"古城风貌和钟毓灵秀、山环水绕的山水空间结构,同时兼顾民族风情特色浓郁的多民族融合特征。充分挖掘古代名人雅士特别是柳宗元的历史影响,建设历代柳州名人纪念馆,宣传柳州古代历史名人文化。另外,大力宣传别具特色的奇石文化,以八桂奇石馆为依托,定期举办全国乃至世界规模的奇石文化节。

梧州应积极融入西江流域经济带的开发,重振"百年商埠"曾经的辉煌。加大梧州历

史街区的保护和修缮力度,保护骑楼建筑,尝试建设梧州历史文化长廊,加大梧州历史文化的宣传力度。重点整治中山纪念堂周边环境,修整中轴线的空间序列,保护文物古迹资源。延续和推广梧州国际宝石节的经验和影响,逐渐将其打造成为一个世界知名品牌。在国际宝石节举办的同时,推出具有梧州特色的龟苓膏、六堡茶等产品,加快和推动梧州发展。

贵港要继承城市传统文化,保护历史文化和自然遗产,保持地形地貌、河流水系的自然形态。充分利用"郁江穿绕,溪河蜿蜒,湖泊密布,青山依立,良田万顷"的浔郁平原城市特色,结合沿江沿湖分布的文物保护单位,梳理特色荷塘,构建以"青山碧水良田"为基本骨架,文化内涵丰富的城市景观系统,彰显贵港市南国"浔郁荷城"的风貌特色。

百色是一个具有悠久革命传统的城市,西林教案、百色起义等重要历史事件使百色成为革命历史名城载入中国史册。同时又是壮族聚居区,生态环境良好。因此应充分展现"红色"、"绿色"、民族文化三元文化的交融,积极宣传"红色之城"、"绿色之旅"和壮乡之都三大文化旅游品牌,努力宣传地方特色与文化风貌。

四、从流域着眼建立城镇之间的空间合作机制

国内外沿江产业带城镇发展的成功经验表明,一定要重视各城市(镇)在制度、交通、环保、产业等方面的合作。例如,长江流域重视各城镇在环保领域内的合作,目前上海、南京、武汉、宜昌、重庆、南通、泸州等沿江城镇通过树立结盟碑,并举办一系列经贸活动,联合发展环保产业;长江流域各城镇已初步展开在旅游业等方面的合作,如南京、合肥等城市利用上海的"窗口"推动旅游业发展,咸宁、黄冈、鄂州等市积极与武汉旅游企业共同发展区域旅游产业,构筑华中旅游圈等,沿江城镇的合作,极大地推动了沿江旅游产业的发展;另外,长江流域加快优势产业和企业集团的联合重组,旨在使沿江各城镇在具体领域内的合作,形成竞争优势。这些经验给西江经济带城镇的发展提供了重要的借鉴。

在自治区政府的直接领导下,西江流域已成立了负责协调黄金水道建设和沿江城市建设的西江办公室,为区域综合性的管理奠定了良好的基础。我们建议,未来各城市(镇)成立沿江市长联席会议,并力求在此基础上形成跨区域的协调西江流域经济发展的权威性管理机构。

(一)空间和资源利用的协作

突出城镇产业特色,实现沿江城镇合理的职能与产业分工与合作。结合沿江各个城镇的具体情况,立足铝、锰、水能、旅游资源,选定各自的发展方式,突出城镇的产业特色,在西江经济带上中下游各段形成各具特色的城镇职能,从而加快城镇的发展步伐。在沿江大型产业园区建设、人才和资金流动、技术研发支持服务等方面统筹安排,共建共享,打破行政区划壁垒,实现空间和资源利用效率的最优化。

在中游金三角城镇集聚区,应重视城际交通基础设施和物流体系以及城市公共交通服

务的对接,以提高生活质量,打造宜居宜创业的生活环境为目标,更好地打造统一的生活圈。

(二)流域生态和环境保护合作

加强西江经济带建设的合作,有利于统筹解决生态保护和资源利用的区域外部性问题,是增强西江流域经济带可持续发展能力的关键。为此应在西江经济带生态环境保护和建设规划的统一指导下,以水环境保护为突破口,强化区域绿色生态屏障建设,建立健全区域性环境问题联防联治长效机制,加大环境综合整治力度,加强跨界环境违法行为联合查处,强化西江上下游生态环境的一体化管理,不断改善区域整体环境质量,实现区域可持续发展。

(1)重视水质监测与沿江生态环境保护

围绕保护水资源、改善水环境质量的共同目标,大力推动西江综合整治,加强对饮用水源保护,开展辖区内工业污染源的防治和监督执法。强化主要江河湖库汇水区环境的监管,加强饮用水源保护及西江取水工程的协调合作,严格保护饮用水源,确保河流交界断面水质达标,符合相应水环境功能区的要求。严格实施主要污染物排放总量控制管理,加强跨界区域的河涌综合整治,按照统一规划、统一标准、同步联动整治的具体要求,落实内部任务分工和责任。另外,要积极探索建立上下游生态补偿机制,研究上下游地区生态补偿的责任、权利和义务,共同保护流域水环境。

(2)共同维护、建设西江流域绿色生态屏障

继续深入推进西江水源涵养林等生态屏障工程建设,强化7个地级市自然山水格局的维护维育、以生态公益林为主体的森林和城乡绿地系统、绿色通道、生态隔离防护带建设,积极营造空气清新、水体碧绿的生产生活环境。构建七市一体的生态环境预警监控体系,强化森林火灾和外来有害生物预警防控体系建设,开展森林灾害的联动监控和信息通报,建立健全森林灾害应急处置联动机制。引导重大产业合理规划布局。从区域生态系统整体出发,加强重大产业布局引导与最大限度地发挥各地环境资源优势的辩证统一,促进上下游产业的分工协作与一体化布局。

(3)统筹固废处理,促进循环经济

系统分析西江流域内工业固体废物、危险废物产生的种类、数量及处理处置能力,按照科学发展观和可持续发展战略要求,整合资源,统筹规划各类固体废物处置设施,实现资源共享。建立固体废物统一监督管理的工作机制,加强信息沟通和工作协调,共同打击无证经营、非法转移危险废物等违法行为。

(三)社会保障的一体化管理

强化社会保障工作,加快完善社会保障体系,基本满足城乡居民多层次保障需求,进一步提高市民的社会保障水平。允许城市居民在西江经济带各城市自由流动,积极探索一体化的社会保障体系,努力形成以就业为基本保障、社会保险为主要形式,广覆盖的就业

保障体系新框架，尽量保障困难群体基本生活。到 2020 年，争取西江经济带各城镇基本养老、医疗、失业保险覆盖率分别达到 95% 以上，城镇登记失业率控制在 4% 以内。

完善困难群体保障体系，全面发展民政事业。强化民政制度建设、法制建设及资源支撑体系建设；完善社会救助和社会福利体系，提升社会救助和社会福利的总体服务和保障水平；推进基层民主政治建设，完善社区建设工作体系，强化居民参与意识和社区居民自治功能；完善村民自治体系，推进社会主义新农村建设；加强专项社会事务管理，提高社会事务服务水平。

参 考 文 献

百色年鉴编纂委员会.2008.百色年鉴2005~2006.南宁：广西人民出版社.

陈栋生.2003.中国区域经济新论.北京：经济科学出版社.

陈枫.2001.21世纪的珠江防洪体系建设.广西水力水电，(4)：1~5.

陈宏华等.2006.广西环境地质灾害现状与防治措施.科学技术与工程，(6)：791~795.

陈建军.2001.发展旅游业促进广西经济跨越式发展.中国旅游营销网，http：//www.aatrip.com/zhuanjiaguandian/39425.html.

陈丽晖，李红，何大明.2001.国际河流开发和管理趋势.云南地理环境研究，13 (1)：20~27.

陈烈，沈静.2002.环北部湾旅游圈协同发展的战略目标与对策.热带地理，22 (04)：345~349.

陈灵芝.1993.中国的生物多样性现状及其保护对策.北京：科学出版社.

陈润东，朱新永.2006.西江防洪减灾现状与对策.人民珠江，(5)：26~28.

陈湘满.2000.美国田纳西流域开发及其对我国流域经济发展的启示.世界地理研究，9 (2)：87~92.

陈余道，蒋亚萍.1996.广西水土流失特点与防治对策.桂林工学院学报，(4)：415~419.

陈玉娟.2000.中外城市沿河地带功能开发比较研究.城市规划，(9)：23~26.

崇左市地方志编纂委员会.2008.崇左年鉴2008.南宁：广西人民出版社.

戴军，王琪.2003.国内外内河航运的比较与思考.船海工程，(2)：44.

但新球等.2003.我国石漠化区域划分及造林树种选择探讨.中南林业调查规划，(4)：20~24.

邓永林等.2005.西江流域水源涵养林建设的探讨.广东林业科技，4 (21)：91~93.

杜祥琬.2008.中国可再生能源发展战略研究丛书.北京：中国电力出版社.

樊杰等.2010.小尺度产业空间组织动向与园区规划对策.城市规划，34 (1)：33~39.

傅伯杰等.2001.景观生态学原理及应用.北京：科学出版社.

耿雷华，陈雳巍.2005.国际河流开发给中国的启示.水科学进展，(16)：295~299.

耿雷华等.2005.国际河流开发给中国的启示.水科学进展，16 (2)：295~299.

顾文鹄.2008.全球价值链下广西旅游产业升级研究.广西大学.

广西电网公司计划发展部.2008.广西电网"十一五"规划电网优化研究系列报告.广西：广西电网公司.

广西旅游局.2009.广西旅游业发展基本情况.

广西壮族自治区发展和改革委员会，广西壮族自治区交通厅.2009.西江黄金水道建设规划（送审稿）.广西：广西壮族自治区发展和改革委员会，广西壮族自治区交通厅.

广西壮族自治区环境保护局.2002.广西壮族自治区地表水环境功能区划分析报告.

广西壮族自治区环境保护厅.2009.广西环境战略研究报告（评审稿）.

广西壮族自治区经济委员会.2008.广西工业"十一五"发展规划汇编.广西：广西壮族自治区经济委员会.

广西壮族自治区水利厅.2006.广西城市饮用水水源地安全保障规划报告.

广西壮族自治区水利厅.2009.广西水资源综合规划报告书（初稿）.

广西壮族自治区统计局.2007.广西统计年鉴2007（总第25期）.北京：中国统计出版社.

广西壮族自治区统计局. 2008. 广西统计年鉴2008（总第26期）. 北京：中国统计出版社.

郭培章, 宋群. 2001. 中外流域综合治理开发案例分析. 北京：中国计划出版社.

郭晓磊, 吴国蔚. 2007. 中国—东盟自由贸易区的驱动机制分析. 世界经济研究,（1）：68~73.

郭燕. 2010. 中国—东盟自由贸易区建成后对我国纺织品服装出口影响. 纺织导报,（1）：24~27.

国家发展和改革委员会. 2007. 铝工业产业发展政策.

国家发展和改革委员会. 2007. 铝行业准入条件.

国务院办公厅. 2009. 有色金属产业调整和振兴规划. http://www.gov.cn.

何练祥. 2007. 贵港统计年鉴编辑委员. 贵港统计年鉴2006~2007. 北京：方志出版社.

贺圣达. 2009. 中国—东盟自由贸易区建设与大西南的参与. 贵州财经学院学报,（1）：53~57.

胡安焱, 吴文玲, 邓建伟. 2005. 新疆水土流失的特点及水土保持对策. 水利科学与经济,（8）：490~492.

胡贝, 李华金. 2009. 国内外园区产业发展模式研究. 广西财经学院学报, 22（2）：85~88.

黄德春, 陈思萌. 2007. 国外流域可持续发展的实践与启示. 水利经济, 25（6）：10~13.

黄世勇. 2009. 中国—东盟自由贸易区建成与广西方略. 经济研究参考,（59）：30~32.

黄锡萍. 2007. 来宾市统计年鉴2007（总第5期）. 北京：中国统计出版社.

黄贤全. 2002. 美国政府对田纳西河流域的开发. 西南师范大学学报（人文社会科学版）, 28（4）：118~121.

黄耀. 2006. 中国的温室气体排放、减排措施与对策. 第四季研究, 26（5）：722~728.

黄勇. 1999. 江河流域开发模式与澜沧江可持续发展研究. 地理学报, 54（增刊）：119~126.

贾大山. 2000. 再论水运在国民经济中的地位和作用. 中国水运, 11：9~10.

简王华, 胡海驰, 毕燕. 2004. 广西旅游资源空间地域整合初探. 广西师范学院学报（自然科学版）, 21（4）：72~75.

简王华, 滕健. 2001. 桂西南旅游资源特色及其旅游文化开发. 地域研究与开发, 20（2）：90~93.

蒋超杰. 2009. 用科学发展观指导广西铝工业又好又快发展. http://kjrbgx.gxsti.net.

蒋千. 2004. 发挥长江航运在流域经济中的促进作用. 综合运输,（12）：34~35.

来宾年鉴编纂委员会. 2005. 来宾年鉴. 南宁：广西人民出版社.

雷爱雪. 2008. 森林公园生态旅游产品开发类型及其开发原则. 现代农业科学, 15（5）：34, 35.

李柏文. 2008. 流域旅游合作开发与管理机制设计. 商场现代化, 530：268~269.

李秉林. 1987. 广西水土流失问题综述. 广西水利水电科技,（3）：37~40.

李纪宏, 刘雪华. 2006. 基于最小费用距离模型的自然保护区功能分区. 自然资源学报, 21（2）：217~224.

李秋洪, 蓝日基. 2008. 广西年鉴2008. 南宁：广西年鉴社.

李维健, 刘忠林, 潘家瑞. 2007. 广西锰业现状及未来发展展望. 中国锰业, 25（4）：1~5.

李文华等. 1989. 流域开发与管理——美国田纳西河流域与中国乌江流域对比研究. 贵阳：贵州人民出版社.

李文霆. 2007. 循环经济：再造"生态城市"新模式. 北京：中国环境科学出版社.

李秀敏, 刘丽琴. 2003. "增长三角"的形成发展机制探讨. 世界地理研究, 12（1）：79~85.

李一平. 2009. 中国与东盟区域合作：现状与前景. 贵州财经学院学报, 139（2）：59~64.

李永球. 1997. 广西矿产资源开发利用现状、存在问题和对策. 华南地质与矿产, 4：57~62.

李佐军. 2009. 创新型产业集群事关经济后续动力. 中国制造业信息化,（2）：53~56.

连漪. 2007. 广西旅游城镇化经营的整合研究. 桂林旅游高等专科学校学报, 18（6）：841~845.

梁涛. 2003. 利用区位优势发展广西旅游业的构想. 广西社会科学, 2（3）：72~75.

廖荣华, 魏美才. 2004. 论湘西南生态旅游融入"大桂林"旅游经济圈的依据和对策. 社会科学家,

（1）：71~73.

林而达，李玉娥.1998.全球气候变化和温室气体清单编制方法.北京：气象出版社.

刘大芷等.2008.借鉴先进经验实现广西铝工业跨越式发展.http://www.gxjmw.gov.cn.

刘海清.2009.我国甘蔗产业现状与发展趋势.中国热带农业，（1）：8~9.

刘健，马恩拉瓦莱.2002.从新城到欧洲中心——巴黎地区新城建设回顾.国外城市规划，（1）：27~31.

刘健.1998.莱茵河流域的开发建设及成功经验.世界农业，2：3~5.

刘康.2004.生态规划：理论、方法与应用.北京：化学工业出版社.

刘小蓓.2004.广西边境旅游发展研究——以广西东兴市为例.成都：四川大学硕士论文.

刘兴正等.1982.广西风能资源.广西气象，（4）：37~43.

柳州市地方志办公室.2008.柳州年鉴.南宁：广西人民出版社.

柳州市统计局.2008.柳州经济统计年鉴2008.北京：中国统计出版社.

龙京才.1995.开发旅游资源构筑广西旅游热点辐射网络.旅游研究与实践，4（2）：42~47.

卢长利，周溪召.2006.鹿特丹港与莱茵河航运联动发展经验.经济地理，（12）：283~284.

鲁霞.2008.广西旅游产业链整合研究.南宁：广西大学硕士论文.

陆炳炎.1999.长江经济带发展战略研究.上海：华东师范大学出版社.

陆大道.1998.中国区域发展报告.北京：商务印书馆.

陆大道等.1989.中国工业布局的理论与实践.北京：科学出版社.

陆建人.2006.中国—东盟自由贸易区：进展与问题.亚太经济，（3）：2~5.

吕欣，周能.2004.全国风能资源普查表明 广西属风能资源较丰富区域.http://news.gxnews.com.cn/staticpages/20041220/newgx41c5fe10-516268.shtml.

罗克良.2008.广西加快发展对接东盟文化产业的思考.学术论坛，31（11）：129~132.

骆天庆.2008.现代生态规划设计的基本理论与方法.北京：中国建筑工业出版社.

冒宇晨.2009.滨水城镇旅游发展问题初探——以江南六大古镇为例.南京航空航天大学学报（社会科学版）.11（2）：35~39.

莫家光.1994.广西的水土流失灾害及防治措施.地质灾害与防治，（4）：83~86.

欧阳欢子.2008.中国—东盟经贸关系的发展进程及前景.世界经济研究，（9）：72~77.

欧阳志云.2005.区域生态规划理论与方法.北京：化学工业出版社.

彭有祥.2008.中国东盟自由贸易区建设与云南的对外开放.经济问题探索，（2）：86~90.

蓬发基等.2005.构筑和谐广西生态屏障.广西日报.

钱正英，张光斗.2001.中国可持续发展水资源战略研究综合报告及各专题报告.北京：中国水利水电出版社.

舒肖明.2008.国外著名滨水城市水上旅游开发的实践与经验.宁波大学学报（人文科学版），21（3）：94~96.

苏宗明.1998.广西植被的自然环境条件对广西植被的影响.广西科学，5（1）：51~57.

孙军，顾朝林.2004.江苏沿江开发研究.长江流域资源与环境，13（5）：403~407.

谈国良，万军.2002.美国田纳西河的流域管理.中国水利，10：157~159.

汪阳红.2001.国外空间开发模式类型及对我国西部地区空间开发的启示（下）.国土开发与整治，11（4）：5~9.

王光谦.2008.国内外防洪模式的比较分析与我国防洪模式转变.见：中国水利学会.纪念1998年抗洪十周年学术研讨会优秀文集.21~25.

王建国，吕志鹏.2001.世界城市滨水区开发建设的历史进程及其经验.城市规划，（25）：41~46.

王金叶等.2006.广西生态环境体系构建的相关问题与对策建议.改革与战略，51：1~2.

王娟.2008.中国—东盟开展服务贸易的影响因素及对策.广西民族大学学报(哲学社会科学版),30(3):95~98.

王宁.1993.从宏观、中观、微观谈开发区规划的新思路.城市规划汇刊优秀论文集.

王晓,冯学钢.2005.中国游艇旅游的发展研究——以上海市为例.桂林旅游高等专科学校学报,16(6):86~89.

王艳,宋振柏,吴佩林.2008.基于GIS的城市土地适宜性评价.安徽农业科学,36(6):2487~2489.

王燕,黄海厚.2004.莱茵河沿岸发展现代物流带动区域经济发展.港口经济,(6):55~56.

王映文.1986.略论广西岩溶地貌.广西地质,6(1):71~75.

王肇鸿.2005.西江流域生态与环境保护刍议.人民珠江,(4):73,74.

王铮,朱永彬.2008.我国各省区碳排放量状况及减排对策研究.战略与决策研究,23(2):109~115.

魏喃亮.2007.昌平:打造中小企业服务平台.投资北京,(2):72~73.

翁乾麟.2001.关于广西生态环境建设与保护的几个问题.生态环及建设,(5):49~52.

吴必虎,贾佳.2003.城市滨水区旅游·游憩功能开发研究——以武汉市为例.地理学与国土研究,12(5):99~102.

吴静茹.2008.广西服务业就业创造问题研究.南宁:广西大学硕士论文.

吴晓青.2008.生态省建设理论与实践.北京:中国环境科学出版社.

吴协保等.2009.我国西南岩溶石漠化土地生态建设分区治理思路与途径探讨.中国岩溶,(4):391~396.

吴燕辉,周勇.2008.土地利用规划中的土地适宜性评价.农业系统科学与综合研究,24(2):232~242.

梧州年鉴编辑委员会.2008.梧州年鉴2007.北京:中国统计出版社.

香港特别行政区政府规划署,香港大学地理系.2010.大珠江三角洲内河航运发展研究报告.香港:香港特别行政区政府规划署,香港大学地理系.

肖笃宁,李季珍.1997.当代景观生态学的进展和展望.地理科学,17(4):356~364.

谢小萍.2007.南宁统计年鉴.北京:中国统计出版社.

星球地图出版社.2007.广西壮族自治区地图册.北京:星球地图出版社.

徐萍.2005.德国促进内河运输的政策措施.综合运输,(6):82~84.

徐印州.2008.广交会转型与发展广州会展业的对策.广东培正学院学报,8(2):13~21.

杨丹志.2010.期待中国—东盟自贸区的共赢.瞭望,(1):59.

杨丽艳.2008.试论中国—东盟自由贸易区争端解决机制.安徽大学学报(哲学社会科学版),32(4):77~82.

杨然.2005.利用广西旅游资源发展与东南亚的旅游合作.南方国土资源,3(1):21~25.

杨万江.2001.现代农业发展阶段及中国农业发展的国际比较.中国农业经济,(1):12~18.

杨万钟.2001.上海及长江流域地区经济协调发展.上海:华东师范大学出版社.

杨文白,陈秀万.2007.开发区土地利用评价指标体系研究.地球信息科学,9(32):21~24.

杨颖瑜.1998.广西旅游开发总体战略研究.桂林旅游高等专科学校学报,9(2):43~50.

叶拉赫金等.2004.伏尔加河流域水电资源开发前景.水利水电快报,25(13):4~6.

尹晓颖,朱竑,甘萌雨.2005.红色旅游产品特点和发展模式研究.人文地理,2:34~38.

俞孔坚.1998.景观生态战略点识别方法与理论地理学的表面模型.地理学报,53(S1):11~20.

虞孝感.1997.长江产业带的建设与发展研究.北京:科学出版社.

袁丰等.2009.江苏省沿江开发区空间分工、制造业集聚与转移.长江流域资源与环境,18(5):403~408.

运迎霞,李晓峰.2006.城市滨水区开发功能定位研究.城市与环境,(6):113~118.

昃向桢.2005.要重视水泥工业合理布局与合理规模.中国水泥,(6):18~24.

张国宝.2010.2010年我国能源工作总体要求和任务.http://www.chinaest.gov.cn/zhuanti/zhangguobao/2010-01/07/c_13129329.htm[2010-01-07].

张好诚等.1994.高产优质高效农业评价指标体系.农业系统科学与综合研究,10(2):147~150.

张建平,李肖玮.2008.中国—东盟自由贸易区合作的进展情况、问题和展望.经济研究参考,(17):7~15.

张金屯,李素清.2003.应用生态学.北京:科学出版社.

张雷.2008.中国城镇化发育的淡水资源基础.地理科学进展,(1):1~8.

张淑君.2006.服务业就业效应研究.北京:中国财政经济出版社.

张庭伟.1999.滨水地区的规划和开发.城市规划,(23):50~55.

张文尝,金凤君,樊杰.2006.交通经济带.北京:科学出版社.

张文尝.1997.法国罗讷河开发及其开发模式介绍.地理科学进展,16(1):71~74.

张文忠等.2009.产业发展和规划的理论与实践.北京:科学出版社.

张显春.2007.广西旅游市场需求现状分析.消费导刊,11(4):34~37.

张远新.2009.广西服务业发展报告2009.南宁:广西民族出版社.

张占耕.2001.上海要建成21世纪的国际农产品集散中心.上海经济研究,(5):61~64.

张周来,梁思奇.2007.中国—东盟合作的"南宁走廊".瞭望,(47):52~53.

章家恩.2009.生态规划学.北京:化学工业出版社.

赵民望.2008.西江流域生态保护或将纳入法制轨道.中国工商时报.

赵银亮.2006.地区主义与东盟的制度变迁相关性分析.亚太经济,(5):21~25.

郑伯红.2000.世界名河及其流域开放开发的国际经验.云南地理环境研究,(12):59~65.

郑维宽.2005.近六百年来广西气候变化研究.社会科学战线,(6):155~160.

中国航海史研究会.1998.珠江航运史.北京:人民交通出版社.

中国交通年鉴社.2009.中国交通年鉴(2009).北京:中国交通年鉴社.

中国民用航空局发展计划司.2009.从统计看民航(2009).北京:中国民航出版社.

钟钢,陈雯.1997.从世界大河流域开发实践构想长江开发模式.长江流域资源与环境,6(2):122~126.

钟祥浩.2008.中国山地生态安全屏障保护与建设.山地学报,(1):2~11.

周端庄.1998.国外几条大河开发程序的初步分析.人民长江,(3):44~50.

周刚炎.2007.莱茵河流域管理的经验和启示.水利水电快报,28(5):28~31.

周青青.2007.TVA的早期发展与美国田纳西流域的开发(1933~1953年).厦门:厦门大学硕士学位论文.

周文良,庄丽娟.2009.云南与东盟农产品贸易的现状及对策研究.商业研究,(3):185~188.

周兴等.2003.广西可持续发展要解决的生态环境问题及对策.广西师范学院学报,8(20):1~9.

周一星.2007.城市地理学.北京:商务印书馆.

周泽兴,林子瑜,宁洁.1999.中国温室气体排放编制工作手册.北京:中国石化出版社.

朱峰,许阳千.2009.中国—东盟区域性国际金融中心构建的战略研究.东南亚纵横,9:15~19.

朱强等.2005.景观规划中的生态廊道宽度.生态学报,25(9):2406~2412.

朱小琼.2007.中国—东盟区域经济合作与广西边贸发展.涉外税务,(7):66~70.

朱晓川.2007.借鉴莱茵河航运经验发展江苏水运的思考.中国水运,7(4):183~184.

庄贵阳.2007.低碳经济:气候变化背景下中国的发展之路.北京:气象出版社.

禚振坤,陈雯工.2009.工业小区分类引导研究——以无锡市为例.人文地理,103(5):57~60.

《北部湾经济区沿海重点产业发展战略》项目专题7《资源承载力专题研究》,2009.

《晋城市域城镇体系规划》项目专题4《生态安全格局和空间管制综合研究》,2008.

《中国水力发展史》编辑委员会.2007.中国水力发电史(1994—2000).第四册.北京:中国电力出版

社.

H. N. 沙伊贝, H. G. 瓦特, H. U. 福克纳. 1983. 近百年美国经济史. 彭松建, 熊必俊, 周维译. 北京: 中国社会科学出版社.

Frederick Steiner, Laurel McSherry, Jill Cohen. 2000. Land suitability analysis for the upper Gila River watershed. Landscape and Urban Planning, 50: 199~214.

IPCC Secretariat. 2007. IPCC Climate Change 2007: The Physical Science Basis.

Steinbach, Josef. 1995. River related tourism in Europe—an overview. GeoJournal, 35 (4): 443~458.

后 记

2010年5月24日，在我代表项目组向广西壮族自治区杨道喜副主席汇报"广西西江经济带发展总体规划基本思路"的最后一张电子演示文稿上有这样一段话："感谢西江的山水；如此美丽的国土，激发我们要珍惜、呵护她，要合理开发、利用她，要本着对未来的西江高度负责的精神，描绘好发展蓝图。今天广西和西江不是富饶的、发达的，我们期望并坚信，只要科学规划、认真实施，几十年后当全国实现现代化的那一天，当再对各地进行发展水平综合排序时，广西和西江必将成为全国最美丽、最富饶的人类家园之一。"

一

从区域协调发展的角度审视我国改革开放以来国土空间开发的历程，应当说"第一步走"战略——东部沿海地区率先发展——取得了震惊世界的巨大成功，我国整体国民经济实力得到迅速提升。相比之下，"第二步走"战略的实施，目标是清楚的——加快中西部内陆地区发展，但战术层面却很长时间没有清晰的答案，没有像"第一步走"那样有"改革与开放"这样的核心驱动力和关键举措，有力确保东部率先发展战略目标的实现。

"第二步走"不仅困惑在内陆任何一个区域是否应当把加快工业化和城市化进程作为实现现代化的必然选择这样的重大原则、方向性问题上，而且在如何使东部率先发展的区域照顾中西部发展的大局方面也缺失整套合理有效的途径。经过10年左右的探索与实践，我们清楚地认识到，在东部率先发展的"第一步走"战略实施时，经济建设是核心，加快东部沿海地区工业化和城市化进程是一切改革开放的着力点与目标导向。中西部发展的"第二步走"战略内涵必须以科学发展观为指引，既要加快经济建设、努力提高我国产业发展竞争能力，又要以人为本、重视民生，努力实现人人共享改革开放成果，还要尊重自然规律，实现社会经济发展与资源环境相协调，走可持续发展的道路。

从区域发展和空间载体而言，寻求东部有效地辐射带动中西部发展的空间组织方式、打造有利于东中西部良性互动、整体提升的发展格局，成为摆在经济地理学者和空间规划学者面前的重大命题。解析我国的国土空间开发整体格局，能够贯穿我国沿海发达的城市密集区和中西部欠发达地区、具有便捷紧密的联系通道、外向型且能够纵深向内陆延展的轴带备选区域是不多的，特别是长江三角洲以南的区域，因地形阻隔、流域短小，包括浙江温州、福建海峡西岸、广东潮汕地区以及珠江三角洲地区等在我国改革开放过程中走在前列的发达地区，垂直于海岸线而又纵深中西部地区的辐射通道及影响腹地都是非常有限的，这给实施"第二步走"战略在空间组织上带来一定的难度。

这种格局，既不利于沿海龙头对内陆的辐射带动，反过来也不利于内陆腹地对沿海的支撑和烘托。1997~1998年，国家发展和改革委员会组织开展的"闽粤赣十三地市经济协作区规划",在很大程度上就是要解决厦门、汕头等"内拓腹地、外展空间"的战略需求问题。在这个项目实施中,我有幸作为该项目组长陆大道院士的副手,开始探讨沿海现代化与区域协调发展的命题。后来,广东提出"泛珠三角"的宏伟设想并付诸到政府的区域合作行动当中,要达到的核心目标还是破解珠江三角洲与长江三角洲相比对内陆腹地天然联系条件不足的问题。在2007~2009年,受国土资源部和广东省人民政府委托,我牵头组织开展了"广东省国土规划"工作,在研究开放国土空间、加强区域合作问题过程中,论证了广东省近期区域合作的重点之一是西江流域的共同开发问题。

"广东省国土规划"工作刚刚告罄,恰逢广西区政府黄金水道办公室同我们商议,委托开展"广西西江经济带发展总体规划工作",我们欣然接受了任务。如果从珠江口延伸到广西、贵州和云南,西江在我国南方地区有可能构成仅次于长江的第二大开发轴带,西江经济带的建设符合"两步走"的战略部署,符合区域发展4大板块的总体战略要求,符合我国对外开放合作的战略部署。有利于充分发挥大珠江三角洲地区的龙头作用,有利于加快广西作为沿海省份的人口经济集聚,有利于促进西部大开发战略的实施和带动西南地区的发展,有利于把握中国—东盟自由贸易区建设的机遇。这对于完善我国人口和经济布局、优化国土空间开发结构、促进区域协调发展,有着重大的现实意义和深远的历史意义。

承担"广西西江经济带发展总体规划"的研究和编制,就是试图从西江的广西段入手,通过研究西江流域可持续发展的功能、过程与格局,以及可持续发展的战略、路径与措施,研制其在我国"两步走"战略部署下的空间实施方案,为科学合理地指导广西大发展过程中有序、健康地开发利用西江流域资源以及"十二五"时期着手建立西江开发轴带提供依据,这既是我们的初衷,也是我们着眼长远的谋划。

二

我在《瞭望》2011年20期撰文《中国为何要规制空间》中谈到,中国面临的是世界级的空间规划难题。从空间维看,我国各地发展条件复杂且发展水平差异很大,区域发展类型必然是多样的、发展模式是差异的;从时间维看,我国30年完成了发达市场经济国家100年完成的工业化和城市化历程,时间的压缩,使得本已严峻的人地关系问题更加突出,各种发展矛盾不断激化;从国家整体而言,我国又正处于市场机制和政府职能调整、变动和完善的过程中,法治环境尚未健全,实现政府意愿的经济实力还不充裕;从全球范围来说,经济全球化进程加快,一国工业化和城市化的国际环境已今非昔比,挑战和机遇并存,且应对全球气候变化等国际责任不断强化。因此,坚持科学发展观指引下的国家和区域发展策略,都必须是在应对气候变化和经济全球化"双化"的背景下,既要提升发展竞争能力,又不能以损坏可持续发展能力为代价;既要因地制宜地发挥各地不同的比较优势,又要以人为本使承载不同功能地域的人们共享改革开放成果。总之,发展的约束条件越来越严格且越来越复杂,发展的目标越来越多样且层次要求越来越高,发展的内容和模式越来越有所差异且还要尊重普遍的规律,发展追求的效益强调社会、经济、生态效益一体化,强调公平和效率的统一,强调近期和长远的兼顾,强调有利于国家与地方利益、区域之间利益、城乡利益等的统筹协调，这样的空间规划是其他的规划理论方法和应用实践成熟的国家所没有遇到的。解决这一问题的"金钥匙"，关键是建立规划的科学基础、增强规划的科学性。因为各种利益群体对规划的最大程度的认同区间、各种矛盾协调的最终平衡点，都将会是以"科学"为其归宿的。

区域发展和空间规划研制提出了科学需求。中国科学院地理科学与资源研究所是以人文—经济地理学者为主体的研究团队，及时把握住国家的重大战略需求，发挥交叉学科优势，以区域可持续发展的关键科学问题研究为宗旨，以构建我国地域开发和空间规划理论体系为重点，把研制国家和区域的空间发展战略与规划作为实验与实践载体，在完成了一系列重大规划和战略咨询项目、为国家和地方发展做出应用层面的卓越贡献、履行中国科学院作为国家战略决策思想库功能的同时，也逐步形成了中国科学院"区域可持续发展"的新生研究领域，造就了一支老中青结构合理、团队文化和谐、整体创新实力强、决策层认可度高和在国内外学术界影响大的研究团队，有力地带动了人文—经济地理学的发展。也就是说，在探索"从现实需求中凝练关键科学命题、在解决问题中实现创新和推进学科发展、在学科建设的支撑下提升服务国家需求的质量水平"的发展道路过程中，逐步在科技创新过程中实现人文—经济地理学的学科价值，在我国重大战略决策中体现中国科学院的作用，并逐步在全世界人文—经济地理学研究领域形成以区域可持续发展为特色的中国经济地理学派。这样的发展道路被实践证明是正确的选择。

"广西西江经济带发展总体规划"是我的研究团队继承担全国主体功能区规划科技支撑任务并研制海南省和山西省主体功能区规划，承担汶川、玉树和舟曲灾后重建规划的资源环境承载能力评价工作任务，完成京津冀都市圈区域规划和广东省国土规划方案研制之后的又一项重要的科研工作。在以往的实践中，我们已经凝练并开始研究地域功能形成机理用于揭示区域发展格局演变规律，开始提出并初步研究资源环境承载能力评价的原理用于揭示人地关系相互作用的度量问题，开始形成并不断完善空间结构有序化演进学说用于阐释人文—经济地理过程。广西西江经济带的研究，又为我们刻画产业集疏过程、探讨生态可占用性、分析和模拟流域可持续发展格局演变过程以及优化决策方案提供了重要的研究平台。通过研究阶段形成的广西西江经济带发展基本思路，已经得到广西壮族自治区党委和政府的肯定。2010年12月30日，广西壮族自治区党委书记郭声琨在针对广西西江开发建设的讲话中，直接引用了我们研究思路给出的核心结论："把西江经济带打造成生态优先、交通引领、工业主导、产业升级、城镇集聚、机制创新的发达经济带。"

一个学科的发展，特别是定位于应用基础性学科的建设，一是要在科学体系中找到自己的位置，二是要在人类发展的现实社会中实现应用价值。2011年5月14日，在南京召开的人文地理学术年会上，我尝试着给出人文—经济地理学的发展定位："努力把人文地理学建设成为以交叉科学为学科性质、在地球系统科学中以研究自然圈层和人文圈层相互作用为科学命题、以解决地球表层不同空间尺度的可持续发展问题为应用目标的一门经世致用的学科。"也就是说，人文—经济地理学在科学体系中的位置，是地球系统科学中研究人文圈—自然圈相互作用的学科，显然，如果缺失了这一研究主题，地球系统科学就无法成为名副其实的"地球系统"科学。人文—经济地理学在社会应用中的价值，是解决不同空间尺度的地表可持续发展问题的学科，显然，如果不能把人地相互作用的研究成果转换为可持续发展的决策和实践过程，科学研究与实践应用之间就会出现断裂和空白，人类的文明体系就是残缺和不健全的。研制区域可持续发展战略和空间规划就是人文—经济地理学创新理论思想、检验学术成果、实践科学方法、体现学科价值的重要领域。

三

  2008年，国务院批准实施了《广西北部湾经济区发展规划》，北部湾成为我国东部沿海率先发展也是西部大开发的一个重点培育的新增长极。2009年，按照"国务院关于进一步促进广西经济社会发展的若干意见"的要求，广西壮族自治区党委、人民政府提出了"打造西江黄金水道促进区域经济协调发展"的重大战略部署。2010年1月1日，中国—东盟自由贸易区正式全面启动，广西面临着新中国成立以来前所未有的大好发展机遇。正是在这种背景下，广西壮族自治区人民政府委托中国科学院地理科学与资源研究所牵头编制《广西西江经济带发展总体规划》。

  自2009年12月12日正式签订工作协议之后，研究和规划过程大体分为3个阶段进行：一是外业调研阶段，包括项目组对广西西江7市的全面调研以及工程技术专家对重点项目的专项调研；二是研究及基本思路形成阶段，包括编制西江经济带可持续发展研究报告、提出总体发展规划的基本思路；三是规划纲要形成阶段，主要是编制规划方案、征求有关部门意见、完善规划纲要。

  我们沿着两条主线开展工作，一条主线是沿着解决空间规划所必需的科学基础工作展开，包括"流域生态和环境保护、黄金水道建设及岸线开发利用、综合交通运输体系与物流业发展、沿江城镇发展和产业布局、对外开放和区域合作"等关键的应用问题；另一条主线则是流域可持续发展研究所关注的核心问题，包括"可持续发展的综合条件、可持续发展的基本格局、支撑可持续发展的基础设施体系——也就是增强区域可持续发展能力以及实现可持续的工业化和城市化的目标与途径"等方面，两条主线相互支撑、有机融合。本部著作是以第二条主线研究为主的成果。

  广西西江经济带可持续发展的功能、过程与格局的研究不仅为规划思路和方案的形成提供了依据，同时也在研究层面上开展了一些有益的尝试。该研究提出并研讨了内河航运在绿色发展的机遇期、在优化综合运输体系结构中的作用及其对社会经济可持续发展基本格局的影响；探讨不断强化的人工系统控制下地表水资源满足不同水利用功能的综合平衡配置方略；评价维系生态安全并不断培植生态景观资源价值的导向下流域大规模开发利用对生态的可占用格局与强度，打造提升可持续发展能力的生态基础设施；突出空间规划的管制作用，把功能区与承载能力评价作为空间管制的依据进行全面和系统的应用，确定岸线开发强度与功能定位以及遴选园区和评估城镇布局；继续把产业结构转型和区域功能升级过程作为流域可持续过程的重点，满足规划和现实发展的核心需求；尝试着将关键项目的初步预可行性研究纳入研究体系，借用数理模型和计算机可视化表达方法提升西江可持续发展过程分析和方案展示的科技含量等。

  总之，"西江经济带（广西段）可持续发展研究"是"广西西江经济带发展总体规划"的科学基础工作，发展规划又是可持续发展研究的应用出口。两者的成果汇编成两部

后 记

著作公开出版。本部著作是"广西西江经济带发展总体规划"前期研究成果的集成，以《西江经济带（广西段）可持续发展研究——功能、过程与格局》为书名。"广西西江经济带发展总体规划"的规划报告、纲要、图件等规划成果结集，以《西江经济带（广西段）可持续发展研究——战略、路径与措施》为书名出版。

西江经济带（广西段）可持续发展研究项目组暨广西西江经济带发展总体规划编制组由中国科学院、中国国际工程咨询公司、广西西江黄金水道建设领导小组办公室联合组成，共82人。中国科学院的研究团队主要由经济地理与区域发展、城市地理与城市发展、旅游与社会文化地理、自然环境变化与格局、资源地理与水土资源、地图学等研究人员和流动科研力量（博士后、博士生和硕士生）组成，共52人。参加编写本部著作的执笔人共44人。主要执笔人的分工如下：第一章，樊杰、陈田；第二章，徐勇；第三章，孙威、陈东；第四章，李丽娟、戴尔阜、李九一、潘韬；第五章，金凤君、马丽、王成金、王姣娥；第六章，张文忠、郭腾云、陈明星；第七章，牛亚菲、王岱；第八章，高晓路、刘盛和、王开泳。如同以往一样，由于我们的研究是合作的过程，包括思路与核心观点形成、数据与图件加工处理等基础性工作、报告修改和完善补充等，往往是许多人共同工作的成果，这里只列出了主要执笔人。

我们这部著作和这次工作所取得的成果，是同广西西江黄金水道办的各位领导共同合作完成的，他们也是我们项目组的成员；也是同中国国际工程咨询公司及其他们的工程技术专家团队共同合作完成的，他们也是我们项目组的成员；还有整个调研期间配合我们工作的广西有关部门和沿江7市各级政府，他们虽然没有被列入我们的项目组成员，但没有他们的支持和帮助，我们的工作是无法开展的。非常感谢他们的鼎力合作和全力配合，这里就恕我不一一列名致谢了。在此，我谨代表项目组，把最诚挚的谢意献给：广西壮族自治区副主席、广西黄金水道办主任杨道喜先生，广西黄金水道办副主任、广西发展和改革委员会副主任潘文峰先生，广西黄金水道办处长、广西发展和改革委员会处长龙力先生，中国国际工程咨询公司规划部原副主任、现国家开发银行规划局副局长胡东升博士，中国科学院副院长丁仲礼院士，中国地理学会名誉理事长、原中国科学院地理研究所所长陆大道院士，中国科学院地理科学与资源研究所所长刘毅研究员。感谢您们对我们工作的全方位支持、全流程指导！

樊 杰

2011年端午节于北京凤凰岭